Wissenschaft und Weltethos

SERIE
PIPER

Zu diesem Buch

Daß die politische Initiative eines Gelehrten einen solchen Anklang findet, ist beispiellos: Hans Küngs bahnbrechende These von einem universalen Menschheitsethos, sein »Projekt Weltethos«, hat eine internationale Diskussion unter Wissenschaftlern ausgelöst. Wie kann ein solch universales Ethos überhaupt begründet werden? Wie vermittelt man es dem Menschen? Welche Bedeutung hat ein Menschheitsethos für Wirtschaft und Recht, aber auch für Ökologie und Politik? Und welches Menschenbild ist vorauszusetzen, wenn es zur Verpflichtung auf einen Grundbestand ethischer Werte kommen soll? Führende Wissenschaftler aus den unterschiedlichsten Disziplinen behandeln hier die praktische Auswirkung des Weltethos auf Politik, Wirtschaft, Recht, Ethik, Pädagogik und Naturwissenschaften. Eine umfassende Bibliographie dokumentiert den Stand der nationalen und internationalen Diskussion.

Hans Küng, geboren 1928 in Sursee/Schweiz, ist Professor emeritus für Ökumenische Theologie an der Universität Tübingen und Präsident der Stiftung Weltethos. Sein Werk liegt im Piper Verlag vor. Zuletzt erschien von ihm »Spurensuche. Die Weltreligionen auf dem Weg« (1999).
Karl-Josef Kuschel, geboren 1948 in Oberhausen, ist Professor für Theologie der Kultur und des interreligiösen Dialogs an der Katholisch-Theologischen Fakultät der Universität Tübingen. Zahlreiche Veröffentlichungen zur systematischen, interkulturellen und interreligiösen Theologie.

Wissenschaft und Weltethos

Herausgegeben von
Hans Küng und Karl-Josef Kuschel

Piper München Zürich

Durchgesehene Taschenbuchausgabe
Februar 2001
© 1998 Piper Verlag GmbH, München
Umschlag: Büro Hamburg
Stefanie Oberbeck, Katrin Hoffmann
Umschlagabbildung: Zero, München,
unter Verwendung einer Zeichnung von Hans Erni
Satz: Grafik- & Satzstudio Schlensog, Tübingen
Druck und Bindung: Clausen & Bosse, Leck
Printed in Germany   ISBN 3-492-23247-7

Inhalt

ERNST ULRICH VON WEIZSÄCKER

Ökologisches Weltethos   337

ETHIK   357

DIETMAR MIETH

Interkulturelle Ethik
Auf der Suche nach einer ethischen Ökumene   359

Bibliographie zur Weltethos-Debatte

Die Autoren dieses Buches

Zur Einführung

Ein Stein, der ins Wasser geworfen wird, verursacht zwar zunächst keinen großen Wirbel, doch er zieht unwillkürlich seine Kreise. Mit dem Weltethos wurde vor geraumer Zeit solch ein Stein ins Wasser geworfen – und er hat in der Tat Kreise gezogen, und das binnen relativ kurzer Zeit und weltweit.

Noch keine zehn Jahre sind vergangen, als – herausgefordert durch die Problemkreise Weltfrieden, Weltreligionen sowie auch Weltwirtschaft – mit der Idee von einem *Weltethos* ein neuer Denkansatz präsentiert wurde. Die Idee reifte zu einer Programmatik, die dann 1990 als »Projekt Weltethos« einer breiten Öffentlichkeit vorgestellt wurde. Interesse und vielfache Zustimmung, zuweilen auch wohlwollend-kritische Betrachtungen, waren die Reaktion. Eine entscheidende Festigung – ein weiterer Kreis des urprünglichen Impulses – war die Tatsache, daß das Parlament der Weltreligionen in Chicago 1993 eine grundkonsens-orientierte »*Erklärung zum Weltethos*« verabschiedete, entworfen in Tübingen und Ergebnis eines international und interreligiös vernetzten Kommunikationsprozesses. Der Aufgabe, diesen in Chicago angestoßenen interkulturellen und interreligiösen Kommunikationsprozeß durch Begegnungsinitiativen und Bildungsarbeit für Jugendliche wie Erwachsene fortzusetzen und auszuweiten sowie die dafür nötige Grundlagen-Forschung zu ermöglichen, widmet sich seit Ende 1995 die Stiftung Weltethos.

Früchte insbesondere der *Forschungsarbeit* waren die umfangreichen Studien zur religiösen Situation der Zeit über Judentum und Christentum sowie jüngstens das Unternehmen, aus dem Projekt

Weltethos Impulse für Weltpolitik und Weltwirtschaft zu gewinnen. In gleicher Weise sind zu den Forschungsergebnissen auch die Reflexionen auf die abrahamische Ökumene und insbesondere den christlich-islamischen Dialog zu zählen. Ein breites internationales Echo – gefördert durch zahlreiche Übersetzungen – blieb nicht aus.

Eines der wichtigsten Ergebnisse erbrachte 1997 die Initiative des *InterAction Council*, ein Zusammenschluß ehemaliger Staats- und Regierungschefs. Unter maßgeblicher Leitung des früheren deutschen Bundeskanzlers Helmut Schmidt konnte der Vorschlag zu einer »*Allgemeinen Erklärung der Menschenpflichten*« einer internationalen Öffentlichkeit, insbesondere den Vereinten Nationen, vorgelegt werden. Diese Initiative nimmt ausdrücklich auf den Weltethos-Gedanken Bezug, ja versteht sich als dessen Anwendung für das praktische politische und wirtschaftliche Handeln auf Weltebene.

Ein Blick zurück auf die Themen und Entwicklungen der *1990er Jahre*, die zweifelsohne auch die ersten Schritte in das nächste Jahrtausend prägen werden, führt uns die *zentralen Stichworte* dieser Dekade vor Augen: Zusammenbruch des Kommunismus, Globalisierung vieler Lebensbereiche, Ausbreitung der Medienmacht, Dominanz der Ökonomie, »Quantensprünge« in der Biotechnologie, Veränderung des Klimas, Prozeß der europäischen Einigung, Rolle der Religionen, Zusammenprall der Kulturen, Zunahme von Korruption und Kriminalität – letztere in erschreckendem Ausmaß unter Kindern und Jugendlichen, Orientierungslosigkeit in Fragen von Moral und Lebensgestaltung und zugleich ein neues Wertebewußtsein oder zumindest Wertesehnsucht. Weitere Stichworte ließen sich anfügen. Bestätigt werden dabei vor allem zwei Dinge: Erstens spielt sich menschliches Denken und Handeln mehr und mehr vor *globalem Horizont* ab, woraus sich zweitens die Notwendigkeit der *ethischen Orientierung* in ebenfalls globalem Ausmaß ergibt. Das Projekt Weltethos ist daher als Antwortversuch auf diese zahlreichen Herausforderungen zu verstehen und zugleich als Kompaß für das 21. Jahrhundert.

Von Anbeginn war das Projekt Weltethos nie exklusiv als Spezialgebiet von Theologen konzipiert, sondern stets *interdisziplinär* angelegt. Deshalb luden wir eine Reihe von renommierten Wissenschaftlern unterschiedlichster Disziplinen ein, sich von ihrer jeweiligen Warte aus mit der Weltethos-Thematik auseinanderzusetzen und nach *Anwendungs- und Integrationsmöglichkeiten* im Kontext der speziellen Disziplin zu fragen. Denn wer der Überzeugung ist, daß Menschen unbeschadet ihrer kulturellen und religiösen Differenzen einen Grundbestand an gemeinsamen Werten, Idealen und Grundhaltungen haben, setzt sich humanwissenschaftlichen *Grundlagenfragen* im weitesten Sinn aus. Fragen wie:

– Kann ein solch universales Ethos überhaupt vernünftig begründet werden? Hier ist die Philosophie gefragt.

– Kann ein solch gemeinsames Ethos Menschen überhaupt vermittelt werden? Dies zu klären, ist Sache der Erziehungswissenschaft.

– Hat ein Menschheits-Ethos für die Praxisfelder von Politik, Ökonomie und Recht überhaupt eine Bedeutung? Zur Antwort herausgefordert sind Wirtschaftsethik, die Politik- und Rechtswissenschaft.

– Gibt die »Naturausstattung« des Menschen, die aufgrund der Evolution sich herausgebildet hat, gibt die »conditio humana« überhaupt Grundlagen dafür, ein gemeinsames Ethos anzunehmen? Hier sind die Naturwissenschaften zuständig. Und schließlich:

– Welches Bild vom Menschen und welche Erfahrungen mit Geschichte sind vorauszusetzen, wenn es zur Verpflichtung auf einen Grundbestand ethischer Werte kommen soll? Erfahrungen von Künstlern lassen sich hier einbringen.

Das Ergebnis liegt nun mit dem Sammelband »Wissenschaft und Weltethos« vor. Aus unserer Sicht ist es beeindruckend, wie facettenreich die insgesamt 19 Beiträge von führenden und international bekannten *Experten ihres Faches* die Problematik spiegeln. Wir freuen uns über die methodische *Vielfalt* und inhaltliche *Reichhaltigkeit* der Beiträge und *danken* an dieser Stelle den Mitautoren nicht nur für ihre Bereitschaft und ihr Engagement, sondern auch für die zahlreichen Anwendungen und neuen Impulse. Dieses Saatgut an Ideen und Gedanken möge bei Lesern und Leserinnen – ganz gleich ob für Schule oder Studium, Wissenschaft und Forschung, Gesellschaftspolitik oder Allgemeininteresse – auf fruchtbaren Boden fallen und das Projekt Weltethos im Bewußtsein der Menschen weiter wachsen lassen.

Die Herkunft aus unterschiedlichen Disziplinen erforderte für die Redaktion der Beiträge ein enormes Ausmaß an Arbeit; hierfür sowie für die Koordination und die satztechnische Gestaltung des Bandes haben wir insbesondere dem Geschäftsführer der Stiftung Weltethos, Dipl.-Theol. Stephan Schlensog, und dem wissenschaftlichen Mitarbeiter der Stiftung, Dipl.-Theol. & Rer. Pol. Johannes Frühbauer, herzlich zu danken. Wenngleich um Vereinheitlichung der Form bemüht, so wurde den jeweiligen Aufsätzen doch die Eigenheiten der Zitierweise im Text sowie in den Anmerkungen und Literaturangaben weitgehend belassen.

Schließlich wird im Anhang eine umfassende *Bibliographie* zum Thema Weltethos veröffentlicht, die für die vorliegende Taschenbuchausgabe aktualisiert wurde. Sie soll nicht nur dokumentieren, wie umfangreich inzwischen die wissenschaftliche Auseinandersetzung gediehen ist; sie soll vor allem den Anreiz bieten, sich weiter selbständig mit der Thematik auseinanderzusetzen. An dieser Stelle gebührt Herrn Dipl.-Theol. & Biol. Michel Hofmann für seine mühevolle und gründliche Arbeit unser Dank. Als organische Fortsetzung denken wir an einen Band über »Weltethos und Weltreligionen«, zu dem wir führende Repräsentanten der Religionen und der Religionswissenschaft einladen wollen.

Tübingen, im Herbst 2000

Hans Küng   *Karl-Josef Kuschel*

Wirtschaftsethik

und

Rechtswissenschaft

HANS KÜNG

Der globale Markt erfordert ein globales Ethos

Es ist ja, wie wir alle wissen, der *Wert des Geldes* trotz aller Stabilitätsschwüre keineswegs konstant, sondern schmilzt eigentlich ständig. Es genügt schon der Hinweis, daß die Deutsche Mark nur noch ein Viertel ihres Wertes von 1950 hat; was damals eine Mark kostete, kostet heute vier Mark. Da ist es ein schwacher Trost, daß der US-Dollar sogar auf ein Siebtel seines Ausgangswertes fiel, der japanische Yen auf ein Achtel, das britische Pfund und der französische Franc auf ein Zwanzigstel, und die italienische Lira sogar auf ein Fünfundzwanzigstel.[1] Und wo das Unternehmen Euro angesichts der fehlenden gemeinsamen europäischen Wirtschafts- und Außenpolitik hinführt, das wissen nicht einmal die Götter (– ich meine die der Großbanken).

Nun fragt man sich natürlich, ob die *geistigen und moralischen Werte* ebenso geschmolzen sind. Manche würden dies wohl – im Blick auf Korruption und Kinderschändung, Politikeraussagen über Sekundärtugenden und sensationslüstern-vulgäre Talkshows – bejahen. Doch würden andere darauf hinweisen, daß beispielsweise die Jugend heute manchen Umfragen zufolge keineswegs ohne Sinn für Moral, Werte und Ideale ist; bei den sittlichen Werten gehe es doch wohl eher um einen Wertewandel als um einen simplen Werteverlust. Wie immer: Eine *Neubewertung* des Verhältnisses gerade von *Wirtschaft und Ethos* drängt sich allerdings auf – nicht nur, aber besonders im Hinblick auf die zentrale Herausforderung der 90er Jahre, die mit dem Terminus Globalisierung und den damit einhergehenden Krisensymptomen verbunden ist. Zu diesen zählt vor allem:

1. Die Krise des globalen Marktes

Wie schwierig *Zukunftsprognosen* für die sich rasant entwickelnde
Wirtschaft geworden sind, offenbarte sich mir bei der Vorbereitung
dieses Beitrages Ende 1997. Da stand in der Südwestpresse die
Schlagzeile »Es geht wieder aufwärts. Wirtschaftsprognose: OECD
für Deutschland zuversichtlich. Krise in Asien soll kaum Auswirkungen haben«.[2] Aber gleichzeitig titelte die Headline der International Herald Tribune: »OECD Adjusts Figures In '98 Growth
Forecast« (»OECD berichtigt Zahlen der Wachstumsprognosen für
1998«) : »Nur wenige Stunden nach der Veröffentlichung der offi-
ziellen Wirtschaftsaussichten ... änderte die OECD drei ihrer
Schlüsselvorhersagen für 1998, wobei die Verantwortlichen die
schnell sich verändernde Finanzkrise in Asien für die augenblick-
lichen Revisionen verantwortlich machten«.[3] So macht die OECD
wider Willen deutlich, wie kurzlebig heute die Prognosen selbst der
weltweit agierenden Wirtschaftsorganisationen geworden sind.

Und nun rätselt man seither darüber, welchen Einfluß die asiatische Grippe auf die scheinbar kerngesunde Wirtschaft in den Vereinigten Staaten und die leicht malade Wirtschaft in Europa haben
könnte. Zuerst lautete die Diagnose: keinen; dann: einen kleinen;
schließlich: vielleicht einen großen. Niemand wird daher von
einem Theologen erwarten dürfen, was auch Ökonomen sich
kaum mehr trauen: eben exakte Prognosen.

Und ich wähle als Einstieg in die Problematik den zur Zeit be-
unruhigend *turbulenten internationalen Finanzmarkt in Südostasi-
en.* Ich erinnere mich dabei an meine Reise nach Kuala Lumpur
mit Bundespräsident Roman Herzog noch anfangs April 1997.
Wir schauten von einem Wolkenkratzer hinüber auf das Prestige-
objekt Malaysias, die beiden im Rohbau bereits hochgezogenen
höchsten Türme der Welt, höher als der Sears-Tower in Chicago
mit seinen 443 m. Mit dem Islam als Staatsreligion hätte der Koran
von der Hybris babylonischer Turmbauer eigentlich damals schon
den Malaysiern eine Warnung sein sollen: »Da erfaßte Gott ihren
Bau an den Grundmauern, und die Decke über ihnen stürzte auf
sie herab, und die Pein kam über sie, von wo sie es nicht merkten.«[4]

Und in der Tat: »die Pein kam über sie« in den letzten Monaten. Aber »von wo« war nicht so klar. Was damals auch in der deutschen Delegation niemand erahnt hat, was weder Banken noch Regierungen noch Forschungsinstitute noch Rating agencies voraussahen, ist wahr geworden. Die Währung von Malaysia hat seit April 1997 rund 40 % ihres Wertes verloren (die indonesische rund 70 %), die Aktienkurse sind entsprechend gefallen. »Wir sind ein armes Land geworden«, »wir sind Opfer«, sagt jetzt der damals noch bewunderte Premierminister von Malaysia Dr. Mahatir ibn Muhamad, Verteidiger der »asiatischen Werte«. Und »von wo sie es nicht merkten« ist die Pein über das Land gekommen, »von wo«? Für Mahatir kam sie von Georges Soros und den jüdischen Financiers von New York. Nach anderen objektiveren Beobachtern der internationalen Finanzszene aber von der instabilen Lage der Wirtschaft und der Banken im Lande selbst – ähnlich so in Thailand, Korea, Indonesien, auf den Philippinen. Eine Depression droht auch Singapur, Hongkong, Taiwan und Japan.

Unvermeidlich erscheint hier die Frage, was denn dies allem mit unserem Thema, dem *Ethos*, zu tun habe und was die gegenwärtige Finanzkrise in Ost- und Südostasien mit der Moral. Ich möchte es in sechs Punkten darlegen:

(1) Wer die ökonomischen Berichte und Diskussionen um den Strudel der internationalen Finanzmärkte auch nur ein wenig verfolgt hat (ich habe es tagtäglich als Außenseiter mit Leidenschaft getan, weil es hier um das Schicksal der Weltwirtschaft und damit der Weltgesellschaft, ja schließlich um das Schicksal ungezählter einzelner Menschen geht), dem ist vielleicht auch der neuerdings in Mode kommende ökonomische Begriff des »*moral hazard*« aufgefallen, des »*moralischen Risikos*«. Darunter verstehen die Ökonomen die Übernahme von Wagnissen, die normalerweise nicht eingegangen worden wären.

Frage: Warum soll es sich von vornherein um ein *moralisches* Risiko handeln? Könnte es, gerade in bezug auf manches finanzielle Engagement in Südostasien, nicht geradezu um ein *unmoralisches* Engagement (immoral hazard – ein den Ökonomen offensichtlich nicht bekannter Begriff) gehandelt haben? Denn:

(2) Viele der *asiatischen Probleme* sind zwar *hausgemacht*: exzessives Investment, größenwahnsinnige Projekte, massive Schuldenfinanzierung, Fehlen der Konkurrenz, Crony-Capitalism (Kumpanei-Kapitalismus), Familien- und Vetternwirtschaft, Korruption … Sozusagen die Schattenseite der »Asian values«, der »asiatischen Werte«. Undurchsichtige Konglomerate aus Regierungs-, Bürokraten-, Banken- und Wirtschaftscliquen entscheiden in diesen Ländern darüber, wer Aufträge erhält, mit welchen Bedingungen und welchen Collaterals usw. *Aber* die *westlichen Finanzleute und Politiker* wußten sehr wohl um all das und investierten doch ohne Murren ihre Milliarden in diese Verhältnisse, die sie bei sich selber natürlich keinesfalls geduldet hätten. Sie investierten nicht nur, sondern sie überinvestierten (»overinvestment«). Und warum? Das ist kein Geheimnis: Man war gierig auf jene exzessiven Zinsen und Gewinne, die man hierzulande nicht haben kann.

Frage: Sind es also nicht gerade die Banken Japans, Europas und der USA, die das alles durchaus wußten und die trotzdem – und gerade deshalb nur kurzfristig – in notorisch unsolide und verschuldete Länder, Banken und Unternehmungen Milliarden investierten, wesentlich mitverantwortlich für diese internationale Finanzmisere? Deshalb:

(3) Es handelt sich in Südostasien zunächst weniger um eine Wirtschaftskrise als um eine Liquiditätskrise, die ausgelöst wurde durch den massiven Abzug kurzfristig angelegter Dollarmilliarden aus den asiatischen Ländern. Denn dieselben *japanischen, europäischen und amerikanischen Investoren*, die nicht genug Milliarden in diese Länder hineinpumpen konnten, um aus ihren Investitionen riesige Gewinne zu ziehen, die haben nun bei der ersten besten Gefährdung (mit Thailands Abwertung der Währung wegen Überverschuldung fing es im Juli 1997 an) schleunigst ihre Kapitalien zurückgezogen, oder ihren Rückzug angedroht. Die Folgen waren Panikreaktionen mit Schneeballeffekten. Diese sind *für die gegenwärtige Finanzkrise mitverantwortlich.* Ich habe es selber von dem genannten George Soros, dem wohl bekanntesten internationalen Devisenspekulanten in einem längeren persönlichen Gespräch beim Weltwirtschaftsforum in Davos gehört: Die Märkte sind »von

Gier und Angst besessen« und reagieren deshalb gegen alle ökonomische Theorie gar nicht rational, sondern »emotional«. Und so kostet nun die Bailout-Operation allein für die drei Länder Korea, Thailand und Indonesien sage und schreibe die (auch für Banker nicht mehr vorstellbare) Summe von 100 Milliarden Dollar. *Frage*: Wer soll das bezahlen?

(4) So viel Geld, heißt es, habe der IMF, der International Monetary Fonds, der *Internationale Währungsfond*: hundert Milliarden Dollar. Aber wer sagt denn das? Das sagen vor allem die Banken, all die Kreditgeber, die zwar in den vergangenen Jahren sehr gerne riesige Gewinne aus Südostasien abgezogen haben, die aber jetzt die freilich auch nicht gerade geringen Verluste sozialisieren möchten und offensichtlich auch können. Der IMF hat sich nämlich bereiterklärt – wegen der Stabilität des internationalen Finanzmarktes, um die es sogar den Herren im IMF und in der Clinton Administration Angst geworden ist –, diese Finanzhilfe zu gewähren. Im Klartext: Was vor allem private Banken verschuldet haben, soll jetzt aus öffentlichen Mitteln in Milliardenhöhe beglichen werden. Und dabei wird weniger den schwer geprüften Ländern geholfen werden als den betroffenen Banken, die ihrerseits ihren Gläubigern nur Zahlungsaufschub gewähren wollen.

Frage: »Verschießt der Währungsfonds sein Pulver zu schnell? – Politiker und Unternehmer müssen für ihre Fehlsteuerungen ab und zu auch geradestehn.« So steht es in der Neuen Zürcher Zeitung vom 21. Dezember 1997, wo es weiter heißt: »Wenn sie (Politiker und Unternehmer) in jedem Fall darauf zählen können, durch einen Kreditgeber mit unerschöpflichen Mitteln herausgehauen zu werden, wird verantwortliches Handeln zur Seltenheit«. Und dann sehr kritisch zum IMF: Das »IMF-Paket hat ... den vollen ›moral hazard‹ abgedeckt, von einem Überwälzen der Marktrisiken auf die Kreditgeber kann keine Rede sein.« Ähnlich die Washington Post in einem kritischen Leitartikel vom 6. Januar 1998: »Ja, die Koreaner selber sollen die größte Last für die Restrukturierung tragen. Aber es ist fair zu fragen, ob die Banken, die so glücklich Südkoreas Überverschuldung (overborrowing) ermutigten, nicht auch einen Preis bezahlen sollen – sowohl aus

Gründen der Gerechtigkeit als auch um zu besseren Nachforschungen in der Zukunft zu ermutigen«. Die Folgerung des Leitartikels ist schon im Titel ausgedrückt: »Let's Look at the System«. In der Tat fehlt da etwas am globalen Finanzsystem selbst. Deshalb:

(5) Ich fühle mich durch diese krisenhafte Entwicklung bestätigt in dem, was ich bereits vor dem Ausbruch der asiatischen Krankheit *zur Globalisierung* vertreten habe. Vier Thesen sind es: Globalisierung ist 1. unvermeidbar, 2. ambivalent (mit Gewinnern und Verlierern), 3. unberechenbar (kann zum ökonomischen Mirakel oder Debakel führen), aber auch – und das ist mir das Wichtigste – 4. *steuerbar*. Konkret heißt das: Wir brauchen eine *Neuordnung des globalen Finanzsystems*, so etwas wie ein neues Bretton Woods-Abkommen, dem wir lange Zeit feste Wechselkurse und vor allem den IMF und die Weltbank verdanken. Heutzutage, nimmt man an, kreuzen alle 24 Stunden circa 650 Milliarden Dollar spekulativen privaten Kapitals die nationalen Grenzen. Diese Summe entspricht ungefähr den Reserven sämtlicher Zentralbanken zusammen genommen (ich muß mich hier auf die Angaben von Spezialisten verlassen). Natürlich ist dieses Milliarden-Monopoly ein Paradies für Spieler, Traders und all die Investoren in Tokio, New York, London, Frankfurt oder Zürich. Sie finden es großartig, daß sie auf ihrer Suche nach raschen Gewinnen mit Hilfe einer computerisierten Weltbörse so raschen Eingang in sämtliche Nationen, Banken und Betriebe und bei Gefahr auch wieder raschen Ausgang aus ihnen haben.

Frage: Hat dieser »globale Markt« ohne alle Grenzen, Hemmungen und Regelungen nicht die asiatische Krise mit ihren noch unabsehbaren Auswirkungen überhaupt erst möglich gemacht? Untergräbt dieser völlig ungeregelte Markt mit seinen kurzfristigen spekulativen Investitionen nicht die langzeitigen Industrieinvestitionen, die meist weniger rentieren, ja stellt er nicht *die Stabilität des Weltfinanzsystems selber in Frage?* Deshalb:

(6) Es besteht Handlungsbedarf: Die asiatische Krise ist nach maßgebenden Experten die gefährlichste Bedrohung des globalen Wohlstandes seit der Ölkrise von 1973. Deshalb hat Soros in

einem Artikel der britischen Financial Times, später von der Washington Post unterstützt, die Einsetzung einer neuen Institution vorgeschlagen, als Parallel- oder Teilinstitution des IMF, eine International Credit Insurance Corporation, welche die internationalen Finanzen regulieren sollte. Sie würde private Darlehen in aller Offenheit garantieren – aber gegen eine Gebühr und nur nachdem von den Kreditnehmern die notwendigen finanziellen Informationen gegeben wurden, die zur Zeit meist im Dunkeln bleiben.

Frage: Wäre es nicht an der Zeit, den schon 1978 vom Nobelpreisträger James Tobin gemachten Vorschlag einer minimalen (aber in der Wirkung maximalen) *Wechselkurssteuer* von 0,5 % für internationale Währungstransaktionen neu zu überlegen? Nicht nur weil auf diese Weise exzessive Spekulationen gezügelt werden könnten, sondern weil dabei gleichzeitig vielleicht rund 5 Billionen Dollar pro Jahr gewonnen werden könnten für Gesundheitsfürsorge, Erziehung und anderes mehr. Ein persönliches Gespräch mit dem langjährigen Präsidenten der Weltbank, Robert McNamara im Herbst 97 in Neu Delhi hat mich in der Überzeugung von der Realisierbarkeit einer solchen Steuer überzeugt – wenn man sie will! Und das ist eben wie so vieles in Politik und Wirtschaft eine Frage des notwendigen ethischen Wollens, der dafür nötigen moralischen Energie.

Aber man kann nun über Details dieser Diagnose und Therapie so oder anders denken; die Materie ist äußerst komplex. Mir geht es um die allgemeine *Schlußfolgerung*: Wer den globalen Markt will, muß auch eine *globale Rahmenordnung des Marktes wollen*, und wer diese Rahmenordnung will, muß auch ein *globales Ethos* wollen. Auch bei solchen großen globalen Entwicklungen des Marktes geht es nicht um naturnotwendige Prozesse (wie Marx meinte), sondern um – im Prinzip und in gewissen Grenzen natürlich – *steuerbare Entwicklungen*. Und es dürfte deutlich geworden sein: Es handelt sich dabei nicht nur um Spezialfragen der Ökonomie. Es geht um *gesamtgesellschaftliche*, um *hochpolitische* und letztlich auch *ethische Fragen*. Etwa um die Frage, ob Profit, also das grundsätzlich berechtigte Gewinnstreben, der alleinige und einzige Zweck der Wirtschaft, einer Bank, eines Unternehmens sein soll.

Oder um die Frage, ob bei den gegenwärtigen milliardenschweren Bailout-Aktionen – so sieht dies von Asien her gesehen aus – die Gewinner die großen ausländischen Investoren sein sollen, die einfachen Leute dort, die lokalen Investoren, Steuerzahler, Sparer, Arbeiter aber die Verlierer, die jetzt wie in Thailand und Korea ihr Gold, ihre Juwelen und ihre Dollarscheine hergeben, um ihre eigene Währung oder ihr eigenes Unternehmen (etwa Samsung) zu stützen.

Das Phänomen der ökonomischen Globalisierung macht deutlich, daß es *auch im Ethischen um Globalisierung gehen muß*. Wenn es noch eines Alarmsignals bedurfte, so die Ankündigung eines Wissenschaftlers in Chicago[5], er hätte ein Team von Ärzten versammelt, die bereit seien, einen Menschen zu klonen, wofür sich bereits acht Personen bereit erklärt hätten – alles bevor der amerikanische Kongreß in dieser Sache ein Gesetz verabschieden könne. Hat das auch etwas mit dem Markt zu tun? Natürlich: der Herr möchte durch seine Ankündigung Kapitalgeber gewinnen. Doch wie soll eine Welt gesicherter, friedlicher und gerechter werden, in der in verschiedenen Gebieten widersprüchliche ethische Normen und Rahmenordnungen gelten? Eine Besinnung auf das notwendige Minimum an bestimmten ethischen Werten, Grundhaltungen und Maßstäben, eben ein *Weltethos für diese Weltgesellschaft und Weltwirtschaft*, tut not, auf das alle Nationen und alle Interessengruppen sich verpflichten können. Wie eine Rahmenordnung für die Finanzmärkte (ähnlich wie eben seinerseits das Bretton Woods-Abkommen) global gelten müßte, damit die Teilnehmer bei Einschränkungen nicht einfach in andere Märkte fliehen, so müßte auch ein *ethischer Grundkonsens* global gelten, damit ein einigermaßen friedliches und gerechtes Zusammenleben auf unserem Globus gewährleistet ist. Also: Gerade *der globale Markt erfordert ein globales Ethos*! Bevor wir uns jedoch etwas ausführlicher der ethischen Dimension zuwenden, stellt sich indes angesichts konkurrierender Konzepte heutigen Wirtschaftens zunächst die Frage:

2. Welches wirtschaftspolitische Konzept?

Zwei Ergebnisse der jüngsten Entwicklung sollten eigentlich, scheint mir, unumstritten sein:

(1) Nicht nur hat das staatssozialistische Konzept ausgespielt, sondern auch das *Modell des westlichen Wohlfahrtsstaates* (Paradebeispiel: Schweden, aber auch Deutschland) ist in die *Krise* geraten. Ein *Umbau* (»restructuring«) ist unumgänglich: unumgänglich die Verschlankung des Staates und Reform eines unbezahlbaren sozialen Sicherungssystems; unumgänglich der Abbau der skandalösen Subventionen, der Überregulierung des Arbeitsmarktes und Schaffung neuer Arbeitsplätze im privaten Sektor, besonders im Dienstleistungsgewerbe … Doch zugleich ist auch zu bedenken:

(2) Das *Modell des Neokapitalismus* (Paradebeispiel: die USA der Reagonomics mit ihrem »hire-and-fire labour market«) ist trotz der Kreation vieler Arbeitsplätze und einer boomenden Wallstreet noch keineswegs als Modell der Zukunft etabliert. Das zeigt die gegenwärtige ostasiatische Finanzkrise, wo nun gerade die Neokapitalisten Interventionen allergrößten Stiles fordern, welche die Möglichkeiten sogar des Internationalen Währungsfonds weit übersteigen.

Die Marktwirtschaft hat sich gewiß weltweit durchgesetzt, aber umso mehr stellt sich jetzt die Frage: Welches Konzept von Marktwirtschaft soll in Zukunft realisiert werden, auf nationaler und auf globaler Ebene?[6]

– Eine *prädikatlose Marktwirtschaft* oder *Marktwirtschaft pur* (»ohne Wenn und Aber«), ein Neokapitalismus, wie er theoretisch von Wirtschaftswissenschaftlern wie von Mises, von Hayek und Friedman entwickelt wurde, die man *Ultraliberale* nennen kann, und wie sie praktisch von Wirtschaftspolitikern der Reaganomics und des Thatcherism zu realisieren versucht wurde? Oder:

– Eine *sozialverpflichtete Marktwirtschaft* oder die *Soziale Marktwirtschaft*, wie sie theoretisch von Wirtschaftswissenschaftlern wie Eucken, Böhm, Müller-Armack, Rüstow und Röpke konzipiert wurde (verkürzt *Ordoliberale* genannt); wie sie praktisch schon nach dem Zweiten Weltkrieg in exemplarischer Weise von Ludwig Erhard realisiert wurde; wie sie heute aber viel zu wenig in globaler Perspektive weitergedacht und weiterverwirklicht wird.

Die beiden Modelle seien konkretisiert an der Gundsatzfrage: Was ist die spezifische *Verantwortung der Wirtschaft*? Milton Friedman, der Guru des Ultraliberalismus, hat seine Antwort 1970 provokativ zum Titel eines Aufsatzes im New York Times Magazine gemacht: »The Social Responsibility of Business Is to Increase Its Profits«[7]! Das sind klare Worte: Das Ethos der Wirtschaft reduziert sich auf die »*moralische Pflicht*« der *Profitsteigerung*! Im Grunde reduziert sich die Moral auf Business, von dem es dann heißt: The business of business is business! Dabei sollen selbstverständlich die geltenden Gesetze eingehalten werden, aber verpönt ist die Rede von einer »gesellschaftlichen Verantwortung«, die sich auf angeblich diffuse Ziele wie »Gemeinwohl« (»öffentliches Interesse«) oder »soziale Gerechtigkeit« beziehen soll. Viele der Finanzjongleure, Firmenaufkäufer und Börsenspekulanten haben denn diese moralfreie »Moral« auch kräftig praktiziert.

Ist also ökonomisch Moral = Profitsteigerung? Soll es gar keine grundsätzliche Spannung mehr geben zwischen Profit und Moral, Eigeninteresse und Ethos? Ethik, wenn überhaupt, wird zur ökonomischen Theorie der Moral, zur Magd des Marktes. Diese ultraliberale Ökonomik zielt auf nicht mehr und nicht weniger als auf die *ökonomische Domestizierung des Ethos*! Und man versteht jetzt, warum diese ultraliberale Ökonomie für ihre Vertreter schon aus sich selbst heraus moralisch ist, wie sie ja auch aus sich selbst heraus schon sozial ist. Eine verblüffend einfache Lösung des ethischen Problems.

Daß das nicht so einfach ist, zeigt – nach dem Fall korrupter Regime von Italien und Spanien bis Japan – der dramatische Sturz des Einser-Ökonoms und Friedman-Schülers Václav Klaus, langjähriger Ministerpräsident der Tschechischen Republik. Gerade weil er ein fähiger Ökonom ist, meinte er sich nur um den Markt und nicht um die Moral, nur um die Wirtschaft und nicht um Rechtsstaatlichkeit und Wohlfahrt kümmern zu müssen. Er kennt, wie er einmal sagte, kein »schmutziges Geld« und ist denn auch folgerichtig an der Korruption seiner Partei und Regierung gescheitert. Eine »Marktwirtschaft ohne Wenn und Aber«, »ohne Adjektiv«, praktisch ohne Gesetz und Moral, hatte er propagiert und praktiziert. Die Folgen sind sichtbar. Václav Havel, der Staatspräsident, hat es in einer großen Rede zur Lage der Nation vor Klaus und dem politischen Establishment wie folgt ausgedrückt: »Es herrscht die Überzeugung, daß es sich in diesem Land lohnt, zu lügen und zu stehlen.«[8] Man habe es vergessen, daß die Entfaltung von Markt und Wirtschaft allein auf der Basis klarer Spielregeln, des Rechtsstaates und einer sittlichen Ordnung denkbar sei.

Auch die Vorkämpfer der deregulierten schlanken Wirtschaft und des schlanken Staates, wie sie sich besonders in den USA und England finden, sollten heute einsehen:

– Daß die *unsichtbare Hand des Marktes* von vornherein zum Wohl aller Bürger funktioniere und ständigen Fortschritt garantiere, ist ein von der Realität widerlegter Mythos. Ebenso wie die Meinung, daß der Sozialismus für alle Menschen das Paradies der Wohlfahrt heraufführe. Wie es ein Staatsversagen gibt, so auch ein Marktversagen.

– Wo immer die *Politik des Freihandels* aus einer differenziert anzuwendenden Handlungsmaxime zu einem absoluten Dogma und Zweck an sich wird, dem alle übrigen ökonomischen und sozialen Gesichtspunkte untergeordnet werden, hat sie jedoch mit mächtigen gesellschaftlichen Gegenkräften zu rechnen. Doch ich will dies nicht vertiefen.

– Zur ultraliberalen Wirtschaftspolitik besaßen wir ja in Deutschland seit dem Weltkrieg ein alternatives Konzept. Statt Marktwirtschaft pur, eine *Marktwirtschaft, die auch soziale Verantwortung bejaht,* die, wie Müller-Armack[9] damals den »*Sinn* der sozialen Marktwirtschaft« formulierte, »*das Prinzip der Freiheit auf dem Markt mit dem des sozialen Ausgleichs zu verbinden«* trachtet[10]. Die Bejahung also eines freien und funktionsfähigen *Wettbewerbs,* national und international, aber gleichzeitig die Schaffung *rechtlicher Rahmenbedingungen,* um jede Art monopolistischer und gruppenegoistischer Machtexpansion zu Lasten anderer Gruppen in der Gesellschaft zu verhindern. Eine *konsistente Ordnungspolitik,* die heute freilich auch in globaler Perspektive durch WTO, IMF, Weltbank und andere Organisationen durchgesetzt werden müßte.

Alles in allem geht es jedenfalls um ein stark ethisch motiviertes und fundiertes Konzept, das auch bei dem in Deutschland zweifellos notwendigen Umbau des Sozialstaates und auch bei allen globalen Finanzoperationen nicht vergessen werden darf.

Stellt sich doch immer wieder ganz praktisch die grundsätzliche gesellschaftspolitische Frage: Was soll in der menschlichen Gesellschaft dominieren? Und da muß heute ganz und gar elementar betont werden: Die *Ökonomie darf nicht alles dominieren.* Gerade wenn im Zeitalter der Globalisierung »die entfesselte, seltsam anonyme Rationalisierungsdynamik des ökonomischen Systems der Politik immer mehr ihre eigene (und eigensinnige) ›Sachlogik‹ aufzuzwingen« scheint (so der St. Galler Wirtschaftsethiker Peter Ulrich), so drängt sich gerade deswegen eine »wirtschaftsethische Grundlagenkritik am politisch-ökonomischen Zeitgeist« auf.[11]

3. Marktwirtschaft im Dienst des Menschen

Wirtschaft dreht sich nicht nur um Märkte, sondern ist letztlich ein Handeln von Menschen für Menschen, ja, für die Aktionäre, die »Shareholders«, aber auch und nicht weniger für alle »Stakeholders«, die Mitarbeiter und -innen, Kunden, Lieferanten … Dabei gilt es ein ganz grundsätzliches und praktisch höchst relevantes Problem zu bedenken: Ist der *Homo sapiens* wirklich *identisch mit dem Homo oeconomicus* der Wirtschaftswissenschaften? Diese setzen ein Menschenbild voraus, bei dem der Mensch angeblich ein ausschließlich eigeninteressiertes, anderen gegenüber desinteressiertes Subjekt ist. Doch gegen eine ultraliberale individualistische Fundierung allen gesellschaftlichen Handelns bestätigt gerade die heutige Kulturanthropologie und Entwicklungspsychologie die alte klassische Einsicht des Aristoteles: Der Mensch ist von allem Anfang an in seinem Kern ein »zóon politikón«, ein »animal sociale«: ein *soziales Wesen,* das seine personale Individualität und Identität nur durch ständige soziale Interaktion und Integration gewinnen kann. Ohne sie lernte schon ein Kleinkind nicht einmal reden und sich menschlich benehmen. Viele Ökonomen werden da zustimmen. Daher darf nicht übersehen werden:

– Die Menschen handeln nicht nur nach ökonomisch rationalen Maximen.

– Ihre Leistungen werden nicht allein von materiellen Interessen bestimmt, ihre Triebfeder ist nicht nur der Tauschtrieb.

– Nicht alle Bedürfnisse der Menschen können durch das, was die Ökonomie produziert, befriedigt werden.

– Es dient also keineswegs allen, wenn jeder seinen eigenen Interessen nachgeht.

– Die Menschen (auch die Ökonomen) brauchen zu Wohlbefinden, gutem Zusammenleben und Lebensglück überall und ständig mehr als nur die Marktwirtschaft.

Nein, das menschliche Leben besteht nicht nur aus Wirtschaft, das weiß jeder. Aber dies müßte durchgängig auch in der Praxis ernst genommen werden: Die *Marktwirtschaft* ist nicht Selbstzweck, sie muß im Zeitalter der Globalisierung *im Dienst der Bedürfnisse des Menschen stehen* und nicht umgekehrt die Menschen restlos der Logik des Marktes unterwerfen. Auch der Weltmarkt ist um der Menschen willen da und nicht die Menschen um des Weltmarktes willen. Und was die Politik betrifft: Die Marktwirtschaft soll die Demokratie ergänzen, nicht aber ersetzen oder überformen. Diese Gefahr ist unter den Bedingungen der Globalisierung mehr denn je real.

Was für die Politik gilt, gilt auch für die Ökonomie: Immer wieder werden uns von Ökonomen bei all ihren berechtigten Argumenten (etwa kritische Hinweise auf die Opportunitätskosten) *faktische »Sachzwänge«* als *axiomatische Denkzwänge* hingestellt; grundsätzliche Alternativen scheinen dann praktisch ausgeschlossen. Doch was uns da oft von Fachexperten als »Eigengesetzlichkeit« oder quasi natürliche ökonomische »Sachzwänge« präsentiert wird, braucht von den demokratisch gewählten Repräsentanten der Politik nicht (und von Ethikern erst recht nicht) von vornherein hingenommen oder gar noch nachträglich legitimiert zu werden. Daß unseren Studenten zum Beispiel die »Sachlogik« für die 23 Eurofighter-Milliarden angesichts darbender Universitätsbibliotheken nach wie vor nicht einleuchten will, ist verständlich. Hier müssen einige von jedermann leicht durch Erfahrungen zu belegende *elementare kritische Einsichten* zum Zuge kommen:

– Nicht alles, was in der Wirtschaft ist, muß auch so sein; nicht alles, was da faktisch gilt, darf als Norm angesehen werden.

– Nicht alles, was funktioniert, funktioniert gut; nicht alles, was effizient ist, ist auch legitim.

– Nicht alles, was ökonomisch rational erscheint, führt zum allgemeinen Wohle. Markt und Wettbewerb sind Mittel und Instrument, sie dürfen nicht zum obersten Wert und Ziel der Wirtschaft werden. Dies muß das allgemeine Wohl bleiben.

Von daher gilt: Wirtschaft und Staat existieren um der Menschen willen. Staatliche wie wirtschaftliche Institutionen dürfen deshalb nicht allein von der Macht geprägt sein, sie haben immer auch *der Würde des Menschen gerecht* zu werden. Im politischen und im wirtschaftlichen Bereich ist zu beachten: Menschenunwürdige Verhältnisse können nicht hingenommen, *menschenwürdige Verhältnisse* – so schwierig dies in vielen Fällen ist – müssen angestrebt werden. Ich plädiere deshalb entschieden

(1) für einen *Primat der Politik gegenüber der Ökonomie*: Die Wirtschaft darf nicht nur im Dienst der angeblich rationalen strategischen Selbstbehauptung des Homo oeconomicus funktionieren; sie muß vielmehr im Dienst übergeordneter ethisch-politischer Ziele stehen.

(2) für einen *Primat des Ethos gegenüber Ökonomie und Politik*: So grundlegend Wirtschaft und Politik sind, sie sind einzelne Dimensionen der allumfassenden Lebenswelt des Menschen, die um der Menschlichkeit des Menschen willen ethischen Maßstäben der Humanität unterworfen sein müssen.

Was also soll den Primat haben? Nicht die Ökonomie und auch nicht die Politik, sondern die in allem zu wahrende unantastbare Würde des Menschen, seine Grundrechte und Grundpflichten und so das Ethos, wie es für die Wirtschaft in der Wirtschaftsethik formuliert ist. Das heißt praktisch:

– *»Sachzwänge«* sind kritisch zu hinterfragen.

– *»Eigengesetzlichkeiten«* sind als durchaus veränderliche Marktmechanismen wo notwendig mit politischen Mitteln zu korrigieren, nämlich durch die Reform der Rahmenbedingungen.

– *»Die normative Kraft des Faktischen«* ist zu bändigen durch institutionelle Maßnahmen der Kontrolle korporativer Macht, durch

Veränderung der Machtstrukturen, durch eine gesamtgesellschaftliche Machtordnung und durch ein kontrafaktisches Ethos. Angesichts der Globalisierung und Deregulierung der Märkte und des immer mehr auch die internationalen Beziehungen beherrschenden ökonomischen Wettbewerbsprinzips müssen über alles Nationale hinaus auch die *globalen Dimensionen* einer noch zu schaffenden sozialen und ökologischen Marktwirtschaft ausdrücklich bedacht werden.

4. Globalisierung erfordert ein globales Ethos

Als ich im Jahre 1990 das Buch »Projekt Weltethos« (»Global Responsibility. In Search of a New World Ethic«) veröffentlichte, konnte ich kaum auf Dokumente von Weltorganisationen zu einer globalen Ethik verweisen. Zwar gab es Erklärungen der Menschenrechte, vor allem die der Vereinten Nationen von 1948, aber kaum Erklärungen zu Menschenpflichten. Schon drei Jahre nach Erscheinen von »Projekt Weltethos« aber kam es zur Proklamation der Weltethos-Erklärung des Parlaments der Weltreligionen (1993). Und jetzt, sieben Jahre später, existieren bereits mehrere wichtige internationale Dokumente, die sich nicht nur zu den Menschenrechten bekennen, sondern ausdrücklich von Menschenpflichten reden, ja, die programmatisch ein globales Ethos fordern und es sogar schon zu konkretisieren versuchen. Ich kann hier die internationalen Dokumente nur nennen:

(1) Der große Bericht der *UN-Kommission für Weltordnungspolitik* (Global Governance)[12] von 1995 fordert in allen Bereichen ein »Ethos der Nachbarschaft«: »globale Werte« müssen »das Kernstück einer Weltordnungspolitik sein«.[13]

(2) Der ebenso gewichtige Bericht der *Welt-Kommission für Kultur und Entwicklung*[14], ebenfalls 1995, fordert im allerersten Kapitel »A New Global Ethics«, ein neues globales Ethos, also ein Menschheitsethos, ein Weltethos »zur Bewältigung der genannten globalen Probleme.«[15]

(3) Diese Forderung fand Unterstützung auch durch das *UNESCO Universal Ethics Project* 1997, das *World Economic Forum*

Davos 1997, das *Dritte-Millennium-Projekt Valencia* 1997, die *Indira Gandhi Konferenz* in *Delhi* 1997.

Offenkundig wird von internationalen Konferenzen und Kommissionen nicht nur die Notwendigkeit eines globalen Ethos betont, sondern zum Teil ausdrücklich die Ausformulierung von Menschenpflichten gefordert. Dies geschah zuerst 1993 durch das Parlament der Weltreligionen in seiner Erklärung zum Weltethos, die auszuarbeiten ich die Ehre und die Last hatte, und nun, ganz auf der Linie des Parlaments, aber in knapper juristisch-säkularer UNO-Sprache durch den *InterAction Council* früherer Staats- und Ministerpräsidenten, der am 1. September 1997 den Vorschlag einer Allgemeinen Erklärung der Menschenpflichten veröffentlicht hat. Helmut Schmidt hat diese Erklärung in der ZEIT vorgestellt und eingeleitet.[16] Sie beruht wie schon das Parlament der Weltreligionen auf zwei grundlegenden Forderungen der Humanität: »Jede Person, gleich welchen Geschlechts, welcher ethnischen Herkunft, welcher Sprache, welchen Alters, welcher Nationalität oder Religion, *hat die Pflicht, alle Menschen menschlich zu behandeln*«. Und zweitens: »Alle Menschen, begabt mit Vernunft und Gewissen, müssen im Geist der Solidarität Verantwortung übernehmen gegenüber jeden und allen, Familien und Gemeinschaften, Rassen, Nationen und Religionen: *Was du nicht willst, das man dir tu, das füg auch keinem andern zu.*«
Darauf bauen auf die vier Verpflichtungen:
– Eine Kultur der Gewaltlosigkeit und der Ehrfurcht vor dem Leben: »Hab Ehrfurcht vor dem Leben« – das alte »Du sollst nicht töten«!
– Eine Kultur der Toleranz und des Lebens in Wahrhaftigkeit: »Sprich und handle wahrhaftig« – das alte »Du sollst nicht lügen«!
– Eine Kultur der Solidarität und einer gerechten Wirtschaftsordnung: »Handle ehrlich und fair« – das alte »Du sollst nicht stehlen«!
– Eine Kultur der Gleichheit und der Partnerschaft von Mann und Frau: »Respektiert und liebet einander« – das alte »Du sollst nicht Unzucht treiben«!
Ende 1997 kam es in einer ZEIT-Artikelserie zu einer sehr kontroversen Diskussion, bei der ich gegenüber Menschenrechtsaktivisten

deutlich machte: Eine Besinnung auf die Menschenpflichten schadet der Realisierung der Menschenrechte nicht. Im Gegenteil: Sie fördert sie. Eine Menschenpflichten-Erklärung *unterstützt und untermauert die Menschenrechte-Erklärung vom Ethos her*. Gerade unbestreitbare weltumspannende Realität schwerer Menschenrechtsverletzungen macht deutlich, wie sehr eine Deklaration und Explikation der Menschenrechte dort ins Leere stößt, wo Menschen und besonders Machthaber ihre humanen Pflichten ignorieren (»Was geht das mich an!«), vernachlässigen (»Ich habe nur die Interessen meiner Firma zu vertreten!«), gar nicht wahrnehmen (»Dafür sind Kirchen und Caritas zuständig!«), ihre Erfüllung verlogen schlicht vortäuschen (»Wir, die Regierung, die Konzernleitung, tun alles, was wir tun können!«). Die »Schwäche der Menschenrechte« liegt nicht etwa im Konzept selbst begründet, »sondern im fehlenden politischen (und würde ich hinzufügen: sittlichen) Willen der verantwortlichen Akteure« (V. Deile). Das heißt im Klartext: Es *bedarf zur effektiven Realisierung der Menschenrechte des ethischen Impulses und der normativen Motivation!*

Wie die Menschenrechte-Erklärung so ist also auch die Menschenpflichten-Erklärung ein *moralischer Appell*, der keine völkerrechtliche Verbindlichkeit hat. Natürlich soll er sich auch in der rechtlichen und politischen Praxis auswirken, aber es ist keine Verrechtlichung der Moral angestrebt. Die Menschenpflichten-Erklärung *zielt* also gerade *nicht auf rechtliche Kodifizierung*, die bezüglich sittlicher Haltungen wie Wahrhaftigkeit oder Fairness ohnehin nicht möglich ist. Sie *zielt auf freiwillige Selbstverpflichtung* und nimmt zu – auch zwischen und in den Religionen und ethischen Traditionen – umstrittenen Fragen wie Empfängnisverhütung, Abtreibung, Sterbehilfe bewußt nicht Stellung. Doch ist nicht zu übersehen, daß auch so die Pflichtenerklärung eine Herausforderung bedeutet im Zeitalter des Beliebigkeitspluralismus und des »Anything goes« zumindest für alle jene, die als einzige »moralische« Norm anerkennen »Wenn es nur Spaß macht« oder »meiner Selbstverwirklichung dient«.

Es geht sowohl in der Weltethos-Erärung des Parlaments der Weltreligionen wie im Vorschlag einer Pflichten-Erklärung des InterAction Councils nicht um einen beliebigen »Cocktail« von

Normen, sondern – von jedem Kenner leicht erkennbar – eine in unsere Zeit hinein übersetzte *Ausformung der vier elementaren Imperative der Menschlichkeit* (nicht töten, stehlen, lügen, Unzucht treiben), die sich trotz aller Glaubensunterschiede in allen großen religiösen Traditionen der Menschheit finden: schon bei Patanjali, dem Begründer des Yoga, in der Bhagavadgita und im buddhistischen Kanon und natürlich auch in der Hebräischen Bibel, im Neuen Testament und im Koran. Und wo haben diese fundamentalen Menschenpflichten ihren *Bezugsort*, ihre *Mitte* und ihren *Kern*? Wie die Menschenrechte auch: in der Anerkennung der *Menschenwürde*, die im allerersten Satz der Menschenpflichten- wie der Menschenrechte-Erklärung im Zentrum steht. Aus ihr folgt der grundlegende ethische Imperativ, jeden Menschen wahrhaft menschlich zu behandeln, konkretisiert durch die Goldene Regel, die auch kein Recht, sondern eine Pflicht ausdrückt. So ist die Pflichten-Erklärung ein Appell sowohl an die Institutionen wie an das moralische Bewußtsein der Einzelnen, in allem Handeln ausdrücklich die ethische Dimension zu beachten.

5. Ein Ethos der vernünftigen Mitte

Welche Perspektiven ergeben sich aus all dem für Europa? Als Christ und Europäer denke ich gewiß nicht an ein christlich restauriertes (»re-evangelisiertes«) mittelalterliches Europa. Allerdings auch nicht an ein rein technokratisches modernes Europa, unter dem Dach eines Euro ohne das Fundament einer gemeinsamen Wirtschafts- und Außenpolitik. Vielmehr denke ich an ein *ethisch fundiertes Europa* – ohne Fundamentalismus, aber auch ohne Beliebigkeitspluralismus! Ein Europa zusammengehalten durch ein verbindliches und verbindendes Ethos, durch einen Grundkonsens über gemeinsame Werte, Maßstäbe und Haltungen, der autonome Selbstverwirklichung und solidarische Verantwortung verbindet und womöglich auch religiös verwurzelt ist.

Bin ich ein einsamer, idealistischer Rufer in der Wüste? Keine Sorge, ungezählte denken ganz realistisch ähnlich wie ich. Nach einer Emnid-Umfrage vom Dezember 1997 stehen ideelle Werte hoch im Kurs: 90 Prozent der Befragten ist Ehrlichkeit besonders wichtig, 76 Prozent Hilfsbereitschaft, 73 Prozent Treue. Die Familien stehen für 96 Prozent der Befragten in der Pflicht, diese Werte zu vermitteln, für 69 Prozent die Lehrer und – weit abgeschlagen und meine konstante Kirchenkritik bestätigend – nur noch für 23 Prozent die Kirchen, knapp vor dem Vereinen mit 18 Prozent.[17]

Aber wie steht es in der großen Politik? So wurde ich vor kurzem vom Südwestfunk gefragt: Gibt es da Hoffnungen? Nun, was mich ermutigt und vielleicht auch viele andere Menschen ermutigen kann: Ist es nicht auffällig, was die Staatsmänner Tony Blair, Lionel Jospin, Romano Prodi und Kim Dae Jung gemeinsam haben? Dreierlei: Sie haben bei allen großen Unterschieden der Nation, Partei und Politik alle die zahllosen Wähler überzeugt, die sich abgestoßen fühlten von der schäbigen Ethik des herrschenden Establishments und die sie die Wahlen gewinnen ließen. Sie haben überzeugt durch ihre persönliche Integrität und ihr ethisches Engagement. Und sie sind alle, nicht nur in ihrem politischen Handeln, sondern auch in ihrem persönlichen Leben religiös fundiert und motiviert: der anglikanische Brite Blair, der mit seiner katholischen Frau den katholischen Gottesdienst besucht; der überzeugte Reformierte Jospin im katholischen Frankreich; der Reformkatholik Prodi im papstbehüteten Italien und der bekennende Katholik Kim im buddhistisch-konfuzianischen Korea. Bei uns lobt man ja zumeist – ob bei Kanzler oder Kanzlerkandidaten – den Machtinstinkt, während die eben genannten Staatsmänner ihre Mitbürger und Mitbürgerinnen überzeugt haben, weil sie zur Politik kamen mehr aus Pflichtbewußtsein als aus dem Wunsch nach Selbstglorifizierung und dem Willen zur Macht.

Als ein von Parteien unabhängiger Mann möchte ich zu einem *Ethos der vernünftigen Mitte*, ja der *radikalen Mitte* einladen, einem Weg, der in Politik und Wirtschaft beides gleichzeitig zu integrieren und zu realisieren versucht:

– politisches Augenmaß *und* persönliche Unbestechlichkeit,
– Wettbewerbsfähigkeit *und* soziale Sensibilität,
– wirtschaftliche Strategien *und* ethisches Urteil,
– Geldwertstabilität *und* Gesellschaftsstabilität,
– offene Märkte *und* soziale Gerechtigkeit,

– Verschlankung von Produktion *und* gesellschaftliche Verpflichtung,
– Sparpolitik *und* Strukturreformen,
– staatliche Verantwortung *und* persönliche Verantwortung,
– Menschenrechte *und* Menschenpflichten.

Literatur

H. Küng, Weltethos für Weltpolitik und Weltwirtschaft, München 1997.

H. Küng, Projekt Weltethos, München 1990.

H. Küng – K.-J. Kuschel (Hrsg.), Erklärung zum Weltethos. Die Deklaration des Parlamentes der Weltreligionen, München 1993.

H. Schmidt (Hrsg.), Allgemeine Erklärung der Menschenpflichten. Ein Vorschlag, München 1998.

Anmerkungen

1   *M. Miegel* (Hg.), Das IWG BONN in seiner Zeit, Bonn (Institut für Wirtschaft und Gesellschaft) 1997, S. 28f.

2   Südwestpresse vom 16. Dezember 1997.

3   International Herald Tribune vom 16. Dezember 1997.

4   Sure 16,26.

5   Vgl. International Herald Tribune vom 8. Januar 1998.

6   Zur Klärung der vielfach verwirrenden Terminologie hat mir sehr geholfen *J. Starbatty*, Soziale Marktwirtschaft als Forschungsgegenstand: Ein Literaturbericht, in: Soziale Marktwirtschaft als historische Weichenstellung – Bewertungen und Ausblicke. Eine Festschrift zum 100. Geburtstag von Ludwig Erhard, Bonn 1997, S. 63-98.

7   *M. Friedman*, The Social Responsibility of Business Is to Increase Its Profits, in: New York Times Magazine vom 13. September 1970, wiederabgedruckt in: T. Donaldson – P. H. Werhane (Hrsg.), Ethical Issues in Business. A Philosophical Approach, Englewood Cliffs [3]1988, S. 217-223.

8   Vgl. Südwestpresse vom 11. Dezember 1997.

9   Vgl. *J. Starbatty*, Art. Müller-Armack, in: Staatslexikon, Band III, Freiburg [7]1987, Sp. 1238-1240.

10 *A. Müller-Armack*, Wirtschaftsordnung und Wirtschaftspolitik. Studien und Konzepte zur Sozialen Marktwirtschaft und zur Europäischen Integration, Freiburg 1966, Bern [2]1976, S. 243 (meine Hervorhebung).

11 *P. Ulrich*, Demokratie und Markt. Zur Kritik der Ökonomisierung der Politik, in: Jahrbuch für christliche Sozialwissenschaften 36 (1995),

S. 74-95, Zit. S. 75f.

12 *The Commission on Global Governance*, Our Global Neighbourhood, Oxford 1995; dt.: *Kommission für Weltordnungspolitik*, Nachbarn in Einer Welt. Bericht hrsg. v. der Stiftung Entwicklung und Frieden, Bonn 1995.

13 *Kommission für Weltordnungspolitik*, Nachbarn in Einer Welt, S. 54.

14 *Report of the World Commission on Culture and Development*, Our Creative Diversity, Paris 1995.

15 AaO S. 35.

16 Vgl. *H.Schmidt* (Hrsg.), Allgemeine Erklärung der Menschenpflichten. Ein Vorschlag, München 1998.

17 Vgl. Südwestpresse vom 18. Dezember 1997.

PETER ULRICH

Weltethos und Weltwirtschaft – eine wirtschaftsethische Perspektive

»Nicht zuletzt der Weltmarkt erfordert ein Weltethos!«[1] Offenkundig stellt die Tendenz zur Globalisierung der Märkte einen der aktuellen und guten Gründe für das kühne Projekt Weltethos dar. Vielleicht handelt es sich dabei sogar um den eigentlichen Prüfstein für die Reichweite dieses Projekts im tripolaren Spannungsfeld zwischen kulturellem Pluralismus, ethischem Universalismus und ökonomischem Globalismus (vgl. Abb.). Hans Küng hat dazu in seinem jüngsten Werk selbst Wesentliches gesagt.[2] Der vorliegende Beitrag versucht einige Überlegungen beizusteuern aus dem Blickwinkel einer Wirtschaftsethik, die sich als philosophisch-ethische Vernunftethik des Wirtschaftens versteht, d. h. als kritische Grundlagenreflexion der normativen Voraussetzungen lebensdienlichen (das meint: lebenspraktisch sinnvollen und legitimen) Wirtschaftens.[3]

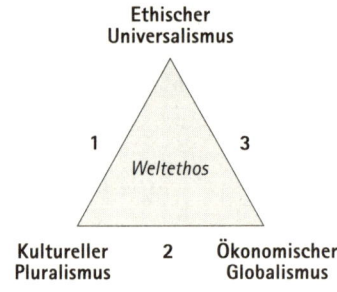

Das tripolare Spannungsfeld des Weltethos-Projekts zwischen ethischem Universalismus, kulturellem Pluralismus und ökonomischem Globalismus

Das Weltethos-Projekt läßt sich im Kern wohl als der Versuch verstehen, das ethisch Universale als das Gemeinsame *in* den vorgefundenen religiösen Traditionen der Menschheit aufzudecken und sich in der interreligiösen Weltgemeinschaft seiner allgemeinen Verbindlichkeit vor allen anderen wirkungsmächtigen Gestaltungskräften, nicht zuletzt jenen der Weltwirtschaft, zu vergewissern. Auf einer ersten Seite des skizzierten Spannungsdreiecks, derjenigen zwischen den Polen des kulturellen Pluralismus und des ethischen Universalismus, wird der philosophische Ethiker zunächst überdenken müssen, ob sich so eine universal gültige Ethik hinreichend begründen läßt: Ist das interreligiöse Weltethos im Sinne Küngs als Basis einer universalen Minimalethik tragfähig? (Abschnitt 1). Im Lichte des geklärten Ethikverständnisses läßt sich danach das zweite Spannungsfeld, jenes zwischen kulturellem Pluralismus und globaler Marktwirtschaft, ausleuchten. Es wird sich zeigen, daß hier die spezifisch wirtschaftsethische Crux des Projekts Weltethos liegt (Abschnitt 2). Von da aus erschließen sich dann auch im dritten »spannenden« Verhältnis, dem zwischen ethischem Universalismus und ökonomischem Globalismus, grundlegende Leitideen eines vernunftethisch tragfähigen Weltwirtschaftsethos (Abschnitt 3).

1. Zur Begründbarkeit des Weltethos im Spannungsfeld zwischen der Pluralität von Moraltraditionen und universalistischer Vernunftethik

Das Projekt Weltethos hat durchaus die Weisheit der Kulturgeschichte auf seiner Seite: Es baut im Grunde auf die tiefverankerte Menschlichkeit oder *Humanität* der ethischen Botschaft aller grossen Weltreligionen. Durch alle besonderen geschichtlichen Ausprägungen und Varianten metaphysischer Verbindlichkeitsbegründung scheint sozusagen die allgemeine Menschheitserfahrung mit den universalen Konstanten der *Conditio humana* hindurch. Es geht dabei, mit Helmut Plessner ausgedrückt, um die grundlegenden, allen *human beings* gemeinsamen »Bedingungen der Möglichkeit menschlichen Seins«[4]. Eine dieser Voraussetzungen ist die humane Grunddisposition der Moralität, verstanden als die spezifisch menschliche Fähigkeit, das eigene Handeln ebenso wie jenes anderer Personen in moralischen Kategorien beurteilen zu können. Moralität ist der unabweisbare Selbstanspruch des Menschen als eines Subjekts, das sich als prinzipiell frei und autonom begreift, dessen Subjektqualität jedoch physisch und psychisch höchst verletzlich (»kränkbar« auch im seelischen Sinn) und entsprechend schutzbedürftig ist. Zu den Bedingungen des Menschseins gehört daher, daß alle Menschen gleichermaßen auf die *unbedingte* (kategorische) Achtung ihrer Würde angewiesen sind, also auf den Respekt ihrer personalen Identität und Integrität. Letztere meint ganz wörtlich: die unversehrte Ganzheit des moralischen Selbstverständnisses der Person, das sich selbst als achtenswertes Mitglied einer moralischen Gemeinschaft wahrnimmt, weil es die Achtung der anderen Mitglieder dieser Gemeinschaft erfährt. Die Möglichkeitsbedingungen der personalen Selbstachtung sind in einer solchen Gemeinschaft identisch mit der wechselseitigen Achtung und Anerkennung der Menschen als Wesen gleicher Würde. Zwischen den gleichen Ansprüchen aller Subjekte auf den Respekt ihrer Subjektqualität besteht eine leicht einsehbare Symmetrie: Wer sich selbst als prinzipiell achtenswerte Person versteht, wird auch allen anderen Menschen denselben Anspruch auf unbedingte Achtung und Anerkennung als Personen zuerkennen.

In diesem *Ethos der Gegenseitigkeit*, d. h. der zwischenmenschlichen Reziprozität der grundlegenden moralischen Verbindlichkeiten, ist denn auch der kulturinvariante humanistische Kern aller großen Ethos-Traditionen zu erkennen. Mit anderen Worten: der universale Standpunkt der Moral, der allen kulturspezifischen Moraltraditionen inhärent ist und von dem aus ein kulturübergreifendes »Weltethos« durchaus begründet werden kann, ergibt sich aus der allgemeinen *normativen Logik der Zwischenmenschlichkeit*.[5]

Der so begründete Moralstandpunkt ist der *moral point of view* einer modernen philosophischen Vernunftethik. Es wäre dabei ein Mißverständnis, diese als ein Konstrukt der »kalten« Ratio zurückzuweisen, das die »Herzen« der Menschen nicht ansprechen könne, denn die rationale Seite betrifft nur die philosophisch-ethische Begründung der universalen Gültigkeit und Verbindlichkeit eines

entsprechenden Ethos der (Zwischen-)Menschlichkeit. Dieses unverzichtbare *kognitive Moment* des moralischen Urteilsvermögens
steht keineswegs im Gegensatz zum *affektiven Moment* der moralischen Gefühle, die wir als Menschen alle empfinden, sondern
liegt diesen vielmehr immer schon zugrunde. Moralische Gefühle –
z. B. solche der Kränkung oder gar Demütigung des eigenen Selbst-
wertgefühls, der Scham bezüglich unseres eigenen Tuns oder der
Empörung bezüglich des Handelns anderer, des Mitleids mit anderen und des Schuldgefühls ihnen gegenüber, wenn wir unsere eigene Verantwortung oder Solidaritätspflicht mißachtet haben, usw. –
sind nämlich nichts Irrationales, sondern vielmehr selbst schon
Ausdruck unseres moralischen Urteilsvermögens; sie erinnern uns
gleichsam unausweichlich an dieses.[6]

Aus einer so verstandenen, modernen vernunftethischen Perspektive fällt eine latente Ambivalenz in Küngs Weltethos-Konzept
auf: Einerseits nimmt es alles Gesagte implizit in Anspruch, ja setzt
ganz auf »das Humanum als ökumenisches Grundkriterium«[7]. Folgerichtig wird das interreligiös Verbindliche erklärtermaßen bei der
in der Tat in allen Weltreligionen vorfindbaren Goldenen Regel[8]
gesucht, die ja nichts anderes als eine geschichtlich frühe, wenn
auch noch nicht ganz hinreichende Formulierung des vernunftethischen Gegenseitigkeitsprinzips darstellt. Andererseits wird die
vernunftethische Qualität der damit in Anspruch genommenen
normativen Logik der Zwischenmenschlichkeit m. E. zu Unrecht
bisweilen in einen vermeintlichen Gegensatz zum interreligiösen
Weltethos-Projekt gestellt.[9] Die leicht ketzerische Frage sei erlaubt:
Ist die darin zum Ausdruck kommende, ganz unnötige Abwehr der
Ansprüche der praktischen Vernunft etwa dem alten, hintergrün-
dig nachwirkenden vernunftfeindlichen Moment in der christlichen, vor allem der römisch-katholischen Tradition zuzuschreiben?
Weshalb statt dessen nicht darauf vertrauen, daß deren entscheidender moraltheologischer Kern ebenso wie die Botschaften der
anderen großen Religionen den philosophisch-ethischen »Ver-
nunfttest« durchaus bestehen könnte? Und handelt es sich, soweit
gewisse Elemente theologischer Morallehre(n) diesen Test nicht
bestehen sollten, möglicherweise nur um dogmatischen Ballast, der
den guten humanethischen Kern geschichtlich überwuchert hat

und der zum Vorteil des Weltethos-Projekts entsorgt werden sollte?

Es kommt heute, so meine ich, gerade darauf an, alle Menschen ausdrücklich bei ihrer lebenspraktischen Vernunft anzusprechen und ihnen bewußt zu machen, daß diese *für* und nicht etwa gegen den Kern der religiös-ethischen Botschaften spricht, der die religiösen Traditionen im »Weltethos« vereint. Die schwerwiegendsten Probleme der Menschheit scheinen mir jedenfalls heute eher mit einem Zuviel an praktischer *Un*vernunft denn an Vernunft zusammenzuhängen; nie zuvor in der Geschichte war die Anstrengung der praktischen Vernunft nötiger als heute, wenn die sozialökonomischen, ökologischen und kulturellen Herausforderungen der Zeit bewältigt werden sollen. Es gilt m.E. auch diesbezüglich, was Hans Küng in allgemeiner Form so trefflich formuliert hat: Ein »vergangenheitsbezogener Anti-Modernismus der Religionen ist kein Beitrag zur Überwindung der epochalen Krise.«[10]

Weshalb hier diese Betonung des vernunftethischen Moments? Mindestens zwei elementare Gründe sprechen m.E. dafür. *Zum ersten* wurzelt – wie Hans Küng selbst hervorhebt – in der Bezugnahme auf kulturelle Ethostraditionen oft gerade das grundlegende *Problem*, nämlich in Form der teilweise heftigen interkulturellen Konflikte, um deren friedliche und vernünftige (wie sonst!) Überwindung es im Weltethos-Projekt geht, und nicht schon seine Lösung.[11] Nur von einer »postkonventionellen«[12] Prinzipienethik aus, die vom universalen humanistischen Vernunftstandpunkt aus argumentiert, läßt sich unparteilich und unbefangen, d.h. gleichermaßen vorbehaltlos ethisch-kritisch gegenüber allen Kulturtraditionen argumentieren, und nur so läßt sich letztlich die interkulturelle Glaubwürdigkeit der Grundsätze, die im Namen des Weltethos Geltung beanspruchen, begründen. Wie bedeutsam das ist, zeigt etwa der gängige relativistische Standardvorwurf des Eurozentrismus der Menschenrechtskonventionen; erst wenn Menschenrechte ihre Begründung in einer vernunftethischen Konzeption universaler moralischer Grundrechte finden, die vor allen kulturspezifischen Ausprägungen der Menschenrechtsidee ansetzt, können sie gegen den relativistischen Zeitgeist stark gemacht werden. Immerhin stellen die Menschenrechte das bisher wirkungsmächtigste (und gerade deshalb von »interessierten« Kreisen bisweilen so heftig diffamierte) Moment in Richtung eines universalistischen Menschheitsethos dar;[13] dessen prinzipielle *Vernünftigkeit* sollte gerade vom Weltethos-Projekt nicht unterlaufen, sondern dezidiert vertreten werden.

Zum zweiten birgt die unterschwellige Geringschätzung der modernen Vernunftethik die Gefahr in sich, daß das Weltethos-Projekts in der *Form* einer vormodernen, konventionalistischen Morallehre verharrt, nämlich in der Form »fester Werte« im Sinne einer materiellen Wertethik. Dem steht die moderne Konzeption einer formalen und prozeduralen Ethik gegenüber, die nicht konkrete feste Werte verkündet, sondern regulative Ideen und Verfahren der vernünftigen, für alle Menschen guten Willens konsensfähigen Beantwortung moralischer Fragen mit guten (d. h. gegenüber jedermann vertretbaren) Gründen klärt. Wesentliche Grundprobleme einer wohlgeordneten Gesellschaft lassen sich denn auch heute nicht allein individualethisch auf der Ebene personaler Wertbindung (Tugend) lösen, sondern verlangen institutionenethische Leitbilder, die die *allgemeinen formalen Grundsätze* des gerechten Zusammenlebens freier, mündiger und verantwortungsfähiger Bürger definieren. In einer Welt des Pluralismus der Kulturen, der Lebensformen und der Werthaltungen kommt es gerade darauf an, die normative Grundstruktur einer wohlgeordneten Gesellschaft – und mit ihr des wohlgeordneten Zusammenlebens der Völker und Kulturen – so zu begründen, daß sie gegenüber den kulturell verschiedenen Konzeptionen des Guten neutral bleibt, also nicht bestimmte Lebensentwürfe gegenüber andern bevorzugt. Nur solche Grundsätze dürfen daher als notwendige Bestandteile des universalen Grundkonsens festgelegt werden, die gerade zur Gewährleistung eines Pluralismus frei gewählter kultureller Identitäten und Lebensformen im Sinne ihrer Gleichberechtigung und Gleichbehandlung unverzichtbar sind. Ein solcher interkulturell neutraler Basiskonsens *konstituiert* überhaupt erst die politische Grundordnung einer offenen, gerechten und friedlichen (Welt-)Gesellschaft.

Es ist die moderne politische Ethik des *politischen Liberalismus* (nicht etwa des Wirtschaftsliberalismus!), die an diesen für eine religiös, kulturell und weltanschaulich pluralistische Welt entscheidenden ethischen Fragen mit beachtlichen Ergebnissen arbeitet. Diese Ergebnisse lassen sich in der traditionellen additiven Form konventioneller fester Werte, etwa des Dekalogs, nicht hinreichend erfassen, da so die wechselseitigen Beziehungen zwischen den verschiedenen Voraussetzungen einer wohlgeordneten Gesellschaft, auf die es wesentlich ankommt, nicht zur Geltung gebracht werden können.[14]

Der springende Punkt für unser Thema ist folgender: Soweit Wirtschaftsethik ein Stück politische Ethik ist – und das ist m.E. zu ganz wesentlichen Teilen der Fall –, kann eine tragfähige Klärung der »spannenden« Beziehung zwischen Weltethos-Idee und sich herausbildender Weltwirtschaft kaum erwartet werden, wenn der Stand der modernen politischen Ethik systematisch unterboten wird. Das spricht nicht gegen den Ansatz, das Verbindende der vorfindbaren Moraltraditionen der Weltreligionen stark zu machen, wohl aber dafür, den m.E. bedeutsamen Beitrag moderner vernunftethischer Ansätze (praktische und politische Philosophie) nicht auszugrenzen, sondern ihn vielmehr in das Weltethos-Projekt konsequent einzubeziehen.

Im nachfolgenden zweiten Abschnitt soll zunächst die spezifische Bedeutung dieses Postulats im wirtschaftsethischen Kontext erhellt werden, bevor wir dann im dritten Abschnitt wenigstens in groben Zügen Leitlinien einer wohlgeordneten Gesellschaft mitverantwortlicher (Wirtschafts-)Bürger zu skizzieren versuchen, in das eine lebensdienliche Marktwirtschaft einzubetten ist.

2. Wirtschaftsethik im Spannungsfeld zwischen kulturellen Ethos-Traditionen und globaler Marktlogik

Ein höchst wirksames, jedoch eher fragwürdiges »Weltethos« existiert bereits – es ist das kapitalistische Wirtschaftsethos, das sich im Zeichen der Globalisierung der Märkte fortschreitend in allen Kulturräumen einnistet, versteckt hinter der anonymen – und daher fälschlicherweise oft für wertfrei und unparteilich gehaltenen – ökonomischen »Sachlogik«. Doch was dabei zur »Sache« kommt, ist die durchaus werthafte Logik strikt erfolgsrationalen Handelns unter den Bedingungen marktwirtschaftlichen Wettbewerbs. Die Umwertung aller Werte, die das persönliche Erfolgs und Vorteilsstreben am Beginn der Neuzeit von der traditionellen Einbindung in *andere*, vorrangige Werte moralisch »enthemmt« hat, wurzelt ironischerweise selbst noch in einer religiösen Tradition. Wie Max Weber in seiner berühmten Studie »Die protestantische Ethik und der Geist des Kapitalismus« gezeigt hat, steigt der kapitalistische »Geist« empor aus den »innerlichsten Formen christlicher Frömmigkeit«[15], speziell in ihrer calvinistischen (und zwinglianischen) Ausprägung. Ausgehend von Genf (und Zürich), verbreitet sich diese rasch über die Niederlande, England, Schottland und Neuengland (USA) und diffundiert mit der Ausweitung der Märkte zunehmend über alle sich wirtschaftlich entwickelnden Länder. Was zuvor streng verpönt war, nämlich das hemmungslose Verfolgen geschäftlicher Interessen, wird auf der Basis des calvinistisch-kapitalistischen »Wirtschaftsethos«[16] zum Inbegriff einer Gott wohlgefälligen Lebensform, in der die Mehrung des wirtschaftlichen Reichtums nahezu gleichbedeutend mit der »Mehrung von Gottes Ruhm«[17] wird. Dabei gilt als »natürlich praktisch wichtigster Gesichtspunkt: die privatwirtschaftliche *Profitlichkeit*. Denn wenn jener Gott, den der Puritaner in allen Fügungen des Lebens wirksam sieht, einem der Seinigen eine *Gewinnchance* zeigt, so hat er seine Absichten dabei. Und mithin hat der gläubige Christ diesem Rufe zu folgen, indem er sie sich zunutze macht.«[18]

Die Folge war eine buchstäblich entfesselte wirtschaftliche Rationalisierungsdynamik, die die betroffenen Menschen fortschreitend unter den *Sachzwang der Selbstbehauptung im Wettbewerb* stellt und so längst eine anonyme Eigendynamik entwickelt hat: *niemandem* mehr ist am Ende der allgemeine Wettbewerbszwang unter den Bedingungen des anonymen Weltmarkts persönlich zurechenbar. Der eigentümliche (!) Zwang des »freien« Marktes resultiert vielmehr aus der unabgrenzbaren Interaktion *aller* Marktteilnehmer. Jeder sieht sich unter dem Druck, sich gegen seine direkten Konkurrenten zu behaupten, als Arbeitnehmer auf dem Arbeitsmarkt ebenso wie als Unternehmer auf dem Güter- und Dienstleistungsmarkt.

Besser als die meisten heutigen Ökonomen, die oft nicht wissen, was sie tun, wenn sie zeitgeistkonform und ziemlich phantasielos nach *mehr Markt* und *dereguliertem Wettbewerb* als angeblichen Heilmitteln zur Lösung fast aller wirtschafts- und gesellschaftspolitischen Probleme rufen, hat Weber das begriffen. *Mehr Markt und Wettbewerb* sind nämlich keineswegs wertfreie und interessenneutrale Mittel zur »effizienten« Steigerung des so oft beschworenen, aber selten gesehenen »Gemeinwohls«, vielmehr übt der Markt eine äußerst werthafte *Selektionsfunktion* zwischen verschiedenen Lebensformen aus: Wer nicht »unternehmerisch« lebt, d.h. auch als Arbeitnehmer (= Unternehmer seiner persönlichen Arbeitskraft) konsequent und rücksichtslos in seinen eigenen »Marktwert« investiert, erhält vom Markt über kurz oder lang die rote Karte gezeigt, wird also aus dem Wettbewerb eliminiert. Mit andern Worten: Der Markt *erzieht* die seiner Sachzwanglogik Unterworfenen »gnadenlos« zu einer »der Eigenart des Kapitalismus angepaßte(n) Lebensführung und Berufsauffassung«[19] – »wer sich in seiner Lebensführung den Bedingungen kapitalistischen Erfolgs nicht anpaßt, geht unter oder kommt nicht hoch.«[20]

Vom anonymen Marktmechanismus »belohnt« werden jene, die konsequent eine wettbewerbsorientierte Lebensform pflegen, also alles, was sie tun, als *Investition* in ihre zukünftige Wettbewerbsfähigkeit »berechnen« und mit andern Menschen immer nur einen strategischen, d. h. an der Verbesserung ihrer eigenen Erfolgsposition orientierten Umgang treiben. Andere Lebensformen, die vermehrt auf zwischenmenschliche Werte um ihrer selbst willen setzen und wirtschaftlichen Gesichtspunkten nur eine nachrangige Bedeutung zubilligen, sind da von vornherein auf verlorenem Posten. Diese selten beachtete *strukturelle Chancenasymmetrie verschiedener Lebensformen im marktwirtschaftlichen Wettbewerb* dürfte nicht nur weitgehend den kulturgeschichtlichen »Sieg« der »unternehmerischen« Lebensform im okzidentalen Modernisierungsprozess über alternative Lebensmodelle erklären, sondern läßt heute auch eine ziemlich sichere Prognose über die weltweiten *kulturellen* Resultate der in Gang befindlichen Globalisierung der Märkte zu. Der von den meisten Ökonomen wegen seiner Effizienz und Wohlstandserzeugungseffekte (für alle?) begrüßte »Wettbewerb der Standorte« und der jeweiligen »Rahmenbedingungen« der privatwirtschaftlichen Kapitalverwertung ist nämlich unausweichlich zugleich ein höchst selektiver Wettbewerb zwischen dem *industrial way of life* und den von der Globalisierung überrollten, tradierten Lebensformen anderer Kulturen. Und dieser *Wettbewerb der Kulturen* ist im »freien« Markt im voraus entschieden – er wird sich, wie gezeigt, die dazu »passende« unternehmerische Lebensform ganz von selbst auslesen und die Anhänger anderer Wertorientierungen und Lebensentwürfe zu Verlierern stempeln. Obschon dies die strukturelle Folge eines systemischen Sachzwangs ist, wird es bald überall, wo der »freie Markt« angelangt ist, den Anschein haben, als *wünschten* sich die meisten Menschen in allen Kulturen der Welt nichts sehnlicher als den Verzicht auf ihre traditionelle Alltagskultur und die Übernahme der wettbewerbs-, leistungs-, erfolgs- und besitzorientierten »Kultur« des Westens.[21]

Die heute dominierende neoliberale Wirtschaftsdoktrin besteht im Kern in der normativen Überhöhung genau dieser ökonomischen Sachzwanglogik zum *Ökonomismus*. Symptomatische Konsequenz sind die Verabsolutierung ökonomischer Werte zu den einzigen Werten, die zählen, und die Überdehnung der Marktwirtschaft zum Paradigma (Denkmuster) einer totalen Markt*gesellschaft*. Der alten, offenbar ziemlich nachhaltigen *Metaphysik des Marktes* mehr vertrauend als der praktischen Vernunft des Menschen, sind die Neoliberalen blind für die beiden lebenspraktischen Haupteffekte der von ihnen betriebenen Politik der Marktderegulierung und Wettbewerbsintensivierung: Zum einen wird die individuelle Selbstbehauptung im verschärften Wettbewerb immer härter und mit ihr die Rücksichtnahme auf andere als ökonomische Gesichtspunkte, also auch auf ethische Werte der Zwischenmenschlichkeit, immer schwieriger und letztlich individuell unzumutbar: Sachzwang herrscht im angeblich »freien« Markt. Und zum andern kommt es zur immer krasseren sozialen Spaltung der Gesellschaft in Gewinner und Verlierer: Eine Drittweltisierung aller Länder, auch der ökonomisch »fortgeschrittensten«, droht und ist, angeführt von den USA (Reagonomics) und Großbritannien (Thatcherismus), in vielen Ländern bereits statistisch erfaßbar.

Wer nicht bloß die Symptome beklagen, sondern die Ursachen dieser fragwürdigen Entwicklung aufdecken und gegen sie mit präzisen Argumenten Einspruch erheben will, kommt nicht um die gründliche ideologiekritische Auseinandersetzung mit den Denk- und Sachzwängen des Ökonomismus herum: Ökonomismuskritik ist unter den heutigen realen Umständen die systematisch erste und wichtigste Aufgabe moderner Wirtschaftsethik.[22] Es gilt, mit andern Worten, das Normative schon *in* der ökonomischen »Sachlogik« aufzudecken und diese selbst »zur Vernunft« zu bringen – zur ethisch-praktischen Vernunft nämlich. Es genügt also nicht, der wirkungsmächtigen ökonomischen Sachlogik die Ethik oder das postulierte Weltethos nur als »das Andere der ökonomischen Vernunft« entgegenzuhalten, vielmehr bedarf das tradierte Wirtschaftsethos, das sich heute mehr denn je auf einem weltweiten, vom entsprechenden ideologischen Triumphgeschrei begleiteten Siegeszug befindet, *als solches* der vernunftethischen Aufklärung von innen heraus. Genau darin liegt die Grundidee »integrativer« (statt bloß korrektiver) Wirtschaftsethik.

Ohne Aufklärung und kulturelle Überwindung des ökonomistischen Zeitgeists ist somit, so lautet das unbequeme Zwischenfazit zum Verhältnis von Weltethos-Projekt und real existierendem, sich zur Zeit gerade globalisierendem kapitalistischem Wirtschaftsethos, auch der Wettbewerb zwischen diesen beiden »Ethosangeboten« strukturell schon vorentschieden. Die vorbehaltlose vernunftethische Kritik des überlieferten Wirtschaftsethos ist daher wohl die bestmögliche Form der Zuarbeit für das Weltethos-Projekt von seiten der Wirtschaftsethik.

3. Globale Märkte und globale Wirtschaftsordnung – Gedanken zu einem noch zu entwickelnden Weltwirtschaftsethos

Setzen wir nun nochmals mit dem am Anfang dieses Beitrags zitierten Postulat von Hans Küng an: »Nicht zuletzt der Weltmarkt erfordert ein Weltethos!« Gemäß den voranstehenden Grundüberlegungen zum integrativen Ansatz der Wirtschaftsethik steht hier »Weltethos« zunächst für ein postökonomistisches Wirtschaftsethos, d. h. für eine aufgeklärte »Wirtschaftsgesinnung«[23], welche die ökonomistische Metaphysik des Marktes hinter sich läßt und statt dessen der normativen Logik der Zwischenmenschlichkeit den grundsätzlichen Vorrang vor der Logik des Marktes einräumt. Dem damit postulierten Primat der Ethik und der (ethisch fundierten) Politik vor der ökonomischen »Sachlogik« korrespondiert ein instrumentelles Marktwirtschaftsverständnis, und das meint: Die Gestaltung der Wirtschaftsordnung soll *nicht auch noch* nach »rein« ökonomischen Kriterien der Effizienz, der internationalen Wettbewerbsfähigkeit usw. erfolgen, sondern nach Maßgabe ethischpraktischer, »vitaler« Wertgesichtspunkte des guten Lebens und gerechten Zusammenlebens der Menschen. Gemäß dieser Grundidee einer *lebensdienlichen Ökonomie*[24] läßt sich folglich Ordnungspolitik nicht auf Wettbewerbspolitik (d.h. die Politik der Sicherung eines wirksamen Wettbewerbs auf offenen Märkten) reduzieren, wie dies das derzeit tonangebende neoliberale Verständnis von »sauberer« Ordnungspolitik tut, sondern sie ist zugleich und vorrangig als »Vitalpolitik«[25] (d.h. eben: als Politik der Ausrichtung der Marktkräfte auf die übergeordneten ethischen Kriterien der Lebensdienlichkeit) zu konzipieren, um einen treffenden Begriff der Ordoliberalen wiederaufzugreifen.

Es waren denn auch die ordoliberalen Vordenker – neben Alexander Rüstow insbesondere auch Wilhelm Röpke, Walter Eucken und Fritz Böhm –, die in den 50er und 60er Jahren der altliberalen Metaphysik des »freien«, sich vermeintlich selbst regelnden Marktes die aufgeklärte Konzeption der (sozialen) Marktwirtschaft als einer »staatlichen Veranstaltung« entgegenhielten. Sie begriffen, daß nicht einfach der Marktmechanismus, sondern vielmehr der »Marktrand« für eine lebensdienliche Marktwirtschaft konstitutiv ist. Darunter verstanden sie die Gesamtheit der ethisch-politischen Vorgaben, die den Wettbewerb *begrenzen* und die Anreize des Marktes auf »vitale« Zwecke *ausrichten.* Wiederum von Rüstow stammt das berühmte Diktum, »daß der Marktrand ... das eigentliche Gebiet des Menschlichen ist, hundertmal wichtiger als der Markt selber. (...) Der Markt ist ein Mittel zum Zweck, ist kein Selbstzweck, während der Rand eine Menge Dinge umfaßt, die Selbstzweck sind, die menschliche Eigenwerte sind.«[26] So verstandener Vitalpolitik stellen sich zwei systematische wirtschaftsethische Grundfragen: zum einen die *Sinnfrage* nach dem kulturellen Lebensentwurf, für den unsere Wirtschaftsweise dienlich sein soll, und zum anderen die *Gerechtigkeitsfrage* nach dem Leitbild einer wohlgeordneten Gesellschaft, in das eine lebensdienliche Ökonomie einzubetten ist. Der Begriff der Gerechtigkeit ist dabei umfassend zu verstehen; er schließt neben dem Schutz der Grundrechte und der Chancengleichheit die soziale Gerechtigkeit unter den Gesellschaftsmitgliedern, aber auch die intergenerationelle Gerechtigkeit und mit ihr die »Zukunftsverträglichkeit« (Nachhaltigkeit) der Wirtschaftsweise ein. Die Sinnfrage verweist ihrerseits auf die Gerechtigkeitsfrage, da die freie Wahl einer authentischen, den eigenen kulturellen Wertmaßstäben entsprechenden und daher menschlich erfüllenden Lebensform überhaupt nur möglich ist, wenn die vitalpolitischen »Randbedingungen« auch anderen als strikt wettbewerbs- und erfolgsorientierten Lebensformen eine faire Entfaltungschance bieten. Doch das ist im Falle einer strikten neoliberalen Wettbewerbspolitik, die auf grenzenlose Marktderegulierung und Wettbewerbsintensivierung zielt, keineswegs der Fall, wie wir im zweiten Abschnitt schon gesehen haben.

Mit der fortschreitenden Globalisierung der Märkte haben diese Überlegungen seit kurzem eine ungeahnte Brisanz erhalten. Der Primat der (ethisch zu begründenden) Politik vor der Marktlogik, mithin die rechtsstaatlich gewährleistete Rahmenordnung des marktwirtschaftlichen Wettbewerbs, verkehrt sich tendenziell in den internationalen *Wettbewerb der Rahmenordnungen*, was dem faktischen Primat der Marktlogik vor Ethik und Politik auf der globalen Ebene gleichkommt. Aus ordoliberaler Sicht besteht die epochale Aufgabe darin, auch auf supranationaler Ebene die Ordnung der Dinge wieder richtigzustellen, also schrittweise eine vitalpolitisch begründete Rahmenordnung der globalen Märkte zu entwickkeln und völkerrechtlich durchzusetzen: Wer den globalen Markt will, muß als wirtschaftsethisch aufgeklärter, verantwortungsbewußter Bürger auch eine globale Rahmenordnung wollen, die die Marktkräfte den »vitalen« Bedingungen der Human-, Sozial- und Umweltverträglichkeit unterordnet.

Niemand wird sich über die Größenordnung dieser Herausforderung und die zahllosen Widerstände, die sich der ethisch-ökonomischen Vernunft von seiten unseliger Koalitionen machtvoller Partikularinteressen möglicherweise noch während Jahrzehnten entgegenstellen werden, täuschen. Das gilt umso mehr, als sich bis anhin sogar die Mehrzahl der sogenannten »Sachverständigen« der Ökonomie nicht etwa für diese Aufgabe engagieren, sondern im Gegenteil mehr denn je vom ökonomistischen Virus befallen zu sein scheinen. Unter Mißachtung der aufgezeigten »vitalen« Zusammenhänge fallen heute dieselben Ökonomen und Wirtschaftspolitiker, die auf nationaler Ebene noch bis vor kurzem die Marktwirtschaft zum größeren Teil durchaus als politisch zu gestaltende »staatliche Veranstaltung« begriffen haben, geradezu reihenweise nicht nur hinter das ordoliberale, sondern sogar hinter das neoliberale Konzept in ein steinzeitliberales Denken zurück, indem sie auf der internationalen Ebene den »Wettbewerb der Rahmenordnungen« nicht etwa primär als ein ordnungspolitisches *Problem* betrachten, sondern ihn vielmehr schon als dessen *Lösung* begrüßen. Demgegenüber müßte ja schon eine konsequent neoliberale Konzeption zumindest auf der Unverzichtbarkeit einer wenigstens wettbewerbspolitischen Rahmenordnung des globalen Wettbewerbs beharren.[27]

Es handelt sich bei diesem neuen Marktfundamentalismus, der in der Globalisierung geradezu das Heilsversprechen zur Verwirklichung des Weltgemeinwohls sieht, offenkundig nur um die jüngste Erscheinungsform des alten Wirtschaftsethos, das eine »unternehmerische« Lebensform für die einzig wünschbare hält[28] und den »freien« Markt ökonomistisch zum Inbegriff einer Gesellschaft freier Bürger übersteigert. Demgegenüber kommt es heute angesichts der sich epochal verändernden sozioökonomischen Verhältnisse entscheidend darauf an, die normativen Voraussetzungen einer wohlgeordneten Gesellschaft und einer von dieser her legitimierten Marktwirtschaft auf dem systematischen Niveau der modernen politischen Philosophie und Ethik neu zu bestimmen.

Eine wohlgeordnete moderne Gesellschaft freier Bürger orientiert sich vorrangig am Ziel, die *gleiche größtmögliche reale Freiheit aller Bürger* zu gewährleisten. Reale Freiheit meint die *Lebbarkeit* des je authentischen kulturellen Lebensentwurfs in den Grenzen der Wahrung des gleichen legitimen Anspruchs aller Bürger. Eine in diesem wohlverstandenen Sinne *liberale* Ordnung zielt somit im Kern auf nichts anderes als die unparteiliche Gleichberechtigung aller kulturellen Identitäten und Lebensentwürfe auf dem Boden des wechselseitigen Respekts, wie wir schon im ersten Abschnitt gesehen haben. Die grundlegende Bedeutung dieses Leitbilds des politischen Liberalismus ist angesichts der zunehmenden Alltäglichkeit des multikulturellen Zusammenlebens innerhalb und zwischen den einzelnen Ländern offensichtlich – es darf, so lautet meine Kernthese, von einem Weltethos-Konzept, das den Anspruch der interkulturellen Unparteilichkeit und Konsenswürdigkeit zu Recht erheben und auch im »Härtetest« der sich globalisierenden ökonomischen Sachzwanglogik bestehen will, konzeptionell nicht unterboten werden. Somit gilt es auch im Weltethos-Projekt, den Grundelementen einer wohlgeordneten Gesellschaft und einer in sie eingebetteten, lebensdienlichen Marktwirtschaft systematisch Geltung zu verschaffen. Es sind dies zum einen institutionelle Grundlagen (Bürgerrechte) und zum andern bürgerethische Voraussetzungen (Bürgertugend).

Institutionenethischer Aspekt: Wirtschaftsbürgerrechte

Als sozioökonomische Grundlage allgemein lebbarer Freiheit sind angesichts des härter gewordenen marktwirtschaftlichen Wettbewerbs neue Bürgerrechte zu verwirklichen, die allen Bürgern, gleichviel ob sie eine vom Markt strukturell »belohnte« oder »bestrafte« Lebensform leben möchten und unabhängig davon, ob sie im marktwirtschaftlichen Selbstbehauptungswettbewerb zu den Siegern oder zu den Verlierern gehören, die Voraussetzungen eines Lebens in Selbstachtung ebenso wie die soziale Respektabilität als vollwertige Bürger gewährleisten. Gerade in den »fortgeschrittenen« Ländern geht es heute um die gesellschaftspolitische Weichenstellung, ob wir am unüberbotenen modernen Projekt der *civil society*, also einer Gesellschaft freier und gleicher Bürger, festhalten und der Spaltung der Gesellschaft in Gewinner und Verlierer entgegenwirken wollen, oder ob diese ungute Entwicklung als »Sachzwang« des ökonomischen »Fortschritts« (wohin und für wen?)

hingenommen und das unabgeschlossene politisch-liberale Projekt der Bürgergesellschaft dem wirtschaftsliberalen Leitbild der totalen Marktgesellschaft geopfert wird. Wer sich für den ersten Weg entscheidet, der wird in der Ergänzung der bisherigen Bürgerrechte in freiheitlich-demokratischen Rechtsstaaten – im wesentlichen sind das Persönlichkeitsrechte und Staatsbürgerrechte – durch eine neue Kategorie allgemeiner *Wirtschaftsbürgerrechte auf Arbeit und Existenzsicherung* eine der entscheidenden Reformaufgaben in ethischer Absicht erkennen.[29]

Doch in *einem* Land allein läßt sich das wegen des dargelegten, zunehmenden Wettbewerbs der Rahmenordnungen im Zeitalter der Globalisierung der Märkte kaum mehr realisieren. Ordnungsethischer Fernhorizont kann daher nur eine vollentfaltete *Weltbürgergemeinschaft* sein, die ihre sozialökonomische Basis in weltweit durchzusetzenden Bürgerrechten, einschließlich der vorgeschlagenen Wirtschaftsbürgerrechte, findet. Denn wie einer der klarsichtigsten Vordenker des politischen Liberalismus, Ralf Dahrendorf, es auf den Punkt gebracht hat, sind (auch und gerade sozialökonomische) Bürgerrechte »jene unbedingten Anrechte, die die Kräfte des Marktes zugleich überschreiten und in ihre Schranken verweisen.«[30] Wer das vitalpolitisch für richtig hält, der wird in völkerrechtlich zu gewährleistenden, wenn auch gewiß immer wieder kultur- und zeitspezifisch interpretationsbedürftigen Wirtschaftsbürgerrechten ein konstitutives Moment einer künftigen zivilisierten Weltwirtschaftsordnung erkennen. Mag der Weg dahin noch so steinig sein, von ihm wird wesentlich abhängen, ob »der Bürgerstatus entweder ein universelles Projekt ist oder nur eine armselige Bemäntelung von Privilegien.«[31]

Tugendethischer Aspekt: Wirtschaftsbürgerethos

Wie aber kommen wir auf dem Wege zum skizzierten Ideal einer gerechten Weltbürgergemeinschaft voran? Die Antwort fällt im Prinzip nicht schwer: Eine wohlgeordnete (Welt-)Gesellschaft ist auf freiheitlich-demokratischem Boden nur mit Personen realisierbar, zu deren »bürgerlicher« Identität ein hinreichend starkes Bürgerethos gehört – mit puren Egoisten, die in der Politik nur die Fortsetzung ihrer privaten Geschäfte mit anderen Mitteln sehen, also auch hier stets nur ihren eigenen Vorteil maximieren und ihre Partikularinteressen verteidigen wollen, ist buchstäblich »kein Staat« und erst recht keine supranationale Ordnung zu machen. Was not tut, ist ein Minimum an staats- und wirtschaftsbürgerlichem Gemeinsinn, an Solidarität der Privilegierten mit den Benachteiligten und insbesondere an *republikanischer Mitverantwortung* der Bürger für die »öffentlichen Dinge« in der Res publica.

Wer solche Postulate heute als weltfremd und altmodisch betrachtet, der ist in Wahrheit selbst altmodisch und lebensweltvergessen: Er hängt noch dem naturrechtlich-metaphysischen, hobbesianischen Traum an, eine freiheitliche Gesellschaft könne ganz als ein System des geordneten Egoismus gedacht und begründet werden, ohne jegliche moralische Tugendzumutung an die als pure Homines oeconomici vorgestellten Bürger, die alle ihre Koordinationsprobleme restlos über den privaten Vorteilstausch am Markt tätigen. Doch dieser Traum ist nach seiner wirtschaftsethischen Aufklärung endgültig ausgeträumt – er entpuppt sich als purer Ökonomismus. Jenseits dieser marktfundamentalistischen Ideologie gilt es jene unabdingbaren Momente an republikanischer Bürgertugend zu definieren, die einer im wohlverstandenen Sinn liberalen Gesellschaft als individualethische Minimalbedingung immer schon notwendigerweise zugrundeliegen. Es geht dabei keineswegs um eine »weltfremde«, heroische Tugendüberforderung, sondern nur um das *politische Selbstverständnis des Bürgers:* Wer sich als Mitglied einer wohlgeordneten Gesellschaft gleicher, freier und mündiger Bürger versteht, für den ist die Teilnahme an den öffentlichen Dingen Teil der eigenen Identität. Ein guter Bürger im republikanisch-ethischen Sinne zu sein ist also nicht schon gleichbedeutend mit dem unbegrenzten Tugendanspruch, in jeder Hinsicht und jederzeit ein »guter Mensch« zu sein. Vielmehr kommt es auf die Bereitschaft zur Übernahme einer angemessenen politischen Mitverantwortung für die demokratische Etablierung gesellschaftlichen Spielregeln an, unter denen die individuelle Verfolgung privater Interessen als *legitim* gelten kann.[32]

In diesem Sinne gehört insbesondere zu einer *republikanischen*

Unternehmensethik neben der unmittelbaren Geschäftsethik stets auch die branchen- und ordnungspolitische Mitverantwortung der in ihren Auswirkungen nie rein privaten »Privatwirtschaft« für legitime und verantwortbare Rahmenbedingungen des Wettbewerbs.[33] Und das gilt für multinational tätige Firmen auf nationaler ebenso wie auf supranationaler Ebene. Wer nicht blauäugig ist, der wird einsehen, daß im Zeitalter der Globalisierung eine einigermaßen human-, sozial- und umweltverträgliche Weltwirtschaftsordnung nur *mit* den teilweise mächtigen, längst international agierenden Organisationen der »Privatwirtschaft« realisierbar ist – aber nicht in opportunistischer Anpassung an deren »Bedingungen«, sondern indem sie an ihre republikanischethische Pflicht als *Corporate Citizens*, wie die Amerikaner sagen, erinnert werden. Und wenn das nichts nützt, ist es Sache der aufgeklärten Bürgermehrheit, sie demokratisch-rechtsstaatlich in die Pflicht zu nehmen.

4. Kurzer Ausblick mit langem Horizont

Die wirtschaftsethische Gretchenfrage, vor der ein wahrhaftiges weltbürgerliches Wirtschaftsethos keinen Reflexionsstop vollziehen darf, stellt sich in naher Zukunft noch radikaler: Letztlich geht es um die Entscheidung, ob wir bereit sind, die Konsequenzen daraus zu ziehen, daß unser heutiger »westlicher« Wirtschafts- und Lebensstil weder global verallgemeinerbar noch zukunftsverträglich ist, da er die ökologische Belastbarkeit unseres Planeten – und wir haben nur diesen einen – nach allem, was wir heute wissen, ebenso überfordert wie die soziale Integrationskraft unserer Gesellschaften. *Selbstbegrenzung* unserer individuellen Wohlstandsansprüche zugunsten der sozial, international und intergenerationell gerechten Verteilung des Verzehrs an natürlichen Lebensgrundlagen ist geboten. Wer würde es bestreiten: Vorrangiger, »vitaler« Zweck einer legitimen und lebensdienlichen Weltwirtschaft muß es sein, die Grundbedürfnisse *aller* Menschen zu decken. Das macht den *sozialen* Sinn einer ethisch fundierten Ökonomie aus. So gesehen, sind Gerechtigkeits- und Solidaritätsfragen der Prüfstein der sozialökonomischen »Effizienz« der Weltwirtschaft.

Doch wäre es zu kurz gedacht, eine sozial und intergenerationell gerechtere, ökologisch zukunftsfähige Weltwirtschaft unbedingt mit der Vorstellung zu verbinden, daß dies für die bisherigen »Wohlstandskinder« der reichen Länder unvermeidlich mit erheblichen Verzichtleistungen in bezug auf unsere Lebensqualität einhergehen müsse. Wer so denkt, ist noch immer dem ökonomistischen Fortschrittsmodell verhaftet, das im (quantitativen) Wirtschaftswachstum, in der endlosen Steigerung der verfügbaren *Güterfülle,* den Inbegriff des guten Lebens sucht. Sinngebende Leitidee einer wirklich fortgeschrittenen Ökonomie könnte und sollte es demgegenüber sein, sich am Ziel der Erweiterung der menschlichen *Lebensfülle* im Ganzen zu orientieren.

Sozialökonomische Basis dafür wäre die partielle Emanzipation aller Menschen aus den »Notwendigkeiten« und »Sachzwängen« der wirtschaftlichen Produktion, unter anderem mittels einer dem Produktivitätsfortschritt folgenden allgemeinen Verkürzung und gerechten Verteilung der vorhandenen Erwerbsarbeit. Zwecks Vermeidung unlauterer internationaler Wettbewerbsvorteile von Ländern mit zu langer Normalarbeitszeit bedürfen solche arbeitspolitischen Reformen natürlich der internationalen Koordination. Aber nur so wird einerseits jeder erwerbsfähige Weltbürger in Zukunft die Möglichkeit haben, sich durch eigene Leistung die benötigte Kaufkraft für den Lebensunterhalt zu verdienen, und andererseits jedermann Zeit und Freiräume für die Kultivierung der nichtwirtschaftlichen Dimensionen des guten Lebens gewinnen.

Offensichtlich ist die Geschichte möglicher kultureller Fortschritte noch lange nicht zu Ende. Erst wenn wir fähig sein werden, das Wirtschaften wirklich als ein lebensdienliches Mittel im Dienste einer möglichst allen Menschen zugänglichen kultivierten Lebensform zu verstehen und zu gestalten, wird das Projekt Weltethos auch als Weltwirtschaftsethos zum Tragen kommen.

Anmerkungen

1 *Hans Küng,* Projekt Weltethos, München/Zürich 1992, S. 57.
2 *Hans Küng,* Weltethos für Weltpolitik und Weltwirtschaft, München/Zürich 1997, S. 215ff.

3 Vgl. als systematische Gesamtdarstellung dieses Ansatzes *Peter Ulrich*, Integrative Wirtschaftsethik. Grundlagen einer lebensdienlichen Ökonomie, Bern/Stuttgart/Wien 1997.

4 *Helmut Plessner*, Conditio humana, in: Propyläen Weltgeschichte, Bd. 1, hrsg. v. Golo Mann und Alfred Heuß, Berlin/Frankfurt 1964, S. 33-86, hier S. 38.

5 Vgl. dazu im einzelnen *Ulrich* (1997), S. 23ff. und speziell 44ff.

6 Für eine nähere Erläuterung vgl. *Ulrich* (1997), S. 27f.

7 *Küng* (1992), S. 118ff.

8 Vgl. *Küng* (1992), S. 84f., ders. (1997), S. 154f.; zur philosophisch-ethischen Würdigung und Kritik der Goldenen Regel vgl. *Ulrich* (1997), S. 59ff.

9 Vgl. die auffallend skeptische, etwas lieblose »Erledigung« des Beitrags der modernen philosophischen Ethik durch *Küng* (1992), S. 63ff., ebenso ders. (1997), S. 136f. Eingeräumt sei, daß sich in beiden Büchern auch gegenläufige Äußerungen finden, die die unverzichtbare Rolle der ethischen Vernunft anerkennen, z.B. *Küng* (1997), S. 142.

10 *Küng* (1992), S. 44.

11 Vgl. *Küng* (1997), S. 160ff.

12 Bezugnehmend auf Kohlbergs berühmte Unterscheidung von präkonventioneller, konventioneller und postkonventioneller Moralbewußtseinsstufe; vgl. *Lawrence Kohlberg*, Essays on Moral Development, Vol. 1, San Francisco 1991.

13 Vgl. zur Deutung der Menschenrechte als Kern einer modernen »Makroethik der Menschheit« auch *Karl-Otto Apel*, Diskurs und Verantwortung: Das Problem des Übergangs zur postkonventionellen Moral, Frankfurt 1988, spez. S. 135, 193, 206.

14 Hier fehlt der Raum, auf diese voraussetzungsreichen Fragen der politischen Ethik, zu denen insbesondere *John Rawls* (Political Liberalism, New York 1993) Entscheidendes geleistet hat, näher einzugehen; vgl. die systematische Erörterung in *Ulrich* (1997), S. 247ff.

15 In: Gesammelte Aufsätze zur Religionssoziologie, 9. Aufl., Tübingen 1988, S. 17-206, hier S. 26; Erstveröff. 1904/05.

16 Weber (1988), Vorbemerkung, S. 13.

17 Weber (1988), S. 109.

18 Weber (1988), S. 175f.; erste Hervorh. im Orig., zweite P.U.

19 Weber (1988), S. 37.

20 Weber (1988), S. 140.

21 Vgl. dazu *Ulrich* (1997), S. 225ff.; ähnlich *U. Thielemann*, Das Prinzip Markt. Kritik der ökonomischen Tauschlogik, Bern/Stuttgart/Wien 1996, S. 323ff.

22 Vgl. zu einer systematischen Ökonomismuskritik *Ulrich* (1997), S. 131ff.

23 *Weber (1988)*, S. 12.

24 Den schönen Begriff der Lebensdienlichkeit übernehme ich vom evangelischen Theologen und Sozialethiker *Arthur Rich*, Wirtschaftsethik Bd.

II: Marktwirtschaft, Planwirtschaft, Weltwirtschaft aus sozialethischer
Sicht, Gütersloh 1990, S. 23, der darin den »fundamentalen Zweck der
Wirtschaft« umschreibt. Rich hat dabei seinerseits Bezug genommen auf
den Theologen *Emil Brunner*, Das Gebot und die Ordnungen, 4. Aufl.,
Zürich 1978, S. 387.

25 Vgl. *Alexander Rüstow*, Wirtschaftsethische Probleme der sozialen
Marktwirtschaft, in: *P. M. Boarman* (Hrsg.), Der Christ und die soziale
Marktwirtschaft, Stuttgart/Köln 1955, S. 53-74, hier S. 74: »Vitalpoli-
tik« zieht im Unterschied zu rein effizienzorientierter Wettbewerbs-
politik »alle Faktoren in Betracht ..., von denen in Wirklichkeit Glück,
Wohlbefinden und Zufriedenheit des Menschen abhängen.«

26 *A. Rüstow*, Paläoliberalismus, Kommunismus und Neoliberalismus, in:
F. Greiss / F. W. Meyer (Hrsg.), Wirtschaft, Gesellschaft und Kultur. Festgabe für Alfred Müller-Armack, Berlin 1961, S. 61-70, hier S. 68. Auf
einige systematische Denkfehler der Ordoliberalen und mit ihnen auch
die Begründer der Sozialen Marktwirtschaft (Alfred Müller-Armack,
Ludwig Erhard), namentlich die mit ihrem Primat der Vitalpolitik keineswegs konsistente Forderung der »Marktkonformität« aller wirt-
schaftspolitischen Maßnahmen, kann hier nicht eingegangen werden;
vgl. dazu *Ulrich* (1997), S. 352ff.

27 Zur trennscharfen Abrenzung von Alt-, Neo- und Ordoliberalismus und
ihren jeweiligen Korrelaten in bezug auf die Globalisierungsfrage vgl. im
einzelnen *Ulrich* (1997), S. 340ff. und 377ff.

28 Ganz in diesem Sinne fordern etwa die Autoren des neoliberalen Mani-
fests »Mut zum Aufbruch – Eine wirtschaftspolitische Agenda für die
Schweiz« (hrsg. von David de Pury / Heinz Hauser / Bea Schmid, Zürich
1995), das in der Schweiz eine heftige öffentliche Debatte ausgelöst hat,
auffallend oft einen grundlegenden »Mentalitätswandel« aller Bürger
genau in Richtung einer unternehmerischen Lebenshaltung (so schon
im Vorwort S. 10).

29 Dieser grundsätzliche Gedanke muß hier genügen. Für Näheres vgl.
Ulrich (1997), S. 259ff.

30 *Ralf Dahrendorf*, Moralität, Institutionen und die Bürgergesellschaft, in:
Merkur, Nr. 7, 1992, S. 557-568, hier S. 567f.

31 *Ralf Dahrendorf*, Über den Bürgerstatus, in: *B. Van den Brink / W. Van
Reijen* (Hrsg.), Bürgergesellschaft, Recht und Demokratie, Frankfurt
1995, S. 29-43, hier S. 38.

32 Zur hier nur angedeuteten, aktuellen Renaissance der republikanisch-
ethischen Tradition *innerhalb* der politischen Philosophie des Liberalismus vgl. die Übersicht in *Ulrich* (1997), S. 293ff.

33 Zur zweistufigen Konzeption republikanischer Unternehmensethik vgl.
im einzelnen *Ulrich* (1997), S. 427ff.

Welches Ethos für öffentliche Güter in der Weltwirtschaft?

1. Verdrängte Frage von weitreichender Bedeutung

1954 und 1955 veröffentlichte Paul Samuelson zwei kurze Artikel zur Theorie der öffentlichen Güter (Samuelson 1954 u. 1955), die von bahnbrechender Bedeutung für die Entwicklung der modernen Theorie der öffentlichen Ökonomik waren und fundamentale Implikationen für das Marktversagen enthielten. Trotz anfänglicher intensiver Diskussionen in Fachkreisen ist die Sprengkraft seiner Analyse über die Jahre weitgehend vergessen oder sogar verdrängt worden. Obschon einschlägige Literatur dazu vorhanden ist (Atkinson und Stiglitz 1980, Oakland 1987, Laffont 1987, Sandmo 1987), scheint man in den heutigen Diskussionen über Marktwirtschaft und Weltwirtschaft davon kaum Kenntnis zu nehmen. Ja, wenn das Loblied des Marktes gesungen wird, wird die Relevanz der öffentlichen Güter gewöhnlich verschwiegen. So fehlt beispielsweise in vielen wichtigen enzyklopädischen Werken ein Eintrag über öffentliche Güter (Staatslexikon, Enzyklopädie Philosophie und Wissenschaftstheorie, Encyclopedia of Ethics, Encyclopedia of Applied Ethics, Blackwell Encyclopedic Dictionary of Business Ethics; Ausnahmen machen der oben erwähnte New Palgrave, das Handwörterbuch der Wirtschaftswissenschaften und das Lexikon der Wirtschaftsethik).

Samuelson entwickelte eine analytische Definition des »öffentlichen Gutes« (public good), das er scharf vom »privaten Gut« unterschied, und integrierte sie in eine Theorie des Marktversagens. Wenn ein privates Gut (zum Beispiel ein Glas Wein) von einem

Individuum konsumiert wird, kann es nicht gleichzeitig auch von
einem anderen Individuum konsumiert werden. Ein öffentliches
Gut hingegen (zum Beispiel Sonnenschein) schließt den gleichzeitigen Konsum durch andere nicht aus. Der springende Punkt seiner Analyse ist nun, daß unter den üblichen Annahmen des neo-
klassischen Modells der Markt keine (reinen) öffentlichen Güter
(hinreichend) anbieten kann. Marktversagen für öffentliche Güter
ist sozusagen vorprogrammiert.

Schon in einer geschlossenen Volkswirtschaft gibt es eine Vielzahl von Situationen, wo zwischen individuellem und gesamtem
Konsum nicht sinnvoll unterschieden werden kann. Und je weiter
die Globalisierung mit ihren wechselseitigen Abhängigkeiten (zum
besseren oder schlechteren) fortschreitet, desto mehr trifft diese
Tatsache auch auf die Weltwirtschaft zu. Der Begriff des öffentlichen Gutes kann dementsprechend auf ein breites Spektrum von
Problemen angewandt werden und helfen, sie besser zu verstehen
und vernünftigere Lösungen dafür zu finden. Eine Reihe von Beispielen möge die Relevanz und Sprengkraft dieses zentralen Begriffs veranschaulichen.

Eines der dringlichsten Umweltprobleme ist die globale Klima-
veränderung. Niemand auf dem Planet Erde kann davon ausgeschlossen werden. Der »Konsum« des Klimas durch einzelne Menschen oder Länder kann zwar die Qualität, aber nicht den
Öffentlichkeitscharakter des Klimas beeinträchtigen. Ob die globale Erwärmung im Gange ist (und viele Zeichen weisen in diese
Richtung) oder nicht, in jedem Fall ist das globale Klima ein
öffentliches Gut, das nicht durch Marktmechanismen hervorge-
bracht oder erhalten werden kann. Ähnlich verhält es sich mit den
Weltmeeren, die den größten Teil der Erdoberfläche bedecken und,
wie neuere Forschungen gezeigt haben, sich auf höchst komplexe
Weise gegenseitig beeinflussen. Auch hier kann sich der »Konsum«
nur auf deren Qualität (mit möglicherweise katastrophalen Folgen), nicht aber auf deren Öffentlichkeitscharakter auswirken.
Natürlich sind nicht alle Umweltprobleme von globalem Ausmaß.
Luftverschmutzung von Großstädten, Wasserverschmutzung von
Flüssen und andere Umweltschäden sind geographisch begrenzter
und können als lokale öffentliche Güter bezeichnet werden. Inner-

halb des lokalen Bereichs kann jedoch niemand von diesen öffentlichen Gütern ausgeschlossen werden. Da aber die lokalen, positiven und negativen, öffentlichen Güter im nationalen und internationalen Kontext sehr ungleich verteilt sind, geben sie Anlaß für unzählige Konflikte und sind ein Hauptgrund für die Wanderungsbewegungen.

Neben dem wohl augenscheinlichsten Beispiel der Umweltproblematik kann der Begriff des öffentlichen Gutes auf viele andere Bereiche angewandt werden. Information als öffentliches Gut bedeutet, daß jederman dazu Zutritt hat, sei es als Grundausbildung in einer Gesellschaft, als Forschungswissen im akademischen Bereich, als Information im Internet oder auch als notwendige Voraussetzung zur Produktion aller privater Güter. Die Information, die der eine erwirbt (»konsumiert«), schließt nicht den Erwerb der gleichen Information durch andere aus. Andere Beispiele sind das Tragen von Großrisiken (zum Beispiel im Falle einer Umweltkatastrophe, der Finanzierungskrise eines Landes wie Mexiko und Thailand oder der Privatisierungsfolgen in einem ehemaligen sozialistischen Land), eine relativ korruptionsfreie internationale Wirtschaft (in der sich Bestechung nicht lohnt), und die Einhaltung von globalen Standards und Kodizes (betreffend Arbeitsbedingungen etc.) durch international tätige Unternehmen. In allen Fällen geht es darum, daß der Genuß (»Konsum«) eines Zustandes nicht dadurch geschmälert wird, daß andere auch davon genießen.

Über solche einzelnen Beispiele hinaus scheint es sinnvoll, auch die verschiedenen Ordnungen unter dem Gesichtspunkt öffentlicher Güter zu betrachten: die Wirtschafts- und Rechtsordnung, die Währungsordnung, die Wettbewerbs-, Sozial- und Umweltordnung. Freiwillig oder gezwungenermaßen, müssen sich die Mitglieder dieser Ordnungen an deren Forderungen halten (weshalb deren Qualität für deren Stabilität von entscheidender Bedeutung ist). Die Akzeptanz durch einzelne Mitglieder schließt die Akzeptanz durch die anderen Mitglieder nicht aus, sondern ein. Ordnungen sind öffentliche Güter, die Produktion und Konsum privater Güter wesentlich beeinflussen. Von der Qualität dieser öffentlichen Güter hängt die Qualität der privaten Güter ab.

Darüber hinaus spezifiziert sich eine Wirtschaftsordnung (oder ein Wirtschaftssystem) dadurch, welche Rolle sie innerhalb ihres Rahmens den öffentlichen Gütern und den öffentlich erstellten privaten Gütern zuteilt. Eine libertäre Ordnung enthält relativ wenige dieser Güter (insbesondere eine Rechtsordnung mit starkem Schutz der privaten Eigentumsrechte, die das Funktionieren der Märkte gewährleistet), während eine soziale und ökologische Marktwirtschaft eine größere Anzahl dieser Güter umfaßt (neben Wettbewerbs- und Kartellgesetzen auch Gesetze zur sozialen Sicherheit, Beschäftigungspolitik, Gesundheits- und Bildungspolitik, Einkommensumverteilung, zum Umweltschutz, zu internationalen Wirtschaftsbeziehungen, etc.). Wie man aus diesem kurzen Vergleich entnehmen kann, hat die Unterscheidung zwischen öffentlichen und öffentlich erstellten privaten Gütern (Atkinson und Stiglitz 1980) wichtige Implikationen, die in der Ordnungsdebatte oft übersehen werden und deshalb im folgenden Kapitel zur Sprache kommen sollen.

Öffentliche Güter können noch weiter gefaßt und als Möglichkeitsbedingungen des gesellschaftlichen und individuellen Lebens und Wirtschaftens bestimmt werden. Beispiele sind die Abwesenheit von Wirtschaftskriegen, Stabilität internationaler Abkommen, Grundvertrauen in solche Verträge, die Überwindung von Armut und krassen wirtschaftlichen Ungleichheiten, das Erbe, das frühere Generation den späteren Generationen überlassen, nachhaltige Entwicklung (im Sinn der Brundtland-Kommission), schließlich ein Weltethos, das heißt ein gemeinsames ethisches Fundament für die internationalen Beziehungen in Wirtschaft, Politik und Kultur.

Die kurze Diskussion der vielfältigen Anwendungsbereiche wollte die Bedeutsamkeit des Begriffs der öffentlichen Güter für Weltethos und Weltwirtschaft aufzeigen. Er ist von analytischer Schärfe und, wie W. H. Oakland schreibt (1987, 492), »despite the apparent narrowness of the pure public good concept, it is quite robust.« Überdies bietet er den Vorteil, daß er, obschon darauf beziehbar, nicht auf Ordnungsfragen beschränkt ist und auch, davon losgelöst, auf Einzelprobleme und Einzelbereiche sowie auf grundlegende Fragen des Wirtschaftens angewandt werden kann, ohne daß man eine revolutionäre Änderung der Wirtschaftsordnung abwarten muß. Weil seine Anwendungen nicht so eng mit der Lösung des Ordnungsproblems verkoppelt sind, ist dieses begriffliche Instrumentarium besonders nützlich für all die Wirtschaften, einschließlich der Weltwirtschaft, die sich in einem Übergangsprozeß befinden und von der klärenden Diskussion der öffentlichen Güter viel gewinnen könnten. Wenn die weitreichende Relevanz der öffentlichen Güter ernst genommen wird, können die Leistungsfähigkeit und Grenzen des Marktes und Wettbewerbs, gerade im internationalen Kontext, bedeutend realistischer als bisher wahrgenommen und beurteilt werden.

In den folgenden Überlegungen möchte ich ein paar Schritte zur Konkretisierung »einer realistischen zukunftsweisenden Vision« (Küng 1997, 11-16) für die Welt an der Jahrtausendwende vorschlagen. Küngs Frage, was die moderne Gesellschaft zusammenhält (181-195), ist auch für mich eine höchst relevante Frage angesichts der Globalisierung und des weltanschaulichen Pluralismus. Sie sollte die Suche und Konkretisierung dieser Vision maßgeblich leiten und die Teilnahme aller religiösen und nichtreligiösen weltanschaulichen Traditionen einschließen. Für die Entwicklung eines neuen Paradigmas von Wirtschaftsethik sind viele Kompetenzen unerläßlich, die Kompetenzen sowohl der Ökonomen wie auch der Ethiker. Das wurde schon von Arthur Rich in seiner Wirtschaftsethik 1984 in dem Grundsatz zusammengefaßt, »daß nicht wirklich menschengerecht sein könne, was nicht sachgemäß ist, und nicht wirklich sachgemäß, was dem Menschengerechten widerstreitet« (Rich 1984, 81). Küng hat in ähnlicher Weise diese Zusammenarbeit umschrieben (Küng 1997, 312-322). So seien die folgenden Ausführungen in diesem Sinn verstanden.

2. Öffentliche Güter

Nach der einleitenden Diskussion über die Relevanz öffentlicher Güter sei nun der Begriff selber genauer untersucht. Was beinhaltet er? Wie können öffentliche Güter erstellt werden? Und welche Motivationsstrukturen sind darin impliziert?

2.1. Was beinhaltet der Begriff?

Ein exaktes Verständnis des öffentlichen Gutes wird oft dadurch erschwert, daß zuerst und vor allem nach dessen Erstellung gefragt wird. Das Pferd wird sozusagen vom Schwanz her aufgezäumt. So rückt die Rolle des Staates ins Zentrum, und wenn die erforderlichen Mittel zur Gütererstellung nicht aufgebracht werden können, sind diese Güter keine öffentlichen Güter (mehr). Die Knappheit an wirtschaftlichen Ressourcen (und politischem Willen) definiert dann nicht nur deren spezifische Ausgestaltung, sondern sogar deren Öffentlichkeitscharakter schlechthin. Ein öffentliches Gut, zumal in der Form eines »public bad«, kann existieren, bevor gefragt wird, wie das Problem gelöst werden kann.

Es scheint deshalb angebracht zu sein, vor der Erstellungsfrage den Begriff des öffentlichen Gutes noch gründlicher zu durchleuchten. Verschiedene oben erwähnte Beispiele (wie die Betroffenheit aller Menschen – und der ganzen Natur – von globalen Klimaveränderungen) sind nicht deshalb öffentliche Güter, weil sie als allen Staats- (oder Welt-)bürgern zugängliche Verfügungsrechte bestimmt werden. Vielmehr sind sie öffentlich, weil sie alle Menschen oder Gruppen von Menschen unausweichlich betreffen, unabhängig davon, wie sich die betroffenen dazu im einzelnen verhalten. Sie sind sozusagen »faktische« oder »technologische« öffentliche Güter, mit denen die Menschen so oder anders umgehen können und dadurch deren Qualität, aber nicht deren Öffentlichkeitscharakter beeinflussen.

Öffentliche Güter im faktischen wie entscheidungstheoretischen Sinn sind dadurch definiert, daß »each individual's consumption of such a (public) good leads to no subtraction from any other individual's consumption« (Samuelson 1954, 387). Was dabei »Konsum eines solchen Gutes« meint, kann, wie im ersten Kapitel ausgeführt, ein weites Spektrum von Bedeutungen umfassen: Güter können »goods« (positiv) und »bads« (negativ), materiell und nichtmateriell sein; Konsum kann Gebrauch von Konsumgütern und Verwendung von Ressourcen im Produktionsprozess bedeuten, wobei diese Güter und Ressourcen gerade nicht verbraucht und verzehrt werden. Wer nur in Kategorien privater Güter zu denken gewohnt ist, wird diesen Sachverhalt schwerlich akzeptieren können. Der Nichtverzehr scheint aller ökonomischen Rede von Knappheit zu spotten und läßt nicht zu, Ökonomie einfachhin als die Wissenschaft der Allokation knapper Ressourcen zu verstehen.

Zwei Prinzipien definieren das öffentliche Gut. Das Nicht-Ausschluß-Prinzip besagt, daß, im Gegensatz zum privaten Gut, der »Konsum« von Betroffenheit und Verfügungsrechten durch ein Individuum oder eine Gruppe den »Konsum« durch andere nicht ausschließt, sei dies aus technischen Gründen (weil die Beschaffenheit des Gutes dies nicht zuläßt), aus Gründen der Effizienz (weil der Ausschluß durch Preisbelastung unverhältnismäßig teuer zu stehen käme) oder aus rechtlichen und ethischen Gründen (weil die anderen nicht ausgeschlossen werden dürfen). Das zweite Prinzip ist das Nicht-Rivalitäts-Prinzip. Es schließt die Beziehung zu anderen Konsumenten ein (das heißt, das Gut ist von Interesse für mehr als einen Konsumenten) und wird durch die Abwesenheit von Rivalität oder Konkurrenz genauer bestimmt. So wäre zum Beispiel ein Feuerwerk in einer leeren Wüste ein privates Gut, während dieselbe Show in einem Stadtpark als öffentliches Gut zu bezeichnen wäre (Oakland 1987, 485).

Offensichtlich haben die beiden Prinzipien weitreichende Verteilungsimplikationen. Wenn niemand vom Konsum ausgeschlossen werden kann, werden alle in bezug auf ihre Konsummöglichkeiten gleich behandelt. (Das heißt freilich nicht, daß alle den gleichen Nutzen daraus ziehen und ihre »Fähigkeiten« – zu diesem Begriff siehe Sen 1992 – in gleicher Weise beeinflußt werden.) Wenn ferner das Angebot öffentlicher Güter auf einen bestimmten Kreis von Nachfragern begrenzt ist oder eingeschränkt werden kann, stellt sich die Frage der ungleichen Verteilung im größeren Zusammenhang (zum Beispiel zwischen Gemeinden, Ländern oder Generationen). Überdies erstreckt sich die Verteilungsfrage nicht nur auf den Konsum, sondern auch auf die Produktion öffentlicher Güter (bezüglich Produktionsfaktoren, Kosten, etc.) und darüber hinaus auf die wechselseitige Beeinflussung der Größe und Verteilung von Konsum und Produktion. Es ist deshalb nicht erstaunlich, daß oft harte Verteilungskämpfe um öffentliche Güter ausgefochten werden. Zahlreiche Versuche wurden unternommen, den Begriff des öffentlichen Gutes zu kritisieren oder ihn in seiner Anwendung sehr eng zu beschränken. Oakland (Oakland 1987, 491-509) diskutiert eine Reihe dieser Versuche: Nichtzulassung von negativem Nutzen aus öffentlichen Gütern, Einschränkung auf reine Konsumgüter (ohne Produktionsfaktoren), Externalitäten bei der Produktion privater Güter (z. B. Rauchen), Überbeanspruchung öffentlicher Güter (z. B. Verkehrstauung und Überbevölkerung), Klubgüter und lokale (geographisch begrenzte) öffentliche Güter. Er kommt zum Schluß, daß dadurch die Robustheit des Begriffs öffentlicher Güter nicht wesentlich beeinträchtigt wird.

2.2. Erstellung öffentlicher Güter

Nach der Diskussion des Begriffs öffentlicher Güter kann nun die Erstellungsfrage behandelt werden. Dabei ist es wichtig, daran zu erinnern, daß öffentliche Güter nicht nur erstellt werden, sondern in vielen Fällen – in der Form positiver oder negativer Güter – schon vorhanden sind. Die Erstellung bezieht sich dann nicht auf deren Öffentlichkeitscharakter, der vorauszusetzen ist, wohl aber auf deren Qualität, die sehr unterschiedlich gestaltet werden kann.

Da die Erstellung öffentlicher Güter im wesentlichen über private Märkte oder politische (Regierungs-)maßnahmen erfolgen kann, geht es um die Leistungsfähigkeit und das mögliche Versagen dieser Institutionen. So stehen nicht nur die öffentlichen Güter, sondern auch Markt und Politik auf dem Spiel. Eine faire Beurteilung dieser beiden Instrumente setzt gründliche Kenntnis ihrer Funktionsweisen im konkreten Kontext voraus und ist nur im Vergleich zwischen diesen und vielleicht anderen Alternativen möglich. Wenn die Politik versagt, heißt dies nicht notwendigerweise, daß der Markt erfolgreich ist, und umgekehrt, wenn Marktversagen vorliegt, muß nicht Politik unbedingt zu besseren Resultaten führen. Es geht also um die relative Leistungsfähigkeit und das relative Versagen dieser Instrumente. Was kann aus ökonomischer Sicht zur privaten Erstellung öffentlicher Güter ohne staatliche Maßnahmen gesagt werden? Die Leistungsfähigkeit des Marktes hängt von einer Reihe von Faktoren ab: Merkmale des öffentliches Gutes wie die Ausschlußmöglichkeiten vom Konsum; Anzahl der Individuen, die daraus Nutzen ziehen; Vorhandensein großer Vorteile für direkte Konsumenten; Vorteile der Massenproduktion öffentlicher Güter; rechtlich-institutionelle Rahmenbedingungen, in denen sich die Markttransaktionen abspielen. Wegen dieser komplexen Sachzusammenhänge können nur wenige allgemeine Aussagen gemacht werden. Eines steht aber fest, daß private Märkte zu einer Unterversorgung mit öffentlichen Gütern und zu einer Überversorgung mit öffentlichen Nichtgütern (»public bads«) tendieren. Ein Hauptgrund für dieses Versagen ist die Schwierigkeit, daß zwischen individuellem und gesamtem Konsum nicht sinnvoll unterschieden werden kann und deshalb der Konsum öffentlicher Güter, unter den üblichen Modellannahmen, keine klaren Anreize für deren Produktion verschafft. In der Literatur wird das Problem gewöhnlich als »Trittbrettfahren« (das heißt, von der Transportleistung zu profitieren, ohne dafür zu zahlen) und als »Gefangenendilemma« (das heißt, ein für beide Parteien vorteilhaftes Gut, »die Befreiung aus dem Gefängnis«, kann nicht produziert werden) diskutiert. Auch die staatliche Erstellung öffentlicher Güter begegnet beträchtlichen Problemen (wenn die Samuelsonsche Bedingungen erfüllt sein sollen). Die staatlichen Entscheidungsträger müssen wissen, wie der private Sektor selber öffentliche Güter produziert und wie er auf politische Maßnahmen reagiert, und brauchen überdies Informationen über die Kosten und Präferenzen bezüglich der öffentlichen Güter. Diese rigorosen Forderungen können nur schwer erfüllt werden, und selbst wenn vollständige Information vorliegt, besteht immer noch die Möglichkeit, daß die staatlichen Entscheidungsträger aus persönlichen Interessen die effiziente Allokation beeinträchtigen.

Das Ergebnis dieser kurzen Diskussion über die Erstellung öffentlicher Güter ist recht ernüchternd. Obschon öffentliche Güter in vielen Bereichen sehr wichtig sind, ist deren Erstellung über private Märkte, aber auch in gewissem Maße durch staatliche Maßnahmen mit zahlreichen, schwierigen Problemen verbunden. Ein entscheidender (aber nicht der einzige) Grund für diese Schwierigkeiten liegt im motivationalen Bereich und in der Art und Weise, wie mit der Motivationsfrage umgegangen wird. Im folgenden soll deshalb darauf näher eingegangen werden.

2.3 Implizierte Motivationen

Ausgehend von der Relevanz öffentlicher Güter, ist zu fragen, welche Art von Motivationen für deren Erstellung notwendig ist und welche Art deren Erstellung beeinträchtigt oder gar verhindert. Die zweite Frage scheint weniger schwierig zu beantworten zu sein und wird deshalb zuerst behandelt, bevor die erste Frage im vierten Kapitel erörtert wird.

Aus der vorwiegend wirtschaftswissenschaftlichen Diskussion können fünf motivationale Gründe für das Versagen der Produktion öffentlicher Güter entnommen werden. Der erste Grund betrifft den Zusammenhang zwischen Motivationen und Handlungsfolgen und läuft der Auffassung zuwider, daß die scharfe Trennung von individuellen Motivationen und öffentlichen Handlungsfolgen entscheidend zum Erfolg der modernen Wirtschaft beitrage. Diese Auffassung beruft sich auf die berühmte Bienenfabel von B. Mandeville (1724) und das Wirken der »unsichtbaren Hand« gemäß A. Smith. Beide Autoren vertreten in der Tat die Ansicht, daß die tatsächlichen Handlungsfolgen sehr verschieden von den beabsichtigten sein können. »Öffentliche Laster« bringen »öffentlichen Nutzen« hervor. Und die »unsichtbare Hand« (die Smith insgesamt nur zweimal in seinen beiden Werken erwähnt) bewirkt trotz des Anhäufens von Reichtum durch die Reichen eine relativ gleichmässige Verteilung der Lebensnotwendigkeiten für alle (Smith 1759, 184-185) und erzielt im Außenhandel bessere Resultate, als wenn wohlmeinende Leute das öffentliche Wohl direkt anstreben wollen (Smith 1776, 456).

Es ist sicher richtig, daß in einer modernen, hochkomplexen, arbeitsteiligen Wirtschaft die Wirkzusammenhänge zwischen individuellen Motivationen und öffentlichen Resultaten nicht eindeutig direkt sind und die Lockerung dieser Zusammenhänge den Individuen mehr Freiheit gewährt und überdies in einer pluralistischen Gesellschaft notwendig ist. Das Kind wird aber mit dem Bad ausgeschüttet, wenn eine solch scharfe Trennung gefordert wird. Sie läßt sich faktisch nicht durchführen. Individuelle Motivationen beeinflussen unweigerlich die Entscheidungen über öffentliche Güter und sollten deshalb in die Analyse der Entscheidungsprozesse miteinbezogen werden. Ein Ausblenden dieser Zusammenhänge scheint eine recht naive Sichtweise zu reflektieren, die die in diesen Prozessen involvierten unterschiedlichen Machtverhältnisse nicht wahrnehmen will und damit faktisch akzeptiert.

Ein zweiter Grund für das Versagen der Erstellung öffentlicher Güter liegt in dem Umstand, daß die individuellen Präferenzen und Kosten vor den öffentlichen Entscheidungsträgern versteckt und nur mit großen Schwierigkeiten erfaßt werden können. Eine Reihe von Versuchen, diese Informationen zu beschaffen, hat sich als unzureichend erwiesen: freiwillige Abmachungen über die Verteilung der marginalen Gewinne aus öffentlichen Gütern; anreizverträgliche Besteuerungsmechanismen; Abstimmen über öffentliche Güter; Kosten-Nutzen-Analyse; Mobilität der Steuerzahler, in die Gemeinden mit den von ihnen gewünschten öffentlichen Gütern zu ziehen etc. Gewöhnlich gehen diese Versuche von der motivationalen Annahme aus, daß die Menschen ihre Präferenzen und Kosten gegenüber Gemeinwesen und Staat nur soweit offenlegen, als dies der Maximierung ihrer eigenen Vorteile entspricht. Empirische Untersuchungen haben diese Annahme in Zweifel gezogen und sprechen für komplexere Motivationsstrukturen. Doch selbst wenn die einfache Maximierungsannahme realistischerweise zutreffen würde, wäre angesichts der großen Wichtigkeit gewisser öffentlicher Güter zu fragen, ob diese Annahme auch ethisch annehmbar ist.

Eine weitere Schwierigkeit stellt sich ein, selbst wenn die Präferenzen offenbart werden. Gemäß dem Unmöglichkeitstheorem von K. J. Arrow ist es nicht möglich, eine kollektive Präferenz unter einigen wenigen, für eine pluralistische Gesellschaft plausiblen Annahmen aus individuellen Präferenzen (die nicht notwendigerweise egoistisch sein müssen) abzuleiten. Auf öffentliche Güter angewandt, hat dieses Theorem verheerende Implikationen. Entweder akzeptiert man in einer pluralistischen Gesellschaft eine streng individualistische Philosophie und muß auf öffentliche Güter, die kollektive Präferenzen voraussetzen, verzichten. Oder man will öffentliche Güter und muß deshalb eine streng individualistische Philosophie verwerfen. Mit anderen Worten, man kann nicht beides haben, eine streng individualistische Philosophie und öffentliche Güter.

Ein spezieller Fall einer streng individualistischen Philosophie ist die Theorie des Selbstinteresses, die in der Geschichte der neuzeitlichen, westlichen Philosophie intensiv diskutiert wurde (siehe z. B. Monro 1987) und mit ihren verschiedenen Varianten in den Wirtschaftswissenschaften eine dominierende Stellung einnimmt. D. Parfit definiert die zentrale These dieser Sichtweise wie folgt: »Für jede Person gibt es ein höchstes vernünftiges letztes Ziel: daß ihr Leben, für sie selber, so gut als möglich verläuft.« (Parfit 1984) Alle anderen Ziele – das Wohl des Partners und der Familie, das Interesse der Gemeinschaft, die Erfüllung der Pflicht, die Förderung der Kunst und Wissenschaft, die Ehre Gottes usw. – sind diesem Ziel untergeordnet. Das heißt freilich nicht, daß diese Unterordnung immer erforderlich ist. Es gibt Situationen, in denen das Selbstinteresse durchaus mit anderen Zielen verträglich ist. So kann ich jemandem helfen, weil ich ihn gern habe *und* weil es das Beste für mich ist. Um das Selbstinteresse im engeren Sinn zu definieren, genügt es zu fordern, daß ich – auch in meinem Handeln gemäß den Wünschen anderer – niemals tue, was nach meiner Auffassung schlechter für mich ist. Parfit widmet sich dieser Problematik mit großem Scharfsinn und kommt zum Schluß, daß aus philosophischer Sicht die Theorie des Selbstinteresses inkonsistent ist und verworfen werden muß (Parfit 1984, 194; siehe dazu auch Enderle 1987, 149-152). Im übrigen sollte natürlich dieses egoistische Verständnis von Selbstinteresse klar von dem »subjektiven« Verständnis des Selbstinteresses unterschieden werden, wonach jede Art von Interesse, auch das selbstlose Interesse für andere, ein persönliches »subjektives« Engagement einschließt. An dieser Stelle kann die Diskussion des Selbstinteresses, die über die individuelle Ebene hinaus auch auf Organisationen und Nationalstaaten ausgedehnt werden müßte, nicht weiter verfolgt werden. Es genügt festzuhalten, daß die motivationale Annahme des eng definierten Selbstinteresses gerade im Zusammenhang mit der Erstellung öffentlicher Güter aus verschiedenen Richtungen unter seriöse Kritik gerät und zumindest sehr fragwürdig ist.

Zusammenfassend kann gesagt werden, daß die Diskussion der öffentlichen Güter helles Licht auf eine Reihe von Problemen in der Marktwirtschaft wirft, die bei der Betonung der Leistungsfähigkeit der Märkte gerne übersehen werden. Der hier vorgeschlagene Weg führt von der Relevanz öffentlicher Güter zu deren Erstellungsfrage und schließlich zu den dafür notwenigen Motivationen. Die Diskussion stützte sich weitgehend auf relativ gesicherte Erkenntnisse der öffentlichen Ökonomik, die gewöhnlich auf Nationalstaaten bezogen werden, und versuchte, einige zentrale Begriffe und Zusammenhänge zu klären. Im folgenden Kapitel soll die Problematik auf die Weltwirtschaft erweitert werden. Wenn die Motivationsfrage für öffentliche Güter schon im nationalen Kontext mit so großen Problemen belastet ist, werden unter noch komplexeren internationalen Bedingungen die Schwierigkeiten umso größer sein. Das letzte Kapitel wird dann der Frage nach dem Ethos für globale öffentliche Güter nachgehen.

3. Zum Verständnis des weltwirtschaftlichen Kontextes

Um sich den ethischen Herausforderungen der Weltwirtschaft stellen zu können, ist eine gründliche Kenntnis der immer komplexer werdenden weltwirtschaftlichen Sachzusammenhänge notwendig. Oder in Richs Terminologie ausgedrückt, das »Menschengerechte« benötigt das »Sachgemäße.« Dies ist eine Forderung, die sehr hohe Ansprüche an die Wirtschaftsethik in Theorie und Praxis stellt und nur schwer erfüllt werden kann. Gleichwohl müssen, trotz überwältigender Komplexitätsprobleme, Entscheidungen getroffen und Handlungen gesetzt werden, was immer auch eine ethische Dimension einschließt und somit die Wirtschaftsethik in die Pflicht ruft.

Der folgende Vorschlag ist ein bescheidener Versuch, die oft vage Rede von der »Globalisierung« klären zu helfen, indem vier Typen internationaler Beziehungen unterschieden und auf die Diskussion öffentlicher Güter bezogen werden. Damit wird beabsichtigt, die verantwortlichen Akteure in der Weltwirtschaft besser identifizieren zu können, bevor nach deren inhaltlicher Verantwortung gefragt wird.

Grundlegend für die folgenden Überlegungen sind die Unterscheidung der öffentlichen Güter im faktischen und entscheidungstheoretischen Sinn und das Verständnis der »Grenzen« zwischen nationalen und internationalen Belangen. Wie oben ausgeführt, sind »faktische« öffentliche Güter (X_f) dadurch charakterisiert, daß sie unmittelbare Betroffenheit bewirken, unabhängig davon, wie sich die Betroffenen dazu verhalten. Demgegenüber werden öffentliche Güter im entscheidungstheoretischen Sinn (X_v) als Verfügungsrechte verstanden, die von einem Gemeinwesen oder auf andere Weise festgelegt werden. Viele Probleme lassen sich nun dadurch kennzeichnen, daß die faktischen und verfügungsrechtlichen öffentlichen Güter sich nicht decken. Oder:

$$X_f \neq X_v$$

wobei diese Ungleichung entweder $X_f > X_v$ oder $X_f < X_v$ bedeuten kann. Beispiele für den ersten Fall der »Unterversorgung« mit öffentlichen Gütern sind die Wasserverschmutzung eines Stromes (Rhein oder Ganges), der verschiedene Länder durchfließt, und die Armutsbetroffenheit in einem Land, das unzureichende Maßnahmen zur Armutsüberwindung trifft. Beidesmal ist das Ausmaß der Betroffenheit größer als das Ausmaß der Verfügungsrechte, mit denen auf diese Betroffenheit »geantwortet« wird. Der zweite Fall der »Überversorgung« besagt, daß das Ausmaß der Verfügungsrechte über das Ausmaß der Betroffenheit hinausgeht. Für viele Probleme dürfte dieser Fall aber eher selten eintreten. Was das Verständnis der »Grenzen« betrifft, ist es wichtig zu bedenken, daß sie nicht einfach da sind oder nicht da sind, sondern sehr verschiedene Grade der »Durchlässigkeit« aufweisen können. Das eine Extrem ist die hermetische Abgeschlossenheit (die zum Beispiel das frühere, kommunistische Albanien gegenüber seinen Nachbarländern weitgehend charakterisierte), das andere Extrem die völlige Abschaffung aller Grenzen und totale Offenheit (wie sie von gewissen Vertretern der Globalisierung gefordert werden). Dazwischen liegen viele Varianten, die ein differenzierteres Bild der Weltpolitik und

Weltwirtschaft zeichnen und weiter unten in vier Typen internationaler Beziehungen klassifiziert werden sollen. Sie beeinflussen das Vorhandensein und Erstellen öffentlicher Güter in unterschiedlicher Weise und sind oft Ursache des Auseinanderklaffens zwischen der Betroffenheit von einem öffentlichen Gut einerseits und der mangelhaften »Antwort« darauf andererseits (oder mit der obigen Ungleichung ausgedrückt: $X_f \neq X_v$). Als Beispiel sei die radioaktive Versuchung durch die Katastrophe von Tschernobyl erwähnt, die sich ohne Rücksicht auf nationale Grenzen in Ost- und Nordeuropa ausgebreitet hat. Während also die Grenzen in ökologischer Hinsicht sehr »durchlässig« waren, waren sie in rechtlicher und politischer Hinsicht viel weniger »durchlässig« und erschwerten rechtzeitige und wirksame Maßnahmen gegen die Versuchung.

»Internationale Beziehungen« seien im folgenden im deskriptivanalytischen Sinn verstanden und umfassen alle nationale Grenzen überschreitenden Kontakte, die schon hergestellt sind oder bald hergestellt werden (und sozusagen von den Grenzen »durchgelassen« werden). Sie schließen sowohl drohende Konflikte wie auch Chancen der Zusammenarbeit zwischen verschiedenen Akteuren (Regierungen, multinationale Unternehmen, andere Organisationen und Individuen) ein. Internationale Beziehnungen sind also durch bestehende und entstehende, somit unausweichliche internationale Kontakte gekennzeichnet, die einfachheitshalber in vier Typen eingeteilt werden können: (1) »Fremdland«-Typ; (2) »Imperium«-Typ; (3) »Wechselseitige Verbundenheit«-Typ; und (4) »Globalisierung«-Typ.

Der »*Fremdland*«-*Typ* kann mit der Art von Beziehungen veranschaulicht werden, die ein kleines Land oder ein mittleres Unternehmen mit einem fremden Land unterhält, zum Beispiel Österreich und Nigeria oder Bernina Nähmaschinen (Schweiz) und Mexiko. Die internationalen Beziehungen unterscheiden sich erheblich von den heimischen Beziehungen und haben keine relevanten Auswirkungen auf die letzteren. Sie sind zum nationalen Kontext bloß hinzugefügt und können davon relativ leicht wieder losgelöst werden. Jedes Land ist verschieden und somit »fremd«. Fremde haben sich dem Gastland anzupassen. Nationale Grenzen sind verhältnismäßig undurchlässig.

Als Beispiele für den »*Imperium*«-*Typ* können das Verhältnis Großbritanniens zu Indien während der britischen Kolonialzeit (allgemeiner die Pax Britannica und heute die Pax Americana) und die United Fruit Corporation in Zentralamerika genannt werden. Hier sind die internationalen Beziehungen eine Ausdehnung der heimischen Beziehungen über die nationalen Grenzen hinweg und enthalten im wesentlichen die gleichen Merkmale (zum Beispiel rechtlicher, militärischer und bildungspolitischer Art) wie diejenigen zu Hause. Aus der Sicht des Gastlandes bringt dieses asymmetrische Machtverhältnis oft Mißverständnisse, Ausbeutung und Unterdrückung. Rückwirkungen von dem, was im Gastland passiert, auf das Stammland sind unbedeutend, weil die nationalen Grenzen in der Richtung vom Gastland zum Stammland viel weniger durchlässig als in entgegengesetzter Richtung sind.

Der *Typ der »wechselseitigen Verbundenheit«* sei mit dem Verhältnis Italiens zur Europäischen Union illustriert. Die internationalen Beziehungen unterscheiden sich von den heimischen Beziehungen erheblich und sind gleichzeitig mit ihnen innerlich und wechselseitig verbunden. Was jenseits der nationalen Grenzen (im europäischen Bereich) liegt, wirkt sich unweigerlich kurz- und langfristig auf die heimischen Belange aus und umgekehrt. Gegenseitige Abhängigkeit verwischt den Begriff des nationalen Interesses, der die Interessen anderer Nationen und übernationalen Institutionen den eigenen Interessen unterordnet. Obschon die nationalen Grenzen immer noch bedeutsam sind, sind sie in gewissem Ausmaß durchlässig in beiden Richtungen.

Was schließlich den »*Globalisierung*«-*Typ*, zu veranschaulichen am Beispiel der globalen Erwärmung, betrifft, dominieren die internationalen Beziehungen so stark, daß die nationalen Grenzen bedeutungslos werden. Staatsbürger werden »Weltbürger«, und Nationalstaaten (im traditionellen Sinn) verschwinden. Dieser Typ umfaßt praktisch die ganze Erde, obgleich er bis jetzt in Wirklichkeit oft nur Teile (zumal der nördlichen Hemisphäre) einschließt.

Die skizzierte Typologie internationaler Beziehungen (die natürlich weiter entwickelt werden muss) kann helfen, über die pauschale Rede der »Globalisierung« hinaus ein differenzierteres Bild der Weltpolitik und Weltwirtschaft zu gewinnen. Wenn nun dieser

Ansatz auf unsere Diskussion öffentlicher Güter angewandt wird, lassen sich eine Vielzahl von Kombinationen (insgesamt 16) denken, in denen die faktische Betroffenheit durch ein öffentliches Gut nicht durch entsprechende Maßnahmen »beantwortet« wird ($X_f \neq X_v$).

Eine angemessene Behandlung des Problems kann dann erfolgen, wenn sowohl für X_f wie auch für X_v der gleiche Typ internationaler Beziehungen vorliegt. Besteht also ein »Fremdland«-Verhältnis, ist jedes Land selber für die Lösung verantwortlich. Im Falle eines »imperialen« Verhältnisses kommt dem dominierenden Land oder Unternehmen eine verantwortungsvolle Führungsrolle zu. Liegt eine grenzüberschreitende »wechselseitige Verbundenheit« oder »Globalisierung« vor, muß das Problem auf der entsprechenden Ebene angepackt werden. Das setzt freilich voraus, daß geeignete Institutionen auch für diese beiden Typen von internationalen Beziehungen bestehen beziehungsweise geschaffen werden. Als wichtige, sicher nicht vollkommene Versuche solcher Institutionalisierung können die Europäische Union (»wechselseitige Verbundenheit«) und die Weltkonferenz zur Klimaerwärmung in Kyoto (»Globalisierung«) genannt werden.

Demgegenüber sind keine angemessene Lösungen (für $X_f \neq X_v$) zu erwarten, wenn die beiden öffentlichen Güter durch unterschiedliche Beziehungstypen charakterisiert sind. So ist es unfair, von einem Gastland zu verlangen, die Probleme zu lösen, die durch »imperiale« Beziehungen verursacht sind. Auch sollte nicht von multinationalen Unternehmen erwartet werden, daß sie letztlich das globale Klimaproblem lösen sollten. Ferner sollte sich eine globale Institution auf globale Belange beschränken und nicht in subglobale Angelegenheiten einmischen.

Die vorgelegte Typologie kann helfen, die verantwortlichen Akteure in der Weltwirtschaft zu identifizieren. Sie macht aber auch deutlich, daß zahlreiche zusätzliche Gesichtspunkte (wie die gegenseitige Beeinflussung der vier Typen und ihre Verschiebung über die Zeit) in Betracht gezogen werden müßten, um die Komplexität der sich wandelnden Weltwirtschaft besser abbilden zu können.

4. Die Frage nach dem Ethos für öffentliche Güter in der Weltwirtschaft

Aus den bisherigen Ausführungen wird ersichtlich, daß die Problematik öffentlicher Güter im internationalen Kontext immer wichtiger wird. Gleichzeitig ist aber auch die Versorgung mit (positiven) öffentlichen Gütern wachsenden Schwierigkeiten ausgesetzt. Aus der Theorie der öffentlichen Ökonomik ist bekannt, daß der Markt versagen muß, wenn es um die Erstellung öffentlicher Güter geht, und trotzdem werden diese Grenzen des Marktes oft nicht ernst genommen. Aber auch die Politik versagt auf weite Strecken, wenn die Verhaltensannahmen der ökonomischen Modelle auf den politischen Bereich angewandt werden.

Dieses kritisch-bedenkliche Fazit sollte Anlaß sein, die Frage nach Motivation und Ethos für öffentliche Güter erneut und mit mehr Gründlichkeit und Phantasie zu stellen. Sie umfaßt sowohl theoretische wie auch praktische Aspekte. In theoretischer Hinsicht geht es darum, die simplen Verhaltensannahmen insbesondere des Selbstinteresses und der Profitmaximierung durch komplexere Annahmen zu ersetzen, die die Wirklichkeit menschlichen Handelns besser abbilden. Und in praktischer Hinsicht sind diejenigen »ethischen Ressourcen« besser zu nutzen und zu fördern, die für die weltweite Erstellung öffentlicher Güter notwendig sind. Beide Gesichtspunkte, die sich überdies gegenseitig beeinflussen, sind von außerordentlicher Bedeutung für die Entstehung einer Weltgemeinschaft, die fähig und willens ist, Weltprobleme gemeinsam anzupacken und zu lösen.

Was die Grundannahmen in der üblichen ökonomischen Analyse betrifft, stellt Amartya Sen (1997) »*eine interessante Asymmetrie*« zwischen der Behandlung der Geschäftsprinzipien (»business principles«) und der ethischen Ressourcen (»moral sentiments«) fest. Während die Geschäftsprinzipien (im wesentlichen, direkt oder indirekt, auf die Profitmaximierung beschränkt) sehr rudimentär sind, sich aber auf praktisch alle wirtschaftlichen Transaktionen erstrecken, werden die ethischen Ressourcen als sehr komplex (weil aus verschiedenen Arten von Ethiken stammend) betrachtet, deren Geltung jedoch angeblich nur auf einen sehr engen Bereich beschränkt ist und das wirtschaftliche Verhalten praktisch nicht beeinflußt. Sen kritisiert diese Asymmetrie, insbesondere daß das Prinzip der Gewinnmaximierung in der internationalen Wirtschaft von heute »wenig empirische Evidenz und nicht viel analytische Plausibilität« (Sen 1997, 14) aufweisen kann und plädiert dafür, daß diese rudimentäre Annahme durch komplexere Annahmen ersetzt wird. Nur wenn *verschiedene* soziokulturelle Faktoren in die ökonomischen Modelle einbezogen werden, können wirtschaftliche Erfolge und Mißerfolge, einschließlich die gelungene und mißlungene Versorgung mit öffentlichen Gütern, in den verschiedenen Teilen der Welt verstanden und erklärt werden.

Über diesen Erklärungswert hinaus sind soziokulturell differenziertere Modellannahmen auch von normativ-faktischer Relevanz. Denn oft werden die rudimentären Annahmen des Selbstinteresses und der Gewinnmaximierung nicht nur als Erklärungsvariablen verstanden, sondern auch als normative Vorgaben, die anzeigen, wie sich die wirtschaftlichen Akteure verhalten *sollen*. Wenn nun schon die rudimentären Annahmen die Wirklichkeit der Weltwirtschaft schlecht abbilden, ist leicht abzusehen, daß ihre normative Verwendung verheerende Folgen zeitigen kann. Die mangelhafte Versorgung mit öffentlichen Gütern ist nicht nur ein erklärbares Faktum, sondern auch etwas, das, wenn nicht direkt angestrebt, doch als Nebenwirkung in Kauf genommen werden *soll*.

Die notwendige Erweiterung des Paradigmas muß also die soziokulturelle Vielfalt, in der die heutige transnationale Wirtschaft operiert, besser abbilden und »moral commitments« (ethische, über das Selbstinteresse hinausgehende Engagements) einschliessen, die zur Erstellung öffentlicher Güter unerläßlich und in gewissem Ausmaß tatsächlich auch vorhanden sind. Auf diese Weise kann zum Beispiel das sogenannte »ostasiatische Wunder« besser erklärt werden, wenn es, wie ich aufzuzeigen versuchte, auf eine »Moralität der Inklusion« zurückgeführt werden kann (Enderle 1995). Auch für andere, einschließlich westliche Kulturkreise würde eine größere Realitätsnähe der ökonomischen Modellannahmen implizieren, daß die schon vorhandenen und genutzten »ethischen Ressourcen« für öffentliche Güter (wie ein Sinn für das Gemeinwohl, Solidarität und Gerechtigkeit) ernster genommen würden und somit die Versorgung mit öffentlichen Gütern etwas weniger pessimistisch zu beurteilen wäre (siehe zum Beispiel Braybrooke et al. 1992, Kerber 1993, Brieskorn 1997).

Trotz eines erweiterten und differenzierteren Paradigmas stellen sich aber noch viele schwerwiegende Probleme, die über die kognitive Fragestellung hinaus von normativ-ethischer und praktischer Natur sind. Globale öffentliche Güter können nur erstellt werden und Bestand haben, wenn sie von einem globalen ethischen Konsens getragen werden. Dies verlangt ein Weltethos, das sich einerseits auf die verschiedenen ethischen Traditionen religiöser und nichtreligiöser Herkunft abstützt und andererseits einen »gemeinsamen Boden« (oder »überlappenden Konsens« in John Rawls' Terminologie) bietet, der über die einzelnen Traditionen hinausgeht. Mir scheint, daß die Stärke von Hans Küngs Ansatz (besonders entwickelt in Küng 1997 und 1997a) vor allem in der »Abstützung« des Weltethos durch die religiösen Traditionen besteht. Dieser Aspekt der Fragestellung wurde bislang weder von philosophischer noch religiöser Perspektive meines Wissens so konsequent behandelt. Was den zweiten Aspekt betrifft, liegt meines Erachtens noch eine Menge theoretischer Arbeit vor uns. Es geht darum, einen globalen, die einzelnen Traditionen transzendierenden »überlappenden Konsens« zu entwickeln, in ähnlicher Weise, wie Rawls dies für das Verständnis einzelner demokratischer Gesellschaften geleistet hat (siehe Rawls 1993, besonders S. 133-172).

Über diese theoretischen Perspektiven hinaus stellt die Problematik öffentlicher Güter in der Weltwirtschaft vor allem auch eine enorme *praktische* Herausforderung dar. Nur wenn hinreichende »ethische Ressourcen« mobilisiert werden können, ist die Menschheit an der Wende zum nächsten Jahrtausend befähigt, die gewaltigen gemeinsamen Probleme zu lösen. Aus den obigen Ausführungen geht hervor, daß ein Ethos des bloßen (auch aufgeklärten) Selbstinteresses von Gruppen, Staaten und Unternehmen dieser Herausforderung nicht gewachsen ist. Auch ein säkulares Ethos, das die religiösen Traditionen ignoriert (obschon ihnen die überwiegende Mehrheit der Menschheit angehört), kann ihr nicht gerecht werden. Die religiösen Traditionen bieten unverzichtbare

»ethische Ressourcen« für die Erstellung globaler öffentlicher Güter an, da sie in der einen oder anderen Form schon immer den Sinn für ein den einzelnen Menschen übersteigendes Gemeinwohl gefördert haben. Aber auch für sie ist diese globale Herausforderung neu, insofern sie wie noch nie in der Geschichte das richtige Verhältnis zu denen finden müssen, die sich, über den Kreis ihrer Anhänger hinaus, in bezug auf Rasse, Geschlecht, Kultur, Politik oder Glaube im globalen Kontext von ihnen unterscheiden. (Dies ist eine der grundlegenden Fragen an die Glaubenstraditionen, die Gerald Barney während des Treffens der Weltreligionen 1993 in Chicago vortrug; Barney et al. 1993).

Zum Schluß sei der Gedankengang dieses Beitrags nochmals kurz zusammengefaßt. Wir sind von der interessanten Beobachtung ausgegangen, daß die Diskussion über die Weltwirtschaft und die globale Ausbreitung des kapitalistisch-marktwirtschaftlichen Systems die Thematik der öffentlichen Güter kaum behandelt, obschon sie gerade in diesem Kontext von enormer Tragweite ist. Glücklicherweise hat die Theorie der öffentlichen Ökonomik den zentralen Begriff der öffentlichen Güter mit seinen weitreichenden Implikationen systematisch entwickelt, so daß dieses Wissen auch auf weltwirtschaftliche Zusammenhänge angewandt werden kann. Um diese oft pauschal diskutierten Zusammenhänge differenzierter behandeln zu können, wird eine Typologie der internationalen Beziehungen vorgeschlagen, wobei der »Globalisierungs«-Typ für die Fragestellung dieses Beitrags besonders wichtig ist. Die verschiedenen Überlegungen haben schließlich den Weg zur Frage nach dem erforderlichen Ethos frei gemacht. Weil ein tragendes und dauerhaftes Ethos für öffentliche Güter in der Weltwirtschaft von enormer Bedeutung und hoher Dringlichkeit ist, sind sowohl die religiösen wie auch die nichtreligiösen ethischen Traditionen aufgerufen, ihren notwendigen Beitrag zu dieser Grundlegung zu leisten.

Literatur

Atkinson, A. B., Stiglitz, J. E. 1980. *Lectures on Public Economics*. New York: McGraw-Hill.

Auerbach, A. J., Feldstein, M. (Hg.) 1987. *Handbook of Public Economics*. Vol. II. Amsterdam: North-Holland.

Barney, G. O., Blewett, J., Barney, K. R. 1993. *Global 2000 Revisited. What shall we do? The critical issues of the 21st century*. Arlington, VA: Millennium Institute.

Braybrooke, D., Mohanan, A. P. 1992. Common Good. In: Becker, 175-178.

Brieskorn, N. (Hg.) 1997. *Globale Solidarität. Die verschiedenen Kulturen und die Eine Welt*. Stuttgart: Kohlhammer.

Eatwell, J., Milgate, M., Newman, P. (eds.) 1987. *The New Palgrave: A Dictionary of Economics*. London: Blasingstoke.

Enderle, G. 1987. *Sicherung des Existenzminimums im nationalen und internationalen Kontext. Eine wirtschaftsethische Studie*. Bern: Haupt.

Enderle, G. 1995. An Outsider's View of the East Asian Miracle: Lessons and Questions. In: Stewart, S., Donleavy, G. (eds.). 1995. *Whose Business Values? Some Asian and Cross-Cultural Perspectives*, Hong Kong: Hong Kong University Press, 87-120.

Enderle, G., Homann, K., Honecker, M., Kerber, W., Steinmann, H. (Hg.) 1993. *Lexikon der Wirtschaftsethik*. Freiburg: Herder.

Kerber, W. 1993. Gemeinwohl. In: Enderle et al. 1993, 339-342.

Küng, H. 1997. *Weltethos für Weltpolitik und Weltwirtschaft*. München: Piper.

Küng, H. 1997a. A Global Ethic in an Age of Globalization. *Business Ethics Quarterly*, Vol. 7, No. 3, 17-31. Erscheint auch in: *International Business Ethics: Challenges and Approaches*. Ed. by G. Enderle. University of Notre Dame Press and Hong Kong University Press. 1998.

Laffont, J.-J. 1987. Incentives and the Allocation of Public Goods. In: Auerbach und Feldstein 1987, 537-569.

Mandeville, B. 1724. *The Fable of the Bees, or Private Vices, Publick Benefits*. Ed. by F. B. Kaye. Oxford: Clarendon Press, 1924.

Monro, D. H. 1987. Self-Interest. In: Eatwell et al. 1987, Vol. 4, 1987, 297-300.

Parfit, D. 1984. *Reasons and Persons*. Oxford: Clarendon Press.

Priddat, B. P. 1993. Öffentliche Güter, meritorische Güter. In: Enderle et al. 1993, 767-774.

Oakland, W. H. 1987. Theory of Public Goods. In: Auerbach and Feldstein 1987, 485-535.

Rawls, J. 1993. *Political Liberalism*. Second edition 1996. New York: Columbia University Press.

Rich, A. 1984. *Wirtschaftsethik. Grundlagen in theologischer Perspektive*. Band I. Gütersloh: Mohn.

Rich, A. 1990. *Wirtschaftsethik. Marktwirtschaft, Planwirtschaft, Weltwirt-*

schaft aus sozialethischer Sicht. Band II. Gütersloh: Mohn.

Samuelson, P. A. 1954. The Pure Theory of Public Expenditure, *Review of Economics and Statistics 36*, 387-389.

Samuelson, P. A. 1955. Diagrammic Exposition of a Theory of Public Expenditure, *Review of Economics and Statistics*, 350-356.

Sandmo, A. 1987. Public Goods. In: Eatwell et al. 1987, Vol. 3, 1987, 1061-1066.

Sen, A. 1992. *Inequality Reexamined.* Cambridge, MA: Harvard University Press.

Sen, A. 1997. Economics, Business Principles, and Moral Sentiments. *Business Ethics Quarterly,* Vol. 7, No. 3, 5-15. Erscheint auch in: *International Business Ethics: Challenges and Approaches.* Ed. by G. Enderle. University of Notre Dame Press and Hong Kong University Press. 1998.

Smith, A. 1759. *The Theory of Moral Sentiments.* Ed. by A. L. Macfie and D. D. Raphael. Oxford: Clarendon Press, 1974.

Smith, A. 1776. *An Inquiry into the Nature and Causes of the Wealth of Nations.* Ed. by R. H. Campbell, A. S. Skinner and W. B. Todd. Oxford: Clarendon Press, 1976.

Weltethos und die rechtliche Ordnung der Weltwirtschaft

1. Einleitung

Mit dem Weltethos-Projekt und der Frage, ob und gegebenenfalls auf welche Weise sich die Probleme des Weltfriedens und der Weltwirtschaft durch Formulierung und Propagierung eines Weltethos bewältigen lassen, hat sich der Verfasser erstmals in einem zusammen mit *Karl-Josef Kuschel* im Sommersemester 1996 an der Universität Tübingen durchgeführten Seminar für Juristen und Theologen über »Weltwirtschaft und Weltethos« beschäftigt. Im Verlaufe dieser Veranstaltung schob sich recht schnell das Thema in den Vordergrund, welches die Einsatzpunkte des Weltethos bei der Gestaltung einer Weltwirtschaftsordnung sein könnten. Dabei schien vor allem der Umstand berücksichtigt werden zu müssen, daß sowohl die Weltwirtschaft als auch die Weltwirtschaftspolitik bereits in einen rechtlichen Ordnungsrahmen eingebunden sind, der zugleich die Möglichkeiten und Grenzen seiner Beeinflußbarkeit absteckt. Die aus diesem Befund heraus entwickelte These, daß die Ordnung der Weltwirtschaft als eine rechtliche Ordnung fortzubilden sei, auf die hin die Einsatzstellen des Weltethos untersucht werden müßten, dient als Ausgangspunkt dieses Beitrages.[1]

Im Mittelpunkt der nachfolgenden Ausführungen steht dementsprechend die Frage, ob und wie ethische Prinzipien auf der Ebene des Weltwirtschaftsrechts rechtsgestaltend wirken können.[2] Der Versuch ihrer Beantwortung setzt bei den Grundgedanken des Weltethos-Projekts an, um hierauf aufbauend zwei Einsatzpunkte eines Weltethos auf die rechtliche Ordnung der Weltwirtschaft herauszuarbeiten: Ein erster liegt in der Einflußnahme auf die Setzung und Anwendung von Normen des internationalen Wirtschaftsrechts, der Ausfüllung von Regelungslücken und der Einwirkung auf die in rechtlich ungeregelten Bereichen handlungsleitenden Normen. Das erscheint nur auf den ersten Blick verwunderlich, stellt das internationale Wirtschaftsrecht in seiner derzeitigen Verfassung doch lediglich eine bruchstückhafte Regelung der weltwirtschaftlichen Entwicklung dar. Ein zweiter Einsatzpunkt des Weltethos für die rechtliche Ordnung des internationalen Handels eröffnet sich diesem in der Mitwirkung sowohl bei der Herausbildung einer bislang zu vermissenden Rahmenordnung für die Weltwirtschaft als auch bei der Schaffung der Bereitschaft, eine solche Verfassung zu entwerfen und durchzusetzen.

2. Die rechtliche Ordnung der internationalen Wirtschaft als Bezugspunkt des Weltethos

Aufbauend auf der Deklaration des Parlamentes der Weltreligionen »Erklärung zum Weltethos«[3] haben *Hans Küng*[4] und die Vertreter des »Projekts Weltethos« die Bedeutung eines Weltethos für die Weltpolitik und die Ordnung der Weltwirtschaft hervorgehoben und zu begründen versucht.[5]

(1) Grundlagen und Ausrichtung des Weltethos

Dabei geht es ihnen dem Ausgangspunkte nach um zweierlei: zum einen um eine Neubewertung der Rolle des Ethos für Politik und Wirtschaft im allgemeinen und der Bedeutung eines Weltethos für Weltpolitik und Weltwirtschaft im besonderen;[6] und zum anderen um die Suche nach den Prinzipien, die Bestandteil eines Weltethos für Weltwirtschaft und Weltpolitik sein können. Die Verhältnisbestimmung von Ethos, Weltpolitik und Weltwirtschaft mündet in eine klare Aussage über ein Primat der Politik über die Ökonomie sowie des Ethos über die Politik und die Ökonomie. Als Prinzipien eines Weltethos werden diejenigen Werte, Maßstäbe und moralischen Grundhaltungen[7] herangezogen, die Gegenstand eines Grundkonsenses der »Religionen dieser Erde«[8] sind und für die Herstellung und Aufrechterhaltung eines »friedlichen Zusammenlebens der Völker« sowie zur Überwindung ethnischer, nationaler, sozialer, wirtschaftlicher und religiöser Spannungen[9] Bedeutung haben. Damit ist zugleich ein Teil des sachlichen Bezugspunkts des Projekts Weltethos benannt: Es basiert auf der Wahrnehmung weltpolitischer Defizite bei der Ordnung des Zusammenlebens von Staaten oder staatenübergreifender Volks- oder Religionsgemeinschaften sowie auf den mit der Internationalisierung und zunehmenden Globalisierung der Weltwirtschaft einhergehenden Krisen- und Konfliktfaktoren.

Weltethos erscheint nach alledem allein auf das politische und ökonomische Handlungssystem ausgerichtet zu sein, Fragen des Rechts sowie des rechtlichen Rahmens der Weltpolitik und der rechtlichen Ordnung der Weltwirtschaft dagegen unberührt zu lassen. Daß dem nicht so ist, bestätigen bereits die Kommentare *Küngs* zur Erklärung des Parlaments der Weltreligionen zum Weltethos: In diesen wird zwar, dem unmittelbaren Anlaß der Erklärung und dem handlungsbezogenen Status ethischer Normen entsprechend, dargelegt, die Deklaration ziele weder auf eine Anleitung zur Herstellung von Recht,[10] noch sei sie als eine Verdopplung der Menschenrechtserklärung zu verstehen, noch wolle sie überhaupt auf die »juristische Ebene der Gesetze, kodifizierten Rechte und einklagbaren Paragraphen« vorstoßen. Doch wird andererseits aber auch deutlich, daß Weltethos auf die Herbeiführung einer Übereinstimmung seines Kanons ethischer Prinzipien mit den Verhaltens- und Ordnungsregeln in Weltpolitik und Weltwirtschaft gerichtet ist. Die Weltwirtschaft indes vollzieht sich auch in den Bereichen, die nicht einer speziellen Verrechtlichung unterliegen und rechtliche Handlungsspielräume eröffnen, auf der Grundlage einer rechtlichen Ordnung der Weltwirtschaft. Diese ist komplexer und komplizierter als gemeinhin angenommen wird und unterliegt im Hinblick auf ihre Änderbarkeit und Änderung wiederum rechtlichen Regeln, welche die auf die Weltwirtschaft gerichtete Weltpolitik binden. Weltethos, welches auf Weltpolitik und Weltwirtschaft Einfluß nehmen will, und sei es auch nur über die »ethische Ebene ... der verbindlichen Werte, unverrückbaren Maßstäbe und inneren Grundhaltungen«[11] der in der Weltpolitik und Weltwirtschaft wirkenden Menschen, muß deshalb auch den Umstand der rechtlichen Verfassung der Weltwirtschaft und die Funktionsweise des Rechts in der Gestalt des internationalen Wirtschaftsrechts berücksichtigen. Hinzu kommt, daß Weltwirtschaftsrecht nicht das Produkt eines souveränen Weltwirtschaftsgesetzgebers ist, sondern auf nationalstaatlichem Handeln beruht, und die hierfür maßgeblichen Politiker ihrerseits nationalstaatlichen, namentlich verfassungsrechtlichen Verhaltensbindungen unterliegen.

(2) Die rechtlichen Dimensionen der Weltpolitik und der Weltwirtschaft als Bezugspunkt des Weltethos

Ein nicht nur auf Moralisierung, sondern – wie es bei *Küng* heißt – auf Moral ausgerichtetes Weltethos ist deshalb gehalten, neben seiner Beziehung zu (Welt-)Politik und (Welt-)Ökonomie auch sein Verhältnis zum Recht im allgemeinen und zum Weltwirtschaftsrecht im besonderen zu bestimmen. Dabei genügt es nicht, auf den Umstand zu verweisen, daß Recht letztlich lediglich Ordnungsvorstellungen verwirkliche, wie sie die Politik unter Berücksichtigung der Gesetzlichkeiten der betroffenen Regelungsfelder nebst diesbezüglicher Lehrmeinungen entwickele. Damit würden zum einen die bereits angeführten Handlungsbeschränkungen der Politik übersehen, die sich aus dem Recht und nicht bloß aus den Sachgesetzlichkeiten der betroffenen Regelungsbereiche ergeben. Zum anderen hätte ein solcher Standpunkt zwangsläufig zur Folge, daß das Ethos grundsätzlich auch einen Primat im Hinblick auf das Recht zu beanspruchen hätte: eine Konsequenz, die dem Ansatz des Weltethoskonzepts fernliegt, fußt es doch unter anderem gerade auf dem Gedanken, daß »die Verwirklichung von Frieden, Gerechtigkeit und Bewahrung der Erde ... von der Einsicht und Bereitschaft des Menschen (abhängt), dem Recht Geltung zu verschaffen«,[12] was seinerseits wiederum den ethischen Willen voraussetze, Gesetze und Verträge auch wirklich einzuhalten[13] statt sie strategisch zum eigenen Nutzen auszulegen oder gar zu mißachten.

Geht es im folgenden darum, die Einsatzpunkte des Weltethos im Recht im allgemeinen und im Weltwirtschaftsrecht im besonderen zu benennen, weil sich erst auf dieser Grundlage weitergehende Aussagen über seine konzeptionelle und praktische Triftigkeit ziehen lassen, so kommt es dabei doch nicht unerheblich auf die im Zentrum des Weltethoskonzepts stehende Verhältnisbestimmung zu Weltpolitik und Weltwirtschaft an:

– Zum einen ist schwerlich zu übersehen, daß der rechtliche Rahmen, in dem sich die Weltwirtschaft entwickelt, auf politischen und ökonomischen Funktions-, Ordnungs- und Regelungsvorstellungen beruht, an die das Weltethos seine ethischen Maßstäbe anlegt. Aus diesen ableitbare Verhaltensnormen für Weltpolitik und Weltwirtschaft sind zwar möglicherweise, nicht aber notwendigerweise auf die Herstellung entsprechender rechtlicher Regelungen gerichtet.

– Des weiteren entfalten sich Weltpolitik und Weltwirtschaft zwar in einem rechtlich strukturierten Rahmen, doch sind – und dies gilt namentlich für die Weltwirtschaft – nicht sämtliche ihrer institutionellen Randbedingungen rechtlich verbindlicher Natur. In weiten Bereichen sind Weltpolitik und Weltwirtschaft damit direkt dem Einflußbereich der ethischen Prinzipien eines Weltethos zugänglich, wenngleich sich aus den zum Weltethos entwickelten primären Prinzipien durchaus auch das sekundäre Postulat entwickeln ließe, die Weltwirtschaft aus Gründen der Verläßlichkeit, der Kontrollierbarkeit und Durchsetzbarkeit verstärkt und sukzessive in eine rechtlich verfaßte Ordnung zu überführen.

– Mit alledem hängt schließlich der Umstand zusammen, daß moralischen Prinzipien auf der Ebene der Beeinflussung der rechtlich nur fragmentarisch erfaßten und gebundenen Weltpolitik und Weltwirtschaft eine weitaus größere Bedeutung zugemessen werden kann als im nationalen Kontext. Daran ändert auch der Umstand nichts, daß zum internationalen Wirtschaftsrecht auch den Welthandel berührende, namentlich grenzüberschreitende Transaktionen betreffende nationale Normen und Regelungen zu zählen sind.[14]

Für die Rechtfertigung des Konzepts des Projekts Weltethos ist gerade der zuletzt angeführte Aspekt von nicht geringer Relevanz:

Neben der Zustimmung, die das Projekt vor allem auf internationaler Ebene erfährt, sind die überwiegend polemisch vorgetragenen Einwände gegen dieses Unternehmen[15] doch stark von Argumenten geprägt, die sich auf die Rolle der Moral in den rechtsstaatlich verfaßten Demokratien der die Weltwirtschaft und ihre Abläufe dominierenden westlichen Industrieländer beziehen und aus dieser *national*-kulturellen Perspektive heraus entwickelt werden. Aus einem solchen isolierten Blickwinkel heraus ist es naheliegend, dem Projekt die Ausdifferenzierung und Trennung moralischer und rechtlicher Handlungsnormen vorzuhalten[16] und damit auch die rechtlich verfaßte Wirtschaft weitgehend gegen moralische Bewertungen zu immunisieren. Moral läßt sich vor diesem Hintergrund leicht als die Haltung »guter Menschen« desavouieren, die leider »keinen kühlen Kopf bewahren« können,[17] was man bei wohlwollender Interpretation als Vorhalt deuten mag, daß sie die Grenzen moralischen Argumentierens in bezug auf durchgehend verrechtlichte Lebensbereiche übersehen. Auf weltwirtschaftlicher Ebene laufen solche Einwände leer, weil sich die Weltwirtschaft zwar als ein von rechtlichen Regeln und Verhaltensbindungen beeinflußter, aber eben nicht durchgehend rechtlich verfaßter Ordnungsbereich begreifen läßt.

(3) Eignung des Weltethos zur Gestaltung von Weltpolitik, Weltwirtschaft und Weltwirtschaftsordnung

Auch wenn die Einsatzbedingungen moralischer Prinzipien auf der Ebene der Weltpolitik, der Weltwirtschaft und des internationalen Wirtschaftsrechts weitaus günstiger sind als im Hinblick auf nationale Politiken und nationales Wirtschaftsrecht, unterliegt doch auch im internationalen Kontext das Weltethos den dort vorzufindenden Durchsetzungsvoraussetzungen einer jeden Moral oder anderer nichtrechtlicher Prinzipien im Hinblick auf Politik, Wirtschaft und Recht. Unter den diesbezüglichen Wettbewerbsbedingungen kommen dem Weltethos gegenüber seinen potentiellen Konkurrenten gleichwohl einige besondere Wettbewerbsvorteile zugute. Dazu gehört vor allem der Umstand, daß das Weltethos sich zwar nicht als Ethik im Sinne einer Lehre über die Begründung, den Inhalt oder den Anwendungsbereich ethischer Normen begreift, gleichwohl aber eine implizite Ethik enthält, nämlich die, nur solche Normen in den Kanon seiner Prinzipien aufzunehmen, die für alle in der Weltwirtschaft und Weltpolitik Beteiligten konsensfähig sein können, sofern sie nur bereit sind, ihr Handeln überhaupt an ethischen Normen zu messen und auszurichten.

Gewiß sind die Prinzipien des Welthethos aus einer Art Partikularmoral religiös oder spirituell orientierter Menschen heraus entwickelt worden, doch führt gerade ihre implizite Ethik und die Art und Weise ihrer Konstitution dazu, daß ihnen hieraus eher ein Vorteil denn ein Nachteil erwächst:

– Zum einen ist in Erinnerung zu rufen, daß weltpolitische Konflikte, und in deren Gefolge auch weltwirtschaftliche Spannungen, zu einem erheblichen Teil religiös-kulturell oder durch die politische Instrumentierung religiöser Überzeugungen oder kulturell bedingter Einstellungen unterlegt sind;[18] die religions- und kulturübergreifenden Weltethosprinzipien unterliegen in diesem Konflikt mithin günstigen Akzeptanzbedingungen.

– Des weiteren ist schon wegen der Abstraktionshöhe der Weltethosprinzipien die Überlegung naheliegend, daß »unsere oft … jahrtausendealten religiösen und ethischen Traditionen … genügend Elemente eines Ethos (enthalten), die für alle Menschen guten Willens, religiöse und nicht religiöse, einsichtig und lebbar sind«.[19]

– Und schließlich fehlt dem Weltethos jegliche imperialistische Einstellung: Hinter seinen Prinzipien verbirgt sich kein Bezug zu konkreten Interessen einzelner in die Weltpolitik oder die Weltwirtschaft verflochtener Akteure; seine Prinzipien negieren nicht a priori bestimmte Sachgesetzlichkeiten, wie sie mit der Ausübung bestimmter Regelungsoptionen verbunden sind und verlieren mithin auch dann nicht ihre Grundlage, wenn bestimmte sachliche Prämissen nicht gegeben oder durchsetzbar sind; und nicht zuletzt zielt das Weltethos nicht auf die Herstellung und die Verabsolutierung eines spezifischen Ordnungssystems im Stile einer politischen oder religiösen Heilslehre, »Totalerklärung« oder »Großideologie«.[20] Es ist mithin selbst für jene Akteure in Weltpolitik und

Weltwirtschaft akzeptabel, die ihre systemgebundene Einstellung auch im internationalen Kontext weder aufgeben wollen noch können.

Dagegen steht es auf einem anderen Blatt, ob die Prinzipien des Weltethos auch konkret genug sind, um die Ordnung der Weltwirtschaft gestaltend zu beeinflussen. Ihrer Anlage nach richten sich die Weltethos-Prinzipien auf Beweggründe des Handelns von Menschen (»den inneren Bereich des Menschen, das Forum internum, ... die Sphäre des Gewissens, des ›Herzens‹«), die »nicht direkt durch politische Macht (Staatsmacht, Gerichte, Polizei) durchsetzbaren Sanktionen ausgesetzt« sind.[21] Zielen sie so auf die »ethische Ebene« der Handlungsbeeinflussung durch »verbindliche Werte, unverrückbare Maßstäbe und innere Grundhaltungen«,[22] verzichten sie auf die Entwicklung konkreter Vorschläge im Hinblick auf die Ordnung der Weltwirtschaft. Die Idee des Weltethos ist mithin die, durch die Beeinflussung menschlicher Wahrnehmung und Handlungen auf die Gestaltung der Weltpolitik und der Weltwirtschaft Einfluß zu nehmen. Gleichwohl, und das zeigen schon die Ausarbeitungen und Fortschreibungen des Projekts Weltethos in *Küngs* »Weltethos für Weltpolitik und Weltwirtschaft«, eignen sich die Prinzipien des Welthos aber selbst in ihrer abstrakten Formulierung, bestimmte Charakterzüge des gegenwärtigen Zustands der Weltwirtschaft als seinen ethischen Prinzipien widersprechend auszuzeichnen.

Die *Weltethos-Prinzipien taugen also sehr wohl auch zur Beurteilung von Sachfragen,* was seinen allgemeinsten Ausdruck ja bereits in der Aussage eines Primats des Ethos über Politik und Ökonomie findet und sich konkreter in Beurteilungen über die Wirkungen der Globalisierung auf die Einkommens- und Arbeitsverteilung, die Handlungsautonomie der Politik, die Ressourcennutzung oder die Chancengleichheit der (aktuellen oder potentiellen) Marktteilnehmer, um nur einige Stichpunkte anzuführen, fortsetzt. Sicherlich bewegen sich diesbezügliche Urteile auf der Ebene der Bewertungen von Zuständen, bieten keine direkten Sachlösungen an und können nicht einmal ausschließen, daß eine unter den ethischen Maßstäben des Weltethos vorzugswürdige Handlungsoption Nebenfolgen mit sich bringt, die, isoliert betrachtet, den Maßstä-

ben der Weltethos-Prinzipien nicht genügen. Gleichwohl vermögen sie Lösungsvorschläge zu bewerten und zwar auch für den Fall,
daß sich ihre Nebenfolgen nicht vorhersagen lassen oder unerwünschte Nebenfolgen eintreten können. Diese Verbindung zu
Sachfragen und Sachgesetzlichkeiten, die es bei dem anzuleitenden
menschlichen Handeln einzuplanen gilt, hat das Weltethos-Projekt
denn nicht nur nicht geleugnet, sondern vielmehr als zu berücksichtigen verlangt. Auch wenn es deshalb nicht zu den Grundaus-
stattungen des Weltethos gehört, lassen sich seine Grundkonzep-
tion und seine »primären Prinzipien« deshalb durchaus so konkretisieren, daß sie über die ethische Handlungsbeeinflussung auch
zur Bewertung von Ordnungsmodellen *en gros* oder *en detail* herangezogen werden können.

So darf man den Prinzipien des Weltethos-Projekts etwa die mit
den Überlegungen einiger Weltwirtschaftsrechtler und der Position
des Verfassers frappant übereinstimmende Aussage entnehmen,
einer rechtlichen Weltwirtschaftsverfassung habe eine Ordnung
zugrundezuliegen, die mit den jeweils nationalen Ordnungsvorstellungen von Politik und Wirtschaft kompatibel sei, d. h. ein nationales Wirtschaftssystem nicht *pars pro toto* setzte. Das erzwingt
auch auf der Ebene der *rechtlichen* Weltwirtschaftsordnung nichts
anderes als die Suche nach einem »Restbestand von Gemeinsamkeiten«[23] der Organisation wirtschaftlichen Handelns, die noch
immer und auf absehbare Zeit auf der Grundlage nationalstaatlicher oder räumlich integrierter nationalstaatlicher Wirtschaftsverfassung erfolgen muß. So geht etwa ein international-wirtschafts-
rechtlicher Vorschlag[24] dahin, ein solches Prinzip sei in der
Gewährleistung »freie(r) Entfaltung und Versorgung« zu finden
und diese entwickele sich am besten in einem *Antitrustmodell*, »das
Wettbewerbsbeschränkungen, Monopole, Diskriminierung und
andere Ausübung gesellschaftlicher und wirtschaftlicher Macht in
der Wirtschaft zu hindern trachtet«.[25] Dieser Ansatz zeigt, daß ein
auf konsensfähigen Prinzipien aufbauendes Modell als weltwirt-
schaftliches Meta-Modell einer internationalen Wirtschaftsverfassung keineswegs gestaltgleich mit nationalen Wirtschaftsordnungen sein muß, hat man doch auch weiterhin davon auszugehen,
daß es nationale Wirtschaftssysteme gibt, in denen solchen »Anti-

trust-Elementen« nur geringe Bedeutung zukommt. Die Überlegung geht aber dahin, die erwähnten Antitrust-Elemente könnten auf weltwirtschaftlicher Ebene auch für diese Staaten im Interesse ihrer Entfaltungsmöglichkeiten im Welthandel im Ausgangspunkt konsensfähig sein, sofern sie nur bereit sind zu berücksichtigen, daß das zu suchende Modell einer Weltwirtschaftsordnung auch für andere Staaten akzeptabel sein muß.

Zwar ist nicht zu übersehen, daß der »Antitrust«-Ansatz Teil eines umfassenderen ordoliberalen Modells der Ordnung der Weltwirtschaft als rechtlich verfaßte Wettbewerbswirtschaft ist.[26] Er erscheint aber gleichwohl im Ausgangspunkt als konsensfähig, wenn man ihn aus seiner Verbindung mit den Rigorismen ordoliberaler Vorstellungen einer Weltwirtschaftsordnung löst: Schon als Modell nationaler Wirtschaftsordnungen erheblicher Kritik ausgesetzt, steht seiner Übertragung auf die Ebene der internationalen Wirtschaft entgegen, daß die Akteure der Weltwirtschaft nur formal – d. h. lediglich im Hinblick auf ihre Zugangsberechtigung zur Weltwirtschaft – als gleichartig angesehen werden können und der Globus alles andere als ein »level playing field« darstellt. Eine auf den »Antitrust«-Prinzipien aufbauende Meta-Ordnung schließt es nämlich keineswegs aus, marktsegmentspezifische oder marktteilnehmerspezifische Ausnahmen zuzulassen, welche dem Umstand ungleicher Wettbewerbslagen Rechnung tragen.

Dem ist an dieser Stelle nicht weiter nachzuforschen, geht es hier doch weder darum, das ordoliberale Ordnungsmodell der Weltwirtschaft einer Kritik zu unterziehen, noch darum, dem Antitrustgedanken komplementäre Regelungselemente zu entwikkeln, welche diesen als Ausgangspunkt einer konsensfähigen Weltwirtschaftsordnung erscheinen lassen könnten. Vielmehr ist lediglich – und auch dies hier nur andeutungsweise – zweierlei festzuhalten: zum einen, daß dem Weltethos Prinzipien zugrundeliegen, welche auch in der auf direkte politische Handlungsanweisung ausgerichteten wissenschaftlichen Beschäftigung mit Ordnungsfragen der Weltwirtschaft Berücksichtigung finden; und zum anderen, daß das Weltethos, obwohl auf »ethischer Ebene«[27] anzusiedeln, durchaus geeignet ist, Kriterien für die Auswahl unter den Optionen für weltwirtschaftliche Ordnungsmodelle zu liefern.

Das hier angeschnittene Thema der Umrisse einer rechtlichen Ordnung der Weltwirtschaft ist damit keineswegs aufgehoben, sondern nur aufgeschoben. Es läßt sich sinnvoll nur auf der Grundlage eines zumindest groben und Schwerpunkte setzenden Überblicks über den gegenwärtigen Zustand der rechtlichen Ordnung der Weltwirtschaft sowie ihrer Defizite und Entwicklungsmöglichkeiten behandeln. Auch wenn man derzeit von der Weltwirtschaftsordnung nicht im Sinne einer einheitlichen rechtlichen Ordnung internationaler Transaktionen sprechen kann, so weist sie doch politisch, ökonomisch und rechtlich geprägte Strukturen auf, die einerseits Folge und andererseits Grund politischer Gestaltungsschranken sind. Resultat menschlichen Handelns, ist keines der hier vorzufindenden Strukturelemente der Änderung unzugänglich, so daß ethischen Handlungsnormen daraus keine sachgesetzlichen Anwendungsgrenzen (im Sinne des Grundsatzes: Sollen impliziert Können) erwachsen. Doch werden nicht nur politische, ökonomische und rechtliche Theorie und Praxis solche Strukturen zum Ausgangspunkt zu nehmen haben, sondern auch das am Angebot einer *realistischen* zukunftsweisenden Vision für Weltpolitik und Weltwirtschaft interessierte Projekt Weltethos. Für beide Richtungen stellen sie einen gewichtigen Teil der Bedingungen der Möglichkeit ihres Erfolges dar. Auch dem Projekt Weltethos ein solches Ziel zu unterstellen, ist wohl keine Fehldeutung seines Anliegens.

Ein Blick auf die derzeitige Gestalt des internationalen Wirtschaftsrechts ist darüber hinaus aber auch deshalb sinnvoll, weil er den Beleg dafür zu erbringen vermag, daß die Weltwirtschaft ihrer *rechtlichen* Anlage nach keinesfalls auf das Muster »Kapitalismus pur« eingestellt ist. Wenn die Internationalisierung und Globalisierung der Weltwirtschaft gleichwohl Folgen zeitigt, die wegen ihrer Auswirkungen auf nationale und internationale Märkte sowie aus Gründen des nationalen und internationalen Friedens der politischen, ökonomischen und rechtlichen Zuwendung und Bewältigung bedürfen, ist ein Blendenwechsel auf die rechtlichen Grundlagen des Welthandels auch der probate Weg, die hierfür mitverantwortlichen Bruchstellen im Weltwirtschaftsrecht und mögliche Einsatzpunkte ihrer Beseitigung zu lokalisieren.[28]

3. Internationales Wirtschaftsrecht als Ordnungsfaktor der Weltwirtschaft

Wie bereits an früherer Stelle angedeutet wurde, entfaltet sich die Weltwirtschaft nicht auf der Grundlage eines einheitlichen, für alle Marktteilnehmer gleichermaßen verbindlichen rechtlichen Ordnungsrahmens. Internationales Wirtschaftsrecht ist damit nur einer unter den Ordnungsfaktoren der Weltwirtschaft.

(1) Zum Begriff des internationalen Wirtschaftsrechts

Dieser Befund gilt selbst für den Fall, daß man zum internationalen Wirtschaftsrecht auch die zahlreichen Normen oder Normenkomplexe zählt, die in die Sprache des Rechts eingekleidet sind und durchaus auf Rechtsgeltung zielen, jedoch keine rechtliche Bindungswirkung entfalten. Zu den Kernbestandteilen des internationalen Wirtschaftsrechts gehören jedenfalls diejenigen rechtlichen Normen und Prinzipien, die auf den *grenzüberschreitenden Handel* oder auf *Transaktionen auf supranationalen Märkten* anwendbar und generell oder zumindest für einzelne der betroffenen Staaten, Marktteilnehmer oder Institutionen verbindlich sind.[29] Dementsprechend schließt das internationale Wirtschaftsrecht auch internationale Transaktionen berührendes nationales Recht ein. Die solchermaßen erfaßten Normen und Prinzipien lassen sich nach ihrer Rechtsquelle und rechtssystematischen Herkunft, nach Art und Umfang ihrer Verbindlichkeit sowie nach ihrem sachlichen Regelungsbereich unterscheiden.

Wenn der nachfolgende Blick auf die Umrisse des internationalen Wirtschaftsrechts[30] ein sachliches Unterscheidungskriterium in den Mittelpunkt stellt und recht grob zwischen der rechtlichen Ordnung von Warenmärkten und Finanzmärkten trennt, so hat dies zwei Gründe: Zum einen ist eine zunehmende Differenzierung zwischen diesen Märkten zu beobachten, wobei die Finanzmärkte nicht nur dem Umfange nach, sondern auch als Risikofaktor der Weltwirtschaft wachsende Bedeutung und Aufmerksamkeit erlangt haben. Zum anderen unterscheiden sich internationale Waren-

und Finanzmärkte nach Art und dem Grad ihrer Regelung sowie
ihren Regelungsproblemen nicht unerheblich. Da es im folgenden
nicht um eine rechtswissenschaftlichen Zwecken dienende Systematisierung des internationalen Wirtschaftsrechts geht, mag es
auch angehen, die Ausführungen zu dessen Rechtsquellen mit
Überlegungen zu den möglichen Einsatzpunkten der Weltethos-
Prinzipien bei der Anwendung oder Weiterbildung des entsprechenden Rechts zu verbinden.

(2) Rechtsquellen und Verbindlichkeit der Normen des für die Waren- und Finanzmärkte relevanten internationalen Wirtschaftsrechts

a. Völkerrecht

An oberster Stelle der Normenhierarchie des internationalen Wirtschaftsrechts steht das an der Ordnung der zwischenstaatlichen
Wirtschaftsbeziehungen ausgerichtete Völkerrecht (Wirtschaftsvölkerrecht). Folgt man Art. 38 Abs. 1 lit. a-c des Statuts des Internationalen Gerichtshofs (IGH) als gerichtliches Hauptorgan der
UNO,[31] gehören zu dessen anerkannten Quellen das *Völkergewohnheitsrecht*, die *völkerrechtlichen Verträge* sowie die völkerrechtlichen
(»von den Kulturvölkern anerkannten«) *Rechtsgrundsätze*.

Wirtschaftsrelevantes Völkergewohnheitsrecht: Das *Völkergewohnheitsrecht* zeichnet sich durch die universelle Geltung seiner Prinzipien
aus und ist in Deutschland (gemäß Art. 25 des Grundgesetzes)
sogar mit Vorrang vor dem Bundesrecht ausgestattet. Dafür gehen
in den Kanon völkergewohnheitsrechtlicher Rechtsgrundsätze aber
nur solche Normen ein, die von den Völkerrechtssubjekten, d. h.
den Staaten und internationalen Organisationen, aufgrund einer
entsprechenden Rechtsüberzeugung ausgebildet und über eine
gewisse Dauer tatsächlich beachtet werden. Schon deshalb vermag
es kaum zu verwundern, daß das Völkergewohnheitsrecht für die
Ordnung der internationalen Wirtschaft nur von geringer Relevanz
ist. Unter den anerkannten Regeln des Völkergewohnheitsrechts
kommt dabei dem Grundsatz des Selbstbestimmungsrechts der

Völker und dem Verbot der entschädigungslosen Enteignung noch die größte Bedeutung für die Schaffung einer weltwirtschaftsrechtlichen Rahmenordnung zu. Gleichwohl haben die Auseinandersetzungen um die Bewältigung der internationalen, durch die Überforderung der Schuldentilgungsfähigkeit einiger Entwicklungsländer hervorgerufene Schuldenkrise sowie um die Frage staatlicher Rücksichtnahmepflichten auf Maßnahmen ihrer Nachbarn zum Schutz der Umwelt und fremdes Devisen(kontroll)recht gezeigt, daß es nur noch eines kleinen Schritts zur Ausbildung konkreterer völkergewohnheitsrechtlicher Grundsätze zur Ordnung weltwirtschaftlicher Vorgänge bedarf.[32]

Es liegt auf der Hand, in der Formulierung von Grundsätzen des völkerrechtlichen Zusammenlebens und -wirkens sowie in der Verfestigung vorrechtlich akzeptierter Regeln zu völkerrechtlichen Normen ein Einsatzfeld für den Gedanken und die Prinzipien des Weltethos zu erkennen. Das gilt namentlich im Hinblick auf solche Prinzipien zur Ordnung der Weltwirtschaft, die gleichsam auf der Kandidatenliste zur Aufnahme in den Kanon völkergewohnheitsrechtlicher Normen stehen, eine solche Anerkennung jedoch bislang nicht erfahren haben, obwohl sie teils erklärter oder impliziter Bestandteil völkerrechtlicher Verträge, wie etwa des GATT, teils Inhalt rechtlich zwar unverbindlicher, aber dennoch gewichtiger Deklarationen sind; für sie haben sich Bezeichnungen wie »soft law«, »emerging principles« oder »candidate rules« eingebürgert.[33] Zahlreiche Resolutionen der Vollversammlung der Vereinten Nationen sind von dem Bestreben der Antragsteller getragen, solche Prinzipien zu proklamieren oder unmittelbar in den Rang von Völkergewohnheitsrecht zu heben. Das ist vor allem bei der 1974 verabschiedeten Charta der wirtschaftlichen Rechte und Pflichten von Staaten der Fall.[34] Mit dieser Erklärung versuchten die Entwicklungsländer, angeführt von Mexiko, die Errichtung einer neuen, ihre Entwicklungsinteressen nachhaltig zur Geltung bringenden Weltwirtschaftsordnung einzuleiten.[35] Die Charta und die in ihr formulierten Prinzipien wurden mit nur wenigen Gegenstimmen angenommen, doch stammten diese sämtlich von den großen westlichen Industriestaaten, mithin den eigentlichen Adressaten der Resolution. Demgegenüber beschränkte sich die 1970 einstimmig von der UN-Generalversammlung verabschiedete *Friendly-Relations*-Erklärung[36] auf die bloße Verpflichtung der Staaten zur Zusammenarbeit untereinander und zur Kooperation mit den Entwicklungsländern.

Weder über die Berechtigung der Forderung nach einer Weltwirtschaftsordnung noch über die Folgen, welche deren Erfüllung für die Entwicklung der Weltwirtschaft nach sich gezogen hätte, ist hier zu befinden. Vorliegend haben wir uns vielmehr mit dem Schluß zu begnügen, daß selbst Prinzipien, die eine breite Anerkennung in der Völkergemeinschaft finden, allein dadurch noch nicht zu einem rechtsverbindlichen, dem Gedanken der souveränen Gleichheit aller Mitglieder dieser Gemeinschaft verpflichtenden Bestandteil des Völkerrechts werden. Man wird deshalb geneigt sein, die Möglichkeiten ethischer Prinzipien zur Bildung völkerrechtlich anerkannter Verhaltenspflichten skeptisch zu beurteilen. Ein solcher Schluß würde indes den Umstand vernachlässigen, daß sich die Bedeutung noch nicht völkerrechtlich anerkannter »candidate principles« keineswegs darin erschöpft, in einer Warteschleife für die Landung im Völkergewohnheitsrecht zu kreisen. Auf breiter Basis respektierte Ansprüche oder Verhaltenspflichten widerspiegelnd, wirkt auch das sogenannte *soft law* mittelbar meinungs- und rechtsbildend. So können »candidate priciples« beispielsweise auf die Ausformulierung multilateraler handelbezogener Abkommen Einfluß nehmen, wie dies etwa bei den Verhandlungen und dem Abschluß der Uruguay-Runde des GATT zu beobachten war.[37] Mitunter mögen die auf der Schwelle zur völkergewohnheitsrechtlichen Anerkennung stehenden Prinzipien aber auch nur weitere Wirkungsketten auslösen, wie etwa in Gestalt der zwar ebenfalls nicht rechtsverbindlichen, wohl aber als Ausdruck neutralen Sachverstands anerkannten Seoul-Erklärung der International Law Association von 1986:[38] Diese macht sich zwar das Anliegen der Charta der wirtschaftlichen Rechte und Pflichten von Staaten von 1974 zu eigen, ist aber um einen Ausgleich zwischen den Interessen der Beteiligten – namentlich der Entwicklungsländer einerseits und der Industrieländer andererseits – bemüht. Bei alledem braucht die Unterstützung, die ethische Maßstäbe einer solchen Entwicklung zu bieten vermögen, nicht einmal als »von außen« kommend (als »aufgesetzt«) gedacht zu werden, denn vielen der »candidate principles« liegen zugleich auch ethische Prinzipien zugrunde, die sich etwa mit denen des Weltethos decken oder von diesen ergänzt werden können.

Völkergewohnheitsrechtlich anerkannte Menschenrechte sowie die auf eine breitere Anerkennung von Menschenrechten gerichteten Verträge, Übereinkommen und Deklarationen haben ihren Bezugspunkt in erster Linie in der Stellung des Menschen in nationalen Rechtsordnungen und sind, auch soweit sie wirtschaftliche Bezüge aufweisen[39] und Freiheitsrechte zum Gegenstand haben, für die internationale Wirtschaftsordnung derzeit nur von mittelbarer Bedeutung. Der Blick auf das Verhältnis von Weltwirtschaftsordnung und Menschenrechten wird auch heute noch von der Diskussion um das Verhältnis von Weltwirtschaftsordnung und staatlichen Teilhaberechten, wie sie etwa im Zusammenhang mit der Forderung einer »Neuen Weltwirtschaftsordnung« erhoben wurden, überlagert und verdeckt.

Handelsbezogene völkerrechtliche Verträge und internationale Organisationen: Anders als dem Völkergewohnheitsrecht kommt den *völkerrechtlichen Verträgen*[40] eine herausragende Bedeutung als Ordnungsfaktor der Weltwirtschaft zu.[41] Als Verträge zwischen zwei (bilaterale Verträge)[42] oder mehreren (multilaterale Verträge) Völkerrechtssubjekten haben sie den zwischenstaatlichen Wirtschaftsverkehr zum Gegenstand. Bilaterale Verträge erfassen zwar nur den grenzüberschreitenden Handel zwischen zwei Staaten oder den ihrer Regelungshoheit unterworfenen Wirtschaftssubjekten und sind hinsichtlich ihrer Gestalt in hohem Maße der Verhandlungsmacht der jeweiligen Parteien ausgesetzt, wirken andererseits aber auch in der Weise ordnungsgebend, daß sie Standards setzen, von denen abzuweichen Rechtfertigungsdruck auslöst. Multilaterale Verträge mit mehreren Vertragsparteien haben demgegenüber einen weitaus größeren Ordnungsgehalt, unterliegen hinsichtlich ihres Inhalts aber auch höheren Konsensanforderungen.

Der bei weitem größte Teil handelsbezogener völkerrechtlicher Verträge hat die Außenhandelsbeziehungen der Vertragsparteien in Gestalt des Abbaus wechselseitiger Handelshemmnisse zum Ge-

genstand. Unter diesen wiederum kommt dem GATT-Vertragswerk (in seiner ihm durch die sog. Uruguay-Runde gegebenen Fassung) die größte Bedeutung für die Ordnung des Welthandels zu:[43]
Ihm sind rund 130 Staaten beigetreten, die gut 90 % des Welt-
handelsvolumens auf sich vereinen. Die für die Administration des
GATT geschaffene World Trade Organization (WTO, Welthandelsorganisation)[44] bildet heute, mit der Weltbank und dem Internationalen Währungsfonds, die dritte Säule im »Triumvirat von
Weltinstitutionen«. Bestandteile des GATT/WTO-Systems des
Welthandels sind die Abkommen über den Handel mit Dienstleistungen (GATS), zum Schutz geistigen Eigentums (TRIPS) und
zu handelsbezogenen Investitionsmaßnahmen (TRIMS). Die Ziele
des GATT-Vertragswerks weisen durchaus Affinitäten mit einigen
Prinzipien des Weltethos auf: Erhöhung des Lebensstandards aller
Signatarstaaten, Verwirklichung der Vollbeschäftigung, verantwort-
liche Ressourcenerschließung und Steigerung der Produktion und
des Austauschs von Waren. Konzept und Instrumente, die der
Verwirklichung dieser Ziele dienen sollen, sind dem Modell des
marktwirtschaftlichen Freihandels verpflichtet, welches auf den
weitestgehenden Abbau protektionistischer staatlicher Maßnahmen sowie die Verpflichtung der Vertragsstaaten zur wechselseitigen Gleichbehandlung (Meistbegünstigungsklausel und Rezipro-
zitätsgrundsatz) und Gleichstellung inländischer und ausländischer
Produkte gerichtet ist.

Die im Vorfeld der Uruguay-Runde des GATT geführte Diskussion um eine neue Weltwirtschaftsordnung,[45] mit welcher die Entwicklungsländer eine materielle Gleichbehandlung im Welthandel[46] und ein Entwicklungsrecht bei entsprechenden Verpflichtungen der entwickelten Industriestaaten einzufordern versuchten, ist
mit dem neuen GATT/WTO-System aufgehoben, zumindest aber
in neue Bahnen gelenkt worden. Teil IV des GATT räumt den
Entwicklungsländern, für welche die Effektivierung des Gleichbe-
handlungsprinzips keine Verbesserung ihrer Wettbewerbsfähigkeit
im Welthandel bedeutet, einen Sonderstatus ein, richtet sich in der
Sache aber mehr auf die programmatische Formulierung eines Auf-
gabenkatalogs denn auf die Statuierung verbindlicher Verhaltens-
gebote und einklagbarer Rechte. Mehr als »konstruktive Anstren-

gungen« zur nachhaltigen Steigerung der Ausfuhrerlöse der Entwicklungsländer, zu ihrer Beteiligung am Wachstum des Welthandels, zur Diversifikation ihrer Produktion, zur Verbesserung der
Kapitalhilfen oder zum Verzicht von Industrieländern auf die Gel-
tendmachung des Gegenseitigkeitsprinzips in bezug auf den Abbau
von Handelshemmnissen, um nur einige der an die Adresse der
entwickelten Industriestaaten gerichteten Verpflichtungen anzuführen, verlangt das GATT-Vertragswerk indes nicht. Mehr noch
als von der Einhaltung harter Vertragsklauseln wird die Erfüllung
dieser Aufträge damit, um eine allgemein auf die Beachtung von
Recht gemünzte Formulierung der Weltethoserklärung aufzugrei-
fen, »von der Einsicht und Bereitschaft« ihrer Adressaten abhängen, dem durch das GATT gesetzten »Recht Geltung zu verschaffen«.[47]

Ungeachtet der herausragenden Bedeutung des GATT/WTO-
Systems zur Ordnung des Welthandels ist es doch nur eines aus
einem Netzwerk zahlreicher völkerrechtlicher Verträge, die sich mit
den internationalen Waren- und Finanzmärkten einschließlich der
auf diese einwirkenden nationalen Politiken und Rechtsnormen
befassen. Allein sie hier nur aufzlisten zu wollen, würde leicht den
noch verfügbaren Raum dieses Beitrags in Anspruch nehmen. Gehört die Integration der Entwicklungsländer in einer dem Ausgangspunkte nach dem Freihandel verpflichteten, marktwirtschaftlichen Ordnung der Weltwirtschaft zu den schwierigsten und drän-
gendsten Problemen jedenfalls des internationalen Waren- und
Dienstleistungshandels, seien vorrangig zumindest jene völkerrechtlichen Vereinbarungen und auf solchen beruhenden Organisationen erwähnt, denen für die Bewältigung der diesbezüglichen
Aufgaben eine besondere Bedeutung zukommt.[48] Anzuführen sind
etwa: das zur Versicherung handelsfremder Investitionsrisiken und
zur Förderung von Investitionen in Entwicklungsländern geschlossene Übereinkommen über die Multilaterale Investitions-Garantie-
Agentur (MIGA); die über die allgemeine Unterstützung wirtschaftlicher Zusammenarbeit gleichermaßen der Sicherung angemessener Rohstoffpreise und der Rohstoffversorgung dienende
Handels- und Entwicklungskonferenz der Vereinten Nationen
(UNCTAD) als Sonderorganisation der UN; die mit dem Inter-

nationalen Währungsfonds (IMF) kooperierende und hauptsächlich mit der Vergabe von Entwicklungsförderungskrediten an Entwicklungsländer befaßte Internationale Bank für Wiederaufbau
und Entwicklung (»Weltbank«); die für die Verbesserung des Lebensstandards in den Ländern der dritten Welt arbeitende Ernäh-
rungs- und Wirtschaftsorganisation der Vereinten Nationen (FAO)
sowie die der industriellen Entwicklung dieser Staaten dienende
Organisation der Vereinten Nationen für industrielle Entwicklung
(UNIDO); und nicht zuletzt die Organisation für wirtschaftliche
Zusammenarbeit und Entwicklung (OECD), der die Förderung
der Kooperation unter den großen Industrieländern obliegt, die
aber über ihren Ausschuß für Entwicklungsfragen auch mit der
Unterstützung des Wirtschaftswachstums der Entwicklungsländer
befaßt ist.

Andere auf völkerrechtlichen Vereinbarungen beruhende Organisationen widmen ihre Arbeit speziellen Randerscheinungen des
Globalisierungsprozesses: So gehört es etwa zu den Aufgaben der
Internationalen Arbeitsorganisation (ILO), gerade bei der Bewältigung solcher Probleme der sozialen Sicherheit und angemessener
Arbeitsbedingungen mitzuwirken, wie sie sich im Zuge der Internationalisierung der Weltwirtschaft stellen. Da diese zu einem
nicht unerheblichen Teil auf grenzüberschreitend tätige und organisierte Unternehmen zurückgehen, hat die ILO, neben zahlreichen anderen Internationalen Organisationen (wie u.a. der Internationalen Handelskammer, der OECD und der UN) einen
Verhaltenskodex für »multinationale Unternehmen« aufgestellt,[49]
der – wie die anderen Codices auch – allerdings nur Empfehlungen
ohne rechtsverbindlichen Charakter enthält.

Weil sie die Wettbewerbslage der Weltwirtschaft mittels Rere-
gionalisierung des internationalen Handels nachhaltig beeinflussen, bedürfen hier auch die Abkommen über regionale Wirt-
schaftskooperationen, die Bildung regionaler Freihandelszonen
oder die Integration ehemals nationalstaatlicher Märkte der Erwähnung.[50] Eine Vorreiterrolle haben hier wiederum die entwickelten westlichen Industrieländer gespielt: Der Integration nationaler
europäischer Märkte in Gestalt der EG folgte das Nordamerikani-
sche Freihandelsabkommen (NAFTA). Solche regionalen Koopera-

tions- oder Marktintegrationsformen haben aber zwischenzeitlich weltweit ihre Nachahmung gefunden und schließen – wie etwa in der Asian Economic Cooperation (APEC), im ASEAN Free Trade Agreement oder im Mercosur – auch Schwellenländer mit ein. Die Funktion dieser regionalen Marktzonenbildung oder -integration ist ambivalent: einerseits begünstigen sie die wirtschaftliche Zusammenarbeit der Vertragsbeteiligten, fördern den Kooperationsgedanken, ermöglichen dem einen oder anderen Teilnehmer die Anpassung seiner nationalen Wirtschaft an das internationale Wettbewerbsniveau und erlauben es, die Folgen der zunehmenden Globalisierung der Wirtschaft abzupuffern; andererseits besteht die Gefahr, daß sie die Märkte der Beteiligten vom Welthandel abschotten, protektionistische Maßnahmen begünstigen und neue Wirtschaftsblöcke mit bislang nicht gekannter Markt- und Verhandlungsmacht hervortreten lassen.

Die Entwicklung internationaler Waren- und Dienstleistungsmärkte ist eng mit der Ausbildung und Funktionsfähigkeit komplementärer nationaler und internationaler Finanzmärkte verbunden, wie etwa der Märkte für Devisen und Anlagekapital. Diesem Zusammenhang hat man sich im internationalen Wirtschaftsrecht in erster Linie aus der währungsrechtlichen Perspektive genähert: Grenzüberschreitender Handel bedarf der Konvertibilität von Währungen, wobei die Verfügbarkeits- und Austauschbedingungen derselben, und unter letzteren namentlich die Wechselkurse, gewichtige Wettbewerbsfaktoren im grenzüberschreitenden Wirtschaftsverkehr darstellen. Das internationale Währungsrecht war lange Zeit durch das 1944 geschlossene Währungsabkommen von Bretton Woods, das sogenannte Bretton Woods-System, geprägt, dessen Hauptgegenstand die freie Konvertibilität von Währungen bei grundsätzlich festen Wechselkursen war. Von diesem System haben bis heute nur der zum Zwecke seiner Umsetzung geschaffene Internationale Währungsfonds (IWF) und die Weltbank überlebt.[51] Damals wie heute liegt deren Aufgabe gleichermaßen in der Schaffung der Rahmenbedingungen wie der Bewältigung der Folgeprobleme des jeweiligen internationalen Währungssystems, das sich seit 1971 faktisch und seit 1976 auch rechtlich zu einem System flexibler Wechselkurse gewandelt hat. Mehr als zuvor ist damit ein stabiles Währungssystem von einer auch in internationaler Perspektive verantwortlichen Wirtschafts- und Finanzpolitik der IWF-Mitgliedstaaten und der von diesen teilweise gebildeten Handels- oder Wirtschaftsgemeinschaften (wie etwa der EG und dem europäischen Währungssystem) abhängig. Zwar formuliert das IWF-Abkommen in seinem Art. IV (Abschnitt 1)[52] solche Pflichten als Rechtspflichten, doch liegt es auf der Hand, daß ihre Einhaltung kaum justitiabel ist und in erster Linie vom »ethischen Willen« ihrer Adressaten lebt, ihnen gerecht zu werden und – unter Inkaufnahme nationaler Unbequemlichkeiten – international Verantwortung zu übernehmen. Ungeachtet internationaler währungsrechtlicher Verpflichtungen haben weder das IWF-Abkommen noch andere völkerrechtliche Verträge ein dem freien Warenverkehr vergleichbares internationales System des unbeschränkten Devisen- und Kapitalverkehrs zu etablieren vermocht.

Handelsbezogene allgemeine Rechtsgrundsätze als Bestandteil des Völkerrechts: Schon die Unterscheidung von Völkergewohnheitsrecht und allgemeinen Rechtsgrundsätzen[53] als Quellen des Völkerrechts macht deutlich, daß es sich bei letzteren nicht um Normen handeln kann, die, wie die ersteren, im völkerrechtlichen Verkehr allgemeine Anerkennung finden. Deshalb kommen als allgemeine Rechtsgrundsätze nur solche Regeln in Betracht, die – wie etwa der Grundsatz von Treu und Glaube und des Verbots des rechtsmißbräuchlichen Verhaltens – gleichsam zum übereinstimmenden Kernbestand nationaler Rechtsordnungen bei der Gestaltung der Rechtsverhältnisse Privater gehören. Über die Lösung partikularer vermögensrechtlicher Konflikte hinaus, haben die allgemeinen Rechtsgrundsätze deshalb für die von völkerrechtlichen Abkommen geprägte Ordnung der Weltwirtschaft eine nur geringe Bedeutung.[54]

b. Internationale Verträge, nationales Recht und Kooperation

Neben den Rechtsnormen, die einen völkerrechtlichen Geltungsgrund aufweisen, ist die internationale Wirtschaftsordnung von einer Reihe von Rechtsquellen geprägt, die teils auf (von den völkerrechtlichen Verträgen zu unterscheidende) internationale Verträge zurückgehen, teils rein nationalen Ursprungs[55] sind. Zahlreiche internationale Abkommen beziehen sich auf die Vereinheitlichung der für den Handel maßgeblichen nationalen Vorschriften, doch kann das auf diesem Wege gewonnene Einheitsrecht[56] nur über nationale Umsetzungsakte oder über eine von der jeweiligen nationalen Rechtsordnung eingeräumte und von den Parteien ausgeübte Rechtswahlbefugnis verbindlich werden. Andere Bemühungen zielen auf die Entwicklung transnationalen Rechts, indem sie Gemeinsamkeiten handelsbezogener Regelungen unterschiedlicher Rechtsordnungen herauszuarbeiten suchen. Gleichwohl kann auch eine solchermaßen geschaffene »lex mercatoria« nur über ihre Anerkennung durch nationale Rechtsordnungen und Gerichte Wirkung entfalten; ihrer Durchsetzung über völkerrechtliche Grundsätze dürfte entgegenstehen, daß die in ihr zusammengefaßten Grundsätze dem recht engen Kreis der den internationalen Handel dominierenden nationalen Rechtsordnungen entstammen und teils zu problemspezifisch gefaßt sind.

International-vertraglichem Handeln entspringt etwa auch die von den Zentralbanken der wichtigsten westlichen Industriestaaten geschaffene und kontrollierte Bank für Internationalen Zahlungsausgleich in Basel (BIZ).[57] Ihre Bedeutung für die Ordnung der internationalen Finanzmärkte und namentlich der in diesen agierenden Banken ist, trotz des beschränkten Kreises der unter dem Dach der BIZ kooperierenden Zentralbanken und Länder, nicht gering zu veranschlagen, stellt sie doch eine der wenigen überhaupt vorfindlichen Institutionen dar, von denen ordnungsgestaltende Leistungen für diese Märkte ausgehen. Diese wiederum beruhen zum größten Teil auf der Arbeit des 1975 ins Leben gerufenen Ausschusses über die Regulierung und Beaufsichtigung der Banken. Die Aufgabe dieses Ausschusses besteht weder in der Schaffung internationalen noch in der Harmonisierung nationalen Rechts, sondern in der Herausarbeitung der von den nationalen Organisationen umzusetzenden Beaufsichtigungsstandards in bezug auf die Tätigkeit von Banken.

Auch wenn Analysen des Internationalisierungs- und Globalisierungsprozesses dem Nationalstaat einen zunehmenden Verlust an Handlungsautonomie zur Steuerung und Bewältigung der Folgeprobleme dieser Entwicklung bescheinigen,[58] so bildet nationales Recht doch noch immer die Grundlage weltwirtschaftlicher Vorgänge. So beeinflussen etwa nationales Gesellschaftsrecht, Arbeits- und Sozialrecht, Steuerrecht, Wettbewerbsrecht oder Aufsichtsrecht auf der einen Seite und rechtliche Maßnahmen der Wirtschaftslenkung auf der anderen Seite die Wettbewerbsfähigkeit von Marktteilnehmern auf den Weltmärkten, während beispielsweise nationales Außenwirtschaftsrecht die Bedingungen grenzüberschreitenden Handelns auf Waren- und Finanzmärkten beeinflußt. Dabei macht das nationale Recht seine Anwendbarkeit von ganz unterschiedlichen Umständen abhängig, die teils an personale, sachliche oder territoriale Verbindungen der Akteure oder bestimmter Vorgänge zum jeweiligen Nationalstaat, teils an die Wirkung bestimmter Umstände im Inland anknüpfen. Die Bedeutung nationaler Regelungen für die Ordnung des internationalen Handels ist eine Funktion sowohl ihres territorialen Anwendungsbereichs als auch ihrer Reputation als sachangemessene Regulierung. So gesehen kommt den harmonisierten nationalen Vorschriften der EG-Mitgliedstaaten eine besondere Vorbildfunktion zu, weil sie einerseits einen weiten Markt zum Gegenstand haben und andererseits Bestandteil eines rechtlichen Regelungsregimes sind, das den Abbau von Hindernissen des freien Kapital- und Warenverkehrs nach innen wie nach außen weit vorangetrieben hat.[59]

All dies ändert freilich nichts an dem Umstand, daß nationalem Recht bei der Regelung des internationalen Handels oder internationaler Finanztransaktionen deutliche Grenzen gesetzt sind. Sicherlich am augenfälligsten sind die Schwierigkeiten der *Durchsetzung* des nationalen Rechts in internationalen Sachverhalten.[60] Unschwer nachzuvollziehen sind aber auch die im Zusammenhang mit dem Zusammenbruch der BCCI-Bank besonders deutlich zutage getretenen Informationsprobleme, denen sich nationale Aufsichtsbehörden im Hinblick auf ausländische Aktivitäten der ihnen unterstehenden Marktteilnehmer, etwa von Banken oder Finanzdienstleistungsunternehmen, gegenübersehen. Weiterhin läßt sich schwerlich leugnen, daß einzelne Marktteilnehmer, namentlich die transnational tätigen Unternehmen, über Möglichkeiten verfügen, ihre Aktivitäten so zu gestalten oder zu verlagern, daß sie sich dem Anwendungsbereich bestimmter nationaler Regelungen oder der Regelungsgewalt eines Staates ganz oder teilweise zu entziehen vermögen. Freilich ist auch die Flucht aus einer bestimmten nationalen Rechtsordnung regelmäßig nur um den Preis möglich, in den Einzugsbereich einer anderen zu gelangen, doch kann die auf diese Weise gewählte Rechtsordnung für den oder die Betroffenen günstiger sein. Der dadurch ausgelöste Wettbewerb unter den Rechtsordnungen oder unter einzelnen ihrer Regelungselemente, wie etwa dem Steuerrecht, ist fraglos in der Lage, die Handlungsautonomie des einzelnen Staates bei der Rechtssetzung und Rechtsverfolgung zu beeinflussen.

Man hat diesem Vorgang eines Wettbewerbs von Regelungsregimes ganz unterschiedliche Deutungen zukommen lassen: Den einen erscheint er als die Grundlage eines »race to the bottom«, also einer Talfahrt zu immer laxerem, die Demontierung sozialer Errungenschaften und die Entmachtung der Politik durch die Wirtschaft einschließendem Recht, an deren Ende auch die Gefährdung des demokratischen Grundkonsenses stehen könnte; andere sehen in ihm einen wettbewerblichen Selektionsprozeß, aus dem einerseits das effizientere Recht hervorgehe und der es andererseits industriell wie sozial weniger entwickelten Ländern erlaube, ihren »institutionellen« Wettbewerbsvorteil als Entwicklungsfaktor einzusetzen. Beiden Deutungen ist indes mit Skepsis zu begegnen: Gegenüber den andere rechtliche Rahmenbedingungen bietenden, zumeist weniger entwickelten Staaten reklamiert die erste einen internationalen Bestandsschutz, der darauf hinausläuft, nur solche Vorgänge für akzeptabel zu halten, die zwar einer der in Frage stehenden nationalen Volkwirtschaften einen Vorteil bringen, indes keiner anderen schaden. Die letztere ignoriert, daß die wettbewerblichen Rahmenbedingungen, unter denen man dem Markt den Entscheid über vorzugswürdige Institutionen wie rechtliche Regelungen überlassen könnte, weder gegeben noch möglicherweise überhaupt zu schaffen sind: Rechtsordnungen lassen sich nicht in einzelne als Güter handelbare rechtliche Regelungen aufteilen; sie sind Mischkalkulationen, die soziale Kosten und Vorteile der erfaßten Aktivitäten an unterschiedlichen Stellen verbuchen.

Obwohl sie allenfalls einen mittelbaren Einfluß auf die nationale oder internationale Rechtssetzung haben, prägen auch die verschiedenen *Formen internationaler Kooperation* unterhalb der Regierungsebene das Bild der Weltwirtschaftsordnung. Sie finden sich vor allem in den Bereichen, in denen sich internationale Vorgänge isolierter nationaler Regelung und Überwachung entziehen, eine internationale Ordnung der Sachverhalte aber nur schwer zu erreichen ist. Beteiligte sind regelmäßig nationale Aufsichtsbehörden und sogenannte »self regulatory organizations« (»SRO's«). Auch wenn ihre Kooperation nicht auf die Schaffung rechtsverbindlicher Vorschriften hinausläuft, entwickeln sie mitunter aber noch weitaus effektiver wirkende, untergesetzliche Standards und Normen des Verhaltens, der Publizität (etwa in Gestalt von Standards der internationalen Rechnungslegung) oder der Beaufsichtigung.

Solche Kooperationsformen finden sich namentlich im Bereich der Regulierung und Beaufsichtigung internationaler Finanzmärkte. Neben der bereits erwähnten Kooperation der Zentralbanken (sowie anderer in die Beaufsichtigung von Finanzmärkten eingeschalteter nationaler Organisationen) der sogenannten *Group of Ten*-Staaten (zuzüglich Luxemburg) unter dem Dach der *Bank für Internationalen Zahlungsausgleich* (BIZ)[61] bedarf hier vor allem die Tätigkeit der *International Organization of Securities Commissions* (IOSCO)[62] der Erwähnung. In ihr kooperieren heute nationale Aufsichtsbehörden von rund 110 Staaten, was für dieses Forum gleichzeitig Chance und Grenze bedeutet. Im Bereich der Beaufsichtigung von Finanzmärkten und Finanzintermediären (wie etwa Banken) stellt die IOSCO derzeit die einzige Organisation dar, aus der heraus eine Fortentwicklung der Ordnung der internationalen Wertpapier- und Geldmärkte zu erwarten ist.

(3) Grundstrukturen der rechtlichen Ordnung der
internationalen Waren- und Finanzmärkte

a. Regelungsstruktur

Versucht man, die Vielzahl der Rechtsquellen des internationalen Wirtschaftsrechts zu einem Bild der rechtlichen Verfassung der internationalen Waren- und Finanzmärkte zusammenzuführen, so steht an erster Stelle der Befund, daß die Ordnungsstrukturen der Weltwirtschaft nur partiell von rechtlichen Normen und Ordnungskonzepten geprägt sind. Auffällig ist des weiteren der unterschiedliche Grad der Verrechtlichung einzelner Segmente der Weltwirtschaft: Während der Warenhandel Bezugspunkt einer Vielzahl rechtlicher Normen aus unterschiedlichen Rechtsquellen des internationalen Wirtschaftsrechts ist, entwickeln sich die internationalen Finanzmärkte nahezu unbeeinflußt von speziellen internationalrechtlichen Vorgaben. Und schließlich ist unschwer zu erkennen, daß das, was sich als Weltwirtschaftsrecht herausgebildet hat, keinem supranationalen, einheitlichen Gestaltungswillen folgte, sich vielmehr fallweise und problembezogen aus dem Kräftespiel und den sich in diesem durchsetzenden Ordnungsvorstellungen der am Welthandel beteiligten Staaten heraus entwickelte.

Rechtliche, politische und ökonomische Prinzipien der Weltwirtschaftsordnung sind eng miteinander verbunden. In welchem Verhältnis sie auch immer stehen mögen, sind sie doch jedenfalls nicht dergestalt aufeinander bezogen, daß sich der Einfluß politischer und ökonomischer Prinzipien nach rechtlichen Ordnungsvorgaben zu richten habe. Die in nationalen Rechtsordnungen zu findende Ausdifferenzierung von Recht, Politik und Ökonomie – und, damit einhergehend, die Trennung von Recht und Moral – ist auf internationaler Ebene noch nicht etabliert. Fehlt es den für die Ordnung der Weltwirtschaft berufenen Akteuren mithin an einem gemeinsamen Analyserahmen und mangelt es darüber hinaus an rechtlichen Normen und Verfahren, nach denen ein die Weltwirtschaftsentwicklung als solche in den Blick nehmendes Weltwirtschaftsrecht entsteht, kommt anderen, nichtrechtlichen Mechanismen der Norm- und Regelbildung besondere Bedeutung zu.

Diese sind in noch weitaus größerem Maße als die Rechtssetzung
der Beeinflußbarkeit durch ethische Verhaltensimperative zugänglich und, im Interesse der Herstellung einer »guten Ordnung«,
auch angewiesen.

b. Internationaler Waren- und Dienstleistungshandel

Zum Stand der rechtlichen Ordnung der Weltwirtschaft zurück-
kehrend, läßt sich feststellen, daß der diesbezüglich größte Fortschritt im Bereich der rechtlichen Ordnung des Warenhandels zu
finden ist. Das auf diesem Felde Erreichte hat fraglos auch die Entwicklung der rechtlichen Ordnung der internationalen Dienstleistungsmärkte beeinflußt. Als Ordnungsmodell der Weltwirtschaft
im Waren- und Dienstleistungshandel hat sich schon seit geraumer
Zeit dasjenige einer Welt-Marktwirtschafts-Ordnung durchgesetzt.
Mit dem GATT/WTO-System wurde diese Entwicklung nur ver-
festigt. Wie jede Marktwirtschaft vermag auch die marktlich organisierte Weltwirtschaft nicht ohne Wettbewerbsordnung auszu-
kommen. Richtet sich diese im Rahmen nationaler Volkswirtschaf-
ten eher auf das Verhalten der privaten Marktteilnehmer, so steht
im Kontext der Weltwirtschaft das Verhalten von Staaten im Hinblick auf die von diesen ausgehenden Maßnahmen zur wettbewerblichen Positionierung ihrer Volkwirtschaft sowie ihrer heimischen Industrien und Unternehmen im Vordergrund.

Stärker als bisher, manchen aber noch nicht stark genug, sind
mit der Uruguay-Runde des GATT Vorkehrungen dafür getroffen
worden, daß soziale und entwicklungsorientierte Stockwerke in das
Gebäude des Freihandelssystems eingezogen werden. Diese befinden sich indes noch in einem Rohbauzustand, aufgrund dessen keiner der Benutzer des Gebäudes gezwungen werden kann, sie zu
betreten. Inwieweit und wie schnell dieser Gebäudeteil ausgebaut
werden wird, ist in der Sache eine Frage des Willens und der
Bereitschaft und nicht, wie es allenfalls auf den ersten Blick erscheint, eine Frage des Rechts.

Ist es das erklärte Ziel, auch den mit erheblichen Handicaps auf
dem Spielfeld des Welthandels auflaufenden oder auf ansteigendem
Gelände gegen den Wind spielenden Ländern durch entsprechende

Maßnahmen eine faire Teilhabe- und Entwicklungschance zu bieten, so dürften diese um so leichter ergriffen werden als gewährleistet ist, daß die gewährten Hilfen oder Vorteile in den begünstigten Ländern auch zweckentsprechende Verwendung finden. Zahlreiche Staaten empfinden diesbezügliche Vorbehalte oder Bedingungen als Eingriff in ihre inneren Angelegenheiten. Die Ideen des Weltethos könnten in diesem Konflikt auf beide Seiten einwirken und Verständnis für die wechselseitigen Positionen wecken: Respektierung fremder Ordnungsvorstellungen auf der einen Seite, aber auch Anerkennung des Umstands, daß die Vergünstigungen der Teilhabe am Welthandel Mittelverwendungskontrollen oder Revokationsvorbehalte implizieren und nicht der Aufrechterhaltung von Verhältnissen dienen dürfen, in denen elementare Menschenrechte und völkerrechtliche Grundsätze mißachtet werden.

c. Internationale Finanzmärkte

Im Gegensatz zu den internationalen Waren- und Dienstleistungsmärkten haben sich die internationalen Finanzmärkte bislang weitgehend unbeeinflußt von speziellen internationalrechtlichen Eingriffen und Ordnungsbemühungen entwickelt.[63] Die Ordnungsstrukturen dieser Märkte sind das Resultat der für die Beteiligten und ihre Transaktionen maßgeblichen nationalen Regelungen, der internationalen Kooperation nationaler Aufsichtsbehörden sowie der durch den internationalen Wettbewerb geprägten Verhaltensstandards. Mehr noch als auf den internationalen Waren- und Dienstleistungsmärkten hat die Entwicklung der internationalen Finanzmärkte dabei Rückwirkungen auf die diesen zugrundeliegenden Regelungen in den jeweiligen nationalen Rechtsordnungen mit sich gebracht: Im Wettbewerb um den Standort für die internationalen Finanzzentren stehen die diesbezüglich konkurrierenden Staaten unter dem ständigen Druck der Modernisierung und wechselseitigen Anpassung ihrer rechtlich-institutionellen Infrastruktur. Als zentraler Engpaß der Ordnung der Weltfinanzmärkte muß hierbei der Umstand gelten, daß international operierende Marktteilnehmer, die in der Lage sind, ihr organisatorisches Erscheinungsbild und ihr Wirkungsfeld beständig zu ändern, einer lediglich auf nationaler Ebene angesiedelten und agierenden Beaufsichtigung unterliegen. Hinzu kommt, daß die auf den internationalen Finanzmärkten gehandelten Produkte (Finanzinstrumente) einem hohen Innovationsdruck unterliegen und den nationalen Regelungsinstanzen eine beständige Neubewertung der mit ihnen verbundenen Risiken für die Marktteilnehmer abfordern. Im Versuch, diesen Problemen gerecht zu werden, beschreiten die für die Ordnung der nationalen Finanzmärkte zuständigen Behörden den Weg der Zusammenarbeit im Hinblick sowohl auf die koordinierte Entwicklung von Aufsichtsstandards und Verhaltensregeln als auch in bezug auf deren Durchsetzung einschließlich der dazu erforderlichen Informationsbeschaffung.

Was hier auf den ersten Blick als Musterbeispiel der Effektivität selbstregulativer, von rechtlich vermittelten Eingriffen der Politik verschonter Systeme erscheint, muß aus vielfältigen Gründen beunruhigen:

– Dem praktizierten Regelungs- und Ordnungssystem, welches auf die Anpassung nationaler Aufsichtsstrukturen an die Entwicklungslinien der durch einzelstaatliche Regelungen nur beschränkt beeinflußbaren internationalen Finanzmärkte gerichtet ist, müssen erhebliche Lücken im Hinblick auf die Informationbeschaffung und -verarbeitung sowie die Durchsetzung regulatorischer Maßnahmen attestiert werden. So wie die Eule der Minerva erst bei Nacht fliegt, sind rechtliche Maßnahmen zur Schließung dieser Lücken allenfalls dann zu erwarten, wenn Unfälle und Untaten den Ruf nach Polizei und Gesetzgeber nach sich ziehen.

– Darüber hinaus gilt es zu beachten, daß die internationalen Finanzmärkte aus einer Vielzahl von Marktsegmenten bestehen, von denen einige, wie etwa die sogenannten Euro- und Offshore-Finanzmärkte,[64] nahezu unbeeinflußt von rechtlichen Regelungselementen operieren. Sowohl über die Marktteilnehmer als auch die gehandelten Finanzinstrumente weisen diese Märkte eine hohe Reaktionsverbundenheit auf. Marktstörungen oder Zusammenbrüche von Marktteilnehmern sind hier keine lokal begrenzbaren Vorgänge, sondern senden ihre Wellen ungebrochen auch in die nationalen Wirtschaften derjenigen Staaten, die keinen unmittelbaren Einfluß auf die Störungsursachen und -verursacher haben.

Wahrscheinlich stellt die Vorstellung, in die Weltwirtschaft ließen sich Wellenbrecher einbauen, wie sie ehemals etwa in Gestalt der Beschränkungen des Kapitalverkehrs vorhanden waren, eine Illusion dar, so daß wir darauf angewiesen sein dürften, das Risiko der Entstehung solcher Wellen zu verhindern oder zu minimieren.

– Weiterhin ist schwerlich von der Hand zu weisen, daß sich die über die internationalen Finanzmärkte geleiteten Finanzströme weitgehend von einer Verankerung in der Produktion und im Handel von Waren (und entsprechend auch von Dienstleistungen) gelöst haben, deren Entwicklung umgekehrt aber nach wie vor nicht unerheblich beeinflussen. Darf man das internationale Finanzsystem – cum grano salis – als Nullsummenspiel betrachten, in dem sich Gewinne und Verluste ausgleichen, kann es für die Entwicklung der Weltwirtschaft doch nicht unbeachtlich sein, an welchen Stellen sich aufgrund persönlicher oder sachlicher, der rechtlichen Steuerung entzogener Versagensgründe die Gewinne und Verluste mehr oder weniger zufällig einstellen. Daß Hunde mit den Schwänzen wackeln, beunruhigt nicht; wenn Schwänze mit den Hunden wackeln, darf man dies mit gutem Grund als alarmierenden Vorgang werten.

– Schließlich ist zur Kenntnis zu nehmen, daß Transaktionen auf den internationalen Finanzmärkten um ein Vielfaches risikoreicher sind als solche auf den internationalen Waren- und Dienstleistungsmärkten.[65] Als weitere Besonderheit kommt hinzu, daß sich die Risiken nicht allein auf die Parteien der Transaktion beschränken, sondern durch spezielle Transmissionsriemen der internationalen Finanzmärkte, zu denen nicht zuletzt auch der hohe Grad der konzernmäßigen Verbundenheit der institutionellen Marktteilnehmer (wie Banken und Finanzdienstleistungsunternehmen) zu zählen ist, in die nationalen Finanzmärkte und auf andere Akteure übertragen werden. Das haben zuletzt die Fälle *BCCI* und *Barings* gezeigt, wobei der erstere Fall sogar zum Anlaß für eine spezielle EG-Richtlinie wurde, die sich mit der Verbesserung der Aufsicht über Finanzkonglomerate beschäftigt.[66]

Festzuhalten bleibt: Die heutige Gestalt der internationalen Finanzmärkte hat sich eher wildwüchsig als in einem von einer rechtlich vermittelten Ordnungsidee gesetzten Rahmen entwickelt.

4. Resümee und Perspektiven einer Rahmenordnung für die Weltwirtschaft

Die Internationalisierung und Globalisierung der Wirtschaft ist in jüngster Zeit mehrfach zum Schlüsselbegriff kritischer Analysen nationaler und internationaler Macht- und Herrschaftsverhältnisse gemacht worden.[67] Bei allen Unterschieden im Detail gelangen diese Untersuchungen zu dem Befund, die Weltökonomie habe eine Eigendynamik erreicht, welche den Nationalstaaten jegliche Handlungsautonomie genommen und sie zu Spielern im Wettbewerb um die Schaffung der besten Entfaltungsmöglichkeiten für die »hochgradig organisierten«, transnationalen »Systemführer« des Weltmarktes gemacht haben.[68] Erscheinungsformen dieser Konkurrenz seien sowohl die Verstärkung des innerstaatlichen Drucks als auch eine aggressive Politik nach außen, die gegebenenfalls im Wege der Machtbildung durch Staatenkooperation (Blockbildung) bei Aufrechterhaltung der Konkurrenz untereinander erfolgen könne: »Alle staatlichen Räder rollen für den Sieg im Weltmarktkrieg«.[69] Die Unausweichlichkeit dieser Entwicklung wird behauptet, wie ehedem das Absterben des Staates aufgrund einer unabwendbaren exponentialen Steigerung der Staatsquote im System des staatsmonopolistischen Kapitalismus, nur tritt neuerdings die Konkurrenz an die Stelle der Staatsquote: »Die Wirkungsmacht der weltökonomischen Zusammenhänge ist so groß, daß weder die stärksten noch die schwächsten Akteure aus dem Zwang der Konkurrenz und ihrer Logik ausscheiden können ... Alle sind also weltökonomische Gefangene«.[70] Das Paradoxon dieser Analyse der weltwirtschaftlichen Entwicklung besteht darin, daß eine konkurrenzlogische, unentrinnbare »Fremdsteuerung« des Nationalstaates diagnostiziert und gleichzeitig die Wiedergewinnung eines lediglich formverwandelten (d. h. sich nicht im nationalstaatlichen Gewande präsentierenden) Primats der Politik als Therapie verordnet wird.

Was hier in eher widersinniger Verbindung vorgetragen wird, kehrt indes auf jeweils anderem analytischen Unterbau mit einiger Regelmäßigkeit wieder: Die Forderung nach einer Wiederherstellung des Primats der Politik über die Wirtschaft.[71] Auch das Pro-

jekt Weltethos und die Betrachtungen *Küngs* zur »Weltwirtschaft
zwischen Wohlfahrtsstaat und Neokapitalismus« als Bestandteil
seiner Fortschreibung des Projekts[72] sehen in der Rückgewinnung
des Primats der Politik gegenüber der Ökonomie eine der Voraussetzungen zur Bewältigung der Probleme und Entwicklungseng-
pässe der Internationalisierung und Globalisierung der Weltwirtschaft. Mit dieser Forderung ist freilich noch keine sachliche
Aussage über das Verhältnis von Politik und Ökonomie als Faktoren tatsächlicher und möglicher Fehlentwicklungen des Internatio-
nalisierungs- und Globalisierungsprozesses verbunden; erst recht
enthält sie sich jeglicher Aussage darüber, welche Optionen der
Politik in der Wahrnehmung ihres Primats zur Verfügung stehen
könnten. Auch die vorstehenden Ausführungen verzichteten weitgehend auf diesbezügliche Urteile. Sie haben statt dessen die rechtliche Ordnung der Weltwirtschaft als Ausdruck sowohl eines diesbezüglichen politischen Gestaltungswillens als auch der Defizite
tatsächlich ausgeübter Gestaltungsmacht betrachtet, um vor diesem Hintergrund nach den möglichen Einsatzpunkten der Weltethos-Prinzipien zu fragen. Den angestellten Überlegungen lag
mithin keine Theorie der Weltwirtschaftsentwicklung und kein
Modell einer bestimmten Weltwirtschaftsordnung zugrunde. Vielmehr ging es um die vorhandenen Ordnungsstrukturen und um
die Frage, inwieweit ethische Prinzipien zur Kompensation von
Defiziten einer rechtlichen Ordnung der Weltwirtschaft beitragen
können und welches rechtliche Ordnungsmodell den Prinzipien
des Weltethos am ehesten entsprechen könnte.

Unübersehbar ist die rechtliche Ordnung der internationalen
Waren- und Dienstleistungsmärkte am weitesten fortgeschritten,
wobei das Grundordnungsmodell einer marktwirtschaftlich-wett-
bewerblichen Ordnung, nicht zuletzt aufgrund seiner völkerver-
tragsrechtlichen Verankerung im GATT/WTO-System, das Bild
dieses Segments des Welthandels recht eindeutig prägt und schwer
verrückbare Handlungsvorgaben gibt. Gleichwohl ist auch das
Ordnungsmodell einer Weltmarktwirtschaft in vielfältiger Weise
unvollkommen. Das gilt zunächst im Hinblick auf die Implementation des Grundmodells: Zahlreiche Ausnahme- und Vorbehalts-
bestimmungen im GATT machen dessen Einhaltung von der

Bereitschaft abhängig, den Geist dieses auf wechselseitige Interessenwahrung und Kooperation ausgerichteten Vertragswerks zu wahren und von protektionistischen oder anderen handelshemmenden Maßnahmen gegen Vertragsbeteiligte abzusehen. Weiterhin enthält das Grundmodell einer Weltmarktwirtschaftsordnung soziale und entwicklungsorientierte Elemente, deren Umsetzung allerdings nur Gegenstand einer Bemühensverpflichtung ist. Es steht außer Frage, daß gerade die aktive Wahrnehmung der diesbezüglichen Pflichten das Bild der Weltwirtschaft nachdrücklich ändern könnte, aber ohne diesbezüglichen ethischen Willen – und ginge er nur dahin, Verträge nach ihrem Geiste und nicht bloß nach Maßgabe klagbarer Bestimmungen einzuhalten – nicht erwartet werden darf. Schließlich finden sich eine Reihe weiterer Rechtsquellen des internationalen Wirtschaftsrechts, die noch unvollkommen ausgebildet sind und für die Einwirkung ethischer Prinzipien in bezug auf die Herstellung einer »guten Ordnung« offen sind.

Ist einer der entscheidenden Engpässe der Entwicklung des internationalen Waren- und Dienstleistungshandels das Problem materieller Ungleichheit der Entwicklungsländer und der Förderung ihrer Integration in den Welthandel, so stellen die Weltfinanzmärkte in erster Linie vor das Problem, wie die enormen Risiken, welche die internationalen Finanztransaktionen auf einer Vielzahl hochgradig interdependenter Märkte für die Weltwirtschaft, die einzelnen nationalen Wirtschaften und die Marktteilnehmer schaffen, bewältigt werden können. In einem System, das diese Aufgabe nationalen Aufsichtsbehörden und deren im Ganzen eher informellen Kooperation überläßt, muß man darauf vertrauen, daß ein jeder der Beteiligten seine Aufgaben auch tatsächlich erfüllt. Dabei ist nicht einmal gewiß, daß die maßgeblichen Behörden aufgrund der Gegebenheiten der Weltfinanzmärkte überhaupt in der Lage sind, die informationellen Voraussetzungen für ihre Kontrolltätigkeit zu erlangen oder die von ihnen getroffenen Maßnahmen durchzusetzen. Noch ungewisser ist schließlich, ob die Folgen, die ein diesbezügliches Aufsichtsversagen mit sich bringt, tatsächlich nur das Land treffen, dem dieses zuzurechnen ist. Selbst wenn man einmal die Randbedingungen beiseite läßt, welche die derzeitige Verfassung der Weltfinanzmärkte der Einbindung derjenigen Länder in den Welthandel setzt, die an dem Weltfinanzmarktkuchen weder mitbacken noch durch nennenswerte Stücke an ihm partizipieren, sind Wissenschaft und Weltethos hier weniger auf Detaileinwirkung als auf einen grundsätzlichen und zentralen Ansatzpunkt verwiesen: die Forderung, die Ordnung und die Beaufsichtigung der Finanzmärkte einer verläßlicheren rechtlichen Erfassung zuzuführen.

Wenngleich sich die Weltwirtschaft nicht unbeeinflußt von rechtlichen Regelungen herausgebildet hat, kann doch von einer rechtlichen, nationalen Wirtschaftsverfassungen vergleichbaren Ordnung der Weltwirtschaft bislang keine Rede sein. Die Schaffung einer rechtlichen Rahmenordnung für die Entwicklung der Weltwirtschaft, aus der heraus die Lücken des internationalen Wirtschaftsrechts geschlossen werden können, bleibt deshalb ein Desideratum auch dann, wenn man die Hindernisse, die sich einem solchen Vorhaben entgegenstellen, realistischerweise als beträchtlich beurteilt. Zu den Hürden, die es diesbezüglich zu überwinden gilt, zählt nicht nur die Frage, wie eine solche Weltwirtschaftsverfassung auszusehen habe, sondern auch der Wille, eine Rahmenordnung herbeizuführen, die nicht einseitig bestimmte etablierte oder auf die Einräumung von Sonderpositionen gerichtete Interessen bevorzugt. Ein entsprechendes Unterfangen brächte Selbstbindungen mit sich, vor denen offenbar alle Beteiligten – Industrie-, Entwicklungs- und Schwellenländer sowie die unterentwickelten Länder – zurückschrecken. Solche Selbstbindungen sind indes unausweichlich, weil die Entwicklung der Weltwirtschaft sämtliche Nationalstaaten mit einem Problemanfall konfrontiert, auf dessen Bewältigung ihre jeweilige innere Verfassung nicht eingestellt ist: Unterentwickelte Länder werden vom Lauf ausgeschlossen, Entwicklungsländer sind angesichts der Wegstrecke und des Tempos dieses Marathonlaufs zum frühzeitigen Aussteigen gezwungen, Schwellenländer (»Tigerländer«) überschätzen die Leistungsfähigkeit ihrer Lungen (Tiger sind aggressiv, aber nicht ausdauernd) und die lauferprobten entwickelten Industrieländer mobilisieren letzte Leistungsreserven.

Nur Illusionisten und Ideologen mag dieser Laufwettbewerb ein willkommener Anlaß sein, die Fehlerquelle im nationalstaatlichen Unterbau der Weltwirtschaft zu sehen und die Abschaffung oder den Umbau des Nationalstaates zu fordern.[73] Die realistischere, wenngleich auch ihrerseits von visionären Elementen keineswegs freie Option kann hier nur diejenige sein, die Fehlerursachen in den Regeln des Laufwettbewerbs zu suchen. Diese sind so auszugestalten, daß sie – um im Bilde zu bleiben – allen Wettbewerbern eine Teilnahmemöglichkeit eröffnen, welche es gestattet, daß die einen ihre vorhandene Leistungsfähigkeit einsetzen und die anderen eine solche entwickeln können, ohne vorzeitig aus dem Wettbewerb ausscheiden zu müssen. Zu einer solchen Wettbewerbsordnung würde es weiterhin gehören, Laufhindernisse, deren Überwindung nur den Leistungsfähigsten möglich ist, in einer den Wettbewerbsregeln konformen Weise abzubauen. Zwar enthält das Weltethos-Projekt selbst keinen solchen Entwurf einer Weltwirtschaftsordnung, doch entspricht sein Grundriß durchaus den ausformulierten Weltethos-Prinzipien. Ein weiterer Einsatzpunkt des Weltethos-Projekts in bezug auf die *rechtliche* Ordnung der Weltwirtschaft liegt deshalb gleichermaßen in der Mitwirkung bei der Gestaltung dieser Rahmenordnung wie in der Bereitung des Weges, auf dem sich der Wille zur Schaffung einer solchen Verfassung zu bilden und durchzusetzen vermag.

Sind wir mit alledem in das Reich der Wunschvorstellungen oder gar der Irrtümer abgeglitten, oder haben auch wir vergessen, einen kühlen Kopf zu bewahren? Wie das Urteil des Lesers auch ausfallen mag: Angesichts des nationalen wie internationalen Problemanfalls, den uns die Entwicklung der Weltwirtschaft bei ganz offenbar unzureichenden Vorkehrungen für seine Bewältigung beschert, ist mehr als bloßes Krisenmanagement gefordert. Wenn das vermeintlich heißköpfige Weltethos-Projekt in dieser Lage die Rückbesinnung auf allseits konsentierbare ethische Prinzipien empfiehlt, um aus diesen Handlungsanleitung zu gewinnen, seine kühl-nüchternen Kritiker indes nicht mehr zu bieten haben, als die Untauglichkeit dieses Ansatzes zur Lösung der anstehenden Aufgaben zu behaupten, ist es doch allemal besser, mit den Vertretern des Weltethos-Projekts zu irren als mit seinen Gegnern Recht zu behalten.

Anmerkungen

1 Damit soll weder die Bedeutung der Politik für die Gestaltung des Welthandels oder der Einfluß ökonomischer Theorie auf die Welthandelspo-
   litik noch die Berechtigung politischer und ökonomischer Theorien
   über den Welthandel in Abrede gestellt werden. Vielmehr wird hier lediglich behauptet, daß eine *gestaltete* Ordnung der Weltwirtschaft (notwendigerweise) die Form einer rechtlich verfaßten Weltwirtschaftsordnung annehmen muß, so daß die unterschiedlichen Ansätze zur Beeinflussung derselben die Bedingungen des Zustandekommens und der
   Implementation von Recht auf internationaler Ebene zu berücksichtigen
   haben. Da ein in diesem Sinne internationales Wirtschaftsrecht bereits
   in nicht unerheblichem Maße vorhanden ist, kommt es mithin auch
   darauf an, dessen Ordnungsleitbild und seine Änderungsbedingungen
   im Blick zu behalten. Zu den hier nur rudimentär behandelten wirt-
   schaftspolitischen und ökonomischen Aspekten der Weltwirtschaft siehe
   statt vieler *P. R. Krugman – M. Obstfeld*, International Economics –
   Theory and Policy, Reading/Mass. u. a. 1997.

2 Ungeachtet des *rechtlichen* Bezuges dieses Beitrags, wendet sich dieser
   nicht an den Fachjuristen. Dementsprechend wird versucht, juristischen
   Jargon soweit wie möglich zu vermeiden. Weiterhin wird darauf verzichtet, den Leser mit Nachweisen der einschlägigen juristischen Fachlitera-
   tur zu konfrontieren: Zum einen ist diese, zumal wenn man – dem
   Thema entsprechend – über Landesgrenzen hinausschaut, unüberschau-
   bar geworden; und zum anderen dürfte sie dem Leser, und das ist durchaus im doppelten Wortsinne gemeint, nur schwer zugänglich sein. Die
   Schrifttumshinweise beschränken sich deshalb auf einige grundlegende
   oder weiterführende Arbeiten, Schriften mit Übersichtscharakter und
   zitierte Werke.

3 Parlament der Weltreligionen, Erklärung zum Weltethos, in: *H. Küng –
   K.-J. Kuschel* (Hrsg.), Erklärung zum Weltethos. Die Deklaration des
   Parlaments der Weltreligionen, München 1993, S. 13ff.

4 Neben anderen zahlreichen Publikationen siehe insbesondere *H. Küng*,
   Weltethos für Weltpolitik und Weltwirtschaft, München 1997.

5 Prominente Stimmen zum »Projekt Weltethos« sind zusammengetragen
   in *H. Küng* (Hrsg.), Ja zum Weltethos. Perspektiven für die Suche nach
   Orientierung, München 1995.

6 *H. Küng*, Weltethos, (Fn. 4) S. 13.

7 Parlament der Weltreligionen, (Fn. 3) S. 20, 25.

8 AaO S. 21.

9 AaO S. 20.

10 *H. Küng*, in: Ders. – K.-J. Kuschel (Hrsg.), Erklärung, (Fn. 3) S. 66.

11 AaO S. 66.

12 Parlament der Weltreligionen, (Fn. 3) S. 23.

13 *H. Küng*, in: Ders. – K.-J. Kuschel (Hrsg.), Erklärung, (Fn. 3) S. 64.

14 Näher hierzu unten zu III. 2. b).

15 *R. Spaemann*, Weltethos als »Projekt«, Merkur 1996, 893. Die Grenze der Polemik zur Invektive überschreitend *G. Henschel*, Wer will weise Lehren nicht alleweil hören?, Frankfurter Allgemeine Zeitung vom 3.6. 1997, Nr. 125, S. 43.

16 Zur Trennung von Recht und Moral etwa – bei gleichem Befund, aber unterschiedlichen Folgerungen und Problemstellungen – *N. Luhmann*, Das Recht der Gesellschaft, Frankfurt/M. 1993, S. 78f., 85, und *ders.*, Theorietechnik und Moral, Frankfurt/M. 1978, S. 67ff., sowie *J. Habermas*, Faktizität und Geltung, Frankfurt/M. 1992, S. 135ff. 140ff. Zum Verhältnis von *Moral und Wirtschaft*, ungeachtet des dezidierten Standpunkts der Verfasserin, lesenswert: *K. I. Horn*, Moral und Wirtschaft, Tübingen 1996, S. 14ff.

17 *R. Spaemann*, (Fn. 15) S. 893, 904.

18 Parlament der Weltreligionen, (Fn. 3) S. 20.

19 AaO S. 25.

20 *H. Küng*, Weltethos, (Fn. 4) S. 11.

21 *H. Küng*, in: Ders. – K.-J. Kuschel (Hrsg.), Erklärung, (Fn. 3) S. 67.

22 AaO S. 66.

23 *W. Fikentscher*, Wirtschaftsrecht, München 1983, Bd. I, S. 129.

24 AaO S. 125ff.

25 AaO S. 125.

26 Zu den ordoliberalen Vorstellungen von der Gestalt des internationalen Wirtschaftsrechts siehe *Chr. Joerges*, Vorüberlegungen zu einer Theorie des internationalen Wirtschaftsrechts, Rabels Zeitschrift für ausländisches und internationales Privatrecht 43 (1976), S. 6ff., 29ff.

27 *H. Küng*, in: Ders. – K.-J. Kuschel (Hrsg.), Erklärung, (Fn. 3) S. 66.

28 Einen Überblick über die (nachfolgend detaillierter behandelten und mit Nachweisen versehenen) *rechtlichen Aspekte* der internationalen Wirtschaftsbeziehungen gibt das zu Unterrichtszwecken verfaßte »Casebook« von *J. H. Jackson – W. J. Davey – A. O. Sykes Jr.*, Legal Problems of International Economic Relations – Cases, Materials and Text, 3. Aufl., St. Paul/Minn. 1995, zu dem gleichzeitig auch ein »1995 Documents Supplement« mit den einschlägigen international-wirtschaftsrechtlichen Verträgen und Dokumenten erschienen ist. Komplementär dazu *J. H. Jackson*, The World Trading System: Law and Policy of International Economic Relations, Cambridge/Massachussetts 1989.

29 Zur Abhängigkeit der Begriffsbestimmung des internationalen Wirtschaftsrechts von unterschiedlichen Theorien zur rechtlichen Ordnung der Weltwirtschaft siehe etwa *Chr. Joerges*, (Fn. 26) S. 6ff.

30 Ausführlichere deutschsprachige Darstellungen des internationalen Wirtschaftsrechts geben *M. Herdegen*, Internationales Wirtschaftsrecht, 2. Aufl., München 1995; *I. Seidl-Hohenveldern*, International Economic Law, 2. Aufl., Dordrecht 1992. Überlegungen zur Systematisierung des Internationalen Wirtschaftsrecht finden sich bei *P. Fischer*, Das Internationale Wirtschaftsrecht – Versuch einer Systematik, German Yearbook of International Law 19 (1976), S.143ff.

31 Siehe Bundesgesetzblatt 1973, Teil II, S. 505; abgedruckt etwa auch in: *Sartorius II*, Internationale Verträge – Europarecht, Nr. 2, München (laufend aktualisierte Loseblattsammlung). Zu den Quellen des Völkerrechts siehe auch *I. Seidl-Hohenveldern*, Völkerrecht, 8. Aufl., Köln 1994, S. 51ff.

32 Zu bestehenden international-wirtschaftsrechtlichen Bindungen als Grundlage völkergewohnheitsrechtlicher Grundsätze im internationalen Devisenrecht etwa *W. F. Ebke*, Internationales Devisenrecht, Heidelberg 1990, S. 325. Zum Schutz der Umwelt als Regelungsgegenstand siehe, statt vieler, *W. Graf Vitzthum*, Raum, Umwelt und Wirtschaft im Völkerrecht, in: ders. (Hrsg.), Völkerrecht, Berlin 1997, S. 493ff. Mit der Frage, ob und in welchem Umfang sich bereits heute ein »Völkerwirtschaftsgewohnheitsrecht« herausgebildet hat, beschäftigen sich *S. Zamora*, Is There Customary International Economic Law?, German Yearbook of International Law 32 (1989), S. 9ff.; zusammenfassend auch *W. Graf Vitzthum*, (ebd.) S. 493ff. Zum Wirtschaftsvölkerrecht insgesamt *K. Hailbronner*, Entwicklungstendenzen des Wirtschafts-Völkerrechts, Konstanz 1983; *J. H. Jackson*, Economic Law International, Encyclopedia of Public International Law (hrsg. v. R. Bernhardt) 8 (1985), S. 149ff.

33 Zur Rolle solcher Prinzipien für die Weltwirtschaftsordnung siehe *Th. Oppermann – P. Conlan*, »Principles« – Legal Basis of Today's International Economic Order?, ORDO (Jahrbuch für die Ordnung von Wirtschaft und Gesellschaft) 41 (1990), 75ff.

34 Resolution 3281 (XXIX): Charter of Economic Rights and Duties of States (CERDS); United Nations Yearbook 1974, 402. Dieser waren die Resolutionen 3201 (S-VI) und 3202 (S-VI) über die Deklaration und das Handlungsprogramm zur Errichtung einer neuen Weltwirtschaftsordnung (»Declaration and Programme of Action on the Establishment of a New International Economic Order«) vorausgegangen.

35 Ein Überblick über die Diskussion zu einer »Neuen Weltwirtschaftsordnung« findet sich bei *M. Herdegen*, (Fn. 30) S. 61ff. Über die dort nachgewiesenen Arbeiten hinaus siehe auch *J. B. Bhagwati*, The New International Economic Order: The North-South-Debate, Cambridge/Massachussetts 1977.

36 United Nations Yearbook 1970, S. 788.

37 Siehe dazu näher im folgenden unter III. 2. a) (2). Das änderte freilich nichts daran, daß die Uruguay-Runde als Schritt auf dem Weg zur »Rekolonialisierung« der Dritten Welt kritisiert wurde; siehe *Ch. Raghavan*, Recolonization: GATT, the Uruguay Round & the Third World, London u. a. 1990.

38 Zu dieser *Th. Oppermann*, Die Seoul-Erklärung der International Law Association zu den Prinzipien einer neuen Weltwirtschaftsordnung, in: *K. M. Meessen* (Hrsg.), Internationale Verschuldung und wirtschaftliche Entwicklung aus rechtlicher Sicht, Baden-Baden 1988, S. 7ff.

39 *I. Seidl-Hohenveldern*, (Fn. 30) S. 130ff.

40 Einzelheiten zur Bedeutung und zum Zustandekommen völkerrechtlicher Verträge als Bestandteile des Völkerrechts finden sich etwa bei
W. Graf Vitzthum, Begriff, Geschichte und Quellen des Völkerrecht, in:
ders. (Hrsg.), (Fn. 32) S. 73ff.

41 Auf den Nachweis der Quellen sämtlicher der im folgenden angeführten
Verträge wird hier verzichtet. Dem Interessierten sind die angeführten
Abkommen weitaus leichter über eine der zahlreichen Textsammlungen
zum internationalen Wirtschaftsrecht zugänglich. Unter diesen seien angeführt: *P. Kunig – N. Lau – W. Meng*, International Economic Law –
Basic Documents, 2. Aufl., Berlin 1993; *S. Zamora – R. Brand*, Basic
Documents of International Economic Law, 2 Bde., Chicago 1990, jeweils mit einer Einführung und einer Bibliographie zu dem abgedruck-
ten Regelwerk. Die für Deutschland verbindlichen Verträge finden sich
auch in *A. v. Bogdandy – M. Nettesheim – V. Mahnken* (Hrsg.) Internationales Wirtschaftsrecht und Außenwirtschaftsrecht, München, (laufend aktualisierte) Loseblattsammlung; *Sartorius II* (Fn. 31).

42 Zu diesen gehören namentlich die zahlreichen, hier zu vernachlässigen-
den *Freundschafts-, Handels- und Schiffahrtsverträge* zwischen einzelnen
Staaten, in denen in erster Linie wechselseitige Niederlassungsrechte,
Meistbegünstigungsklauseln und die gegenseitige Anerkennung der nach
dem Recht der Vertragsstaaten wirksam gegründeten juristischen Personen vereinbart sind.

43 Zum GATT/WTO-System *H. Hauser – K.-U. Schanz*, Das neue GATT
– Die Welthandelsordnung nach Abschluß der Uruguay-Runde, Mün-
chen 1995; *M. Herdegen*, (Fn. 30) S. 110ff.; *P. Hilpold*, Die Uruguay-
Runde – eine Bestandsaufnahme, Zeitschrift für vergleichende Rechts-
wissenschaft (ZVglRWiss) 93 (1994), S. 419ff.; *A. S. Yüksel*, GATT/
WTO-Welthandelssystem unter besonderer Berücksichtigung der
Außenwirtschaftsbeziehungen der Europäischen Union, Frankfurt/M.
1996; *J. H. Jackson*, Managing the Trading System: The World Trade
Organization and the Post-Uruguay Round GATT Agenda, in: *P. B. Kenen* (Hrsg.), Managing the World Economy, Washington (Institute for
International Economics) 1994, S. 131ff. *E.-U. Petersmann*, The GATT
world trade and legal system after the Uruguay Round, Ardsley-on Hud-
son 1991. Zur internationalen Wirtschaftsverfassung aus der Perspektive
der GATT-Verträge sowie der Welthandelsorganisation siehe etwa
S. Langer, Grundlagen einer internationalen Wirtschaftsverfassung,
München 1995.

44 Übereinkommen zur Errichtung der Welthandelsorganisation; siehe
Bundesgesetzblatt 1994, Teil II, S. 1625. Hierzu *K. Ipsen – U. Haltern*,
Rule of Law in den internationalen Wirtschaftsbeziehungen: Die Welt-
handelsorganisation, Recht der internationalen Wirtschaft (RIW) 1994,
S. 717ff.; *B. Jansen*, Die neue Welthandelsorganisation (World Trade
Organization – WTO, Europäische Zeitschrift für Wirtschaftsrecht
(EuZW) 1994, S. 333ff.; *Th. Oppermann – M. Beise*, Die neue Welthan-
delsorganisation – ein stabiles Regelwerk für weltweiten Freihandel,

Europaarchiv 1994, S. 195ff.; *P.-T. Stoll*, Die WTO: Neue Welthandels-organisation, neue Welthandelsordnung, Zeitschrift für ausländisches öffentliches Recht und Völkerrecht (ZaöRV) 54 (1994), S. 241ff.

45 Siehe dazu schon die Hinweise zu und in Fn. 34f.

46 Zum Gehalt des Gleichheitsgrundsatz im Völkerrecht und zu seiner Bedeutung für die Weltwirtschaftsordnung s. *Th. Oppermann – E.-W. Moersch*, Economic Equality – A Principle of the International Economic Order, in: *W. Graf Vitzthum* (Hrsg.), Europäische und Internationale Wirtschaftsordnung aus der Sicht der Bundesrepublik Deutschland, Baden-Baden 1994, S. 249ff.

47 Parlament der Weltreligionen, (Fn. 3) S. 23.

48 Überblicke zu den internationalen und supranationalen Organisationen sowie zu deren völkerrechtlichem Status finden sich bei *E. Klein*, Die Internationalen und Supranationalen Organisationen als Völkerrechtssubjekte, in: *W. Graf Vitzthum* (Hrsg.), (Fn. 32) S. 273 ff.; *I. Seidl-Hohenveldern*, (Fn. 30) S. 76ff., 99ff.; *ders.*, (Fn. 31) S. 188ff. Zur Bedeutung der Internationalen Organisationen für die weltwirtschaftliche Integration und zur Frage, welche Bauprinzipien der unterschiedlichen Organisationen dafür am besten geeignet sind, s. *M. Kahler*, International Institutions and the Political Economy of Integration, Washington (The Brookings Institution) 1995.

49 Siehe etwa, mit weiteren Nachweisen, *M. Herdegen*, (Fn. 30) S. 59.

50 Dazu überblickweise *M. Herdegen*, (Fn. 30) S. 129ff. mit weiteren Nachweisen; siehe auch *J. H. Jackson – W. J. Davey – A. O. Sykes Jr.*, (Fn. 28) S. 464ff.

51 Das sog. Bretton Woods-System beschränkte sich indes keineswegs auf die finanz- und währungswirtschaftlichen Aspekte der Weltwirtschaft, sondern war ein erster Versuch, der weltwirtschaftlichen Entwicklung einen Ordnungsrahmen zu geben. Zur Fortbildung des Systems über gut fünzig Jahre und den aktuellen Fragen, welche die Ordnung der Weltwirtschaft nach ihren verschiedenen Segmenten aufwirft, finden sich aufschlußreiche Beiträge in dem von *P. B. Kenen* herausgegebenen Sammelband »Managing the World Economy« (Fn. 43); dazu weiterhin die gründliche (wirtschaftshistorische) Arbeit von *H. James*, International Monetary Cooperation since Bretton Woods, Washington/D.C. 1996.

52 Abkommen über den Internationalen Währungsfonds vom 27.12.1945 in der Fassung vom 30.4.1976, Bundesgesetzblatt 1978, Teil II, S. 13; abgedruckt etwa in *Sartorius II*, (Fn. 31) S. 44.

53 Zu diesen *H. Mosler*, General Principles of Law, Encyclopedia of Public International Law (hrsg. v. *R. Bernhardt*) 7 (1984), S. 89ff.

54 *G. Schwarzenberger*, The Principles of International Economic Law, Recueil des Cours 1966 I, S. 5, 14.

55 Zum nationalen Wirtschaftsrecht als Bestandteil des internationalen Wirtschaftsrechts *J. Kaffanke*, Nationales Wirtschaftsrecht und internationale Wirtschaftsordnung, Baden-Baden 1990.

56 Siehe als Überblick *M. Herdegen*, (Fn. 30) S. 22, 32, 141ff., 160ff.

57 Hierzu und zum folgenden *H.-D. Assmann*, Globalisierung der Finanzmärkte: Auf dem Weg zu einer internationalen Finanzordnung?, in:
K. W. Nörr u. a. (Hrsg.), Das Recht vor der Herausforderung eines neu-
en Jahrhunderts: Erwartungen in Japan und Deutschland, Tübingen (im
Erscheinen), zu Gliederungspunkt III. 2. d) (2) (a) ii).

58 Siehe dazu unten zu Fn. 68.

59 Zur Drittstaatenbehandlung (und zum Reziprozitätsprinzip im EG-
Recht) s. *P. Buck*, Drittländerbehandlung auf dem europäischen Kapital-
markt, in: *W. Graf Vitzthum* (Hrsg.), Europäische und Internationale
Wirtschaftsordnung, (Fn. 46) S. 113ff.; ferner die Beiträge in *M. Hilf –
Chr. Tomuschat* (Hrsg.), EG und Drittstaatsbeziehungen nach 1992,
Baden-Baden 1991.

60 Zur extraterritorialen Anwendung nationalen Wirtschaftsrechts siehe
M. Herdegen, (Fn. 30) S. 26ff. (mit weiteren Nachweisen).

61 Siehe dazu schon oben Fn. 57.

62 Zur Organisation, ihren Zielen und Maßnahmen s. etwa *B. Steil*, International Securities Markets Regulation, in: ders. (Hrsg.), International
Financial Market Regulation, Chichester u.a. 1994, S. 197ff., 198ff.

63 Zu Einzelheiten und weiteren Nachweisen siehe *H.-D. Assmann*, (Fn.
57); *ders.*, Internationalisierung der Kapitalmärkte, in: *H.-D. Assmann –
R. A. Schütze* (Hrsg.), Handbuch des Kapitalanlagerechts, 2. Aufl.,
München 1997, 1 Rdnr. 107ff. Mit dem Problem der Regulierung internationaler Finanzmärkte beschäftigen sich auch die Beiträge in: *J. Fingle-
ton – D. Schoenmaker* (Hrsg.), The Internationalisation of Capital Markets and the Regulatory Response, London u. a. 1992, S. 27ff. Zur
Struktur und zu den »economics« der internationalen Finanzmärkte siehe etwa *M. V. Eng – F. A. Lees – L. J. Mauer*, Global Finance, New York
1995. Die Historie der Globalisierung der Finanzmärkte und der mit
dieser verbundenen Regelungsprobleme behandelt *H. James*, Rambouil-
let, 15. November 1975 – Die Globalisierung der Wirtschaft, München
1997.

64 Zu diesen und anderen Erscheinungsformen internationaler Finanzmärkte siehe, mit weiteren Nachweisen, *H.-D. Assmann*, (Fn. 57) Gliederungspunkt II.1.

65 Eine Aufstellung der einschlägigen Risikofaktoren findet sich bei *H.-D.
Assmann*, (Fn. 57) Gliederungspunkt III.1.a)(1). Dort finden sich, gegliedert nach Transaktionsrisiken sowie Marktordnungs- und Marktsta-
bilitätsrisiken, rund ein Dutzend unterschiedlicher Risikofaktoren aufgelistet.

66 Richtlinie 95/26/EG vom 29.6.1995, Amtsblatt der Europäischen Gemeinschaften Nr. L 168 vom 18.7.1995, S. 7. Zu den Folgen des Zu-
sammenbruchs der BCCI für die Bankenaufsicht siehe *R. Dale*, Regulatory Consequences of the BCCI Collapse: US, UK, EC, Basle Committee – Current Issues in International Bank Supervision, in: *J. J.
Norton – Ch.-J. Cheng – I. Fletcher* (Hrsg.), International Banking Regulation and Supervision: Change and Transformation in the 1990s, Lon-

don u.a. 1994, S. 377ff.; *ders.*, Banking Regulation after BCCI, Journal of International Banking Law 1993, S. 8ff.

67 *W.-D. Narr – A. Schubert*, Weltökonomie – Die Misere der Politik, Frankfurt am Main 1994; *H.-P. Martin – H. Schumann*, Die Globalisierungsfalle – Der Angriff auf Demokratie und Wohlstand, Reinbek 1996. Ihrem analytischen und intellektuellen Niveau nach lädt allein das erstgenannte Werk zur Auseinandersetzung ein.

68 *W.-D. Narr – A. Schubert*, (Fn. 67) S. 2 bzw. S. 41, 45, 52 f., 56 ff., 139. In der Sache ähnlich *H.-P. Martin – H. Schumann*, (Fn. 67). Bemerkenswerterweise kommen andere kritische Arbeiten, wie etwa diejenige von *A. Hoogvelt*, Globalization and the Postcolonial World, Baltimore/Maryland 1997, zu der entgegengesetzten Schlußfolgerung, es werde zukünftig nicht die »ökonomische«, sondern eine »soziale« (im Sinne einer durch politische, soziale und geographische Konfliktfelder und Engpässe bestimmte) Logik sein, welche den Weg der Weltwirtschaft bestimme.

69 *W.-D. Narr – A. Schubert*, (Fn. 67) S. 162.

70 AaO S. 147.

71 *H.-P. Martin – H. Schumann*, (Fn. 67) S. 22: »Die vornehmste Aufgabe demokratischer Politiker an der Schwelle zum nächsten Jahrhundert wird die Instandsetzung des Staates und die Wiederherstellung des Primats der Politik über die Wirtschaft sein«.

72 *H. Küng*, Weltethos, (Fn. 4) S. 215, 286.

73 So *W.-D. Narr – A. Schubert*, (Fn. 67) S. 248ff.

POLITIKWISSENSCHAFT

Politische Ethik

Ein Grundriß aus der Sicht der westlichen Zivilisation

Karl Kraus hätte wohl gespottet: Sie wollen über politische Ethik sprechen? Dann entscheiden Sie sich für das eine oder das andere! In der Tat, wer in der Politik der Vergangenheit und der Gegenwart die Amoral sucht, der wird sie in Hülle und Fülle finden. Zumal wer in dieser Absicht auf unser Jahrhundert zurückblickt, der wird um die Feststellung nicht herumkommen, daß es den Gipfelpunkt politischer Massenmorde in der gesamten Menschheitsgeschichte zu verantworten hat, und dies unter Anleitung, Rechtfertigung und Komplizenschaft der Wissenschaft, von Naturwissenschaftern, Ärzten, Philosophen, Juristen, Pädagogen, Ökonomen und Managern. Der Kritiker wird vielleicht sogar resigniert Ambrose Bierce recht geben wollen, der unsere Zivilisation wie folgt definiert hat: »Das Abendland ist jener Teil der Welt, der westlich (beziehungsweise östlich) des Morgenlandes liegt. Es wird größtenteils von Christen bewohnt, einem mächtigen Unterstamm der Hypokriten, dessen Hauptbeschäftigung Mord und Betrug sind, von ihnen vorzugsweise als ›Krieg‹ und ›Handel‹ bezeichnet. Dies sind auch die Hauptbeschäftigungen des Morgenlandes.«[1]

Jean-Jacques Rousseau schrieb indessen: Wer Politik und Ethik trennen will, der hat weder vom einen noch vom andern etwas begriffen.[2] Man kann Vergangenheit und Gegenwart auch nach moralischen Denkansätzen, moralischen Vorbildern und moralischen Verhaltensweisen absuchen, und man wird ebenfalls fündig werden. Es ist die Aufgabe wertgebundener Wissenschaft, nicht nur die politischen Heucheleien zu entlarven, sondern auch die positiven Errungenschaften wahrzunehmen. Gerade eine auch geisteswissenschaftlich verstandene Politikwissenschaft wird es für ihre vornehmste Pflicht halten, die politischen Schatzkammern der Ideen-, Verfassungs- und Kunstgeschichte zu hüten und, wenn sie Verstand und Glück hat, ein kleines bißchen zu mehren.

Das ist, Ambrose Bierce und Karl Kraus zum Trotz, die Absicht dieses Beitrages: eine Auswahl der Schätze politischer Ethik der westlichen Zivilisation, aufgefächert in drei Themengruppen, in einer Zusammenschau vorzustellen.

Erste Themengruppe: personorientierte politische Ethik. Sie sucht die Lösung in der moralischen Qualität der Politiker. Platon hat den personalistischen Ansatz in die berühmten Worte gefaßt: »Solange die Philosophen nicht Könige werden oder die Könige ... echte und gute Philosophen, solange nicht politische Macht und Weisheitsliebe in der gleichen Person vereinigt sind, so lange wird es kein Ende des Unglücks in den Staaten und überhaupt im Menschengeschlecht geben...«[3]

Zweite Themengruppe: institutionorientierte politische Ethik. Sie sucht die Lösung in guten Institutionen. Aus so krummem Holz, als woraus der Mensch gemacht ist, kann nichts ganz Gerades entstehen, schrieb Immanuel Kant.[4] Aber, fuhr er an anderer Stelle fort, eine gute Staatsorganisation vermöge selbst aus einem Volk von Teufeln zwar nicht moralisch gute Menschen, wohl aber gute Bürger zu machen.[5] Allerdings fügte er wohlweislich hinzu: wenn sie nur Verstand haben.

Dritte Themengruppe: resultatorientierte politische Ethik. Sie ermißt die Moralität der Politik an ihren Wirkungen. Max Weber hat diese Sicht im Begriff der Verantwortungsethik zum Ausdruck gebracht.[6] Danach haftet der Politiker für die voraussehbaren Folgen seiner Handlungen und Unterlassungen.

1. Personorientierte Ethik

Der Quäker William Penn hat in seiner Schrift zur Gründung von Pennsylvania den personalistischen Ansatz noch ausschließlicher als Platon so formuliert: Wenn die Politiker gut sind, dann setzen sie sich durch, auch wenn die Institutionen schlecht sind; sind die

Politiker aber schlecht, dann taugen auch gute Institutionen nichts.[7]

Eine Fundgrube personorientierter politischer Ethik sind die *Politikerspiegel*, meist in Gestalt der Fürstenspiegel, seltener der Ratsleutespiegel. Politikerspiegel sind Schriften, in denen das Vorbild des Staatsmannes beschrieben wird, sei es als Biographie geschichtlicher Persönlichkeiten oder als spekulatives Modell des idealen Politikers oder als Erziehungs- und Bildungsprogramm künftiger Amtsträger. Die Literaturgattung erstreckt sich über einen Zeitraum von gut 3500 Jahren, beginnend in den alten Reichen Ägyptens, Babylons und Israels über die griechisch-römische Antike zu den byzantinischen, karolingischen, hochmittelalterlichen, humanistischen, reformatorischen und nachreformatorischen Politikerspiegeln, mit Niederschlägen auch in politischen Dramen von Shakespeare, Corneille und Calderon oder in Opern von Monteverdi und Händel, bis sie in der Neuzeit allmählich ausstirbt. Insgesamt sind es bestimmt über ein halbes Tausend Werke. Im Zentrum steht die Berufsethik politischer Amtsträger.

Vieles wäre auch aus heutiger Sicht lesens- und bedenkenswert, besonders die »Institutio principis christiani« des Erasmus von Rotterdam. Indessen wird in den unzähligen modernen Führungslehren diese großartige Überlieferung gemieden wie vom Teufel das Weihwasser, mit Ausnahme ausgerechnet des fast zeitgleich mit dem Erasmischen Fürstenspiegel entstandenen »Principe« Machiavellis, der darin – nach Verhaftung, Folterung und Verbannung – in einem durchaus verständlichen Wechselbad von depressiver Stimmung und manischem Fieberrausch die Tradition ins pure Gegenteil verkehrte. Kommt dazu, daß die amerikanischen und schweizerischen Veranstalter von Machiavelli-Kursen für Manager ihren Gewährsmann gründlichst mißverstanden, nämlich im Sinne egoistischer Karriereplanung, während Machiavelli seine amoralischen Ratschläge immer und ausschließlich im höheren Interesse der Staatsräson abgab.[8]

Die Politikerspiegel wurden ab dem Spätmittelalter von der Literatur in die *bildende Kunst* der republikanischen Rathauskultur transponiert, zuerst in Italien, dann auch in den Niederlanden, Deutschland, Ungarn, Polen und der Schweiz. Es sind dies die allegorischen, legendären und historischen Veranschaulichungen politischer Tugenden und Laster, guter und schlechter Regime, guter und schlechter Politiker.

Eines der frühesten, in der politischen Substanz und künstlerischen Kraft großartigsten Zeugnisse republikanischer Rathauskunst ist der Freskenzyklus von Ambrogio Lorenzetti über das gute und das schlechte Regiment im Palazzo pubblico von Siena aus dem Jahre 1340.[9] Das Werk füllt zur Gänze die Wände des Sitzungssaales der Regierung der Nove, mit der Allegorie des »buon governo« auf der Schmalseite vis-à-vis der Fensterfront, den Wirkungen des »buon governo« in Stadt und Land auf der rechten Längswand sowie der Allegorie des »mal governo« und seiner Wirkungen auf der linken Längswand.

Auf der rechten Seite der Allegorie des guten Regiments thront ein greiser Herrscher. Er stellt die Personifikation der sienesischen Kommune dar. Die Kommune läßt sich von sechs weltlichen Tugenden beraten: Justitia/Gerechtigkeit, Temperantia/Besonnenheit, Magnanimitas/Großgesinntheit, Prudentia/Klugheit, Fortitudo/Stärke und Pax/Friede.

Als spirituelle Kraftquellen der Kommune schweben über dem Haupt der Herrscherfigur drei Engel; sie symbolisieren die drei göttlichen Tugenden Spes/Hoffnung, Caritas/Liebe und Fides/Glaube. Auf der gleichen Höhe erkennen wir links die göttliche Tugend der Sapientia/Weisheit. Sie inspiriert auf der mittleren Ebene die Gesetzesgerechtigkeit. Die von der göttlichen Weisheit erleuchtete irdische Gerechtigkeit bewirkt auf der unteren, menschlichen Ebene die Concordia/Eintracht. Von den Waagschalen der austeilenden und ausgleichenden Gerechtigkeit läuft je ein Band in die linke Hand der Concordia. Diese verknüpft die beiden Bänder zu einer Kordel und übergibt sie dem letzten der vierundzwanzig Bürger oder Amtsträger, die gemessenen Schrittes in Zweierkolonne zum Regenten schreiten. Die linke Kolonne hält die Kordel in der rechten Hand, die rechte Kolonne in der linken. Der vorderste der Vierundzwanzig übergibt das Band der Gerechtigkeit in die Hand des greisen Herrschers, welche das Zepter hält. So schließt sich der Kreis.

Während die Politikerspiegel und die politische Ethik in der

Kunst heute fast ausgestorben sind, hat sich ein anderes Phänomen personalistischer Ethik seit der griechischen Antike gehalten und rund um die Welt ausgebreitet: der *politische Eid*.

Der politische Eid ist ein feierliches, öffentliches Versprechen, sei es der Amtsträger, ihr politisches Amt in bestimmter Weise auszuüben, sei es der Soldaten, ihre Heimat unter Einsatz des eigenen Lebens zu verteidigen, sei es der Bürger, die gegebene Ordnung und deren Amtsträger zu achten.

Uns Schweizern müßte dieses Element personorientierter politischer Ethik besonders nahegehen, lassen wir uns doch in Erinnerung an den legendären Rütlischwur im In- und Ausland als »Eidgenossen« bezeichnen. Wie die Athener in der Antike und die Florentiner in der Renaissance leisten die Appenzeller seit einem halben Jahrtausend alljährlich anläßlich der Landsgemeinde den Bürgereid. Die Zeremonie ist von besonderer Eindringlichkeit und gipfelt nach Ermahnung, Vereidigung des Landammanns und Verlesen der Formel des Bürgereids in einem feierlichen Versprechen, das die Landleute im Ring mit erhobenen Schwurfingern Zeile um Zeile dem Landammann wie ein Gebet nachsprechen:

> *Das habe ich wohl verstanden,*
> *wie es mir vorgelesen und eröffnet worden ist.*
> *Das will ich wahr und stets halten,*
> *treulich und ungefährlich.*
> *Also bitte ich,*
> *daß mir Gott und die Heiligen helfen. Amen.*

2. Institutionorientierte Ethik

Nichts ist gegen Mißbrauch gefeit, auch nicht die personalistische politische Ethik in ihren verschiedenen Ausprägungen. Politikerspiegel können in geschichtsklitternde Hagiographien entarten, wie die spätantiken und mittelalterlichen Verherrlichungen des Usurpators Augustus. Politische Kunst kann zu Personenkult verkommen, wie im Nürnberger Rathaus der Triumphzug Maximilians I., zu dem sich Albrecht Dürer hergab. Da werden nämlich dem Kaiser des unheiligen Römischen Reiches deutscher Nation nicht nur 36 Herrschertugenden angedichtet, sondern – weit schlimmer – ein Sieg über die Helvetier; in Tat und Wahrheit haben wir aber vor 500 Jahren bei Frastanz dank einer List und einem Liechtensteiner Kollaborateur unsern letzten Sieg errungen. Der politische Eid kann die totale Unterwerfung erzwingen, wie der Führereid in Hitler-Deutschland. Robespierre rechtfertigte die Terreur als Emanation der Tugend. Wie heißt es doch in Lessings »Minna von Barnhelm«? Von Tugend spricht, wer keine hat.

Die personorientierte Ethik ist aber nicht nur mißbrauchsanfällig; sie greift zu kurz. Gegen die Versuchungen der Macht sind gutgemeinte berufsethische Ratschläge erfahrungsgemäß ein schwacher Schutz. Bernard Shaw spottete: »Tugend ist Mangel an Gelegenheit.« Und Karl Popper warf den politischen Denkern von Platon bis Rousseau und Marx eine falsche Fragestellung vor.[10] Die grundlegende Frage der politischen Theorie sei nicht: »Wer soll herrschen?«, sondern »Wie können wir unsere politischen Institutionen so gestalten, daß auch unfähige und unredliche Politiker keinen großen Schaden anrichten?«

In diesem Punkt hat sich Popper geirrt. Es ist nicht so, daß die Staatsdenker früherer Zeiten seine Fragestellung vernachlässigt hätten. Vielmehr haben sie ab der griechischen Antike eine Reihe von institutionellen Sicherungen gegen den Mißbrauch der Macht und für den rechten Gebrauch der Macht entwickelt. Es handelt sich um eigentliche Erfindungen, von Menschen erdachte und in der politischen Wirklichkeit erprobte Innovationen, die mindestens so bedeutsam sind wie die technischen Erfindungen des Buchdrucks, der Dampfmaschine oder des Computers. Die fünf wichtigsten sollen im folgenden Erwähnung finden.

Die erste Erfindung ist die *Machtbändigung*, die Bändigung der politischen Macht durch Gesetze. Nicht Menschen, sondern Gesetze sollen herrschen. Platon hat diese Idee im »Politikos« und in den »Nomoi« als erster auf den Begriff gebracht.[11] Und sein Schüler Aristoteles hat sie um die Unterscheidung von Verfassung und Gesetz erweitert.[12] In der frühen Neuzeit verdichtete sich der Prozeß der Verschriftlichung des Rechts zur geschriebenen Verfassung.

Die zweite Erfindung ist die *Machtbeschränkung*. Die durch

Gesetze gebändigte Macht soll beschränkt und gesteuert werden durch jedem Menschen zukommende Grundrechte. Diese Grundrechte sind vorstaatlich, überstaatlich, in der Natur des Menschen begründet, nicht vom Staat verliehen, aber vom Staat zu gewährleisten und in ihrer Substanz unantastbar. John Locke hat diese Idee der Menschenrechte als erster kristallklar begründet und als Endzweck aller Politik postuliert.[13]

Die dritte Erfindung ist die *Machtteilung*. Die durch Gesetze gebändigte sowie durch die Menschenrechte beschränkte und gesteuerte Macht soll zusätzlich geteilt werden. Montesquieu ist nicht der Erfinder dieser Idee, aber ihr wirkungsvollster Herold.[14] Freilich wird er meist mißverstanden im Sinne einer strikten Gewaltenteilung zwischen Legislative, Exekutive und Judikative.[15] Dieses Mißverständnis hat ganze Generationen von Juristen verwirrt und verwirrt sie bis zum heutigen Tag. Auch gäbe es bessere Machtteilungskonzepte, vor allem eine noch fast unbekannte Vorgabe von Donato Giannotti aus dem frühen 16. Jahrhundert.[16] Entscheidend bleibt die Grundidee Montesquieus: Weil die Politiker zum Machtmißbrauch neigen, wenn sie nicht auf Widerstand stoßen, deshalb »il faut que, par la disposition des choses, le pouvoir arrête le pouvoir«.[17]

Die vierte Erfindung ist die *Machtbeteiligung*, die Teilhabe der Machtunterworfenen an der gebändigten, beschränkten und geteilten Macht. Wir nennen dieses Phänomen Demokratie. Die Athener gelten als ihre Erfinder. Perikles hat sie in der Rede auf die im Peloponnesischen Krieg Gefallenen verherrlicht.[18] Allerdings gelangte sie erst im 20. Jahrhundert mit dem allgemeinen Wahlrecht aller erwachsenen Staatsbürger und Staatsbürgerinnen zur vollen Geltung.

Die fünfte Erfindung ist der *Machtausgleich*. Im Rahmen der gebändigten, beschränkten und geteilten Macht unter Beteiligung der Machtunterworfenen soll zudem Sorge getragen werden, daß das Machtgefälle zwischen starken und schwachen Individuen und Gruppen, zwischen Reichen und Armen, Gesunden und Kranken, Arbeitgebern und Arbeitnehmern, Produzenten und Konsumenten, Berufstätigen und noch nicht oder nicht mehr im Erwerbsprozeß Stehenden, Arbeitenden und Arbeitslosen, Shareholders und

Stakeholders in angemessener Weise gemildert wird. John Rawls hat diese Sozialstaatsidee in seiner Theorie der Gerechtigkeit am tiefgründigsten ausgelotet und sowohl gegen einen kruden Egalitarismus als auch gegen einen sozialdarwinistischen Utilitarismus abgegrenzt.[19]

3. Resultatorientierte Ethik

So großartig diese politischen Erfindungen sein mögen, auch sie sind gegen Mißbrauch nicht gefeit. Was Paracelsus für die Medizin erkannt hat, gilt genauso für die Politik: Es kommt immer auf die Dosis an. Übertriebener Machtausgleich kann zur Ausbeutung aller durch alle führen. Übertriebene Machtbeteiligung in der direkten Demokratie und übertriebene Machtteilung kann ein überbremstes oder gar handlungsunfähiges politisches System bewirken. Übertriebenes Grundrechtsdenken kann im lähmenden Rekursstaat enden. Und die Gesetzesherrschaft kann in der Normenflut versinken.

Aber selbst ungeachtet der Mißbräuche sind die personalistischen und institutionalistischen Ansätze politischer Ethik unzureichend. Sie sind einseitig inputorientiert. Was nützen Tugendkataloge und institutionelle Konstrukte, wenn sie dennoch moralisch fragwürdige Ergebnisse zeitigen? Hier setzt die resultatorientierte politische Ethik ein. Sie legt das Augenmerk auf die Outputs der Politik.

Max Weber war natürlich nicht der erste Denker, der sich gegen eine reine Gesinnungsethik wandte und ihr die *Verantwortungsethik* entgegenstellte. Schon Thomas von Aquin, Francesco Guicciardini und Michelangelo haben beispielsweise in der Tyrannenmorddebatte gemahnt, die Folgen zu bedenken.[20] Auch wird Max Weber oft verkürzt wiedergegeben, so als ob er die Gesinnungsethik von sich gewiesen hätte. Tatsächlich hielt er Gesinnungs- und Verantwortungsethik nicht für absolute Gegensätze, sondern für wechselseitige Ergänzungen, die zusammen erst den berufenen Politiker ausmachen.[21]

Vor allem aber hat Weber die Verantwortungsethik in doppelter

Hinsicht relativiert. Einerseits soll der Politiker verantwortlich sein für die Folgen seiner Politik, soweit sie nach bestem Wissen und Gewissen voraussehbar waren. Die besten Physiker der Welt, die in den fünfziger Jahren Bedenken gegen das nukleare Wettrüsten äusserten, haben die negativen Folgen der friedlichen Nutzung der Kernenergie nicht vorausgesehen. Nachträglich ist man immer klüger. Anderseits ist fast jegliches politische Handeln ambivalent, insofern es auch mit unerwünschten Nebenfolgen verknüpft ist. Der Politiker hat eben nicht die Wahl zwischen dem absolut Guten und dem absolut Bösen. Er muß das Bestmögliche wählen, und dies ist meistens das kleinere Übel.

Moralische Ambivalenz allen Handelns und Nichthandelns sowie Unvorhersehbarkeit aller Folgen mahnen zur Vorsicht. Deshalb empfahl Karl Popper ein *pragmatisches »social engineering«* der kleinen Schritte, um die Folgen und Nebenfolgen im Sinne von »trial« und »error« unter Kontrolle zu halten.[22]

Popper hat diese Argumentation in der Auseinandersetzung mit Platons Utopismus entwickelt. Mit Blick auf die Probleme griechischer Stadtstaaten der Antike leuchtet sie ein. Aber hält sie auch angesichts der gegenwärtigen Weltprobleme stand? Hält sie stand gegenüber dem ungeheuren Problemdruck, dem die Entwicklungsländer und, seit den antikommunistischen Revolutionen, die Länder Mittel- und Osteuropas ausgesetzt sind? Hinken wir mit unserem Pragmatismus nicht hoffnungslos hinter den Problemen von Krieg, Hunger, Verelendung, Arbeitslosigkeit, Raubbau, Umweltzerstörung und Überbevölkerung hinterher? Haben wir überhaupt noch Zeit, die Selbstzerstörung der Erde mit einer Politik der kleinen Schritte aufzuhalten?

Nicht genug damit. Alle bisherige Ethik war eine Ethik des Gleichzeitigen, des räumlich Nahen und des Unmittelbaren. Im Blick war der Nächste hic et nunc. Die Natur des Menschen und die Natur der Dinge schien ein für allemal festzustehen.

Die moderne Technik hat den Menschen nunmehr aber die Macht ungeahnter Fernwirkungen in Raum und Zeit eröffnet. Der Mensch hat die Fähigkeit erlangt, die Natur und den Menschen zu verändern. Dieser Machtzuwachs ruft nach einer neuen Ethik. Max Weber und Karl Popper hatten die lebende Generation im Auge:

Mitweltethik. John Rawls beschäftigte sich über die Mitwelt hinaus mit dem Problem der Gerechtigkeit zwischen den Generationen: *Nachweltethik*. Arthur Rich ergänzte die anthropozentrische Ethik durch eine Ethik der Natur der Sache: *Umweltethik*.[23] Im »Versuch einer Ethik für die technologische Zivilisation« von Hans Jonas fließen Mitwelt-, Nachwelt- und Umweltethik zusammen.[24]

4. Von der Synthese zum Weltethos

Je tiefer wir in die Probleme der politischen Ethik eindringen, um so mehr gelangen wir vom Hundertsten ins Tausendste und ertappen uns beim Gedanken an die saloppe Unterscheidung von Wissenschaft, Philosophie und politischer Ethik. Wissenschaft ist, wenn jemand mit verbundenen Augen in einem dunklen Zimmer eine schwarze Katze sucht. Philosophie ist, wenn jemand mit verbundenen Augen in einem dunklen Zimmer eine schwarze Katze sucht, die nicht drin ist. Politische Ethik ist, wenn jemand mit verbundenen Augen in einem dunklen Zimmer eine schwarze Katze sucht, die nicht drin ist, und ausruft: Ich hab' sie!

Doch kapitulieren wir nicht zu früh. In der Antike hielten sich personalistische und institutionalistische politische Ethik im Gleichgewicht. Im Mittelalter überwog der Personalismus, in der Neuzeit der Institutionalismus. Der Paradigmenwechsel erfolgte in der Florentiner Renaissance. Zur gleichen Zeit trat die resultatorientierte Bewertung der Politik ins Blickfeld, im Machiavellismus zunächst ohne, später mit Beachtung moralischer Anforderungen. Eine Erkenntnis drängt sich nach allem auf, *eine* Katze ist drin, und die sollten wir festhalten: Unsere Zeit braucht eine Synthese aller drei Ansätze politischer Ethik, der resultatorientierten ebenso wie der institutionorientierten und der personorientierten.

Aber auch diese Folgerung bleibt vorläufig. Das schlimmste Defizit dieses Grundrisses politischer Ethik ist die Beschränkung auf die abendländisch-christliche Tradition. Hier setzt das »Projekt Weltethos« des Schweizer Theologen Hans Küng ein.[25] Nach Küng hat die Welt, in der wir leben, nur dann eine Chance zum Überleben, wenn sich die Gläubigen der verschiedenen Weltreligionen mit den Nichtgläubigen auf einen minimalen Grundkonsens bezüglich verbindender Werte, unverrückbarer Maßstäbe und moralischer Grundhaltungen verständigen. So gigantisch dieses Projekt klingt, ein Anfang ist unter der Führung von Hans Küng 1993 gemacht worden, als sich die 6500 Teilnehmer des Parlaments der Weltreligionen in Chicago auf eine gemeinsame Erklärung zum Weltethos einigten.[26] Mit Blick auf das »Projekt Weltethos« ist die Synthese abendländisch-christlicher politischer Ethik nur eine Mitgift, aber immerhin eine Mitgift.

Anmerkungen

1   Bierce, Ambros (1966). »The Devil's Dictionary«, Ders., *The Collected Works,* New York, Vol. VII, S. 234.

2   Rousseau, Jean-Jacques (1762). »Emile«, Ders., *Oeuvres complètes*, Vol. 4, Paris 1969, S. 524.

3   Platon (um 370 v.Chr.). *Politeia,* 473 c-d.

4   Kant, Immanuel (1784). »Idee zu einer allgemeinen Geschichte in weltbürgerlicher Absicht«, Ders., *Werke*, Bd. 6, Darmstadt 1964, S. 41.

5   Kant, Immanuel (1795). »Zum ewigen Frieden«, *ibid.*, S. 224.

6   Weber, Max (1919). *Politik als Beruf,* Berlin 1964, S. 57-67.

7   Penn, William (1687). *Frame of Government of the Province of Pennsylvania,* Vorwort (Zitiert nach: Maurice J. C. Vile, Constitutionalism and the Separation of Powers, Oxford 1967, S. 297).

8   Riklin, Alois (1996). *Die Führungslehre von Niccolò Machiavelli,* Bern/Wien, S. 81-87.

9   Riklin, Alois (1996). *Ambrogio Lorenzettis politische Summe,* Bern/Wien

10 Popper Karl (1984). *Auf der Suche nach einer besseren Welt,* München, S. 249f.

11 Zuerst Platon (um 361 v.Chr.). *Politikos,* 291-303. – Riklin, Alois (1996). »Platon – Vordenker der nomokratischen Mischverfassung«, *De la Constitution, Etudes en l'honneur de Jean-François Aubert,* Edité par Piermarco Zen-Ruffinen et Andreas Auer, Basel 1996, S. 159-163.

12 Aristoteles (384-322 v.Chr.). *Politik,* 1289a 14.

13 Locke, John (1690). *Two Treatises of Government,* London, Book II, XI/ 135.

14 Montesquieu, Charles de Secondat (1748). *De l'Esprit des lois,* XI/6.

15 Riklin, Alois (1989). »Montesquieus freiheitliches Staatsmodell, Die Identität von Machtteilung und Mischverfassung«, *Politische Vierteljahresschrift*, 30. Jg., S. 274-293.

16 Donato Giannotti (1534). *Die Republik Florenz,* herausgegeben und ein-

geleitet von Alois Riklin, übersetzt und kommentiert von Daniel Höchli, München 1997, S. 55-62.

17 Montesquieu (Fn. 14), XI/4.

18 Thukydides (404 v.Chr.). *Geschichte des Peloponnesischen Krieges*, II/35-46.

19 Rawls, John (1971). *A Theory of Justice*, Cambridge (USA).

20 Thomas von Aquin (um 1266). *De regimine principum*, I/6. – Riklin, Alois (1996). *Giannotti, Michelangelo und der Tyrannenmord*, S. 85.

21 Weber (Fn. 6), S. 66.

22 Popper, Karl (1957). *Die offene Gesellschaft und ihre Feinde*, Bd. 1, Bern, S. 213ff.

23 Rich, Arthur (1984). *Wirtschaftsethik*, Bd. 1, Gütersloh, S. 61ff.

24 Jonas, Hans (1979). *Das Prinzip Verantwortung*, Frankfurt a. Main.

25 Küng, Hans (1990). *Projekt Weltethos*, München.

26 Küng, Hans/Kuschel, Karl-Josef, Hrsg. (1993). *Erklärung zum Weltethos, Die Deklaration des Parlaments der Weltreligionen*, München.

Politische Rahmenbedingungen für Weltethos

1. Lichtblicke am Ende eines schrecklichen Jahrhunderts?

Vor 100 Jahren war Imperialismus nicht nur eine Doktrin, sondern der selbstverständliche Inbegriff der Politik der »großen Mächte« (wie einst Ranke die Hauptakteure der Weltpolitik nannte). Auch Rassismus in sozialdarwinistischer Ausprägung gehörte zu den bedenkenlosen geistigen Orientierungen der europäischen Eliten. Seit der Mitte des 19. Jahrhunderts waren Nationalismus und nationalistische Politik Selbstverständlichkeiten der Zeit. In aller Regel wurden diese und die vorgenannten mentalen Orientierungen von der politischen Klasse so wenig hinterfragt wie beispielsweise die militaristische Ausrichtung der Politik insgesamt, vor allem diejenige der außenpolitischen Strategien. Im schrecklichen 20. Jahrhundert verschmolzen diese Orientierungen noch einmal mit dem bekannten Ergebnis zweier Weltkatastrophen, von denen vor allem die letzte, der Zweite Weltkrieg, von deutscher Politik verursacht wurde. Es folgte eine Zeit des Abschreckungsfriedens, in dem die beiden Hauptantagonisten sich mit wechselseitiger Vernichtung bedrohten – und dies angesichts der unvergleichlichen nuklearen Zerstörungspotentiale durchaus glaubwürdig.

Es lohnt sich, an diese schrecklichen 100 Jahre zu erinnern, um zu begreifen, daß es vielleicht doch so etwas wie einen zögerlichen historischen Fortschritt gibt: Der Imperialismus wurde durch die mächtige Bewegung der Dekolonisierung abgelöst. Heute gibt es keinen weltpolitischen Spielraum mehr für imperialistische Politik von der Art des späten 19. Jahrhunderts. Noch immer gibt es Rassismus im mikropolitischen Bereich in vielen Ausprägungen. Aber nach dem Ende des Apartheidsystems in Südafrika gibt es keinen Staat mehr auf der Welt, der explizit eine konsequente rassistische Politik der Rassenprivilegierung und Rassendiskriminierung zur politischen Strategie erhoben hätte. Auch ist, nebenbei bemerkt, dem Rassismus wissenschaftlich der Boden entzogen worden, indem die fortgeschrittenste Forschung zur Feststellung gelangte, daß die Variabilität genetischer Ausstattung innerhalb von Rassen weit breiter angelegt ist als die Differenz zwischen Rassen.[1] Weiterhin: Nationalismus ist dort, wo er seinen Ursprung hatte, nämlich im Westen Europas, zu einem Unwort geworden. An seine Stelle trat erfreulicherweise »europäische Integration«. Die einst militaristischsten Nationen dieses Jahrhunderts haben in der Folge ihrer Niederlagen sich gezwungenermaßen auf ökonomischen Wettbewerb verlegt – und dies mit großem Erfolg und mit dem Ergebnis breitenwirksamer friedlicher Gesinnungen in Eliten und Massenpublikum. An das Wiederaufleben des Abschreckungsfriedens, schon gar einer zugespitzten bipolaren Konstellation, denkt derzeit niemand, denn diese Machtfigur ist mit dem Ende des Ost-West-Konfliktes in weltpolitischer, ideologischer und waffentechnologischer Hinsicht unwahrscheinlich geworden: Weder zeichnen sich entsprechende Antagonisten, noch jeweilige Allianzpartner ab.

Bleibt die Frage, ob am Ende des Jahrhunderts die genannten Orientierungen der vergangenen 100 Jahre durch den von Huntington prognostizierten »Zusammenprall der Kulturen« abgelöst werden. Obgleich Huntingtons These eine Plausibilität auf den ersten Blick für sich in Anspruch nehmen kann, ist doch die Wahrscheinlichkeit eines »clash of civilizations« äußerst gering. Denn Kulturen (»Islam«, »Konfuzianismus«, u. a.) sind keine Akteure. Auch sind sie, je mehr wir uns dem 21. Jahrhundert nähern, in sich zerklüftet und keineswegs homogen. Die von Huntington unterstellten wenigen Staaten als den eigentlichen exponierten Hauptrepräsentanten von Kulturen – die zentralen Akteure – existieren kaum: Man stelle sich China als den potentiellen Repräsentanten des Konfuzianismus vor! Wer dies tut, weiß wenig von Konfuzius und vor allem von China. Im übrigen wurden in den Thesen des

Samuel Huntington niemals die kausalen Verbindungslinien zwischen der jeweiligen »dominanten« Kultur und dem jeweiligen außenpolitischen Verhalten offengelegt. Beispielhaft gefragt: Was eigentlich ist, von den Tiefendimensionen der Kultur her gesehen, der *kulturelle* Gehalt des außenpolitischen Verhaltens Chinas? In Kategorien von Geokultur zu denken führt nicht weit, während ganz offensichtlich, so altmodisch dies sein mag, geopolitische Kategorien der Einflußsphären-Politik, auch geoökonomische Kategorien, die durch die Struktur internationaler Arbeitsteilung vorgeprägt sind, weiterhin durchaus von Relevanz sind.

Die Wahrscheinlichkeit, daß Imperialismus, Rassismus, Sozialdarwinismus, Nationalismus, Militarismus und Abschreckungsfrieden von weltpolitisch relevanten Kulturkampffronten, gar von der Art der Devise »Der Westen gegen den Rest der Welt« (oder umgekehrt) abgelöst werden, ist also gering. Die Weltpolitik wird nicht durch einen internationalen Kulturkampf bestimmt werden, aber kulturelle Orientierung wird von Bedeutung sein, wenngleich nicht in jenen tatsächlichen oder vermeintlichen »Tiefendimensionen«, die in der Kulturdebatte normalerweise leichthin mit Kultur assoziiert werden, sondern vielmehr im Hinblick auf friedliche Koexistenz, die sich aus dem Zwang der Verhältnisse ergibt.[2]

2. Das Ethos konstruktiver Konfliktbearbeitung

Letzteren Sachverhalt gilt es zunächst zu erläutern: In diesem schrecklichen Jahrhundert haben in Geist und Tat nicht nur die eingangs zitierten Orientierungen triumphiert, es fand auch ein gewissermaßen schleichender Prozeß des Umbaus der Welt statt: Am Ende des vergangenen Jahrhunderts war die Welt, auch der Großteil der heute industrialisierten Länder, noch bäuerlich organisiert. Die vergangenen 100 Jahre werden in die Geschichte als das Jahrhundert der Entbäuerlichung eingehen. Die meisten Menschen leben heute nicht mehr in einer »Oikos-Wirtschaft«, also unter Subsistenzbedingungen, sondern in territorialen Verkehrswirtschaften mit zunehmenden weltwirtschaftlichen Bezügen. Dieses neue Umfeld hat, im Unterschied zu bäuerlichen Gemeinschaften im

dörflichen Rahmen, eine ungeheure Horizont- und Handlungs-
erweiterung von Menschen zur Folge. Die damit einhergehende
Verstädterung verdichtet überdies Kommunikation und macht die
meisten Menschen zum ersten Mal in der Weltgeschichte organi-
sationsfähig. In der Folge von parallel stattfindender Alphabetisierung kommt es zu geistiger Emanzipation und einer Fertigkeitsre-
volution: Das Kompetenzniveau von Menschen steigt dramatisch.
Darin liegt, im Unterschied zur traditionellen Oikos-Gesellschaft,
die Chance zur sozialen Aufwärtsmobilität angelegt. Über sich
weltweit ausbreitende Medien werden zudem Lebenserwartungen
und Lebensstile vergleichbar. Vielleicht ist sogar die Globalisierung
solcher Demonstrationseffekte wirkungsmächtiger als die bloße
Globalisierung der Ökonomien. Aus all dem folgt die in jeder Ecke
der Welt inzwischen spürbare Forderung nach politischer Teilhabe.

So werden aus traditionalen Gesellschaften politisierbare und
faktisch politisierte Gesellschaften. In ihnen werden überkommene
Identitäten fragwürdig. Die »Wahrheiten« lassen sich nicht mehr
einfach definieren. Die Gerechtigkeitsvorstellungen vervielfältigen
sich, so auch die Interessen. Was eine »gute Gesellschaft« ist, wird
angesichts der Pluralität von Projekt- und Definitionsangeboten
zum Problem. So entstehen, von ihrer Struktur her gesehen, chro-
nisch konfliktträchtige, ja potentiell gewaltträchtige Gebilde, die
nicht mehr auf einen Nenner zu bringen sind, außer man zwingt
sie dazu mit einer allerdings über kurz oder lang zum Scheitern
verurteilten Diktatur oder Despotie. Denn die Pluralitäten sind
nicht überwindbar, auch nicht die Politisierung von Identitäten,
Wahrheiten, Gerechtigkeitsvorstellungen und Interessen. Wenn
alle gesellschaftlichen, ökonomischen und kulturellen Auseinandersetzungen sich als politische und alle politischen sich als gesellschaftliche, ökonomische und kulturelle darstellen, liegt *Fundamentalpolitisierung* vor. Und damit stellt sich die Frage nach Koexistenz trotz Fundamentalpolitisierung, da die Alternative hierzu –
die tagespolitische Anschauung lehrt es uns täglich erneut – der
Bürgerkrieg ist.

Wie entgeht man dem Bürgerkrieg? Der genannte Umbau der
Welt fand zunächst als Folge von Agrar- und industrieller Revolution seit der Mitte des 18. Jahrhunderts im westlichen Teil Europas

statt. Es kann deshalb nicht verwundern, daß hier die *Problematik der Koexistenz trotz Fundamentalpolitisierung* am frühesten akut wurde und daß hier als Ergebnis eines Versuchs- und Irrtumsprozesses entsprechende Antworten sich einstellten. Rückblickend läßt sich die Heranbildung von Koexistenz trotz Fundamentalpolitisierung systematisch wie folgt darlegen:

In einer konfliktträchtigen, potentiell gewaltträchtigen Ausgangslage politisierter Identitäten, Wahrheiten, Gerechtigkeitsvorstellungen und Interessen bedarf es zur Ermöglichung von Koexistenz zunächst einmal der Entwaffnung der politisierten Bürger, also der *Institutionalisierung eines Monopols legitimer staatlicher Gewalt*. Denn dieses zwingt strukturnotwenig zum Diskurs und damit zu deliberativer Politik. Dies ist für Koexistenz eine erste *conditio sine qua non*. Zweitens bedarf das Gewaltmonopol jedoch der Verrechtlichung, üblicherweise Rechtsstaatlichkeit genannt, weil durch sie u.a. die Spielregeln festgelegt werden, vermittels derer bleibende und unausweichliche substantielle Interessen- und Identitätsdifferenzen ausgetragen werden. Im übrigen wäre ohne *rechtsstaatliche Kontrolle* das Monopol staatlicher Gewalt nichts anderes als ein Ausdruck von Despotie, und deren Repräsentanten wären nichts anderes als eine von mehreren Konfliktparteien. Aus der geschichtlichen Erfahrung weiß man, drittens, daß der Umbau traditionaler in moderne Gesellschaften für jeden einzelnen vielfältige Rollenanforderungen entstehen läßt, weshalb jeder angesichts funktional ausdifferenzierter langer Handlungsketten zu einem vielfältigen Rollenträger wird. Das trägt in aller Regel zur *Konfliktfraktionierung* und zu *Affektkontrolle* bei. Soziologische Theorie hat darin immer schon zu Recht ein Medium der Abfederung von Konflikten gesehen. Weiterhin: Der von uns mehrfach zitierte Umbau traditionaler in moderne Gesellschaften führt zu neuen historisch beispiellosen Sozialschichten, die heute typischerweise hochindustrialisierte Gesellschaften kennzeichnen. Diese Sozialschichten fordern *demokratische Teilhabe*, die unabweisbar wird, soll nicht in der Folge von Beteiligungsverweigerung beziehungsweise Nichtbeteiligung ein problematischer gesellschaftlicher Konfliktstau entstehen, der (wie jüngst die Erfahrungen in den realsozialistischen Ländern noch einmal beispielhaft gezeigt haben) leicht explosiv

werden kann. In fairer demokratischer Teilhabe ist also eine vierte
Voraussetzung für Koexistenz zu erkennen. Fünftens: In sozial
mobilen politisierten Gesellschaften wird überdies auch die Auseinandersetzung um *Verteilungsgerechtigkeit* und Fairneß unabweisbar. Ohne Bemühungen um sie bleiben die Spielregeln des öffentlichen Diskurses und der Konfliktregelung ohne materielles Unter-
futter – und damit ohne Legitimität. Dieser Sachverhalt ist deshalb
von gravierender Bedeutung, weil in modernen, marktwirtschaft-
lich orientierten Gesellschaften Ungleichheit immer neu reprodu-
ziert wird. Wo die vorgenannten fünf konstitutiven Bedingungen
für Koexistenz zusammentreffen, besteht die Chance, daß sich eine
allgemeine politische *Kultur konstruktiver Konfliktbearbeitung* herausbildet. Darin ist dann die sechste Bedingung für Koexistenz
trotz Fundamentalpolitisierung zu erkennen.

Die politische Kultur konstruktiver Konfliktbearbeitung steht
nicht am Anfang der Herausbildung moderner Koexistenzmodali-
täten (die hier als »zivilisatorisches Hexagon« vorgestellt wurden).[3]
Sie ist vielmehr ein spätes Produkt im historischen Prozeß. Und sie
war, nicht anders als die anderen fünf Komponenten moderner
Koexistenz, nicht in traditionaler europäischer (sprich: westeuro-
päischer) Kultur vorgezeichnet. Im Gegenteil: Die Herausbildung
jeder einzelnen Komponente läßt sich viel eher als ein *Vorgang
wider Willen* interpretieren: Denn historisch betrachtet war Entwaffnung in aller Regel das Ergebnis von Sieg und Niederlage in
Ausscheidungskämpfen. Der Stärkere siegte über den Schwächeren, eine übergeordnete Instanz über die untergeordnete. Rechtsstaatlichkeit hatte ihren Ursprung in historisch umkämpften und
den Konfliktparteien abgetrotzten Kompromißregelungen, die
natürlich nicht geliebt waren, sondern zunächst als Konzession auf
Zeit in fragilen Machtlagen begriffen wurden. Selbstbestimmtes
Leben in konkret-überschaubaren und kleinräumigen Zusammenhängen wurde allemal einer Eingliederung in eigendynamischen,
auf abstrakt-großflächiger Ebene operierenden selbstreferentiellen
Funktionssystemen vorgezogen. Die heute gängige konzeptuelle
Differenzierung zwischen System- und Alltagswelt sowie die frühe
Diagnose eines »Unbehagen in der Kultur« (S. Freud) angesichts
eines Umfeldes, in dem »small is beautiful« ein bloßer Wunsch-

traum ist, deutet in diese Richtung: Affektkontrolle wird durch die Imperative des Realitätsprinzips und nicht des Lustprinzips bestimmt. Auch fand der Kampf um die Erweiterung von Partizipation immer gegen harte Abwehrfronten statt, ebenso in einer Welt der systembedingten Ungleichheit die Auseinandersetzung um Verteilungsgerechtigkeit und Fairneß. Weder das eine, noch das andere wurde jemals einfach konzediert; vielmehr mußte es immer den jeweiligen Status quo-Mächten abgerungen werden. Und schließlich kam eine Kultur konstruktiver Konfliktbearbeitung nur unter den glücklichen Umständen zustande, daß die vorgenannten Komponenten, zunächst jeweils einzeln, geschichtsmächtige Wirklichkeit wurden, sich überdies synergetisch bündelten, um sich schließlich auch emotional zu verankern. Nur unter solchen voraussetzungsvollen Bedingungen wurde eine *Zivilisierung des Konfliktes* in einem Umfeld der Fundamentalpolitisierung, also der prinzipiell gewaltfreie Austrag von Konflikten trotz Fundamentalpolitisierung, wahrscheinlich.

Der Vorgang selbst ist also nur begreifbar als das historische Ergebnis vieler Konflikte, die sich im europäischen Kontext in einer gewissen, der obigen Darlegung entsprechenden Stufenfolge abspielten. Entstanden ist ein Konstrukt der Konfliktbearbeitung, das verfassungsmäßige, institutionelle und materielle Dimensionen hat, aber auch von spezifischen Mentalitäten geprägt ist und insgesamt ein *zivilisatorisches Kunstprodukt* darstellt. Plausibel läßt sich argumentieren, daß die Sachverhalte, die Fundamentalpolitisierung kennzeichnen, wie der Absolutheitsanspruch, das Partikularinteresse, die Betonung besonderer Identität, der Besitzindividualismus, lobbyistische Antriebe und so fort naheliegend, gewissermaßen »natürlich« sind, während demgegenüber Toleranz, Sensibilität für Spielregeln, Mäßigung, Gewaltenteilung, Kompromißbereitschaft, der Sinn für mehr als das eigene Interesse eher abwegig oder »künstlich«, also das Ergebnis von mühsamen kollektiven Lernprozessen sind. *Alle diese zivilisatorischen Errungenschaften wurden gerade auch in Europa gegen die eigene Tradition erkämpft und nur im Widerstreit mit der eigenen Vergangenheit erreicht.*

Es wäre also falsch, die im öffentlichen Raum westlicher Gesellschaften *heute* in aller Regel zu beobachtende *Zivilisierung des*

Konfliktes trotz bestehender Fundamentalpolitisierung kulturessentialistisch interpretieren zu wollen: Weder die einzelnen Komponenten, noch ihre Kombination war kulturgenetisch vorgeprägt. Der Sachverhalt ist kein anderer als im Hinblick auf jene Werteorientierungen, die *heute* typischerweise in- und außerhalb des Westens mit »Europa« bzw. dem »Westen« assoziiert werden: Rationalität, Individualismus, Pluralismus usf. Auch diese Werteorientierungen sind *späte* Produkte einer langwierigen Entwicklung- und bis auf den heutigen Tag keineswegs unumstritten. Es ist also nicht sinnvoll im Hinblick auf unsere Problematik – Koexistenz trotz Fundamentalpolitisierung – von vorgängigen kongenialen Tiefendimensionen westlicher Kultur zu sprechen; sinnvoller ist es schon, die historisch rekonstruierbaren *kollektiven Lernprozesse wider die eigene Tradition und angesichts unabweisbarer, aus den politischen Rahmenbedingungen sich ergebender Zwänge* vor allem hinsichtlich der Verhinderung von chronischen Bürgerkriegen im Auge zu haben.[4]

Man kann den Sachverhalt nicht eingehend genug betonen: Wenn in modernen politisierten Massengesellschaften Bürgerkriege und damit auch militante Kulturkämpfe vor Ort verhindert werden sollen, bedarf es einer voraussetzungsvollen Kultur der konstruktiven Konfliktbearbeitung. Diese entsteht nicht im luftleeren Raum, sondern im Kontext einer Konfiguration, die durch materielle, institutionelle und mentale Dimensionen definiert wird. Zum Tragen kommt dabei nicht, ganz anders als vielfach unterstellt wird, eine kulturgenetisch vorgezeichnete Tiefendimension von Kultur, sondern das Ergebnis eines Lernprozesses, der sich mühsam, qualvoll und konfliktreich an überkommenen herrschaftlichen, institutionellen und mentalen Widerständen – Inbegriff herkömmlicher Kultur – abarbeitet. Daraus entstand, wenn man so will, das *Ethos des modernen demokratischen Verfassungsstaates* als der Plattform für friedliche Konflikregelung im öffentlichen Raum, in welchem politisierter Pluralismus zu einem unumkehrbaren Sachverhalt wurde. Was vorliegt, ist also eine Innovation bzw. eine *Summe von Innovationen* gerade auch im Hinblick auf politische Kultur. Man mag deren Vorgeschichte punktuell weit zurückverfolgen, wird aber letztlich nicht umhin kommen, sie im Rahmen einer zweitausendjährigen europäischen Geschichte als das Ergebnis allerjüngster Entwicklungen zu begreifen.

3. Vergleichbare Herausforderungen im außerwestlichen Bereich

Was Europa vorexperimentiert hat, wird sich in anderen Teilen der Welt, wenn nicht im Detail, so doch prinzipiell wiederholen müssen: die Bewältigung der Koexistenzproblematik angesichts um sich greifender Fundamentalpolitisierung in der Folge des zitierten Umbaus traditionaler in sozial mobile Gesellschaften. Auch dort wird sich in der Folge ein Ethos der Koexistenz herausbilden müssen. *So wenig wie einst in Europa, so ist in keiner der außereuropäischen Kulturbereiche dieser moderne Vorgang in herkömmlicher Kultur vorgesehen.* Auch deren Selbstverständnis war im großen und ganzen »kosmozentrisch« orientiert. In ihm wurden – vor allem in den Ausprägungen der Hochmythologie – der Kosmos, die Gesellschaft und die Menschen unter ganzheitlicher Perspektive als eine organische Einheit begriffen. Diese wurde als eine wohlgeordnete und wohlgefügte Hierarchie vorgestellt. Ihre Architektur war statisch gedacht. Auch waren in ihr die Rollen und Rollenspiele der Handelnden starr vorgezeichnet. Zyklizität bestimmte das historische Denken, das in Wirklichkeit kein im heutigen Sinne historisches war, weil der Zyklus – analog zu den Vorgängen im Jahresrhythmus der Natur oder zu Vorgängen im politischen Raum (Aufstieg, Blüte und Verfall von Reichsstrukturen oder Imperien) – immer wieder zum selben Ausgangspunkt zurückkehrte. Wenn unter solchen Prämissen insbesondere die Institution der Gemeinschaft und der Herrschaft als eine organische Einheit erscheint, dann sind Konflikte eigentlich dysfunktional. Sie werden als die »große Unruhe unter dem Himmel« begriffen, also als Ausgangspunkt der Gefahr von Chaotisierung oder als Ausdruck eines schon bestehenden Chaos. Entgegenwirkendes Denken begreift sich dann als Beitrag zur Bewältigung eben dieses Chaos, als Chaosbewältigungsstrategie, die darauf gerichtet ist, »kosmische Ordnung« wiederherzustellen.[5]

Für die modernen Erfordernisse einer Bewältigung der Koexistenzproblematik sind solche Orientierungen nicht hilfreich. *Deshalb müssen auch in der übrigen Welt aus dem Zwang der Verhältnisse neue zeitgemäße Perspektiven der Konfliktbearbeitung erwachsen* .

Im Unterschied zur endogenen westlichen Entwicklung werden die Vorgänge in der außereuropäischen Welt jedoch nachdrücklich von den vorgängigen Entwicklungen innerhalb des Westens mitbestimmt. Denn diese definieren den geschichtsmächtigen internationalen Kontext, der die jeweiligen Vorgänge vor Ort mitprägt.

Dabei sind vier besonders markant: *Modernistisch-imitativ* ist eine Reaktion, die die Herausforderung des Westens annimmt, diesen als Vorbild begreift und gegen die Last der eigenen Tradition, einschließlich der eigenen traditionellen Kultur ankämpft. In der ersten Hälfte dieses Jahrhunderts gab es solche Orientierungen vor allem in China; sie blieben seinerzeit ohne Erfolg. Heute sind sie jedoch in zwei der vier Schwellenländer Ostasiens, Korea und Taiwan, von durchschlagendem Erfolg. Hier entstehen aus jungen Industrieländern »newly democratizing countries«, deren politische Kultur sich in absehbarer Zeit kaum von derjenigen westlicher Länder unterscheiden wird.

Wo Modernisierungsumbrüche stattfinden, da treten auch die *Bewahrer* mit unterschiedlicher Orientierung auf den Plan: die Traditionalisten, auch die Reaktionäre, im allgemeinen aber die Konservativen. Ihnen geht es darum, gegebenenfalls das Rad der Geschichte zurückzudrehen, auf jeden Fall der Modernisierung Einhalt zu gebieten. Dieser Typ von Reaktion läßt sich überall auf der Welt, wo westliche Moderne mit Traditionalem zusammentrifft, beobachten. Ghandi könnte hier beispielhaft zitiert werden, denn seine Lebensphilosophie war dörflich, antikommerziell und egalitär ausgerichtet. Sie sah kleine Einheiten vor und deshalb favorisierte sie eine auf Konsens ausgerichtete direkte Demokratie im überschaubaren Raum.

Wo Umbrüche stattfinden, da machen sich auch *halbierte Modernisten* bemerkbar. Sie stürzen sich auf westliches Know how, aber alle übrigen geistigen Einflüssen wollen sie fernhalten. Japan verfolgte seit der Mitte des vergangenen Jahrhunderts erfolgreich ein solches Projekt; der Realsozialismus in diesem Jahrhundert blieb ohne Erfolg. Die sogenannte »Singapur-Schule« ist jüngst für eine solche Orientierung prominent geworden, auch der islamistische Fundamentalismus. Jedoch, die Probleme einer komplexer werdenden, sich pluralisierenden Gesellschaft, sei es in Singapur, in China, im weiten Bereich islamischer Gesellschaften oder andernorts, werden dadurch nicht gelöst, nicht einmal einer Lösung nähergebracht, am wenigsten dort, wo man versucht, mit theokratischen Rezepten islamistischer Provenienz zu Werke zu gehen. In letzterer dokumentieren sich Parallelitäten, aber auch die Vergeblichkeiten der »theokratischen Konterrevolution« gegen die Moderne, wie sie auch in Europa in der ersten Hälfte des 19. Jahrhunderts zu beobachten war.[6]

Letztlich werden auch in der außereuropäischen Welt, wenn Moderne und Tradition sich begegnen und Umbrüche zustande kommen, *Innovationen* erforderlich sein. So wenig wie sie in Europa exakt prognostizierbar waren, so wenig können sie im außereuropäischen Bereich prognostiziert werden. Dabei wird sich die innereuropäische Erfahrung wiederholen: *Sobald traditionale Kultur mit Modernisierungsschüben konfrontiert wird, Gesellschaften also einen strukturellen und folglich mentalen Umbruch durchlaufen, geraten ebendiese Kulturen mit sich selbst in Konflikt.* Daraus erwachsen die erforderlichen kollektiven Lernprozesse. Daß sich – weltgeschichtlich betrachtet – die Innovationen der Moderne hinsichtlich der Bewältigung der Koexistenzproblematik im europäisch-westlichen Raum völlig erschöpft haben, ist nicht anzunehmen. Im Gegenteil: Vier Fünftel der Menschheit werden in den kommenden Jahrzehnten meist wider Willen damit experimentieren müssen, auf die Probleme sozialer Mobilisierung und von Fundamentalpolitisierung erneut angemessene Antworten zu finden. Es ist unwahrscheinlich, daß die Antworten, die sich schließlich und endlich bewähren werden, abstrakt am Reißbrett erfunden werden. Naheliegender ist auch in dieser Hinsicht eine Wiederholung der europäischen Erfahrung: Die sich bewährenden Arrangements werden die nicht intendierte Folge politischer Konflikte sein. Solche Konflikte werden dann dem Kulturessentialismus auch andernorts den Boden entziehen, obgleich kulturessentialistische Parteiungen immer eine Stimme unter anderen bleiben werden.

Die mühsame, qualvolle und konfliktreiche Erfahrung Europas auf dem Wege zum demokratischen Verfassungsstaat, seinen Institutionen und seinem Ethos, wird also außereuropäischen Gesellschaften nicht erspart bleiben. Der Vorgang ist äquivalent, wenngleich sein Ergebnis im Endeffekt verschieden sein könnte, sollten genuine Innovationen tatsächlich zustande kommen. Aber gerade im letzteren Fall würde das Ergebnis nicht die Tiefendimension herkömmlicher Kultur reflektieren, sondern Neues – wider die eigene Tradition. Einzelne traditionale Kulturen können sich dabei als mehr oder weniger hilfreich erweisen. So oder so müssen aber die Koexistenzprobleme jeweils vor Ort neu bewältigt werden.

Erforderlich ist also ein Ethos der Koexistenz, das heute programmatisch formulierbar ist, aber nur als gelerntes und gelebtes geschichtsmächtig werden kann. Das zeigt die europäische Entwicklung, und es gibt keine überzeugenden Gründe, warum der Sachverhalt andernorts anders sein könnte.

4. Koexistenz jenseits einzelner Gesellschaften

Wie aber nun steht es mit dem Ethos friedlicher Koexistenz jenseits einzelner Gesellschaften? Auch hier zeigt sich nach aller Erfahrung, daß ein wirkungsmächtiges und handlungsbestimmendes Ethos in ein komplexes Gefüge von Strukturen und Prozessen, von Institutionen und Mentalitäten eingebettet ist. In politikwissenschaftlicher Perspektive kann hier vom kollektiven Lernprozeß einer Gemeinschaftsbildung bzw. von *politischer Vergemeinschaftung* gesprochen werden.

Wenigstens zehn Erfahrungen stehen dabei im Vordergrund.[7] Zunächst einmal, erstens, die *Vereinbarkeit von hauptsächlichen Werten*. Ob man in Europa, beispielhaft formuliert, der Perspektive Vaclav Havels »Zurück nach Europa« oder Schirinowskis russisch-nationalchauvinistischem Programm folgt, macht einen Unterschied ums Ganze. Im ersten Fall ist grenzüberschreitende Vergemeinschaftung zumindest vorstellbar, im zweiten Falle nicht. Die Bemühungen um die Vereinbarkeit von hauptsächlichen Werten ist also von ganz elementarer Bedeutung. Das genau ist ja das Anliegen des Weltethos-Programms, hier in unserem konkreten Beispiel auf eine regionale Ebene heruntergedividiert.[8] Aber solche Bemühungen genügen nicht. Denn die Erfahrung zeigt, zweitens, daß es zu einer *Erweiterung von grenzüberschreitenden Kommunikations- und Transaktionsvorgängen* kommen muß, die für alle Seiten von Gewicht werden. Diese Transaktionen sollten wirklich ins Gewicht fallen, aber noch bedeutsamer, sie sollten symmetrisch angelegt sein, so daß jeder einen vergleichbaren Nutzen erkennt. Drittens ist die Aufgeschlossenheit stärkerer Partner für die Belange anderer, insbesondere die Bereitschaft, auf die Nöte von Schwächeren einzugehen, von Bedeutung: *Responsivität* (»responsiveness«) ist das Stichwort; es ist das Gegenteil von Macht-, Kompetenz-, Wirtschafts- und Kulturarroganz und der sie kennzeichnenden Insensibilitäten. Natürlich ist Responsivität leichter praktizierbar, wenn es, viertens, akzentuiertes Wachstum und die *Erwartung von gemeinsamen Vorteilen* gibt. Der Sachverhalt ist banal: Wenn der Kuchen wächst, kann mehr verteilt werden, können auch mehr Transferleistungen getätigt werden. Dem Lastesel fällt es dann leichter, eine solche Rolle zu übernehmen, zumal wenn die einseitigen Transferleistungen allmählich von Strukturen gemeinsamen Vorteils abgelöst werden, also die Rolle des Lastesels und die des Nutznießers nicht auf Dauer fixiert bleiben.

Der fünfte Punkt betrifft die *Steigerung von Problemlösungsfähigkeiten*: Wenn zusammenwachsende politische Gemeinschaften sich als fähig erweisen, gemeinsam wahrgenommene Probleme gemeinsam zu lösen, entfalten sich neue Loyalitäten gegenüber denjenigen Institutionen der Problemlösung, die zu verläßlichen Agenturen der Koordination politischen Handelns werden. Problemlösungen bedürfen jedoch, sechstens, oft der Schrittmacher, die vorpreschen: *Politische Führung* ist also auch in Vergemeinschaftungsprozessen gefragt. Sie ist jedoch problematisch, wenn es, siebtens, keinen Rollenwechsel gibt: In einer sich vergrößernden Gemeinschaft ist es wichtig, daß nicht immer die gleichen Akteure die gleichen Rollen übernehmen, daß es vielmehr einen Wechsel von Rollen gibt, daß man einmal Teil der Mehrheitsposition, ein andermal Teil der Minderheitsposition ist, ohne starr fixierten Rollenzuschreibungen zu folgen. Es bedarf also der *Rollenrotation*. Weiterhin: Es bedarf in sich herausbildenden politischen Gemeinschaften offensichtlich, achtens, erheblicher *Kooptationsmöglichkeiten für neue und junge Eliten*. Für sie muß es im neuen Gebilde eine Chance für Aufwärtsmobilität geben. Das schafft auf höherer Ebene Loyalität. Zudem entsteht dadurch auf neuer Ebene, neuntens, die Chance eines neu akzentuierten bzw. *alternativen Lebensstils*: Die bisher ungewohnte Umwelt wird zu einem selbstverständlichen Teil von Sozialisationsprozessen. So wird ein auf europäischer Ebene denkender und agierender Zeitgenosse sich wesentlich von einem im engsten subregionalen Umkreis handelnden Menschen unterscheiden.

Was jedoch von großer Bedeutung ist, kann, zehntens, als Voraussagbarkeit der Motive des Verhaltens, d. h. als *Erwartungsverläßlichkeit* oder *Erwartungsstabilität* bezeichnet werden. Zu den chronischen Problemen der Staatenanarchie gehört die Ungewißheit und Unsicherheit im Hinblick auf das Verhalten der jeweils anderen Seite, die ihrerseits dasselbe Problem hat. Das Sicherheitsdilemma gilt deshalb als ein Kernsyndrom der Staatenanarchie. Erwartungsstabilität oder Erwartungsverläßlichkeit ist das Ergebnis des Kontrastprogrammes zur Staatenanarchie, nämlich der politischen Vergemeinschaftung.

Aus den dargelegten zehn Punkten läßt sich erkennen, von welcher Komplexität Gemeinschaftsbildung jenseits einzelner Gesellschaften ist und wie Gemeinschaftsbildung im Hinblick auf Koexistenz einem breitgefächerten, kollektiven Lernprozeß mit normativen, institutionellen, materiellen und emotionalen Dimensionen gleicht. Das Ethos friedlicher Koexistenz auf regionaler Ebene ist also, nicht anders als auf einzelgesellschaftlicher Ebene, in eine Konfiguration eingebettet; seine Solidität und Nachhaltigkeit findet es in solcher Konfiguration.

Wenn heute in der Europäischen Union, um das einzige Beispiel leidlich gelungener Quasi-Vergemeinschaftung zu zitieren, friedliche Koexistenz zu einer Selbstverständlichkeit geworden ist, dann, weil es den Willen dazu gegeben hat, aber auch weil dieser Wille sich in den genannten zehn Dimensionen mehr oder weniger konkretisiert hat. Es ist also das Zusammenspiel von politischen Absichten, Werteorientierungen, von ökonomischen Prozessen und von Kommunikation und insbesondere von rückversichernden

Institutionen, was im EU-Europa dazu beigetragen hat, daß das chronische Sicherheitsdilemma, auch das Entwicklungsdilemma und die Koordinationsdilemmata, wie sie immer zwischen souveränen Staaten bestehen, eingehegt, ja abgebaut werden konnten.

Bedauerlicherweise sind an anderen Stellen der Welt vergleichbare Vorgänge noch nicht zu beobachten. Dort ist immer noch das klassische Sicherheitsdilemma bestimmend. Überdies ist das Entwicklungsgefälle nicht nur zwischen Nord und Süd, sondern auch im Süden oft von dramatischem Ausmaß; es verunmöglicht einen symmetrisch angelegten, also gleichwertigen Austausch. Und allermeist steckt in den jeweiligen regionalen Arrangements innerhalb der südlichen Kontinente bzw. in deren Teilregionen institutionalisierte Koordination staatlichen und nicht-staatlichen Handelns erst in den Anfängen. Doch zeigt das Beispiel Westeuropas, daß friedliche Koexistenz jenseits des Einzelstaates verläßlich und dauerhaft realisierbar ist, daß also alle Theorien und Vorstellungen, die prinzipiell das Gegenteil postulieren, offenkundig obsolet sind. Das will nicht heißen, daß nicht in weiten Teilen der Welt objektiv obsolete Theorien und Vorstellungen weiterhin ihr Anschauungsmaterial finden. Die Vielschichtigkeit der internationalen Szenerie macht offensichtlich kontextuelles Denken erforderlich.

5. Die Weltebene und das Weltethos

Eine solche Beobachtung gilt auch für die Weltebene und damit auch für das Weltethos. Im Unterschied zu wohlgeordneten Einzelgesellschaften ist die Welt nicht nur vielfältig gegliedert, sondern auch in sich durch Zerklüftungen geprägt: Die Unterschiede in den Größenordnungen von Staaten sind enorm. Wenigen Kernregionen oder Zentren stehen Randzonen oder Peripherien gegenüber. Inseln des Reichtums existieren neben einem Meer von Armut. Manche Regionen sind ökologisch begünstigt, andere benachteiligt. Unterschiedliche kulturelle Orientierungen fallen ins Gewicht, obgleich immer mehr zu bedenken ist, daß diese vor Ort oft in Auflösung begriffen sind und sich auch dort kulturelle Vielfalt ausbreitet. Auf Weltebene herrscht krasse Heterogenität, nicht

also Homogenität vor. Das macht eine durchgängige wirklichkeits-
nahe Programmatik von *Welt*politik so schwierig, wenn nicht gar
unmöglich. Denn mit ihr kann in den seltensten Fällen weltflächig
argumentiert werden, da sie eine Fülle von unterschiedlichen Kontexten zu berücksichtigen hat. Es ist deshalb nur zu verständlich,
daß auch die Weltethos-Programmatik sich als ein elementares Programm versteht, nicht als ein Ausdruck dichter und differenzierter
Moral, die nur auf weit unteren Ebenen als der Welt, also innerhalb von Gesellschaften und darunter realisierbar ist.[9] Aber auch
solches weltweites Weltethos muß, soll es nachhaltig-dauerhaft
werden, in ein umfassenderes Gefüge eingebettet sein, weshalb dieses zu seiner Programmatik konstitutiv hinzugehört.

Was dieses Gefüge angeht, so kann hier aus heuristischen Gründen dem oben zitierten zivilisatorischen Hexagon gefolgt werden,
dieses nunmehr auf die internationale Ebene projizierend: Dann
würde, erstens, der Entwaffnung der Bürger äquivalent die Entwaffnung der Staaten entsprechen, weshalb es ein funktionales
Äquivalent zum innerstaatlichen Monopol legitimer Gewalt geben
müßte. Erstaunlicherweise existiert dieses (obgleich wenig wahrgenommen), seit in der UNO-Charta 1945 ein *prinzipielles Gewalt-
verbot* ausgesprochen worden ist: Das in der UNO-Charta nieder-
gelegte System kollektiver Sicherheit – Ausdruck des *Friedens*völ-
kerrechtes – stellt jenes Hilfsinstrument dar, das im Falle des
Friedensbruchs zum Schutze des Angegriffenen aktiviert werden
soll. Dieses System reicht von Vorkehrungen für friedliche Streitbeilegung über friedliche Sanktionsmaßnahmen im Sinne wirtschaftlichen Embargos bis hin zu der Möglichkeit militärischer
Sanktion. Es ist also breit gefächert. Vor allem: es existiert schon,
und dies ohne Wenn und Aber, obgleich es keinen Weltstaat gibt.
Dieser Sachverhalt wird in der aktuellen Diskussion oft verkannt.

Das System hat allerdings – abgesehen von seiner weitgehenden
Mißachtung durch die Staatenwelt – eine erhebliche Lücke: Die
rechtsstaatsäquivalente oder *rechtliche Kontrolle* auf internationaler
Ebene ist kaum anfänglich ausgebaut. Eine internationale Rechtsordnung, der Legitimation zuwachsen soll, ist jedoch, zweitens,
ohne eine solche Kontrolle des Gewaltmonopols nicht denkbar.
Friedliche Streitbeilegung, aber vor allem Friedenserzwingungs-

bzw. Rechtdurchsetzungsmaßnahmen bedürfen dieser Kontrolle, sei es durch den Internationalen Gerichtshof in Den Haag oder durch andere äquivalente Institutionen.

Auf die Zerklüftungen in der Welt vor allem in ökonomischer Hinsicht wurde schon verwiesen. Sie sind so ausgeprägt, daß auf *weltweiter* Ebene eine Symmetrisierung der Interdependenz mit vergleichbarem Gewinn des Austausches für alle Beteiligten kaum erwartbar ist. Symmetrisierung muß vielmehr, drittens, weltweit zu einem regionalistischen Programm werden. Von Region zu Region, vor allem wenn diese dem EU-Europa vergleichbar in sich konsolidiert wären, sind dann eher weltweite *symmetrische Interdependenzen* denkbar und evtl. zu erwarten.

Auch auf Weltebene findet Politisierung statt, weshalb verstärkt die Forderung nach *demokratischer Partizipation auf internationaler Ebene* artikuliert wird. Wer aber müßte, von den Staaten abgesehen, die es ohnehin schon tun, sich auf internationaler Ebene wie organisieren, um dem Demokratie-Gebot mit dem Ziel, gewaltträchtigen Konfliktstau zu vermeiden, Genüge zu tun: neben den Staaten, so muß, viertens, gefragt werden, auch Interessengruppen (wie multinationale Firmen, Arbeitnehmerorganisationen, Berufsverbände usw.) oder auch Kultur- und Religionsgemeinschaften jeglicher Art und Größenordnung – oder die vielzitierte und selten konkret gekennzeichnete »Zivilgesellschaft« – neben Greenpeace und amnesty international: wer sonst noch?

Ebenso schwierig ist, fünftens, die Problematik der Verteilungsgerechtigkeit auf internationaler Ebene. Dennoch ist heute weithin erkannt, daß es auch auf dieser Ebene einer ernsthaften Bemühung um *Verteilungsgerechtigkeit*, zumindest der Anstrengungen, krasse Not zu lindern, bedarf. Denn nur so läßt sich die aus der Dynamik von Privilegierung und Diskriminierung resultierende Anhäufung eines nicht mehr einhegbaren politischen Sprengstoffes vermeiden.

Und ist in diesem schwierigen Umfeld, sechstens, eine Kultur konstruktiver Konfliktbearbeitung auf Weltebene überhaupt vorstellbar? Die naheliegende Antwort ist: nein. Aber der erstaunliche Sachverhalt besteht darin, daß trotz aller Widrigkeiten programmatische Ideen im Hinblick auf eine *Kultur konstruktiver Konfliktbearbeitung auf Weltebene* an Boden gewinnen.

Da ist zunächst einmal die Auseinandersetzung über die Menschenrechte zu erwähnen. Der Bezugspunkt solcher Auseinandersetzung sind heute wie selbstverständlich universelle Werte, d.h. die Menschenrechte der ersten und auch der zweiten Generation, die interessanterweise auch dann noch maßstabsetzend wirken, wenn sie verworfen werden. Vielleicht wiederholt sich darin auf internationaler Ebene die Erfahrung aus den Binnenräumen von Gesellschaften. Auch hier war, wie dargelegt, konstruktive Konfliktkultur in aller Regel nicht das Ergebnis entsprechender Programmatiken, sondern die unbeabsichtigte Folge von machtpolitischen Pattsituationen, aus denen heraus die wechselseitige Duldung der Kontrahenten unausweichlich, Toleranz also, wie wir sahen, zu einer Orientierung wider Willen und erst im Laufe der Zeit zu einer Art von verinnerlichtem Routineverhalten wurde. Zu unterstellen ist jedoch auch, daß, je mehr Gesellschaften zu wohlgeordneten, menschenrechtlich ausgerichteten Gesellschaften werden, die Kultur konstruktiver Konfliktbearbeitung dadurch auf Weltebene an Substanz und Reichweite, vor allem an Tiefgang und Verwurzelung gewinnen wird.[10]

In engem Bezug zur Menschenrechtsdiskussion ist ferner auf programmatische Auseinandersetzungen vom Typ der Weltethos-Diskussion zu verweisen. An letzterer wird deutlich, in welchem Ausmaße die Welt ganz offensichtlich dabei ist, selbstreflexiv zu werden. Hier findet eine Programmatik ihren Ausdruck, die nicht das Ergebnis unbeabsichtigter Prozesse ist. Ganz im Gegenteil wird in Kenntnis der kulturellen bzw. religiösen Vorgaben einer heterogenen Welt auf Gemeinsamkeiten abgestellt, vor allem auf die Goldene Regel: Was Du nicht willst, das man Dir tu', das füg' auch keinem anderen zu! In vier unverrückbaren Weisungen wird auf die Verpflichtung auf eine Kultur der Gewaltlosigkeit, der Solidarität, der Toleranz und der Gleichberechtigung abgehoben. Wichtig sind diese Orientierungspunkte, noch entscheidender wahrscheinlich der lang andauernde kontroverse Prozeß einer Verständigung über solche Weisungen.[11]

Was findet hier statt? Anders als in diesem schrecklichen Jahrhundert, zeichnet sich am Ende desselben nicht nur ab, daß die dominanten Ideologien von vor hundert Jahren abgewirtschaftet und sich diskreditiert haben, sondern daß ein *Bewußtseinsschub der Menschheit* zu beobachten ist. Weltkonferenzen sind hierfür ein wichtiges Medium, auch wenn deren Aktionsprogramme nicht unmittelbar und nie vollständig in praktische Politik übersetzt werden.[12] Das Weltethos-Programm ist gegenüber den Konferenzen der Staatenwelt eine Initiative der Zivilgesellschaft, von denen es in Zukunft weit mehr geben sollte – und auch geben wird.

Es ist nicht zu unterstellen, daß dieser Bewußtwerdungsprozeß der Menschheit stromlinienförmig und glatt abläuft. Warum sollte er es auch? Aber unterstellt werden kann, daß auch er eine Dauerhaftigkeit, gar Unumkehrbarkeit nur erreichen wird, wenn er, nicht anders als bei den entsprechenden vorgängigen Erfahrungen innerhalb von Gesellschaften, in ein breites Gefüge von Strukturen und Prozessen, von Institutionen und Mentalitäten eingebettet ist.

Viel zu wenige in den Künsten und in den Wissenschaften haben sich in der Vergangenheit an dieser Aufgabe erprobt. Das scheint sich allmählich zu ändern. Dem Weltethos-Prozeß wird darin – später einmal rückblickend betrachtet – ein innovativer und sicherlich prominenter Stellenwert zukommen. Deutlich wird dabei auch werden, daß das Weltethos in eine Architektur eingebaut sein muß, die auf einzelnen Gesellschaften aufbaut, regionale Verbünde umgreift und bis zur Ebene des internationalen Systems reicht.

Anmerkungen

1   S. Declaration of Schlaining: Against Racism, Violence and Discrimination, hrsg. von *G. Mader*, Stadtschlaining 1996.
2   Zur Diskussion der Huntington-Thesen s. *D. Senghaas*, Die fixe Idee vom Kampf der Kulturen, in: Blätter für deutsche und internationale Politik, Nr. 2, 1997, S. 215-221.
3   Zum Begriff »Zivilisatorisches Hexagon« s. *D. Senghaas*, Wohin driftet die Welt? Über die Zukunft friedlicher Koexistenz, Frankfurt a. M. 1994, Kap. 1. Dieses Paradigma wird ausführlich diskutiert in *J. Calließ* (Hrsg.), Wodurch und wie konstituiert sich Frieden? Das zivilisatorische Hexagon auf dem Prüfstand, Loccum 1997.
4   S. hierzu jetzt ausführlich *D. Senghaas*, Zivilisierung wider Willen. Der Konflikt der Kulturen mit sich selbst, Frankfurt a. M. 1998.

5   Eine solche Orientierung findet sich in aller Regel in vormodernen tra-
    ditionalen Sozialphilosophien, ganz explizit vor allem in der klassischen
    chinesischen Philosophie. Hierzu *D. Senghaas*, Zivilisierung wider Wil-
    len, Frankfurt a. M. 1998, Kap. 2.
6   Hierzu jetzt *Johann Baptist Müller*, Religion und Politik. Wechselwirkun-
    gen und Dissonanzen, Berlin 1997, Kap. IV.
7   Als klassische Studie über politische Vergemeinschaftung siehe *K. W.
    Deutsch* u. a., Political Community and the North Atlantic Area. Inter-
    national Organization in the Light of Historical Experience, Princeton
    1957.
8   *H. Küng*, Projekt Weltethos, München 1990.
9   S. *H. Küng*, Weltethos für Weltpolitik und Weltwirtschaft, München
    1997, S. 132ff.
10 S. hierzu *W. Kersting*, Globale Sicherheit und internationale Gerechtig-
    keit, in: Kursbuch 126, Dezember 1996, S. 153-168 sowie umfassend
    P. Rinderle: Die Idee einer wohlgeordneten Staatengemeinschaft, in: Po-
    litische Vierteljahresschrift, Bd. 35, Nr. 4, 1994, S. 658-698.
11 Über diesen Prozeß s. *H. Küng – K.-J. Kuschel* (Hrsg.), Erklärung zum
    Weltethos. Die Deklaration des Parlamentes der Weltreligionen, Mün-
    chen 1993.
12 Eine umfassende, synthetisierende Perspektive hinsichtlich mehrerer Ak-
    tionsprogramme findet sich in *Die Gruppe von Lissabon*, Grenzen des
    Wettbewerbs. Die Globalisierung der Wirtschaft und die Zukunft der
    Menschheit, München 1997.

Literatur

D. Senghaas, Friedensprojekt Europa, Frankfurt a. M. 1992.
–   Wohin driftet die Welt? Über die Zukunft friedlicher Koexistenz, Frank-
    furt a. M. 1994.
–   Zivilisierung wider Willen. Der Konflikt der Kulturen mit sich selbst,
    Frankfurt a. M. 1998.
D. Senghaas (Hrsg.), Den Frieden denken, Frankfurt a. M. 1995.
–   Frieden machen, Frankfurt a. M. 1997.

—— Volker Rittberger – Andreas Hasenclever ——

Religionen in Konflikten

1. Einleitung[1]

Die politische Renaissance der Religionen ist zu einem Kernthema der Gegenwart geworden. Galt das iranische Projekt »Gottesstaat« in den achtziger Jahren noch als kurzlebiger Rückfall in längst vergangene Zeiten, so wird heute auf breiter Front ein Erstarken religiöser Bewegungen festgestellt, für das der französische Soziologe Gilles Kepel (1991) das Schlagwort von der »Rache Gottes« geprägt hat. Ausführlich berichten westliche Medien von islamischen Aktivisten im Sudan, von christlichen Eiferern in Amerika, von der Zerstörung der Jammabhoomi-Babri Moschee im indischen Ayodhya durch radikale Hindus, von der frauenfeindlichen Politik der Taliban-Milizen in Afghanistan oder von den Todesdrohungen gegen kritische Intellektuelle wie Salman Rushdie und Taslima Nasrin. Nachrichten über spektakuläre, von militanten Fundamentalisten[2] verübte Bombenattentate in Algier, New York, Paris oder Tokio erregen ein hohes Maß an öffentlicher Aufmerksamkeit. Bekannte Zeitgenossen wie der ehemalige Bundeskanzler Helmut Schmidt äußern in diesem Zusammenhang die Befürchtung, daß mit dem Ende des Ost-West-Gegensatzes eine Periode fanatischer Glaubenskonflikte anbrechen werde, die die Grundfesten der säkularen OECD-Welt[3] zu erschüttern drohen (DIE ZEIT Nr. 41, 3.10.1997).

Auch in der Lehre von den internationalen Beziehungen löst die Rückkehr der Religionen in die Politik und das Erstarken eines gewaltbereiten anti-westlichen Fundamentalismus bei vielen Autoren

Sorge aus. So vermuten Gilles Kepel (1991) oder Bassam Tibi (1995), daß es sich hierbei nicht um Übergangsphänomene handelt, sondern um Vorboten einer neuen Ära der Weltpolitik, in der die säkularen Staaten der OECD-Welt einer mehr oder weniger geschlossenen Front neuer Gottesstaaten gegenüberstehen werden. An prominenter Stelle wurde die These vom dramatischen Paradigmenwechsel in den internationalen Beziehungen von Samuel Huntington (1993) formuliert. Der amerikanische Politikwissenschaftler ist überzeugt, daß auf die vergleichsweise rationale und geordnete Epoche des Ost-West-Gegensatzes eine irrationale und gewalttätige Periode internationaler Kultur- und Religionskonflikte folgen wird. Der abendländisch-christliche Westen müsse sich auf militante Auseinandersetzungen vor allem mit islamischen Staaten und mit China als machtpolitischem Gravitationszentrum einer konfuzianisch-asiatischen Allianz vorbereiten. Es sei mit einem »Zusammenprall der Kulturen« zu rechnen, der auch mit Waffengewalt ausgetragen werde. Worauf es angesichts der Gefahren für den Westen ankomme, sei eine konsequente Politik der Machtbalance. Religiös motivierten Akteuren müsse jegliche Chance genommen werden, ihre Programme mit militärischen Mitteln durchzusetzen.

Ähnlich wie Huntington ist auch Hans Küng davon überzeugt, daß religiöse Differenzen eine entscheidene Rolle in der internationalen Politik spielen. Pointiert formuliert er in seinem Buch »Projekt Weltethos« (1992: 13), daß Weltfriede ohne Religionsfriede unmöglich sei. Trotz dieser Gemeinsamkeit schlägt Küng aber eine radikal andere Strategie zur Bearbeitung interreligiöser Konflikte vor. Während Huntington auf die klassischen Instrumente der Eindämmung und Abschreckung setzt, sieht Küng Chancen der Verständigung zwischen den Weltreligionen auf gemeinsame Grundwerte. Durch sie sollen nicht nur interreligiöse, sondern auch und vor allem innergesellschaftliche und internationale *politische* Auseinandersetzungen in friedliche Bahnen gelenkt werden.

Diese Unterschiede sind zentral, und wir werden weiter unten auf sie zurückkommen. Zunächst muß aber darauf hingewiesen werden, daß die These vom »Zusammenprall der Kulturen« unter Politikwissenschaftlern keineswegs unumstritten ist. Die Skeptiker argumentieren, daß religiöse Differenzen in der internationalen Politik nebensächlich sind. Denn die beobachtbaren Spannungen zwischen Religionsgemeinschaften entstehen und vergehen in der Folge tieferliegender sozialer, ökonomischer oder politischer Konflikte. Sie sind demnach nur Krisensymptome und nicht Krisenursache.

Wir werden uns deshalb im folgenden Abschnitt (2.) zunächst mit der These Huntingtons befassen. Es wird sich zeigen, daß die Skeptiker insofern Recht haben, als es kaum genuine Glaubenskriege in der Welt gibt. Dennoch können nach unserer Auffassung religiöse Überzeugungen den Verlauf von Konflikten nachhaltig beeinflussen. Wie wir im dritten Abschnitt ausführen werden, tragen sie dazu bei, daß Auseinandersetzungen schnell eskalieren und mit unerbittlicher Härte geführt werden. Es ist deshalb aus der Perspektive der Friedens- und Konfliktforschung von größtem Interesse zu untersuchen, wie der Eskalationsfaktor »Religion« in politischen Auseindersetzungen kontrolliert werden kann, um auf diese Weise die Chancen eines friedlichen Konfliktaustrags zu erhöhen. Im abschließenden vierten Abschnitt werden wir diese Fragestellung aufgreifen und untersuchen, ob die dialogisch orientierte Strategie, wie sie von Hans Küng vorgeschlagen wird, wirklich so naiv ist, wie deren Kritiker behaupten (Senghaas 1994: 115-17; Tibi 1995: 36).

2. Der »Clash of Civilizations« und seine Kritiker

Mit seiner These vom unausweichlichen »Zusammenprall der Kulturen« hat Samuel Huntington sowohl in der Fachwelt als auch in der Öffentlichkeit einen breiten Diskussionprozeß zur Zukunft der internationalen Politik ausgelöst. Huntington behauptet, daß die zentralen Auseinandersetzungen im 21. Jahrhundert nicht mehr entlang der ideologischen Bruchlinien des Ost-West-Gegensatzes, sondern zwischen kulturell bzw. religiös definierten Gemeinschaften stattfinden werden. Das Zeitalter des Kalten Krieges sei vorbei und werde von einem Zeitalter der Zivilisationskonflikte abgelöst. Sollte es unter diesen Bedingungen je wieder zu einem neuen Welt-

krieg kommen, dann sei mit einem »Krieg der Zivilisationen« zu
rechnen. In diesem Sinne schreibt Huntington (1996: 193):

> „Politische Orientierungen, die durch Ideologie und das Verhält-
> nis der Supermächte definiert waren, machen Orientierungen
> Platz, die durch Kultur und Zivilisation definiert werden. Politi-
> sche Grenzen werden in zunehmenden Maße neu gezogen, um
> mit kulturellen, ethnischen, religiösen und zivilisationsbedingten
> Grenzen zusammenfallen.“

Vor allem drei Kulturkreise werden die weltpolitischen Konflikte
des 21. Jahrhunderts bestimmen: der christlich geprägte Westen,
der islamische Kulturkreis und die konfuzianisch-asiatische Zivilisation. So sei zu erwarten, daß sich die islamischen Staaten zu
einem strategischen Bündnis zusammenschließen werden und daß
China eine konfuzianisch-asiatische Allianz anführen wird. Diese
beiden neuen Akteursgruppen werden dann entweder getrennt
oder kurzfristig vereint den Westen mit den USA und Europa als
Kernregionen in Bedrängnis bringen und ihre bisher unbestrittene
Vorherrschaft in der internationalen Politik herausfordern. Neben
dem westlichen, dem islamischen und dem asiatischen Kulturkreis
identifiziert Huntington noch fünf weitere Zivilisationen, die in
den kommenden Auseinandersetzungen eine Rolle spielen können
und um deren Unterstützung die drei Hauptgruppen konkurrieren
werden: einen japanischen Kulturkreis, einen hinduistischen Kulturkreis um Indien, einen orthodoxen Kulturkreis mit Rußland als
Kernstaat, einen lateinamerikanischen Kulturkreis und einen afrikanischen Kulturkreis. Die »Bruchlinien« zwischen diesen acht
Zivilisationen werden die zentralen Konfliktlinien der Zukunft
sein.

Huntington begründet seine These vom unausweichlichen »Zusammenprall der Kulturen« in drei Schritten. Zunächst macht er
darauf aufmerksam, daß außenpolitisches Handeln, wie alles Handeln, höchst voraussetzungvoll ist. Bevor Akteure aktiv werden
können, müssen sie wissen, wer sie sind und was sie wollen; erst
dann sind sie in der Lage, Handlungsziele zu formulieren und mit
rationalen Mitteln zu verfolgen. Diese Einsicht bringt Huntington
(1996: 147) auf die knappe Formel: »Interessenpolitik setzt Identi-

tät voraus.« Auf die Frage, was nun die Identität von Staaten ausmacht, antwortet er mit Verweis auf ihre kulturellen und religiösen
Überlieferungen. Nationale Interessen und außenpolitische Orientierungen sind so verstanden von der Kultur und der Religion der
jeweiligen Staaten abhängig. Durch sie werden politisch hand-
lungsfähige Gemeinschaften überhaupt erst gebildet und aus ihnen
schöpfen sie ihr Selbstverständnis, das sich wiederum auf die politische Zielformulierung, auf die Wahl der Mittel und auf die Entscheidung für bzw. gegen mögliche Kooperationspartner auswirkt.

In einem zweiten Schritt behauptet Huntington (1996: 193-
202), daß Kultur und Religion nicht nur darüber Auskunft geben,
wie Akteure sich selbst verstehen. Vielmehr geht das Wissen um
die eigene Identität notwendigerweise mit der Abgrenzung von
Akteuren mit fremden Identitäten einher. Diese Unterscheidung
von zivilisatorischem »Wir« und extrazivilisatorischem »Sie« ist im
sozialen Umgang solange unproblematisch, wie sie frei von Wert-
urteilen bleibt. Aber genau diese Werturteilsfreiheit ist nach Huntington (1996: 21) nicht möglich: »Wir wissen, wer wir sind, wenn
wir wissen, wer wir nicht sind und gegen wen wir sind.« Angehö-
rige verwandter Kulturen schließen sich demnach zwangsläufig
zusammen und betrachten die Angehörigen fremder Kulturen als
Feinde, denn »Menschen brauchen Feinde zu ihrer Selbstdefinition
und Motivation« (Huntington 1996: 202).

Vor dem Hintergrund der prägenden Kraft von Kulturen erscheint der Ost-West-Gegensatz als vorübergehende geschichtliche
Anomalie. Wegen der militärischen und ökonomischen Überlegenheit der Supermächte konnte die Macht der Kulturen und Religionen in der internationalen Politik kurzfristig zurückgedrängt
werden. Der Ost-West-Gegensatz wirkte so verstanden wie eine
gewaltige Klammer, die zusammenfügte, was nicht zusammenge-
hörte. Mit dem Zusammenbruch der Sowjetunion veränderte sich
diese Weltlage schlagartig. In einem dritten Schritt argumentiert
Huntington deshalb, daß das entstandene Machtvakuum vor allem
von islamischen Staaten und von China genutzt wird, um neue
Bündnisse auf der Basis gemeinsamer kultureller und religiöser
Überzeugungen aufzubauen. Entsprechende Umgruppierungsprozesse seien in der Weltpolitik bereits zu beobachten.

»Völker und Länder mit ähnlicher Kultur rücken zusammen. Politische Orientierungen, die durch Ideologie und das Verhältnis der Supermächte definiert waren, machen Orientierungen Platz, die durch Kultur und Zivilisation definiert werden. Politische Grenzen werden in zunehmenden Maße neu gezogen, um mit kulturellen, ethnischen, religiösen und zivilisationsbedingten Grenzen zusammenzufallen. An die Stelle von Blöcken wie in der Zeit des Kalten Krieges treten kulturelle Gemeinschaften.« (1996: 193)

Für Huntington sind sogenannte »Bruchlinienkriege« sowohl Indikator als auch Katalysator dieser Umgruppierungsprozesse. Bruchlinienkriege werden als militärische Auseinandersetzungen zwischen Angehörigen unterschiedlicher Kulturen mit gemeinsamen Grenzen verstanden. Als Beispiele für solche Auseinandersetzungen nennt Huntington den jüngsten Balkankrieg, in dem sich muslimische, abendländisch-christliche und orthodox-christliche Konfliktparteien gegenüber stehen, und den Palästinakonflikt zwischen Muslimen und Juden. Derartige Kriege zeichnen sich durch äußerste Härte und Kompromißlosigkeit aus, da für die Kämpfer die letzten Dinge ihres Glaubens und ihres Selbstverständnisses auf dem Spiel stehen und sie sich gegen die Anmaßungen von Ungläubigen und Sündern wehren müssen (Huntington 1996: 403-5). Die Grausamkeit der Kämpfe löst bei kulturell oder religiös verwandten Drittparteien den Impuls zur Hilfe aus. Und in ihrer Parteilichkeit bestätigen sie einmal mehr die kulturellen und religiösen Blockbildungsprozesse. Bruchlinienkriege haben deshalb immer eine polarisierende Wirkung. Sie reproduzieren und akzentuieren kulturell definierte Konfliktlinien. Mögliche blockinterne Spannungen werden durch den gemeinsamen Gegner in den Hintergrund gedrängt. Gleichzeitig wohnt Bruchlinienkonflikten die Gefahr einer horizontalen und vertikalen Eskalation inne, die im unglücklichsten Fall einen neuen Weltkrieg zur Folge haben könnte (Huntington 1996: 333f; 515).

Kultur und Religion führen bei Huntington also auf der einen Seite Staaten zusammen. Auf der anderen Seite verstärken sie die Spannungen zwischen den Angehörigen unterschiedlicher Zivilisationen, so daß auftretende Konflikte schnell und mit besonderer

Heftigkeit eskalieren. Dadurch beschleunigen sie wiederum die Blockbildungsprozesse und verfestigen interkulturelle Feindbilder. Es ist mit anderen Worten ein Teufelskreis von *intra*zivilisatorischer Gemeinschaftsbildung und *inter*zivilisatorischer Gegensatzbildung zu erwarten.

Dem Westen gibt Huntington (1996: 330; 513f) angesichts der Unausweichlichkeit politischer, ökonomischer und militärischer Konflikte mit den Kernstaaten fremder Kulturen Empfehlungen, die allesamt zum Standardrepertoire der klassischen Machtpolitik gehören. Im wesentlichen laufen sie darauf hinaus, das militärische Gleichgewicht zwischen den Blöcken zu stabilisieren und für eine robuste Abschreckung zu sorgen. So sollen die USA und Europa stärker als bisher zusammenarbeiten und ihr politisches Vorgehen eng aufeinander abstimmen. Staaten fremder Kulturkreise dürfen nicht in der Lage sein, sie gegeneinander auszuspielen. Umgekehrt rät er westlichen Politikern, interne Spannungen beim Gegner aus-zunutzen und mit allen verfügbaren Mitteln an der Schwächung ihrer Einheit zu arbeiten. Um über die hierfür notwendigen Res-sourcen zu verfügen, muß der Westen seine militärische und öko-nomische Überlegenheit verteidigen. In diesem Zusammenhang sollte er alles daran setzen, die Proliferation moderner Waffensyste-me zu kontrollieren bzw. zu verhindern. Mit dem Blick auf die · befürchtete Machtkonkurrenz zwischen dem Westen und der isla-mischen und asiatischen Welt ist es außerdem ratsam, eine enge Anbindung lateinamerikanischer Staaten an den westlichen Kul-turkreis voranzutreiben, freundschaftliche Beziehungen mit Ruß-land und dem orthodoxen Kulturkreis aufzubauen, und die Ablö-sungsbewegung Japans soweit wie möglich zu bremsen. Schließlich empfiehlt Huntington der USA und Europa die Respektierung des alten völkerrechtlichen Grundsatzes der Nichteinmischung in die inneren Angelegenheiten fremder Staaten bzw. fremder Kultur-kreise. Ihnen soll lediglich die Fähigkeit genommen werden, dem Westen zu schaden. Eindämmung und nicht Konversion ist dem-nach die angemessene Strategie im Kulturkonflikt. In einem gewis-sen Sinne werden damit die Regeln des Kalten Krieges von Gestern auf eine mögliche interzivilisatorische Politik von Morgen übertra-gen. Entsprechend heißt es auch bei Huntington (1996: 247), daß die Kernstaaten der Kulturkreise an die Stelle der Supermächte treten werden.

Die These vom unausweichlichen »Zusammenprall der Kulturen« ist unter Politikwissenschaftlern höchst umstritten, und es gibt in der Tat eine Fülle von Argumenten, die berechtigte Zweifel an ihrer Gültigkeit wecken (Kirkpartick 1993; Hummel/Wehrhöffer 1996; Meyer 1997). Im Kern der Debatte stehen dabei zwei Kritikpunkte: Zum einen wird argumentiert, daß sowohl die Zahl der Kriege innerhalb der von Huntington identifizierten Kulturkreise als auch die Zahl der militärischen Allianzen zwischen Angehörigen fremder Kulturen zu groß ist, um plausibel von einem neuen Blockbildungstrend sprechen zu können. Zum anderen wird betont, daß die zu beobachtende weltweite politische Renaissance der Religionen eine Folge ökonomischer und sozialer Krisen ist. Es gibt demnach keine Religionskonflikte im engeren Sinne. Vielmehr werden religiöse Überzeugungen von Eliten bewußt für politische Zwecke instrumentalisiert.

(1) Intrazivilisatorische Kriege und interzivilisatorische Allianzen.
Ein Blick auf die Kriegsstatistik macht deutlich, daß ein Trend zur kulturellen Blockbildung entlang der von Huntington prognostizierten Bruchlinien bislang nicht erkennbar ist (Gantzel 1997; Rabehl/Trines 1997). So hat sich das Kriegsgeschehen seit dem II. Weltkrieg mehr und mehr in die sogenannte »Dritte Welt« verlagert. Mit dem Ende der militärischen Auseinandersetzungen in Jugoslawien 1995 gelten Europa und Nordamerika nach den Maßstäben der Hamburger Arbeitsgemeinschaft Kriegsursachenforschung sogar als kriegsfrei (Rabehl/Trines 1997: 5). Gleichzeitig hat die Beteiligung westlicher Industriestaaten an militärischen Auseinandersetzungen in den letzten 20 Jahren kontinuierlich abgenommen. Diese Entwicklungen veranlassen Gantzel (1997: 261) zu der Bemerkung, daß die Dritte Welt vor allem »mit sich selbst« im Krieg liege. Der am häufigsten zu beobachtende Kriegstyp sei der Bürgerkrieg. So könne der enorme Anstieg der zwischen 1945 und 1992 pro Jahr geführten Kriege fast ausschließlich auf diesen Typus zurückgeführt werden.

Die Mehrzahl der Bürgerkriege findet in kulturell und religiös verhältnismäßig homogenen Räumen statt (vgl. Rabehl/Trines 1997). Zu denken ist an den Clankrieg in Somalia, an die blutigen Auseinandersetzungen in Algerien und Ägypten, an den Völkermord in Ruanda, an die Kurdenkriege, an die Kämpfe in der südpakistanischen Provinz Sind und in Afghanistan, oder auch an die Bürgerkriege in Lateinamerika. Angesichts dieses Befundes argumentiert Nye (1995: 17), daß wir gegenwärtig nicht die Herausbildung einer neuen Weltordnung, sondern einen Fragmentierungs- und Regionalisierungprozeß beobachten. Dabei mache sich ganz im Gegensatz zur These vom Zusammenprall der großen Kulturen immer häufiger ein »Narzißmus der kleinen Unterschiede« bemerkbar: Im Zuge der Eskalation von Konflikten werden vergleichsweise geringe kulturelle oder religiöse Differenzen wie die zwischen Sunniten und Schiiten im Irakisch-Iranischen Krieg oder zwischen Katholiken und Protestanten in Irland auf einmal höchst bedeutsam. Die übergreifenden Gemeinsamkeiten hingegen treten in den Hintergrund.

Schließlich gibt es nicht nur zu viele intrazivilisatorische Kriege, um religiöse und kulturelle Differenzen ernsthaft zu zentralen Kriegsursachen erklären zu können, sondern auch eine Vielzahl interzivilisatorischer Allianzen, die ebenfalls den Erwartungen Huntingtons diametral entgegenlaufen. So hat der Westen im Jugoslawienkonflikt nicht einseitig und bedingungslos das katholische Kroatien unterstützt. Vielmehr haben vor allem England und Frankreich lange Zeit größte Sympathien für die orthodoxen Serben gehegt und schließlich für die Muslime Partei ergriffen. Ähnliche untypische Allianzen, die eher der Logik der klassischen Gleichgewichtspolitik und der Ressourcensicherung als der Logik kultureller Identifikationen folgen, sind die engen sicherheitspolitischen Beziehungen der USA mit asiatischen Staaten wie Japan, Südkorea und Taiwan, die Unterstützung des vergleichsweise säkularen Südens gegen den islamischen Norden im jemenitischen Sezessionskrieg von 1994 durch Saudi-Arabien, das Bündnis christlicher und muslimischer Widerstandsgruppen gegen das radikalislamische Regime im Sudan (Kugler/Endres 1997: 35), die Unterstützung der christlich-fundamentalistischen Rebellenorganisation »Lord's Resistance Army« in Uganda durch eben jenes radikalislamische Regime im Sudan (Schneider 1997: 38) oder auch die Befreiung des islamischen Kuwait durch die westlich-dominierte Golfkriegsallianz (Kirkpartick 1993: 23).

(2) Modernisierungs- statt Religionskonflikte. Für eine wachsende Zahl von Wissenschaftlern und Wissenschaftlerinnen ist die weltweit zu beobachtende politische Renaissance der Religionen eine Folge sozio-ökonomischer Verwerfungen (Marty/Appley 1993: 620; Meyer 1997: 108f). Dabei werden traditionelle religiöse Überzeugungen in der Bevölkerung von aufstrebenden Eliten für den Aufbau von Protestbewegungen instrumentalisiert (Gurr 1996: 55; Wimmer 1995: 469). Vor allem das Erstarken militanter fundamentalistischer Bewegungen wird in diesem Zusammenhang als Reaktion auf das Versagen des Staates bei der Bewältigung von Modernisierungs- und Entwicklungskrisen eingeschätzt (Faksh 1994: 187-194; Juergensmeyer 1996: 9-11). So weist beispielsweise Fuller (1995: 149-155) darauf hin, daß religiöse Radikalisierung regelmäßig der sozialen Verelendung folgt. Immer dann, wenn die Schere zwischen Arm und Reich sich öffne, erhalten religiös-fundamentalistische Bewegungen Zulauf. Deren mit Absolutheitsanspruch verkündete Wahrheiten werden zu sozialen Fixpunkten in Zeiten existentieller Gefährdung, und deren Programmatik mit ihrem starken Akzent auf gemeinschaftliche Werte und Solidarität erscheint verunsicherten Menschen als überzeugende Alternative zu den Angeboten der herrschenden Staatseliten. Die Glaubwürdigkeit dieser Alternative wird dadurch gestärkt, daß religiös-politische Bewegungen in der Regel autonome soziale Sicherungssysteme aufbauen und den bedrohten Individuen »Enklaven der Geborgenheit« (Kepel 1991: 61) bieten: So betreiben beispielsweise die ägyptische »Gesellschaft der Muslimbruderschaften«, die libanesische »Hizbollah« oder die türkische »Wohlfahrtspartei« in ihren Ländern eigene Krankenhäuser, sie organisieren Nachbarschaftshilfen und richten lokale Sozialstationen ein. (El-Gawhary 1996: 23f; Faksh 1994: 196; Sivan 1997: 3-7).

Die Verelendung breiter Bevölkerungsgruppen ist *eine* Voraussetzung für die politische Renaissance der Religionen. Eine zweite Voraussetzung ist die machtbewußte Instrumentalisierung religiö-

ser Überzeugungen durch oppositionelle Eliten. (Gurr 1996: 74;
Wimmer 1995: 469) Sie sind dafür verantwortlich, daß aus religiösen Gemeinschaften politische Bewegungen werden. Indem sie die
Mächtigen im Staat, die in der Regel mit einem westlich-säkularen
Lebensstil identifiziert werden, zu Feinden des Glaubens erklären,
sichern sie sich die Unterstützung derjenigen, denen ihr Glaube
angesichts existentieller Bedrohung zur letzten Stütze geworden ist.
Dieser Zusammenhang von politischen Machtkämpfen zwischen
rivalisierenden Eliten und der Instrumentalisierung von Religion
zur Mobilisierung von politischer Unterstützung wird auch von
Senghaas (1994; 1995a; 1995b) und Tetzlaff (1991) betont. Beide
Autoren argumentieren, daß die Entwicklungskrisen in vielen Ländern des Südens zu einer massenhaften Zerstörung individueller
Lebenspläne geführt haben. Hiervon ist in einem besonders hohen
Maße der Mittelstand betroffen.[4] Dessen gut ausgebildete, aber
perspektivlose Mitglieder werden konsequenterweise zu zentralen
Figuren politischer Gegenbewegungen. Um diese Bewegung auf
eine möglichst breite Basis zu stellen, benutzen sie die religiös-
traditionellen Wertbestände ihrer Gesellschaften. Sie interpretieren
die gegenwärtige Krise als Folge von Gottlosigkeit und Egoismus
und sehen eine Lösung in der Rückbesinnung auf religiöse Werte
und einer ihnen entsprechenden politischen Ordnung.

Den militanten Auseinandersetzungen in zahlreichen Entwicklungsgesellschaften der Welt liegen also entgegen dem ersten Anschein keine Religions- bzw. Kulturkonflikte zugrunde. Vielmehr
sind es Verteilungs- und Machtkonflikte, in denen sich enttäuschte
Mittelstands- und postkoloniale Herrschaftseliten gegenüberstehen. Vor allem diese enttäuschten Mittelstandseliten inszenieren
nach Senghaas (1994: 107) »Religion als politische Waffe«. Der
Rückgriff auf die kulturellen Quellen diene nichts anderem als
»dem tagespolitischen Machtkampf (...), das heißt der Macht-
gewinnung, der Machtbehauptung und der Abwehr von drohen-
dem Machtverlust« (Senghaas 1994: 106).

Angesichts der Beobachtungen zur Verteilung der Kriegshäufig-
keit in der Welt und zur Instrumentalisierung religiöser Überzeugungen in sozialen Konflikten noch globale Blockbildungsprozesse
entlang kultureller und religiöser Demarkationslinien zu erwarten,

ist nicht einsichtig. Wenn überhaupt, dann kann von einem »Zusammenprall der Kulturen« *in* krisengeschüttelten Gesellschaften gesprochen werden, der selbst wiederum wirtschaftliche, gesellschaftliche und machtpolitische Wurzeln hat (Gantzel 1994: 14; Meyer 1995: 129). Gerade weil religiös-politische Bewegungen von ökonomischen und sozialen Konflikten ihren Ausgang nehmen, ist ihr Erstarken auch in den Kernstaaten des Westens keine Überraschung. Zu denken ist beispielsweise an die katholische Erneuerungsbewegung »Comunione e Liberazione« in Italien oder an christlich-nationalistische Gruppierungen in den USA (Juergensmeyer 1996: 9f; Kepel 1991: 97-117). Auch in Deutschland ist die wachsende Identifikation jugendlicher Türken mit radikalen islamischen Gruppen und ihre zunehmende Gewaltbereitschaft vor allem ein Resultat sozialer Enttäuschung, wie jüngst eine Studie der »Forschungsgruppe für multi-ethnische Konflikte« an der Universität Bielefeld gezeigt hat (Heitmeyer/Schroeder/Mueller 1997).

Aus der Kritik an den Thesen von Huntington läßt sich deshalb der Schluß ziehen, daß es genuine Kultur- und Religionskonflikte wenn überhaupt, dann nur sehr selten gibt und daß neue kulturdeterminierte und antiwestliche Blockbildungen nirgendwo absehbar sind. Dies darf aber nicht zu der Folgerung verleiten, daß die Renaissance der Religionen für die Politik unbedeutend sei. Vielmehr sind wir der Meinung, daß religiöse Überzeugungen *in* Konflikten eine wichtige – teils konfliktverschärfende, teils aber auch deeskalierende – Rolle spielen können. Hierfür spricht allein schon der Umstand, daß Eliten immer wieder religiöse Überzeugungen in der Bevölkerung mit Erfolg für ihre politischen oder wirtschaftlichen Zwecke instrumentalisieren können. Die Chancen zur Instrumentalisierung sind aber variabel, und genau hier kann eine konflikttheoretisch informierte Friedensforschung ansetzen.

3. Religion und Konfliktverhalten

Im folgenden gehen wir davon aus, daß Konflikte ein soziales Grundphänomen sind. Menschen, Gruppen oder Staaten können unter den Bedingungen von Knappheit, wechselseitiger Abhängigkeit und unvereinbaren Wertvorstellungen nicht konfliktfrei miteinander leben.[5] Vielmehr ist damit zu rechnen, daß es immer wieder zu konkurrierenden Ansprüchen kommt und daß soziale Akteure versuchen werden, ihre Wertvorstellungen und Interessen soweit wie möglich gegen die Wertvorstellungen und Interessen anderer durchzusetzen. Angesichts der Unausweichlichkeit von Konflikten ist die Rede von Konfliktprävention irreführend. Konflikte können nicht vermieden werden. Was freilich vermieden werden kann, ist ihr gewaltsamer Austrag. Deshalb geht es der Friedens- und Konfliktforschung auch nicht um die Abschaffung von Konflikten, sondern um ihre friedliche Bearbeitung. Hierzu wird untersucht, unter welchen Bedingungen Akteure Gewalt zur Durchsetzung ihrer Interessen und Wertvorstellungen einsetzen und unter welchen Umständen sie ihre Streitigkeiten auf friedlichem Wege beilegen (Czempiel 1981: 198-203; Kriesberg [2]1981: 17-19; Rittberger/Zürn 1990: 13-19).

Für die Art des Konfliktaustrags spielt eine nahezu unendliche Vielzahl von Faktoren eine Rolle. Hierzu zählen unter anderen die geschichtlichen Erfahrungen, die Natur des Konfliktgegenstandes, der Organisationsgrad der Konfliktparteien, das gesellschaftliche Umfeld der Konfliktpartien oder auch die Interessen internationaler und transnationaler Akteure. Um angesichts dieser Komplexität nicht den Überblick zu verlieren, sind Vereinfachungen notwendig. Deshalb wollen wir im folgenden die Strategiewahl von Eliten zum Ausgangspunkt unserer Überlegungen machen.[6] Wir werden untersuchen, unter welchen Rahmenbedingungen die Wahrscheinlichkeit zunimmt, daß sie gewaltsame Strategien wählen, und inwiefern religiöse Überzeugungen diese Rahmenbedingungen beeinflussen können. Aus Gründen der Komplexitätsreduktion werden wir uns auf zwei Rahmenbedingungen konzentrieren: (1) die Mobilisierbarkeit der Gruppenmitglieder für Gewalt und (2) das Ausmaß der gesellschaftlichen Unterstützung für gewaltsame Strategien der Gruppe.

Ohne die Bereitschaft der Anhänger einer Konfliktpartei, Zeit und Ressourcen in die Verfolgung eines gemeinsamen Ziels zu investieren, ist ein sozialer Konflikt weder durchzustehen noch erfolgreich

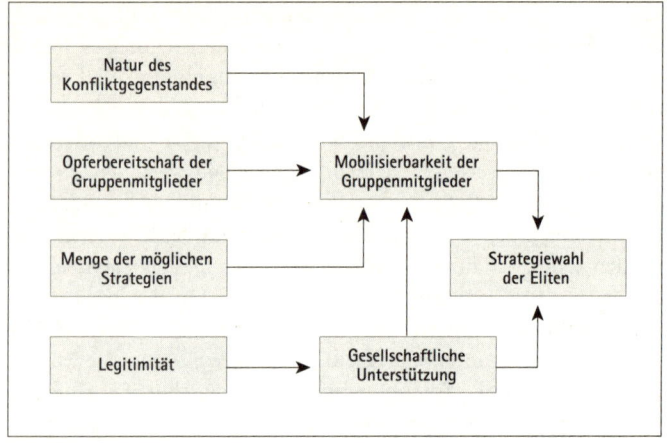

Einflußfaktoren der Strategiewahl von Eliten

abzuschließen. Als Faustregel läßt sich in diesem Zusammenhang formulieren, daß mit wachsender Mobilisierbarkeit der Gruppenmitglieder riskantere Strategien möglich werden. Gleichzeitig gilt, daß die Erfolgsaussichten einer Konfliktpartei in dem Maße sinken, in dem in der Bevölkerung die Ablehnung der Konfliktziele und der eingesetzten Mittel zunimmt. Die Abnahme der gesellschaftlichen Unterstützung hat wiederum Rückwirkungen auf die Mobilisierbarkeit der Anhänger: Für sie wächst das Risiko, daß ihr Engagement sich nicht auszahlt, und dementsprechend sinkt ihre Bereitschaft, Zeit und Ressourcen in den Konfliktaustrag zu investieren. Wir können deshalb festhalten: Die Wahrscheinlichkeit, daß Eliten gewaltsame Strategien wählen, nimmt mit der Mobilisierbarkeit der Anhänger und der Unterstützung durch das gesellschaftliche Umfeld zu. Im folgenden wollen wir deshalb zunächst auf drei Determinanten eingehen, die die Mobilisierbarkeit der Anhänger einer Konfliktpartei beeinflussen. Anschließend wenden wir uns kurz der Wahrscheinlichkeit breiter gesellschaftlicher Unterstützung für Gruppen zu, die gewaltsame Strategien verfolgen. Diese Überlegungen bilden dann den analytischen Rahmen für die weiteren Reflexionen zur Funktion religiöser Überzeugungen in Konflikten.

(1) Die Mobilisierbarkeit für Gewalt hängt vom Konfliktgegenstand ab. Mit dem Blick auf die Natur des Konfliktgegenstandes werden in der Forschung Interessen- und Wertekonflikte unterschieden (Aubert 1972: 180-184; Mitchell 1981: 35f). Während es in Interessenkonflikten um die Verteilung knapper Güter geht, die von allen beteiligten Akteuren geschätzt werden, sind Wertekonflikte auf einer grundsätzlicheren Ebene angesiedelt. Hier ist die Frage umstritten, welche Güter überhaupt erstrebenswert sind bzw. nach welchen moralischen Prinzipien Handlungsalternativen beurteilt und Entscheidungen getroffen werden sollen. So ist etwa die Konkurrenz um Regierungsposten ein Interessenkonflikt. Demgegenüber fallen Auseinandersetzungen um die richtige Staatsverfassung in die Kategorie der Wertekonflikte. Im ersten Fall geht es um die Verteilung eines knappen Gutes, und im zweiten Fall stehen die Grundprinzipien der Herrschaftsordnung zur Debatte.

Wertekonflikte sind besonders gewaltanfällig (Kriesberg [2]1981: 30-35; Rubin/Pruitt/Kim 1994: 15; Rittberger/Zürn 1990: 29-32). Dies hat drei Gründe: Zum ersten identifizieren sich die Konfliktparteien mit den Werten ihrer Gruppe (Coser 1965: 143; Mitchell 1981: 87f). Wenn Werte der eigenen Gruppe auf dem Spiel stehen, dann wird dies als existentielle Bedrohung erlebt, und dementsprechend wächst unter sonst gleichen Bedingungen die Bereitschaft der Anhänger, mehr Ressourcen für ihre Verteidigung zu mobilisieren und notfalls auch Gewalt einzusetzen. Zum zweiten gilt der Einsatz von Gewalt bei Wertekonflikten als eher gerechtfertigt. Denn es geht um die Verteidigung dessen, was eine Gruppe im überindividuellen Sinne für richtig und falsch, für gerecht und ungerecht hält, und was ihre Identität ausmacht. Der Konfliktgegner erscheint nicht nur als jemand, der versucht, seine Interessen durchzusetzen, sondern als jemand, der fundamentale Prinzipien der Moral verletzt. Damit verwirkt er aber jeden Anspruch auf Schonung (Mitchell 1981: 94f; Rubin/Pruitt/Kim 1994: 85). Schließlich wird die Bereitschaft zur Gewalt durch den Umstand verstärkt, daß in Wertekonflikten Kompromisse kaum möglich sind und mithin eine Niederlage eine totale sein würde (Aubert 1972: 183f). Es herrscht eine Handlungslogik des »Alles oder Nichts«. Entweder eine Partei kann sich mit ihren Vorstellungen von richtig und falsch, von gerecht und ungerecht durchsetzen, oder aber sie muß auf der ganzen Linie nachgeben und sich den Wertüberzeugungen und den darauf beruhenden Ordnungsvorstellungen des Gegners beugen.

(2) Die Mobilisierbarkeit für Gewalt hängt von den Konfliktparteien ab. Eine zweite Determinante der Mobilisierbarkeit von Anhängern ist deren Opferbereitschaft. Dabei gilt: Je größer die Opferbereitschaft der Anhänger unter sonst gleichen Bedingungen ist, umso praktikabler werden gewaltsame Konfliktstrategien. Denn der Einsatz von Gewalt ist kostenintensiv und riskant (Kriesberg [2]1981: 134; Muller/Weede 1993: 52). Die Mitglieder und Sympathisanten gewaltbereiter Gruppen müssen mit Repressionen oder Gegenangriffen rechnen. Es ist deshalb für die Entscheidung zum Einsatz von Gewalt wichtig, daß die Eliten von der Bereitschaft ihrer Anhänger, auch einen hohen Preis für die Erreichung der gemeinsamen Ziele zu entrichten, überzeugt sind. Umgekehrt führt fehlende Opferbereitschaft einer Gruppe dazu, daß Gewaltstrategien wenig erfolgversprechend sind. Selbst wenn zentrale Werte einer Gruppe auf dem Spiel stehen, sinkt deshalb die Wahrscheinlichkeit, daß die Eliten dieses Mittel zur Verfolgung ihrer Ziele wählen.[7]

(3) Die Mobilisierbarkeit hängt vom Verhältnis zwischen den Konfliktparteien ab. Die Bereitschaft zur Gewalt ist dann höher, wenn andere Verhaltenstrategien nicht in Frage kommen oder undurchführbar sind. Dabei hängt die Durchführbarkeit von Strategien maßgeblich vom Verhältnis zwischen den Konfliktparteien ab. So setzen friedliche Problemlösungsstrategien in der Regel ein Mindestmaß an Vertrauen zwischen den Konfiktparteien voraus. Sie müssen überzeugt sein, daß sie sich durch Offenheit nicht schädigen und daß die andere Seite sich an Vereinbarungen halten wird. Wenn dieses notwendige Mindestvertrauen fehlt, dann ist die Wahrscheinlichkeit groß, daß konfrontative Strategien gewählt werden. Konfrontative Strategien zielen auf die einseitige Durchsetzung der eigenen Ansprüche ab, und in diesem Zusammenhang kann es vergleichsweise schnell zur Eskalation des Konfliktaustrags

bis hin zur Gewaltanwendung kommen (Kriesberg [2]1981: 186-189).

(4) Die gesellschaftliche Unterstützung hängt von der öffentlichen Rechtfertigung von Gewalt ab. Die Wahrscheinlichkeit, daß Eliten in Konflikten gewaltsame Strategien wählen, ist nicht nur von der Mobilisierbarkeit der eigenen Anhänger abhängig. Vielmehr müssen Eliten auch die Reaktionen des weiteren sozialen Umfelds bei der Wahl der Mittel mitberücksichtigen (Gurr 1996: 69; Kriesberg [2]1981: 147f).[8] Denn die Erfolgsaussichten im Austrag von Konflikten werden von den Handlungsentscheidungen derjenigen mitbestimmt, die nicht direkt an den Auseinandersetzungen beteiligt sind. Büßt eine Konfliktpartei gesellschaftliche Unterstützung ein, dann sinken ihre Chancen, sich durchzusetzen. Dies wird umso deutlicher der Fall sein, je mehr vormals Unbeteiligte zu Verbündeten des Gegners werden, weil sie nicht billigen, wie mit ihm umgegangen wird. In diesem Zusammenhang gilt gerade der Einsatz von Gewalt als besonders rechtfertigungsbedürftig (Kriesberg [2]1981: 185). Deshalb kann vermutet werden, daß in dem Maße, wie in einer Gesellschaft der Einsatz von Gewalt in einem Konflikt als legitim gilt, die Wahrscheinlichkeit unter sonst gleichen Bedingungen wächst, daß Eliten gewaltsame Strategien wählen. Läßt sich demgegenüber Gewalt nicht öffentlich rechtfertigen, dann besteht die Gefahr, daß die Konfliktpartei, die gewaltsame Strategien einsetzt, in der Bevölkerung an Unterstützung verliert, und daß die Gegenseite an Unterstützung gewinnt. Dadurch wird die Wahrscheinlichkeit der Zielerreichung verringert, was wiederum Rückwirkungen auf der Mobilisierbarkeit der eigenen Anhänger hat.

Wie wir bereits gesehen haben, sind religiöse Unterschiede in den seltensten Fällen die Ursache von Konflikten. Die Regel ist vielmehr, daß die Politisierung von Religionen eine Folge sozialer und ökonomischer Verelendung ist. Erst wenn Menschen durch gesellschaftliche und wirtschaftliche Krisen in ihrer Existenz bedroht sind und angesichts der Komplexität der Ereignisse die Orientierung verlieren, werden Glaubensgemeinschaften zu Solidargemeinschaften. Und erst wenn machtbewußte Eliten eine Bedrohung der Glaubensgemeinschaften durch politische Gegner überzeugend inszenieren oder suggerieren können, sind die »neuen Gläubigen« zu gewaltsamen Auseinandersetzungen bereit. Dabei gilt, daß die Mischung von politischen Zielen der Eliten und von religiösen Überzeugungen der Anhänger eine hochexplosive Verbindung ergibt. Denn die Anreicherung sozialer und ökonomischer Konflikte mit religiöser Symbolik macht sie besonders anfällig für Gewalt (Juergensmeyer 1993: 153; Rapoport 1993: 446). Dies hat im wesentlichen drei Gründe:

(1) Aufwertung der eigenen und Abwertung der fremden Ansprüche. Die Interpretation von sozialen Auseinandersetzungen als Religionskonflikte führt zu ihrer Radikalisierung. Die eigenen Ansprüche werden überhöht und die Gegenposition wird zur Gotteslästerung stilisiert, so daß ihr jede moralische Berechtigung abgesprochen werden kann (Appleby 1996a: 5; Juergensmeyer 1993: 22-23; Little 1996: 82-83). Im Extremfall erhalten die Anhänger der Gegenpartei satanische Züge (Juergensmeyer 1996: 13-15). So wurde beispielsweise während des Bürgerkriegs im ehemaligen Jugoslawien das Schicksal des serbischen Präsidenten und seiner Gefolgsleute in Liedern und Gedichten mit dem des gekreuzigten Christus verglichen und die bosnischen Muslime mit Judas, dem Verräter, dem niemals verziehen werden kann (Little 1996: 83). In derartigen Kämpfen ist jedes Mittel legitim; der Feind hat keinen Anspruch auf Schonung. Er hat sich selbst von der gottgewollten Welt ausgeschlossen, die er bedroht und deren Frieden er stört. Die eigenen Ziele erscheinen demgegenüber als heilig, und ihre Verwirklichung dient dem wahren Frieden, der in dem Augenblick einkehren wird, in dem die Gegner besiegt sind und die Gläubigen ein Leben gemäß ihren Überzeugungen führen können.

(2) Die Erhöhung der Opferbereitschaft. Spätestens seit Ciceros »De natura Deorum« gilt Selbstlosigkeit im Dienst des Höchsten als Charakteristikum wahrer Religiösität (Schaeffler 1985: 59). Wie Günter Bierbrauer (1995: 56) feststellt, können Religionen durch »Formeln für eine sinnvolle Existenz und möglicherweise ein Versprechen für die Unsterblichkeit« ungeheure Antriebskräfte unter der gläubigen Anhängerschaft freisetzen. Wer vom Göttlichen er-

griffen wird, gibt alles und muß nichts fürchten, auch wenn das Bekenntnis Leid und Tod nach sich ziehen sollte. Wie stark derartige Überzeugungen sein können, zeigen religiös motivierte Selbstmordkommandos von Hamas-Anhängern, die glauben, mit dieser Tat als Märtyrer in das Paradies einzugehen. Durch die Verklärung des Leidens und die individuelle Hoffnung auf Lohn im Jenseits erhöhen Religionen die Spielräume der politischen Eliten, da diese sich darauf verlassen können, daß selbst hohe Opfer über lange Zeit hinweg verlangt werden können. (Little 1996: 87; Marty/Appleby 1993: 625; Smith 1993: 57).

Die religiöse Mobilisierbarkeit von Selbstlosigkeit und Opferbereitschaft wurde auch im säkularen Europa des 20. Jahrhunderts immer wieder gezielt eingesetzt. Johannes Ottmeyer weist beispielsweise auf die Rolle der Kirchen während der beiden Weltkriege hin, die sich als moralische Zurüsterinnen für soldatische Heldentaten in den Dienst ihrer jeweiligen Nationen stellten. Zur Veranschaulichung dieses Selbstverständnisses zitiert Ottmeyer (1996: 2) aus einer 1918 erschienenen deutschen Sammlung katholischer Predigten und Ansprachen. Dort heißt es in der Einleitung, »daß die Predigt der Kirche gerade in dieser Kriegszeit ihre Gotteskraft herrlich bewährte und sie dem Heer und dem Volk einflößte zu heldenhaftem Leiden, Kämpfen und Siegen«. Dabei müssen sich die Hinterbliebenen über das Schicksal ihrer Gefallenen keine Sorgen machen. Denn diese ziehen als »Geheiligte Gottes (…) in ihre Himmelsheimat« ein und werden sich als »Fürsprecher an Gottes Thron für Euch und alle Eure Lieben« einsetzen. Proteste gegen die verlustreiche Kriegsführung müssen vor diesem Heilshintergrund nicht nur als Ausdruck von Feigheit, sondern mehr noch als abtrünniges Verhalten vom rechten Glauben erscheinen.

(3) Vertrauensverlust. Schließlich ergibt sich aus der Perspektive des »heiligen Krieges«, daß zwischen den Konfliktparteien tiefstes Mißtrauen herrscht. Von den Vertretern des Bösen ist Aufrichtigkeit nicht zu erwarten. Vielmehr muß davon ausgegangen werden, daß sie versuchen, jedes Entgegenkommen für ihre Zwecke auszunutzen. Die gegnerische Konfliktpartei gilt als fanatischer Feind, der,

solange er die Möglichkeit dazu hat, versuchen wird, seine Ziele mit allen Mitteln zu erreichen. Zwischen den Gegnern besteht mit anderen Worten eine Null-Summen-Situation. Sie sind davon überzeugt, daß die andere Seite jeden noch so kleinen Vorteil im Kampf um die Macht nutzen wird, und gerade weil sie solche Befürchtung haben, nutzen sie selbst alle Möglichkeiten zur Verbesserung ihrer Position. Durch dieses Verhalten spitzt sich der Konfliktaustrag immer weiter zu, und es verfestigen sich die Feindbilder. Erwartungen und Verhalten verstärken sich in einer Weise, daß von »self-fulfilling prophecies« gesprochen werden kann. Es entsteht ein Teufelskreis der Gewalt, aus dem kaum noch auszubrechen ist (Nevers 1993: 33).

4. Minimierung der Eskalationsgefahr: Gegenstrategien

Im letzten Abschnitt haben wir ein einfaches Modell der Strategiewahl in sozialen Konflikten entwickelt. Wir haben argumentiert, daß Eliten dann eher bereit sind, Gewalt einzusetzen, wenn die Mobilisierbarkeit ihrer Anhänger groß ist und wenn sie mit einer breiten gesellschaftlichen Unterstützung rechnen können. Anschließend haben wir herausgearbeitet, daß die Politisierung religiöser Überzeugungen die Mobilisierbarkeit der Anhänger einer Konfliktpartei erhöht und damit die Wahrscheinlichkeit wachsen läßt, daß Eliten gewaltsame Strategien wählen. Die Frage, die sich jetzt stellt, ist die nach möglichen Gegenstrategien, die diese Eskalationsgefahr entweder verringern oder bereits begonnene Eskalationsprozesse anhalten und umkehren. Wir werden uns hier auf Strategien konzentrieren, die darauf abzielen, das gesellschaftliche Umfeld gewaltbereiter Akteure zu beeinflussen. Es geht mithin um Strategien, mit denen verhindert wird, daß breite Bevölkerungsgruppen die Anwendung von Gewalt in sozialen Konflikten unterstützen oder ihre Bereitschaft wächst, sich militanten Aktivisten anzuschließen. Die Unterbindung einer Massenbewegung hat, wie erwähnt, Rückwirkungen auf die Mobilisierbarkeit der Aktivisten. Diese werden dann die Erfolgsaussichten gewaltsamer Strategien als vergleichsweise gering einschätzen und dementsprechend weniger bereit sein, Zeit und Ressourcen in einen gewaltsamen Konfliktaustrag zu investieren. Wir gehen mit anderen Worten davon aus, daß eine militante Bewegung, deren Rückhalt in der Gesellschaft merklich zurückgeht, über kurz oder lang zusammenbricht. Die hier in Betracht kommenden Strategien zur Entschärfung religiöser Eskalationspotentiale lassen sich in drei Gruppen einteilen: (1) Entwicklungs- und Demokratisierungsstrategien, die auf die Bearbeitung der Modernisierungskrise abzielen, (2) Einschüchterungs- und Unterdrückungsstrategien, die die Kosten für gewaltsame Aufstände erhöhen, und schließlich (3) Dialogstrategien, die darauf abzielen, den Einsatz von Gewalt von welcher Konfliktpartei auch immer zu delegitimieren. Wir beginnen mit der Diskussion der Entwicklungs- und Demokratisierungsstrategien.

(1) Entwicklungs- und Demokratisierungsstrategien. Es besteht in der Forschung weitgehende Einigkeit, daß die gegenwärtige politische Renaissance der Religionen eine Folge der weltweit zu beobachtenden Wirtschafts- und Entwicklungskrise ist (Gurr 1996: 55; Juergensmeyer 1993: 194; Karawan 1997: 14-16). Verbessert sich die Wohlfahrtssituation vor allem in den Ländern des Südens, dann wird auch die Attraktivität religiöser Solidargemeinschaften nachlassen und die Gefahr sinken, daß Glaubensüberzeugungen für eine breitenwirksame politische Mobilisierung genutzt werden können. Die Menge der Zufriedenen steigt an, und radikale Gruppen werden ihre Unterstützung in der Bevölkerung verlieren, die sich mehrheitlich eher gemäßigten Religionsführern zuwendet und nicht mehr bereit ist, offene Kämpfe zu riskieren oder mitzutragen. Kurz: Weil die gesellschaftlichen Verteilungskonflikte an Schärfe verlieren, wird der Einsatz von Gewalt für immer mehr Menschen überflüssig.

Aus dieser Perspektive ist es naheliegend, vor allem durch Entwicklungsstrategien die wirtschaftliche und soziale Lage in den betroffenen Gesellschaften zu verbessern. So formuliert beispielsweise Senghaas (1994: 109-13; 149-52) die These, daß durch eine Rückkehr auf den Pfad entwicklungspolitischer Tugend, verbunden mit gezielter Hilfe aus der OECD-Welt, die Krisen in zahlreichen Län-

dern des Südens entschärft werden können. Im Zuge des ökonomischen Fortschritts wird nicht nur der Abbau sozialer Spannungen, sondern auch eine sukzessive Pluralisierung und Demokratisierung der Entwicklungsgesellschaften erwartet, welche die
politische und gesellschaftliche Bedeutung der Religion weiter
reduzieren (Bartley 1993: 17; Senghaas 1995b: 187-90). Es werden
ähnlich wie in Europa Säkularisierungsprozesse einsetzen, in deren
Rahmen Glaubensfragen zu Privatangelegenheiten werden und
Unterschiede im Bekenntnis keine oder nur noch eine geringe poli-
tikbestimmende Kraft haben.

Ein Hauptproblem der Entwicklungs- und Demokratisierungsstrategien in der hier angedeuteten Form besteht freilich darin, daß
sie einen handlungsfähigen Staat voraussetzen (Campos / Root
1996; Snider 1996). So spricht beispielsweise Senghaas (1995c: 10)
mit dem Blick auf die positiven Erfahrungen in Europa und Ost-
asien von der »kraftvollen Rolle des Staates als Entwicklungs-
motor«. Genau diese Voraussetzung ist aber in vielen der krisengeschüttelten Länder des Südens nicht gegeben (Jackson 1990; Welsh
1993: 64). Der Staat ist hier oftmals nicht in der Lage, als Krisen-
manager aufzutreten, weil er selbst Teil der Krise ist.[9] Die Hoffnung, daß die sozialen und wirtschaftlichen Konflikte sich bald
durch Entwicklungserfolge entschärfen werden, ist mithin in vielen
Fällen trügerisch. Deshalb bleibt offen, wie bei anhaltender Entwicklungskrise in vielen Ländern des Südens der über die Politisierung von Religionen vermittelte Rückgriff auf Gewalt so gering
wie möglich gehalten werden kann.[10]

(2) Einschüchterungs- und Unterdrückungsstrategien. Im Gegensatz
zu Entwicklungs- und Demokratisierungsstrategien, die religiöse
Überzeugungen als möglichen politikbestimmenden Faktor zu-
rückdrängen, zielen Einschüchterungs- und Unterdrückungsstrategien darauf ab, durch die Androhung oder den Einsatz von überlegener Gewalt die Handlungsfähigkeit religiöser Aktivisten zu
schwächen und die gesellschaftliche Unterstützung für ihre Ziele
und ihr Vorgehen so gering wie möglich zu halten (Fuller 1995:
150; Gurr / Harff 1994: 85; Kaufmann 1996: 151f). Dabei bleibt
die grundlegende Unvereinbarkeit von Wertvorstellungen und In-

teressen zwischen den Konfliktparteien weiter bestehen. Es geht einzig darum, dem Gegner den politischen Erfolg durch polizeiliche und militärische Machtdemonstration oder -ausübung zu verweigern. Das Ziel ist mit anderen Worten Lähmung und nicht Kompromiß oder Konversion.

Ein Blick auf das Verhalten von Staatseliten in Entwicklungsländern wie beispielsweise in Algerien oder in Syrien zeigt, daß sie vor allem in der Anfangsphase innergesellschaftlicher Konflikte immer wieder auf Einschüchterungs- und Unterdrückungsstrategien zur Bekämpfung oppositioneller Bewegungen und zur Ruhigstellung der Gesellschaft zurückgreifen. (Gurr 1993: 177; Juergensmeyer 1993: 24) Durch die Entwicklungskrise sind ihre Verteilungsspielräume derart eng geworden, daß in den daraus erwachsenden Legitimationskrisen nur noch gut bezahlte Truppen offene Rebellion unterdrücken können. Deren Aufgabe ist es, militante Aktivisten direkt auszuschalten und die Bevölkerung durch die Androhung extrem hoher Kosten wie der Zerstörung ganzer Dörfer oder Massenverhaftungen von einer Unterstützung der Rebellen abzuschrecken. Vor allem diese massiven Drohungen dienen dazu, mögliche Mobilisierungseffekte religiöser Überzeugungen und die religiös motivierte Opferbereitschaft in der Gesellschaft durch eine Steigerung der Widerstandskosten und der Kosten der Unterstützung für Widerstandsgruppen zunichtezumachen. Ziel von Einschüchterungs- und Unterdrückungsstrategien ist also der Aufbau einer Abschreckungsdominanz, die die psycho-physische Kontrolle der Gesellschaft garantiert. Offener Widerstand soll entweder aussichtslos oder höchst riskant sein.

Aus der Perspektive der Friedens- und Konfliktforschung sind Strategien zur Unterbindung oder Beendigung eines religiös überhöhten gewaltsamen Konfliktverhaltens, die auf Einschüchterung und Unterdrückung durch überlegenen Machtdemonstration angelegt sind, zutiefst problemtisch. Es mag zweifellos Situationen geben, in denen berufenen staatliche Organe berechtigterweise als ultima ratio mit Polizei oder Militär gegen gewaltbereite und organisierte religiöse Aktivisten vorgehen. Aber dies setzt voraus, daß letztere den Boden des gewaltfreien Konfliktaustrags bereits eindeutig verlassen haben und sich auch nicht mehr auf Formen des zivilen Ungehorsam beschränken, und daß das staatliche Vorgehen weiterhin die Menschenrechte voll respektiert. Soweit wir erkennen können, ist dies in vielen der gegenwärtigen Konflikte nicht der Fall.

Darüber hinaus bleibt der tatsächliche Erfolg von Einschüchterungs- und Unterdrückungsstrategien – sofern die Kategorie des Erfolgs hier überhaupt angemessen ist – höchst zweifelhaft. So weisen Kaufmann (1996: 151) und Gurr und Harff (1994: 105) auf den anhaltenden Kampf der Kurden im Irak um mehr Autonomie hin. Selbst das äußerst brutale Vorgehen der irakischen Regierungstruppen im Al-Anfal Feldzug von 1988, in dessen Verlauf ganze Dörfer durch Giftgas entvölkert wurden, konnte den kurdischen Unabhängigkeitswillen nicht dauerhaft brechen. Als ähnlich erfolglos scheint sich die unnachgiebige Politik der algerischen Staatsführung gegenüber der ursprünglich gemäßigten islamischen Heilsfront zu erweisen (Ruf 1997: 59f; Viorst 1997). Ihr Vorgehen löste eine Spirale von Gewalt und Gegengewalt aus. Wie in vielen anderen Bürgerkriegen auch, so ist in Algerien zu befürchten, daß die Kämpfe, denen bereits viele tausend Menschen zum Opfer gefallen sind, bis zur vollständigen Erschöpfung der Konfliktparteien geführt werden (Faksh 1994: 217; Tzschaschel 1996: 32). In solchen Fällen bleiben die Gesellschaften auf Jahrzehnte gelähmt, und am Ende werden alle Seiten verloren haben. Zu denken ist nur an die Bürgerkriege in Afghanistan, im Sudan, im Libanon, in den indischen Provinzen Kaschmir und Punjab, auf Ost-Timor oder auch auf Sri Lanka.

(3) Dialogstrategie. Das Ziel von Dialogstrategien ist die Verringerung der Gewaltbereitschaft und -akzeptanz in einer Gesellschaft. Es geht hier weniger darum, militante Fundamentalisten von der Unzulässigkeit gewaltsamer Mittel zu überzeugen als vielmehr darum, die Gruppe der Gemäßigten in einer Gesellschaft zu stärken. Möglichst weite Teile der Bevölkerung sollen den Einsatz von Gewalt in politischen Auseinandersetzungen für unverhältnismäßig und mithin für moralisch verwerflich halten und deshalb die Unterstützung eines bewaffneten Kampfes verweigern. So kommt es beispielsweise in Palästina weniger darauf an, radikale Hamas-Akti-

visten von der Verwerflichkeit ihrer Aktionen zu überzeugen als vielmehr darauf, den Kreis ihrer Sympathisanten so klein wie möglich zu halten und die Moderaten in den Reihen der Hamas und der palästinensischen Gesellschaft zu stärken.

Anders als bei Einschüchterungs- und Unterdrückungsstrategien soll die Unterstützungsbereitschaft der Bevölkerung nicht durch die Androhung von Kosten für eben diese Unterstützung verringert werden, sondern durch die Beeinflussung ihrer inneren Haltung zu bestimmten Formen des Konfliktaustrags. Das Werben um die Gemäßigten hat eine argumentative Dimension.[11] Es geht um den sprichwörtlichen »Kampf um die Köpfe«, und für Küng (1992: 86) liegt genau hier die friedensförderliche Chance der großen Religionsgemeinschaften. So wäre seiner Ansicht nach schon viel gewonnen, wenn ihre Vertreter aufhörten, Kriege zu legitimieren, und anfingen, die Friedensvisionen ihres Glaubens und die prinzipielle Schutzwürdigkeit der Anhänger anderer Religionen zu predigen.

Dabei gilt, daß alle großen Weltreligionen eine Vielzahl autoritativer Quellen und Traditionsstränge umfassen, die sich nicht spannungsfrei zu einem dogmatischen Ganzen fügen lassen. Vielmehr bedarf es immer der Deutungen und Gewichtungen, wenn es darum geht, die Überlieferungen auf gegenwärtige Lebens- und Problemlagen hin auszulegen. Deren Interpretation durch militante Fundamentalisten ist nur eine mögliche und in der Regel eine theologisch marginale. Sie nutzen höchst selektiv diejenigen Elemente, die Gewaltanwendung legitimieren, die Opfer in »heiligen Kriegen« verklären, und die Andersgläubige verteufeln (Marty/Appleby 1996: 199-201; Rapoport 1993: 446). Sie verdrängen all jene Überlieferungen, die Gewalt und Glauben für unvereinbar halten, die Opfer für den Frieden verlangen und die Respekt für Andersgläubige fordern. Diese gewaltkritische Seite der großen Religionen soll von Religionsführern und Theologen im öffentlichen Bewußtsein gestärkt werden (Cox 1994: 267; Johnston 1994: 332f; Vendley/Little 1994: 309). Dann wäre es nicht mehr so leicht möglich, politische Auseinandersetzungen in eschatologische Kämpfe umzudeuten. Vielmehr würde sichtbar, daß religiöse Überzeugungen immer wieder von machtbewußten Eliten mißbraucht würden. Und dieser Instrumentalisierung von Glaubensüberzeugungen wäre durch Aufklärung ein Riegel vorgeschoben.

Für die friedenstiftende Kraft von Religionen gibt es vor allem zwei Indizien:

(1) Aus der Mitte von Glaubensgemeinschaften sind immer wieder Protestbewegungen entstanden, die sowohl radikale politische Reformen anstrebten als auch ihre Anhänger auf strikte Gewaltlosigkeit bei der Verfolgung dieser Ziele verpflichteten. Zu denken ist an die indische Unabhängigkeitsbewegung (Cox 1994: 270f; Kriesberg 21981: 119), an die amerikanische Bürgerrechtsbewegung (McAdam 1994: 402-404) und an die tibetanische Befreiungsbewegung (Kolas 1996; Little 1996). Für zentrale Figuren dieser Bewegungen wie Mahatma Ghandi, Martin Luther King und den derzeitigen Dalai Lama stand und steht außer Zweifel, daß sich sowohl ihre politischen Forderungen als auch ihr striktes Festhalten an gewaltlosen Proteststrategien notwendig aus ihren Glaubensüberzeugungen ergibt. Auch für die bisher weitgehend friedliche Revolution in Südafrika war der mäßigende Einfluß der verschiedenen christlichen Kirchen entscheidend, denen es gelungen ist, Gewaltanwendung zu delegitimieren und dem christlichen Versöhnungsimperativ Nachdruck zu verleihen (Johnston 1994a: 197-201; Weigl 1991: 36).

(2) Wie Johnston (1994b: 260-265), Luttwak (1994: 17) sowie Vendley und Little (1994: 312-314) zeigen, übernehmen Religionsgemeinschaften in politischen Konflikten immer wieder wichtige Vermittlungsfunktionen. Sie sind in der Lage, die Vertrauensbildung zwischen den Parteien zu fördern, indem sie alle Seiten auf religiöse Grundüberzeugungen verpflichten; sie können ein neutrales Verhandlungsforum bieten und ein konstruktives Verhandlungsklima schaffen; und dank ihrer Präsenz in der Gesellschaft können sie schließlich die Einhaltung von Vereinbarungen überwachen. Dadurch ermöglichen sie selbst in spannungsgeladenen Situationen eine kooperative Bearbeitung von Konflikten, und sie wirken dem fatalen Trend einer Verengung des Spektrums möglicher Verhaltensweisen auf Gewalt entgegen.

Die bisherigen Überlegungen zum mäßigenden Einfluß von Glaubensgemeinschaften und deren Wertüberzeugungen auf die Form sozialer und politischer Auseinandersetzungen beziehen sich auf Konflikte in religiös weitgehend homogenen Räumen. Es gibt aber keine prinzipiellen Einwände gegen die Annahme, daß sich ihre friedensstiftende Kraft auch für Auseinandersetzungen in einem religiös heterogenen Umfeld nutzen läßt. Entscheidend hierfür ist zweierlei: Zum einen müssen sich die beteiligten Glaubensgemeinschaften auf »Zonen des überlappenden Konsens« (John Rawls) in Fragen der gesellschaftlichen Moral und des zivilisierten Umgangs einigen.[12] Zum anderen ist es notwendig, daß diese Einigung praktische Folgen hat. Oder anders formuliert: Die Religionsgemeinschaften müssen sich nicht nur auf gemeinsame Verhaltensregeln verständigen, sondern sie auch praktizieren.

Wichtige Schritte auf dem Weg zur Identifikation gemeinsamer moralischer Grundnormen waren die »Weltkonferenz der Religionen für den Frieden«, die 1970 in Kyoto / Japan zusammentrat, und das »Parlament der Weltreligionen«, das vom 28. August bis 4. September 1993 in Chicago tagte (Küng / Kuschel 1993; Vendley / Little 1994: 313f). Die dort erzielte Einigung wird von Küng (1997: 154) als »Kern eines globalen Ethos« bezeichnet. Hierunter versteht er einen »Grundkonsens bezüglich verbindlicher Werte, unwiderruflicher Maßstäbe und Grundhaltungen, die von allen Religionen trotz ihrer dogmatischen Differenzen bejaht (…) werden können.« Dieser Kern wird zum einen durch die formale Goldene Regel gebildet, die moralische Reziprozität fordert, und zum anderen durch die »vier großen Gebote der Menschlichkeit«, die in allen Weltreligionen gleichermaßen verankert sind. Zu den vier Geboten zählt die Verpflichtung auf eine Kultur der Gewaltlosigkeit und der Ehrfurcht vor dem Leben, die sich in den Imperativ »Du sollst nicht töten« übersetzen läßt. Es folgen die Verpflichtung auf eine Kultur der Solidarität und eine gerechte Wirtschaftsordnung, die für Küng sowohl das Recht auf Eigentum als auch seine Sozialpflichtigkeit einschließt, sowie die Verpflichtung auf eine Kultur der Toleranz und ein Leben in Wahrhaftigkeit, oder als Regeln formuliert: »Du sollst nicht stehlen« bzw. »Handle gerecht und fair« und »Du sollst nicht lügen«. Schließlich verpflichten nach Küng alle Religionen ihre Gläubigen auf eine Kultur der

Gleichberechtigung und auf die Partnerschaft von Mann und Frau: »Du sollst nicht Unzucht treiben« bzw. »Achtet und liebt einander«.[13]

Die wechselseitige Anerkennung dieser fundamentalen moralischen Normen des Respekts vor dem menschlichen Leben würde nach Küng ein friedensförderliches Wertebewußtsein in und zwischen den Staaten schaffen. Die Gläubigen würden sich trotz unterschiedlicher religiöser Überzeugungen als Gleiche anerkennen, weil ihre moralischen Überzeugungen zumindest in einem von allen geteilten Kernbereich übereinstimmen. Politische Auseinandersetzungen wären nicht mehr so leicht als kosmischer Endkampf gegen einen teuflischen Gegner interpretierbar, und die Propagierung von Feindbildern und Mythen, die oftmals der Eskalation von Konflikten zu Bürgerkriegen vorausgeht und sie dann begleitet (Kaufmann 1996: 141-143; Snyder 1993: 17f), wäre erschwert. Schließlich stärkt das Bewußtsein von gemeinsamen moralischen Grundwerten das Vertrauen in die wechselseitige Zuverlässigkeit und erleichtert die kooperative Bearbeitung von Konflikten.

Die Erwartung, daß gemeinsame Werteüberzeugungen und Normen des wechselseitigen Respekts die Gefahr gewaltsamer Konfliktverläufe deutlich vermindern, ist allerdings umstritten (Nye 1995: 17). Immer wieder läßt sich in Bürgerkriegen beobachten, daß sich Parteien trotz ähnlicher Überzeugungen mit äußerster Brutalität bekämpfen. Mit dem Blick auf den Krieg im ehemaligen Jugoslawien stellt beispielsweise Marie-Janine Calic (1995: 57) fest, daß noch 1990 in einer Meinungsumfrage in Bosnien-Herzegowina über 90 % der Befragten die ethnischen Beziehungen an ihrem Wohnort als gut oder sehr gut empfanden. Für die wechselseitige Respektierung der Volksgruppen zur damaligen Zeit spricht auch, daß vor Kriegsbeginn fast 16 Prozent aller bosnischen Kinder aus Mischehen stammten, und daß jeder zweite Bosnier bzw. jede zweite Bosnierin mindestens einen näheren Verwandten aus einer anderen als der eigenen Volksgruppe hatte (Calic 1995: 43). Ähnliches gilt nach Snyder (1993: 5) für das Verhältnis von Serben und Kroaten: Gut ein Viertel aller Serben in Kroatien heirateten in den achtziger Jahren eine Kroatin bzw. einen Kroaten. Dennoch konnten die Volksgruppen in kurzer Zeit gegeneinander aufgebracht werden, und selbst die menschenverachtende Praxis der »ethnischen Säuberungen« stieß nur auf verhaltenen Widerstand in den Gesellschaften der jeweiligen Täterstaaten.

Die große Zahl von Konflikten, in denen der Ausbruch von kulturell oder religiös überhöhter Gewalt nicht verhindert werden konnte, ist methodisch gesehen jedoch kein Beweis für die Bedeutungslosigkeit gemeinsamer Werteüberzeugungen und Normen des wechselseitigen Respekts. Genauso gut kann darauf verwiesen werden, daß Bürgerkriege im Vergleich zum friedlichen Zusammenleben ethnisch und religiös unterscheidbarer Bevölkerungsgruppen immer noch die Ausnahme und nicht die Regel sind (Matthies 1997: 24; Smith 1993: 52; Tetzlaff 1991: 7). Außerdem läßt sich argumentieren, daß ohne die zivilisierende Wirkung gemeinsamer Werteüberzeugungen Konflikte noch schneller und noch häufiger eskaliert wären, als es bisher schon der Fall war. Oder anders formuliert: Gemeinsame Werteüberzeugungen und Normen des wechselseitigen Respekts sind ebensowenig eine Garantie gegen Gewalt, wie Deiche eine Garantie gegen Überschwemmungen sind. Gleichwohl wirken sie als Barrieren, die Gewalt zurückhalten. Deshalb kann eine entschiedenere Verpflichtung auf Normen des wechselseitigen Respekts das Parallelogramm der politischen Kräfte ebenso in Richtung auf eine friedliche Bearbeitung von Konflikten verändern wie die Entschärfung sozialer Krisen durch wirtschaftliches Wachstum. Es ist also durchaus berechtigt, auf die zivilisierende Kraft eines global geteilten Ethos zu setzen.

Trotz der Fortschritte in Richtung auf eine »normative Einheit in dogmatischer Vielfalt« ist der Weg zu einer *wirksamen* gemeinsamen Moral – einem Weltethos – aber noch lang. Vor allem zwei Probleme behindern aus unserer Sicht seine praktische Realisierung. Zum einen besteht zwischen den Religionsgemeinschaften eine in der Politikwissenschaft viel diskutierte Dilemmasituation: Bevor sie sich daran machen können, die Gewaltresistenz ihrer jeweiligen Gesellschaften zu erhöhen, müssen sie sicher sein, daß die anderen Glaubensgemeinschaften dies in gleicher Weise tun. Ansonsten wären – wie so oft gerade von konservativer Seite befürchet – die Friedlichen die Dummen (Kaufmann 1996: 147f; Posen 1993: 27-34). Zwischen den Religionsgemeinschaften sind also

vertrauensbildende Maßnahmen einzuleiten. Sie müssen darauf abzielen, daß Friedfertigkeit und Kooperationsbereitschaft nicht aus-
gebeutet werden kann oder daß Ausbeutung zumindest frühzeitig
entdeckt wird und damit ihre Attraktivität verliert. In diesem Zusammenhang könnte der Umstand hilfreich sein, daß es in der
Welt kaum einen Staat ohne religiöse Minderheit gibt (Globale
Trends 1996: 440). Deren Behandlung durch die Mehrheit kann
ein wichtiges Indiz für die Kooperationsbereitschaft der großen
Glaubensgemeinschaften sein.

So ist zu erwarten, daß das Vertrauen zwischen den großen Religionsgemeinschaften in dem Maße wächst, wie sie sich zu An-
wälten von Andersgläubigen in ihren jeweiligen Einflußgebieten
machen. Dadurch würden sie auf der einen Seite zeigen, daß sie die
Gebote des Weltethos ernst nehmen. Auf der anderen Seite würde
in den betroffenen Gesellschaften eine Kultur des wechselseitigen
Respekts entstehen, durch die eine Dämonisierung des Gegners in
sozialen Konflikten erheblich eingeschränkt wird. Um den Prozeß
des Minderheitenschutzes voranzutreiben, könnten sich die Religionsgemeinschaften auf die Einrichtung einer gemeinsamen, nicht-
staatlichen Appellationsinstanz für diskriminierte oder gar unter-
drückte Minderheiten verständigen. Letztere müßten frei sein, ihre
Beschwerden vor diese Instanz zu bringen, und die Instanz müßte
die Kompetenz haben, über das Vorliegen oder die Abwesenheit
des Tatbestands »religiöse Diskriminierung bzw. Unterdrückung«
zu befinden und ihre Entscheidung öffentlich zu machen.

Darüber hinaus wäre es sinnvoll, die Kommunikation zwischen
den großen Religionsgemeinschaften zu institutionalisieren. Zu
denken wäre an die Gründung interreligiöser Organisationen, in
deren Rahmen beispielsweise die Auslegungs- und Anwendungs-
fragen zu den Grundnormen des Weltethos diskutiert werden
können. Außerdem wäre es möglich, in einem solchen Rahmen
erste Versuche zu einer Aufarbeitung der wechselseitigen Diskri-
minierungs- und Verfolgungsgeschichte zu unternehmen. Auf diesem Wege könnten lange tradierte Vorurteile und Ängste bearbeitet
werden (Posen 1993: 44). Im Vorfeld der Gründung interreligiöser
Organisationen müßte allerdings zuerst die schwierige Frage nach
ihren Mitgliedern geklärt werden. Die Religionsgemeinschaften

müßten sich darauf verständigen, welche Gruppierungen das Recht haben werden, Repräsentanten zu entsenden.

Ein zweites Hindernis auf dem Weg zu einer interreligiösen Anerkennung als Friedensstifter ist die Schuldproblematik. Alle großen Glaubensgemeinschaften waren und sind mehr oder weniger in gewaltsam ausgetragene Konflikte verstrickt. Sie haben Partei ergriffen oder nicht verhindert, daß religiöse Überzeugungen zur Legitimation von Gewalt und zur Mobilisierung für Kriege eingesetzt wurden und daß in ihrem Namen geraubt und gemordet wurde. Eine Neuorientierung im oben beschriebenen Sinne käme deshalb einem Eingeständnis von Schuld gleich, das vor allem den etablierten religiösen Führern schwer fällt. Denn für sie steht ihr wichtigstes Kapital, ihre Glaubwürdigkeit, auf dem Spiel. Sie müssen befürchten, daß sie Anhänger verlieren und daß sie ihrer Mission – wie immer sie diese auch verstehen mögen – Schaden zufügen. Die Frage ist also berechtigt, was sie veranlassen könnte, sich auf die Anerkennung und Befolgung eines gemeinsamen Weltethos einzulassen.

Im Grunde steht zu erwarten, daß religiöse Eliten – wie politische Eliten auch – nur dann zu einer Änderung ihrer Programmatik bereit sind, wenn der Schaden einer Fortsetzung des bisherigen Kurses für sie größer wäre als ein Kurswechsel. Sollten sie in einer solchen Situation dennoch an ihrer Position festhalten, dann droht ihnen die Ablösung. Ein wichtiger Antrieb zu einer stärkeren Betonung interreligiöser Gemeinsamkeiten durch die etablierten religiösen Eliten kann aus dem Erstarken innerreligiösen Reformbewegungen erwachsen. Wie Appleby (1996b: 4), Juergensmeyer (1993: 195) und Little (1996: 83-86) beobachten, gibt es bereits heute innerhalb der meisten Religionsgemeinschaften gemäßigte Kritiker von Demagogie und Intoleranz. Sie argumentieren, daß Frieden nur mit Andersgläubigen und nicht gegen sie möglich sei und daß es dem Wesen ihrer Religion widerspreche, den eigenen Glauben mit Gewalt durchzusetzen. Die innerreligiöse Reformbewegungen werden nach unserer Überzeugung in dem Maße an Unterstützung in der Bevölkerung gewinnen, in dem die Programmatik militanter Fundamentalisten sich als undurchführbar erweist. Denn es darf nicht vergessen werden, daß die politische

Renaissance der Religionen eine Folge der Krise der Moderne ist. Es war die Enttäuschung über die nicht eingelösten Wohlstandsversprechungen modernisierender nationaler Eliten, die den alten Lehren neue Plausibilität verlieh und ihren radikalen Vertretern zu Ansehen und Macht verhalf. Deshalb werden letztere in dem Maße wieder an Unterstützung verlieren, wie sie selbst als Teil des Problems – also als Mitverursacher von Gewalt und Leid – begriffen werden. Oder anders formuliert: Wenn Religionen die verheißene bessere Zukunft nicht bringen können, dann wird es ihnen ähnlich ergehen wie den Versprechungen der säkularen Moderne.[14]

5. Schlußbemerkungen

Wie eine Reihe von Politikwissenschaftlern und Religionssoziologen immer wieder betonen, darf der Einfluß von Religionsgemeinschaften auf die Politik nicht überschätzt werden (Cox 1994: 266f; Johnston 1994b: 263). Die Ursachen von Konflikten und Konfliktverläufen sind in der Regel hoch komplex, und religiöse Faktoren spielen oftmals nur eine untergeordnete Rolle. Gleichwohl können gesellschaftlich verankerte religiöse Überzeugungen und ihre Mobilisierung durch Eliten den Verlauf von Konflikten im Positiven wie im Negativen beeinflussen.

Dies bedeutet aus der Perspektive der Praktiker und Praktikerinnen des Religionsdialogs im Sinne Küngs, daß der Versuch einer Verständigung der großen Glaubensgemeinschaften auf ein gemeinsames Ethos sinnvoll ist. Mit dem Blick auf die Wirksamkeit eines solchen Ethos wird es neben einer erfolgreichen Konsensbildung auf die Überwindung des interreligiösen Sicherheitsdilemmas und auf eine Stärkung innerreligiöser Toleranzbewegungen ankommen.[15] Aus der Perspektive der Theoretiker und Theoretikerinnen sozialer Konflikte ergibt sich aus dem gemischten Befund zur Rolle von Religionen in Konflikten eine doppelte Aufgabe: Die Bedingungen und Möglichkeiten eines stärkeren Engagements der großen Glaubensgemeinschaften für den Weltfrieden bedürfen ebenso der eingehenden Untersuchung wie die Instrumentalisierung religiöser Überzeugungen für machtpolitische Zwecke. Noch ist nicht hinreichend geklärt, warum unter sonst ähnlichen ökonomischen und politischen Bedingungen in einigen Fällen die friedensstiftende und in anderen Fällen die militante Seite von Religionen die Oberhand gewinnt.

Literatur

Ajami, Fouad 1993: The Summoning, in: Foreign Affairs 72:4, 2-9.

Appleby, R. Scott 1996a: Ingenieure des göttlichen Bauplans: Was haben die Fundamentalisten aller Religionen gemein, in: Der Überblick 32:4, 4-7.

Appleby, R. Scott 1996b: The Evolution of the Sacred: From Religious Militance to Peacebuilding, in: The Report of the Joan B. Kroc Institute for International Peace Studies 11:3, 1-4.

Aubert, Vilhelm 1972: Interessenkonflikt und Wertkonflikt: Zwei Typen des Konflikts und der Konfliktlösung, in: Bühl, Walter L. (Hrsg.): Konflikt und Konfliktstrategie. Ansätze zu einer soziologischen Konflikttheorie, München: Nymphenburger Verlagshandlung, 178-204.

Bartley, Robert 1993: The Case for Optimism. The West Should Believe in Itself, in: Foreign Affairs 72:4, 15-18.

Beck, Martin 1994: Die iranische Revolution: Der Sieg der Revolutionären Ulama unter der Führung Khomeinis, in: Asien Afrika Lateinamerika 22:3, 165-181.

Bierbrauer, Günter 1995: Die Bedrohung kultureller Weltsichten, in: Calließ Jörg (Hrsg.): Der Konflikt der Kulturen und der Friede in der Welt, oder: Wie können wir in einer pluralistischen Welt zusammenleben (Loccumer Protokolle 65/94), Evangelische Akademie Loccum, Rehburg-Loccum, 55-57.

Calic, Marie-Janine 1995: Der Krieg in Bosnien-Hercegovina. Ursachen – Konfliktstrukturen – Internationale Lösungsversuche, Frankfurt: Suhrkamp.

Campos, Jose Edgardo / Root, Hilton L. 1996: The Key to the Asian Miracle: Making Shared Growth Credible, Washington DC: The Brookings Institution.

Coser, Lewis A. 1965: Theorie sozialer Konflikte, Neuwied/Berlin: Luchterhand.

Cox, Harvey 1994: World Religions and Conflict Resolution, in: Johnston/Sampson (eds.) 1994: 266-282.

Czempiel, Ernst-Otto 1981: Internationale Politik, Paderborn: Schöningh.

Davis, David R. / Moore, Will H. 1997: Ethnicity Matters: Transnational Ethnic Alliances and Foreign Policy Behavior, in: International Studies Quarterly 41:1, 171-184.

Efinger, Manfred / Rittberger, Volker / Zürn, Michael 1988: Internationale Regime in den Ost-West-Beziehungen. Ein Beitrag zur Erforschung der friedlichen Behandlung internationaler Konflikte, Frankfurt: Haag+Herchen.

El-Gawhary, Karim 1996: Wohltätigkeit als Politik: Ihre Sozialarbeit trägt den Islamisten viele Sympathien ein, in: Der Überblick 32:4, 23-25.

Faksh, Mahmud A. 1994: The Prospects of Islamic Fundamentalism in the Post-Gulf War Period, in: International Journal 49:2, 183-218.

Fuller, Graham 1995: The Next Ideology, in: Foreign Policy 98, 145-158.

Gantzel, Klaus-Jürgen 1994: Die Kriegsherde der Welt, in: Der Bürger im Staat 45:1, 8-14.

Gantzel, Klaus-Jürgen 1997: Kriegsursachen – Tendenzen und Perspektiven, in: Ethik und Sozialwissenschaften 8:3, 257-266.

Gurr, Red Robert 1993: Why Minorities Rebel: A Global Analysis of Communal Mobilization and Conflict since 1945, in: International Political Science Review 14:2, 161-202.

Gurr, Ted Robert 1996: Minorities, Nationalists, and Ethnopolitical Conflict, in: Crocker, Chester A./Hampson, Fen Osler/Aall, Pamela (eds.): Managing Global Chaos. Sources of and Responses to Internatinal Conflict, Washington: United States Institute of Peace Press, 53-77.

Gurr, Ted Robert / Harff, Barbara 1994: Ethnic Conflict in World Politics, Boulder/San Franscisco/Oxford: Westview Press.

Habermas, Jürgen 1987: Theorie des kommunikativen Handelns (2 Bände), Frankfurt: Suhrkamp.

Heitmeyer, Wilhelm / Schroeder, Helmut / Mueller, Joachim 1997: Desintegration und islamischer Fundamentalismus. Ueber die Lebenssituation, Alltagserfahrungen und ihre Verarbeitungsformen bei türkischen Jugendlichen in Deutschland, in: Aus Politik und Zeitgeschichte 47:7-8, 17-31.

Hummel, Hartwig / Wehrhöfer, Birgit 1996: Geopolitische Identitäten. Kritik einer Ethnisierung einer sich regionalisierenden Welt als paradigmatische Erweiterung der Friedensforschung, In WeltTrends 12: Globaler Kulturkampf? Politische Kultur, Modernisierung und internationale Ordnung, 7-34.

Huntington, Samuel P. 1993: The Clash of Civilizations? in: Foreign Affairs 72:3, 22-49.

Huntington, Samuel P. 1996: Der Kampf der Kulturen. Die Neugestaltung der Weltpolitik im 21. Jahrhundert, München/Wien: Europaverlag.

Jackson, Robert H. 1990: Quasi-States: Sovereignty, International Relations, and the Third World, Cambridge: Cambridge University Press.

Johansen, Robert C. 1997: Radical Islam and Nonviolence: A Case Study of Religious Empowerment and Constraint Among Pashtuns, in: Journal of Peace Research 34:1, 53-71.

Johnston, Douglas 1994a: The Churches and Apartheid in South Africa, in: Johnston/Sampson (eds.) 1994: 177-207.

Johnston, Douglas 1994b: Review of the Findings, in: Johnston/Sampson (eds.) 1994: 258-265.

Johnston, Douglas / Sampson, Cynthia (eds.) 1994: Religion, the Missing Dimension of Statecraft, New York / Oxford: Oxford University Press.

Juergensmeyer, Mark 1993: The New Cold War? Religious Nationalism Confronts the Secular State, Berkeley / Los Angeles / Oxford: University of California Press.

Juergensmeyer, Mark 1996: The Worldwide Rise of Religious Nationalism, in: Journal of International Affairs 50:1, 1-20.

Karawan, Ibrahim A. 1997: The Islamist Impasse, Adelphi Paper 314, Oxford: Oxford University Press.

Kaufmann, Chaim 1996: Possible and Impossible Solutions to Ethnic Wars, in: International Security 20:4, 136-175.

Kepel, Gilles 1991: Die Rache Gottes. Radikale Moslems, Christen und Juden auf dem Vormarsch. München/Zürich: Piper.

Kirkpatrick, Jeane J. 1993: The Modernizing Imperative. Tradition and Change, in: Foreign Affairs 74:2, 22-24.

Kolas, Ashild 1996: Tibetan Nationalism: The Politics of Religion, in: Journal of Peace Research 33:1, 51-66.

Kriesberg, Louis ²1981: Social Conflicts, New York: Printice-Hall.

Küng, Hans ⁵1992: Projekt Weltethos, München/Zürich: Piper.

Küng, Hans 1997: Weltethos für Weltpolitik und Weltwirtschaft, Münschen/ Zürich: Piper.

Küng, Hans / Kuschel, Karl Josef (Hrsg.) 1993: Erklärung zum Weltethos. Die Deklaration des Parlaments der Weltreligionen, München/Zürich: Piper.

Kugler, Stefan / Endres, Jürgen 1997: Sudan, in: Rabehl/Trines 1997: 34-36.

Little, David 1996: Religious Militancy, in: Crocker, Chester A. / Hampson, Fen Osler /Aall, Pamela (eds.): Managing Global Chaos. Sources of and Responses to Internatinal Conflict, Washington: United States Institute of Peace Press, 79-91.

Luttwak, Edward 1994: The Missing Dimension, in: Johnston / Sampson (eds.)1984: 8-19.

Mansfield, Edward D. / Snyder, Jack 1995: Democratization und the Danger auf War, in: International Security 20:1, 5-38.

Marty, Martin E. / Appleby, R. Scott 1993: Conclusion: Remaking the State: The Limits of the Fundamentalist Imagination, in: Marty, Martin E./ Appleby, R. Scott (eds.): Fundamentalisms and the State. Remaking Polities, Economies, and Militance, Chicago: University of Chicago Press, 620-643.

Marty, Martin E. / Appleby, R. Scott 1996: Herausforderung Fundamentalismus. Radikale Christen, Moslems und Juden im Kampf gegen die Moderne, Frankfurt: Campus.

Matthies, Volker 1997: Einleitung: Friedenserfahrungen und Friedensursachen, in: Matthies, Volker (Hrsg.): Der gelungene Frieden. Beispiele und Bedingungen erfolgreicher friedlicher Konfliktbearbeitung, Bonn: Dietz, 13-43.

McAdam, Doug 1994: Das »framing« der amerikanischen Bürgerrechtsbewegung, in: Neidhardt, Friedhelm (Hrsg.): Öffentlichkeit, Öffentliche Meinung, Soziale Bewegungen, KZFSS-Sonderheft 34, Opladen: Westdeutscher Verlag, 393-412.

Menzel, Ulrich 1992: Das Ende der Dritten Welt und das Scheitern der großen Theorie, Frankfurt: Suhrkamp.

Meyer, Thomas 1991: Fundamentalismus. Aufstand gegen die Moderne, Reinbek: Rowohlt.

Meyer, Thomas 1995: Fundamentalismus, in: Lexikon der Politik Bd. I – Politische Theorien, München: Piper, 125-129.

Meyer, Thomas 1997: Identitätswahn. Die Politisierung des kulturellen Unterschieds, Berlin: Aufbau Verlag.

Mitchell, C. R. 1981: The Structure of International Conflict, London: MacMillan Press.

Muller, Edward N. / Weede Erich 1993: Ungleichheit, Deprivation und Gewalt, in: Kölner Zeitschrift für Soziologie und Sozialpsychologie 45:1, 41-55.

Nevers, Renèe de 1993: Democratization and Ethnic Conflict, in: Survival 35:2, 31-48.

Nye, Joseph S. 1995: Conflicts after the Cold War, in: The Washington Quarterly 19:1, 5-24.

Ottmeyer, Johannes 1996: Religiöse Grundeinstellung und menschliches Friedensverhalten, in: Sicherung der Friedens 16:5/6, 1-6.

Pollis, Adamantia 1996: Cultural Relativism Revisited: Through a State Prism, in: Human Rights Quaterly 19:3, 316-344.

Posen, Barry R. 1993: The Security Dilemma and Ethnic Conflict, in: Survival 35:1, 27-47.

Rabehl, Thomas / Trines, Stefan 1997 (Hrsg.): Das Kriegsgeschehen 1996. Register der Kriege und bewaffneten Konflikte, Hamburg: Forschungsstelle Kriege, Rüstung und Entwickung.

Rapoport, David C. 1993: Comparing Militant Fundamentalist Movements and Groups, in: Marty, Martin E. / Appleby, R. Scott (eds.): Fundamentalisms and the State: Remaking Polities, Economies, and Militance, Chicago: University Press of Chicago, 429-461.

Rittberger, Volker / Kittel, Gabriele 1996: Föderalistische Konfliktbewältigung. Der Beitrag föderaler Strukturen zur konstruktiven Bearbeitung innerstaatlicher Konflikte, in: Die Friedenswarte 71:4, 373-394.

Rittberger, Volker / Zürn Michael 1990: Towards Regulated Anarchy in East-West Relations: Causes and Consequences of East-West Regimes, in: Rittberger, Volker (ed.): International Regimes in East-West Politics, London / New York: Pinter Publishers, 9-63.

Rubin, Jeffrey Z. / Pruitt, Dean G. / Kim, Sung Hee [2]1994: Social Conflict. Escalation, Stalemate, and Settlement, New York: McGraw-Hill.

Ruf, Werner 1997: Nach den Wahlen in Algerien – was tun? in: Internationale Politik 52:8, 59-60.

Schaeffler, Richard 1985: Auf dem Weg zu einem philosophischen Begriff der Religion, in: Kern, Walter (Hrsg.): Handbuch der Fundamentaltheologie, Bd. 1: Traktat Religion, Freiburg: Herder, 57-72.

Schimmelfennig, Frank 1995: Debatten zwischen Staaten: Eine Argumentationstheorie internationaler Systemkonflikte, Opladen: Leske + Budrich.

Schneider, Patricia 1997: Uganda, in: Rabehl/Trines 1997, 38-39.

Senghaas, Dieter 1994: Wohin driftet die Welt, Frankfurt: Suhrkamp.

Senghaas, Dieter 1995a: Die Wirklichkeiten der Kulturkämpfe, in: Leviathan 23:1, 197-212.

Senghaas, Dieter 1995b: Schluß mit der Fundamentalismus-Debatte! Plädoyer für eine Reorientierung des interkulturellen Dialogs, in: Blätter für deutsche und internationale Politik 40:2, 180-191.

Senghaas, Dieter 1995c: Über asiatische und andere Werte, in: Leviathan 23:1, 5-12.

Senghaas, Dieter 1995d: Frieden als Zivilisierungsprojekt, in: Ders. (Hrsg.): Den Frieden denken. Si vis pacem, para pacem, Frankfurt: Suhrkamp, 196-223.

Sivan, Emmanuel 1997: Der radikale Islam – Ursachen und Wirkung terroristischer Gewalt, in: Internationale Politik 52:8, 3-10.

Smith, Anthony D. 1993: The Ethnic Sources of Nationalism, in: Survival 35:1, 48-62.

Snider, Lewis W. 1996: Growth, Debt, and Politics: Economics Adjustment and the Political Performance of Developing Countries, Boulder: Westview Press.

Snyder, Jack 1993: Nationalism and the Crisis of the Post-Soviet State, in: Survival 35:1, 5-26.

Tetzlaff, Rainer 1991: Politisierte Ethnizität – eine unterschätzte Realität im nachkolonialen Afrika, in: Afrika Spektrum 26:1, 5-28.

Tibi, Bassam 1995: Krieg der Zivilisationen, Hamburg: Hoffmann + Campe.

Tzschaschel, Joachim 1996: Algerien – Gefährdung für den Mittelmeerraum? in: Internationale Politik 51:6, 27-32.

Vendley, William / Little, David 1994: Implications for Religious Communities: Buddhism, Islam, Hinduism, Christianity, in: Johnston/Sampson (eds.) 1994: 306-315.

Viorst, Milton 1997: Algeria's Long Night, in: Foreign Affairs 76:6, 86-99.

Weede, Erich 1986: Konfliktforschung. Einführung und Überblick, Opladen: Westdeutscher Verlag.

Weede, Erich 1992: Mensch und Gesellschaft. Soziologie aus der Perspektive des methodologischen Individualismus, Tübingen: J.C.B. Mohr.

Welsh, David 1993: Domestic Politics and Ethnic Conflict, in: Survival 35:1, 63-80.

Weigl, George 1991: Religion and Peace. An Argument Complexified, in: The Washington Quarterly, 14: 2, 27-41.

Wimmer, Andreas 1995: Interethnische Konflikte. Ein Beitrag zur Integration aktueller Forschungsansätze, in: Kölner Zeitschrift für Soziologie und Sozialpsychologie 47:3, 464-493.

Anmerkungen

1 Die Autoren danken Martin Beck, Derk Bienen, Heike Brabandt, Hilde-
gard Hasenclever, Peter Mayer, Reinhild Schaeffer, Christina Schrade
und Wolfgang Wagner für ihre kritischen Kommentare und hilfreichen
Anmerkungen.

2 Der Ausdruck »Fundamentalismus« diente ursprünglich zur Bezeichnung einer protestantischen Frömmigkeitsbewegung in den USA der
20er Jahre (*Kepel* 1991: 156; *Little* 1996: 88). Deren Verteter waren von
der Unfehlbarkeit der Bibel überzeugt und forderten die buchstabenge-
treue Beachtung ihrer Weisungen in Politik und Gesellschaft. Heute
wird »Fundamentalismus« als Oberbegriff für alle Formen der organisierten Reaktion auf Modernisierung und Säkularisierung verwendet,
denen die Zielsetzung gemeinsam ist, Politik und Gesellschaft auf der
Grundlage religiöser oder traditionell-kultureller Überzeugungen neu zu
ordnen (*Meyer* 1995: 126).

3 Mit dem Begriff OECD-Welt ist die Gruppe der 29 führenden markt-
wirtschaftlich und demokratisch verfaßten Industrieländer gemeint,
deren Staaten im Rahmen der 1961 gegründeten »Organization for Economic Cooperation and Development« ihre Wirtschafts- und Entwick-
lungspolitiken aufeinander abstimmen. Dieser exclusive Staatenclub gilt
gegenwärtig als »das Gravitationzentrum der Welt« (*Senghaas* 1995d:
212).

4 Wie *Beck* (1994: 167-172) am Beispiel des Irans zeigt, leiden die Mitglieder des Mittelstands nicht nur unter der allgemeinen wirtschaftlichen Krisensituation. Darüber hinaus werden durch die Westorientie-
rung der Staatseliten ihre herkömmlichen Einkommensquellen und
Machtpositionen bedroht: Industrialisierung und Importe gefährden die
Existenz handwerklicher Betriebe und kleiner Händler, und der Aufbau
moderner Verwaltungen verändert die Zugangsbedingungen zum Staats-
dienst. Traditionelles kulturelles Kapital wird entwertet und durch west-
lich-säkulare Bildung ersetzt.

5 Zum hier verwendeten Konfliktbegriff vgl. *Efinger – Rittberger – Zürn*
1988: 43-52 und *Mitchell* 1981: 17-29.

6 Die Bedeutung von Eliten in sozialen Konflikten ist in der Forschung
unumstritten (*Kriesberg* [2]1981: 87-90; *Rubin – Pruitt – Kim* [2]1994: 20,
24; *Weede* 1992: 277f). In der Regel sind es Eliten, die in einem Konflikt die konkreten Ziele ihrer Gruppe definieren und die entscheiden,
mit welchen Mitteln sie erreicht werden sollen.

7 Opferbereitschaft ist wiederum von einer Vielzahl von Faktoren abhängig. So beobachtet beispielsweise *Kriesberg* ([2]1981: 134), daß junge
Menschen vergleichsweise leicht für riskante Konfliktstrategien mobili-
sierbar sind. Dies führt er darauf zurück, daß sie zum einen ein »Gefühl
der Unverwundbarkeit« teilen und daß sie zum anderen noch verhältnismäßig unabängig sind und wenig Rücksicht auf familiäre Bindungen
nehmen müssen.

8 Aus Gründen der Komplexitätsreduktion beschränken wir uns in diesem
   Text auf das nationale gesellschaftliche Umfeld der Konfliktparteien.
   Untersuchungen haben allerdings gezeigt, daß die Unterstützung nationaler Konfliktparteien durch internationale oder transnationale Akteure
   für deren Strategiewahl von großer Bedeutung ist (*Gurr* 1993: 175-176,
   1996: 70-73; *Davis – Moore* 1997; *Weede* 1992: 266). So macht es einen
   Unterschied aus, ob eine Konfliktpartei über Rückzugsgebiete in »be-
   freundeten« Staaten verfügt, ob sie vom Ausland finanziell unterstützt
   wird oder ob sie über Informationen zu vergleichbaren politischen Auseinandersetzungen in anderen Ländern verfügt.

9 So fürchtet beispielsweise *Menzel* (1992: 202-213), daß zahlreiche Länder des Südens zur Zeit überhaupt nicht entwicklungsfähig sind und
   von außen alimentiert werden müssen. Hierzu sollten die reichen Industriestaaten eine Art globalen Sozialhilfefonds einrichten. Außerdem
   wäre es an der Zeit, sich zu überlegen, ob nicht in manchen Regionen
   des Südens politische Treuhandschaften des Nordens einzurichten sind.

10 Zum problematischen Zusammenhang von Demokratisierung und Frieden in ethnisch und religiös heterogenen Gesellschaften vgl. *Gurr* (1996:
   70), *Mansfield – Snyder* (1995) und *Welsh* (1993: 66-74). *Rittberger* und
   Kittel (1996: 389-393) argumentieren, daß friedliche Demokratisierungsprozesse davon abhängig sind, daß alle relevanten Akteure grundsätzlich kompromißbereit sind und daß sie einen ethnischen und religiösen Pluralismus akzeptieren. Umgekehrt ist »eine demokratische Teilung
   der Macht umso schwerer zu erreichen, je tiefer die ethnischen Spaltun-
   gen der jeweiligen Gesellschaft reichen«.

11 Der Begriff der Argumentation wird hier im Sinne der Theorie des kommunikativen Handelns von *Habermas* (1987) und nicht im Sinne einer
   Theorie des rhetorischen Handelns verstanden. Die Theorie des rhetorischen Handelns wurde von *Schimmelfennig* (1995) entwickelt und dient
   der Analyse internationaler Systemkonflikte. In derartigen Konflikten
   geht es nur am Rande um den Zwang des besseren Argumentes. Vielmehr muß festgestellt werden, daß Zwang oftmals das bessere Argument
   ist.

12 Akteure verhalten sich in Konflikten zivilisiert, wenn sie auf Gewalt zur
   Durchsetzung ihrer Interessen verzichten, wenn sie die legitimen Rechte
   anderer respektieren und wenn sie versuchen, den Konflikt nach Maßgabe einschlägiger und wechselseitig anerkannter Prinzipien zu entscheiden. Die Zivilisierung von Konflikten meint also deren Verregelung.

13 Wie *Carl Amery* (DIE ZEIT Nr. 47, 14.11.1997: 6) zu Recht bemerkt,
   müßte ein zeitgemäßes Weltethos auch eine explizite Verpflichtung zur
   Erhaltung der natürlichen Lebensgrundlagen als Bedingung der Möglichkeit der Bedürfnisbefriedigung zukünftiger Generationen enthalten
   und sollte in diese Richtung ergänzt werden, wie dies im »Projekt Weltethos« (*Küng* 1992: 52f) bzw. in der »Erklärung zum Weltethos« (*Küng
   – Kuschel* 1993: 30f) schon angelegt ist. Allerdings macht nach unserer
   Auffassung die von Amery vorgenommene Hierachisierung, nach der

»die gängigen ethischen Vorstellungen« von einer »biosphärischen Dimension« überwölbt werden müßten, wenig Sinn. Auch Fortschritte im Umweltschutz werden von der friedlichen Bearbeitung sozialer Konflikte abhängig sein.

14　Der Zusammenhang von gesellschaftlicher Unterstützung auf der einen Seite und ökonomischen und politischen Erfolgen bzw. Mißerfolgen auf der anderen Seite wird durch Studien zu den jüngeren Entwicklungen in arabischen Ländern bestätigt (*Faksh* 1994: 215f; *Karawan* 1997: 31). So hat die fundamentalistische Formel »Der Islam ist die Lösung« durch die enttäuschenden Leistungen des iranischen und des sudanesischen Regimes viel an Überzeugungskraft verloren. Entsprechend schwand in arabischen Ländern der Rückhalt für radikal-islamistische Bewegungen. Diese Entwicklung darf freilich nicht so verstanden werden, als ob der Islam seine sozial-revolutionäre Kraft verloren hätte. Es gab lediglich eine Stärkung derjenigen Gruppen wie beispielsweise die Muslimbrüderschaft in Ägypten, die ihre nach wie vor radikalen Ziele mit friedlichen Mitteln verfolgen (*Faksh* 1994: 196; *Karavan* 1997: 20-24).

15　Die Verfechter des »Projekts Weltethos« dürfen freilich nicht aus dem Auge verlieren, daß ein deeskalierender bzw. zivilisierender Einfluß religiöser Wertüberzeugungen die Stabilisierung ungerechter Herrschaftsverhältnisse zur Folge haben kann. Zu denken ist beispielsweise an die Funktion sogenannter »asiatischer Werte«, in deren Namen gesellschaftliche Partizipationsansprüche durch autoritäre Regierungen blockiert werden (*Ajami* 1993: 9; *Pollis* 1996: 233-238; *Senghaas* 1995b: 187-189).

Human und humanitär
– Weltethos interkulturell

Das Grundanliegen der Kulturen kann als Versuch definiert werden, den Mitgliedern einer jeweiligen Gesellschaft Modelle zur Verfügung zu stellen, um materiell und sozial sinnvoll überleben zu können. Die Kulturanthropologie wird somit zur Überlebens-Wissenschaft. Die Religionen können im Kontext der Kulturen als ihre Quellen beschrieben werden. Die Religions-Wissenschaft wird dann zu einer Motivations-Wissenschaft. Kulturen und Religionen stellen Männern, Frauen und Kindern die Werkzeuge zur Verfügung, damit sie kompetent mit ihrem Alltag und notwendigerweise auch mit den Kontrasterfahrungen von Not, Leiden und Elend umgehen können.

Und gerade diese Quellen von Sinnbegründung und Motivationsdynamik scheinen im ausgehenden 20. Jahrhundert zu versiegen oder schon versiegt zu sein. Wann immer danach gefragt wird, wie der Okzident der neuen Armut begegnen soll, wie in Afrika die Wunden von Völkermorden geheilt werden können oder wie Asiens Wirtschaftsausbeutung verkraftet werden müßte, machen sich Hilflosigkeit und Wortkargheit breit. Buddhismus und Hinduismus scheinen ebenso an ihre Grenzen zu stoßen wie Islam und Christentum. Noch unnützer scheinen die schamanistischen Antworten Afrikas zu sein. Skeptik, ja Zynismus kommen auf: warum überhaupt helfen wollen? Weder humane Solidarität noch humanitäre Interventionen sind glaubwürdig. Soll nicht vielmehr die natürliche Selektion den Überlebenskampf der Menschen und Völker regulieren?

Solche und ähnliche Fragen überhaupt zu stellen, ist für viele unmenschlich und ruchlos, – sie belegten vielmehr, wie kultur-

und religionslos die moderne und säkularisierte Menschheit geworden sei. Auch wenn die religiösen Instanzen demissionieren und ihre Codes nicht mehr tragfähig sind, sträubt sich das Humane im Menschen gegen die Versuchung, auf die Frage nach dem Warum von Not, Leiden und Elend keine brauchbaren Antworten mehr zu haben. Das Gerede von der Nächstenliebe und der Solidarität ist aber kaum mehr auszuhalten.

Auch die Philanthropie hat ausgedient – so ausgedient, daß heute von »Charity-Business« die Rede ist. Für viele Sozialanalytiker ist es klar geworden: Das Humanitäre driftet in vulgären Eigennutz und heuchlerische Selbstbefriedigung ab; sie weisen z. B. auf Rwanda und Somalia hin. Selbst kirchliche Hilfswerke, Caritas und sogar das Internationale Komitee vom Roten Kreuz, werden diesem Verdacht ausgesetzt. Ihre Hilfsaktionen suchen zu augenfällig und zu oft das Medienspektakel. Wurde in Somalia die Landung der US-Marines mit ihren Nahrungsschiffen 1992 nicht so angelegt, daß sie in den Vereinigten Staaten zur Frühstückszeit am TV live gesehen werden konnten? Die Aktion hieß »Restore Hope« – sie war aber nicht ein Hoffnungszeichen, sondern Vorzeichen für das kommende Debakel der humanitären Hilfe.

Mein interkultureller Kommentar zum Entwurf »Weltethos« kann diese Probleme und Anfragen weder lösen noch beantworten. Er möchte eine Zwischenbilanz erstellen und andeuten, wie diese Sachlage aus der Warte der angewandten und vergleichenden Religionswissenschaft betrachtet wird. Lösungen kann auch diese akademische Disziplin nicht anbieten. Das religiöse Gedächtnis kann aber vielleicht Horizonte erahnen lassen, die in der interdisziplinären Debatte und für die interkulturellen Kontroverse nützlich sein können.

1. Weltethos interkulturell?

Seit jeher umgibt ein Schleier von Verdacht die Sozialhilfe und die Liebeswerke. Ihre Uneigennützigkeit und Selbstlosigkeit wurden spätestens dann problematisiert, als die Zeugnisse kirchlicher Barmherzigkeit ab der Reformationszeit als Machtinstrumente im

Kampf um das Heil der Seelen eingesetzt wurden. Dieses politische Druckmittel, welches von Katholiken und Protestanten ins Spiel gebracht wurde, hat während der Kolonialzeit eine zusätzliche Dimension erhalten: Spitäler, Schulen und Landwirtschaftsprojekte wurden in Afrika, Lateinamerika und Asien direkt als Bekehrungsinstrumente verwendet. Es ist deshalb mehr als verständlich, wenn indische Teilstaaten bei der Unabhängigkeit die »Anti-Conversion-Bill« eingeführt haben; derzufolge ist jeder Versuch, vor allem unter den Kastenlosen mit materiellen Lockmitteln Konversionen zu einer christlich-okzidentalen Kirchenorganisation zu erpressen, strafbar. Weniger rechtlich verankert, aber mit einer gleichen Entschiedenheit fordern seit Jahrzehnten afrikanische und lateinamerikanische Befreiungstheologen von den Mutterkirchen im Norden ein »Moratorium«. Damit soll jegliche wirtschaftliche Unterstützung und personelle Präsenz von missionierenden Frauen und Männern aus dem Abendland gestoppt werden. Das wird als Grundvoraussetzung postuliert, um die eigene kulturelle Identität und entfremdete Eigenständigkeit wiederzufinden. Die oft aggressiv formulierten Forderungen illustrieren, als wie demütigend und entwürdigend die Produkte der christlichen Nächstenliebe wahrgenommen wurden, welche notleidende Menschen gezwungenermaßen und dankbar entgegennehmen mußten. Die okzidentale Rede vom Weltethos – sei es human oder humanitär – hat deshalb für viele Menschen einen heuchlerischen Beigeschmack.[1]

In einer solchen geopolitischen Befreiungssituation und sozialpolitischen Atmosphäre hat sich, vor jetzt fünfzig Jahren, der Kampf des Mahatma Gandhi für die politische Unabhängigkeit Indiens und für die Selbstachtung von Hindus und Muslimen abgespielt. Die Quellen seiner politischen Entschiedenheit und seiner persönlichen Bewußtheit waren religiöser Natur: die von der Bhagavad-Gita getragene Spiritualität. Danach ist die »in Wahrheit festgegründete« Satyagraha-Bewegung von folgenden Grundüberzeugungen getragen:[2]

> Da der Satyagrahi an die Allgegenwart Gottes glaubt, achtet er das Leben des Feindes, in dem Gott auch wohnt. Aus dem gleichen Grund achtet der Satyagrahi sich selbst. Der Satyagrahi

muß um die möglichen Leiden wissen, und er muß immer versuchen, den Konflikten zuvorzukommen, bevor sie ausbrechen.

Solche Einstellungen und Vorgehensweisen prägen den Stil seiner politischen Praxis und humanitären Intervention entscheidend. Sie sind in einer ausdauernden Persönlichkeitswahrnehmung und in einem mentalen Training verwurzelt, welches als integraler Yoga bezeichnet wird. Diese jeder sozialen Aktion vorgelagerte Arbeit an der Klärung der eigenen Motivationen und Interessen hat das hinduistische Leitbild zum Horizont, wonach wir »handeln, ohne die Früchte zu beachten«. Das Ideal der Gita ist es nämlich, sich so zu engagieren, daß weder nach der eigenen Wunscherfüllung noch nach persönlichen Gewinnen gesucht wird. In der Bhagavad-Gita (18,9) ist diese Selbstkontrolle so formuliert:

> Wer aber, aller Anhänglichkeit und aller Frucht entsagend, eine vorgeschriebene Aufgabe ausführt, weil sie getan werden soll, dessen Entsagung wird für eine »gute« Entsagung gehalten.

Diese hier kurz skizzierte Einstellungskonfiguration verlangt – so meine ich – ein grundlegendes Umdenken und Umpolen, wann immer sich die Sozialarbeit vom Vorwurf des Helfersyndroms und die humanitäre Intervention vom Verdacht der Doppelzüngigkeit möglichst freihalten wollen. Zu oft geben ja – wie einleitend gesellschaftskritisch signalisiert worden ist – die Humanitären den Eindruck, daß sie die Menschen gar nicht lieben, sondern die Menschen für ihr eigenes Prestige gebrauchen.

2. Humanitäre Intervention lokal

Damit ist aber nicht eine idealistische, heroische Gesinnungsethik angesprochen. Mein Plädoyer ist vielmehr eine Einladung zu selbstkritischer Nüchternheit. Gemeint ist eine klarsichtige Verantwortungsethik. Im Kontext humanitärer Katastrophen wie z.B. in Rwanda und in Srebrenica verlangt die Dringlichkeit der Lage sogar nach notstandsethischen Interventionen.

(1) Rwanda

Der Völkermord in Rwanda und die Verarbeitung der nachgenozidären Traumata in den Männern, Frauen und Kindern, welche in der zentralafrikanischen Region der großen Seen zwischen Rwanda, Burundi, Tansania, Zaïre und Uganda zu Hunderttausenden hin und her verschoben und gejagt werden, erfordert entsprechendes humanitäres Eingreifen. Eine Detailanalyse dieser Invasion der mehr als 200 NGO's in Rwanda (ab Juli 1994) illustriert aber aufs Penibelste, wie verschiedene dieser Werke die Katastrophen in Afrika benützen, um ihre Organisation in Europa aufrechtzuerhalten. Von dieser »humanitären Industrie« heben sich zwar aufgrund ihres Erfahrungswissens die Organisationen wie »Ärzte ohne Grenzen« oder das Internationale Komitee vom Roten Kreuz, das Hochkommissariat für Flüchtlinge oder Caritas Internationalis glücklicherweise weitgehend ab. Die Zivilgesellschaft und die staatlichen Instanzen in den Krisen- und Notstandsgebieten reagieren aber rasch sehr irritiert, ja aggressiv auf diese neuen Missionare, wann immer sie mit überheblicher Unkenntnis der traditionalen Umgangsformen oder mit technischen Gestikulationen die tiefen Wunden der lokalen Bevölkerung einfach niederwalzen. Das Wort vom »humanitären Tourismus« wird geprägt.

(2) Bosnien

Es geht mir hier nicht darum, die humanitäre Assistenz zu diskreditieren. Die erwähnten Notlagen in Bosnien, Somalia und Rwanda sind ja so dramatisch und unbegreiflich, daß auch die humanitäre Reaktion an ihre Grenzen kommt. Das gesamte Sozialgefüge und seine normalerweise tragenden Netze sind eingebrochen: weder die Familien- und Nachbarschaftsbande noch der natürliche Schutz von Frauen und Kindern oder die Achtung vor den sakralen Kirchenräumen der katholischen und protestantischen Institutionen boten Sicherheit und Schutz. Ihre eingangs erwähnte sinnstiftende Kulturfunktion ist implodiert. In solchen Umständen von Orientierungslosigkeit und Anomie ist das Menschliche zerbro-

chen.[3] Mit diesen radikalen Zerstörungsmechanismen bleiben
nicht nur die materiellen und sozialen Gesellschaftsmodelle auf der
Strecke, sondern auch die Motivationsquellen, die vor der Resignation schützen sollten. Die humanitär ausgerichteten Personen
und Institutionen wurden brutal in eine tiefe Identitätskrise geworfen. Sie beginnen ihrerseits an sich zu (ver-)zweifeln.

(3) Bernard Kouchner

Diese tiefe Verunsicherung kann nicht emotional überspielt oder
mit Versöhnungsliturgien verschleiert werden. Sie ist aber angesichts des umfassenden Chaos kaum mehr erträglich. Vermutlich
gilt aber auch in dieser kollektiven Grenzsituation, was für den persönlichen Zerfall gilt: die Überwindung der Not ist nur denen
möglich, die durch sie hindurchgehen. Im tiefsten Elend, das luzi-
de angenommen wird, kann sich auch der Wendepunkt finden: die
Entscheidung gegen den Tod und für das Leben. Sozialarbeit und
humanitäre Intervention sind dann ein stammelndes Ja gegen das
Nein der Realität. Bernard Kouchner, einer der mutigen Vordenker
und einer der entschiedenen Akteure auf dem humanitären Feld,
spricht vom »absoluten Pessimismus«, der an diesem Wendepunkt
zu einem »aktiven Pessimismus« werden kann.[4] Vor der ausweglos
scheinenden Mauer der Sinn- und Hilflosigkeit gelingt es vielleicht
so, noch Kräfte von »Trotzmacht« zu aktivieren. Dieses »Trotzdem«
ist aber nicht das Resultat von empirischen Datenanalysen oder
von informatisierten Lagesimulationen. Diesen Mehrwert an Motivationen zu begründen – nicht im argumentativen Diskurs, sondern im pragmatischen Überschritt, scheint mir eine der größten
ethischen Herausforderungen der Gegenwart zu sein. Die »Erklärung zum Weltethos«, in der die Goldene Regel eine Scharnier-
funktion einnimmt, proklamiert diesen Überschuß an Motivationen. Getestet wurde ihre Tragfähigkeit aber bisher noch nicht in
kollektiven Herausforderungen. Aus infrastrukturellen Engpässen
konnte die Verifikation z. B. im nachgenozidären Rwanda nicht
riskiert werden, wie es der »Stiftung Weltethos« vorgeschlagen worden ist.

(4) Edgar Morin

Der französische Interpret der aktuellen Weltentwicklungen, Edgar Morin, sucht die Antwort auf einen solchen Challenge im Rückgriff auf die buddhistische Grundoptionen, wonach die Welt ungeschminkt als negatives Kräftefeld von Leid und Verblendung wahrgenommen wird. Da aber die fehlgeleiteten Bindungen an Suchterfüllung, welche an dieser Notlage schuld sind, durch eine praktizierte Umkehr (d. h. Yoga-Weg) aufgelöst werden können, erwachsen in diesem Elend neue Chancen. Edgar Morin beschreibt diese Dynamik als »Frohe Botschaft im Elend« (évangile de la perdition) und als »Religion im Verloren-Sein« (religion de la perdition). Solche Horizonte sind in einer metaphorischen Sprache formuliert oder evoziert.[5] Kann dieser Vorausgriff auf das Ende des Unmenschlichen anders gesagt werden? Ist die Antwort auf das Leiden der Menschen, welches einem die Stimme verschlägt, nicht das verstummte »Dennoch« – falls wir uns sozial und humanitär überhaupt noch engagieren wollen?

3. Sozial-Engagement interkulturell

Die geistesgeschichtliche Erfassung von »human« und »humanitär« durch den Okzident scheint nicht mehr situationsgerecht und umfassend tragfähig zu sein. Nichtwestliche Kulturüberlieferungen und Religionseinsichten skizzieren aber einen neuen Horizont des Menschlichen. Ihre Modelle, die den Mitgliedern der Weltgemeinschaft das Überleben sichern können, werden für soziale Gestaltung und humanitäre Intervention zu Alternativangeboten.[6]

Die Konturen dieser Sinn-Systeme sind noch nicht durchgehend ausgezogen und ihre politisch-soziale Belastbarkeit noch nicht definitiv getestet. Ihre Glaubwürdigkeit ist aber bereits in harten Konfrontationen erhärtet worden. Bemerkenswert ist dabei, daß es vor allem Frauen aus den muslimischen, buddhistischen und konfuzianischen Räumen sind, welche diese neuen-alten Wege praktisch und theoretisch beschreiten. Die maskulinen Modelle scheinen nicht mehr operational zu sein. Da diese Frauen noch ganz in ihrem oft äußerst riskanten Engagement stehen, können wir von ihnen und ihren Mitarbeiterinnen nicht erwarten, daß sie akademisch ausgefeilte politische Philosophien und Sozial-Ethiken vorlegen. Sie arbeiten unter dem Zeichen der Dringlichkeit. In ihren Interviews und Streitschriften legen sie aber die kulturellen Wurzeln und religiösen Optionen frei, die sie in ihren soziopolitischen Konfrontationen mit und für ausgebeutete Menschen und gegen die Mechanismen, die das Menschliche im Menschen zerstören, durchtragen.

(1) Aung San Suu Kyi

Im burmesischen Kontext plädiert die Friedensnobelpreisträgerin Aung San Suu Kyi für gewaltfreie Prozesse in der Gesellschafts-Transformation im Hinblick auf Demokratie und Achtung der Menschenrechte. Die buddhistische Tiefenkultur vermittelt ihr dazu die motivierende persönliche und gesellschaftliche Energie. Gestützt auf die grundlegende Einsicht der Lehre des Gautama Buddha besteht nämlich eine unentwirrbare Verkettung zwischen Täter und Opfer, aus der sie sich nur gegenseitig befreien können.[7] Diese fatale Kollusion ist in der buddhistischen »Formel von der Entstehung in Abhängigkeit« thematisiert worden. Darnach können die gesellschaftlichen Ungerechtigkeits- und Gewaltspiralen nicht mit gegenseitigen Schuldzuweisungen gestoppt werden. Sozialtherapeutische Interventionen durch Hilfe von Außen können zwar auf die politischen Rahmenbedingungen Druck ausüben, es ist aber bloß durch eine mentale Transformation und eine persönlich-strukturelle Konversion von Tätern und Opfern möglich, Befreiung zu erlangen. Die Kategorien von Karma und Nirvana erhalten so eine unerhörte Dichte.

San Suu Kyi vermittelt diese Kombination von Kontemplation und Politik während ihren wöchentlichen Meetings, in denen sie unermüdlich diese Zusammenhänge evoziert und kommentiert. Sie tut das oft mit Hilfe eines Basistextes buddhistischer Spiritualität, dem »Leitfaden von der Güte« (*mettasutta*). Diese »Güte« (*metta*) wird als eine bedingungslose Solidarität mit jenen Menschen –

sei es Freund oder Feind – und mit jedem Wesen – seien es Pflanzen, Tiere oder Menschen – verstanden. Sozialarbeit und humanitäre Intervention werden damit konkrete Manifestationen von ökologischer Sorgfalt. Im »Lehrgedicht zur Güte« (Vers 7) heißt das so:[8]

Gleich einer Mutter, die den eigenen Sohn, den einzigen, beschützt mit ihrem Leben, soll gegenüber allen Wesen er den Geist von Schranken frei zu machen streben.

Unerwartete Synergien zwischen Gewalttätern und Gewaltopfern, welche die christlich-jüdische Tradition von sozialpolitischer Begründung nicht erahnt hat, zeichnen sich so interkulturell ab.

(2) Hyun Kyung Chung

Zu ähnlichen Entgrenzungen lädt deshalb auch die koreanische Theologin Hyun Kyung Chung ein. Sie ist zwar Christin, arbeitet aber mit konfuzianisch-buddhistischen Vorverständnissen in ihrem soziokulturellen und ökonomisch-politischen Kontext der südasiatischen Industrialisierungsdynamik. Ihre Spiritualität, welche im Leiden mit dem (Arbeiter-)Volk, dem ausgebeuteten Minjung, gestählt wurde, ist undogmatisch. Nicht die lehrmäßige Korrektheit und ihre systeminterne Religionskohärenz sind Leitplanken für das soziale Engagement. Sie proklamiert vielmehr eine grenzüberschreitende Solidarität im Kampf ums Überleben von Kindern, Frauen und Männern überall, besonders aber im Raum des pazifischen Ozeans.

Christentum, Buddhismus und Konfuzianismus sind nur insofern relevant, als sie sich für diese menschlichen und menschheitlichen Befreiungsprozesse einsetzen. Schlagwortartig spricht sie dann vom »überlebens- und befreiungszentrierten Synkretismus«.[9] Eine solch provozierende Perspektive meint aber nicht, daß die jeweiligen Grundintuitionen des jüdischen Jesus von Nazareth, von Gautama dem Buddha oder des chinesischen Meisters Kung-fu-tse in verschwommener Beliebigkeit verschmiert werden sollen. Es geht vielmehr um eine entschiedene Positionierung gegen jede Form von Zerstörung des Lebendigen und des Menschlichen. Synkretismus ist dann nicht mehr eine doktrinäre Kategorie, sondern ein politischer Begriff. Etymologisch kann nämlich »Synkretismus« auf ein griechisches Verb zurückgeführt werden, wonach sich »die Kreter gegen einen gemeinsamen Feind zusammentun«.

Für Hyun Kyung Chung stehen wir in einer sozio-politischen Geschichtsphase, in der die spirituellen und psychischen Kräfte der Menschen aller Religionen auf das eine Ziel ausgerichtet werden müssen: das Überleben des Menschlichen sichern – und das unabhängig von der partikulären kulturellen oder ideologischen Zugehörigkeit. Die Stoßrichtung geht nach dieser Asiatin also nicht auf den heute vielbeschworenen »Clash of Civilizations« zu.[10] Sie meint vielmehr, die Energien seien auf Formen der Konvivialität auszurichten. Gegen die risikoreiche Rede vom »Schock der Kulturen«, welche zu einer sich selbsterfüllenden zerstörerischen Prophezeiung werden könnte, sucht sie nach Motivationen zur Solidarität.

(3) Fatema Mernissi

Verwurzelt in der islamischen Tradition arbeitet in einem ähnlichen Umfeld, in denen rapide und tiefgehende Gesellschafts-Mutationen ablaufen, die marokkanische Soziologin Fatema Mernissi. Im islamischen Kontext des Fundamentalismus motiviert sie Frauen (und Männer), sich für Selbstachtung einzusetzen.[11] Vernetzt mit vielen Führungsgestalten und Basisarbeiterinnen unter den maghrebinischen Frauen versucht sie, Einsichten des Korans für die Moderne zu öffnen. So entkrampft sie die fundamentale Glaubensaussage des Islam, wonach es neben Gott keine Gottheit gibt, indem sie die religionskritische Folgerung vertritt, daß sich keine staatliche Machtgruppe oder religiöse Organisation absolut setzen kann. Im Raum des einen und erbarmenden Gottes ist nichts absolut. Alles ist vorläufig und verhandelbar. Im weltumspannenden Haus der Hingabe (Islam) hat jeder Mensch Heimatrecht.

Unter dem Obertitel »Sozial-Engagement interkulturell« haben wir einige nicht-okzidentale Motivationsquellen für humane Solidarität aufgelistet, die vielleicht aus der humanitären Falle herausführen können, in die der Westen geraten ist. Es sind ebenso viele Variationen zum Thema »vernetzte Solidarität zwischen Täter und Opfer«. Damit bleiben wir aber immer noch im kulturellen Code. Die Frage wäre jetzt, ob diese semiotischen Codes, welche band-stiftende und aggressionsbeschwichtigende Funktionen haben, nicht stärker im genetischen Code der Menschen verankert sind als die Abkapselungstendenzen in der Eigen-Gruppe und die Verteufe-lungsbedürfnisse gegenüber der Fremd-Gruppe.

(4) Irenäus Eibl-Eibesfeldt

Der Verhaltensforscher Irenäus Eibl-Eibesfeldt kommt sowohl in seiner Naturgeschichte von Liebe und Haß als auch in seiner Streitschrift wider die Mißtrauensgesellschaft zum Schluß, daß »die Potenzen zum Guten uns ebenso gegeben sind wie jene zur Selbst-vernichtung«.[12] Für die interkulturelle und transreligiöse Motiva-tion, sich sozial und humanitär zu engagieren, ist es gerade im Fall der einleitend erwähnten Fehlverhalten im »Charity-Business« und in der »humanitären Industrie« – vielversprechend, daß die vielfäl-tigen kulturellen Normen in ihrer Pluralität bestehen bleiben kön-nen, sofern und wann immer sie im genetischen Programm von Bindungsfähigkeit verankert sind. Ich meine, der interreligiös ver-ankerte Imperativ der Goldenen Regel, wonach wir dem anderen tun sollen, was wir uns selber getan sehen möchten, könnte so ver-tiefter begründet werden.

4. Sozial-Engagement lokal

Damit ist eine gesamtgesellschaftliche Kommunikation weiterhin möglich. Die genetische Ausstattung erlaubt pragmatisch in Soli-darität weiter zu arbeiten, auch wenn die kulturell bedingten For-men der Kommunikation zu einem ständigen Lernprozess zwin-gen. Somit sind auch die konkreten Aktionsnormen, welche die humane Kohäsion zwischen verschiedenen Gesellschaftsnetzen und Persönlichkeitsgestalten festlegen, offen und praktisch aufeinander abzustimmen. Universal gültige Rezepte gibt es nicht. Lokal kann aber die Interventionsform immer wieder verhandelt werden.[13]

Diese Form ist transkulturell formulierbar. Die Religionen vermitteln sie praktisch in einer identisch gestalteten ethischen Grundhaltung. Diese »Goldene Regel« könnte zur Basisregel eines Weltethos werden: »Tue dem anderen, was du möchtest, daß er dir tut.« Dieser Verhaltensstandard ist eine Einladung zum schöpferischen Werden der zwischenmenschlichen Umgangsformen – im geglückten Alltagsleben ebensosehr wie im Kampf gegen Armut und Ausbeutung. Diese Regel gilt bedingungslos, ist ein kategorischer Imperativ. Sie ist nicht bloß ein utilitaristisches Gentlemen's Agreement von der Art: »Ich belästige dich nicht, belästige du mich auch nicht.« Die in der positiven Formulierung enthaltene schöpferische Ermahnung muß ja auch in der Konfrontation mit dem »Feind« tragfähig bleiben.

Was das im politischen Befreiungskampf von kolonialer Besetzung bedeute, hat der Mahatma Gandhi gezeigt. Wie Demokratisierungsprozesse zwischen Tätern und Opfern nach dieser Vorgehensweise durchgestanden werden, illustriert das Ausharren von Aung San Sun Kyi. Das soziale Elend südostasiatischer Frauen soll nach dem Engagement von Hyun Kyung Chung in solcher Solidarität abgebaut werden. Fatema Mernissi steht an der Front vom unsäglichem Leid und in alltäglicher Lebensgefahr und gestaltet die soziale Realität von innen her um.

Die okzidentale Not mit der neuen Armut, mit Arbeitslosigkeit und Drogenelend ist mit diesen Vorbildern weder theoretisch gemeistert noch praktisch gelindert. Die Traumata und Flüchtlingsdramen nach dem Völkermord in Rwanda und Bosnien sind noch immer da – und auch der »humanitäre Tourismus«. Die Goldene Regel lädt aber trotzig zu Wachheit und Konsequenz ein.

Der buddhistische Mönch aus Vietnam, Thich Nhat Hanh, der seit den 70er Jahren im Okzident die sozio-politischen Vorgehensweisen des »engagierten Buddhismus« spirituell vermittelt und praktisch eintrainiert, formuliert diesen Spannungsbogen zwischen Realitätssinn und Risikobereitschaft poetisch. Thich Nhat Hanh hat uns gesagt: »Wir schreiten über Dornen, mutig gehen wir voran, als wären es Blumen.«

Anmerkungen

1 Diese konfliktive, ja polemische Verweigerung von christlicher Nächstenliebe aus dem »Norden« ist vom amerikanischen Vordenker »Schwarzer« Theologie, *James H. Cone*, fast unerträglich scharf formuliert worden. In seiner »Schwarzen Theologie. Eine christliche Interpretation der Black-Power-Bewegung« (München 1971, S. 65) unterstreicht er: »Die Schwarzen müssen den Weißen sagen, daß echte Liebe keine Hilfe ist, nicht das Verteilen von Geschenkkörben an Weihnachten, sondern Arbeit für politische, soziale und wirtschaftliche Gerechtigkeit, was immer eine Neuverteilung von Macht bedeutet.«

2 Der *Mahatma Gandhi* hat kein Traktat zur Gewaltlosigkeit (ahimsa) und zur »Kraft der Wahrheit« (satyagraha) verfaßt. Er hat aber unter dem Zeichen der politischen Dringlichkeit in Interviews, Editorialen und Reden seine Handlungsprinzipien seinen »Mitstreitern in der Kraft der Wahrheit« (satyagraha) seine Leitgedanken explizitiert. Vgl. *Hervé Chaigne*, La non-violence gandhienne, in: Esprit 296 (1960) p. 1189-1218.

3 Zum analytischen Begriff »Anomie«, vgl: *Richard Friedli*, Konfliktverarbeitung in Rwanda, in: Universitas Friburgensis 2 (1996/1997) S. 9-10; Id., Human Ecological Change in Kinshasa – Zaïran Urban Anomie and African Palaver Systems, in: *Peter Atteslander* (Hrsg.), Anomie. Social Destabilization and the Development of Early Warning Systems (= International Journal of Sociology and Social Policy 15/8-10 (1995) p. 265-282.

4 *Bernard Kouchner*, Ce que je crois, Paris 1995, p. 94: »Pour survivre au contact des massacres, je n'ai qu'une recette: il faut pratiquer le pessimisme absolu, c'est-à-dire résolument actif, actif comme une méthode, un cuirasse, voire une croyance.«

5 Vgl. sein Schlußkapitel »Das Evangelium der Verlorenheit« im Alterswerk »Terre-Patrie« (Paris 1993, S. 194-208) von *Edgar Morin*.

6 *Hans Küng* erwähnt im Schlußabschnitt »Ethos, Unternehmen und Manager« (B. IV) seines sehr prospektiven Werkes »Weltethos für Weltpolitik und Weltwirtschaft« (München-Zürich 1997, S. 333-367) die Diskussion um die »asiatischen Werte«. Ihre konfuzianisch-buddhistischen Konnotationen und Kontexte, Stärken und Schwächen, Traditionen und Modernitäten sind aber noch verstärkter zu ergründen. Der französische Wirtschaftswissenschaftler *Serge-Christophe Kolm*, welcher lange Zeit in Japan gearbeitet hat, schlägt hier wichtige sozialethische Querverbindungen vor. Vgl. sein: L'homme pluridimensionnel. Bouddhisme et marxisme pour une économie de l'esprit, Paris 1986.

7 *Aung San Suu Kyi* ist überzeugt, daß »Gewalt nicht der richtige Weg ist« und daß man persönliche und politische Wege finden muß, wo »Henker und Opfer« zueinander finden können. Sie wurde von der burmesischen Militärdiktatur unter Hausarrest gehalten (Juli 1989-Juli 1995). Ihre Aktion ist inzwischen weltweit als beispielhaft anerkannt worden: 1991

erhält sie den Friedens-Nobelpreis. Ihre politischen und ethischen Strategien sind in ihren Gesprächen mit *Alan Clements* dargestellt: Aung San Suu Kyi, The Voice of Defiance, Paris 1996.

8 Übersetzung und Kommentar aus: *Hans Wolfgang Schumann*, Buddhismus. Stifter, Schulen und Systeme, München 1993, S. 109-110.

9 *Hyun Kyung Chung*, Struggle to be the Sun Again. Introduction Asian Women's Theology, New-York 1990, p. 113: »My hope for the future direction of Asian women's theology is that it ... risks the survival-liberation centered syncretism.« Vgl. mein Kommentar dazu: »Synkretismus und Befreiungspraxis. Asiatische und afrikanische Modelle im Dialog« in: Dialog der Religionen (München) 5/1(1995) S. 42-66.

10 Wie *Hans Küng* (in: Weltethos für Weltpolitik und Weltwirtschaft, S. 160-162) richtig bemerkt, ist die Position des amerikanischen Politologen, *Samuel P. Huntington* in seinem Bestseller »The Clash of Civilizations« (New York, 1996: dt. Ausgabe: Der Kampf der Kulturen. Die Neugestaltung der Weltpolitik im 21. Jahrhundert, (München-Wien 1997) nuancenreicher als es seine journalistische Rezeption erahnen läßt. Vor allem im Schlußkapitel »Der Westen, die Kulturen, Zivilisation« (dt. Ausg.: S. 495-531) spricht Huntington in der Linie der Goldenen Regel, wie sie auch Hans Küng im Anschluß an die Unterscheidung von *Michael Walzer* zwischen »dichter« und »dünner« Moral aufnimmt (op. cit. S. 132-137). Nach Huntington, (S. 525) »entspringt der gemeinsamen *conditio humana* doch eine ›dünne‹ minimale Moral, und es sind in allen Kulturen ›universale Dispositionen‹ anzutreffen.«

11 *Fatema Mernissi*, Die Angst vor der Moderne. Frauen und Männer zwischen Islam und Demokratie, Hamburg-Zürich 1992. F. Mernissi entwickelt, ausgehend vom Wert »Rahma«, was »Mütterliche Brust« oder »Früchte des Erbarmens« bedeutet, den Aspekt »Empfang« im Islam. Wir befinden uns also auf der spirituellen Ebene, wo Islam eine totale Bereitschaft der Unterwerfung unter den Willen Gottes gefragt ist. Wenn wir die Sufi-Mystik bevorzugen, ist Islam als Institution oder Religion nicht in erster Linie ein soziologisches oder politisches Faktum. Sie spricht also von »Rahma« (S. 118-120) als »Zärtlichkeit in homogener Stadt«.

12 *Irenäus Eibl-Eibesfeldt*, Liebe und Haß. Zur Naturgeschichte elementarer Verhaltensweisen, München-Zürich 1993 (= 1970), S. 272.

13 Die vorgehenden Überlegungen können nur gewisse Untersuchungsrichtungen zu interkulturellen Aspekten des Warum einer sozialen Aktion und humanitären Intervention angeben. Für die eher inner-europäische Diskussion, vgl. *Ulrich Beck*, Risikogesellschaft. Auf dem Weg in eine andere Moderne (Suhrkamp Taschenbücher 1365), Frankfurt a.M. 1986.

ERZIEHUNGSWISSENSCHAFT

Weltethos und Erziehungspraxis: 10 Thesen

Das Projekt Weltethos ist darauf angelegt, in verschiedenen Feldern der Wissenschaft und der gesellschaftlichen Praxis überprüft, differenziert und konkretisiert zu werden. Einen ganz wesentlichen Schritt auf diesem Weg stellte das V. Nürnberger Forum zum Thema »›Das Projekt Weltethos‹ in der Erziehung« 1994 dar. Mit 38 Referentinnen und Referenten aus verschiedenen Kontinenten, den maßgeblichen religiösen Traditionen und einem großen Teilnehmerkreis aus Theologie, Religionswissenschaft, Pädagogik und anderen Humanwissenschaften wurde – inspiriert durch die Impulse von Hans Küng – an 5 Fragenbereichen gearbeitet:

1) Kann aus den verschiedenen Religionen wirklich ein alle verbindendes Ethos gewonnen werden?

2) Ergeben sich auf dieser Grundlage Möglichkeiten zur Konfliktlösung durch interreligiöse Kooperation?

3) Lassen sich gemeinsame ethisch-pädagogische Grundsätze formulieren?

4) Welche Konzeptionen und Modelle ergeben sich für die erzieherische Praxis in Schulen?

5) Welche Konzeptionen und Modelle ergeben sich für die Arbeit in Gemeinden und Familien?

Im folgenden wird versucht, die Vielfalt der Beiträge und Ergebnisse des Forums, die seit 1995 veröffentlicht vorliegen[1], in 10 Thesen zusammenzufassen, die die Relevanz der Arbeit auch über Erziehungswissenschaften, Theologie und Religionspädagogik hinaus sichtbar machen. Bei jeder der Thesen werden zunächst die Problemsachverhalte beschrieben; es können sodann Ansatzpunkte einer Bearbeitung der Probleme benannt werden – und es werden sich jedesmal Aufgaben herauskristallisieren, die sich für die Zukunft stellen.

1. Zur Notwendigkeit erzieherischer Bemühungen

Die Maximen »Kein Frieden unter den Nationen ohne Frieden unter den Religionen«, »Kein Frieden unter den Religionen ohne Dialog zwischen den Religionen« sowie »Kein Dialog zwischen den Religionen ohne Grundlagenforschung in den Religionen«[2] sind zu ergänzen: Kein Friede, kein Dialog und keine Grundlagenarbeit in den Religionen ohne erzieherische Bemühung! In diesen Prozeß sind Menschen und Gruppen einzubeziehen, die sich nicht religiös verstehen, aber auf humanistische Grundwerte ansprechen lassen. Nur wenn die Heranwachsenden Achtung haben für ihre Mitmenschen, Verantwortung empfinden für alle belebte und unbelebte Kreatur, wenn sie sensibel sind gegen Haß, Gewalt sowie lebens- und gemeinschaftsfeindliche Entwicklungen, sind sie gerüstet für ein Zusammenleben, das unserem Planeten Zukunft eröffnet.

Die Zukunft unseres »Raumschiffes Erde« wird entscheidend mit davon abhängen, ob die kommenden Generationen – die Kinder und die Jugendlichen, die jetzt leben, und die, die in den nächsten Jahren geboren werden – in der Lage sein werden, diese Zukunft verantwortet zu gestalten.[3]

Die Rahmenbedingungen hierfür sind in den verschiedenen Weltregionen und Ländern denkbar verschieden: Von Ländern mit hochentwickelten Bildungssystemen, bei denen in den Curricula der Schulen und Hochschulen auch die religiös-ethische Dimension konsequent einbezogen wird, über Länder, in denen das Bildungssystem einseitig ökonomiebezogen ist, über »Schwellenländer«, in denen große erzieherische Anstrengungen unternommen werden, die aber mit dem Bevölkerungswachstum nicht Schritt halten können, bis hin zu Ländern, denen die ökonomische Basis für die Entwicklung des Bildungssystems nahezu vollkommen fehlt, reicht das Spektrum.

Verhängnisvolle Phänomene sind dabei nicht nur in den armen Ländern auszumachen, in denen nicht selten Kinderarbeit, Kindersklaverei, Kinderprostitution und die Situation als »Straßenkinder« viele Heranwachsende trifft. Auch in den hochindustrialisierten Staaten greifen Verwahrlosung, Drogenkonsum und Gewaltbereitschaft unter Jugendlichen um sich und überfordern an vielen Stellen Eltern und Erzieher.

Hans Küng hat hierzu in seinem Forumsbeitrag[4] als besondere Problembereiche die Gewalt in den Medien angesprochen[5], den »Orientierungsdschungel« (daß klare Maßstäbe für Recht und Unrecht für junge Menschen oft nur noch schwer erkennbar seien) und die Unsicherheit im Umgang mit der menschlichen Aggressivität.

Diese Negativlinie ist allerdings nur die eine Seite, die wahrzunehmen ist. Die andere ist, daß es durchaus eine intensive Auseinandersetzung mit diesen Problemen in unserer Öffentlichkeit, in den Gemeinden, im schulischen Bereich und in den Erziehungswissenschaften gibt.

Ein wichtiger pädagogischer Ansatzpunkt für eine Neuorientierung ist die Entwicklung einer interkulturellen Erziehung, die von zaghaften Ansätzen auf eher folkloristischem Niveau sich zu einer vielfältigen Disziplin mit starker Praxisrelevanz entfaltet hat.[6] Ohne die hier geleistete Begegnungsarbeit und Sensibilisierung ist die Vielfalt der Initiativen gegen Ausländerfeindlichkeit, sind die überwiegend gelungenen Integrationsschritte für ausländische Kinder in unseren Schulen nicht denkbar.

Freilich ist angesichts der gegenwärtigen globalen Herausforderungen auch ein globaler Zielrahmen zu umreißen, der sich an den Konturen orientieren kann, die die Weltethos-Erklärung vorgezeichnet hat.

Es geht um

»– das *Lernen für eine bewohnbare Erde* (angesichts eines drohenden ökologischen Kollapses),

– das *Lernen für eine mündige Wahrnehmung der dem einzelnen gemäß den Menschenrechten zukommenden Freiheiten und Verpflichtungen* (angesichts der drohenden Entmündigung durch technokratische Systeme, durch simplifizierende Ideologien, durch Verarmung und wirtschaftlich-politische Versklavungen / Kriminalisierungen),

– das *Lernen für eine sinn-volle Lebensgestaltung* (angesichts drohender ›Gleichschaltungen‹ in Medienkultur und Wohlstandsideologie und ›seelischer Umweltverschmutzung‹),

– das *Lernen für ein solidarisches Zusammenleben in Familien, Gemeinden, regionalen und internationalen Horizonten* (angesichts der Gefahren sich auflösender Familienstrukturen, des Fehlens eines elementaren ethischen Wertebewußtseins und des Neuauflebens nationaler Fanatismen und Partikularismen).«[7]

2. Zur Vermittlung religiöser Wertetraditionen in die pluralistische Wirklichkeit

Erzieherische Bemühung im Sinne des Weltethos lebt davon, daß es Religionen und Weltanschauungen als »verantwortete Sinnsysteme« gibt, die in der Lage sind, ihre Wertetraditionen in die gegenwärtige pluralistische Wirklichkeit hinein zu vermitteln. Sie bedürfen nicht der Vereinheitlichung, sondern der Spezifizierung, um aus ihrer jeweiligen Tradition – mit ihrer Spiritualität, ihren Erkenntnisgrundlagen, ihrer sozialen und ethischen Gestaltung – Lebenssinn zu geben und verantwortliches Handeln zu inspirieren.

»Verantwortete Sinnsysteme« sind wesentlich angesichts der Pluralisierung der Lebensformen und Lebensverhältnisse, die mit einer starken Individualisierung einhergeht. In der weltanschaulichen Freiheitlichkeit, in der sich weite Teile der »westlich«-demokratischen Gesellschaften entfalten können, kann fast jeder sich sein religiös-weltanschauliches Potpourri selbst zusammenstellen. Dabei können sehr selbstbezogene Motivationen leitend sein; das gesamtgesellschaftliche Verantwortungsbewußtsein, das den großen religiösen Traditionen eigen ist, läßt sich leicht beiseiteschieben. Andererseits gibt es durch den globalen Medien-, Werbe- und Verbrauchermarkt »Gleichschaltungen«: was »man« haben muß, was »man« besitzen muß, wie »man« sich zu verhalten hat (z. B. Zeitschrift »Bravo«: Gleichschaltung jugendlichen Sexualverhaltens).

Die großen religiösen Traditionen repräsentieren demgegenüber einen Zusammenhang von Glaube, lebensgründenden Einsichten, Lehren, Riten, sozialem Gefüge und Ethik, die dem Einzelnen seinen Ort gemeinschaftsbezogen zuweisen und ihn in einen unverwechselbaren Verantwortungszusammenhang hineinstellen. Wie sehr diese Systeme neben Halt und Geborgenheit auch Einengung, Gängelung, Entfaltungsbeschränkung bedeuten konnten und können, zeigen viele Beispiele aus Geschichte und Gegenwart. Die Emanzipation von religiös-weltanschaulicher Bevormundung ist ein Prozeß, der lange und schmerzhaft verlaufen ist und in dem viele Gesellschaften noch begriffen sind.

Die Gefahr bei der Emanzipation von den tradierten Wertesystemen liegt in einer Wertebeliebigkeit, in denen sich egoistische Quasireligionen wie der Konsumismus breit machen können. Dabei gibt es keinen sinnvollen Weg zurück in die Uniformität einer dogmatistischen Konfession. Die auch pädagogisch relevante *Aufgabe* ist hier vielmehr, die religiösen Traditionen im Dialog mit der neuzeitlichen Freiheitsgeschichte zu aktualisieren[8] und dabei die Gesamtheit der globalen Herausforderungen in den Blick zu nehmen. Hier können in aller Verschiedenheit Konvergenzen zwischen den religiösen Traditionen entdeckt werden, ohne daß die Spezifika der eigenen Tradition aufgegeben werden müssen.

Als beim V. Nürnberger Forum aus jeder der großen religiösen Traditionen ein Zentraltext oder -begriff unter der Perspektive des Weltethos interpretiert wurde, stellte sich heraus, daß sie z. B. durchgängig nicht bei der Fixierung des Verbotssinns der Gebote (»Du *sollst nicht* töten, ehebrechen, stehlen, lügen, begehren …«) stehenbleiben, sondern sie im positiven Sinne zu entfalten wissen. So geben z. B. die religiösen Motivationen sämtlich Anhaltspunkte dafür, das »Du sollst nicht töten« positiv zu entgrenzen in Richtung auf umfassenden Schutz des Lebens und der körperlichen Unversehrtheit. Dabei zeigte sich, daß ein überzeugter Jude in der Seins-Analyse des Buddha ebenso aufregend Erhellendes entdecken kann wie ein überzeugter Christ in der andersartigen Auffassung von Zeit und Raum in den Naturreligionen.

Der »Vorteil« der Religionen gegenüber nichtreligiösen Weltanschauungen, die keineswegs diffamiert werden sollen, ist dabei, daß

sie aus einer re-ligio, einer Rückbindung an einen Grund-Sinn des
Daseins heraus leben, aus spirituellen Quellen, die die Endlichkeit
überschreiten und Halt und Kraft geben können auch im Angesicht der menschlichen Grenzen.

Unser Forum hat allerdings auch gezeigt, daß wir im Blick auf
theologische und ethische Inspirationen, wie sie sich aus dem Religionendialog ergeben können, erst ganz am Anfang stehen. Hier
wartet ein dringendes und vielfältiges Aufgabenfeld.

3. Zur Abhängigkeit von strukturellen Bedingungen

*Erziehung im Sinne des Weltethos hängt von strukturellen Bedingun-
gen ab: davon, daß Kinder Liebe, Geborgenheit, Schutz erfahren, –
daß ihnen Lebens-, Lern- und Entfaltungsmöglichkeiten unter personaler Begleitung geboten werden:*
– frei von Ausbeutung in Strukturen der Verarmung
– frei von Verwahrlosung in Strukturen des Konsumismus
*Die Arbeit an der Verbesserung der strukturellen Bedingungen muß als
politische Prioritätsaufgabe begriffen werden, zu der die Religions-
und Weltanschauungsgemeinschaften ihre Beiträge zu leisten haben.*

Es zeigt sich immer wieder, daß Kinder in kriegerischen Konflikten, in ungerechten sozialen Strukturen, in Familienkonflikten und
in ihrer Abhängigkeit von Bildungsmöglichkeiten zu den schwächsten und am leichtesten vernachlässigten Gliedern der Gesellschaft
gehören. So notwendig die Heranwachsenden für das Weiterexi-
stieren und die Weiterentwicklung unserer Erde sind, so schwach
sind sie strukturell als Teil der Gesellschaft. Bei allen Bemühungen
im ökologischen Bereich, in der Friedensforschung, beim Einsatz
für mehr Gerechtigkeit und bei allen Entwürfen für eine sinn-volle
Zukunft sollte immer gleichzeitig auch pädagogisch nachgedacht
werden: Wie können Kinder Teilhaber dieser Prozesse werden; ihre
Partizipation ist gleichsam die »Probe aufs Exempel« bei der Ver-
wandlung der Strukturen. Dabei müssen nicht überall die gleichen
Wege begangen werden. Dort, wo Strukturen der Verarmung vorherrschen, ist anders anzusetzen als dort, wo Verwahrlosung durch

Konsumismus droht. Wesentlich ist die Arbeit daran, daß Kindern in ihrem jeweiligen Lebenskontext die »basic needs« gewährt werden können: Liebe, Geborgenheit, Schutz; Lebens-, Lern- und Entfaltungsmöglichkeiten unter personaler Begleitung. D. h. dort, wo Kinder zu Kinderarbeit genötigt sind, um überhaupt leben und überleben zu können, müßte die elementare Humanisierung ihrer Lebensbedingungen im Vordergrund stehen und ein Minimum an schulischer Bildung oder wenigstens Alphabetisierung, damit sie nicht von jeglicher Möglichkeit des Mündigwerdens und eigenverantwortlichen Handelns abgeschnitten sind. Dort, wo Kriegstraumata zu bewältigen sind, wird die Einübung in die Normalität von Leben und Lernen eine zentrale Aufgabe sein. Dort, wo bei uns in Ballungszentren Kinder zu verwahrlosen drohen, wäre Freizeitpädagogik eine wesentliche Aufgabe, müßten Schule und Lebensraum enger zueinander geführt werden.

Der Aspekt der »personalen Begleitung« ist dabei in allen Kontexten wesentlich. D. h. die Stärkung und Stützung familiärer Verantwortungsstrukturen bedarf der entsprechenden wirtschaftlichen und sozialen Rahmenbedingungen. Dabei kann nicht mehr nur auf die »heile« Familie gesetzt werden, so willkommen dieser Rahmen weiterhin sein muß. Entscheidend ist für Kinder, daß sie in einem verläßlichen Beziehungsgefüge aufwachsen, in dem sie sich nicht alleingelassen fühlen müssen. Friedhelm Zubke hat hierzu bei unserem Forum von »ethischer Elternschaft« gesprochen, die nicht auf den leiblichen Vater und die leibliche Mutter beschränkt ist.[9] Ein beispielhaftes Zeichen setzen hier m. E. die SOS-Kinderdörfer, die sonst alleingelassenen Kindern eben solche Familienstrukturen bieten.

Ein anderes Beispiel sind die christlichen Schulen im Nahen Osten, in denen Kinder verschiedener Bekenntnisse gemeinsam und in Achtung voreinander erzogen werden, darunter z.B. die Johann-Ludwig-Schneller-Schule in Khirbet Kanafar im Libanon, in der viele Kriegswaisen der verschiedenen am Bürgerkrieg beteiligten Gruppierungen all die Kriegsjahre hindurch im Geist der Verständigung und Toleranz erzogen wurden.[10] Die staatlichen Initiativen sind hier auf das Engagement religiös und humanitär geprägter Gemeinschaften angewiesen, so wie diese

umgekehrt staatliche und gesellschaftliche Unterstützung und Förderung brauchen.

4. Erziehung zu differenzierten Werten

*Erzieherische Bemühung im Sinne des Weltethos ist eine differenzierte
Werteerziehung, die zu ihrer Realisierung der Menschenrechte als
Grundlage ebenso bedarf wie der Kommunikation mit den in der Ge-
sellschaft wirksamen religiös-weltanschaulichen Traditionen.*

Vorausgesetzt wird hier, daß Werteerziehung eine Leitaufgabe in
der Erziehung überhaupt wahrzunehmen hat. Ohne Orientierung
in Sinn-, Wert- und ethischen Fragen fehlt einem verantworteten
Mündigwerden die Mitte. D. h. auch, daß Sinnfragen, Wertfragen
und ethische Fragen in Beziehung zur weltanschaulichen und besonders religiösen Tradition und Gegenwart einen genuinen Aufgabenbereich schulischer Erziehung darstellen, der am besten in
einem eigenen Schulfach wahrgenommen wird, ohne darum die
anderen Schulfächer und die außerschulische Erziehung von dieser
Aufgabe zu entlasten. Es ist aber ein Aufgabenbereich, der spezi-
fischer Fachkompetenz in religiösen und ethischen Fragen bedarf,
wie sie m.E. vom Geschichts-, Geographie und Sozialkundelehrer
nicht nebenher mit zu erbringen ist. Hier liegt die Begründung für
die Wichtigkeit von Religionsunterricht. Er hat bei uns die Aufgabe, Orientierungshilfen, Existenzhilfen und Handlungshilfen im
Licht der unsere Geschichte besonders bestimmenden abendlän-
disch-christlichen Tradition und im Blick auf die gegenwärtigen
weltanschaulich-religiösen Herausforderungen einer pluralen Gesellschaft zu geben.

Für einen konfessionsbezogenen bzw. auch konfessionell-kooperativen Religionsunterricht spricht dabei, daß es wesentlich ist, die
Heranwachsenden mit der Wurzeln ihrer eigenen Tradition und
Kultur als einem »verantwortungsfähigen Sinnsystem« vertraut zu
machen.[11] Ohne eine solche Grundorientierung kann es schwer
eine ernsthafte Begegnung mit anderen Wertetraditionen geben.
Freilich muß die Kommunikation mit einer solchen religiösen

Tradition sich als dialogfähig in der öffentlichen Schule, im Gespräch zwischen den Fächern und im Leben einer pluralen demokratischen Gesellschaft erweisen. Solcher Unterricht hat eine entscheidende »präventive« Aufgabe gegenüber religiös-weltanschaulicher Ignoranz, die auf der einen Seite die unkritische Anpassung
an die Ideale des Konsums zur Folge haben kann, auf der anderen
Seite leicht mißbraucht werden kann zu ethnisch-religiöser Fanati-
sierung, wie das Beispiel des ehemaligen Jugoslawien zeigt.

Religionsunterricht bzw. ein entsprechendes Alternativfach ist
gegenwärtig auch – mit Ausnahme Frankreichs (ohne Elsaß-Loth-
ringen) – als Unterrichtsfach in den öffentlichen Schulen aller
europäischen Staaten vorgesehen, durchgängig auch in den ehemaligen Ostblockstaaten.

Freilich fehlt an vielen Stellen noch eine einigermaßen hinreichende Infrastruktur im Bereich der Richtlinien- und Schulbuch-
entwicklung, der schulischen Organisation und besonders in der
Lehrerbildung. Viele der Schwierigkeiten lassen sich an der Einführung des Religionsunterrichts in den östlichen Bundesländern
ebenso exemplarisch zeigen wie an den Problemen, denen der Aufbau islamischen Religionsunterrichts für die etwa 700.000 muslimischen Schüler in den westdeutschen Ländern und Berlin unterliegt.[12]

5. Erziehung zu gewaltfreier Konfliktbewältigung

*Erzieherische Bemühung im Sinne des Weltethos ist eine Erziehung zu
gewaltfreier Konfliktbewältigung.*

Das Grundproblem ist hier, daß die Anschauung: Gewaltsames
Handeln lohnt sich, der Stärkere setzt sich durch, Ellenbogen-
gebrauch führt zum Erfolg, immer wieder Bestätigung erfährt,
sowohl durch praktische Erfahrung als auch durch Verstärkung in
den Medien. In Konfliktregionen wie in Israel/Palästina, im Libanon oder im ehemaligen Jugoslawien haben Kinder täglich Gewaltanwendung so vor Augen geführt bekommen, daß sie sich ein
menschliches Miteinander ohne Gewaltanwendung kaum vorstel-

len können. – Bei uns klagen Schulleiter und Lehrer über Phänomene der Gewaltanwendung unter Kindern, wo Raufereien, wie es
sie immer gab, ausufern können in die fast foltermäßige Behandlung der Unterlegenen. Ein großes Plakat für den DIT, den Deutschen Investment Trust, wirbt mit Kinderphotos der Manager, auf
denen diese mit Boxhandschuhen gezeigt werden: Schon als Kinder haben sie gelernt, die richtigen Haken zu landen!

In den Religionen, die lange genug Krieg und Gewaltanwendung für unumgänglich gehalten und nicht selten theologisch
sanktioniert haben, gibt es eine Linie des Umdenkens, die pädagogisch relevant ist und die darauf wartet, noch viel systematischer als
bisher ausgewertet zu werden: beginnend mit den Friedenskirchen
der Quäker, Mennoniten und Methodisten, über das einzigartige
Beispiel Mahatma Gandhis, über Martin Luther King, der als
Christ bewußt vom Hindu Gandhi gelernt hat, bis hin zu den Frie-
dens- und Bürgerrechtsbewegungen in den beiden letzten Jahrzehnten, die mehr bewegt haben, als man sich in der Geschichte
früher je hätte vorstellen können. Auch hier ist es notwendig, die
pädagogischen Bemühungen ganz spezifisch auf den jeweiligen
Kontext zu beziehen, wobei aus Bemühungen in parallelen Kontexten viel gelernt werden kann.

Als ein überzeugendes Beispiel möchte ich die Friedensschule in
Neve Shalom / Wahat as-Salam in der Nähe Jerusalems nennen[13].
In diesem Genossenschaftsdorf von Juden und Palästinensern werden in der Friedensschule junge wie erwachsene Juden und Palästi-
nenser zu Begegnungsseminaren zusammengeführt, um am Abbau
von Angst und Mißtrauen und dem Aufbau gegenseitigen Vertrau-
ens zu arbeiten. Die Seminare, in denen Menschen der beiden
Seiten oft erstmals direkt beieinander sind, sind durch 3 Phasen
gekennzeichnet: eine erste Phase, in der man vorsichtig und höflich
zusammenkommt und das Kontroverse umgeht; eine zweite Phase,
in der die wirklichen Ängste und Vorbehalte, Verletzungen und
(besonders auf palästinensischer Seite) erfahrene Demütigungen
zum Vorschein kommen und oft sehr aggressiv geäußert werden;
für diese Phase muß genügend Zeit eingeräumt werden; eine dritte
Phase, in der das Verstehen der Gegenseite einsetzt, das Bild für die
geschichtlichen, politischen, wirtschaftlichen und nicht zuletzt

religiösen Zusammenhänge differenzierter wird, eine neue Sensibilität entsteht und in der über die Gräben hinweg Beziehungen und oft genug Freundschaften aufgebaut werden. Über 15.000 Jugendliche und Erwachsene haben bisher an den Veranstaltungen teilgenommen. Laufend besuchen Gruppen aus dem In- und Ausland Neve Shalom / Wahat as-Salam. Viele Gruppen der Friedensbewegung nützen die von der Schule entwickelten Modelle.

Man kann dieses Beispiel gut in Beziehung setzen zu den Lernzielen des Vereins für Friedenspädagogik in Tübingen, die Hans Küng am Ende seines Nürnberger Forumsvortrags vorgestellt hat:
»– Lernen, eine Wertordnung einzuhalten, in welcher der Respekt der Menschenwürde an der ersten Stelle steht.
– Lernen, sich in andere einzufühlen.
– Lernen, Gefühle auszudrücken und im Dialog mit dem Gegenüber zu besprechen.
– Lernen, Konflikte konstruktiv auszutragen und mit Aggressionen gewaltfrei umzugehen.
– Räume schaffen für eigenverantwortliches Handeln.
– Glaubwürdige Vorbilder setzen und sich an solchen orientieren.«[14]
Es ist eine Zukunftsaufgabe, Trainings- und Verhaltensprogramme für gewaltfreie Kommunikation (s. etwa das Modell von Marshal Rosenberg/USA) für die verschiedenen erzieherischen Kontexte auszuarbeiten und in ihnen zu erproben.

6. Erziehung zu umfassender Lebensachtung

Erzieherische Bemühung im Sinne des Weltethos ist eine Erziehung zu umfassender Lebensachtung.

Auf eine Problemanalyse, wie bedroht unsere Existenzgrundlagen durch einen möglichen ökologischen Kollaps sind, kann ich hier verzichten, weil sie uns gegenwärtig vielfältig genug vor Augen gestellt wird. Die Herausforderung ist hier so groß, daß wir uns die ethnisch-religiösen Konflikte mit all ihrer Vergeudung an Kräften und Ressourcen schlechtweg nicht mehr leisten können.

Ich möchte hier nur beispielhaft als Religionspädagoge den
Erkenntnisweg umreißen, zu dem christliche Theologie und Religionspädagogik in unserer Generation gelangt ist. Gegenüber einer
Umwelt- und letztlich lebensfeindlichen Interpretation des Herr-
schaftsauftrages an den Menschen aus Genesis 1 hat sie die Linie
des Bebauens und Bewahrens, der Schöpfungsfreude und des
Schöpfungslobes entdeckt – wie sie etwa in den Psalmen (Ps 104),
in den Bildern und Gleichnissen der Predigt Jesu oder dem evangelischen Liedgut (»Geh aus, mein Herz«; »Die Erde ist schön, es
liebt sie der Herr, neu ist der Mensch, der liebt …«) präsent ist. Im
neuen Lehrplan für den Evangelischen Religionsunterricht an
Grundschulen in Bayern ist das Thema bewußt in aufbauendem
Lernen vom 1.-3. Schuljahr angelegt[15]: »Gottes gute Schöpfung
entdecken« im 1. Schuljahr: Von der Beobachtung der Schönheit
und Vielfalt des Lebens, Wachsens und Gedeihens in der Umgebung sollen die Schüler zu Freude und Dank für alles Geschaffene
geführt werden; »Bewahrende Ordnungen in der Schöpfung entdecken« im 2. Schuljahr in Begegnung mit der Sintflut/Noah-
Geschichte; »Gottes gute Schöpfung loben« im 3. Schuljahr in der
Begegnung mit den schönen Bildern des Psalms 104. Dazu kommt
als Aktionsvorschlag für das 1. Schuljahr: »Wir legen eine Wild-
blumenecke im Schulgelände an« und als Feier-Vorschlag für das
3. Schuljahr: »Wir gestalten eine Schöpfungsandacht«.[16]

Karl-Josef Kuschel hat in seinem Beitrag beim Nürnberger
Forum gezeigt, wie in der Genesis-Theologie die monotheistischen
Religionen aufeinander hören und miteinander lernen können.[17]
Sie müssen es gerade auch in neuer Achtung vor den Traditionen
der Naturreligionen, auf die uns Geiko Müller-Fahrenholz aufmerksam gemacht hat; sie haben ja dem nichtmenschlichen Lebendigen gegenüber eine ganz andere Sensibilität gezeigt.[18] Daß die –
in dieser Form zwar erst in unserem Jahrhundert redigierte, gleichwohl sehr eindrucksvolle – Rede des Häuptlings Seattle an den
Präsidenten der Vereinigten Staaten über die Erde, die man doch
nicht kaufen könne, in der Religionspädagogik bei uns ein solches
Echo gefunden hat, zeigt eine interreligiös-dialogische Linie für
christliche Religionspädagogik auf. Diese Linie müßte – und das
ist eine pädagogische Zukunftsaufgabe – in ein fächerübergrei-

fendes aufbauendes Lernen in unseren Schulen umgesetzt werden. Auch hier können wir es uns nicht leisten, auf die Fachkompetenz der Nachbarfächer zu verzichten.

7. Erziehung zu Wahrhaftigkeit, Toleranz und gegenseitiger Achtung

Erzieherische Bemühung im Sinne des Weltethos ist eine Erziehung zu Wahrhaftigkeit, Toleranz und gegenseitiger Achtung.

Die Weltethos-Erklärung hat gerade diesem Bereich besondere Aufmerksamkeit gewidmet. Denn in ihm sind die Religionen, sind religiöse und interreligiöse Erziehung ganz besonders herausgefordert. Nicht nur in der Geschichte hat die bewußte und unbewußte Abwertung Andersgläubiger (meist ohne fundierte Kenntnis ihres Glaubens) schreckliches Unheil gestiftet. Oft genug wird auch gegenwärtig mit schierer Unkenntnis, bewußter Verdrehung und Desinformation Politik gemacht und gerade auch im religiösen Bereich Abgrenzung und Diffamierung betrieben.

Die undifferenzierte Sicht des Islam als einer das Abendland und die ganze Welt bedrohenden Macht, wie sie – unterstützt durch einen Medienmarkt, dem der Kommunismus als Feindbild ausgegangen ist – von Gruppierungen wie der sogenannten Christlichen Mitte mit Hauswurfsendungen betrieben wird, ist hier ebenso ein Beispiel wie umgekehrt die Tatsache, daß in Kairo ein universitärer Vortrag angekündigt werden kann unter dem Thema: »Warum es im Westen keine Werte gibt.« Wer Bescheid weiß, wer differenzierte Kenntnisse hat, wer gelernt hat nachzufragen und zu hinterfragen, der kann nicht einfach belogen, übertölpelt werden.

Hier haben gerade die Religionen und der Religionsunterricht eine notwendige Orientierungs- und Begegnungsaufgabe, die einen differenzierten Religionendialog als Voraussetzung hat. Es geht darum, die Heranwachsenden auf ein Zusammenleben vorzubereiten, das nicht von Vorurteilsbarrieren belastet ist, in dem vielmehr ein Hören aufeinander und ein Lernen voneinander möglich wird, das zur Entgrenzung und Bereicherung der Lebenshorizonte auf allen Seiten führt. Hinsichtlich der Richtlinien, der Schulbücher und der Lehrerausbildung in europäischen Ländern habe ich beim IV. Nürnberger Forum 1991 eine Bilanz gezogen, die zwischenzeitlich noch nicht überholt ist. Sie besagt, daß im Blick auf die Religions- und Kulturbegegnung in den vergangenen 20 Jahren – besonders in West- und Nordeuropa – mehr geschehen ist als je vorher in der Geschichte, daß dieses aber gleichwohl im gesamtpädagogischen Feld noch sehr unzureichend bleibt. Die Arbeit der Shap Working Party on World Religions in Education in Großbritannien wäre ein positives Beispiel wie auch in Deutschland das Kölner Schulbuchprojekt zur Behandlung des Islam zunächst in deutschen und nun auch in europäischen Schulbüchern. Beide Beispiele zeigen, daß es gelingen kann, Vorurteile zu identifizieren und zu kritisieren und daß es gelingen kann, den Glauben des anderen in dessen eigener Sicht kennen- und verstehen zu lernen.

Grundprinzip ist hier die Einübung in den Perspektivenwechsel, das »in den Schuhen des anderen gehen«. Ganz praktische Wege hat hierzu beim Forum 1994 Manfred Schreiner, Schulamtsdirektor in Nürnberg, mit seinen »Unterrichtsmodellen gegen Rassismus/Ausländerfeindlichkeit« gezeigt[19]: Da werden auf einmal Ausländerkinder vom Objekt zum Subjekt, die z.B. beim Moscheebesuch übersetzen helfen können. Da wird ein Schüleraustausch so angeregt, daß deutsche Kinder ein Wochenende bei einer ausländischen Familie verbringen und umgekehrt. Da wird gemeinsame Betroffenheit erzeugt durch die Partnerschaft mit Kindern in einem Krisengebiet der Welt, über die in der Schule informiert wird und Hilfsmittel organisiert werden. Dieses Beispiel weist bereits auf den Aufgabenbereich hin, der in der 8. These angesprochen wird.

Das Defizit ist die erst langsam überwundene Vereinzelung solcher Bemühungen, die weithin fehlende Internationalisierung gerade auch der Forschungsarbeit und die bisher nur mangelhafte Umsetzung in der Lehrerausbildung, insbesondere, was die Kenntnis und das Verständnis anderer Kulturen und Religionen betrifft.

8. Erziehung zu solidarischem Zusammenleben

Erzieherische Bemühung im Sinne des Weltethos ist eine Erziehung zu solidarischem Zusammenleben in Familien, Gemeinden, regionalen und internationalen Horizonten.

Als Hemmnisse in diesem außerordentlich weiten Aufgabenfeld nannte ich schon die eingeschränkten Lebens- und Entfaltungsmöglichkeiten der Kinder in vielen armen und konfliktgeschüttelten Ländern einerseits, die einer tiefgreifenden Solidarität widerstreitenden Leitbilder einer Wohlstandsgesellschaft andererseits. Erziehung ist nicht allmächtig gegenüber diesen Strukturen. Doch ist sie auch nicht ohnmächtig. Hans Karl Beckmann hat in seinem pädagogischen Grundsatzbeitrag zu unserem Forum die Konturen einer realistischen Pädagogik umrissen, die durch Gegenwirken gegen die entsolidarisierenden Tendenzen und Unterstützen der solidarisierenden ihren unverwechselbaren und unerläßlichen Beitrag leisten kann.[20]

Im Themenbereich 5 unseres Forums, in dem Konzeptionen und Modelle für die Arbeit in Gemeinden und Familien vorgestellt werden, gibt es ermutigende Beispiele für eine Erziehung zu solidarischem Zusammenleben sowohl aus Ländern wie Indien und Sri Lanka als auch aus Deutschland. A. T. Ariyaratne, den man wohl mit Recht den Gandhi Sri Lankas nennen kann, beschreibt die Prinzipien und die Praxis der Sarvodaya (= »Wohlfahrt für alle«)-Bewegung, die mit Bildungsarbeit, ländlicher und handwerklicher Entwicklung mit einfachsten Mitteln, medizinischer Arbeit und Menschenrechtsarbeit in mehr als 9.000 Dörfern der religiös-ethnisch krisengeschüttelten Insel tätig ist.[21] Basis ist ein aus dem Buddhismus abgeleitetes Gemeinschaftsethos, das Mensch und Natur umfaßt: Spirituelle Erneuerung gehört dazu, Arbeit an sich selbst, praktikable Schritte, um mit wenigen Mitteln die nötigen Grundbedürfnisse zu befriedigen. Wesentlich für den Erfolg dieser Arbeit, die von den herrschenden Parteien gerade wegen ihres religionsübergreifenden versöhnenden Charakters immer wieder angegriffen wurde, sind die kleinen, überschaubaren Gemeinschaften, wie sie nach Ariyaratnes Meinung auch in Städten zu bilden wären, um die Verantwortung der Einzelnen gegen alle schematisch globalistischen Lösungsversuche zur Geltung zu bringen.

Als ein gemeindebezogenes Modell aus Deutschland stellt Klaus Kürzdörfer das »Projekt Arche«, ein jährlich durchgeführtes Stadtteilprojekt aus Kiel, vor.[22] Durch das Zusammenleben von 21 Nationen und Menschen aus vielen religiösen wie nichtreligiösen Traditionen ist die interkulturelle wie die interreligiöse Perspektive gefordert, um gegen Feindschaft und Abgrenzung anzugehen: Die Arche wird dabei zum Symbol der Welt- und Lebensrettung in Verbindung mit den verschiedenen religiösen Traditionen, in denen sie ihren Ort hat. Wichtig ist, daß bei diesem Ein-Wochen-Projekt mit Kindern Raum gegeben wird für die Selbstentfaltung der verschiedenen Glaubensweisen (unter Einbeziehung der Pfarrer wie der Hodschas).

Gelungene Beispiele praktisch gelebter Solidarität sind im kleinen wie im großen Maßstab im besten Sinne erzieherisch wirksam: Sie beugen der Apathie vor und können einladend-ansteckend wirken. Ihre systematische Dokumentation und Vernetzung könnte dem Weltethos-Projekt Füße geben.

Damit komme ich zu meinen beiden letzten Thesen, mit denen ich den Blick auf die Zukunft und auf notwendige Aufgaben richten möchte, die sich bei den bisherigen Thesen immer schon andeuten.

9. Zur Notwendigkeit wissenschaftlicher Arbeit

Erzieherische Bemühung im Sinne des Weltethos bedarf wissenschaftlicher Arbeit – besonders in den Bereichen Konfliktpädagogik, Umwelterziehung, religiöser, interreligiöser und interkultureller Erziehung.

Jeder der genannten Erziehungsbereiche bezeichnet gleichzeitig Forschungsbereiche. Die erste Aufgabe ist dabei die notwendige Ursachenforschung hinsichtlich der Bedingungen des Konfliktverhaltens, des Umweltverhaltens, des religiösen und kulturellen Zusammenlebens. Die erziehungswissenschaftliche Arbeit ist dabei keine bloße Anwendungswissenschaft, in der fachwissenschaftliche

Ergebnisse oder ideale Prinzipien umgesetzt werden. Sie ist vielmehr systematische, vermittelnde Wissenschaft. Um das auf das Weltethos-Projekt anzuwenden: Die Forderung, die Weltethos-Erklärung im Unterricht zu behandeln, ist richtig und begrüßenswert. In ihrer knappen, systematischen, anspruchsvollen Redeform wird sie allerdings am ehesten für Philosophie- oder Religionskurse der gymnasialen Oberstufe geeignet sein. Auch dort bedarf sie der kontextuellen Einbettung, wie an dem Philosophieunterricht von Klaudius Ganszyk gezeigt werden kann, den wir in unserem Forumsband dokumentieren.[23]

Die erforderliche wissenschaftlich-pädagogische Arbeit zum Weltethos-Projekt aber muß einerseits umfassender, andererseits spezifizierender ansetzen. Nehmen wir als Beispiel einmal den Aufgabenbereich »Weltethos in beruflichen Schulen«. Hier wäre einmal analytisch zu fragen:

– Wo und wie kommen Weltethos-Themen und -Prinzipien in Richtlinien und Unterrichtshilfen von Religionsunterricht und anderen ethisch relevanten Fächern vor?

– Welche Motivationen werden dabei bemüht – religiös, humanitär?

– Wie wird bei Schülererfahrungen angeknüpft?

– Werden Ergebnisse der einschlägigen Jugendforschung berücksichtigt?

– Wird fächerübergreifend-kooperativ gearbeitet?
Und es wäre dann konstruktiv zu erschließen:

– Wie können Weltethos-Themen und -Prinzipien zu den leitenden Schul- und Ausbildungszielen in Relation gesetzt werden?

– Welche Wege zur Erweiterung und Vertiefung der Fragestellungen können beschritten werden, wenn Schülererfahrungen und institutionelle Bedingungen ernstgenommen werden? ...

Hinsichtlich des spezifischen Bereichs religiöser und interreligiöser Erziehung habe ich bestimmte Erfordernisse bereits genannt: Erstes Erfordernis ist hier die Verbesserung der Infrastruktur in den Schulen und – zentral – in der Lehrerbildung. Neben die Theologie müssen die Religionswissenschaften als weitere Bezugswissenschaften in der Ausbildung der Religionslehrer treten, ein Erfordernis, dem auch das hoch entwickelte deutsche Lehrerausbildungssystem erst an wenigen Stellen gerecht wird. – Dringend erforderlich ist zudem eine qualifizierte Ausbildung für Ethiklehrer und für islamische Religionslehrer, die in der Lage sind, islamischen Religionsunterricht in deutscher Sprache zu erteilen. Elementare Kenntnisse über die für unsere Schulen relevanten religiösen und kulturellen Traditionen müßten zum Ausbildungskanon der Lehrer überhaupt gehören.

Der Verbreiterung und Vertiefung bedarf insbesondere die Richtlinienarbeit und Schulbuchforschung. Dem Kölner Schulbuchprojekt zum Islam fehlt bisher das Gegenstück: die Untersuchung der Darstellung des Christentums in Schulbüchern islamisch geprägter Länder. Klaus Hock dokumentiert die Erfordernisse genauer im Forumsband.[24] Er hat mit mir einen entsprechenden Projektantrag bei der Deutschen Forschungsgemeinschaft vorgelegt.

10. Zur Notwendigkeit von Kooperation, internationalem Austausch und gegenseitiger Inspiration

Erzieherische Bemühung im Sinne des Weltethos bedarf der Kooperation, des internationalen Austausches und der gegenseitigen Inspiration durch die Dokumentation und Evaluation bestehender und die Anregung und Entwicklung neuer pädagogischer Projekte.

Ich denke, diese These leuchtet ein: Schon in unserem engeren Umfeld ist die oft schwierig gewordene Situation in Schulen nur kooperativ zu bewältigen. Da, wo in Lehrerkollegien der Austausch fehlt, wo man sich mit seinen Problemen vor den anderen verbirgt, ist oft das Burn-Out-Syndrom und der vorzeitige Rückzug aus dem Berufsleben vorprogrammiert.

Dort, wo Lehrer und Erzieher sich öffnen und begleitende Beratungs- und Fortbildungshilfen erfahren, können oft auch schwierige Krisensituationen bewältigt werden.

Beim Forum 1994 hat sich die Fruchtbarkeit gegenseitiger Inspiration auch im internationalen Rahmen bestätigt: mit den Konzepten imaginativen Lernens etwa, die Reijo Heinonen aus Finnland vorgestellt hat[25], mit den Perspektiven für eine pädagogische Zusammenarbeit von Christen, Juden und Muslimen im Nahen Osten, die Mitri Raheb aus Bethlehem entworfen hat[26], oder mit den Grundsätzen für den Neuaufbau religiös-ethischer Erziehung in den Schulen Südafrikas, die Gordon Mitchell entwickelt hat[27]. In einer noch nicht veröffentlichten Untersuchung hat Johannes Rehm die in diesen multikulturellen Brennpunktregionen vorhandenen Projekte dargestellt, ausgewertet und – unter der Perspektive des Weltethos – mit europäischen Erfahrungen und Konzeptionen in Verbindung gebracht.[28]

Bei internationalen Tagungen – etwa mit der UNESCO, beim Ökumenischen Rat der Kirchen, bei der Europäischen Arbeitsgemeinschaft für Weltreligionen in der Erziehung – zeigt sich immer wieder, wie viel an zukunftsweisenden Projekten und Initiativen es gibt, und andererseits, wie wenig man voneinander weiß. Diesem Defizit zu begegnen, war eines der Anliegen der Weltkonferenz der Religionen für den Frieden (World Conference on Religion and Peace), als sie bei der VI. Weltversammlung 1994 in Riva/Italien anregte, eine ständige Kommission für Fragen der Friedenserziehung (Peace Education Standing Commission/PESC) aufzubauen, deren Aufgabe eben die Dokumentation und Evaluation bestehender und die Anregung und Entwicklung neuer pädagogischer Projekte sein soll. Beim *VI. Nürnberger Forum* unter dem Thema »*Interreligiöse Erziehung 2000. Die Zukunft der Religions- und Kulturbegegnung*« (28.9.-2.10.97 – die insgesamt 50 Beiträge dieses Forums werden 1998 im Band 16 der Reihe »Pädagogische Beiträge zur Kulturbegegnung« veröffentlicht) konnten die Ergebnisse der Pilotphase dieser Kommission vorgestellt werden.

In den 3 ausgewählten *Aufgabengebieten*:
1) Religiöse/Interreligiöse Erziehung
2) Erziehung zu gewaltfreier Kommunikation und Konfliktlösung
3) Umwelterziehung und Erziehung zu sozio-ökonomischer Entwicklung
konnten beispielhafte, bereits laufende Projekte analysiert und ausgewertet sowie Grundstrukturen für eine Vernetzung der Arbeit und für Transfermöglichkeiten umrissen werden.[29]

Die *Analyse* umfaßte jeweils folgende Schritte:
- die Darstellung der jeweiligen Probleme / Herausforderungen, denen sich das Projekt stellt;
- die Grundidee und Zielvorstellung des Projekts;
- die Konzeption der Arbeit;
- die Methoden der Pädagogik bzw. Trainings;
- die gewonnenen Erfahrungen;
- die Zukunftsperspektiven (insbesondere auch zu den »Transfermöglichkeiten«).

Die Tatsache, daß es bereits Erfahrungsaustausch und gegenseitige Anregungen zwischen Friedenserziehungsprojekten wie Neve Shalom / Wahat as-Salam (in These 5 kurz dargestellt) und integrativen pädagogischen Initiativen in Nordirland gegeben hat, zeigt, wie vielversprechend die Systematisierung dieser Arbeit ist. Sie kann sich zu einem der wichtigen Wege entwickeln, den pädagogischen Bemühungen um die »unverrückbaren Weisungen« der Weltethoserklärung Kontinuität und Wirksamkeit zu verleihen.

Anmerkungen

1 *J. Lähnemann* (Hrsg.): »Das Projekt Weltethos« in der Erziehung. Referate und Ergebnisse des Nürnberger Forums 1994. Hamburg (E.B.-Verlag) 1995. = Pädagogische Beiträge zur Kulturbegegnung 14.

2 Jetzt programmatisch im Prospekt der Stiftung Weltethos. Waldhäuser Str. 23, D-72076 Tübingen.

3 Dies und das folgende nach *J. Lähnemann*, Das »Projekt Weltethos« und die Aufgabe der Erziehung. In: *J. Rehm* (Hrsg.): Verantwortlich leben in der Weltgemeinschaft. Zur Auseinandersetzung um das »Projekt Weltethos«. München (Kaiser) 1994, 68-71, 68f.

4 *H. Küng*, Weltethos und Erziehung. In: Lähnemann, Weltethos in der Erziehung 19-34, bes. 20ff.

5 Eine Untersuchung von 1995 belegt, daß jedes dritte der 6-8jährigen Kinder in Deutschland bis zu 30 Stunden pro Woche vor dem Fernsehgerät sitzt. 1/4 dieser Altersgruppe schaut regelmäßig Sendungen bis nach Mitternacht (Nürnberger Zeitung 1.11.95 S. 4).

6 Hierzu *G. Pommerin-Götze*, Orient und Okzident im Klassenzimmer. In: *J. Lähnemann* (Hrsg.), Das Wiedererwachen der Religionen als pädagogische Herausforderung. Interreligiöse Erziehung im Spannungsfeld von Fundamentalismus und Säkularismus. Hamburg (E.B.-Verlag) 1992 (= Pädagogische Beiträge zur Kulturbegegnung 10), 342-356. *H. Jamal,*

Die Bedeutung des Interreligiösen Lernens für Erziehung und Bildung. Hamburg (EB-Verlag) 1996 (= Pädagogische Beiträge zur Kulturbegegnung 15). *I. Lohmann – W. Weiße* (Hrsg.), Dialog zwischen den Kulturen. Erziehungshistorische und religionspädagogische Gesichtspunkte interkultureller Bildung. Münster/New York 1994.

7   *J. Lähnemann*, Evangelische Erziehung vor globalen Herausforderungen. In ders., Weltethos in der Erziehung 221-229, 222.

8   Dieser Ansatzpunkt ist religionspädagogisch von Karl Ernst Nipkow bereits 1975 entfaltet worden: *K. E. Nipkow*, Grundfragen der Religionspädagogik Bd. 1: Gesellschaftliche Herausforderungen und theoretische Ausgangspunkte. Gütersloh (Gütersloher Verlagshaus) 1975, s. bes. 173.

9   *F. Zubke*, Prinzip Ethik als tragende Kategorie von Elternschaft. In: Lähnemann, Weltethos in der Erziehung 372-381.

10 *N. Haddad*, Kinderschicksale und Erziehungsverantwortung in religiöspolitisch fanatisiertem Umfeld – Christliche Schulen im Nahen Osten. In: Lähnemann, Wiedererwachen der Religionen 313-321. – *U. Kadelbach*, Christliche Schulen im Nahen Osten – Orte der Friedenserziehung? In: *J. Lähnemann* (Hrsg.), Weltreligionen und Friedenserziehung. Wege zur Toleranz. Schwerpunkt: Christentum – Islam. Hamburg (E.B.-Verlag) 1989 (= Pädagogische Beiträge zur Kulturbegegnung 7), 248-259.

11 Hierzu: *J. Lähnemann*, Zielsetzungen und Aufgabenstellungen eines modernen evangelischen Religionsunterrichts in einer pluralen Gesellschaft. In: *M. Liedtke* (Hrsg.): Religiöse Erziehung und Religionsunterricht. Bad Heilbrunn (Klinkhardt) 1994, 307-309. – Diese Grundlinie ist zeitlich und inhaltlich – parallel zum 5. Nürnberger Forum – ähnlich in der Denkschrift der Evangelischen Kirche in Deutschland entfaltet worden: Identität und Verständigung. Standort und Perspektiven des Religionsunterrichts in der Pluralität. Gütersloh (Gütersloher Verlagshaus) 1994.

12 Hierzu *J. Lähnemann*, Nicht-christlicher Religionsunterricht – interreligiöser Unterricht. In: *F. Schweitzer – G. Faust-Siehl* (Hrsg.): Religion in der Grundschule. Religiöse und moralische Erziehung. Frankfurt/M. (Arbeitskreis Grundschule) 1994, 144-153.

13 Informationen über: Geschäftsstelle des Vereins der Freunde von Neve Shalom/Wahat al Salam e.V.: Sonnenrain 30, D-53757 Sankt Augustin.

14 Nach *Küng*, Erziehung 33f.

15 Lehrplan für den Evangelischen Religionsunterricht an Grundschulen in Bayern. Heilsbronn (Katechetisches Amt) 1993, 10; 29ff.; 57ff.; 95ff.

16 A.a.O. 13; 39; 103.

17 *K.-J. Kuschel*, Perspektiven einer Genesis-Theologie der Religionen. In: Lähnemann, Weltethos in der Erziehung 120-129.

18 *G. Müller-Fahrenholz*, Die Bedeutung der »Naturreligionen« für ein postmodernes Weltethos. In: AaO. 95-105.

19 *M. Schreiner*, Unterrichtsmodelle gegen Rassismus/Ausländerfeindlichkeit. In: A.a.O. 270-279.

20 *H.-K. Beckmann*, Die Bedeutung religiöser Werte in der Erziehung zu

Konflikt- und Friedensfähigkeit – Möglichkeiten und Grenzen. In: A.a.O. 202-212.

21 *A. T. Ariyaratne*, Die Sarvodaya-Bewegung – Umgang mit Gandhis Prinzipien am Beispiel der ländlichen Entwicklung und interreligiösen Begegnung in Sri Lanka. In: AaO. 334-342.

22 *K. Kürzdörfer*, Das Projekt Arche in Kiel. In: A.a.O. 347-354

23 *K. Ganszyk*, Sinnstiftung in der Schule – Schülerbeiträge zum »Projekt Weltethos«. In: A.a.O. 392-293.

24 *K. Hock*, Schulbuchprojekte in interreligiöser und internationaler Zusammenarbeit. In: Lähnemann, Weltethos in der Erziehung 321-330.

25 *R. E. Heinonen*, Imagination und Weltverantwortung. Aus der Perspektive der Lehrerbildung. In: Lähnemann, Weltethos in der Erziehung 245-252.

26 *M. Raheb*, Konzept einer pädagogischen Zusammenarbeit von ChristInnen, MuslimInnen und JüdInnen im Nahen Osten. In: A.a.O. 315-320.

27 *G. Mitchell*, Grundsätze für den Neuaufbau religiös-ethischer Erziehung in den Schulen Südafrikas. In: A.a.O. 230-235.

28 Eine Vorarbeit stellt die Dissertation von *G. Gebhardt* dar: Zum Frieden bewegen. Friedenserziehung in religiösen Friedensbewegungen. Die friedenserzieherische Tätigkeit religiöser Friedensbewegungen. Historisch-pädagogische Analyse in religionsvergleichender Typik. Hamburg (E.B.-Verlag) 1994 (= Pädagogische Beiträge zur Kulturbegegnung 11).

29 *J. Lähnemann – H. v. Willenswaard – G. Gebhardt – J. Müller*, WCRP Peace Education Standing Commission (PESC) – Pilot Phase. Nürnberg (Lehrstuhl f. Ev. Religionspädagogik) 1997.

Weltethos und Erziehungswissenschaft

1. Ortsbestimmungen

Die für diesen Band erbetenen Beiträge sollen den Absichten der Herausgeber gemäß helfen, »die Problematik des Weltethos in theoretischen und praktischen Überlegungen weiter zu treiben«, wobei »die Weltethos-Erklärung von Chicago Ausgangspunkt und Grundlage eines jeden Beitrags« sein soll. Letzteres bedeutet für die Pädagogik als einer praxisbezogenen Wissenschaft, daß nicht nur der Inhalt der Weltethos-Erklärung, also das zum »*Weltethos*« Gesagte, sondern auch die sprachliche Fassung dieses Themas, die Form einer »*Erklärung*«, einer Deklaration, daraufhin zu prüfen ist, was sie bedeuten und bewirken kann.

Der Titel dieses Sammelbandes lautet »Wissenschaft und Weltethos«. Wenn diese Formulierung beim Wort genommen wird, sind zwei Ebenen der Erörterung angezeigt: die *Gegenstandsebene*, auf die sich die Wissenschaft bezieht, und die *Theorieebene*, auf der über den Gegenstandsbereich nachgedacht und theoriegeleitet geforscht wird.

Mit Friedrich Schleiermacher, der zusammen mit Johann Friedrich Herbart als Begründer einer zur Wissenschaft werdenden pädagogischen Disziplin gilt, ist die Pädagogik analog zur Praktischen Theologie »nicht die Praxis, sondern die Theorie der Praxis«[1]. Wenn als allgemeinster Terminus der der »Erziehung« die Gegenstandsebene bezeichnet, so kann die Pädagogik als Theorie der Erziehung benannt werden. Als wissenschaftliche Theorie, so legt Schleiermacher zu Beginn seiner pädagogischen Vor-

lesungen von 1826 dar, ist sie hierbei nicht nur auf die konkret
sich vollziehende praktische Erziehungstätigkeit selbst bezogen,
sondern auch auf die immer schon vorwissenschaftlich vorge-
nommenen Überlegungen, die jene Praxis begleiten und zu bestimmen suchen. Solche Überlegungen finden sich zum Beispiel
in sogenannten »Erziehungslehren«.[2]

Kurz: Die wissenschaftliche pädagogische »Theorie« im fortan gültigen Sinn reflektiert eine immer bereits von quasi-theoretischen
Annahmen über die Erziehungsbedingungen, -absichten und -wege
durchsetzte Erziehungspraxis, um diese zusammen mit den sie
begleitenden Erziehungslehren, -konzeptionen und -entwürfen im
Sinne eines Reflexionsstufenmodells auf ein höheres, aufgeklärteres
Niveau zu bringen. Die Erziehungspraxis liegt wie die religiöse
oder ethische Praxis der Theorie immer schon voraus, ist ihr vorgegeben; sie hat ihre eigene »Dignität«. »Die Dignität der Praxis ist
unabhängig von der Theorie; die Praxis wird nur mit der Theorie
eine bewußtere.«[3]

Im folgenden soll der Aufforderung zu »theoretischen und praktischen Überlegungen« auch aus dem Grunde hauptsächlich auf
der Ebene der *theoretischen* Überlegungen entsprochen werden,
weil sich die bislang erfolgte pädagogische Diskussion zum Weltethos aus guten Gründen vorwiegend auf der Gegenstandsebene
bewegt hat.[4] Das Thema ist zu neu, als daß es schon die Aufmerksamkeit der deutschen Erziehungswissenschaftler auf der Ebene der
pädagogischen Theoriebildung gefunden hat. Man könnte einwen-
dend fragen, ob nicht eine vielleicht zu theoretisch werdende Erörterung dem großen inhaltlichen Schwung der Weltethos-Erklärung
und der weltweiten Dringlichkeit der Sache hinderlich sei. Die
Situation und das Selbstverständnis der Erziehungswissenschaft in
der Bundesrepublik sind allerdings so beschaffen, daß man ohne
theoretische Klarstellungen bei vielen Erziehungswissenschaftlern
mit dem Weltethos-Gedanken und seiner Emphase von vornherein
Vorbehalte erwecken würde.

Die Rede von Erziehungswissenschaftlern berücksichtigt, daß in
den 60er und 70er Jahren eine Umbenennung der Universitätsse-
minare für Pädagogik in Institute für Erziehungswissenschaft stattgefunden hat. Die moderne Pädagogik versteht sich als »*Erzie-*

hungswissenschaft«. Die Bearbeitung des Weltethos-Themas wird hierdurch nicht leichter, sondern schwieriger, obwohl im allgemeinen universalistisch orientierte pädagogische Ideen Anklang finden. Mit dem Wechsel des Namens der Disziplin hat ein Paradigmenwechsel im Selbstverständnis der Disziplin stattgefunden, die Transformation zu einer vorwiegend empirisch-analytisch arbeitenden Sozial- und Verhaltenswissenschaft, die sich gegenüber einer normativen Pädagogik äußerst spröde, im allgemeinen sogar ablehnend verhält und die auch noch den hermeneutisch-geisteswissenschaftlichen Ansatz (der auf frühere normative Pädagogiken katholischer oder evangelischer Herkunft gefolgt war) zu zügeln versucht, seine Renaissance allerdings nicht verhindern konnte.

Das Weltethos-Thema hat es mit ethischen Werten und mit jenen Haltungen und Handlungsweisen zu tun, die jene Werte als zur Gewohnheit gewordenes Ethos praktisch verwirklichen sollen. Für die Mehrheit der strenger sozialwissenschaftlich arbeitenden Erziehungswissenschaftlern mögen zwar auf diese Weise normativ bestimmte ethische Erziehungs- und Bildungsabsichten sich ruhig »Pädagogik« nennen, aber sie haben in den Augen der neuen Zunft einen unsicheren wissenschaftlichen Status. Dies hat gegenwärtig zur Folge, daß Erziehungswissenschaft *moral- und religionsabstinent* getrieben wird. So weiß man etwa mit dem Phänomen eines Religionsunterrichts, von Ausnahmen abgesehen, kaum etwas anzufangen. An einen »moralisch-evaluativen Unterricht« denkt man demgegenüber durchaus[5], aber strukturiert als diskursives, wissenschaftlich diszipliniertes Nachdenken und kritisches Überprüfen vorhandener Moralen oder Ethosformen, nicht als affirmativ oder gar appellativ-beschwörend verfolgte Erziehungsprogrammatik.

Bildungs- und Schulpolitiker sehen dies anders. Sie möchten bestimmte Erziehungsprogramme in den Schulen pädagogisch durchsetzen. So ist eine nicht unproblematische Aufteilung entstanden. Die Politik setzt ethische Erziehungsnormen und betreibt Debatten zur Werteerziehung, während sich die Erziehungswissenschaft weithin auf eine Bedingungsanalyse reduziert hat, die es wissenschaftslogisch bei »Wenn-dann«-Folgerungen beläßt, ohne sich weltanschaulich-religiös oder positionell-ethisch festzulegen. Meist fallen darum in diese Richtung gehende Formulierungen ziemlich

vage aus. Daß es daneben flammende, zum Handeln auffordernde
Erziehungsentwürfe gibt, angefangen von jenen, die optimistisch
kosmosgläubig einen festen Wertehimmel beschwören, bis zu Kata-
strophenpädagogikern, die religiöse Umkehr predigen, wird ironisch belächelt.

Die distanzierte Haltung der Erziehungswissenschaft ist aus
dem geschichtlichen Kampf um die Befreiung der Disziplin der
Pädagogik aus der weltanschaulich-religiösen Vormundschaft der
Kirchen einerseits, aber auch aus weltanschaulich aufgeladenen
Philosophien in diesem Jahrhundert andererseits zu verstehen. Daß
die Weltethos-Erklärung von einem Parlament der Religionen verabschiedet worden und religiös motiviert ist, wird jene gemeinten
Erziehungswissenschaftler darum zunächst eher mißtrauisch stimmen. Aber nun will ja gerade diese Erklärung einen als Ethos for-
mulierbaren moralischen Minimalkonsens in die Diskussion ein-
tragen, der Ausdruck universal geltender Prinzipien ist. An solchen
universalisierbaren Kriterien für das pädagogische Handeln im
öffentlichen Bildungssystem ist aber die gegenwärtige wissenschaftliche Pädagogik bzw. Erziehungswissenschaft, die sich als Erbe der
Aufklärung versteht, durchaus interessiert. Wenige Erinnerungen
genügen.

Der Aufbruch der Pädagogik in das Zeitalter ihres sozialwissen-
schaftlich-empirischen Selbstverständnisses in den 60er Jahren dieses Jahrhunderts in der Bundesrepublik war bekanntlich von einem
durchaus positionell zu nennenden gesellschaftspolitischen Interesse an der Verwirklichung allgemein geltender Ideale begleitet, den
Zielvorstellungen einer individuellen und gesellschaftlichen Emanzipation, der Gleichheit der Bildungschancen und des Abbaus
sozial bedingter Diskriminierung, der Gleichberechtigung der Geschlechter, der kritischen Erziehung zu demokratischer Partizipa-
tionsfähigkeit und anderem mehr. Selbstverständlich blieb auch
das schon aus der Reformpädagogik des ersten Drittels dieses Jahrhunderts überkommene normativ verpflichtende pädagogische
Ideal der ganzheitlich-individuellen Förderung jedes Kindes weiter
leitend; es ist in den 80er Jahren durch eine stärkere Einbeziehung
des praktischen Lernens, der ästhetischen Erziehung und der So-
zialerziehung verstärkt worden. Hinzu gekommen sind die wissen-

schaftlichen pädagogischen Anstrengungen um eine internationale Erziehung, die von den ethischen Zielvorstellungen der Toleranz und Verständigung geprägt ist. Hier ist eine deutliche Nähe zum Weltethos-Gedanken erkennbar. Das alles verbietet es, die eben erwähnte Distanz gegenüber Religion und gegenüber Moralisierungen im neuen Selbstverständnis der Erziehungswissenschaft, die ihren harten Kern in der Wahrung der individuellen Selbstbestimmung des Kindes und Jugendlichen hat, als positivistisch mißzuverstehen und vielleicht verächtlich abzutun.

Daß die neuere wissenschaftliche Pädagogik bzw. Erziehungswissenschaft *anschlußfähig* sein könnte, wenn Ideen eines Weltethos an sie herangetragen werden, erlauben auch Ansätze in der Diskussion zu einer neuen »Allgemeinbildung«, die einerseits traditionelle fachspezifische Lehrgänge weiterführen, andererseits um zentrale »epochalspezifische Schlüsselprobleme« herum gelagert sein soll.[6] Zu ihnen zählen eine ganze Reihe der in der Weltethos-Erklärung aufgeführten ethischen Inhalte wie die Erziehung zum Frieden, die Herausforderung durch die weltweite ökologische Problematik mit der Erziehung zu einem umweltfreundlichen Verhalten, die Förderung der Einsicht in die Notwendigkeit einer permanenten demokratischen Kontrolle der ökonomischen und technologischen Entwicklungen, der Kampf gegen soziale Ungerechtigkeit und, im zwischenmenschlichem Bereich, die Anerkennung des bzw. der jeweils anderen.[7]

So sehen wir nach allem doch zwei Aufgabenfelder, durch die sich die Weltethos-Initiative und die gegenwärtige Erziehungswissenschaft miteinander fruchtbar verbinden lassen könnten, ja, sich verbinden lassen *müssen*, wenn die deutsche Erziehungswissenschaft nicht provinziell werden und die internationale Diskussion um eine globale Ethik verpassen will![8] Die zwei Bereiche betreffen die *Begründungsanalyse* (s. u. 2.), d. h., das *Problem der normativen Plausibilisierung* eines Weltethos, ferner die *Bedingungsprüfung* (s. u. 3.), damit das *Problem der pädagogischen Verwirklichungschancen* eines Weltethos. In der Schule ist der Ort der Thematik fast überall gegeben, zunächst in der Schulkultur im ganzen, sodann vor allem im Religions-, Ethik- und Philosophieunterricht, aber auch in anderen Unterrichtsfächern wie der politischen Weltkunde, Wirtschaftskunde, Rechtskunde, Geographie und Geschichte, weil ja die Ideen eines Weltethos nicht in den Wolken schweben, sondern die gesellschaftlichen Lebensbereiche und Handlungsfelder durchdringen sollen, wozu zuletzt Hans Küng in seiner Darstellung der Rolle des »Weltethos für Weltpolitik und Weltwirtschaft« einen bedeutenden Anstoß gegeben hat.[9]

2. Begründungsprobleme

Unter Nennung der vier unverrückbaren Weisungen der Erklärung zum Weltethos[10] und mit der Feststellung, daß »ein an diesen Prinzipien orientiertes Handeln«, sofern es »eine Besserung beklagenswerter Zustände« bewirke, eine »bedeutsame Funktion« habe[11], schließt der Politologe und Demokratietheoretiker Manfred Hättich eine Abhandlung zu den politischen Aspekten »globaler Geltungen« mit den Sätzen: »Die Globalisierung der Diskussion über ein Weltethos wird man als Fortschritt verbuchen. Dem skeptischen Beobachter hat sie bislang vor allem zur Erhellung des status desiderati, weniger zur Klärung des status quaestionis beigetragen.«[12]

Die Klärung des »status quaestionis« ist nicht nur eine akademische Angelegenheit. Wie der von der »Stiftung Weltethos« ausgeschriebene Wettbewerb zur unterrichtlichen und projektartigen Behandlung der Weltethos-Erklärung zeigt, ist auch in den Schulen, und zwar nicht nur in Gymnasien, eine anspruchsvolle Erörterung der Begründungsproblematik, der sich der Versuch der Formulierung eines Weltethos aussetzt, möglich und für die pädagogisch zu fördernde ethische Urteilsbildung notwendig. Sie beginnt mit der *Begrifflichkeit*. Die Begriffe der Erklärung sind bewußt ausgesucht worden. In der englischen Fassung der Erklärung ist von »Global Ethic«, »nicht vage« von »Global Values« die Rede.[13] »Ethic« wird sodann von »ethics« abgehoben, das im Englischen »wie das deutsche Wort ›Ethik‹ die Lehre oder das System meint«[14], nach unserem oben eingeführten Sprachgebrauch die ethische »Theorie« bzw. »Theoriebildung«, die sich auf »Sittlichkeit«, »Moral«, »Ethos«, »ethisches Handeln«, »Tugenden« – alles

Begriffe auf der Gegenstandsebene –, reflektierend bezieht. Die
»Erklärung zum Weltethos« will mithin gerade nicht eine theoretisch reflektierende Betrachtung *über* den Versuch der Formulierung eines Weltethos, seine Möglichkeit und seine Grenzen sein,
sondern eine affirmative Proklamierung *des* gewünschten Weltethos. Hättichs Mängelanzeige trifft darum nicht die Gattung einer »Deklaration«. Die literarische Gattung einer Deklaration und
den besonderen sprachlichen Status der für sie typischen Aussagen
zu erkennen, ist aber für den pädagogischen Umgang ein erstes
Element in der anzustrebenden philosophisch-ethischen Begründungsanalyse zum Zwecke ethischer Bildung. Die Schülerinnen
und Schüler werden schon hier vermutlich fragen, was Erklärungen dieser Art ›bringen‹ und damit die Ebene der Wirksamkeit
berühren (dazu unter der Frage nach den sozialwissenschaftlich
und pädagogisch relevanten Bedingungen der Wirksamkeit s.u. 3.).

Bewußt gewählt ist in der deutschen Fassung ferner der Begriff
des »*Ethos*«. »Ethos« meint die »sittliche Grundhaltung des Menschen«.[15] Die Erklärung soll auf »die *tiefere ethische Ebene, die
Ebene der verbindlichen Werte, unverrückbaren Maßstäbe* und *inneren Grundhaltungen*« vorstoßen ...[16] Der Ort im Menschen, wo diese Werte, Maßstäbe, Grundhaltungen lebendig wirksam werden,
ist »das Forum internum«, »die Sphäre des Gewissens, des ›Herzens‹«.[17] Es springt förmlich ins Auge, daß damit psychologische
und pädagogische Aufgaben erster Ordnung anstehen, die wiederum in den anschließenden Teil dieser Untersuchung fallen.

Die Absicht, eine Erklärung zu einem »Weltethos« zu verabschieden, ist darüber hinaus durch die Unterscheidung zwischen
Ethos und *Rechten* motiviert. Die Erklärung zum Weltethos will
»keine Verdoppelung der Menschenrechtserklärung« sein. »Ethos
ist ... mehr als Recht.«[18] Sie soll aber jene Menschenrechtserklärung
»ethisch abstützen. Verträge, Gesetze, Abmachungen werden nur
eingehalten, wenn dahinter ein ethischer Wille steht, sie auch wirklich einzuhalten.«[19] Wie kann der Wille des Menschen beeinflußt
werden, das Gute zu tun, nicht nur um es zu wissen? Der Wunsch
nach der Wirksamkeit eines Ethos in diesem Sinne bringt die Weltethos-Erklärung in einen engsten Zusammenhang mit der seit der
Antike geläufigen pädagogischen Kernfrage der Lehr- und Lernbar-

keit von Tugenden, zumal der Begriff des »Ethos« als ein zusammenfassender Ausdruck für ein habituell gewordenes Gefüge von »Tugenden« angesehen werden kann.

Wieder drängt bereits das Thema auf den folgenden Teil zu. Zuvor ist jedoch als Begründungsfrage zu klären, was wir denn über die Möglichkeit eines globalen, das heißt weltweit universalisierbaren Ethos *wissen*. In der gegenwärtigen philosophisch-ethischen Diskussion ist man sehr viel eher bereit, bei der Rede von *Menschenrechten*, also gerade in dem Bereich, den die Weltethos-Erklärung hinter sich lassen möchte, universale Geltung zu fordern und für möglich zu halten, obwohl bereits auch hier schon die kulturelle Kontextabhängigkeit der Auslegung der Menschenrechte immer wieder den Einwand hervorruft, westliche Menschenrechte würden fälschlicherweise als universale ausgegeben. Muß dieser Einwand nicht erst recht für die Proklamation eines »Weltethos« gelten?

Als erstes ist als Vorfrage einiges zu der beabsichtigten Abgrenzung einzutragen. Die Weltethos-Erklärung umschreibt als »Weisungen« im Sinne von vier grundlegenden *»Verpflichtungen«*, genauer besehen, durchaus auch *»Rechte«*, wie umgekehrt Menschenrechts- bzw. Grundrechtskataloge selbstverständlich ihrerseits Verpflichtungen mit sich bringen. Das muß schon logisch so sein.

Die erste Weisung »Du sollst nicht töten« bzw. »Hab Ehrfurcht vor dem Leben!« wird ausdrücklich mit dem »Recht« begründet, das jeder Mensch »auf Leben, körperliche Unversehrtheit und freie Entfaltung der Persönlichkeit, soweit er nicht die Rechte anderer verletzt, hat« (WEE, 29.f.). *Weil* es diese anerkannten Rechte gibt, entsteht daraus logisch die moralische und politische Verpflichtung, das Leben zu bewahren.

Die zweite Weisung »Du sollst nicht stehlen« bzw. »Handle gerecht und fair!« wird ebenso mit einem Recht begründet, dem Recht auf Privat- und Gemeinschaftseigentum, das freilich einen rücksichtsvollen Gebrauch einschließt (WEE 31, 32). Mit den ersten beiden Weisungen bzw. Verpflichtungen sind von Anfang an und übrigens auch wörtlich die Menschenrechte im Spiel, das unveräußerliche Recht auf Beachtung der unantastbaren »Würde des Menschen« und seines Rechts auf »freie Entfaltung seiner Persönlichkeit« (vgl. Art. 1 und 2 GG) und das Recht auf Schutz des Eigentums (vgl. Art. 14 GG) in Verbindung mit der Sozialstaatsverpflichtung zum »Wohl der Allgemeinheit« (Art. 14, 2 GG). Auf diesen verpflichtenden Charakter verweist die Erklärung wegen der Notwendigkeit einer »gerechten Wirtschaftsordnung« (WEE 33). Es fällt nebenbei auf, daß mit dem Wort »fair« (»Handle gerecht und fair!«) der zentrale Begriff in John Rawls' Hauptwerk über das Problem der Gerechtigkeit verwendet wird.[20]

Die Verpflichtung auf eine Kultur der »Toleranz« (dritte Weisung) bezieht mit diesem Begriff jene Menschenrechtsbestimmungen ein, die in unserem Grundgesetz, das sich ausdrücklich auf der »Grundlage« des Bekenntnisses zu »unverletzlichen und unveräußerlichen Menschenrechten« versteht (Art. 1, 2 GG), die Abwehr menschenunwürdiger Diskriminierung (Art. 3 GG) und die Glaubens- und Bekenntnisfreiheit betrifft (Art. 4 GG) – Rechte von höchstem Rang.

Schließlich fügt sich genau in dies moderne und sich immer stärker ausbreitende Rechtsempfinden die vierte Weisung mit der Verpflichtung, zu einer Kultur der »Gleichberechtigung« und Partnerschaft von Mann und Frau beizutragen (WEE 38) (vgl. Art. 3, 2 GG).

Die Logik der *wechselseitigen Verbundenheit von globalen Menschenrechten und Grundpflichten* vor Augen zu führen, ist unter mehreren Aspekten bedeutsam, wenn man den Begründungsstatus der Weisungen der Weltethos-Erklärung zu sehr bezweifeln sollte.

Erstens ist der ethische Gehalt der vier Verpflichtungen identisch mit dem ethischen Gehalt der ihnen entsprechenden Menschenrechte bzw. der nach diesen formulierten Grundrechte, was die Bundesrepublik und das zitierte Grundgesetz mit seiner Verfassungsethik betrifft. Ähnliches wird für andere demokratische, freiheitliche Verfassungen gelten. Wer daher diesen Menschen- oder Grundrechten zustimmt, kann und wird auch den vier Weisungen seine Zustimmung nicht versagen können. Die *moralische Geltung*, d.h. die Begründung des verpflichtenden Charakters der vier Weisungen (mit Kant gesprochen, ihrer »Moralität«), kann mithin über die Geltung der entsprechenden Menschen- und Grundrechte gesichert werden.

Ferner: Wer jenen Menschenrechten zuerkennt, daß sie universal gültig sind, wird auch die *universale Geltung* der vier Verpflichtungen anerkennen müssen. Das bedeutet für die Diskussion der Weltethos-Erklärung, daß für sie auch die gegenwärtige Menschenrechtsdebatte einschlägig ist. Da für diese Debatte viele analytische Unterscheidungen, Geltungsbedingungen und Geltungsbegrenzungen bzw. -hindernisse ausgearbeitet worden sind, fällt von ihr aus auch ein Licht auf die angemessene Einschätzung des Plausibilitätscharakters der Weltethos-Erklärung. Hierfür nur ein Beispiel.

Die Erziehungswissenschaft geht heute hinsichtlich Religion und Moral von Kriterien aus, die man als *Kriterien der Universalisierbarkeitsprüfung im diskursiven Test* bezeichnen könnte. Unter der Frage »Welche Wertsysteme / Weltbilder überleben den diskursiven Test?« hat Rainer Döbert[21] nachweisen können, daß in der Menschenrechtsdiskussion die »essentials … weniger strittig (sind), als von Propagisten einer unversöhnlichen Weltbildkonkurrenz behauptet wird«.[22] Döbert wertet jenen »Typus von Überlegungen« ab, der sich auf die Verfahren des offenen, vernünftigen Diskurses – den Test, »ob das Inkompatible auch einem wohlerwogenen Urteil im reflexiven Gleichgewicht standhalten wird …« – zu wenig oder gar nicht einläßt und sich statt dessen entschlossen zu haben scheint, in seiner »multikulturellen Rhetorik … das Partikulare als solches zu feiern«.[23] Dagegen sind längst Verfahren diskursiver *Verständigung* unter unseren Lebensbedingungen dort zur Normalität geworden, wo sich national eine freiheitlich-demokratische politische Kultur gebildet hat und wo international dringend notwendige Verständigung gesucht wird (Beispiel: die intensiven Diskussionen in der UNO vor der Kodifizierung der Menschenrechte).

Unter »Multikulturalismus« wird eine Auffassung verstanden, die unter Abschwächung der Geltung vergleichender universaler ethischer Kriterien die Ethnoethiken oder -moralen der je besonderen Kulturen als sehr hohen, wenn nicht höchsten Wert verteidigt, in den man nicht im Namen einer global geltenden Ethik hineinreden dürfe. Interessanterweise beanspruchen die gemäßigten Vertreter dieser Richtung als ethische Grundkategorie die des »Ethos« als das für eine bestimmte, begrenzte »Lebensform« charakteristische Ensemble sittlicher Grundhaltungen. Von hier gesehen ist die Weltethos-Erklärung der gewagte Versuch, eine Vorstellung, die man mit historisch gewachsenen, partikularen Ethosformen zu verbinden pflegt (Leitbild: das Ethos der griechischen Polis), auf den Globus im ganzen zu übertragen.

Döberts vorsichtiger Optimismus hinsichtlich der Menschenrechtsdebatte und der hier diskutierten Universalisierbarkeitsprüfung stützt sich unter anderem auf die wichtige »*Unterscheidung zwischen positiven und negativen Pflichten*«.[24] Dies ist darum hochinteressant, weil die Weltethos-Erklärung die vier unverrückbaren, also universal gelten sollenden Weisungen systematisch zuerst als negative, dann als positive Verpflichtungen formuliert.

> »Die Geltung der negativen Pflichten (›Nicht stehlen, lügen, betrügen, töten!‹) ist auf jeden Fall strikter als die der positiven (Inbegriff: ›Tue Gutes!‹), und sie sind *bedingungslos* universalisierbar. Denn weil eine Unterlassung voraussetzungsfrei möglich ist, kann man *immer* auf ihr insistieren. Zudem erhöht sich durch Verletzung einer negativen Pflicht durch meine (des Schädigers) Existenz sozusagen die Gesamtsumme der vorhandenen Übel. Demgegenüber wird die Welt bei Verletzung einer positiven Pflicht durch meine (des ›hartherzigen‹) Existenz wenigstens nicht schlechter – sie bleibt lediglich so schlecht, wie sie ist.«[25]

Überraschenderweise zitiert Döbert als konkrete Beispiele genau die negativ, als Verbote formulierten Verpflichtungen, die auch in der Weltethos-Erklärung das moralische Rückgrat darstellen, dort nur in einer anderen Reihenfolge (nicht zu töten, zu stehlen, zu lügen und zu betrügen), um an anderer Stelle zu bemerken: »Über die elementaren moralischen Regeln (Nicht lügen, stehlen, töten!) herrscht kein Streit in dem Sinne, daß etwa jemand behaupten würde, irgendeine dieser Regeln stehe *von Haus aus* in Konkurrenz mit einer gleich gültigen alternativen Regel.«[26] Warum aber sind diese Regeln nicht strittig? Hierzu sagt Döbert nicht viel.

Mit dem Pädagogen und Verhaltensforscher Felix von Cube[27] lassen sich diese Verbotsregeln unter dem Begriff der »sozietären Logik« zusammenfassen. Sie haben unmittelbar und elementar mit dem Überlebensstreben und -nutzen der Sozietät zu tun, weil sie die Leistungsfähigkeit der Sozietät sichern.

»Eine Societät mit unzuverlässigen Mitgliedern könnte sicher nicht lange überleben oder anders ausgedrückt: Die Mutation ›Zuverlässigkeit‹ hat sich als erfolgreich erwiesen und wurde daher selektiert. Ähnliche Überlegungen gelten für die ›Wahrhaftigkeit‹. Das gemeinsame Handeln in einer Societät kann nur funktionieren, wenn das Handeln der einzelnen Mitglieder koordiniert wird. Das wiederum setzt eine eindeutige und klare Information über den jeweiligen Zustand voraus. ... Würden die Tiere falsche Informationen aussenden, würde die Societät sehr bald zugrunde gehen. ›Wahrhaftigkeit‹ ist somit eine absolut notwendige ›Tugend‹, zumindest sofern sie sich auf das gemeinsame Handeln der Societät bezieht.«[28]

Ähnliches gilt für »Gerechtigkeit« als »Reziprozität«; darum gibt es in allen Religionen die »Goldene Regel«; ohne sie würde die lebensnotwendige wechselseitige Kohärenz der Societät zerstört. Leicht einzusehen ist, obwohl es Felix von Cube nicht ausführt, daß selbstverständlich auch das Tötungsverbot höchste Plausibilität besitzt, da es mit Bezug auf die eigene Gruppe deren Selbstzerstörung verhindern muß.

Der Autor schließt mit den Bemerkungen, daß der Mensch sich natürlich auch gegen die societäre Logik entscheiden könne, »er kann unzuverlässig sein, er kann lügen, täuschen, heucheln, er kann ungerecht sein, unfair, egoistisch. Allerdings: Wenn er so handelt, geht die Societät zugrunde. Man muß ihm also sagen, daß er die societäre Logik einhalten muß, man muß ihm sagen, daß er nicht lügen darf, nicht stehlen, nicht morden. Nicht von ungefähr enthält der Dekalog die Gebote der societären Logik, nicht von ungefähr werden diese in allen Religionen der Welt erhoben.«[29]

Genauer, weil völlig deckungsgleich, kann das Selbstverständnis der Weltethos-Erklärung mit seinen vier Grundweisungen, die in allen Religionen zu finden sind, nicht bestätigt werden, ohne daß Felix von Cube (wie auch R. Döbert) das Dokument von Chiago zitiert. Dies ist das eine; etwas anderes wird aber auch sichtbar. Von drei Seiten her, der philosophischen, rechtshistorischen und zuletzt evolutionsgeschichtlichen, wird sehr deutlich, worin die so hohe Zustimmungsfähigkeit der Weltethos-Erklärung gründet und was das Geheimnis ihrer ethischen Geltung bzw. moralischen Plausibilität ausmacht, und zwar durchaus universal: Die Weltethos-Erklärung umschreibt Verpflichtungen, die für die menschliche Gattung überlebensnotwendig und daher sehr alt sind und zunächst nur die engen Beziehungen in der eigenen Sozietät betreffen. Sie sind global verbreitet, weil sie überall die gleiche Funktion haben. Hierbei rangieren Überleben und Wohl der Sozietät vor den Bedürfnissen des Einzelnen. Daher fehlt verständlicherweise auch der Wert der Freiheit, der ein spätes, subjektbezogenes neuzeitliches Moment in der Menschheitsgeschichte ist. Das globale Ethos der Erklärung wurzelt im *strukturgleichen Ethos* einer überall evolutionär entwikkelten *Nahbereichsethik* für überschaubare soziale Lebensformen. Die Anrede ergeht gleichsam von Person zu Person: »Du sollst nicht töten!«, »Du sollst nicht stehlen!«

Damit wird das *Problem* sichtbar: *die Übertragung dieses Eigengruppen-Ethos auf die globale Ebene.* Was in der Eigengruppe (Familie, Verwandtschaft, Sippe, Stamm, Polis) gilt, soll jetzt ebenso funktionieren, wenn es um andere Sozietäten und nicht mehr um die eigene Sozietät geht, um fremde Menschen anderer Erdteile, Rassen, Hautfarbe, Sprache, kultureller Gewohnheiten, Weltanschauungen und Religionen, wobei heute diese Pluralität des Fremden mit größten Unterschieden hinsichtlich der Verteilungsgerechtigkeit der Lebensgüter verbunden ist: Die Fremden sind entweder Konkurrenten um Marktanteile oder Benachteiligte hinsichtlich der Anteile an den Lebensgütern. Die vier basalen Verbote spiegeln zunächst einen sog. Verwandtschafts- und Kleingruppenaltruismus. Er ist über den weitaus längsten Zeitraum der Menschheitsgeschichte, die vor einer Million Jahren mit dem homo habilis begann, gelernt worden. Nun sollen sich aber diese Verbote und Gebote gerade nicht mehr nur im Kreis der eigenen, nahen sozialen Lebenswelt bewähren, sondern in der Interkommunikation zwischen Inländern und Ausländern innerhalb derselben Gesellschaft, zwischen den verschiedenen Gesellschaften in Europa, zwischen den Bevölkerungen verschiedener Erdteile. Die Pointe der Weltethos-Erklärung und zugleich damit ihre entscheidende politische und pädagogische Bewährungsprobe ist die, daß jene vier Grundverpflichtungen dort kräftig werden, wo mit Emmanuel

Lévinas die »Anderheit« der »Anderen« auf die Selbstbehauptung
der eigenen Gruppe prallt.[30]

3. Bedingungsprüfung

Die weltweite geographische Verbreitung eines »Grundkonsens bezüglich bestehender verbindender Werte, Maßstäbe und persönlicher Grundhaltungen« (WEE, S. 24), wie sie die Chicagoer Erklärung hoffnungsvoll herausstellt, ist einerseits völlig verständlich,
weil jene sozietäre moralische Logik wegen der vergleichsweise ähnlichen Bedingungen evolutionsgeschichtlich überall entwickelt
werden mußte; darum redet die Erklärung auch mit Recht von »oft
schon jahrtausendealten religiösen und ethischen Traditionen«
(S. 25). Aber die Existenz dieser moralischen Grundverpflichtungen besagt leider andererseits noch nicht, ob sie auch jenseits des
Umkreises der eigenen Sozietät wirkkräftig sind. Hier erst bekommen wir die schwierige pädagogische und politische Aufgabe zu
Gesicht.

Ich habe an anderer Stelle bei der Analyse von Zielen ethischer
Erziehung *drei Zielebenen* voneinander unterschieden, die bereichs-
spezifische materialethische Zielebene der Moralerziehung als erste
Ebene (bezogen auf Partnerschafts, Sexual-, Ehe- und Familien-
moral; Arbeits- und Berufsmoral, öffentliche und politische Moral,
Umweltmoral u.a.), Ziele, die die metaethische Reflexion auf die
Begründung von Moralität als zweite Ebene betreffen, und Ziele
zur Gewinnung von Konsens und zum Umgang mit Dissens als
dritte Ebene.[31] Der Gegenstand einer Erziehung zu einem »Weltethos« hat es mit allen drei Ebenen zu tun.

An der gegenwärtigen Stelle unseres Gedankenganges betrifft
der Gedanke eines globalen Ethos als erstes *inhaltsethisch* zentral
die *Ausweitung des Verantwortungshorizonts in der Spannung zwischen einer Nahbereichsethik und globalen Ethik.* Die grenzüberschreitende Tendenz, über Nahbereichsethiken und selbst noch
über nationalorientierte ethische Leitwerte zu einer »Fernethik«
vorzustoßen, bestimmt immer mehr die Diskussion, auch in Gestalt einer sogenannten »Überlebensethik«, sofern sie ebenfalls

global gemeint ist.[32] Dieselben Autoren freilich, die jene weltweite Ausdehnung der Verantwortung vertreten, fallen sich nüchtern prüfend ins Wort, wenn sie zu Programmen einer Erziehung zum »Weltbürgertum« die Frage aufwerfen, ob es sich nicht um einen »Euphemismus« handeln könnte[33].

Daß das Thema Weltethos auch auf der zweiten Ebene, d. h. *metaethisch*, behandelt werden muß, hat der vorausgegangene Abschnitt zu zeigen versucht. Aus Platzgründen können die ethischen Erziehungsziele zum *Umgang mit ethischem Dissens* nur an einem einzigen Beispiel angedeutet werden. In Chicago war eine Verständigung auch deshalb möglich, weil die vier Weisungen auf einem relativ hohen Abstraktionsniveau formuliert worden sind. Der ethische Dissens bricht auf, wenn das Gebot »Du sollst nicht töten!« etwa auf die Abtreibungsfrage bezogen wird und der Schutz des Lebens des Kindes gegen den Schutz des Lebens der Mutter steht, Leben gegen Leben. Die Weltethos-Erklärung spricht die Sprache einer Gesinnungs- und Prinzipienethik; sie betritt nicht das komplexe Feld der Verantwortungsethik unter dem Bedingungsgeflecht unterschiedlicher Situationen und Rahmenbedingungen. Dies setzt sich auch bei den positiv formulierten Verpflichtungen fort.

Wie Döbert zu Recht bemerkt, sind positive Menschenrechte und, so fügen wir hinzu, ähnlich positiv gefaßte Verpflichtungen wie die Aufforderung »Hab Ehrfurcht vor dem Leben!« (WEE, S. 29) etwa im Sinne von Schutz »für Leben der Tiere und der Pflanzen« (WEE, S. 30) auf Ressourcen angewiesen, die man erst einmal besitzen und deren Einsatz einem »zumutbar« sein muß, um das auch tun zu können, was man tun sollte. Aus den Prinzipien der Weltethos-Erklärung kann man das konkret zu verantwortende Handeln nicht auf dem Wege eines linearen, deduktiven Verfahrens, gleichsam ›von oben nach unten‹, logisch ableiten. Es sind vielmehr viele Faktoren zu berücksichtigen, die ›von der Seite‹ als Rahmenbedingungen mit hineinspielen. H. Küng bemerkt, daß es völlig aussichtslos gewesen wäre, eine Weltethos-Erklärung zu verabschieden, wenn man sich »etwa auf die in allen Religionen und Nationen umstrittenen moralischen Fragen wie Abtreibung oder Euthanasie« eingelassen hätte.[34] Die ethische Erziehung muß in Theorie und Praxis hier weiterdenken; sie hat es gerade mit jenen konkreten moralischen Problemen zu tun. Dies zeigen die Lehrpläne für den Religions- und Ethikunterricht.

Nach diesen Seitenverweisen auf ergänzende, zu einer pädagogischen Bedingungsprüfung gehörenden Aspekten ist auf die am Ende des vorausgegangenen Teils herausgearbeitete eigentliche Crux zurückzukommen. Wie ist mit pädagogischer Hilfe *Egoismus in Altruismus zu verwandeln*? »Egoismen jeder Art ... sind verwerflich«, heißt es in einer Allaussage in der Erklärung (WEE, S. 28). Das ist ein hartes Urteil über die menschliche Natur. Nun ist der Mensch mehr als nur »Natur«, die moralisch blind ist. Wenn man die Kontroverse beiseite läßt, ob es in der Tierwelt »moral-analoges« Verhalten gibt oder nicht, ist der Mensch vielleicht das einzige Lebewesen mit der Fähigkeit zu einer reflexiven Selbstbestimmung und Handlungsorientierung nach dem Code gut und böse. Aber was steht stammesgeschichtlich am Anfang? Und was ist so lange geschichtlich gelernt worden, daß es auch heute noch eine gewaltige innere Macht darstellt, just in dem Bereich, dem Innersten, den das Weltethos erreichen will? »Am Anfang war der Egoismus«[35], das »egoistische Gen«[36], das »Prinzip Eigennutz«[37]. Erst auf dieser lebensnotwendigen, weil für das Überleben der Kleingruppe schlechthin ausschlaggebenden Prämisse, hat sich ein soziales, altruistisches Verhalten entwickelt, ebenfalls sicherlich sehr früh, aus Kooperationsgründen schon, weil Kooperation als gegenseitige Unterstützung den Fortbestand sichern half. Die Evolutionsforscher meinen hierbei nicht den Fortbestand der einzelnen Individuen, nicht einmal der Gruppenpopulationen oder Arten, sondern, streng genommen, den der Erbanlagen der Gattung.

Was heißt das für die eben so bezeichnete pädagogische Aufgabe der Ausweitung des Verantwortungshorizonts zu einer globalen Verantwortung, die sich als altruistisches *Ethos*, das heißt nach der Definition der Weltethos-Erklärung als tief im eigenen Inneren, im »Herzen« verwurzelte Grundhaltung nicht nur bei den genetischen Stammesverwandten, sondern an den kulturellen, religiösen und vor allem ökonomisch bedingten sozialen Grenzen zu anderen bewähren soll? Erinnert sei an den globalen Verteilungskampf. Christian Vogel zitiert ein arabisches Sprichwort: »Ich gegen meinen Bruder; ich und mein Bruder gegen unseren Vetter; ich, mein

Bruder und mein Vetter gegen die, die nicht mit mir verwandt sind; ich, mein Bruder, mein Vetter und meine Freunde gegen unsere Feinde im Dorf; sie alle und das ganze Dorf gegen das nächste Dorf.«[38] Die entscheidende Chance der stufenweisen Erweiterung jenes zunächst nur als Verwandtschafts-, Sippen-, Stammes- und schließlich Nationalaltruismus sich bildenden sozialen Verantwortungsgefühls liegt in dem objektiv erzwungenen Umstand, *mit anderen zusammenzuleben zu müssen.* Die Chance liegt darin, daß »Fremdreligionen« zu »Nachbarschaftsreligionen« werden, wie es Religionspädagogen in Großstädten wie Hamburg in der Diskussion zum interreligiösen Lernen zutreffend formulieren.[39] Sie liegt darin daß man es mit Fremden buchstäblich hautnah in den face-to-face-Begegnungen zu tun bekommt. Was Angst macht, die Überfremdung, wie es im rechten politischen Spektrum, wenn auch hinter vorgehaltener Hand heißt, ist genau jene fruchtbare Lernchance, die es ermöglicht, daß die im ethischen Nahbereich der eigenen Sozialität entstandenen und geltenden uralten Verpflichtungen über Selbstbehauptung und Revierabgrenzung hinweg durchlässig werden, um es vorsichtig auszudrücken. Die Verpflichtungen sind in der Nähe entstanden, daher ist und bleibt *räumliche Nähe* so wichtig. »Es gibt in Wirklichkeit keinen moralischen Kosmopolitismus, und Begriffe wie ›Menschheit‹ sind künstliche Gebilde, die evolutionär nicht verankert sind. Die Vorstellung von der Erde als unserer Heimat oder gar eines Universums, in dem wir zu Hause sind, sind Abstraktionen, die ein Lebewesen, welches über Jahrmillionen auf relativ engem Raum gelebt hat, zwar zu denken, nicht aber wirklich zu empfinden vermag.«[40]

Man erlaube mir einen Seitenblick auf die Intensität, mit der die gegenwärtige katholische Amtskirche in der Frage der konfessionellen Kooperation und mehr noch in der anderen, ob die katholische Lerngruppe durchlässige Grenzen für die Teilnahme konfessionsfremder Schüler und Schülerinnen haben darf (wohlgemerkt ebenfalls christlich getaufte Kinder und Jugendliche, die nur insofern fremd sind, als sie als evangelische nicht derselben christlichen Konfession angehören), auf die Homogenität der katholischen Gruppe insistiert. Sie wiederholt immer wieder die Begriffe der »Heimat« und »Beheimatung«[41], um bewußt zu machen, welchen Stellenwert das Eigene gegenüber dem Anderen, Fremden hat.

Hat denn »Heimat« keinen Wert mehr? Das ist ganz und gar nicht der Fall; aber Heimat ist neu auszulegen – mit einer überraschend möglichen neuen Beziehung zum Weltethos-Gedanken. Der tschechische Staatspräsident Václav Havel hat diese Neudefinition von Heimat in seiner Rede bei der gemeinsamen Sitzung von Bundestag und Bundesrat am 24. 4. 1997 eindrucksvoll versucht. Er erinnerte daran, daß das deutsche Wort »Heimat« »vom urgermanischen ›haima‹ abgeleitet ist, welches nicht nur die uns nahestehende und vertraute Welt, also eine Schicht unseres Zuhause bezeichnete, sondern auch die Welt und das Weltall in ihrer Gesamtheit, das heißt das Universum«, wohl darum, weil die eigene enge Heimat früher so erfahren wurde (das paßt zu dem evolutionsgeschichtlichen Befund, Vf.), »als wäre das, was uns vertraut, bekannt ist, was uns umgibt, worin wir uns in gewissem Maße auskennen, was wir unmittelbar erleben und erfahren, nur eine Fläche eines Kristalls, die das ganze Weltall widerspiegelt«. In seiner Ursprünglichkeit bezeichnete das Wort Heimat »keine abgeschlossene Struktur, sondern das Gegenteil davon: eine Struktur, die öffnet, eine Brücke zwischen dem Menschen und dem Weltall, einen Leitfaden, der vom Bekannten auf das Unbekannte, vom Sichtbaren auf das Unsichtbare, vom Verständlichen auf das Geheimnisvolle, vom Konkreten auf das Allgemeine weist.« Es sei an der Zeit, so Havel, die »Auffassung von Heimat als einer abgeschlossenen Struktur« hinter sich zu lassen und statt dessen »Heimat als eine offene Struktur« zu betrachten, wobei er besonders auf das neue gemeinsame Europa abhob.

In unserer Gesellschaft führen neue objektive Bedingungen nicht nur katholische und evangelische Kinder zusammen und verlangen zumindest einen konfessionell-kooperativen Religionsunterricht; es werden ferner nicht nur Menschen unterschiedlicher europäischer Nationen zu einem Zusammenleben veranlaßt, sondern auch Europäer und Nichteuropäer. Die dadurch entstandene Nähe schafft altruistische Grenzüberschreitungen, jene moralischen Transferleistungen, die als »Auslösereize für moralisches Verhalten bei abstrakten Fernbeziehungen« fehlen.[42] Unsere Mitleidsgefühle bedürfen konkreter moralischer Aufforderungen, die zeitlich, räumlich und sozial möglichst nah bei uns angesiedelt sind. Man spendet eher dort, wo man sieht, was man dadurch bewirken kann. Man gibt leichter, wenn man die betreffenden Menschen persönlich kennt. Man empfindet viel stärker mit, wenn das Unglück den Sinnen nah vor Augen tritt. Der Genozid an Tausenden bleibt »weitgehend folgenlos«, »weil wir ihn sinnlich nicht apräsentieren können«.[43] Die Sprache enthüllt uns, wann der Altruismus an Boden gewinnt und die globale Moral in unserem Innern zu wurzeln anfängt, dann nämlich, wenn andere und Fremde als Brüder oder Schwestern bezeichnet werden. Die Politiker und Kirchenleute verwenden gern diese Namen. »Wir wollen sein ein einzig Volk von Brüdern, in keiner Not uns trennen und Gefahr.« (Rütli-Schwur, 1291) Familiäre Kategorien wie die des Bruders werden verwendet, um in größeren sozialen Kontexten jene uralten Bindungskräfte mit ihrer Energie zu entbinden, die nun das Bündnis vieler zusammenkitten sollen. Darum ist im Krieg von »Waffenbrüdern« die Rede.[44] Deshalb ist in Kirche und Ökumene die Formel von der »familia Dei«, der Kirche als einer ›Familie Gottes‹ aufgekommen, und die Weltethos-Erklärung formuliert: »Wir sind überzeugt von der fundamentalen Einheit der menschlichen Familie auf unserem Planeten Erde.« (WEE, S. 23)

In den religionspädagogischen Bemühungen um Verständigung und Toleranz zwischen den Religionen in der Bundesrepublik werden Begriffe wie »Kulturbegegnung« und »Religionsbegegnung« verwendet.[45] Das ist angemessen, wenn dabei nicht nur an eine vergeistigte Begegnung mit Objektivationen (Texten, Symbolen usw.) der anderen Religionen gedacht wird, sondern auch und vor allem an *konkrete Begegnungen* im Klassenzimmer. Dieser konkrete Sinn ist auch im umgangssprachlichen Verständnis des Begriffs als erstes enthalten. Die Weltethos-Erklärung ist zunächst auch nur ein Text. Was dieser Text in sich schließt, sind ethische Aufforderungen, die nachdrücklich eingeschärft werden. Um sie wirksam werden zu lassen, ist auf das Zusammenwirken von strukturellen Veränderungen in der Lebenswelt selbst und den Chancen des Lernens in der Nähe zu anderen, insbesondere uns fremden Menschen zu setzen.

Die Pädagogik allein bringt es jedoch nicht zustande, daß die

»vier unverrückbaren Richtlinien« (WEE, S. 28) das »Herz« des
Menschen verändern und ihn zu einer »Umkehr« bewegen (WEE,
S. 26). Viele gewichtige Stimmen plädieren in der internationalen
Debatte deshalb dafür, auf keinen Fall zu versäumen, in der Frage
»eine Welt – eine Moral?« eine internationale Ethik durch das
Recht zu unterstützen. Daß das Weltethos durch das Recht gestärkt
wird, ist ebenso wichtig wie die Stärkung des Rechts durch ein
Weltethos. N. Luhmann ist skeptisch, ob sich ethische Postulate
durchsetzen, weil immer auch *Interessen* mitspielen. »Ethik ist dann
oft nur ein vornehmer Ton, in dem über Interessen verhandelt
wird.«[46] Pädagogisch folgt hieraus die elementare Bedeutung einer
früh beginnenden *Rechtserziehung*. In deutschen Grundschulen lernen Kinder *Regeln* des Verhaltens, und sie sollen praktisch am eigenen Leibe spüren, warum es nützlich ist, sie einzuhalten. Das
klingt noch nicht nach hoher Moral, ist es auch nicht, aber diese
»institutionenbezogene Moral«, wie ich sie an anderer Stelle genannt und beschrieben habe, ist in jeder Sozietät der Anfang.[47]
Freiwillige Selbstkontrolle und wechselseitige Erinnerung an Abmachungen müssen dazu beitragen, daß das Handeln nicht von
Triebimpulsen überschwemmt wird und der rationalen Kontrolle
entgleitet. Die rationale Einsicht in die Notwendigkeit von Regeln
und Gesetzen ist pädagogisch fruchtbarer als ein Appell an die Gesinnung. Dazu ein kleines praktisches Beispiel, die Äußerung einer
Grundschülerin unter dem Motto ›ein Weltethos braucht Zeit‹
(vgl. inhaltlich die erste der vier Weisungen): »Wenn ich mit meiner Schwester streit', dann mache ich mit ihr erst noch davor aus,
daß wir nicht stauchen oder nicht an den Haaren ziehen oder daß
man nicht kratzen darf.«

Anmerkungen

1   *F. Schleiermacher*, Die praktische Theologie nach den Grundsätzen der
    evangelischen Kirche im Zusammenhang dargestellt, aus Schleierma-
    chers handschriftlichem Nachlasse und nachgeschriebenen Vorlesungen,
    hg. v. *J. Frerichs*, Sämtl. Werke, 1. Abt. Zur Theologie, 13. Bd., Berlin
    1850, Nachdruck Berlin/New York 1983, S. 12.
2   *F. Schleiermacher*, Pädagogische Schriften, 2 Bde., unter Mitwirkung von

Th. Schulze hg. v. *E. Weniger*, Düsseldorf/München 1957 (= Ullstein TB, Frankfurt/M. 1983), S. 7.

3   AaO, S. 11

4   *J. Lähnemann (Hrsg.)*, »Das Projekt Weltethos« in der Erziehung. Referate und Ergebnisse des Nürnberger Forums 1994, Hamburg 1995 (Pädagogische Beiträge zur Kulturbegegnung 14). Vgl. auch *J. Rehm (Hrsg.)*, Verantwortlich leben in der Weltgemeinschaft. Zur Auseinandersetzung um das »Projekt Weltethos«, München 1994.

5   *A. Leschinsky*, Vorleben oder Nachdenken? Bericht der wissenschaftlichen Begleitung über den Modellversuch zum Lernbereich »Lebensgestaltung – Ethik – Religion«, Frankfurt/M. 1996, S. 6 u.ö.

6   *W. Klafki*, Grundzüge eines neuen Allgemeinbildungskonzepts. Im Zentrum: Epochaltypische Schlüsselprobleme, in ders.: Neue Studien zur Bildungstheorie und Didaktik. Zeitgemäße Allgemeinbildung und kritisch-konstruktive Didaktik, 2., erw. Auflage Weinheim und Basel 1991, S. 43-81. Es ist an diesem Konzept kritisiert worden, daß es zwar im einzelnen gewichtige ethische Fragen berührt, aber die »*ethische Grundlagenproblematik*« ähnlich wie übrigens auch den Gesamtbereich der Religion ausspart (*K. E. Nipkow*, Theologie und Pädagogik. Ansätze und Linien für einen neuen Dialog, in: Comenius-Institut (Hrsg.), Aufwachsen in der Pluralität. Herausforderungen für Kinder, Schule und Erziehung. Ein Gespräch zwischen Theologie und Pädagogik, Münster 1994, S. 137-153, Zitat S. 144).

7   *W. Klafki*, aaO, S. 56.

8   Einen »Wegweiser durch die internationale Diskussion« (Untertitel) gibt der vom Institut für Entwicklung und Frieden (INEF) veröffentlichte Bd. »Weltkonferenzen und Weltberichte«, hrsg. v. *D. Messner* und *F. Nuscheler*, Bonn 1996, siehe hier besonders das Stichwort »Global Governance« als Leitbegriff einer »Weltordnungspolitik« und die Übersicht über die Weltkonferenzen, die in den 90er Jahren die Lage der Kinder, Umwelt und Entwicklung, Menschenrechte, Bevölkerungswachstum, soziale Entwicklung, die Lage der Frauen und die Situation der Metropolen betroffen haben.
    Die vorwiegend philosophischen Probleme speziell zu einer globalen Moral finden sich zuletzt diskutiert in: *W. Lütterfelds – Th. Mohrs (Hrsg.)*, Eine Welt – Eine Moral? Eine kontroverse Debatte, Darmstadt 1997. – Unter Aufnahme des Begriffs »Weltethos« wird das ökologische Anwendungsfeld breit erörtert in *H. Kessler (Hrsg.)*, Ökologisches Weltethos im Dialog der Kulturen und Religionen, Darmstadt 1996; vgl. ferner *O. Höffe*, Bausteine für ein ökologisches Weltethos, in: Lüttersfelds – Mohrs, aaO, S. 136-155.
    Die völkerrechtliche Seite, die wegen des Zusammenhangs von Moral und Recht auch pädagogisch bedeutsam ist, wird dargestellt von *H. Hohmann*, Umweltvölkerrecht als Rahmen für »ökologisches Weltethos«?, in: H. Kessler, aaO, S. 226-245. Vgl. zur Gesamtproblematik *M. Featherstone (Hrsg.)*, Global Culture, London etc. 1990.

Insgesamt ist eine den Gegenstand eines »Weltethos« (Gegenstandsebene) reflektierende Disziplin einer »internationalen Ethik« (Theorieebene) noch jung (vgl. die Rezensionen von *M. Betzler*, Aspekte internationaler Ethik, in: Philosophische Rundschau 44 (1997) 20-32).

9   *H. Küng*, Weltethos für Weltpolitik und Weltwirtschaft, München 1997
10 Die »Erklärung zum Weltethos« wird fortan nach der deutschen, von
    H. Küng und *K.-J. Kuschel* hrsg. Fassung (München – Zürich 1993) ab-
    gekürzt unter WEE im laufenden Text zitiert.
11 *M. Hättich*, Politische Aspekte globaler Geltungen, in: Lütterfelds –
    Mohrs (Anm. 8), S. 167-176, Zitat S. 175.
12 AaO, S. 176.
13 *H. Küng*, Geschichte, Sinn und Methode der Erklärung zu einem Welt-
    ethos, in: *Küng – Kuschel* (Anm. 10), S. 49-87, Zitat S. 55f.
14 *H. Küng*, aaO, S. 69.
15 *H. Küng*, aaO, S. 68.
16 AaO, S. 66.
17 AaO, S. 67.
18 AaO, S. 63.
19 AaO, S. 64. Vgl. auch WEE S. 23: »Was sie (die Allgemeine Menschen-
    rechtserklärung der Vereinten Nationen von 1948) auf der Ebene des
    Rechts feierlich proklamierte, das wollen wir hier vom *Ethos* her bestä-
    tigen und vertiefen« (S. 23), weil »das Recht ohne Sittlichkeit auf Dauer
    keinen Bestand hat« (S. 24).
20 *J. Rawls*, Theory of Justice, 1971 (dt.: Eine Theorie der Gerechtigkeit,
    Frankfurt/M. 1975).
21 *R. Döbert*, Welche Wertsysteme / Weltbilder überleben den diskursiven
    Test? In: Lütterfelds – Mohrs (Anm. 8), S. 77-103.
22 AaO, S. 102.
23 Ebd.
24 AaO, S. 81.
25 AaO, S. 81f.
26 AaO, S. 85.
27 *F. v. Cube*, Verhaltensbiologische Grundlagen der Moral und der Moral-
    erziehung, in: A. K. Treml (Hrsg.), Natur der Moral? Ethische Bildung
    im Horizont der modernen Evolutionsforschung. (edition ethik kontro-
    vers 5) Frankfurt/M. 1997, S. 38-41.
28 AaO, S. 38.
29 AaO, S. 39.
30 *E. Lévinas*, Die Spur des Anderen. Untersuchungen zur Phänomenologie
    und Sozialphilosophie, Freiburg/München 1983.
31 *K. E. Nipkow*, Ziele ethischer Erziehung heute, in: G. Adam –
    F. Schweitzer (Hrsg.), Ethisch erziehen in der Schule, Göttingen 1996,
    S. 40 ff.
32 *A. K. Treml*, Überlebensethik. Stichworte zur Praktischen Vernunft im
    Schatten der ökologischen Krise, Tübingen/Hamburg 1992.
33 *A. K. Treml*, Die Erziehung zum Weltbürger. Euphemismus oder Fulgu-

ration? In: A. K. Treml, Natur der Moral? aaO, S. 56-63.

34 *H. Küng*, Geschichte, Sinn und Methode der Erklärung zu einem Weltethos, in: H. Küng – K.-J. Kuschel, Erklärung zum Weltethos, S. 65.

35 *E. Dahl*, Im Anfang war der Egoismus. Den Ursprüngen menschlichen
Verhaltens auf der Spur, Düsseldorf/Wien/New York 1991.

36 *R. Dawkins*, The Selfish Gene, New York/Oxford 1976 (dt.: Das egoistische Gen, Berlin u.a. 1978).

37 *W. Wickler – U. Seibt*, Das Prinzip Eigennutz – Zur Evolution sozialen
Verhaltens, München/Zürich 1978.

38 *Ch. Vogel*, Der wahre Egoist kooperiert. Ethische Probleme im Bereich
von Evolutionsbiologie, Verhaltensforschung und Soziobiologie, in: Universitas (1993) 1, S. 37, zit. n. A. K. Treml, Die Erziehung zum Weltbürger, aaO (Anm. 33), S. 57.

39 *F. Doedens – W. Weiße (Hrsg.)*, Religionsunterricht für alle. Hamburger
Perspektiven zur Religionsdidaktik, Pädagogisch-Theologisches Institut
Hamburg 1997.

40 *F. M. Wuketits*, Entwurzelte Seelen. Biologische und anthropologische
Aspekte des Heimatgedankens, in: Universitas (1995), 1, S. 19, zit. n.
Treml, Die Erziehung zum Weltbürger, S. 58f.

41 *Sekretariat der Deutschen Bischofskonferenz (Hrsg.)*, Die bildende Kraft
des Religionsunterrichts. Zur Konfessionalität des katholischen Religionsunterrichts. (Die deutschen Bischöfe 56), Bonn 1996, S. 76; *Sekretariat der Deutschen Bischofskonferenz (Hrsg.)*, Die Freiheit zu glauben –
das Recht zu wissen – eine Initiative der katholischen Kirche, Bonn
1997, 6. Punkt.

42 *A. K. Treml*, Die Erziehung zum Weltbürger, S. 59.

43 Ebd.

44 *H. Mohr*, Alternative Verhaltensstrategien und kultureller Kontext, in:
A. K. Treml, Natur der Moral?, S. 18-21, Zitat S. 20.

45 Vgl. hierzu seit vielen Jahren die verdienstvollen Beiträge von *Johannes
Lähnemann*, Nürnberg.

46 *N. Luhmann*, Ethik in internationalen Beziehungen, in: *Lütterfelds –
Mohrs*, aaO, (Anm. 8), S. 156-166, Zitat S. 156.

47 *K. E. Nipkow*, Grundfragen der Religionspädagogik, Bd. 3: Gemeinsam
leben und glauben lernen, Gütersloh 1982, ³1992, S. 154ff.

Polis und Kosmopolis
»Weltethos« aus der Sicht
eines Pädagogen

Weltethos ist ein Kind der Aufklärung, ein jüngeres Geschwister der Menschenrechte, ein Vorläufer einer Weltordnung, die die Weltorganisation ersetzt. Es ist auch ein spätes Moment der »Erziehung des Menschengeschlechts«, als die Lessing die Menschheitsgeschichte sah. Die Pädagogik wird schon darum für den Gedanken einer gemeinsamen Grundlage der Sittlichkeit aller Menschen auf der zusammengewachsenen Erde aufgeschlossen sein. Da Wissenschaft das machtvollste und erfolgreichste Mittel der Verständigung und damit der Herstellung von Gemeinsamkeit ist und da heutige Pädagogik weitgehend durch Wissenschaft angeleitet wird, kann es nicht ausbleiben, daß sie vom »Weltethosgedanken« in Anspruch und für ihn in Dienst genommen wird. Zwar gibt es Pädagogik auch abseits und ohne den Anspruch auf rationale Erklärung der Welt, auf Prüfung des menschlichen Lebens, seiner geschichtlichen Gestalt, seiner zeitlosen Bestimmung, seiner künftigen Möglichkeiten durch den Verstand. Aber seit Pädagogik vornehmlich notwendig ist, um das Kind und den jungen Menschen in die immer weniger der Natur entstammenden und von ihr geregelten, immer mehr von der Kultur hervorgebrachten Verhältnisse einzuführen, muß sie diese selber rational verstehen: Ihre Annahmen und Auslegungen müssen überprüfbar, gemeinverständlich begründet, der öffentlichen Kritik unterworfen sein.

Denn Pädagogik ist ein die Öffentlichkeit angehender Vorgang; sie wird durch die Gemeinschaftlichkeit des Lebens nötig und konstituiert; der einsame Wilde, der Kyklop Polyphem, Robinson Crusoe bedürfen ihrer nicht – und die Gemeinschaften, in denen die

Tradition oder Gottes Wort oder die Stimme des Herzens / der Natur / des Blutes als Maß der Erziehung genügte, gibt es nicht mehr; ja, keine Pädagogik erfüllt sich heute allein in einer Gemeinschaft – sie schließt notwendig deren Verhältnis zur nächstgrößeren und zu den benachbarten ein. Wo immer heute Erziehung und Bildung stattfinden, enthalten sie den Keim des Universalismus, das Ferment der Aufklärung. Reiner Fundamentalismus kann nur in der Abgeschiedenheit gedeihen (und dort wiederum hat er keinen Anlaß zu starker Manifestation) – in den Metropolen muß er mit dem Geld und der Elektrizität, mit der Hygiene und dem Satellitenfernsehen, mit der Technik und der Wissenschaft zurechtkommen, er verliert seine Reinheit. In der westlichen Zivilisation hat die radikale Aufklärung, wenn sie denn je irgendwo festen Fuß gefaßt hat, einer reifen, gleichsam aufgeklärten Aufklärung Platz gemacht – »aufgeklärt« insofern sie ja weiß (weil sie es täglich erfährt), daß Aufklärung sich nie nur über den Verstand vollzieht, daß ihr Geschäft nicht in der Formulierung und Wiedergabe rationaler Sätze aufgeht, daß rationale Erkenntnis Grenzen hat und sich aufhebt, wenn sie sich über diese durch Rationalisierungen täuscht.

Eine solche Genealogie legt eine Voreingenommenheit der (modernen) Pädagogik für den »Weltethos-Gedanken« nahe, der nach dem Wunsch des Herausgebers in diesem Buch »für die verschiedenen wissenschaftlichen Disziplinen zu reflektieren« ist. Soll meine Stellungnahme Gewicht haben, muß ich sie gegen diesen Befangenheitsverdacht rüsten. Das versuche ich, indem ich einen skeptischen Frager (F.) bestelle, einen jungen Pädagogen, der mit allen kritischen Wassern seiner Zunft gewaschen ist und der von daher auf Schwierigkeiten aufmerksam macht, Einwände erhebt und von mir wissen will:

– Mit welchem Recht wird hier »vom Standpunkt der Pädagogik« aus geurteilt? (1)

– In welchem Verhältnis stehen die Erwartungen, die in der »Erklärung zum Weltethos« zum Ausdruck kommen, zu den praktischen Möglichkeiten der Pädagogik? Inwieweit kann sie da tatsächlich mitwirken? (2)

– Tut die Pädagogik, falls die letzte Frage bejaht wird, gut daran, diesen Weg einzuschlagen, ist sie – wenn sie es mit der Aufklärung

ernst meint – wohlberaten, den in der »Erklärung zum Weltethos«
formulierten Auftrag an sie zu übernehmen? Inwieweit will sie mitwirken? (3)

Meine Antwort (**A.**) hierauf wird den Wortlaut, die ausdrück-
lichen Absichten und das implizierte Vorgehen der Chicagoer Erklärung ständig heranziehen und notwendig persönliche Urteile
einschließen.

1. Was für eine Pädagogik spricht hier?

F.: Es gibt keine »wissenschaftliche Disziplin« dieses Namens –
kein Corpus gesicherter Erkenntnis, wie es sie von Himmelskör-
pern, chemischen Elementen, historischen Kulturen, Gesetzen der
Sprachentwicklung, Modellen und Systemen des Wirtschaftens
gibt. Pädagogik ist ein Handwerk, das in unterschiedlichen Verhältnissen und Absichten ausgeübt und von vielfältigen Erkenntnissen und Einsichten gespeist wird, darunter vielen Wissenschaften. Wenn es demzufolge viele Pädagogiken gibt: Was kann eine
Stellungnahme eines Pädagogen der Sache nützen? Was begründet
die Auswahl dieses einen? Wie erklärt er selber, was er hier tut?

A.: Warum ich um diese Stellungnahme gebeten worden bin, weiß
ich nicht. Ich weiß vielmehr recht gut, daß ich innerhalb meiner
Zunft eine Randstellung einnehme. Aber ich vereine eine lebens-
längliche praktische Erfahrung in ebendem »Handwerk« mit einer
Übersicht über die meisten hier einschlägigen Theorien. »Pädagogik« bezeichnet für mich in diesem Rahmen einen Standort, der
sich von dem des Politikers, des Ethikers und Philosophen, des
Theologen und Religionswissenschaftlers, des Ethnologen und Ver-
haltensforschers, des Ökonomen und des Juristen im wesentlichen
durch ein Interesse unterscheidet, das sich in der Frage zusammenfassen läßt: Was bedeutet dies für das Wohl des Kindes? (– das
natürlich keine eindeutige Sache ist!)

2. Was kann die Pädagogik für das »Weltethos« genannte Programm tun und was nicht?

F.: Pädagogik ist nicht dazu da – und hat also in ihrer Geschichte nicht gelernt –, die Welt in Ordnung zu bringen oder gar zu verbessern. Sie hilft der kommenden Generation einer jeweiligen Kultur in die Welt hineinzuwachsen, wie diese ist, ohne sie ihr zu unterwerfen, wie sie ist; sie ist genötigt, diese Anstrengung für jedes einzelne Kind zu unternehmen – nach dem Maß seiner Möglichkeiten: seiner bisherigen Erfahrungen, seiner Anlagen, seiner Lebenssituation. Sie wird es darum schwer haben, einer Idee brauchbare Dienste zu leisten, die sich weit von dem Individuum und der Wirklichkeit zu entfernen scheint. Daß sie solche Dienste auch anderwärts auf sich genommen hat – zum Beispiel ein Geschichtsbewußtsein zu schaffen oder der jungen Generation das Austragen einer belastenden Vergangenheit nahezulegen oder ihr eine Loyalität zu dem Abstraktum Staat einzugeben, in dem sie lebt –, rechtfertigt nicht, daß sie sich abermals überschätzt; der neue falsche Dienst vermehrt den Ärger oder er verfällt der Gleichgültigkeit.

Die Mitwirkungsmöglichkeiten der Pädagogik hängen von der Plausibilität der konkreten Anforderungen ab, die da an sie gerichtet werden. Hier ein Versuch, diese Anforderungen aus dem Text herauszupräparieren:

Obwohl in den großen Religionen ein fundamentales Ethos vorliegt, das der Welt zu Frieden, sozialer Gerechtigkeit und sinnvollem Umgang mit der Natur verhelfen könnte, kommt dieses nicht zur Wirkung; die Welt liegt »in Agonie«, weil die Menschen »noch nicht mit Herz und Tat« nach der ihnen bekannten Wahrheit leben. (2,r; 6,r/l)[1]

– Pädagogik müßte in den Kindern das gemeinte Ethos (die Haltung und Tatkraft) ins Leben rufen, das in den Erwachsenen erstorben ist.

– Sie müßte dies tunlichst erreichen, ohne mit dem Weltuntergang oder einer Katastrophe oder auch nur einer dramatischen Verschlechterung der Lage zu drohen.

– Sie müßte den Kindern verständlich machen, warum, obwohl

das Ethos als Einsicht da ist, die Erwachsenen nicht danach leben, jedenfalls keinen Erfolg damit haben, und dieses Verständnis darf ihren eigenen Bemühungen nicht im Wege stehen. – Kann sie das?

A.: Das Dilemma, daß die Pädagogik in den Kindern, in der kommenden Generation etwas wecken soll, was in der alten Generation erstirbt oder erstorben ist, mag den Erziehern, für deren Zeit dies zutrifft, die Aufgabe erschweren. Ganz ungewohnt kann es ihnen nicht sein. Eine wichtige *raison d'être* ihres Berufsstandes ist doch: Die Erwachsenen leben nicht so, daß die Kinder unmittelbar von ihnen lernen könnten/sollten. Es war das Verhängnis der alten Pädagogik, daß sie bis in unser Jahrhundert hinein »idealistisch« verfuhr. Von Rousseau und vollends von den amerikanischen Erziehungsphilosophen hätte sie Realismus lernen können: daß das Vorbild nicht im Perfekten zu suchen ist, sondern in der Überwindung der Imperfektion. Vollends war bei Rousseau zu lernen, daß Pädagogik legitimerweise »gesellschaftskritisch« ist: So dient sie der Gesellschaft. John Dewey hat diesen Gedanken ausbuchstabiert: *Education* sei für die Gesellschaft der Erwachsenen noch wichtiger als für das Kind, weil es sie nötige, sich und ihre Lebensweise, ihre Ansichten und Institutionen zu prüfen – was gut ist und also der Weitergabe wert, was schlecht ist und also den Jungen zu ersparen.

Leicht haben es die Pädagogen dabei nicht, die nötige Zuversicht zu geben. Aber wehe sie halten diese Schwierigkeit für vermeidbar! Es liegt außerdem etwas Anfeuerndes darin: »Mit euch wird es anders; ihr seid nicht nur Nachgeborene, ihr seid eine neue Generation!"

Die Zuversicht für das Große und Künftige muß man sich im Kleinen erwerben. Darum dürfte die Pädagogik dem Gedanken eines Weltethos am besten nützen, wenn sie von ihm und einer gerechten und friedlicheren Weltordnung oder gar einer Weltkultur gar nicht erst spricht. Pädagogik kann nur überzeugend lehren, was in der Erfahrung der Kinder vor- und unterkommt. Zwar nehmen auch Kinder heute über das Fernsehen (und die Jugendlichen über Computer und Internet) an den Weltproblemen teil; sie fragen sich, warum dieses Kind in Nordkorea oder Afrika hungern muß, warum in Colombo oder Tel Aviv Bomben hochgehen, warum

Türken und Kurden – für sie ununterscheidbar – Krieg miteinander führen. Aber die Pädagogik sollte hier nicht mit dem Weltethos daherkommen, sondern bei den Kleineren mit der Aufforderung: Überlegt euch – wo können wir (in dieser Familie, in diesem Klassenraum, in dieser Nachbarschaft) unser Brot teilen, reden statt zur Gewalt zu greifen, ordnen, vermitteln, versöhnen, trösten in einem Streit unter unseren Freunden? Bei den Größeren wird man die Sachverhalte zu verstehen suchen und prüfen, was es für Lösungen, für Widerstände und Unklarheiten gibt und welche Pannen passieren können. Und das nicht für alle zwölf Probleme, die uns von dem Titelblatt der heutigen Tageszeitung (06.09.97) auf einmal anschreien: »Blutbad auf den Komoren«, »Öffentliche Hinrichtung in Grosny«, »Grünes Licht für Gewaltanwendung durch NATO in Bosnien«, »Abtreibung meist von Verheirateten«, »Angriff auf Asylbewerber – Die jugendlichen Täter waren betrunken«, »Israelische Kommandoaktion geht in die Falle«, »Euro nicht auf dem Rücken der Arbeitslosen« und so fort. Zwei oder drei genügen – und erlauben noch, die schwierigen, die unheimlichen Zusammenhänge zwischen ihnen zu erkennen.

Auf diese Weise wird schon ein Teil des Unvermögens der Erwachsenen verständlich, und für den Rest, der der Trägheit, der Feigheit, der Hab- und Herrschsucht, dem bösen Willen und, alles in allem, der fehlenden Einsicht, der Schwäche des Ethos zuzuschreiben ist, muß man die Kinder nicht zu Anklägern und Richtern der Erwachsenen machen, nicht zu Besserwissern, was nur eine neue Quelle von Zank und Verletzung wäre. Man hat ja erdachte Geschichten und die vergangene Geschichte. An ihnen kann man wahrnehmen, was »falsch« ist und was »richtiger« wäre, was Gewalt anrichtet und was sie nicht löst, was Solidarität meint, was sie bewirken kann und warum sie nicht durch »Verordnung« ersetzt werden darf (und auch, wie sich die Forderung nach ihr mißbrauchen läßt). Geschichten sind ein, mit Verlaub, strenges Spielmaterial zur Erprobung von Werten und Tugenden. Werte erkennt man am klarsten, wo sie fehlen oder man sie verfehlt. Die Geschichten mit der stärksten moralischen Wirkung sind die, die uns um das Gute bangen lassen: um die Wahrheit in Hermann Hesses »Demian« oder in seiner »Kindernovelle«, um die Ehe in

Theodor Fontanes »Effi Briest«, um die Gewaltlosigkeit in Harriet
E. Beecher-Stowes »Onkel Toms Hütte«.[2] Die strahlenden Tugenden geraten zum Kitsch, die schiere Ruchlosigkeit zur Karikatur.
Ich bin mir sicher: Mit seinem Struwwelpeter hat Heinrich Hoffmann gut unterhalten, aber schlecht erzogen. Daß Lüge etwas
Schlimmes ist, erfährt man nicht, wo der Lügner sich auch sonst
wie ein Schurke verhält, sondern wo einer gezwungen ist zu lügen,
ohne es zu wollen – in Jurek Beckers »Jakob der Lügner«, oder
Louis Begleys »Lügen in Zeiten des Krieges«.

Mit anderen Worten, die Wert-Erfahrung und Wert-Erziehung
folgen einer ganz eigenen Dialektik, in der das Scheitern nicht Un-
wirksamkeit bedeutet. Bertolt Brecht läßt aus dem Versagen seiner
Helden die eigentliche Belehrung seiner Zuschauer hervorgehen.
Das mag ihm gelungen sein oder nicht – »Ethos leicht gemacht«,
Ethos ohne Stolpersteine, Ethos auf den Schwingen einer »irgendwie« offenkundigen Menschlichkeit kann seinem eigenen Zweck
nicht genügen.

F.: In der »Erklärung« heißt es: Die Hoffnungen, Ziele, Ideale,
Maßstäbe und damit die Vision vom guten Leben seien den Men-
schen »abhanden gekommen« (5,r); aber auch: daß Egoismus, individuelle oder kollektive Selbstsucht, Klassendenken, Rassenhaß,
Nationalismus und Sexismus den Menschen hindern, »wahrhaft
Mensch zu sein« (8,r) oder daß es »ungerechte gesellschaftliche
Strukturen« gibt, die Ausbeutung oder Arbeitslosigkeit und damit
Elend erzeugen, und daß falsche, einseitige Systeme und Ideologien – »ungezügelter Kapitalismus« und »totalitärer Staatssozialis-
mus« werden genannt (10,l), aber auch Korruption, Terror von
oben (8,r), Bevormundung (13,r), Desinformation (11,r) – die
ethischen und spirituellen Werte aushöhlen und zerstören (10,l);
und schließlich: Da gibt es Ärgernisse, deren Quelle die Religionen
selber sind, indem sie ihren Mitgliedern Vorurteile, Feindbilder,
unverhandelbare Ansprüche, Überheblichkeit, Abschließung und
Mißtrauen gegen andere eingeben (7,r), – Ärgernisse, die zu
schlimmen, schwer heilbaren Konflikten führen, wie sie sich – für
die jungen Menschen erlebbar – in Irland und Algerien, in Bosnien
und im Nahen Osten abspielen, unterstützt durch ethnische und

kulturelle Gegensätze, in grausiger, sich selbst hervorbringender Hoffnungslosigkeit.

– Die Pädagogik müßte, um hier tätig zu werden, sicher sein können, daß die Behauptung vom Werteverlust, vom Wertezerfall, vom Verschwinden der Ideale zutrifft.

Ist das geschehen – kann sie wissen, wie man so etwas »wiederherstellt«, ohne die Gründe für den Verlust zu kennen?

– Im anderen Fall: Kann sie, obwohl doch die Werte weiterhin »in Geltung« sind, so tun, als führe sie sie jetzt ein?

– Die Bekämpfung der aufgeführten Charakterschwächen und Untugenden (die »Erklärung« zählt noch viele andere auf) ist Urpensum der Pädagogik. Aber hat diese nicht auch gelernt, daß man weiterkommt, wenn man das richtige Verhalten, die »Tugenden« verständlich und befriedigend erscheinen läßt? (Dieser Erkenntnis gibt Hans Küng durch die Übersetzung der großen alten Verbote in entgegenkommende neue Gebote statt: Du sollst nicht stehlen = Handle gerecht und fair). Woran sich die Frage anschließt: Wie sieht es dann mit der Eindeutigkeit aus, die in der Pädagogik sonst so hoch geschätzt wird?

– Den gesellschaftlichen Systemen und Mißständen kann die Pädagogik nicht beikommen; sie kann sie, wie die aus dem Glauben entspringenden Konflikte, allenfalls bezeichnen, bewußtmachen, erklären – und sollte das schon immer tun. Wie könnte daraus ein neuer Auftrag und also eine neue Hoffnung erwachsen – gar für die in der »Erklärung« angehäuften in der Ferne liegenden Beispiele?

A.: Die Einschätzung des Fragers, die Ideale möchten gar nicht »abhanden gekommen sein«, wie es in der »Erklärung« heißt, ist keine subjektive Meinung; sie wird jedenfalls hinsichtlich der deutschen Jugend durch empirische Untersuchungen, vornehmlich die Shellstudie[3], bestätigt. Nicht die Ideale und Werte sind geschwunden, wohl aber hat die Hoffnung auf ihre Erfüllung nachgelassen. Die pädagogische Aufgabe wäre hier nicht in erster Linie, diese Hoffnung wieder aufzurichten, sondern die Funktion von Idealen verständlich zu machen: Sie sind das eigentliche und jedenfalls wirksamste Mittel, die Wirklichkeit zu kritisieren. »So *sollte es sein*!

Vergleiche damit, wie es *ist*!«, sagen sie. Je schlechter die Wirklichkeit, um so mehr bedarf sie der »Ideale« und »Werte« – und umgekehrt.

Demnach ist weder Wiederherstellung noch die (Neu-)Einfüh-
rung der Werte nötig, wie der Frager nahelegt, um so mehr aber
die Klärung, was das ist. In der Pädagogik hat sich eine Lehre viel
Aufmerksamkeit gesichert, die sich »Values Clarification« nennt.[4]
Nach Auffassung der Erfinder dieses Ansatzes sind viele junge
Menschen »apathisch, oberflächlich, ziellos, … übertrieben ange-
paßt oder überkritisch« und »benehmen sich wie Schauspieler« (PZ
S. 96), nicht weil sie keine oder beschädigte Wertempfindungen
haben, sondern weil sie durch die Fülle der auf sie eindringenden
Ansprüche und Lockungen verwirrt und verunsichert sind: Ihre
Wertvorstellungen bleiben verschwommen. Überzeugt, daß Werte
aus der Erfahrung der Menschen erwachsen, versuchen diese Pädagogen, den jungen Leuten durch spezielle Übungen auf die Beine
zu helfen: Sie halten sie an, unter vielen Möglichkeiten frei und
nach sorgfältiger Überlegung zu wählen; sie machen ihnen Mut,
sich zu der einmal getroffenen Wahl zu bekennen, an ihr festzuhalten, mit ihr zufrieden zu sein; sie fordern sie auf, etwas mit dem
Gewählten zu tun – und das wiederholt.

Mir scheint das eine intelligente Reaktion auf Unklarheit und
Unsicherheit der Überzeugungen und Bewertungen zu sein. Entscheidend ist, daß die jungen Leute aufhören, sich uneigentlich,
eben »wie Schauspieler«, zu betragen. Sie werden also immer wieder genötigt, sich zu fragen (und darauf zu antworten): Was hast
du dabei gefühlt? Hat das Gefühl lang angedauert? Erzählst du
anderen davon? Erzählst du es gern? Wenn sie Einwände haben,
das seltsam finden, – stört es dich? Warum / Warum nicht? Auf
diese Weise geht mit der Klärung der Sache eine Klärung der eigenen Person einher und damit auch ihre Stärkung. Diese Stärkung
ist heute nicht nur für den einzelnen geradezu lebensnotwendig, sie
bewahrt auch die Gesellschaft vor der Anpassung an ihre eigenen
Zustände, Verfahren, Apparate – an die (anonymen und globalen)
Entwicklungen, von denen einige in der »Erklärung« auch als
Anlaß für die Besinnung auf ein Weltethos genannt werden.

Da wird, zum Beispiel, die Arbeitslosigkeit erwähnt. Niemand hat so recht eine Lösung dafür, jedenfalls keine, mit der wir Erfahrungen hätten und die nicht schmerzliche Eingriffe in das Gewohnte, in Besitzstände und Freiheiten mit sich brächte. Wie handle ich »gerecht und fair« in einem ungerechten und unfairen System? Was genau soll die Pädagogik mit dem dazu gesagten Satz anfangen: »Deshalb (weil Neid, Haß und Rebellion aus der Ungerechtigkeit in der Welt erwachsen) sollten schon junge Menschen in Familie und Schule lernen, daß Eigentum, es sei noch so wenig, verpflichtet. Sein Wohl soll zugleich dem Wohl der Allgemeinheit dienen. *Nur so* kann eine gerechte Wirtschaftsordnung aufgebaut werden.« (10,r; ebenso 12,r; Hervorhebung von HvH) Nun, das Kind mit den neuen Inliners wird sie anderen borgen; das mit der wohlassortierten Federmappe wird dem schlecht versorgten Banknachbarn mit einem Bleistift aushelfen; das Mädchen, das täglich einen schönen Apfel von zu Hause mitbekommt, kann ihn jeden zweiten Tag entbehren, ihn einem anderen geben, das so etwas braucht. Wenn die Eltern dies mit Wohlwollen, die Lehrer mit Lob und die Mitschüler mit Dank bedenken, kann daraus eine Lebensmaxime werden. Aber der systembedingten »hemmungslosen Raffgier« der einen, von der die »Erklärung« spricht, und der demoralisierenden Erwerbslosigkeit der anderen wird das kein Ende setzen, und darum sollte man dieses prekäre Stück Moralerziehung auch nicht mit einer solchen Erwartung belasten.

Gegen die »Verhältnisse«, die öffentlichen Mißstände und Torheiten, muß ich als Bürger angehen, und wenn ich das tue, werden meine Kinder daran das lernen, was wirksamer ist als ihre gute kleine Tat: wie man nach seinen Überzeugungen lebt. *Das* ist Ethos. Nur wer für seine Vorstellungen eintritt, wird auch andere von ihnen überzeugen – und umgekehrt: Wer selber Plastikbecher in die Gegend wirft, hat schlecht fordern, es sollten gar keine hergestellt werden.

F.: Die »Erklärung zum Weltethos« baut auf drei Mittel zur Herbeiführung des Bewußtseinswandels, der gleichsam das Weltethos in Geltung setzt (14,l/r), Mittel, die im wesentlichen in der Pädagogik Anwendung finden: das Wecken von *Vorstellungen*, das Entfalten glaubwürdiger Visionen (etwa 4,r und 5,r); die *Besinnung* auf

das Ethos, das es schon gibt (13,l: »... besinnen wir uns wieder neu
auf die Konsequenzen dieser uralten Weisung«), auf eine Verantwortung, die wir ebenfalls schon haben (5,l), und auf den schlimmen Zustand der Welt (2,l und 4,l); schließlich die Bekräftigung
eines *Konsens'* über verbindliche Werte, unverrückbare Maßstäbe,
moralische Grundhaltungen (4,r und 6,r) – etwas, was es vorzule-
ben gilt.

– »Sich etwas vorstellen / imaginieren / sich ausmalen«, »sich besinnen / wiedererkennen / nachdenken über ...«, »bejahen / bekräftigen / festhalten« – das sind in der Pädagogik geläufige Verben.
Aber für sich, ohne die Fülle der anderen: erleben, erfahren, erproben, erfinden, mitmachen, selbermachen, zweifeln, fragen, erörtern, abwägen, entscheiden, urteilen und so fort, sind sie pädagogisch ohnmächtig.

– Wird die Pädagogik, die heute endlich bei fast allem mit »Erfahrung« beginnt und dieser die Erklärung, die Einordnung, die
Übung folgen läßt, genügend geeignete Gelegenheiten hierfür finden – Gelegenheiten, die sie nicht schon längst nutzt?

– Was muß sie tun, um sich gegen ein Weltethos-Curriculum zu
schützen, das man ihr alsbald antragen wird: Fallbeispiele, denen
man die verbindenden Werte zuordnet oder entnimmt, verrückbare Maßstäbe, die man von unverrückbaren zu unterscheiden hat,
Testsituationen, in denen sich zeigt, ob die moralische Grundhaltung »fest genug sitzt«? Also: Wie schützt man Weltethos vor der
Pädagogisierung?

A.: Die vom Frager beschworene Gefahr, das Wort-Manifest zum
Weltethos möchte vornehmlich über das Wort und das heißt über
den Verstand verwirklicht werden, ist real, zumal wenn »Weltethos« in der Schule gelehrt werden soll (9,r; 10,r; 12,r; 13,r).
»Kognitives Lernen« zu veranlassen, wie es im Fachjargon heißt,
gelingt der Bildungseinrichtung in der Regel, und darum mißlingt
ihr meist das »ganze Lernen«, das Lernen »mit Hand und Tat«, wie
die »Erklärung zum Weltethos« das nennt. Aber das kann kein Einwand gegen Weltethos als Anliegen und Auftrag der Pädagogik
und damit auch der Schule sein. Nicht einmal dem Reingedachten,
dem Denkgegenstand schlechthin, der Mathematik, genügt die

Schule, wenn sie ihm mit Sprache und Vorstellung allein beizu-
kommen versucht. Allen anderen Gegenständen bleibt sie offenkundig die Anschauung, das Erlebnis, die Anwendung in hohem
Maß schuldig – und sie überleben doch! Warum also nicht auch
das Weltethos?! Vor allem aber könnte ja umgekehrt die Forderung
der »Erklärung«, dieses müsse »einsichtig und lebbar sein« (7,1), zu
einem weiteren Anstoß dafür werden, daß man die Schule zu
einem Erfahrungsraum macht, zu der *embryonic society*, wie sie bei
John Dewey, zur *polis* im Kleinen, wie sie bei mir heißt, zur *just
community*, die sie Lawrence Kohlberg zufolge sein sollte.

Das griechische Wort *ethos* heißt nicht Gesinnung, sondern
Haltung, Gewohnheit, bezeichnet also etwas, was den ganzen
Menschen ausmacht oder bestimmt. Es kann vorhergesagt werden,
daß wir die Zahl der von Raths, Harmin und Simon ausgemachten
»Schauspieler« vermehren werden, wenn wir es nur durch den
Kopf verbreiten. Darum sind hier Curricula gar nicht ganz fehl am
Platz, sofern man darunter ganze didaktische Systeme versteht und
eben nicht nur ein Lehrwerk, einen Lernfahrplan, an den und den
Begriffen und Materialien entlang. Ist der Gegenstand des Curriculums sehr komplex, besteht freilich die Gefahr, daß die Systematik,
die man aufgewendet hat, um ihn lehrbar zu machen, sich verabso-
lutiert: Die Schüler lernen nun die Schemata der didaktischen An-
ordnung des Gegenstands und nicht ihn selbst.

Umgekehrt könnten die Kinder dieser Welt der eigentliche Test
für das proklamierte Weltethos sein, sofern sie noch relativ unvor-
eingenommen, nicht festgelegt und in die Kultur, die Tradition,
die Sprache und Denksysteme eingewöhnt sind. Nun werden sie in
das Weltethos eingeführt, indem sie ins Leben eingeführt werden,
und lernen, die Welt von vornherein mit diesem Ethos zu sehen
und zu bewältigen. Der Anspruch dieses Gedankens dürfte freilich
die Pädagogen erschrecken und den Ethikern die Augen dafür öffnen, wieviel noch bedacht werden muß, bevor man Weltethos diesem Test aussetzt. (Dazu gehören die Implikationen des nächsten
Einwands unseres Fragers: ob Weltethos mit den zwei Prinzipien
und den vier Grundforderungen – überhaupt und in der Pädagogik – der Dogmatisierung entgehen kann. Die Antwort hierauf
spare ich für den dritten Abschnitt auf.)

F.: Werte sind nicht etwas, wozu man sich entschließt. »Ja zum Weltethos« ist ein gut erdachter Buchtitel, aber eine philosophisch und pädagogisch fragwürdige Maxime. Die »Erklärung« erweckt, weil sie von Erwachsenen an Erwachsene gerichtet ist, obendrein von etablierten Personengruppen an etablierte Personengruppen, und keine Anweisung für Pädagogen darstellt, den Eindruck, es komme vor allem auf die richtige Einsicht und einen anschließenden Willensakt an: »Wir verurteilen«, »wir bekräftigen«, »wir verpflichten uns« – mit solchen Bekenntnissen setzen die Autoren ein und dem Leser zu. Die Pädagogik muß diesem Gestus widerstehen, der ihr auch sonst das Geschäft verdirbt. Die »Werte-Debatte«, die seit vielen Jahren geführt wird, leidet nicht an der großen Verschiedenheit und Streitbarkeit der Positionen – deshalb gibt es sie ja! –, sondern an ihrer imperativen Denkform, ihrer proklamatorischen Sprache. Eine »Wertinitiative '93«, unterschrieben von Personen so verschiedener politischer Färbung und Gangart wie Konrad Adam und Daniel Cohn-Bendit, Reinhard Mohn und Jürgen Habermas, Margarethe Mitscherlich und Rita Süßmuth, Günter Jauch und Wolfgang Klafki, weiß schon alles und versieht dieses Wissen mit kräftigen Ausrufezeichen: »Eine Verständigung über ›Grundwerte‹ ist unverzichtbar!«, »Pädagogisches Handeln muß sich von den Ideen der Aufklärung leiten lassen!« – so lauten die Zwischenüberschriften. Die Unterzeichner wollen »darum eine andere Werte-Debatte!« Konsens, Verläßlichkeit, Verbindlichkeit – sie sind hier wie in der »Erklärung zum Weltethos« das Ziel. Sie können darum nicht schon am Anfang stehen.

Daß eine »Allgemeine Erklärung der Menschenpflichten«[5] nicht ohne Gebote auskommt (und etliche Verbote), ist verständlich: In ihr wird festgestellt, was sein soll. Aber dadurch kommt das Wertbewußtsein, das Motiv für das richtige Handeln noch nicht zustande. Die Pädagogik, der diese Aufgabe zufällt, darf die gedankliche und sprachliche Figur »Jede Person hat die Pflicht« (beispielsweise sich integer, ehrlich und fair zu verhalten) oder »Keine Person oder Gruppe darf« (beispielsweise irgendeine andere Person oder Gruppe schädigen) nicht einfach übernehmen – sie muß erklären, *worin* dieses Verhalten und *warum* diese Pflicht besteht: Wozu sie taugt. Sie darf, gerade wenn es ihr um deren Geltung (nicht nur ihre

Postulierung) geht, an den Schwierigkeiten und Unschärfen der Sache, dem Versagen der Menschen vor ihr nicht vorbeisehen.
– Wird die Pädagogik, die über ein reiches Arsenal von Erkenntnissen, Verfahren und Mitteln zur Werteerziehung verfügt, welche alle mit einem langen, komplexen, vielfältig determinierten Entwicklungsprozeß rechnen, der neuerlichen Verführung zu bahnbrechender Vereinfachung und Vereinbarung widerstehen – einer Verführung zu Reduktionismus und Katechismus, zur »Wiedereinführung der Moral« statt der »Einführung des Kindes in die gemeinsamen Regeln des Handelns und deren Begründung«, wozu es gemeinsamer Formen des Erkennens bedarf?
– Muß die »belehrende« und obendrein meist auch »prüfende«, darum für Dogmatisierung anfällige Pädagogik *consensus* nicht als *pactum* auslegen? Wird sie, mit anderen Worten, die im »Weltethos«-Text schon festgelegte Verständigung / Einigung wieder zum Verständigungsprozeß verflüssigen können?
– Wie wird sie die wiederkehrende sympathische Formel verarbeiten, das neuformulierte Weltethos sei einsichtig für »religiöse und nichtreligiöse« Menschen, die »guten Willens« sind (7,l; 15,r), während der Streit um das Unterrichtsfach »Lebensgestaltung, Ethik, Religion« (LER) tobt und – nicht nur in Deutschland – einerseits eine Ethik ohne Religion (»ohne Transzendenz«) für unzulänglich, schwach, ein nicht tragfähiges Surrogat gehalten wird[6], andererseits jede Verankerung verpflichtender Normen in der Religion (also auch des Weltethos in den Weltreligionen) bei einem großen Teil der Bevölkerung tiefes Mißtrauen auslöst?

A.: Hier werde ich nicht ohne einige allgemeine Unterscheidungen (und Belehrungen) auskommen. Weltethos soll entstehen. Ethos heißt »Haltung«, *habitus*, *comportment*, d. h. »wie man sich hält«. Aus der Beschreibung des »Gewohnten« ist seine Festlegung, ein normativer Begriff geworden: wie man sich (ver)halten soll (oder, wenn man dies von sich selber fordert: wie man sich verhalten will). Ethik bezeichnet die dazugehörige Lehre. Ethik ist also *nicht* dasselbe wie Moral. Moral besteht aus Sätzen, die mit »du sollst« oder »du darfst nicht« beginnen. Ethik hingegen sagt: »Weil wir Kinder Gottes sind« oder »Weil wir mit Vernunft begabt sind« oder

»Weil wir überleben wollen und voneinander abhängen« – »ist es
grundsätzlich besser, so als so zu handeln«. Ethik bedenkt die
Voraussetzungen und Folgen von Taten, die Kraft der Motive, die
möglichen und notwendigen Konflikte. Ethik macht die uns
bestimmenden Werte und die von diesen zu unterscheidenden
Tugenden bewußt. Tugenden sind unsere Verhaltensformen (*ethe*),
mit deren Hilfe wir uns der Werte versichern. Will ich Freiheit,
muß ich tapfer, selbstbewußt und selbstkritisch sein; soll in der
Welt Friede sein, brauchen wir Geduld, Einfühlungsvermögen, Ge-
rechtigkeitssinn und auch die Bereitschaft, diesen zu relativieren.
(»Es ist besser, Unrecht zu leiden als Unrecht zu tun«, sagt Sokra-
tes). Tugenden sind Mittel. Werte sind Ziele oder Zwecke. Tugenden sind ein Ergebnis ethischer Überlegungen. Werte nicht; sie
werden nicht durch Ethik konstituiert, sondern geklärt, bestätigt,
in eine Rangfolge gebracht. Religion oder Werte gehen aus der geschichtlichen Kultur hervor (mit ihren oft vergessenen oder nicht
mehr erkennbaren oder verschobenen Absichten: koscheres Essen,
Heiligung des Feiertags, Treue in der Ehe, »right or wrong my
country«) oder auch schlicht aus der Lebenserfahrung oder der
Vernunft. Dies sind die Gründe, der Boden der Moral; die Ethik
ist deren Begründung.

Daraus folgt, daß Ethik auch ohne Religion auskommt. Die erste, berühmteste, überaus sorgfältig gedachte Ethik, die des Aristoteles, gründet ausschließlich in menschlicher Vernunft und Erfahrung. Kants Kritik der praktischen Vernunft nimmt zweimal Bezug
auf Gott[7], genauer: auf die menschliche Gottesvorstellung, braucht
sie aber für den Kategorischen Imperativ gerade nicht. Die Behauptung, daß Ethik ohne Religion der »Tiefendimension« erman-
gele, verkennt nicht nur die Funktion der Ethik, sie erklärt drei
Viertel der historischen Menschheit zu Opfern von Selbsttäu-
schung und Vergeblichkeit.

Es ist durchaus möglich, daß die Eigenschaften der »Erklärung
zum Weltethos«, die ihr einen so großen publizistischen Erfolg be-
scheren: die Einfachheit, das Pathos der Eindeutigkeit, die moralische Entschiedenheit (für Gemeinsamkeit, Verbindlichkeit, Unver-
rückbarkeit) der pädagogischen Verwirklichung hinderlich sind.
»Jeder Mensch muß menschlich behandelt werden« (7,r) – diesen

Satz kann ich ohne Anlaß in der Schule nicht aussprechen (und wohl auch nicht in der Familie); der Anlaß dürfte klären, was damit gemeint ist – dann ist der Satz überflüssig; oder der Anlaß fordert selber Klärung – dann ist der Satz untauglich. Außer dem Wort »jeder« enthält er kein einziges festes Maß. Meint »menschlich« liebevoll oder dauerhaft hilfreich oder mit Respekt vor der Würde des anderen? Gebietet es, daß ich dem Bettler vor meiner Tür gebe, oder gebietet es, daß ich ihn zur Selbsthilfe ermutige, oder gebietet es, daß ich »die Gesellschaft ändere«? Und wenn ich mich für das Geben entscheide: ist es menschlich, daß ich ihm viel gebe, weil er offensichtlich viel braucht, oder nur in dem Maß, das mir erlaubt, vielen zu geben, die alle etwas brauchen? Und wenn ich ihn frage, wie ich es halten soll, verletze ich damit nicht seine Scham? Wann wird aus der guten Shen Te notwendig der böse Shui Ta? Wenn die schwerleidende Großmutter von Moritz (in dem Film von Hark Bohm »Moritz, lieber Moritz«) ihren Enkel bittet, ihr Schlaftabletten zu bringen, also eine Sterbehilfe, und er bringt sie ihr nicht, – hat er dann »Ehrfurcht vor dem Leben« bezeugt? Wenn meine Mitangestellten im öffentlichen Dienst für eine Lohnerhöhung streiken – handle ich »gerecht und fair«, indem ich »solidarisch« mitstreike, ich, der ich auch Bürger und Steuerzahler bin und die Landesregierung gewählt habe, die den Haushalt zu konsolidieren versprach?

Das alles muß man denen nicht sagen, die die »Erklärung« verfaßt haben. Wenn ich hier daran erinnere, dann, damit die Vorbehalte der Pädagogik nicht als Ablehnung des Gedankens gelesen werden.

3. Wie beurteilt ein Pädagoge die Absicht und die Grundannahmen der »Erklärung zum Weltethos«?

F.: Die Einwände und skeptischen Fragen, die in diesem dritten Abschnitt gleichsam zu den Prinzipien des Projekts formuliert werden, sind nicht dem Pädagogen vorbehalten (und auch nicht auf die »Erklärung zum Weltethos« beschränkt). Ihn aber bedrängen sie besonders, eben weil seine Tätigkeit auf Aufklärung, Stimmig-

keit und Glaubwürdigkeit angewiesen ist. Wie fügt sich »Weltethos« zur übrigen Erfahrung nicht nur der jungen Menschen, zum
Grundmaß und Grundauftrag des (jeweiligen) Pädagogen? Vertragen sich die mit der Einigungsabsicht notwendig verbundenen
Vereinfachungen und Ungenauigkeiten („gegenseitige Verbundenheit«, »Verantwortung für eine bessere Weltordnung«, »Gutes Tun,
Böses lassen«, »Wir müssen alle Formen der Herrschaft und des
Mißbrauchs hinter uns lassen«, »unseren Geist durch positives
Denken disziplinieren«, 3,l; 5,l; 8,l; 3,r) mit der Härte und Umständlichkeit der Erziehungsaufgabe? Ist das durch den Anspruch
auf weltweite Wirkung gegebene Pathos (»Die Welt liegt in Agonie«, »Das ist abscheulich!« oder »verwerflich«, »Wir verurteilen
alle diese Entwicklungen«, 2,l; 8,r; 4,r) mit der dem Pädagogen gebotenen Behutsamkeit und Nüchternheit zu vereinbaren? Welche
Wandlung, welche Einsicht, welche Vergewisserung ist von der
Anprangerung des ohnehin als falsch und töricht Erkannten zu gewärtigen („engstirnige Streitigkeiten«, »dem Opportunismus huldigen«, »Fanatismus predigen«, 3,l; 13,r; 12,r)? Die moralisierende
Zuspitzung wie die formalisierende Verallgemeinerung sind das
Revers des Universalismus der vier Grundforderungen des »Weltethos«. Der Pädagoge hat darum nicht nur idiosynkratische Probleme mit der Manifest-Sprache, er muß sie mit dem ihr zugrundeliegenden großen Motiv haben. Das jedenfalls scheint ein Blick
auf die bedeutenderen Hervorbringungen seiner Zunft zu beweisen. Alle von ihr entwickelten Muster der Werterziehung haben das
Gute Leben zum Ziel; für die meisten ist es auch der Weg; in den
wenigsten ist von der Welt, ihren großen Leiden und deren Heilung die Rede.

Das Grund-Buch der modernen Erziehung, Rousseaus »Emile«,
lehrt zwar, wie man diesen Knaben vor der verderblichen Gesellschaft, vor den »Anstoß erregenden Sitten unserer Zeit« bewahrt,
nicht aber, wie er befähigt wird, sie als Erwachsener zu ändern. In
Rousseaus Werk finden wir jede nötige Anleitung zu gesunder, vernünftiger und sittlicher Lebensführung, aber keine zur Politik. Das
mag man ihm als Fehler anrechnen. Er hätte auf diesen Vorwurf
geantwortet: Nur wer sich in seinem Werdegang *nicht* auf die
Machtverhältnisse, die verschlungenen Abhängigkeiten, die großen

Abstraktionen der »Welt« eingelassen habe, nur wer in erster Linie zum Menschen und nicht zum gewerblich oder politisch tätigen Bürger herangebildet worden sei, könne eine andere, bessere Welt auch nur sich vorstellen und wollen. Es läßt sich sehr wohl argumentieren, der »Emile« stelle diejenige Erziehung dar, die der Mensch haben müsse, um den gedachten *contrat social* zu schließen. Keiner von uns hat dies wirklich getan – und das wäre doch der erste Schritt zur besseren Weltordnung, zur Weltrepublik!

In der von ihm turnusgemäß erwarteten Vorlesung über Pädagogik forderte Kant zwar die Erzieher auf, die jungen Menschen mit dem in unserer Seele gelegten »Interesse am Weltbesten« bekannt zu machen, »damit sie ihre Seele daran erwärmen.«[8] Aber dieses Interesse am Weltbesten ist hier nur dasjenige, das nicht der eigenen Person und nicht der eigenen Lebensgemeinschaft gilt: »Sie müssen sich freuen über das Weltbeste, wenn es auch nicht der Vorteil ihres Vaterlandes oder ihr eigener Gewinn ist.« (Ebenda) Es steht im Gegensatz zu den utilitaristischen Absichten des Staates, der die »Geschicklichkeit« seiner Untertanen als »Werkzeug zu seinen Absichten« im Sinn hat. (VI, S. 706) Was das Weltbeste sei außer den genannten Verneinungen, unternahm auch Kant nicht zu bestimmen. Und wenn heute hochpotente Computersysteme errechnen, was wo in welcher Weltregion fehlt oder zuviel ist, bestätigen sie damit, daß das für die Welt Gute nur an dem Schaden zu erkennen ist, den es nimmt oder schon genommen hat: zuviel Phosphate, zuviel Autoabgase, zuviel Radioaktivität; zuwenig Investitionen, zuwenig Arbeit, zuwenig Kaufkraft; Krieg, Terror, Verbrechen.

Die Idee einer weltbürgerlichen Gesellschaft – Kant nannte sie mit dem alten Wort *cosmopolitismus* – war für ihn ein »regulatives«, kein »konstitutives« Prinzip (VI, S. 687 f.); das heißt, es ist erstrebenswert, aber nicht erreichbar; ja, angesichts der umständlich begründeten Überzeugung, daß der Mensch weder gut noch böse, sondern frei sei, sich zum einen oder anderen zu schaffen (IV, S. 666 und 694), mußten eine Weltrepublik, ein ewiger Friede, eine Hoffnung auf »die vollendete moralische Besserung des ganzen Menschengeschlechts« als »Schwärmerei« abgetan werden. (IV, S. 683) Die Geschichte aller Zeiten spreche dagegen, daß sich die

alte Vorstellung: Die Welt habe mit dem Guten begonnen und ver-
falle seitdem ins Böse, umkehren lasse, – das sei »vermutlich bloß
eine gutmütige Voraussetzung der Moralisten von Seneca bis
Rousseau« (IV, S. 666). Zur Bekräftigung dieser Vorstellung erfand
Kant »auf einem anderen Planeten vernünftige Wesen, die nicht
anders als laut denken« können. Diese würden gewiß nicht miteinander auskommen, »wenn sie nicht engelrein wären«. Und das sei-
en wir jedenfalls nicht, so daß wir – von uns selbst schließend – in
ständigem Argwohn gegen alle anderen lebten. (IV, S. 688 ff.)

Wenn auch Kant verlangt, daß die Erziehung den »künftigen
besseren Zustand des menschlichen Geschlechts« und nicht allein
seinen gegenwärtigen im Auge habe (VI, S. 704), dann widerspricht das der philosophischen Skepsis nicht; es drückt nur aus,
daß der Mensch »gesittet«, nicht nur »geschickt« sein solle. (VI,
S. 706)

Einen Pädagogen, der das Weltbeste, Weltethos, Internationa-
lismus vertritt und verwirklicht, wird man in der um Gelehrsam-
keit, Tüchtigkeit und Patriotismus bemühten deutschen Tradition
gar nicht erst suchen, es sei denn an ihrem Rande und spät. Da
findet sich in der Tat Kurt Hahn, dessen Pädagogik der Menschheit das von William James geforderte »moral equivalent to war« zu
geben versprach und der der Ausbildung des Charakters den ersten
Platz einräumte – weit vor der Wissensbildung. Aber auch sein
Motiv war nicht die Weltverbesserung, nicht einmal bei seiner
letzten Gründung, dem Atlantic College in St. Donats.[9] Wie an
seinen anderen Schulen will man auch an den Atlantic Colleges
(inzwischen gibt es deren mehrere über die Welt verteilt) »dem Verfall der menschlichen Anteilnahme« entgegenwirken (S. 238), »die
menschliche Entwicklung jedes einzelnen fördern und gleichzeitig
den natürlichen Drang nach persönlicher Geltung in der Gesellschaft und den Trieb zum Dienst am Nächsten befriedigen«.
(S. 243) Das Programm der Stärkung der Persönlichkeit bedient
sich der Begegnung junger Menschen aus verschiedenen Nationen
in dem südenglischen Internat: »Völkerverständigung« vollzieht
sich in individuellen Freundschaften und in den gemeinsam be-
standenen Bewährungsproben. Die Hauptleistung des Gründers
war es, die Anrechnung der beiden Oberstufenjahre, die man am

Atlantic College mit britischem Pensum verbringt, in den Heimat-
ländern der Stipendiaten erwirkt zu haben. Eine besondere Anstrengung für Weltethos würde man hier nicht machen wollen:
man genüge dieser Erwartung doch schon!

Da pädagogische Programme ihre Eigenart vor allem in den ersten Erziehungsjahren und in der Grundschule zeigen (je näher sie
dem Schulabschluß kommen, um so mehr müssen sie sich dem
System der nachfolgenden Einrichtungen anpassen), ist es nicht
erstaunlich, daß bei den großen Reformpädagogen Momente, die
sich mit dem Weltethos verbinden lassen, nicht auftreten: bei Leo
Tolstoi und John Dewey, bei Maria Montessori und Célestin Frei-
net, bei Alexander Neill und Bruno Bettelheim. Aber auch in
Anton S. Makarenkos Gorki-Kolonie, die vornehmlich aus Halb-
erwachsenen bestand und die doch den Ideen der Internationale
verpflichtet war, trieb keine Erziehung auf ein Weltbestes oder
auch nur eine Weltverbesserung hin: Kollektivismus, Disziplin,
Produktivität und Patriotismus waren die Ziele – und die Kolonie
verengte das letzte noch einmal auf eine Art Heimpatriotismus, der
sich in scharfer Abgrenzung von der Außenwelt gefiel. Um so auf-
fälliger ist, daß sich der pädagogischste unter den Reformern, der
Träger des ihm posthum verliehenen Friedenspreises des Deutschen Buchhandels, Janusz Korczak, von der Zukunft und der großen Gesellschaft ausdrücklich abgekehrt hat. Er betrieb nicht eine
Revolutionierung der Welt durch die Kinder, sondern eine Revolutionierung der Kinderwelt. Die Kinder sind selber eine »unter-
drückte Klasse« (König Hänschen I., S. 241); sie haben ein Recht
auf den heutigen Tag, ein Recht darauf zu sein, wie sie sind, ja, ein
Recht auf ihren Tod. (Wie man ein Kind lieben soll, S. 40) »Aus
Furcht, der Tod könne uns das Kind entreißen, entziehen wir es
dem Leben; um seinen Tod zu verhindern, lassen wir es nicht richtig leben.« (S. 44) Zur Sicherung dieser Rechte hat Korczak in seinem Waisenhaus ein Schülerparlament, ein Schülergericht und
eine Schülerzeitung eingerichtet, und um ihnen diese Rechte zu erklären, erzählte er seine wunderbaren Geschichten, – und beides
nicht, um die Kinder auf die Nöte der Welt und deren Überwindung vorzubereiten.

A.: Was die Pädagogik nicht vermag, weil sie es nie getan hat, könnte sie ja lernen, weil es inzwischen notwendig geworden ist.

Im pluralistischen Amerika, in dem die Trennung von Staat und Kirche konsequenter vollzogen worden ist als irgendwo sonst außer in den sozialistischen Staaten, hat man das Problem der Werterziehung deutlicher erfahren und früher in Angriff genommen als in Europa. Wir sind erst durch den Nationalsozialismus, durch das Fehlen oder Versagen einer solchen Werterziehung auf sie gestoßen und haben sie danach lange mit »Wachsamkeit gegen Faschismus« oder gegen »Totalitarismus« verwechselt. Immerhin, in dem, was man das Nürnberg-Syndrom nennen könnte, lag ein Keim zu »Weltethos«. So etwas wie »Weltethos« waltete auch in der *reeducation*, die man den Besiegten des Zweiten Weltkriegs angedeihen ließ. Vollends kam es in den großen Texten zum Ausdruck, die unter amerikanischer Führung aus Anlaß der Gründung der Vereinten Nationen zustande und in unsere Schulbücher kamen. An amerikanischen High Schools und Colleges werden seither zur Einübung in internationales Denken UN-Sitzungen mit ihrer wirklichen Agenda simuliert. Das Nebeneinander verschiedener Religionen, Rassen und ethnischer Gruppen bietet praktischen Anlaß zu dem, was heute auch bei uns den Gedanken eines »Weltethos« nahelegt. Im täglichen Lernen muß die Ausrichtung auf die große Lösung, auf Weltfrieden, Weltgerechtigkeit (10,r) und eine neue und bessere Weltordnung (6,r), wie sie in der »Erklärung zum Weltethos« vorwaltet, ja weder ausgesprochen noch bewußtgemacht werden. Das erhoffte Ergebnis kann »auf dem Rücken des Vorgangs« erscheinen (Max Scheler).

Dazu freilich muß es in den Köpfen der Pädagogen mehr Klarheit über die Sache – über Ziele, Werte, Tugenden – und die spezifischen Schwierigkeiten ihrer Aneignung geben. Der im vereinigten Deutschland ausgebrochene Streit über den Religionsunterricht an säkularen Schulen in a-religiöser Welt und über mögliche oder notwendige Formen des Ersatzes wären eine gute Gelegenheit für die Pädagogen, sich selber mit den bisher übergangenen Problemen zu beschäftigen.

Wie fern wir davon sind, soll hier wenigstens angedeutet werden. In der Einführung eines Sammelbandes zur »Wertevermitt-

lung in der Schule« lese ich die folgende Frage: »Nach welchen
Normen / Werten orientiert sich der einzelne / die Gesellschaft –
nach welchen Werten / Normen sollte sich der einzelne / die Gesellschaft orientieren, damit Gesellschaft / Gemeinschaft auch in Zukunft in menschenwürdiger Form bestehen kann?« Dies sei, heißt
es, eine Grundfrage der Ethik (um die es in der Handreichung
geht). Die Klärung beginnt mit Unordnung und Unentschieden-
heit: Die Schrägstriche tun so, als seien die vor und nach ihnen
stehenden Wörter austauschbar – Normen und Werte, die Orientierung des einzelnen und die der Gesellschaft, die Gesellschaft
und die Gemeinschaft; die undeutlich wahrgenommene Hierarchie
der Geltung beanspruchenden Größen wird in der Syntax unterge-
bracht und nicht benannt: die Konjunktion »damit« führt zu dem
eigentlich Maßgebenden, dem die Orientierung der Menschen
folgen soll, wobei dieser aber mit dem Konjunktiv »sollte« ein
Spielraum eingeräumt wird. Hier waltet also eine geheimnisvolle,
unausgesprochene Abhängigkeit der Werte von einem Zweck, der
seinerseits »in menschenwürdiger Form« einen nur vagen Ausdruck
findet. Ist dies nun kein Wert oder umgekehrt ein übergeordneter
Wert? Oder geht es dabei um die in der nächsten Frage genannten
Größen: »Welche Ziel- und Sinnvorstellungen sind in einer Gesellschaft dominierend – sollten (als Ideale) dominierend sein?« Mit
anderen Worten, stehen Ziel- und Sinnvorstellungen über den
Werten? – beispielsweise die Islamisierung der Welt oder die Verwirklichung der Sozialistischen Gesellschaft oder ein Ewiger Friede
oder die Etablierung eines gemeinsamen Weltethos über der Freiheit, der Gerechtigkeit, der Würde des einzelnen? Wodurch werden
diese »Ideale« dominierend – das eine hier, das andere da –, und ist
ihre Dominanz schon ihre Rechtfertigung? Und auch dies noch:
Ziele setzen, Sinnvorstellungen machen wir uns – sollten diese
abhängigen Größen über die Geltung eines Wertes richten? Verkehrt das nicht den Sinn dieses Wortes? Nein, Werte bestimmen
über uns; wir können Dinge oder Sachverhalte bewerten, ihnen
den einen oder anderen Wert zuschreiben – über den Wert verfügen wir nicht. Aber die Umstände können uns zweifeln lassen, ob
es sinnvoll ist, ihm nachzustreben: Gerechtigkeit zum Beispiel, weil
sie doch nicht zu erreichen ist. Wir lassen von einer Bemühung,

einer Tugend ab, weil sie den Wert nicht mehr sichert, dem sie galt:
Sparsamkeit zum Beispiel, weil die Geldentwertung den Ertrag
meines Konsumverzichts aufzehrt.

Dies, wie gesagt, kann die Pädagogik wieder lernen (denn gewußt hat sie es in alter Zeit) und dann ihre Mittel danach auslegen:
vorleben und zeigen, wozu eine bestimmte Regel oder Vorstellung
oder Institution taugt; die Schwierigkeiten und Entscheidungsnot-
wendigkeiten bewußtmachen; die Urteilskraft üben; den jungen
Menschen Verantwortung in gestufter Zunahme übertragen und
ihnen Freude an ihrer Ausübung geben; über unsere Natur, die Geschichte unserer Lebensgewohnheiten und Lebensgemeinschaften,
unserer sittlichen und rechtlichen Ordnungen aufklären; also die
Berechtigung von Unterschieden, die Entstehung und Folgen von
Vorurteilen, den Gebrauch der Verständigungsmittel lehren; nicht
zuletzt die Bedeutung der Religionen und der ökonomischen Verhältnisse, des Überbaus und des Unterbaus unserer Politik erkennen lassen.

Es gibt hierzu in der Pädagogik, wenn auch meist nicht aus
deutscher Hand, brauchbare, für die Aufgabe des »Weltethos«
geöffnete Modelle: »Lifeline« und »Startline« aus England[10], Materialien, an denen Entscheiden und Unterscheiden, das Aushalten
von Unsicherheit, Druck und Erwartung geübt werden und die
Wahrnehmung der »consequences«; »Man, a Course of Study«, ein
von Jerome Bruner angeregtes kulturanthropologisches Lehrwerk;
»Detto und andere«, eine Adaptation eines Curriculums von
Ronald Lippitt[11], in dem die Erkenntnis-, Prüfungs- und Verständigungsmittel der Sozialwissenschaften für den Alltag junger
Menschen verfügbar gemacht werden; die schon erwähnte (S. 270)
»Values Clarification« von Raths, Harmin und Simon; Lawrence
Kohlbergs Stufen-Modell, sein Modell der »just community« und
vor allem seine Dilemma-Methode, die den auch im Weltethos-
Konzept zu kurz gekommenen Wertkonflikt zu ihrem Gegenstand
macht – also mit der Vorstellung aufräumt, es komme nur darauf
an, das Richtige zu lehren und nur das Richtige. Es kann sehr wohl
geschehen, daß die Schärfung des Problembewußtseins, die das
eine Verfahren vorsieht, die Handlungsbereitschaft, die das andere
erstrebt, hemmt, – womit das Dilemma sich auf seine eigene

Theorie erstreckt. Gute Pädagogik geht nie in einer Methode auf –
sie kann nie so einfach sein wie ein gutes Weltethos-Manifest.

F.: Ein tiefes Ungenügen an der Wirksamkeit unserer rechtlichen
und moralischen Ordnungen ist allenthalben zu spüren – vermutlich eine *dubitatio perennis,* die sich aber in bestimmten Zeiten verdichtet und sich gegenwärtig auf verschiedenste Weise Bahn bricht:
einerseits im Eifer für das überlieferte Wort, das heilige Gesetz, das
unverrückbar Gültige – Fundamentalismus; im Zulauf zu den
Heilsverkündern, die meist auch Apokalyptiker sind (»fire-and-
brimstone-prophets«) – Sektenboom; in der Sehnsucht oder doch
wenigstens in dem Ruf nach Metaphysik und Transzendenz – Neue
Spiritualität; andererseits in der Hoffnung auf mehr Einsicht und
Verantwortung durch Bescheidung, Vereinfachung, Konzentration
auf das Wichtige – *back to basics*; in der Forderung nach einem Bewußtseinswandel – »Konziliarer Prozeß«; im Rückgriff auf die noch
vorhandenen Bindekräfte in Familie, Nachbarschaft, Nation, auf
Bürgerloyalität – Kommunitarismus und Zivilreligion.

»Weltethos« steht unzweifelhaft in der Reihe der auf Aufklärung
bauenden Erneuerungsbewegungen, aber auch in einem noch
unklaren Verhältnis zu ihnen – ob Rivale oder Bundesgenosse oder
Gegenpart. Kann sich das Projekt »Weltethos« leisten – zur Überwindung von Korruption, Egoismus, Zynismus –, mit den Bemühungen um Bürger-Religion, um Verfassungspatriotismus, um eine
Bestärkung der »habits of the heart«[12] zu koalieren oder verwechselt
zu werden? Lehren nicht andererseits gerade die Theorien von Robert N. Bellah und Phillip E. Hammond[13] wie zugleich unentbehrlich und prekär die Inanspruchnahme von Gefühlen, feierlichen
Gewohnheiten, im Irrationalen verankerten Riten für die »Moral«
sind? Auf welche »Tiefenschicht« greift »Weltethos« zurück – oder
kommt es ganz ohne diese aus? Wozu entscheidet sich der Pädagoge, wenn er sich in den Dienst von »Weltethos« stellt?

Hammond argumentiert: Der religiöse Pluralismus und der allgemeine Erkenntnis- und Werterelativismus hätten den Wunsch
nach festen Loyalitäten erzeugt. Da es in unserer westlichen Zivilisation keine Scharia gibt und Gottesgnadentum und »von Gott gesetzte Obrigkeit« ausgefallen sind, tritt ein republikanischer und

säkularer Ersatz dafür ein – das Prinzip der Rechtsstaatlichkeit, der Verlaß auf Verfahrensgerechtigkeit. Das andere Vehikel der Zivilreligion ist nach Hammond das Erziehungs- und Bildungssystem.

Will und kann »Weltethos« – damit konkurrierend – auf den vagabundierenden Bindungshunger antworten? Kann es sich überhaupt dagegen wehren, von diesem Motiv vereinnahmt zu werden? Geschieht das nicht jetzt schon, nicht zuletzt weil »Weltethos« sich stellenweise wie eine Weltbürger-Religion gebärdet? (»Wir müssen … um der Sache der Weltgemeinschaft willen … eine Kultur der Solidarität und gegenseitigen Verbundenheit praktizieren«, »Wir betrachten die Menschheit als unsere Familie« 3,1 und »Wir versprechen, unsere Wahrnehmungsfähigkeit zu erweitern, indem wir unseren Geist disziplinieren durch Meditation, Gebet oder positives Denken« 3,r) Und das muß Folgen für die innere Verfassung des »Weltethos« haben: es wird sich »festigen«, formalisieren, verengen. So, wie »Weltethos« sich in der Chicagoer Erklärung repräsentiert, ist es ein freies, wenn schon eindringliches Bekenntnis, ein von Vernunft getragener Anspruch an uns selbst. Ethos bringe ich freiwillig auf – es besteht darin, daß ich das gemeinte Gute will. *The legal order* und *the educational system* haben den Auftrag, es zu erzwingen.

Jeder Pädagoge muß sich fragen, ob er tatsächlich eine solche »Weltgemeinschaft« und »Weltfamilie« im Sinn hat – und, wenn er um dieser Abstraktion willen die anderen handfesten Möglichkeiten der »Moralisierung der Politik« ausschlägt, ob er an der Pädagogisierung dieses Ethos mitwirken will, von dritten, ganz anderen Möglichkeiten zu schweigen.

A.: Muß man so rigoros sein? Darf sich die Pädagogik solche harten Entweder-Oder-Entscheidungen aufnötigen lassen? Was muß sie nicht täglich für schmuddelige Verhältnisse hinnehmen: auf das Leben vorbereiten in der leb-losen Schulstunde, dem jungen Menschen Vertrauen in die Gerechtigkeit eingeben mit Hilfe mechanischer und also zutiefst ungerechter Verfahren, ihn in die Wissenschaft einführen anhand ihrer Ergebnisse und ohne deren Erkenntnisanlaß und strenges Erkenntnisprinzip, ihn Verantwortung lehren, ohne ihm eine ernste Verantwortung geben zu können!

»Weltethos« ist freilich mehr als nur ein weiterer Unterrichts-
gegenstand, eine auch sonst lehrbare Idee – es ist vor allem noch
nicht »fest umrissen«, »wohlbegründet«, »widerspruchsfrei«. Aber
das schadet der Sache nicht, kann ihr sogar dienen. Laßt die
Kinder und jungen Menschen mit ihren hierin gottlob selber noch
lernenden Pädagogen zusammen prüfen, wessen Argumente sie in
unserer Lage mehr überzeugen: die der *rugged individualists* oder
der Kommunitaristen oder der Etatisten oder der Universalisten –
und wohin »Weltethos« gehört! Laßt sie selber entscheiden – schei-
det das Unentschiedene nicht schon aus, bloß weil es unentschie-
den ist! Ihr verschenkt die beste aller Chancen der Moralerziehung.
    Wenn »sich verantwortlich und solidarisch Fühlen« der mora-
lische Kitt einer vom Auseinanderfallen bedrohten Gesellschaft ist
und wenn der Nationalstaat die so genannte Bindekraft nicht mehr
hat, weil er zu groß und zu abstrakt ist, dann muß man das Ver-
mißte im Kleineren und Konkreteren suchen – aber man soll dabei
wissen, daß dies gegen und nicht für den Egoismus geschieht. Den
gewünschten Gemeinsinn erfahren die Menschen in der Gemeinde. Gemeinde, das ist mehr als die, in der sie registriert sind, Steuern zahlen und zur Wahl gehen, es ist die, in der sie einander kennen, einander zuhören und helfen, voneinander lernen und aufeinander achten und dadurch eine gemeinsame Lebenshaltung und
Lebensabsicht (ethos) ausbilden. Im Kleinen und Konkreten stellen wir nicht nur solche hohen Ansprüche, diese gewinnen auch
Macht über uns: Einer nimmt den anderen beim Wort und in den
Blick. Der Satz, den Richard Rorty über das von Walt Whitman
und John Dewey vorgestellte Amerika sagt: »Wir sollen unser Land
nicht lieben, weil es reich, mächtig und sieggewohnt ist, sondern
weil es freundlicher und großzügiger zu sein verspricht« (FAZ
02.05.1997) findet in *our town* seine unmittelbare Kontrolle; in
New York und Los Angeles verhallt er.
    Weltethos entsteht in der erfahrbaren *polis* – einer Mischung aus
Ortsgemeinde und Kirchengemeinde, aus *schtetl* und *kille*. Die
Wahrnehmung, daß es mit dieser Einstellung und jener Bereitschaft geht, ist dabei wichtiger als der Konsens, daß wir die und die
Werte gemeinsam haben. Und schon das ist »besser als an jeder
Ecke einen Polizisten aufzustellen und nach dem Marktmodell für

jede kleine Wohltat zu bezahlen«, wie der Kommunitarist Amitai Etzioni sagt. (In einem Interview mit dem SPIEGEL 10/1996)

Daß die Verantwortung in der Lebensgemeinschaft verankert, die Solidarität in ihr geübt wird, widerspricht dem Programm »Weltethos« nicht, es bestätigt dieses vielmehr und erlaubt dem Pädagogen damit zu arbeiten.

F.: Wenn es zwischen *polis* und *kosmopolis* nur einen Größenunterschied gäbe, in welchem aber ein Entsprechungsverhältnis waltet, könnte man sich die aufgeführten Skrupel vielleicht aus dem Kopf schlagen. Aber mit der gemeinten Tragweite der aufgestellten *ethe* und ihrer darum notwendig geringen Zahl geraten diese schwach und konturlos – auch gegeneinander. Daß der mögliche Konflikt zwischen den Grundforderungen nirgend angesprochen wird – zwischen dem Wahrhaftigkeitsgebot und dem Liebesgebot (ist es immer liebevoll, die Wahrheit zu sagen?), zwischen der geforderten Gewaltlosigkeit und der geforderten Solidarität (ist es nicht manchmal um der Solidarität willen notwendig, mit überlegener Gewalt einzugreifen?) –, ist schon erwähnt worden (S. 278); gut ist das nicht, weil es ein Stück Glaubwürdigkeit verschenkt. Jeder hat diese Konflikte ja erfahren, sie sind so real wie diejenigen, zu deren Lösung »Weltethos« beitragen soll.

So erheben sich denn auch Zweifel, ob die vier Grundforderungen, in denen die großen Religionen miteinander übereinstimmen, auch die für die Welt und für sie selber wichtigsten sind. Das Gemeinsame gibt nicht immer den Ausschlag, und der Ärger und der Schmerz über die kleine Differenz sind oft ungleich größer als die Zufriedenheit über den großen Konsens: Das Kopftuch der islamischen Mitschülerin »stört«, auch wenn diese nicht lügt, nicht schlägt, sich solidarisch verhält und sich sogar gleichberechtigt fühlt.

Vor allem aber sind die vier *ethe* nicht ausreichend. Warum sagt die »Erklärung« kein Wort zur Freiheit? Wo in dem Weltethos-Gedanken kommt dieser hohe und zähe Anspruch der Menschen unter, dessen Unterdrückung oder Mißachtung zu Gewalt und Zerstörung führt? Ist sie in der einen technischen Zivilisation ein peinlicher Atavismus? Verstößt sie gegen die gewünschte Harmo-

nie? Ist sie den Autoren zu heikel, weil zu »westlich«, mit östlichen
Kulturen und Religionen nicht vereinbar? Fehlt darum auch das
Gegenstück: die Sicherheit, die Geborgenheit, die Zugehörigkeit,
die Heimat?

Warum, so frage ich weiter, ist zwar von Mitleiden (11,r) die
Rede, aber nicht von Erbarmen – also nur von der zwar fundamentalen menschlichen Empfindung, aber nicht von der universalen,
in allen großen Religionen empfohlenen Tugend? Diese »gilt« nicht
nur überall in der Welt, es gibt auch immer Anlaß für sie. Sie ist
mithin eminent praktisch; sie gibt der notwendigen Entscheidung
Aufschub; sie räumt der Vernunft eine Chance ein; sie ermöglicht
Versöhnung.

Neben ihr vermisse ich die große Verhinderin von Untat: die
Scham, *the respect for the opinion of mankind.* Sie wird von den
Menschenforschern und Philosophen doch mit Recht geschätzt,
weil sie unabhängig von aller Konfession in den Menschen lebt
und wirkt. Sie kann – man weiß es – in den Gemeinschaften durch
Erziehung ausgebildet und verfeinert werden, nicht zuletzt mit
Hilfe ihrer »positiven« Schwester, der Selbstachtung, der Ehre. Das
aufgeklärte eigene Interesse, das dem Weltethos zugrunde liegt
(zum Beispiel wenn es die Schonung und also Bewahrung unseres
Planeten nahelegt), würde durch die Scham vor den jeweils anderen und insbesondere vor den kommenden Generationen eine
Stütze und notwendige Veränderung erfahren.

A.: Die Chicagoer Erklärung ist in der Tat weitgehend von den
Religionen her gedacht und formuliert und darum auf deren Übereinstimmungen und Auseinandersetzungen fixiert. Der von Samuel Huntington beschriebene »Clash of Civilizations« als Anlaß für
»die Neugestaltung der Weltpolitik im 21. Jahrhundert« könnte
hier Pate gestanden haben. Viele schwere Konflikte aber entstehen
weiterhin innerhalb der »Kulturen«, ja, innerhalb der einzelnen
Nationen und Religionen – zwischen Basken und Spaniern,
Türken und Kurden, irischen Katholiken und irischen Protestanten, Punks und Skinheads, Homos und Heteros. Die Chicagoer
Erklärung wiederholt, daß mit Weltethos natürlich nicht alle Probleme lösbar oder überflüssig werden. Sie tut gut daran. Sie sollte

zugleich auch Beispiele für erreichte und noch mögliche Lösungen
geben. Sie spricht nur beiläufig von dem, was sich schon verändert
und gebessert hat: Abrüstung, Ökologie, Bemühungen um eine
bessere Stellung der Frau. Hierin läge ihre eigentliche Stärke – in
dem Nachweis: Mit den und den Anstrengungen geht es! Was uns
entmutigt, sind die täglichen Niederlagen oder was uns als solche
erscheint. Die Beendigung der Apartheid in Südafrika und der
unerwartete, schwierige, mit großer Geduld und Umsicht in Gang
gesetzte Versöhnungsprozeß dort; die erste Übereinkunft der Kon-
fliktpartner in Nordirland; die von Rückschlägen heimgesuchten
Friedensverhandlungen zwischen Israel und den Palästinensern; die
Abschleppung der Bohrinsel Brent Spar aufgrund der Aktionen
von Greenpeace und der öffentlichen Meinung – sie alle könnten
die Jugend dazu bringen, Politik doch wieder mit »Verbesserung
der Verhältnisse« zu verbinden (was sie den Erhebungen zufolge
nicht tut). Mit anderen Worten: »Alles wird gutgehen, wenn wir
uns zu Weltethos bekennen« ist so falsch wie »Alles wird schlecht-
gehen, wenn wir es nicht tun«. Man muß lernen, seinen Problemen »ins Auge« zu sehen und die globalen Probleme in ihnen
wiederzuerkennen. Das umgekehrte Vorgehen ist denkbar, aber
nicht realistisch.

Es gibt Hypothesen, denen zufolge wie der religiöse Pluralismus
so das »Überangebot an folgenlosen Tugenden und freifließenden
Werten«[14] das Bedürfnis nach kantiger Identität und rigoroser
Moral in ausschließenden Gruppen mobilisiert. Und so wird denn
etwas wie Weltethos oder aus Menschenrechten abgeleitete Menschenpflichten (»wenn wir ein Recht auf Freiheit haben, dann
haben wir die Freiheit anderer zu respektieren«)[15] notwendig: als
Rahmen für Eigenart, nicht als deren Aufhebung. »Weltkultur«
wäre falsch – Kultur ist Unterscheidung. »Weltethos« ist hingegen
richtig, weil es die Unterschiedenen vor Feindseligkeit bewahrt.

Das rührt an das vom Frager aufgeworfene Freiheitsproblem.
Die Freiheit als Hoffnung und Schwierigkeit darf in der Weltethos-
Erklärung nicht fehlen; sie darf auch nicht einfach als Folge der
anderen Werte ausgegeben werden (was niemand getan hat, was
man aber tun könnte). Nicht nur wollen Völker wie die Tschet-
schenen oder die Korsen oder die Schotten sich selbst bestimmen

und gegen ihre großen Brüder behaupten; auch der einzelne Mensch will nicht unter »die Verhältnisse« subsumiert werden. »Freiheit« ist die Möglichkeit des einzelnen wie der Gemeinschaften, in Vernunft und Verantwortung über das eigene Leben zu bestimmen – sich nicht von Systemzwängen, subjektlosen technischen und ökonomischen Entwicklungen überwältigen zu lassen, sich den Massensuggestionen, den Kollektivzuständen, der Schwemme des Uneigentlichen zu entziehen. Die böse Macht Hitlers war vor allem deshalb so groß, weil die Mehrzahl der Deutschen diesen Wert nicht zu achten gelernt hatte.

Damit Weltethos nicht als die Große Vereinnahmung mißverstanden wird – weder von den Nationalstaaten (den heute noch immer wirksamsten Trägern der Rechtsordnung) noch von den Religionen (deren Organisationen noch weit von der Chicagoer Erklärung entfernt sind) noch von den einzelnen Personen und Lebensgemeinschaften (denen ihre historische Individualität lebensnotwendig scheint) –, sollten die vier Grundforderungen oder Werte durch vier formale Prinzipien ergänzt werden, deren Notwendigkeit schon angeklungen ist und auch hier nicht begründet werden kann: Verkleinerung der Einheiten, in denen wir leben, arbeiten, entscheiden; Verlangsamung der gesellschaftlichen Entwicklungen, so daß wir Zeit haben, sie zu verstehen; Entmediatisierung der Beziehungen, also eine bewußte Verringerung der Apparate oder Institutionen, die sich zwischen die Personen drängen; und vor allem Verständigungsprozesse. Diese sind wichtiger als Verbindlichkeit, die ja jemand (wer eigentlich?) garantieren muß und die, wenn einmal enttäuscht, für Jahrzehnte unwirksam ist. Abgebrochene Verständigung dagegen kann man schon nach wenigen Wochen wieder in Gang setzen.

Mit diesen Vorbehalten und Vorschlägen dient der Pädagoge dem Gedanken des Weltethos besser als in der willigen Übernahme der vier Lehraufträge: »Deshalb sollten schon junge Menschen in Familie und Schule lernen, daß Gewalt kein Mittel der Auseinandersetzung mit anderen sein darf ..., lernen, daß Eigentum, sei es noch so wenig, verpflichtet ..., lernen, Wahrhaftigkeit in Denken, Reden und Tun einzuüben ...; lernen, daß Sexualität grundsätzlich ... eine schöpferisch gestaltende Kraft ist.« (9,r; 10,r; 12,r; 13,r)

F.: An dem Text der »Erklärung« soll der Gedanke nicht gemessen und gerichtet werden. Aber der Gedanke muß dem Gegenstand – der Natur und dem Zustand der Menschen – standhalten. Weltethos schenkt den gewordenen Unterschieden zwischen den Menschen – um der notwendigen Gemeinsamkeit willen – zu wenig, eigentlich gar keine Aufmerksamkeit. Der heutige Pädagoge jedoch hat vor allem eines gelernt: Unterschiede wahr- und ernstzunehmen, Eigenarten, die er nicht antasten, Eigensinn, den er nicht brechen oder wegreden oder wegtherapieren darf, Eigenwillen, der Teil der Individualität ist. Es gehört zu seinem *common sense*, seiner Berufsvernunft, auch das Unvernünftige zu respektieren, wo es die Person ausmacht.

Ich erzähle hierzu eine Episode aus einer Geschichte von Philipp Roth[16]: In einer nordamerikanischen Kleinstadt leben Protestanten und Juden europäischer Herkunft seit mehreren Generationen friedlich zusammen. Das war nicht immer so, aber beide sind aufeinander zugegangen, haben bewußt die gegenseitigen Vorurteile, das Mißtrauen, die Abgrenzungen, die äußeren Ärgernisse beseitigt und so ein friedliches und prosperierendes Gemeinwesen geschaffen. Da treffen eines Tages siebzehn jüdische Waisenkinder aus dem von Hitler heimgesuchten Europa ein – mit einem Lehrer und dessen altem Gehilfen –, beziehen ein Haus am Rande des Wohnviertels und leben dort abgeschlossen für sich. Die Gemeinde bekommt nur den Gehilfen zu sehen, der die Einkäufe macht. Er trägt einen schwarzen Kaftan, einen breitkrempigen schwarzen Hut, einen langen ebenfalls schwarzen Bart und lange Schläfenlokken. Diese mittelalterliche Erscheinung stört im Bild der modernen aufgeklärten Stadt. Und da die siebzehn Kinder nicht in die öffentliche Schule geschickt werden, vermutet man, daß der Unterricht im Haus abgehalten wird, was gegen die Wohnviertel-Verordnung verstößt. Die jüdischen Gemeindemitglieder, entschlossen, ihr gutes Einvernehmen mit den anderen zu wahren, beauftragen Eli Peck, einen jungen jüdischen Rechtsanwalt, mit der »Regelung« der Sache. Der schreibt dem Betreuer und Lehrer der jüdischen Kinder einen Brief, bekommt keine Antwort und begibt sich also persönlich zu dem etwas abgelegenen Haus – bereit, einen Kompromiß einzugehen. »Schule könnt ihr hier halten,« sagt er, »solange man nichts davon merkt wie bisher. Aber der ›schwarze Mann‹ darf so nicht mehr auftreten – mit dem Bart, dem Kaftan, dem Hut.« Der Lehrer antwortet: »Aber das ist alles, was er hat!« Der Rechtsanwalt geht heim und packt einen seiner teuersten Anzüge in einen Karton, dazu zwei Hemden, Unterwäsche, Socken, Schuhe, einen normalen Herrenhut – zum Entsetzen seiner Frau, die ahnt, was ihr Mann damit vorhat. Noch am selben Tag ist Eli wieder bei dem Lehrer und gibt den Karton ab: Er erwarte, daß der Gehilfe fortan in der Stadt auftrete, wie jeder andere hier auch. Der Lehrer sieht, was der Karton enthält, und sagt: »Sie haben mich nicht verstanden! Er hat sonst nichts. *Gornischt* – haben Sie dafür ein Wort im Englischen? Hat er einen Vater und eine Mutter? Nein, man hat sie getötet. Ein Kind – ein zehn Monate altes vielleicht? Nein, man hat es ihm genommen. Ein Dorf voller Freunde? Nein, man hat sie deportiert. Eine Synagoge, in der er jeden Stuhl unter seiner Hose kennt? Wo er mit geschlossenen Augen den Geruch der Seiten der Torah riechen konnte? Nein, man hat sie verbrannt.«

Das ist es. Es gibt in der Tat Dinge, die man keinem Menschen abnehmen darf – sei es im Namen des Gesetzes oder der Vernunft oder des Weltethos. Es wird immer etwas geben, das »stört«.

A.: Ich wüßte keine bessere Geschichte zur Rechtfertigung von Weltethos, dessen Kern die Toleranz ist, als die eben vorgetragene – und keine klarere Auslegung des Satzes, in dem das Weltethos gebündelt ist: »Jeder Mensch muß menschlich behandelt werden!« (7,r)

Anmerkungen

1 Die Ziffer bezieht sich auf die Seite der »Erklärung zum Weltethos« vom 4. September 1993, in der Sonderausgabe der Stiftung Weltethos; »r« und »l« bezieht sich auf die linke beziehungsweise rechte Kolumne der Seite.

2 Ich nenne hier »Klassiker« und nicht die für den Zweck geeigneteren, oft besseren und heutige Kinder und Jugendliche bewegenden, aber dem erwachsenen Leser dieses Textes unbekannten Beispiele aus der Jugendliteratur der Gegenwart. Es geht an dieser Stelle um das Erkennen einer Quelle von moralischen Erfahrungen.

3   Jugend '97 / 12. Shell Jugendstudie, Opladen 1997 (Leske + Budrich).

4   Diese Werttheorie ist ausführlich wiedergegeben in Lutz Mauermann:
    Methoden der Wertklärung nach dem Ansatz von Raths, Harmin and
    Simon in: Wertevermittlung in der Schule, Texte zur Theorie und Praxis
    der Moralerziehung, Band I (PZ-Information 18/95), Pädagogisches
    Zentrum Rheinland-Pfalz, S. 95 ff.

5   Universale Erklärung der Menschenpflichten, vorgeschlagen vom Inter-
    Action Council am 1. September 1997; abgedruckt in DIE ZEIT 41
    vom 3.10.1997.

6   Die »religiöse Tiefendimension« fehle, heißt es in einer Stellungnahme
    der Synode der Evangelischen Kirche Deutschlands zum Thema Reli-
    gionsunterricht und seinen Alternativen vom Mai 1997.

7   *Immanuel Kant*: Grundlegung zur Metaphysik der Sitten, S. 66, wo Gott
    als Oberhaupt des Reiches der Zwecke erscheint, und S. 76 f., wo Gottes
    Wille als ein zur Begründung der Sittlichkeit untaugliches Prinzip be-
    zeichnet wird. Beide Male muß Gott den Wert der vernünftigen Wesen
    aus ihrem uneigennützigen »bloß aus jener Idee (der Würde des Men-
    schen) ihnen selbst vorgeschriebenen« Verhalten beurteilen. Das ist radi-
    kale Aufklärung. Schriften zur Ethik und Religionsphilosphie, Bd. IV
    der Werke in sechs Bänden, hg. von Wilhelm Weischedel, Darmstadt
    1970 (Wissenschaftliche Buchgesellschaft).

8   »Über Pädagogik« in: *Immanuel Kant*, Werke in sechs Bänden, hrg. von
    Wilhelm Weischedel, Darmstadt 1970 (Wissenschaftliche Buchgesell-
    schaft), Band VI, S. 761.

9   Eine zusammenfassende Darstellung des Lebenswerks von Kurt Hahn
    findet sich in *Hermann Röhrs* (Hg.): Bildung als Wagnis und Bewäh-
    rung, Heidelberg 1966 (Quelle & Meyer); darin Desmond J. Hoare:
    Das Atlantic College.

10 *McPhail, Ungoed-Thomas & Chapman*: Moral Education in the Secon-
    dary School, London 1972 (Longman). Zugänglich über die oben S. 16
    in Fußnote 4 angegebene PZ-Information.

11 *Lippitt, Fox, Schaible*: Detto und andere, Acht Einheiten für Sozialwis-
    senschaften in der Schule, Stuttgart 1975 (Ernst Klett).

12 Mit dieser Formel hat *Robert N. Bellah* den von ihm selbst geprägten
    Ausdruck *civil religion* der anhaltenden Kritik entzogen. Dieser Begriff
    ist von ihm zum ersten Mal in »Civil Religion in America«, Daedalus 96
    (1997) verwendet und erläutert worden. Den Hinweis hierauf verdanke
    ich Rolf Schieder: Schule und zivile Religion, in: Neue Sammlung 4/97.

13 *Phillip E. Hammond*: The Rudimentary Forms of Civil Religion, und:
    Pluralism and Law in the Formation of American Civil Religion, in: R.
    N. Bellah / Ph. E. Hammond: Varieties of Civil Religion, San Francisco
    1980. Siehe ebenfalls Rolf Schieder.

14 *Mathias Greffrath*: Vom Gewissensbiß zur Politik, in: DIE ZEIT,
    03.11.1995.

15 Universale Erklärung der Menschenpflichten, s.o. S. 274 und Fn. 5.

16 Eli, the Fanatic, in: Goodbye, Columbus, London 1964 (Corgi Books).

NATURWISSENSCHAFT

ALFRED GIERER

Forderungen globaler Ethik und die Natur des Menschen

1. Biologie und menschliche Werte

Die Suche nach einem »Weltethos« gilt einer globalen Herausforderung unserer Zeit. Anhänger verschiedener Religionen werden sich gemeinsamer geistiger und ethischer Grundlagen und kosmopolitischer Verantwortungen bewußt und rufen zu entsprechendem Handeln auf. Die Zukunft hängt in großem Ausmaß davon ab, wie weit solche weltoffenen, geistigen Strömungen *innerhalb* verschiedener Kulturen und Religionen die Oberhand gewinnen und behalten; die Oberhand gegenüber intoleranten, fundamentalistischen Tendenzen, dogmatischen Verengungen und der Verfolgung von geopolitischen oder demographischen Zielen, wobei Normalbürger in die Rolle von Statisten oder Opfern in den von Ideologen entworfenen Welttheatern gedrängt werden. Um aber wirksam zu werden, müssen die bisherigen Ansätze für ein Weltethos vertieft, weiterentwickelt und ergänzt werden. Hierzu sollen auch Stimmen kritischer Sympathie zu Wort kommen.

Schopenhauer hat einer seiner schönsten Arbeiten, in der er das Mitleid als Quelle mitmenschlichen Handelns pries, den Satz vorangestellt: »Moral predigen ist leicht, Moral begründen ist schwer«. Und Schiller hat – weder als erster noch als letzter – im Spannungsfeld von Vernunft und Gefühl vor einseitigen Sichtweisen gewarnt und gefragt, ob unsere Menschenfreundlichkeit »mehr durch die Heftigkeit unserer Begierden oder durch die Rigidität unserer Grundsätze, mehr durch den Egoismus unserer Sinne oder durch den *Egoismus unserer Vernunft* gestört und erkältet wird«; denn

wenn wir menschlich und gütig gegen andere sein wollen, so geht
es um das Vermögen, »fremde Natur treu und wahr in uns aufzunehmen, fremde Situationen uns anzueignen, fremde Gefühle zu
den unsrigen zu machen«. Ich meine, Schiller und Schopenhauer
haben recht: Empathie ist Basis altruistischen Verhaltens.

In der Gegenwart zeigt sich das Spannungsfeld zwischen Rationalität und biologischer Natur des Menschen nicht zuletzt im
Streit um soziobiologische Thesen zu den Grundlagen menschlichen Verhaltens. Hatte man früher geglaubt, kooperatives Verhalten unter Artgenossen lasse sich erklären, da es der Arterhaltung
dient – eine Auffassung, die besonders Konrad Lorenz populär gemacht hatte – so zeigte die genauere Analyse genetischer Vorgänge,
daß die Selektion nach »fitness«, die der Evolution zugrundeliegt,
in erster Linie an Individuen und ihren Genen ansetzt und aus
diesem Grunde wesentlich egoistisches Verhalten begünstigt. Da
der Mensch ein Ergebnis der Evolution ist, so verwundert es nicht,
daß auch innerhalb der menschlichen Spezies egoistisches Verhalten vorherrscht; altruistisches Verhalten bedarf also besonderer
Erklärungen. Dafür boten sich insbesondere zwei Möglichkeiten
an: Zum einen ist Kooperation als Hilfe unter Verwandten evolutionsbiologisch stabil, also biologisch verständlich: Wenn ich auf
meine Kosten meinem Bruder helfe, der die Hälfte seiner Gene mit
mir gemeinsam hat, so befördere ich damit auch die Vermehrung
meiner eigenen Gene einschließlich derjenigen Gene, die »helfe
Deinen Verwandten« mehr oder weniger indirekt kodieren. Sodann ist Kooperation als Leistung in Erwartung von Gegenleistung
evolutionsbiologisch erklärbar, und zwar unter bestimmten Bedingungen, die die mathematische Spieltheorie aufgezeigt hat. Der
Fachausdruck dafür ist »reziproker Altruismus«, »wie Du mir, so
ich Dir«, wobei es in diesem Zusammenhang nicht wesentlich ist,
daß damit der Begriff des Altruismus reichlich gedehnt wird.

Sozialwissenschaftler, Philosophen und Theologen mögen solche Argumente in der Regel nicht besonders. Sie werfen den Soziobiologen oft ein biologistisches Weltbild vor, mit dem überdies
konservative Ideologien – Stichwort Sozialdarwinismus – transportiert werden. Dagegen weisen Soziobiologen darauf hin, daß der
Sozialdarwinismus ja nicht von Darwin, sondern von Sozialwis-

senschaftlern erfunden wurde, daß letztere ihre unrealistischen und dogmatischen Wertungen auch nur aus dem evolutionsbiologisch ältesten Bereich ihres eigenen Gehirns, dem Stammhirn, hervorholen, und daß es die raffinierteste Form des Egoismus ist, anderen Menschen eine Moral zu predigen, an die man sich selber nicht so recht hält. Irgendwie hat sich aber dieser fast schon ritualisierte Streit überlebt, denn es ist doch zu erkennen, daß jede Seite zum Teil recht, zum Teil auch unrecht hat: Menschliche Wertsetzung ist eine Kulturleistung, die nicht auf Genwirkungen reduzierbar ist. Allerdings – die Fähigkeit zur Kultur ist ihrerseits eine biologisch angelegte Fähigkeit der Spezies Mensch, welche die Weite, aber auch die Grenzen möglicher kultureller Diversität bestimmt.

2. Die Kulturfähigkeit des Menschen ist biologisch angelegt, die Kultur selbst ist es nicht

Der heutige Menschentyp läßt sich genetisch auf eine vermutlich kleine Gruppe von Menschen zurückführen, die vor etwa hunderttausend Jahren in Afrika gelebt hat. Dieser Menschentyp – vorsichtiger gesagt: Die Träger der Gene bzw. Genkombinationen, die den besonderen Fähigkeiten dieses Menschentyps zugrundeliegen – breitete sich über die Welt aus und verdrängte schließlich andere Menschentypen, wie etwa den Neandertaler in Europa. Seit über 30 000 Jahren sind Kunstwerke wie die der Eiszeithöhlen belegt und dynamische Entwicklungen insbesondere von Werkzeugen archäologisch dokumentiert. Vor 10 000 Jahren wurde die Landwirtschaft erfunden, gefolgt von einer Explosion der Erdbevölkerung, und seit etwa 5000 Jahren gibt es Hochkulturen mit schriftlicher Überlieferung und damit den Übergang in die eigentliche Geschichte. Nichts spricht dafür, daß die geistigen Fähigkeiten der Menschen sich in den letzen 40 000 Jahren wesentlich verändert hätten. In 30 000 Jahren der Jäger- und Sammler-Phase von 40 000 bis 10 000 Jahren vor unserer Zeit lebten – bei tausendmal geringerer Bevölkerungsdichte als heute – insgesamt nicht viel mehr Menschen als allein in unserem Jahrhundert, nämlich einige Milliarden. Diese begrenzte Anzahl vollbrachte erstaunlichste Kulturleistungen, die schließlich in die Erfindung von Ackerbau und Viehzucht, sowie die Entwicklung größerer Siedlungen und des Fernhandels führten. Biologisch gesehen sind sich Menschen untereinander sehr ähnlich und Unterschiede zwischen Gruppen sind hauptsächlich kulturell bedingt; ziemlich starke Argumente dafür, Gemeinsamkeiten der Spezies Mensch zu betonen, zu denen besonders auch die Fähigkeit zur Entwicklung und Tradierung differenzierter Kulturen gehört. Zwar gibt es die Tradition erlernter Verhaltensweisen auch bei Tieren, aber die Dynamik vom Typ »Information erzeugt Information«, die eine sehr komplexe Differenzierung gesellschaftlicher Strukturen und Verhaltensweisen ermöglicht, ist spezifisch für die Spezies Mensch. Jeder Mensch kann – bei früher Sozialisation – jede Sprache erlernen und in jede Kultur integriert werden; ein Beweis dafür, daß die Merkmale einzelner Kulturen nicht genetisch angelegt sind. Nur Menschen – und nicht Schimpansen – können dies; ein Beweis dafür, daß die Fähigkeit zur Kulturdynamik eine durch die Evolution biologisch angelegte Fähigkeit der Spezies Mensch ist.

Die spezifisch menschlichen Fähigkeiten, die dieser Kulturfähigkeit zugrundeliegen, sind Sprache und Abstraktionsvermögen, detaillierte Erinnerung an ferne Vergangenheit, Planung und strategisches Denken in eine weite Zukunft – sogar über die eigene Lebenszeit hinaus. Die Evolution solcher menschlicher Fähigkeiten entsprach sicherlich den Grundregeln zunehmender biologischer »fitness« – nämlich der Erhöhung der Chance, vermehrungsfähige Nachkommen zu erzeugen; aber dieses biologische Prinzip erlaubt nicht umgekehrt, sämtliche Möglichkeiten der Spezies Mensch deduktiv aus biologischen Prinzipien herzuleiten; es wurde, wie Max Delbrück das einmal ausgedrückt hat, bei der Menschwerdung sozusagen »mehr geliefert als bestellt«. Dies liegt daran, daß die spezifisch menschlichen Fähigkeiten, die die Evolution erzeugt hat, generalisierende Fähigkeiten sind, die auf eine fast unbegrenzte Anzahl verschiedener Möglichkeiten anwendbar sind und sehr große Möglichkeiten kultureller Differenzierungen bieten – man denke nur an die Sprache. Dieser Überschuß an Möglichkeiten ist wesentlich für unser Menschenbild. Er zeigt sich besonders in der Erkenntnisfähigkeit. Sie erhöhte zunächst die »fitness« in den

Jäger- und Sammlergruppen, in denen sie entstanden ist, aber daß sie schließlich so verallgemeinerungsfähig und erweiterbar ist, wie es die Einstein-Formel $E = mc^2$ zeigt, läßt sich dann nicht mehr aus der biologischen Evolution in Jäger-und Sammlerhorden herleiten. Auch das Bewußtsein des Menschen ist ein Produkt der Evolution; aber auch dies wiederum bedeutet nicht, daß eine Erklärung in evolutionsbiologischen Kriterien aufgehen muß. Es gibt vielmehr Gründe für die Vermutung, daß einer vollständigen naturwissenschaftlichen Theorie des Bewußtseins prinzipielle entscheidungstheoretische Grenzen entgegenstehen. Zwar unterliegt der menschliche Körper einschließlich seines Gehirns denselben Gesetzen der Physik wie eine Maschine, aber eine Maschine, die alles könnte wie ein Mensch, würden wir nicht verstehen, und eine Maschine, die wir verstehen würden, könnte nicht alles wie ein Mensch. Es könnte grundsätzliche entscheidungstheoretische Grenzen einer Dekodierung der Gehirn-Geist-Beziehung geben, denen entscheidungstheoretische Grenzen der Selbsterkenntnis entsprechen.

3. Spezifisch menschlich:
Empathie und internalisierte Werte

In Zusammenhang mit dem Thema »Weltethos« gilt die interessanteste Frage im Grenzbereich zwischen Soziologie und Biologie den menschlichen Werten. Die *Fähigkeit* zur Wertsetzung sollte *biologisch* zu erklären sein; die in verschiedenen Kulturen bestehenden Wertsysteme selbst lassen sich deswegen noch lange nicht aus biologischen Prinzipien vollständig ableiten. Zwar finden sich bei Menschen durchaus auch ähnliche Verhaltensmotivationen, wie man sie bei höheren Tieren kennt. Dies trifft besonders für die beiden, soziobiologisch am leichtesten erklärbaren Motive für altruistisches Verhalten zu – Verwandtenhilfe und Leistung in Erwartung von Gegenleistung. Allerdings zeigen sich bereits für diese beiden Typen nichtegoistischen Verhaltens in menschlichen Gesellschaften besonders weitreichende Verallgemeinerungen: Gemeinsame Sozialisation wirkt fast so gut wie biologische Verwandtschaft, was Motivation für Kooperation angeht. Die Erwartung von Gegenleistung für Leistung muß nicht unbedingt persönlich und konkret sein; es spielt vielmehr auch der allgemeine Reputationszuwachs in der Gruppe eine stark motivierende Rolle, wobei man von Reputation letztlich und indirekt wiederum Vorteile, zum Beispiel bei der späteren Gewinnung von Kooperations- und Koalitionspartnern, erwarten kann.

Darüber hinaus aber gibt es in menschlichen Gesellschaften ein weiteres wesentliches Motiv für helfende Handlungen: Das Mitgefühl, die Empathie: Im Tierreich ist es nur bei Primaten, und auch dort nur in Ansätzen zu erkennen. Evolutionsbiologisch ist auch die menschliche Fähigkeit zur Empathie vermutlich zunächst in egoistischem Kontext entstanden, indem nämlich die Einfühlung in fremdes Bewußtsein die Prognose fremder Handlungen erleichtert, und dies wiederum das eigene strategische Denken begünstigt. Das neurobiologische Korrelat davon ist die Repräsentation fremder mentaler Zustände im eigenen neuronalen Netzwerk und die Verknüpfung dieser Zustände mit den emotionalen Zentren des eigenen Gehirns. Ein Nebeneffekt solcher Verbindungen ist Mitgefühl und Mitleid –, und diese Gefühle wiederum können helfende und kooperative, jedenfalls altruistische Handlungen motivieren. Nach meiner Auffassung beruht Empathie also auf der Entwicklung von Verschaltungsregeln des Nervensystems im Gehirn, die – evolutionsbiologisch gesehen – als Nebenprodukt des strategischen Denkens zu egoistischen Zwecken entstanden; der Nebeneffekt des Mitleids, der altruistische Handlungen zu induzieren vermag, kann dann aber auch zu einem Haupteffekt, zu einem wesentlichen Faktor für Altruismus unter Menschen, werden.

Die schwierigsten Fragen im Grenzbereich von Biologie und Ethik stellen sich in bezug auf internalisierte Werte. Bestimmte Handlungen würden wir aus ethischen Gründen auch dann nicht begehen, wenn es niemand merkt und wenn keine negativen Rückwirkungen auf uns selbst zu befürchten sind – weil wir, wenn wir die Handlung doch begehen würden, schließlich uns selbst nicht gefielen. Vielleicht lassen sich die Fähigkeit und Bereitschaft von Menschen, in diesem Sinne Werte zu internalisieren, evolutionsbiologisch als pauschale Verhaltensdisposition verstehen, die uns von langen Überlegungen im Einzelfall entlasten und uns vor

Handlungen schützen, die unsere eigenen Aussichten für künftige Koalitionen und Kooperationen innerhalb der Gruppe mindern. Im Ansatz mag eine solche Erklärung zutreffen, aber in diesem Zusammenhang könnte erst recht »mehr geliefert als bestellt« sein, denn die Erfahrung zeigt, daß ein – wenn auch nicht großer – Teil der Menschen durch internalisierte Werte zu weitgehenden, auch mit Opfern verbundenen altruistischen Handlungen motiviert wird. Vermittelt werden solche Werte soziokulturell vorwiegend durch Erziehung und Sozialisierung in der Jugendzeit; sie zu erhalten aber wird durch ein gewisses Maß an Vertrauen darauf begünstigt, daß sie von anderen nicht folgenlos mißbraucht werden.

4. Plädoyer für eine naturgemäße Ethik

Ich plädiere hier für eine reflektierte, nicht unkritische Berücksichtigung biologischer Grund- und Randbedingungen menschlichen Verhaltens bei den Bemühungen um ein Weltethos. Dabei möchten wir gemeinsame Werte unserer Spezies »Mensch« herausfinden, definieren und bei verschiedenen Kulturen bewußt werden lassen, so daß sie zwischenmenschliches Verhalten innerhalb und zwischen Kulturen bestimmen oder wenigstens beeinflussen können. Dabei muß man sich mit zwei kritischen Fragenkomplexen auseinandersetzen: Wie gehen wir mit biologisch angelegten Unterschieden zwischen Individuen um? Und wie können wir intrakulturelle Werte interkulturell bewerten?

Größere Variationen zwischen biologisch angelegten Fähigkeiten gibt es nicht so sehr zwischen Menschengruppen, sondern innerhalb einzelner Menschengruppen. Was die gesellschaftlichen Konsequenzen angeht, so ist es keineswegs aufgeklärt und als progressiv anzusehen, die biologischen Komponenten der Unterschiede zwischen Menschen zu vernachlässigen. Genetische Unterschiede sind nicht wegzureden oder wegzuerklären, aber sie ändern nichts an dem gleichen Wert und den gleichen Rechten verschiedener Personen. Unterschiede zu erkennen ermöglicht es überhaupt erst, in der Gesellschaft ein Spektrum verschiedener, als positiv erlebter Rollen verfügbar zu machen, in der sich verschiedene Talente

und Temperamente verwirklichen können. Und was hochge-
schätzte Eigenschaften wie Intelligenz angeht: Sie erleichtern ihren
Trägern, den Lebensunterhalt angenehm zu verdienen, ein gutes
Einkommen zu erzielen und Ansehen zu erwerben. Die Einsicht,
daß überdurchschnittliche Intelligenz gerade in ihren genetischen
Anteilen nicht eigenes Verdienst, sondern Zufallsprodukt ist, kann
schließlich auch Bescheidenheit lehren.

Intellektuelle Auseinandersetzungen um allgemeine menschliche Werte beginnen oft mit Definitionsversuchen für Altruismus.
Das führt aber nicht weit, denn wenn man die Kriterien genügend
rigoros ansetzt, kommt in der Regel heraus, daß es »wahren« Altruismus gar nicht gibt. Ich möchte stattdessen ein etwas anderes
Kriterium für menschliche Wertsetzungen befürworten: Was zeichnet tatsächlich existierende Gesellschaften aus, in denen man selber
gerne leben würde und für die man sich im Gedankenexperiment
auch dann entscheiden könnte, wenn man vorher nicht so genau
wüßte, in welche soziale Klasse oder Gruppierung man schließlich
hineingerät? Für eine Antwort ist der Eingangssatz der Erklärung
zum Weltethos »Die Welt liegt in Agonie« – nicht sehr hilfreich;
man müßte schon mehr differenzieren. Der Unterschied – zum
Beispiel – zwischen Kambodscha unter dem Pol-Pot-Regime in
den 70er Jahren und dem nur 500 km entfernten Malaysia ist
riesig. Auch kommen westliche Industriegesellschaften in der zweiten Hälfte des 20. Jahrhunderts wohl ganz gut weg, und zwar selbst
dann, wenn man die Ausbeutungsvorteile gegenüber der Dritten
Welt – etwa in Form ungerecht niedriger Preise für Produkte tropi-
scher Landwirtschaft – gegenrechnet. Zwar sind Bewertungen von
Kulturen in gewissem Maße relativ, da die Außen- nicht der Innen-
sicht entsprechen muß, aber jenseits der Relativismen wissen wir
doch ganz gut, welche Verhaltensweisen, in denen sich Kulturen
unterscheiden können, das Leben angenehm machen. Das wiederum führt auf biologisch angelegte Merkmale von Gemeinsinn,
Mitgefühl, Vertrauens- und Versöhnungsbereitschaft zurück. Diese
Eigenschaften zu aktivieren und ihre Anwendung auf größere Gemeinschaften auszudehnen, gehört in der einen oder anderen Form
zu den ethischen Grundprinzipien großer Weltreligionen –, und
deshalb ist Berufung auf ein entsprechendes Weltethos sinnvoll.

Erinnern wir noch einmal an Schopenhauers Satz »Moral predigen ist leicht, Moral begründen ist schwer«, ohne uns von den Schwierigkeiten abschrecken zu lassen. Die Grundfragen wurden schon in der Antike gestellt: Ist gutes Handeln eine Kulturleistung, die man den biologisch angelegten menschlichen Begierden abringen muß, wie es die stoische Philosophie lehrte? Oder soll man – mit den Epikureern – positiv auf dem Streben nach Lust und Freude samt ihren biologischen Antrieben aufbauen und dieses Streben als Kulturleistung so generalisieren, daß es weite Zeitdimensionen und weitreichende zwischenmenschliche Beziehungen erfaßt? Ich meine, eine Begründung der Ethik, die bei der Natur des Menschen ansetzt und sie einbezieht, ist besser als eine Begründung gegen seine Natur.

Von der christlichen Theologie wurde Epikur nicht besonders geschätzt, wenn es auch in der Renaissance eine kurze Zeitspanne gab, in der man selbst diesen Denker gut finden durfte. Der große islamische Denker Ibn Khaldun hat im 14. Jahrhundert eine Soziologie entworfen, in der ebenfalls natürliche Ethik eine wesentliche Rolle spielte. Einfühlungsvermögen und natürliches Mitgefühl spielen eine große Rolle in Ibn Khalduns Denken. Er sah Solidarität unter Verwandten als natürliche Grundlage von »assabya« – Gemeinsinn – an. »Assabya« kann dann aber auch in größeren Gesellschaften wirksam werden, insbesondere durch gemeinsame Sozialisation. Mit solcher Verallgemeinerung wird die »assabya« aber auch relativ anfällig und labil. Im vorigen Jahrhundert hat Schopenhauer die in der Natur des Menschen angelegte Fähigkeit zum Mitgefühl und Mitleid als wesentliche Quelle guten Handelns erkannt.

5. Aktivierungsbedürftig:
Die knappe, wertvolle Ressource »Gemeinsinn«

In den theoretischen Konsequenzen sind Formen der Ethik, die auf der Natur des Menschen aufbauen und solche Formen, die die natürlichen Antriebe zu überwinden suchen, gar nicht so verschieden; aber in der Denkweise und dem Grad von Realismus unterscheiden sie sich sehr wohl. Die Einsicht in die biologische Basis

menschlichen Verhaltens, verbunden mit der Erkenntnis, daß sich
alle Menschengruppen – biologisch gesehen – sehr ähnlich sind,
hat durchaus kulturelle Implikationen: Die biologischen Grundlagen menschlicher Kulturfähigkeit begründen und begrenzen
Spielräume kultureller Gestaltung. Ideen theoretischer Moral, die
in der Praxis nirgends funktionieren, widersprechen wahrscheinlich
den biologisch angelegten Motivationen von Menschen. Ein Beispiel ist die theoretische Forderung, die Fernsten- auf das Niveau
der Nächstenliebe zu heben. Solche Moralismen dürften eher dazu
führen, Nächstenliebe in Richtung auf das Niveau der Fernstenliebe zu senken. Die Beschränkung von Solidarität auf Nahbereiche
würde jedoch den globalen Herausforderungen der künftigen
Weltgesellschaft auch nicht gerecht werden. Der empirisch gang-
bare Mittelweg liegt wohl darin, über den gesellschaftlichen und
politischen Nahbereich hinaus Solidarität zu praktizieren, sie aber
subsidiär auf diejenigen zu konzentrieren, die sich aus einsehbaren
Gründen nicht selber helfen können.

Im Gegensatz zu ökonomischer Gleichheit ist weltweiter Frieden keine »unnatürliche« Utopie. Die vielen kriegerischen Konflikte in der Welt dürfen nicht den Blick vor der Tatsache verstel-
len, daß in weiten Regionen und Zeiträumen tatsächlich Friede
herrscht. Nehmen wir die Einsicht »Was irgendwo geht, sollte
überall gehen« ernst, so kann und muß man sich nicht auf Dauer
mit Phänomenen der Kriege abfinden: Friede liegt empirisch innerhalb der kulturellen Möglichkeiten der biologischen Spezies
Mensch. Nur haben wir kein verläßliches Rezept, wie Versöhnungsbereitschaft und Einfühlungsvermögen zu aktivieren und
De-Eskalation zu praktizieren ist, damit sich Friede tatsächlich ein-
stellt.

Ich habe versucht, zu zeigen, daß eine kritische Einbeziehung
biologischer Aspekte der Natur des Menschen einen positiven Beitrag in der Auseinandersetzung um eine menschengerechte Ethik
bringen kann. Der Beitrag liegt nicht in einer biologischen Theorie
von Werten, sondern in einer biologischen Theorie der Kulturfähigkeit, die ihrerseits für die Wertsetzung wesentlich ist.

Eine Soziobiologie, die menschliche Kulturleistungen unbeach-
tet läßt, kann nicht richtig sein; aber Erkenntnisse zu den evolu-

tionsbiologischen Grundlagen der Kulturfähigkeit sind doch ganz wesentlich für unser Menschenbild, denn sie bestimmen schließlich das Spektrum möglicher Kulturen und ihrer Grenzen. Zwar sind die Motive der Menschen vorwiegend egoistisch; es gibt aber auch biologisch angelegte, zwar fragile, aber doch soziokulturell entwicklungsfähige und stabilisierbare altruistische Eigenschaften: Gemeinsinn, Mitgefühl, Vertrauens- und Versöhnungsbereitschaft.

Ein Rezept für die Zukunft ergibt dies noch nicht, denn wir wissen zum Beispiel noch viel zu wenig über die Beziehung internalisierter Werte zu Sozialisationsvorgängen in der Gesellschaft und über die Wege, die zur Aktivierung der knappen Ressourcen »Gemeinsinn, Mitgefühl, Vertrauens- und Versöhnungsbereitschaft« führen. Es ist mehr als problematisch, eine auf Religion basierende Ethik wie die christliche hauptsächlich als eine gegen die Natur des Menschen gerichtete Moral in Anspruch zu nehmen. Das Gebot der Nächstenliebe ist nicht ohne weiteres identisch mit einem Gebot der Fernstenliebe, und es fordert zur Liebe zum Nächsten auf, so, wie er von Natur aus ist und nicht, wie er sein sollte; und die sozialen unter den zehn Geboten – morde nicht, stehle nicht, begehre nicht Deines Nächsten Weib oder sein Eigentum, mache keine falschen Aussagen gegen Deinen Nächsten – appellieren ganz im Gegensatz zu Kants kategorischem Imperativ, der sich im wesentlichen an die Vernunftgründe wendet, doch in erster Linie an natürliches Mitgefühl und Mitempfinden – wer wollte selbst gerne um Leben, Eigentum oder Lebenspartner gebracht werden? Es ist aufschlußreich, daß die Weltethos-Erklärung von Chicago 1993 auf diese Grundgebote als »unverrückbare Weisungen« aufbaut. Was eine natürliche Ethik auszeichnet, ist die Tendenz, moralische Überforderungen zu vermeiden, die noch nie und nirgends zu etwas Gutem geführt haben. Gemeinsinn ist eine wertvolle, reale, aber auch knappe und begrenzte Ressource, die behutsam zu aktivieren ist und deren Grenzen – jedenfalls, was Forderungen an andere oder an alle angeht – zu respektieren sind.

Literaturhinweise und eingehendere Darstellungen zu den hier angesprochenen Themen finden sich in meinem Buch *»Im Spiegel der Natur erkennen wir uns selbst – Wissenschaft und Menschenbild«*, Rowohlt Reinbeck 1998.

Die Suche nach einem zukunftsfähigen Wissenschafts-Paradigma
Die Rolle der Wissenschaft bei der Entwicklung eines Weltethos

Da die Ursachen unserer Probleme größtenteils religiöser Art sind, muß auch das Gegenmittel im wesentlichen religiös sein, ob wir es nun so bezeichnen oder nicht.

Lynn White jun.[1]

Die Idee der Brüderlichkeit ist nicht neu, das Besondere in unserer Zeit ist aber, daß Brüderlichkeit zur Vorbedingung für das Überleben geworden ist.

Leon Eisberg[2]

1. Die Krise der Wissenschaft und die Krisen der Gegenwart

Wissenschaft ist eine kulturelle Aktivität von wachsender *Machtförmigkeit*[3]. Deshalb steht sie unter wachsendem Rechtfertigungszwang und *Verantwortungsdruck*. Insbesondere die Naturwissenschaften und in ihrem Gefolge ein die ganze Erde umspannender und sich beschleunigt entwickelnder *wissenschaftlich-technisch-wirtschaftlicher Komplex* von großem *politischem Gewicht* sind von einer historisch einmaligen *Dynamik*, die alle Lebensbereiche moderner Zivilisationen ergriffen und sie ihrer Grenzen bewußt gemacht hat. Dabei wird die Rolle der Wissenschaft für Technik, Wirtschaft und Kultur, für Gesellschaft und Politik zunehmend als *ambivalent* wahrgenommen und Wissenschaft und Technik werden für ihre unerwünschten, die unvorhergesehenen, ungewollten oder riskant in Kauf genommenen *Folgen* verantwortlich gemacht.

Bisher vernachlässigte Folgen der Wissenschaft und Folgen von Folgen werden dominant. Wenige Stichworte mögen an die Problem- und *Krisenfelder* erinnern, die aufs engste mit den Folgen von Wissenschaft und Technik verflochten sind[4]: Rüstungsproblematik (etwa ABC-Waffen), technische Gefahren und ihre Folgen, wie Nukleartechnik, chemische Belastung von Menschen und Mitwelt, ökologische Gefährdungen und Katastrophen (Klimaveränderungen, Ozonloch, Rodung und Verwüstung, chemische Verseuchung, Artensterben usw.), weltumspannende Informationstechnik, Gentechnologie wie auch Bevölkerungswachstum sowie wirtschaftliche, gesellschaftliche, soziale und politische Konflikte.

Die gegenwärtige Entwicklungsdynamik zeigt *krisenhafte Züge*. Die immer dringender erhobene Forderung nach *Zukunftsfähigkeit* oder *Nachhaltigkeit* zeigt an, daß der alte *Fortschrittsoptimismus* unserer wissenschaftlich-technisch geprägten Zivilisation dabei ist, einer realistischen, skeptischen oder gar pessimistischen Einschätzung von *Grenzen wissenschaftlich-technischer Machbarkeit* zu weichen. Gefühle von Angst vor den wissenschaftlich-technischen Folgen breiten sich aus bis hin zu Wissenschafts- und Technikfeindlichkeit.

Eine große Zahl von *Vorschlägen*, wie auf eine zukunftsfähige Entwicklung umgesteuert werden könnte[5], setzen *Neubesinnung* und *Bewußtseinswandel* mit einem breiten gesellschaftlichen und weltweit akzeptierten *Minimalkonsens* über hochrangige Werte und Ziele voraus. Selbstverständlich muß diese Neubesinnung das soziale Subsystem Wissenschaft einschließen. Und dabei fällt der Wissenschaft aufgrund ihrer Rolle und ihrer Kompetenzen für die Formulierung von Zielen, vor allem aber von Lösungswegen eine *Schlüsselrolle* zu.

Die Suche nach gültigen Wertmaßstäben für Wissenschaft und ihre Folgen und die Forderung nach Verantwortlichkeit werden jedoch aus traditioneller innerwissenschaftlicher Sicht weitgehend als *wissenschaftsfremd* empfunden und eingestuft, sie entsprechen nicht dem klassischen *Wissenschaftsparadigma einer wertfreien Wissenschaft*, die für ihre Anwendungen und deren Folgen nicht verantwortlich ist und nicht verantwortlich gemacht werden kann, weil sie nur reiner Erkenntnis und Wahrheitsfindung verpflichtet

ist und weil die weltverändernden, gefährdenden und katastro-
phenträchtigen Anwendungen in Technik und Wirtschaft nicht
ihre Sache sind.

Und dennoch: Wissenschaft ist nicht auf Theorien, Hypothesen
und »reine« Forschung einschränkbar. Sie stellt ein gesellschaft-
liches System mit *wachsender praktischer Relevanz* dar, und so ist sie
in eine tiefgreifende *Krise* geraten. »Ein deutliches Anzeichen, daß
wir uns schwer überschreitbaren Grenzen kultureller Verwertbar-
keit zivilisatorischer Dynamik nähern, scheint mir die *zunehmende
Moralisierung* technologie- und wissenschaftspolitischer öffentlicher Debatten zu sein«[6].

Die zum Teil als inflationär empfundene Diskussion um *Ethik*
und die *Forderung nach Verantwortung* von (Natur-)Wissenschaft
und Technik für gegenwärtige und zukünftige Folgen ihres ambiva-
lenten Handelns ist *Symptom für einen Umbruch*. Die Wissenschaft
ist sowohl von außen gedrängt als auch aus eigenem Antrieb mitten in kontroversen Auseinandersetzungen um ein *neues wisssen-
schaftsethisches Selbstverständnis*. Wenn diese fruchtbar werden sollen, muß sowohl die fachbezogene als auch die kollektive und
globale Verantwortlichkeit der ganzen Zivilisation mit einbezogen
werden und man sollte sich davor hüten, in bequemen Sünden-
bocktheorien diese Krise als isoliertes Problem der Wissenschaft
zuzuweisen. Sie betrifft im Grunde *alle Bereiche kultureller menschlicher und natürlicher Lebenswelt*, soweit sie in irgendeiner Form
von Wissenschaft und Technik abhängen oder sich diese zunutze
machen. Die *Verführungen* moderner Zivilisation durch umwälzende wissenschaftlich-technische Fortschritte sind nicht ohne die *Ver-
führbarkeit* der Gesellschaft zu verstehen. Die Krise der Wissenschaft ist ein Teil der Umbrüche der modernen Zivilisation. Die
»Risiko- und Zerstörungsfaktoren« sind »nicht nur in technischen,
sondern auch in ökologischen, in gesellschaftlichen und kulturellen
Begriffen zu denken«[7].

Weil Wissenschaft in hohem Grade *international organisiert* ist,
sind auch die Folgen von Wissenschaft und Technik großenteils
global. Deshalb muß die Frage nach einem neuen *zukunftsfähigen
Wissenschaftsparadigma* notwendig in die Diskussion um ein Weltethos der Nachhaltigkeit einbezogen werden. Eine zukunftsfähige

Wissenschaft ist Voraussetzung für eine zukunftsfähige Zivilisation und umgekehrt. Die folgenden Überlegungen gehen schwerpunktmäßig von den Naturwissenschaften aus, obwohl ausdrücklich zu betonen ist, daß die Frage nach einem zukunftsfähigen Wissenschaftsparadigma streng genommen von *überdisziplinärer* Art ist – man denke nur an die weltverändernden Folgen, die der Sozialphilosoph Karl Marx durch das Schreiben seines Hauptwerks »Das Kapital« ausgelöst hat – und sinngemäß auch für andere Wissenschaften zu stellen ist[8].

2. Ursachen für die krisenhafte Entwicklung der Wissenschaft

Das traditionelle *Ethos der Wissenschaft* ist auf eine *Binnensteuerung* des wissenschaftlichen Systems bezogen und hängt aufs engste mit den Vorstellungen von *Wertfreiheit* und *Freiheit der Wissenschaft zusammen*. Es beschreibt innerwissenschaftliche Bedingungen, die für Wissenschaft im aufgeklärten Sinne erfüllt sein müssen, Bedingungen also dafür, wie Wissen gewonnen, weitergegeben und kontrolliert wird, wenn es wissenschaftliche Geltung beanspruchen will. Es nimmt jedoch keinen Bezug auf seine Anwendungen, die beabsichtigten und die nicht beabsichtigten.

Die Wertorientierung der sich so verstehenden »reinen« Wissenschaft hat Robert K. Merton in seinem sogenannten CUDOS-Katalog zusammengefaßt[9]:

Communism:
  Wissenskommunismus: Wissen ist Allgemeingut.
Universalismus:
  wissenschaftliches Wissen beansprucht Allgemeingültigkeit.
Desinteressiertheit:
  Keine Bindungen an außerwissenschaftliche Ideologien und Interessenlagen.
Organisierter Skeptizismus:
  Wissenschaftliches Wissen setzt sich ständiger organisierter kritischer Überprüfung nach wissenschaftlichen Methoden und Maßstäben aus.

Insbesondere in der Desinteressiertheit drückt sich das Selbstverständnis von der *Wertfreiheit der Wissenschaft* aus. Konsequenterweise klammert dieser »organisierte Skeptizismus« die außerfach-
lichen, überdisziplinären Folgen der wissenschaftlichen Betätigung
aus. Diese gehören nicht zum Anwendungsbereich der fachwissenschaftlichen Themen und Methoden. Das Prinzip der Wertneutralität vernachlässigt die inter- und transdisziplinären Dimensionen
wisssenschaftlichen Handelns, die in der Moderne eine zunehmende kulturelle Relevanz entfalten. In einseitig vereinfachender Form
war die Vorstellung von der Wertfreiheit der Wissenschaft stets
eine Fiktion, denn »daß der Erkenntnisprozeß von Normierungen,
Wertungen und Entscheidungen durchsetzt ist, scheint eine Feststellung zu sein, die nur einmal deutlich ausgesprochen werden
muß, um allgemeiner Anerkennung sicher zu sein«[10]. Auch Max
Weber stellte fest, daß die Scheidung von empirischen Feststellungen und Wertungen »schwierig« sei[11].

Dies *innerwissenschaftliche Ethos* bietet keine zureichende
Grundlage für zukunftsfähige Wissenschaft[12], weil das ihm zugrun-
de liegende Wissenschaftsverständnis höchstens noch in Nischen
eine allenfalls vorläufige Gültigkeit in Anspruch nehmen kann.
Von Desinteressiertheit einer »reinen«, freien und »wertfreien«
Wissenschaft kann kaum noch gesprochen werden. Vielmehr sind
Wissenschaft und Forschung in ihrer realen sozialen Gestalt nur als
Teile eines *wissenschaftlich-technisch-wirtschaftlichen Komplexes* zu
verstehen, in den sie unlöslich und aktiv handelnd verwoben und
von dem sie auch weitgehend abhängig sind.

Machtförmigkeit und *Handlungscharakter* können nicht mehr als
wissenschaftsfremd und als lediglich auf die sogenannte »Angewandte Forschung« bezogen verstanden werden. Hat doch beispielsweise die *Grundlagenforschung* in der Radiochemie und in der
Kernphysik eine geradezu revolutionäre, politisch umwälzende
weltverändernde Gefahr und Macht entfesselt, und ist doch auch
die Genforschung aller Voraussicht nach gerade dabei, unsere Welt
in ganz anderer Weise, aber nicht weniger radikal zu verändern.

Rolf Kreibich hat die Rolle der modernen Wissenschaft in
seiner grundlegenden Studie »Die Wissenschaftsgesellschaft« beschrieben[13]. Wissenschaft ist eine mächtige *Produktivkraft, Projekt-*

forschung wird geradezu als Wissens- und Datenproduktion organisiert und gezielt auf *Nutzanwendungen* in der Technik und auf *Verwertung* in Wirtschaft und Politik (z. B. für die Rüstung) hin betrieben. Forschung und technische Entwicklung greifen unlöslich ineinander. Selbst dort, wo sich Wissenschaft noch so »rein« wie möglich versteht, ist es mindestens im Rahmen der Naturwissenschaften nicht verpönt, im Gegenteil sogar ganz normal, daß bei Mittelanträgen für Forschungsprojekte das *Argument der Nützlichkeit* eine wichtige Rolle spielt und daß es darüber hinaus bei forschungspolitischen und vor allem bei forschungsabhängigen technisch-wirtschaftlichen Entscheidungsprozessen meist den Ausschlag gibt. Im Rahmen des Fortschrittsparadigmas waren in der Wissenschaft derartige Wertorientierungen in einem positiven Sinne, das heißt als Motivation für das Betreiben und die Förderung von Wissenschaft und Forschung, immer schon wirksam und sie sind es noch: Produktivkraft und *Problemlösungskompetenzen* von Wissenschaft und Technik werden wirtschaftlich, gesellschaftlich und politisch extensiv in Anspruch genommen und selbst von konsequenten Vertretern der Wertfreiheitsthese kaum als wissenschaftsfremdes oder -schädigendes Element kritisiert.

Diese *Diskrepanz* zwischen *Selbstbeschränkung* im traditionellen Ethos (im Selbstverständnis) und der gesellschaftlichen *Praxisorientierung* gehört zu den Ursachen der Krise. Denn die Selbstbeschränkung als Versuch, die eigene Freiheit (Autonomie) zu bewahren, überläßt die kritische Bewertung der Wissenschaftsfolgen der *Außenkontrolle* durch außerwissenschaftliche gesellschaftliche Instanzen. Dies führt zur Einschränkung des Spielraums interner (Selbst-) Kontrolle und gefährdet so die Autonomie der Wissenschaft[14].

Vorsicht, Skepsis, Angst und Ohnmachtsgefühle, ja Feindschaft von außen und zunehmende kritische Einsicht von innen erwachsen aus der inzwischen unbestreitbaren Erkenntnis, daß sich neben einem Abnehmen der *Problemlösungskompetenz* ein Anwachsen der *Problemerzeugungspotenz* von Wissenschaft und Forschung vollzieht, und es wächst die Skepsis, ob die wissenschaftlich-technisch erzeugten Problemfelder nicht rascher zunehmen als deren Lösungsmöglichkeiten. Die Wissenschaft steht deshalb zunehmend unter äußerem, aber auch innerem *Rechtfertigungsdruck,* der sich langfristig zur Existenzfrage der bestehenden Gestalt von Wissenschaft und Forschung ausweitet und für dessen produktive Umsetzung sie im traditionellen Ethos keine allgemein verbindlichen Wertmaßstäbe und institutionellen Strukturen besitzt.

Diese Schwäche hängt auch damit zusammen, daß im Rahmen des alten (binnenwissenschaftlichen) Wissenschaftsethos die Hauptverantwortung für gute Wissenschaft bei der einzelnen Wissenschaftlerin und beim einzelnen Wissenschaftler angesiedelt, also vorwiegend *individualethisch* geprägt ist, während doch die weltverändernde Dynamik moderner Wissenschaft, für deren erwünschte und unerwünschte zivilisatorische Folgen sie verantwortlich ist, nur aus einem hochdifferenziert organisierten *kollektiven* Handeln der Wissenschaftsgemeinschaft in Institutionen und Organisationen von Wissenschaft und Wirtschaft erwächst[15].

Zuwiderhandeln einer einzelnen Wissenschaftlerin oder eines einzelnen Wissenschaftlers gegen das innerwissenschaftliche Ethos zieht Sanktionen der Wissenschaftsgemeinschaft nach sich: Die Folgen sind *Reputationsverlust* und Karriereknick bis hin zum faktischen oder gar förmlichen Ausschluß aus der wissenschaftlichen Gemeinschaft, während bei schwerwiegenden Forschungsfolgen außerhalb des Fachs die Forscherin oder der Forscher allenfalls mit einer privaten *Gewissenslast,* kaum aber mit Sanktionen bedroht ist. Dafür wachsen aber dann umso mehr Skepsis und öffentliche Kritik an der Institution Wissenschaft.

3. Chancen der Krise

Die geschilderten krisenhaften Veränderungen in der Rolle und im Selbstverständnis von Wissenschaft und Forschung sind nicht nur *Problemanzeige,* sie sind zugleich *Chance* für eine Neuorientierung.

Derzeit sind für die großen existenzbedrohenden Zivilisationsfolgen *keine Lösungsansätze* in Sicht, die *ohne oder gar gegen Wissenschaft und Forschung* eine Chance hätten. Im Gegenteil: Soweit nicht Gleichgültigkeit oder Resignation vorherrschen[16], liegt die Hoffnung auf einem wachsenden *Verantwortungsbewußtsein* von

Forschung und Wissenschaft, gepaart mit und gefolgt von wachsender *Problemlösungskompetenz.* Solche Hoffnung ist vielleicht Ausdruck eines neuen, vorsichtigen, *modifizierten,* allerdings nicht mehr naiv-optimistischen *Fortschrittsglaubens.*

Sollen Wissenschaft und Forschung solchem Anspruch gerecht werden, dann bedarf es eines *fundamentalen Umbruchs im herrschenden Wissenschaftsparadigma,* dessen wichtigstes Merkmal wäre, daß die Wahrnehmung dieser Verantwortung nicht als ein lästig oder gar störend empfundener Zusatz additiv zum Geschäft der reinen Wissenschaft sondern als dem Wesen der Wissenschaft zugehörig verstanden würde. Vieles spricht dafür, daß nur eine solche *integrative Erweiterung* des herrschenden Wissenschaftsparadigmas Kompetenzen und Kräfte in der Wissenschaft freizusetzen imstande wäre bzw. die Freisetzung solcher Kräfte anzeigen würde, die die Schere zwischen Problemerzeugungspotenz und Problemlösungskompetenz schließen könnten.

4. Grundzüge eines zukunftsfähigen Wissenschaftsparadigmas

Die Krise drängt auf einen Paradigmenwechsel

Thomas S. Kuhn[17] hat die Struktur wissenschaftlicher Revolutionen analysiert, die gewöhnlich auf solche krisenhafte Situationen folgen, in denen für fachwissenschaftlich drängende Probleme im Rahmen des Paradigmas der normalen Wissenschaft, also im Rahmen von gültigen Orientierungen, Erfahrungen, Methoden und Theorien keine Lösungswege mehr gesehen werden: Es vollzieht sich ein *Paradigmenwechsel,* der die Fachwissenschaft revolutionär verändert und damit die Krise löst.

Eine neue Rationalität

Der Akzeptanz- und Reputationsverlust von Wissenschaft und Forschung sollte nicht verdrängt, sondern als Signal für eine *innerwissenschaftliche Neuorientierung* akzeptiert werden, ähnlich wie fach-

wissenschaftliche Krisensituationen die unentbehrliche und fruchtbare Funktion haben, als Chancen für wissenschaftlichen Fortschritt und für Neuansätze wahrgenommen zu werden[18]. Fachwissenschaft kann nicht mehr in strenger traditioneller Abgrenzung
verstanden und realisiert werden. Diese Abgrenzung hat zwar ihre
Stärke und ihr Recht für die Bewahrung von Fachkompetenzen
sowie innerfachlicher Methodik und Thematik, dies aber nur
schwerpunktmäßig, nicht in Ausschließlichkeit. Außerfachliche Bezüge können nicht ohne wesentlichen Realitätsverlust ausgeblendet
werden. Einer fachlichen Überforderung oder einem naiven Dille-
tantismus kann und muß dann durch *interdisziplinäre und transdis-
ziplinäre innerwissenschaftliche Strukturen und Mechanismen* begegnet werden.

Die quantitative und die qualitative Dimension

Die gegenwärtige Krise des wissenschaftlich-technisch-wirtschaftlichen Komplexes stellt das traditionelle Wissenschaftsparadigma
in quantitativer und in qualitativer Weise in Frage, so daß sein
Wandel immer dringender erscheint:

Quantitativ: Interdisziplinarität und Transdisziplinarität bedeuten eine quantitative Erweiterung des Horizontes der Fachdiszi-
plinen.

Qualitativ: Zum anderen, und dies ist in einem fundamentale-
ren Sinne neu, kommt es durch das Prinzip Verantwortung[19] zu
einer *qualitativen* Erweiterung des Wissenschaftsparadigmas. Es
wird die Frage nach den in den Außenbeziehungen der sozialen
Gestalt der Wissenschaft notwendigen Werthaltungen aufgewor-
fen, die im traditionellen internen Fach-Ethos bisher keinen Platz
haben.

Die Suche nach einem zukunftsfähigen Paradigma

Die zahlreichen Diskussionen und Veröffentlichungen um ethische
Probleme der Wissenschaft und Technik, aber auch der Verantwor-
tungsethik in allen anderen gesellschaftlichen Gruppierungen
(Subsystemen), geführt von Philosophen, Theologen und anderen

Fachwissenschaftlern aller Disziplinen, sind nicht nur Anzeichen der diskutierten Krise der Wissenschaft, sie sind gleichzeitig auch Indikator für eine intensive *Suche nach Neuorientierung.*

Das *Ergebnis* dieser Suche ist grundsätzlich *offen,* bleibt es doch in den nicht vorhersagbaren dynamischen Prozeß kultureller und gesellschaftlicher Entwicklung eingebunden und von diesem abhängig. Das gesuchte Paradigma ist nicht geschlossen definierbar, es ist auch nicht »machbar«. Soll es wirksam werden, so muß es sich in seinem eigenen Vollzug entwickeln, sich verändern und durchsetzen. Dennoch sind aus heutiger Sicht wichtige *Konturen* eines solchen Paradigmas erkennbar.

Konturen eines zukunftsfähigen Wissenschaftsparadigmas

Die folgenden Überlegungen zu solchen Konturen und ihrer Ausformung im nächsten Abschnitt wollen keinen Anspruch auf Vollständigkeit erheben. Ihre Begründung geht zum großen Teil aus den bisherigen Überlegungen zum Thema hervor, soll aber im Folgenden noch weiter kommentiert werden.

Vier Schritte scheinen für eine fundamentale *Ausweitung* des herrschenden Wissenschaftsparadigmas durch die *Dimension Verantwortung* wichtig zu sein:

(1) Grundsätzliche Anerkenntnis des Charakters von Werthaftigkeit wissenschaftlichen Erkennens und Handelns

Das Anerkennen des Charakters von Werthaftigkeit der Wissenschaft ist ein Akt *intellektueller Redlichkeit,* wie sie für moderne rationale Wissenschaft selbstverständlich ist. Andernfalls ist Wissenschaft widersprüchlich, also in ihrem eigenen wissenschaftlichen Sinne nicht rational.

Sie gehört aber auch zur *praktischen Klugheit,* wenn Wissenschaft weiterhin ihrer Schlüsselrolle bei kultureller zukunftsfähiger Weltgestaltung gerecht bleiben und ihre eigene Permanenz gewährleisten will.

(2) Werthaftigkeit etabliert sich als integraler Bestandteil des Wissenschaftsparadigmas

Es entspricht einer *erweiterten zukunftsfähigen Rationalität von Wissenschaft*, Werthaftigkeit als *wissenschaftsimmanente Dimension* ernst zu nehmen[20].

(3) Verantwortung gehört als wesentliche Dimension wissenschaftlichen Erkennens und Handelns zum zukunftsfähigen Wissenschaftsparadigma

Wegen des Handlungscharakters der Wissenschaft ist die angemessene Antwort auf die Machtförmigkeit und die Werthaftigkeit ein *Ethos der Verantwortlichkeit*[21]. Für den Fortbestand von Wissenschaft und damit auch für die mit ihr unlöslich verflochtene Zivilisation kann die verantwortungsethische Dimension der Wissenschaft auf Dauer nicht als lästig empfundener, additiv hinzukommender, die Forschungsfreiheit bedrohender und von außerwissenschaftlichen Zwängen aufgedrängter Zusatz verstanden und allenfalls mit der linken Hand am Rande mitbehandelt werden.

Dabei ergibt sich die *Forderung nach Zukunftsfähigkeit* bzw. Nachhaltigkeit zwangsläufig aus dem Prinzip Verantwortung, denn die Folgen von Wissenschaft und Technik sind nicht nur global, auch ihre zeitlichen Dimensionen reichen weit in die Zukunft. Aber auch das ureigenste Interesse der Wissenschaft steht auf dem Spiel: Permanenz von Wissenschaft selbst gibt es nur unter den Bedingungen der Permanenz von Ökologie, Ökonomie, Sozialordnung und Friedensordnung. Richtig verstandenes Gemeininteresse ist also auch das Partikularinteresse der Wissenschaft.

Die *Zukunftsfähigkeit der Wissenschaft* hängt dann davon ab, ob sie in der Lage ist, die gegenwärtige Krise produktiv zu bewältigen, indem sie die *Dimension ihrer Verantwortung* in ihr Selbstverständnis derart integriert, daß sie sich dadurch in die Lage versetzt, diese mit vergleichbarem *Engagement*, vergleichbarer *Konsequenz*, mit höchstmöglicher *Kompetenz* und mit vergleichbarem *Erfolg* wahrzunehmen wie den fachwissenschaftlichen Fortschritt. Solcher

Erfolg hätte zur Voraussetzung die Wahl geeigneter *wissenschaftlicher Methoden,* relevanter *Themenstellungen* und *Forschungsprojekte,* wie auch angemessener *Organisationsstrukturen*[22]. Dies ist grundsätzlich nicht als Einschränkung der *Freiheit von Wissenschaft und Forschung* zu interpretieren. Neben deren hochbewerteter Funktion für die *Abwehr* von wissenschaftsfremder Einmischung oder Bevormundung, um die Wissenschaft zur Sicherung ihres kulturell- gesellschaftlich gewollten rationalen Charakters zu fördern und zu bewahren, wird die *positive Seite des Freiheitsethos* gestärkt: Freiheit wird konstruktiv und fruchtbar im Sinne einer *produktiven Wahrnehmung von Verantwortung in Freiheit.* Freiheit, vom Kontext ihrer gesellschaftlichen Bedingungen losgelöst, gibt es nicht. Wie die Wissenschaft selbst, ist ihre Freiheit von komplementärer Art: Der klassischen Frage nach der Wissenschaftsfreiheit: *Freiheit wovon?* korrespondiert im Sinne der Verantwortungsethik die Frage: *Freiheit wozu?*[23]. Im vollen Sinne dieser Komplementarität ist Wissenschaftsfreiheit ein hoher Wert. So verstanden geht es also um eine Erweiterung des Wissenschaftsparadigmas und nicht um eine Einengung oder gar die Instrumentalisierung der Wissenschaft. Sie behält ihren *Eigenwert* als ein hohes Kulturgut, und dieses zu fördern und zu bewahren wäre im Diskurs um Verantwortungsethik in der Wissenschaft als erster positiver Anspruch nicht nur zu benennen, sondern auch konsequent festzuhalten.

Das *Wertfreiheitspostulat* für Wissenschaft und Forschung verliert so seine apologetische Funktion zur Abwehr eines Verantwortungsdrucks. Dies ist zwar, was vordergründige Nützlichkeitserwägungen angeht, gegenüber der etablierten Praxis keine revolutionäre Neuerung, wohl aber eröffnet sie eine *neue Dimension der Dringlichkeit und Intensität,* insbesondere, was das Bedenken, Erforschen und Bearbeiten zukunftsträchtiger positiver und negativer Forschungsfolgen angeht.

(4) Interdisziplinarität, Transdisziplinarität und Öffentlichkeitsbezug gehören zur Verantwortungskompetenz

Wahrnehmung von Verantwortung für Folgen von Wissenschaft und Forschung ist nicht (nur) Sache von rechtem *Bewußtsein* (Gesinnungsethik), sie hat sich dem komplexen Feld rationaler *Analysen, Bewertungen und Lösungen* einschlägiger Probleme zu stellen (Verantwortungsethik). Da aber die Folgen von Wissen, Wissenschaft und Forschung oft weit über die Grenzen des eigenen Faches hinausreichen, lassen sich die einschlägigen wissenschaftlichen Fragen oft nicht innerhalb der Fachgrenzen angemessen bearbeiten. *Folgenabschätzung* und Folgenforschung erfordern dann *Interdisziplinarität*, also die Zusammenarbeit zwischen mehreren klassischen Fächern bis hin zur Arbeit an *überdisziplinären* Fragestellungen, um die Breite und Tiefe der Problemstellungen soweit als möglich zu erfassen[24].

Die *Bewertungsfragen* von Methoden, Zielen und Folgen von Wissenschaft, Forschung und Technik gehören in den weiteren Umkreis des öffentlichen, sozialen und politischen Umfeldes. Sie können etwa unter dem Begriff der *Sozialverträglichkeit*[25] zusammengefaßt werden und erfordern einen *öffentlichen Diskurs* auf einem angemessenen wissenschaftlichen Niveau. Dies alles schließt nicht aus, sondern erfordert geradezu, daß sich die beteiligten Fächer mit ihren ganzen Fachkompetenzen einbringen, denn die betroffene *Öffentlichkeit* ist wegen der hohen Spezialisierung in vielen Fachfragen zwar oft hoffnungslos überfordert, ist andererseits aber kompetent in der Frage, ob die benannten Methoden, Ziele und abgeschätzten Folgen gewollt werden oder nicht.

In diesem genannten Rahmen könnte sich eine wachsende *wissenschaftlich begründete*, für Zukunftsfähigkeit von Wissenschaft und Gesellschaft erforderliche *Verantwortungskompetenz* entwikkeln, die auf ein Schließen der Schere zwischen Problemerzeugungspotenz und Problemlösungskompetenz hoffen läßt.

5. Konkrete Gestalt eines zukunftsfähigen Wissenschaftsparadigmas

Die Gestaltung verantwortlichen wissenschaftlichen Handelns ergibt sich innerhalb der Dreiheit von
- *Verinnerlichung* der Dimension Verantwortung in einem zukunftsfähigen Wissenschaftsparadigma,
- *Institutionalisierung* von daraus sich ergebenden Bedingungen und Strukturen in der etablierten Wissenschaft[26],
- *Öffentlicher Diskurs* und Öffentlichkeitsarbeit um Methoden, Folgen und Ziele von verantwortungsethisch relevanter Wissenschaft.

Für die Konkretisierung verantwortlichen wissenschaftlichen Handelns erscheint eine Reihe von Folgerungen wichtig zu sein:

Forschungsfolgenabschätzung

Ihr *Ziel* ist es, aufklärend und meinungsbildend zu wirken, Frühwarnungen auszusprechen, Perspektiven und Alternativen aufzuzeigen, Problembewußtsein zu wecken, Nachdenklichkeit, aber auch Phantasie anzuregen und dazu zu ermutigen, neue Wege zu gehen, endlich auch das Expertenwesen transparent und für Politikberatung seriös zu machen.

Forschungsfolgenabschätzung und Technikfolgenabschätzung haben in den Naturwissenschaften einen weiten Überlappungsbereich. Eine der wichtigsten Voraussetzungen für die Wahrnehmung von Verantwortung ist, daß die Wissenschaft sich über ihre möglichen Folgen ein so hohes Maß an zuverlässiger Information erarbeitet wie möglich. In der Praxis erfordert die Abschätzung von Forschungsfolgen meist die Bearbeitung von interdisziplinären oder transdisziplinären Problemen von *hoher Komplexität* im Rahmen *prinzipiell unvollständiger Information* auf anspruchsvollem wissenschaftlichem Niveau. (Hierher gehört übrigens auch die Berücksichtigung des Kriteriums der Sozialverträglichkeit). Simplifizierungen wie Moralisieren oder fachliche Enge verbieten sich. Beispiele wären: die Rüstungsforschung und ihr Zusammenhang mit dem Bereich der Friedens– und Konfliktforschung oder etwa:

Genforschung und -technologie, deren langfristige Auswirkungen auf die Medizin und auf das Selbstverständnis des Menschen schwer abzusehen sind. Demnach sind die Aussagen aus Folgenabschätzungen mehr oder weniger unsicher oder unbestimmt, obwohl sie im besten Fall ein Optimum dessen darstellen, was man wissen kann. Deshalb gehört zur Folgenabschätzung auch eine sorgfältige Diskussion der *Unsicherheiten* und *Unbestimmtheiten*, aber auch dies, daß soweit wie möglich kenntlich gemacht wird, wieweit in die Abschätzungen *Sachaussagen* und wieweit *Bewertungen* eingehen. Dies sind Forderungen, die im Vergleich zur herrschenden Gutachterpraxis durchaus nicht selbstverständlich sind. Denn welche Interessengruppe oder welche Partei hätte wohl ernsthafte Mühe, über ein halb volles Glas klaren Wassers ein gut bezahltes fachliches Gutachten zu beschaffen, das feststellt, daß es sich um ein halb leeres Glas mit trübem Wasser handelt?

Forschungsziele

Bei der *produktiven Wahrnehmung von Verantwortung in Freiheit* wird es sich vornehmlich um Forschungsziele handeln, die hohe Bedeutung für das Wohl und die Zukunftsfähigkeit von Menschen, Gesellschaft und Natur haben. Beispiele wären etwa: Weltweite Verbreitung von DDT und ihre Auswirkungen auf das Ökosystem der Erde, Erforschung von Ozonkonzentrationen in der Stratosphäre und deren räumliche und zeitliche Veränderungen, die Erforschung klimaschädigender menschlicher Aktivitäten (»Klimakatastrophe«). Oder:

Die Erforschung und Entwicklung zukunftsfähiger regenerativer Energiesysteme.

Unsicherheit oder gar Unbestimmtheit bedeuten, daß einschlägige Forschungsziele nicht immer feste Konturen und daß Bewertungsfragen nicht immer feste Antworten haben, sondern eher daß *Suchprozesse* ablaufen ähnlich wie sie auch sonst in der Forschung üblich sind. So wird oft weniger ein Ziel als die Richtung unstrittig sein können. Auch die Verfolgung von überwiegend positiv bewerteten Forschungszielen erfordert solche *Offenheit in die Zukunft* sowie *Behutsamkeit,* und die Zukunftsfähigkeit eines wissenschaftlichen Forschungs- und Entwicklungsprogramms kann davon abhängen, ob in das wissenschaftliche Handeln das Prinzip höchstmöglicher *Fehlerfreundlichkeit* und *Reversibilität* eingebaut wird. Insbesondere folgt aus diesen Forderungen, daß den wissenschaftlich-technischen *Großrisiken* höchste Aufmerksamkeit gehört. Es bedarf eines hohen persönlichen und institutionellen Ethos, mit diesen Forderungen in der Praxis ernst zu machen.

Bedenken von Alternativen

In diesen Zusammenhang gehört auch die Offenheit für Alternativen. Weil Bewertungen von Forschungs- und Technikfolgen ein Abwägen von Vor- und Nachteilen, von Chancen und Gefahren brauchen, ist für seriöse Aussagen die Einbeziehung aller erkennbarer Alternativen unerläßlich. Zum Beispiel hätte ein Streit um die Frage Kernenergie oder fossile Energie ohne die ernsthafte Einbeziehung alternativer Energien kaum den Schein von Rationalität. Ein anderes Beispiel: Vor mehreren Jahren wurde in einer Zeitschrift, die der Energiewirtschaft nahesteht, eine Gesamtenergiebilanz von Solarkollektoren zur Warmwasserbereitung veröffentlicht, die zuungunsten dieser Technik ausfiel, weil die für die Aluminium-Gehäuse der Kollektoren aufgewandte Energie sehr hoch angesetzt war. Die naheliegende Alternative, daß man am Ende der Lebensdauer der Kollektoren die Gehäuse rezyklieren oder gar wiederverwenden könnte, wurde erst gar nicht erwogen. Der Autor bekleidete in späteren Jahren ein hohes Amt im Bereich Technikfolgenabschätzung. Positive Beispiele wären etwa Berichte von Enquête-Kommissionen des Deutschen Bundestages zu Energiepolitik, zum Schutz der Erdatmosphäre u. a.[27].

Wenn man geneigt ist, dem nicht unumstrittenen Prinzip von Hans Jonas zu folgen, daß im Zweifel »der Unheilsprophezeiung mehr Gehör zu geben ist als der Heilsprophezeiung«[28], dann gewinnt dies Prinzip zweifellos an Rationalität, wenn man insbesondere auch *Nichtstun als Handlungsalternative* ernsthaft einbezieht, was in einseitig kritisch geführten Debatten um Wissenschafts- und Technikfolgen oft verdrängt wird.

Verankerung in der Lehre

Zur Integration des Prinzips wissenschaftsethischer Verantwortung in der Wissenschaft gehört, daß das Thema auch in der Lehre die ihm angemessene Rolle bekommt. Sowohl speziell fachbezogene als auch interdisziplinär organisierte Lehrveranstaltungen sind notwendig, um bei Studenten die Sensibilität für wissenschaftsethische Fragen zu fördern, wie auch das dafür notwendige Sachwissen zu vermitteln. Dies wird man nicht allein Spezialisten für Wissenschaftsethik überlassen, sondern die Fachwissenschaftler werden dies in der Regel im Rahmen ihrer eigenen Wissenschafts- und Forschungskompetenz und im Rahmen der fachbezogenen Thematik in ihren Lehrveranstaltungen angemessen zu behandeln haben[29].

Institutionelle Bedingungen

Wissenschaft im traditionellen Sinne ist kollektiv organisierte, institutionalisierte kulturelle Aktivität. Die Leistungen der Individuen werden erst zu Wissenschaft in der Kommunikation, der Mitwirkung und der Bestätigung in der wissenschaftlichen Gemeinschaft. Diese sorgt für den Erhalt und die Wirksamkeit des wissenschaftlichen Ethos durch Schaffung geeigneter *Organisationen* und Institutionen sowie durch Gewährung oder Verweigerung von *Gratifikationen* (Prestige, Karriere u. a.).

Wahrnehmung von *Verantwortung* in der Wissenschaft in dem hier besprochenen Sinne muß zum integralen Bestandteil des berufsethischen Forschungsalltags werden[30] und bedarf ganz entsprechend der *Institutionalisierung* bzw. der Integration in bestehende Strukturen und Gratifikationsmuster[31].

Es gibt eine ganze Reihe von Beispielen, wie »institutionalisierte Verantwortung« organisiert werden kann, durch Ethik-Kommissionen, Ethik-Beauftragte, Institutionen zur Technikfolgenabschätzung u. a., aber auch in Berufsverbänden, Wissenschaftler-Vereinigungen u. ä., die zu einem großen Teil ausbaufähig und ausbauwürdig sind. Zum Teil bedürfen sie aber dringend konsequenterer Förderung und Verankerung in den Institutionen.

Ethik-Kommissionen

Ethik-Kommissionen sind Arbeitsgruppen und Diskussionsforen für fachspezifische berufsethische Fragen. Im allgemeinen sind sie interdisziplinär besetzt und haben keine Entscheidungsbefugnisse, so daß dem Fachwissenschaftler bei der Entscheidungsfindung Kompetenzen, etwa aus seinen Nachbarfachgebieten und aus Theologie, Philosophie u. a. zugänglich sind. Dabei spielen sie auch eine wichtige Rolle im interdisziplinären Einüben von neuem Denken in Zusammenhängen.

Solche Ethik-Kommissionen können eine Reihe von *Funktionen* erfüllen:

– *Regulative Funktionen* mit einschränkendem Charakter. Sie suchen Antworten auf die Frage *»Was soll nicht sein?«* (Instanzen für ein »soft law«), und regulative Funktion mit positivem Anspruch, *»Was soll sein?«*.

– *Qualifizierte Entscheidungsfindung*, als es in der Fachdisziplin alleine möglich wäre. Dadurch ergibt sich ein Anwachsen der Bewertungs- und Entscheidungskompetenzen im Fach[32].

– *Objektivierung* bzw. *Transparenz der Entscheidungen* und Urteile, dadurch *Entlastung* des Wissenschaftlers, der Gruppe oder der Disziplin. Hilfen in Gewissenskonflikten werden möglich, Rechtfertigung nach außen für ambivalente Entscheidungen werden erleichtert. Dem sozialpolitischen Phänomen der »risky shift«, der Tatsache also, daß eine Gruppe dazu neigt, riskantere Entscheidungen zu fällen als ein Mitglied der Gruppe dies alleine tun würde[33], können öffentliche Diskussion und unabhängige Kritik entgegenwirken.

– *Erfahrung* in berufsethisch begründeter Praxis führt nicht nur zur *Sensibilisierung* für berufsethische Fragen beim Einzelnen und im Fach, im Vollzug an konkreten Fällen *bildet sich das Paradigma* selbst heraus und weiter fort[34].

Bisher sind solche Ethik-Kommissionen vorwiegend in der Medizin üblich, etablieren sich aber auch in anderen Fächern wie etwa in der Biologie, und es wäre wünschenswert, daß solche Ethik- Kommissionen oder -ausschüsse auf allen Ebenen und in allen Zweigen wissenschaftlicher Arbeitsfelder etabliert würden mit dem Ziel, ein zukunftsfähiges Ethos in Wissenschaft und Forschung zu suchen und zu praktizieren: in Forschungsgruppen, in den Fakultäten, Universitäten, in Forschungsinstituten, Entwicklungslabors und in Berufsverbänden.

Ethikschutzbeauftragte

»Um den an Forschungs- und Entwicklungs-Projekten beteiligten Beschäftigten insbesondere in ethischen Konfliktfällen eine jederzeit individuell ansprechbare Anlaufstelle zur Verfügung zu stellen, dürfte es sich empfehlen, einen Ethikschutz- Beauftragten in allen FuE-Einrichtungen zu etablieren«[35].

Gesellschaften und Verbände

Bei wissenschaftlichen Verbänden und Gesellschaften finden sich berufsethische Forderungen in Satzungen oder Berufsordnungen, so z. B. ein vom Deutschen Ärztetag verabschiedetes Gelöbnis (im wesentlichen der *Hippokratische Eid*)[36], oder im §4 der Satzung der Deutschen Physikalischen Gesellschaft die Formulierung »Die DPG verpflichtet sich und ihre Mitglieder, für Freiheit, Toleranz, Wahrhaftigkeit und Würde der Wissenschaft einzutreten und sich dessen bewußt zu sein, *daß die in der Wissenschaft Tätigen für die Gestaltung des gesamten menschlichen Lebens in besonders hohem Maße verantwortlich sind*«. Hierzu gehört als praktische Konsequenz beispielsweise, daß die Gesellschaft Arbeitskreise bzw. Kommissionen für Energie, für Menschenrechte und für Atomwaffenteststop unterhält.

Insbesondere *nationale und internationale Vereinigungen* von Wissenschaftlern haben einen großen Anteil an einer wachsenden weltweiten Sensibilisierung der Wissenschaft und der Öffentlichkeit für wissenschaftsethische Themen. Hier sollen nur einige wenige stellvertretend für viele andere genannt werden:

In der Folge des Russell-Einstein-Manifests zur Nuklearrüstung (1955) an die wissenschaftliche Gemeinschaft der Welt etablierte sich 1957 die *Pugwash-Konferenz* als eine einflußreiche internationale Vereinigung, deren Verdienste um den Atomwaffensperrvertrag, den Teststop-Vertrag, die Konvention gegen biologische Waffen, die Strategischen Abrüstungsgespräche (SALT), die Konferenz für Sicherheit und Zusammenarbeit (KSZE) und die daraus entstandene Organisation OSZE durch die Verleihung des Friedensnobelpreises an Joseph Rotblat und die Pugwash-Konferenz gewürdigt wurde.

Im Gefolge des Göttinger Aufrufs der 18 deutschen Wissenschaftler 1957 zur nuklearen Aufrüstung der Bundesrepublik Deutschland entstand in Deutschland die Vereinigung Deutscher Wissenschaftler (VDW), nunmehr der deutsche Zweig der Pugwash-Konferenz, die sich mit einem breiten Spektrum von Themen der Wisssenschaftsverantwortung befaßt: Rüstung, Abrüstung, Proliferation, Konversion, Kerntechnologie, Enegie, Umwelt, Gewalt, Klima, Verkehr, Gentechnologie, Pflanzenzüchtung, Agenda 21, nachhaltiges Wirtschaften, gesellschaftliche Handlungsbedingungen u. v. a. und die insbesondere auf nationaler und internationaler Ebene die Fragen berufsethischer Verantwortung in Arbeitskreisen, in Publikationen und auf Konferenzen inter- und überdisziplinär vorantreibt.

Weitere Initiativen mit ähnlichen Zielsetzungen sind die »Naturwissenschaftler-Initiative Verantwortung für den Frieden« und das »International Network of Engineers and Scientists« (INES), die »Federation of American Scientists« in den USA oder die Konferenz der Genforscher in Asilomar. Endlich wären noch zu nennen die Arbeiten des *Club of Rome*, die für die Bewußtmachung globaler zivilisatorischer Gefahren für Menschen und Mitwelt und für die Aufklärung und Sensibilisierung einer breiten Weltöffentlichkeit ähnliche Bedeutung gehabt haben wie die Pugwash-Konferenz für Fragen von nuklearer Rüstung und Bedrohung.

Solche Vereinigungen und Aktivitäten spielen bis heute noch meist Außenseiterrollen, ihre Bedeutung kann aber für eine weltweite Suche nach einem zukunftsfähigen Wissenschaftsparadigma kaum hoch genug eingeschätzt werden, denn selbst in Zeiten des Kalten Krieges, als offene Diskurse über brisante Themen zwischen Wissenschaftlern aus Ost und West in der Öffentlichkeit nicht möglich waren, sind *internationale und fachübergreifende Vernetzungen* gewachsen, haben sich gefestigt, haben Vertrauen erzeugt und hohe Wirksamkeit entwickelt[37], und so hat sich in der internationalen Wissenschaftlergemeinschaft ein unschätzbares *Potential verantwortungsbewußter Wissenschaftler* aus verschiedenen politischen Systemen und Kulturen zusammengefunden, unter denen in Fragen des Ethos der Verantwortlichkeit ein hohes Maß an Verständigung und Gemeinsamkeit gewachsen ist.

Die Rolle der Wissenschaft in Gesellschaft und Politik

Die Fragen nach dem, was getan werden soll[38], was nicht getan werden darf und welche Problemlösungswege gangbar sind, sind notwendig, ihre wissenschaftlichen Antworten sind aber nicht hinreichend.

Außenkontrolle durch eine kritische Öffentlichkeit sowie eine notwendigerweise dem aktuellen Stand der Wissenschaft nachhinkende (gesetzliche) Reglementierung sind notwendig aber auch nicht hinreichend[39].

Mit gutem Grunde hat vor Jahren der damalige Bundeskanzler Helmut Schmidt die Forderung nach der *Bringschuld der Wissenschaft* für Öffentlichkeit und Politik erhoben[40]. Dies ist aber nur die eine Seite. Wenn nicht komplementär eine entsprechende *Holschuld der Öffentlichkeit und der Politik* hinzukommt, ist eine zukunftsfähige Wissenschaft und eine zukunftsfähige Gesellschaft nicht gemeinsam zu organisieren. Hier ist die Wissenschaft für objektive und allgemeinverständliche Information, also auch für guten Wissenschaftsjournalismus ebenso gefragt, wie auch die Politik in der Pflicht ist, *qualifizierte Informationen* nicht in Schreibtischen und Aktenschränken verschwinden zu lassen, sondern sie in *politisches Handeln* umzusetzen. Die zögerliche oder gar fehlende Umsetzung der Empfehlungen der Enquête-Kommissionen und der Agenda 21, wie sie auf dem UN-Umweltgipfel in Rio 1992 verabschiedet wurde, sind schlechte Beispiele. Hier bestehen wechselseitige Bedingungen: Wissenschaft muß mit fachkompetenten Warnungen oder Vorschlägen öffentliches Bewußtsein mitgestalten, die Politik aber hängt in hohem Maße von diesem öffentlichen Bewußtsein ab. Die Suche nach einem zukunftsfähigen *Wissenschaftsparadigma* läßt sich also nicht trennen von der Suche nach

einem *ethischen Grundkonsens mit der Gesellschaft und der Politik.*
Läßt sich ein Weltethos durchsetzen?[41] Vielleicht in dem Maße wie
es sich entwickeln läßt.

6. Schluß

Woher können wir wissen, was wir tun sollen?
Wie kommen wir dahin, das zu wollen, was wir tun sollen?
Wie kommen wir dahin, das zu tun, was wir wollen?[42]
Wie kommen wir endlich dahin, daß unser Wollen und unser Tun
Permanenz erhält?

Dies sind entscheidende Fragen, auf die die Wissenschaft nur
sehr bescheidene Antworten zu geben vermag. Sie sind transdis-
ziplinär, im Sinne von Lynn White religiös[43]. Im Alten Testament,
im Buch des Predigers Salomo lesen wir:

> »Laß dein Herz meine Worte aufnehmen, halte meine Gebote,
> so wirst du leben«.
>
> *Pr.4,4*

Bedenken wir im Licht dieses Prediger-Verses zum Schluß noch
einmal kritisch das Wort von Leon Eisberg! Vielleicht ist es gar
nicht so, wie er sagt, daß die Idee der Brüderlichkeit erst in unserer
Zeit zur Vorbedingung für das Überleben geworden ist. Vielleicht
war dies schon immer so, und das Besondere in unserer Zeit wäre,
daß wir die Idee der Brüderlichkeit neu entdecken müssen.

Anmerkungen

1 Zitiert in Lohmann 1970.
2 Zitiert in Tinbergen 1977.
3 Hermann Lübbe in: Lübbe 1987.
4 Eine ausführliche Beschreibung von Krisenfeldern findet sich in Weizsäcker 1997.
5 Man vergleiche dazu nur wenige der jüngsten Veröffentlichungen zu diesen Fragen, z. B.: BUND 1996, Weizsäcker 1996 u. Weizsäcker 1997.
6 Hermann Lübbe in: Lübbe 1987.
7 Otfried Höffe in :Höffe 1982.
8 Max-Planck-Gesellschaft 1985 und Müller 1991.
9 Merton 1985 und Spinner 1989.
10 Hans Albert in Albert 1975.
11 Weber 1968.
12 Spinner 1989 und Spinner 1991.
13 Kreibich 1986.
14 Vgl. Dazu Nida-Rümelin, Wissenschaftsethik, in: Nida-Rümelin 1996, S. 778.
15 Zur Ausdifferenzierung des Verantwortungsbegriffs nach Rollen- und Aufgabenverantwortung bzw. Aufgabenverantwortung sowie nach individueller und kollektiver Verantwortung siehe Lenk 1992.
16 Eine extreme Ausformung resignativer Haltung s. bei Fuller 1996.
17 Kuhn 1976.
18 Walter Schulz spricht von einer notwendigen »Steigerung der Rationalität« in: Schulz 1984. In einem Artikel »Ethik des Risikos« spricht sich Nida-Rümelin aus »für eine Erweiterung des tradierten Ethos epistemischer Rationalität um ein Ethos wissenschaftlicher Verantwortung«, in: Nida-Rümelin, 1996, S. 806.
19 Dazu das grundlegende Buch von Hans Jonas 1979.
20 »Schon Erkenntnisgewinn muß moralisch verantwortet werden«, so bei Zimmerli und Wolf in: Zimmerli – Wolf 1993. Theoretisch hängt dies mit dem Zusammenbruch der neuzeitlichen strengen *Subjekt-Objekt-Struktur* wissenschaftlichen Denkens und Verstehens zusammen, für die die Entwicklung in der modernen Physik dieses Jahrhunderts vielleicht das überzeugendste Beispiel gibt.
21 »Die Wissenschaft hat insbesondere die spezifische Verantwortung, ihre eigenen Folgen und Verstrickungen selbst rational zu durchdenken. Von dieser Verantwortung kann sie sich nicht freisprechen, bei Strafe des Untergangs«, so C. F. v. Weizsäcker in: Weizsäcker 1983.
22 Zu einer »Verpflichtug zur Selbstregulierung« s. bei Zimmerli in: Zimmerli 1989.
23 In einer kontrovers diskutierten Denkschrift behandelt die Deutsche Forschungsgemeinschaft aktuelle Probleme der Forschungsfreiheit unter

dem ausschließlichen Anliegen der Abwehr von Außenkontrolle und Außenbeschränkung von Wissenschaft und Forschung. Der positive Aspekt von Forschungsfreiheit wird nicht thematisiert (Deutsche Forschungsgemeinschaft 1996). Deiseroth stellt in einer ausführlichen Studie die Rechtssituation und die rechtlichen Fragen dar, die sich im Zusammenhang mit der Wahrnehmung von wissenschaftsethischer Verantwortung ergeben, Deiseroth 97.

24 Zum Verhältnis und zur gegenseitigen Durchdringung von Geistes- und Naturwissenschaften s. z. B. bei Zimmerli in: Zimmerli 1988.

25 Zum Begriff und der Verwendung des Begriffs der Sozialverträglichkeit: Enquêtekommission 1980, Bd. 1, S. 18 und Meyer-Abich – Schefold 1986.

26 Die Fragen der Institutionalisierung sind sehr viel diskutiert. S. dazu etwa den Beitrag »Plädoyer für eine Institutionalisierung praktischer Ethik« von Fehige und Meggle in: Fehige – Meggle 1989.

27 Dazu s. u. a. die Berichte Enquêtekommission 1980, Enquêtekommission 1989, Enquêtekommission 1990.

28 Hans Jonas in: Jonas 1979, S. 71f. Hierher gehört auch Jonas' Prinzip der »Heuristik der Furcht«.

29 C. F. v. Weizsäcker hat einmal den Vorschlag gemacht, die an Universitäten lehrenden Mitglieder der VDW sollten wenigstens in 5% der Zeit jeder 1-semestrigen Vorlesung auf die Verantwortung der Wissenschaft eingehen, ganz gleich in welchem Fach: Weizsäcker 1995.

30 So ähnlich Deiseroth in: Deiseroth 1997.

31 Das Ethos der Verantwortung ist zwar in der Einzelpersönlichkeit der Forscherin und des Forschers verankert, ist darauf aber nicht reduzierbar.

32 So können Ethik-Kommissionen durch Binnenkontrolle die notwendige Außenkontrolle in Grenzen halten, sodaß die notwendige Feiheit von Wissenschaft und Forschung in: Höffe 1982.

33 Dazu Höffe in: Höffe 1982.

34 Warren Th. Reich sei zitiert: »Ich plädiere für ein Paradigma der Bioethik, das eine Wende zur Erfahrung als der grundlegenden Einsatzstelle nicht nur der Bioethik, sondern der Ethik insgesamt fordert«, (Reich 1989).

35 Deiseroth 1997, S. 516.

36 Zum Thema »Hippokratischer Eid« für Wissenschaftler und Ingenieure s. Deiseroth 1997 und Lenk 1991.

37 Nach C. F. v. Weizsäcker war Pugwash »eine Art inoffizieller Diplomatie«.

38 Zur sittlich-politischen Verantwortung der Wissenschaft s. Höffe 1982. Auch C. F. v. Weizsäcker hat ausdrücklich auf die politische Verantwortung der Wissenschaft hingewiesen in: Küng 1995.

39 Reine Außenkontrolle steht in der Gefahr, entweder zu einem vereinfachenden moralisierenden Standpunkt (deontologisch geprägte Position) oder aber zu einer nachlaufenden Kontrolle (reparaturethische Orientie-

rung) mit der Gefahr einer Erstarrung in Verrechtlichung und Bürokratie zu werden.

Spinner plädiert geradezu für eine »Erweiterung der wissenschaftlichen Verantwortung durch informationell ausgleichenden, kritisch eingreifenden Journalismus im Rahmen eines Modells von Information & Gegeninformation«: Spinner 1989. Da Gegeninformation wissenschaftlich fundiert sein muß, muß aber informationelle Durchlässigkeit zwischen Informanten und Gegeninformanten gegeben sein. Es gibt keine wirksame Außenkontrolle ohne das Komplement der Innenkontrolle. Der innerste Kern wissenschaftsethischer Verantwortung ist gerade dort angesiedelt, wo die Außenkontrolle wegen begrenzter Fachkompetenz notwendig ihre Schwächen hat.

40 S. Schmidt 1977 u. 1988
41 S. Küng 1995.
42 »Solange von dem Gedanken an die Zukunft nicht eine gewisse affektive Betroffenheit ausgeht, bleibt er für das Handeln der Gegenwart wirkungslos« und: »In der Handlungsmotivation liegt die eigentliche Crux jeder von Prinzipien ausgehenden Ethik«, Birnbacher 1988, S. 174.
43 Zum Thema rationaler ethischer Diskurs und religiöser Moral s. bei Zimmerli in: Zimmerli 1993.

Literatur

Albert, Hans, Traktat über kritische Vernunft, 3. Auf. Mohr, Tübingen 1975.

Baron, Waldemar, Technikfolgenabschätzung, Ansätze zur Institutionalisierung und Chancen der Partizipation, Westdeutscher Verlag Opladen 1995.

Birnbacher, Dieter, Verantwortung für zukünftige Generationen, Philipp Reclam jun. Stuttgart 1988.

Böhme, Wolfgang (Hrsg.), Wieviel Technik verträgt der Mensch ? Herrenalber Texte 70, Karlsruhe 1986.

Brenner, Andreas, Ökologie-Ethik, Reclam, Leipzig 1996.

Broad, William – Wade, Nicholas, Betrug und Täuschung in der Wissenschaft, Birkhäuser Basel/Boston/Stuttgart 1984.

Bultmann, Antje – Schmithals, Friedemann (Hrsg.), Käufliche Wissenschaft, Experten im Dienst von Industrie und Politik, Droemer, Knaur Nachf. München 1994.

BUND u. Misereor (Hrsg.), Zukunftsfähiges Deutschland. Ein Beitrag zu einer global nachhaltigen Entwicklung, Studie des Wuppertal Instituts für Klima, Umwelt und Energie, Birkhäuser Basel / Boston / Berlin 1996.

Deiseroth, Dieter, Berufsethische Verantwortung in der Forschung, Möglichkeiten und Grenzen des Rechts, LIT-Verlag Münster 1997.

Deutsche Forschungsgemeinschaft, Forschungsfreiheit, Ein Plädoyer für bessere Rahmenbedingungen der Forschung in Deutschland, VCH Verlagsgesellschaft Weinheim 1996.

Dürr, Hans-Peter – Zimmerli, Walther Ch. (Hrsg.), Über den Widerspruch zwischen naturwissenschaftlicher Erkenntnis und philosophischer Welterfahrung, 2. Aufl. Scherz Bern/München/Wien 1989.

Endreß, Martin (Hrsg.), Zur Grundlegung einer integrativen Ethik, Suhrkamp Taschenbuch Wissenschaft 1205, Frankfurt/Main 1995.

Enquête-Kommission des Deutschen Bundestags, Schritte zur Sache 1/80 und 2/80, Zukünftige Kernenergiepolitik, Kriterien – Möglichkeiten – Empfehlungen, Bonn 1980.

Enquête-Kommission des 11. Deutschen Bundestags, Vorsorge zum Schutz der Erdatmosphäre, Schriftenreihe des Deutschen Bundestags »Zur Sache« 5/88, Bonn 1989.

Enquête-Kommission des 11. Deutschen Bundestags, Vorsorge zum Schutz der Erdatmosphäre, Schutz der Erde, eine Bestandsaufnahme zu einer neuen Energiepolitik, Schriftenreihe des Deutschen Bundestags »Zur Sache« 19/90, Bd. 1 u. 2, Bonn 1990.

Fehige, Christoph – Meggle, Georg, Plädoyer für eine Institutionalisierung Praktischer Ethik, in: Steigleder – Mieth 1989, S. 257ff.

Fleck, Ludwik, Entstehung und Entwicklung einer wissenschaftlichen Tatsache, Einführung in die Lehre vom Denkstil und Denkkollektiv, Suhrkamp Taschenbuch Wissenschaft 312, Frankfurt/Main 1980.

Füllgraff, Georges – Falter, Annegret, Wissenschaft in der Verantwortung, Möglichkeiten der institutionellen Steuerung, Campus Frankfurt/Main, New York 1990.

Fuller, Gregory, Das Ende, Von der heiteren Hoffnungslosigkeit im Angesicht der ökologischen Katastrophe, Fischer Taschenbuchverlag Frankfurt/Main 1996.

Good, Paul, Von der Verantwortung des Wissens, in: ders. (Hrsg.), Von der Verantwortung des Wissens, Edition Suhrkanp, Frankfurt/Main 1982.

Hack, Lothar, Vor Vollendung der Tatsachen, Die Rolle von Wissenschaft und Technologie in der dritten Phase der industriellen Revolution, Fischer, Frankfurt/Main 1988.

Höffe, Otfried (Hrsg.), Einführung in die utilitaristische Ethik, Klassische und zeitgenössische Texte, Beck, München 1975.

Höffe, Otfried, Ethik und Politik, Grundmodelle und -probleme der praktischen Philosophie, Suhrkamp Taschenbuch Wissenschaft 266, Frankfurt/Main 1979.

Höffe, Otfried, Sittlich-politische Verantwortung der Wissenschaften, in: Alexander v. Zelewski – Pierre Tercier – Otfried Höffe – Guido Vergauwen OP, Science et responsabilité, Wissenschaft und Verantwortung, S. 47, Édition Universitaires Fribourg Suisse, Universitätsverlag Freiburg Schweiz 1982.

Jonas, Hans, Das Prinzip Verantwortung, Insel-Verlag, Frankfurt/Main 1979.

Kessler, Hans (Hrsg.), Ökologisches Weltethos im Dialog der Kulturen und Religionen, Wiss. Buchgesellschaft Darmstadt 1996.

Klüver, Jürgen, Die Konstruktion der sozialen Realität Wissenschaft: Alltag und System, Vieweg Braunschweig 1988.

Koepp, Reinhold – *Koepp-Schewyrina, Tatjana*, Tschernobyl, Katastrophe und Langzeitfolgen, BG Teubner Stuttgart – Leipzig 1996.

Krämer, Hans, Integrative Ethik, Suhrkamp Taschenbuch Wissenschaft 1204, Frankfurt/Main 1995.

Krebs, Angelika (Hrsg.), Naturethik, Grundtexte der gegenwärtigen tier- und ökoethischen Diskussion, Suhrkamp Taschenbuch Wissenschaft, Frankfurt/Main 1997.

Kreibich, Rolf, Die Wissenschaftsgesellschaft, Von Galilei zur High-Tech-Revolution, Suhrkamp Frankfurt/Main 1986.

Kuhn, Thomas S., Die Struktur wissenschaftlicher Revolutionen, Suhrkamp Taschenbuch Wissenschaft 25, 2. Aufl. Frankfurt/Main 1976.

Küng, Hans, Projekt Weltethos, Piper München 1990.

Küng, Hans (Hrsg.), Ja zum Weltethos, Perspektiven für die Suche nach Orientierung, Piper München 1995.

Küng, Hans, Weltethos für Weltpolitik und Weltwirtschaft, Piper München 1997.

Lachmann, Werner, Wirtschaft und Ethik, Maßstäbe wirtschaftlichen Handelns, Hänssler, Neuhausen- Stuttgart 1987.

Lenk, Hans (Hrsg.), Wissenschaft und Ethik, Reclam Stuttgart 1991.

Lenk, Hans, Zwischen Wissenschaft und Ethik, Suhrkamp Taschenbuch Wissenschaft 980, Frankfurt/Main 1992.

Loccumer Protokolle 12, Gespaltene Wirklichkeit, Zum Verhältnis von Naturwissenschaft und Kultur, Ev. Akademie Loccum 1985.

Lohmann, Michael (dort Zitat von *Lynn White*), in: Gefährdete Zukunft. Prognosen angloamerikanischer Wissenschaftler, S. 20, Carl Hanser München 1970.

Lübbe, Hermann, Die Wissenschaft und ihre kulturellen Folgen, Über die Zukunft des *common sense*, Rheinisch-Westfälische Akademie der Wissenschaften, Vorträge G 285, 1987.

Mack, Günther, Ethik in den Naturwissenschaften in der Spannung zwischen Utopie und Realität, in: Wils – Mieth 1989, S. 21.

Markl, Hubert, Freiheit und Verantwortung der Wissenschaft, 12. Bayrischer Hochschultag der Evangelischen Akademie Tutzing »Die ethische Verantwortung der Wissenschaft«, (24.-26. Januar 1986).

Markl, Hubert, Wissenschaft: Die Folgen einer Anpassung, in: Bohnert – Piper 1992, S. 356.

Maturana, Humberto R. – *Varela, Francisco J.*, Der Baum der Erkenntnis, Wie wir die Welt durch unsere Wahrnehmung erschaffen – die biologischen Wurzeln des menschlichen Erkennens, Scherz Bern/München/Wien 3. Aufl. 1987.

Mayr, Ernst, Welche Gültigkeit können die traditionellen ethischen Normen der westlichen Welt für sich beanspruchen? In: Bohnert – Piper 1992, S. 362.

Merton, Robert K., Entwicklung und Wandel von Forschungsinteressen, Aufsätze zur Wissenschaftssoziologie, Suhrkamp Frankfurt/Main 1985.

Meyer-Abich, Klaus Michael – *Schefold, Bertram*, Die Grenzen der Atomwirtschaft, Die Grenzen von Energie, Wirtschaft und Gesellschaft, C. H. Beck, München 1986.

Mittelstraß, Jürgen, Auf dem Wege zu einer Reparaturethik?, in: Wils – Mieth 1989, S. 89ff.

Max-Planck-Gesellschaft, Symposium Verantwortung und Ethik in der Wissenschaft, Wiss. Verlagsgesellschaft Stuttgart 1985.

Müller, Hans-Peter (Hrsg.), Wissen als Verantwortung, Ethische Kosequenzen des Erkennens, Kohlhammer Stuttgart, Berlin, Köln 1991.

Nida-Rümelin, Julian, Angewandte Ethik, Die Bereichsethiken und ihre theoretische Fundierung, Alfred Kröner Stuttgart 1996.

Ott, Konrad, Ökologie und Ethik, Ein Versuch praktischer Philosophie, Attempto-Verlag Tübingen 1993.

Perrow, Charles, Normale Katastrophen, Die unvermeidlichen Risiken der Großtechnik, Reihe Campus Frankfurt 1989.

Popper, Karl, Selbstbefreiung durch Wissen, in: Bohnert – Piper 1992, S. 370.

Rapp, Friedrich, Fortschritt, Entwicklung und Sinngehalt einer philosophischen Idee, Wiss. Buchges. Darmstadt 1992.

Der *Rat von Sachverständigen für Umweltfragen*, Umweltgutachten 1996, Metzler-Poeschel Stuttgart 1996.

Rehm, Johannes, (Hrsg.), Verantwortlich leben in der Weltgemeinschaft, Chr. Kaiser Gütersloh 1994.

Reich, Warren, Ein neues Paradigma: Erfahrung als Quelle der Bioethik, in: Steigleder – Mieth 1989, S. 270ff.

Schmidt, Helmut, Ratio und Ethik, Futura 2, 1988, S. 7 und: Verantwortung der Forschung für die Zukunft der Gesellschaft, DFG-Mitteilungen 3/ 1977, S. 1.

Schulz, Walter, Philosophie in der veränderten Welt, Neske, Pfullingen 1984.

Spinner, Helmut, Erst kommt das Wissen, dann die Moral, in: Steigleder – Mieth 1989, S. 188ff.

Spinner, Helmut, Die Wissenschaftsethik in der philosophischen Sackgasse, Ein Reformvorschlag mit geänderter Fragestellung, in: Lenk 1991, S. 151.

Steigleder, Klaus – Mieth, Dietmar (Hrsg.), Ethik in den Wissenschaften, Ariadnefaden im technischen Labyrinth? 5. Blaubeurer Symposium v. 8.-12. Okt. 1989, Attempto-Verlag Tübingen 1989.

Stückelberger, Christoph, Umwelt und Entwicklung, Eine sozialethische Orientierung, Kohlhammer Stuttgart, Berlin, Köln 1997.

Tinbergen, Jan, Wir haben nur *eine* Zukunft, Reform der internationalen Ordnung, Der RIO-Bericht an den Club of Rome, Westdeutscher Verlag Opladen 1977.

Weber, Max, Der Sinn der »Wertfreiheit« der soziologischen und ökonomischen Wissenschaften, in: Max Weber, Gesammelte Aufsätze zur Wissenschaftslehre, 3. Auf. Mohr Tübingen 1968, hrsg. v. Johannes Winckelmann.

Weizsäcker, Carl Friedrich von, Wahrnehmung der Neuzeit, dtv 10498, München 1985. Und: Physikalische Blätter 39 (1983), Nr.10

Weizsäcker, Carl Friedrich von, »Der eine oder andere versucht es...«, in: VDW info Nr. 3, Sept. 1995, S. 7.

Weizsäcker, Ernst Ulrich von – Lovins, Amory B. – Lovins, Hunter, Faktor Vier, Doppelter Wohlstand, halbierter Naturverbrauch, Der neue Bericht an den Club of Rome, 7. Aufl. 1996, Droemer Knaur, München 1996.

Weizsäcker, Ernst Ulrich von, Erdpolitik, Ökologische Realpolitik als Antwort auf die Globalisierung, Wissenschaftliche Buchgesellschaft Darmstadt, 1. Aufl. 1989, 5. Aufl. 1997.

Wils, Jean- Pierre – Mieth, Dietmar (Hrsg), Ethik ohne Chance? Erkundungen im technischen Zeitalter, Attempto-Verlag Tübingen 1989.

Worldwatch Institute (Hrsg.), Worldwatch Institute Report, Zur Lage der Welt 1997, Daten für das Überleben unseres Planeten, Fischer Frankfurt/Main 1997.

Zimmerli, Walther Ch., Einheit oder Vielheit der Kulturen? Geistes- und Naturwissenschaften in einer techno-logischen Welt, Physikalische Blätter 44 Nr. 3 (1988), S. 57.

Zimmerli, Walther Ch., Technik als Natur des westlichen Geistes, in: Dürr – Zimmerli 1989, S. 389.

Zimmerli, Walther Ch. – Wolf, Stefan, Die Bedeutung der empirischen Wissenschaften und der Technologie für die Ethik, in: Handbuch der Christlichen Ethik Bd. 1, S. 297, aktualisierte Neuausgabe, Herder Freiburg 1993.

Ökologisches Weltethos

1. Warum ökologisches Weltethos?

Ein Umweltschützer, der zum ersten Mal das Wort Weltethos zu hören bekommt, denkt unwillkürlich und selbstverständlich, daß sich das Weltethos auf die Umwelt bezieht. Nun mag es einem Friedensaktivisten, einer Feministin, einem eifrigen Vegetarier vielleicht analog gehen: sein oder ihr zentrales Anliegen ist ihr oder ihm vielleicht auch im Brennpunkt aller Ethik. Aber beim Umweltschutz ist vielleicht doch noch ein Funken mehr Berechtigung hinter jener unwillkürlichen Annahme. Denn die Welt-Umwelt ist akut gefährdet, mehr als jemals zuvor in der Menschheitsgeschichte. Und die Umwelt ist zugleich die Grundlage allen Lebens.

Hans Küng hat sein theologisches und politisch-ethisches Gedankengebäude in einer Zeit der Öffentlichkeit vorgestellt, als die Umweltkrise in unserem Kulturraum auf einem Höhepunkt angelangt war. Es war die Zeit der Vorbereitung auf die UN-Konferenz für Umwelt und Entwicklung (UNCED) von Rio de Janeiro, bei uns meist kurz »Erdgipfel« oder auch »Umweltgipfel von Rio« genannt. Küng gibt auch explizite Hinweise auf die ökologische Dimension des Weltethos.

Der Höhepunkt dieses welt-ökologischen Bewußtseins ist überschritten. Das Thema Umwelt figuriert auf hinteren Rangplätzen. Aber auch aus systematischen Gründen und Gründen der Redlichkeit lohnt es sich, die Legitimationsbasis eines *ökologischen* Weltethos genauer zu ergründen und darüber nachzudenken, wie sich eine ökologisch-weltethische Haltung konkretisieren und in der Praxis leben ließe.

2. Was heißt eigentlich Umwelt?

Es ist alles andere als klar, ob wir für das ehrgeizige Projekt Weltethos die leichtgängige, mit allerlei falschen Konnotationen behaf-
tete Vokabel Umwelt überhaupt verwenden dürfen. Ich entscheide
mich schlußendlich dafür, aber nicht ohne betont zu haben, daß
der Gebrauch des Wortes Umwelt in mehrerlei Hinsicht ein problematischer ist:

Klaus Michael Meyer-Abich (1990) kritisiert mit Recht den
anthropozentrischen Beiklang des Wortes, welches zu suggerieren
scheint, daß der Mensch unhinterfragt in der Mitte steht und die
Umwelt um ihn herum betrachtet, analysiert, zerstört und dann
wieder mit »Umweltschutz« huldvoll schützend in seine Hand
nimmt. Statt Umwelt sagt Meyer-Abich durchweg Mitwelt.

Das Wort Umwelt hat Jakob von Uexküll etwa 1920 erstmals
systematisch und terminologisch genau in die deutsche Sprache
eingeführt. Die Bedeutung war dasjenige, was ein wahrnehmungs-
fähiges Tier wahrnam. Am berühmtesten wurde Uexkülls Beispiel
der Zecke im Wald, die praktisch gar nichts wahrnimmt, bis plötzlich ein schwitzender Warmblüter daherkommt, dessen transpi-
rierte Buttersäure die Zecke schon in geringsten Konzentrationen
wahrnimmt. Woraufhin sie sich fallen läßt und mit guter Wahrscheinlichkeit im Pelz des Warmblüters landet. Ihre »Umwelt« besteht hauptsächlich aus dem Buttersäuregeruch. Von dieser genial
vereinfachenden, präzisen wissenschaftlichen Bedeutung hat sich
das Wort Umwelt in der deutschen Sprache weit entfernt.

Ende der 60er Jahre bekam das Wort Umwelt auf einmal eine
politische Note. Abgase in der Luft, Gewässervergiftung, stinkende
Müllhalden und Rückstände in allerlei Lebensmitteln wuchsen zu
einem neuen Syndrom zusammen. Die Natur, die Umwelt mußte
auf einmal aktiv geschützt werden. Das war die Geburtsstunde des
Umweltschutzes, dann der Umweltpolitik. Letzteres Wort wurde
nachweislich von Peter Menke-Glückert, dem zuständigen Mini-
sterialdirektor im Bundesinnenministerium, etwa 1970 in die
deutsche Sprache eingeführt. In der nachfolgenden Zeit prägten
sich die heute noch gängige Bedeutung und allerlei Konnotationen
aus.

Zu diesen Konnotationen gehört insbesondere die der technischen Machbarkeit, der anthropozentrischen Umweltwahrnehmung. Eine andere Konnotation mit dem frühen Umweltschutz ist das »Sankt Floriansprinzip«, auf englisch *not in my backyard* (NIMBY). Mag die Umwelt weit draußen leiden, solange man die Fabrik, die Müllanlage, die Autobahn nicht ausgerechnet nahe an meinem Grundstück baut. Das Sankt Floriansprinzip signalisiert einen dem Weltethos ganz fremden Hinterhofsprovinzialismus und ist hierfür immer wieder scharf gebrandmarkt worden. Aber es war zugleich der legitime Ausgangspunkt für das neue Umweltbewußtsein und mündete in den meisten Ländern in die »Weder hier noch anderswo«-Haltung.

Eine ganz andere, positive Konnotation verbindet sich mit dem Umweltschutz der siebziger Jahre. Der Umweltschutz war – ganz entgegen der damaligen ökologischen Weltschmerzperspektive – sensationell erfolgreich. Das Wasser des Rheins hat heute wieder nahezu Trinkwasserqualität. Die Luft im Ruhrgebiet, in Sheffield oder in Pittsburgh ist wieder gut zu atmen. Und die deutschen Kommunen reißen sich um die schwindenden Mengen Restmüll, um ihre weitgehend sauberen Müllöfen mit genügend Nahrung zu versorgen.

Wie komme ich dennoch zu der dramatischen Eingangsaussage, die Welt-Umwelt und damit unsere Lebensgrundlage seien akut gefährdet? Und wie komme ich trotz der sprachlichen und konnotativen Bedenken dazu, das Wort Umwelt im gewichtigen Kontext des Weltethos weiterzuverwenden? Die Antwort lautet: Für mich überwiegen die positiven Seiten des Wortes Umwelt. Und die Welt-Umwelt *ist* in größter Gefahr, trotz guter Erfolge der lokalen und nationalen Umweltpolitik. Gefährdet sind die Artenvielfalt, das Klima, die Wälder, die fruchtbare Bodenkrume, die Süßwasserversorgung. Zu den positiven Seiten des Umweltschutzes gehört insbesondere seine historisch bedeutsame Rolle beim Entstehen der modernen Zivilgesellschaft.

3. Umwelt – ein Politikum und ein Ethikthema

Als der Umweltschutz in den späten 60er Jahren zum öffentlichen Thema wurde, signalisierte er auch eine politische Aufbruchstimmung. Zahllose Bürgerinitiativen im Umweltschutz traten auf, mit hohem ethischen Anspruch, gegen eine die Vergiftung zynisch in Kauf nehmende Wachstumsideologie. In Deutschland wurde der Umweltschutz zu einem mächtigen Motiv für die Entwicklung einer modernen From der partizipativen Demokratie. Bis in die Mitte der sechziger Jahre überwog hier die bloß im Rhythmus der Wahlen funktionierende, schläfrige parlamentarische Demokratie. Mit Hilfe neuer Themen, insbesondere Bildung, Umwelt und Dritte Welt konstituierte sich eine neue Zivilgesellschaft, in welcher sich die demokratischen Kräfte und die ethischen Motive im politischen Raum zur Geltung brachten, unabhängig davon, ob gerade Wahlen stattfanden.

Besondere Erwähnung verdient der Widerstand gegen die damals zum Sprung ansetzende Atomenergie. Auch dieser Widerstand hatte starke ethische Motive. Es ging um die Abwehr von nach Tausenden von Jahren zählenden radioaktiven Gefährdungen sowie um die Sorge um polizeistaatliche Strukturen, die hiermit impliziert sein könnten (Jungk, 1978).

Was von 1965-1975 in Westdeutschland und anderen westlichen Ländern geschah, konnte – mutatis mutandis – von etwa 1984-90 in Mittel- und Osteuropa beobachtet werden: Der politische Aufbruch, der schließlich zur großen Wende von 1989/90 führte, war in allen vormals sozialistischen Ländern von ökologischen Basisgruppen mitgetragen. Besonders empört war die Bevölkerung über die ethisch unhaltbare Praxis, Umweltdaten geheimzuhalten. In manchen Ländern war die Untergrund-Umweltbewegung sogar die wichtigste politische Kraft der nach Freiheit und Transparenz rufenden Opposition. Sehr ähnliches erleben heute viele asiatische und lateinamerikanische Länder. Die rapide Wirtschaftsentwicklung führt zu verheerender lokaler Umweltbelastung, und hiergegen regen sich ungezählte lokale und interregionale Proteste.

Somit darf festgehalten werden, daß die Umweltpolitik zumindest in ihren Anfängen jeweils eine starke Basisverbindung hat. Sie stellt ein starkes Signal für die moderne Zivilgesellschaft dar. Und diese muß sich ihrerseits immer wieder ihrer ethischen Legitimation vergewissern, welche beim Einsatz für den Schutz der Lebensgrundlagen besonders überzeugend ist.

Die ethische Dimension der Umweltpolitik wird indessen noch wichtiger in der historischen Phase, wo die lokalen Umweltprobleme weitgehend gelöst sind. Nun taucht der Einsatz für den Schutz der Umwelt überhaupt nicht mehr im Gewande des Lokalegoismus auf. Er ist vielmehr in aller Regel nur noch durch »edlere« Motive getragen. Genau das macht allerdings auch seine politische Schwäche aus. Sich für die Rettung eines fernen Habitats von vom Aussterben bedrohten Schmetterlingen einzusetzen, und das in einer Zeit, wo das politische Establishment ständig an Realismus, Wirtschaftlichkeit und Durchsetzung auf gnadenlosen Weltmärkten appelliert, grenzt an politische Clownerie. Wo soll der Applaus für solchen Einsatz noch herkommen, wenn man mit dem ökologischen Einsatz nicht einmal mehr das Herz der Lokalredaktion der Zeitungen erwärmen kann?

Die ethische Reinheit ist also fast gleichbedeutend mit politischer Einflußlosigkeit. Diese aber bedeutet ein ethisches Dilemma. Denn schließlich werden die Entscheidungen für oder gegen den Erhalt der Schmetterlingshabitate im politischen und ökonomischen Raum getroffen und nicht von irgendeiner Instanz, die auf ethische Reinheit Wert legt. Und so sieht man sich als stark motivierter Naturfreund alsbald gezwungen, sich im politischen Raum nach weitergespannten Allianzen umzusehen. Dieser realpolitisch motivierte Versuch, aus dem Ghetto der einflußlosen Clownerie auszubrechen, hat einen Preis. Das Ziel wird verwässert und verfälscht, und die ethische Reinheit leidet. Es sieht nach einer politischen Pattsituation aus.

4. Globale Umweltprobleme: Der Erdgipfel von Rio

Wenden wir uns nun systematisch den globalen Umweltproblemen zu, die den wesentlichen Gegenstand eines ökologischen Weltethos darstellen. Nach dieser Problembeschreibung wird es etwas leichter, über die Überwindung der politischen Pattsituation zu sprechen.

Beim »Erdgipfel« von Rio de Janeiro im Juni 1992 sind die drei wesentlichsten Probleme – auf unterschiedliche Art – Thema gewesen: die Nachhaltige Entwicklung, die Biodiversität und der Schutz des Klimas. Für den Schutz der Biodiversität und des Klimas sind in den 3 Jahren vor dem Erdgipfel die Texte für zwei große Konventionen erarbeitet worden. In Rio wurden – zumeist von Regierungschefs, einschließlich Bundeskanzler Helmut Kohl – nur noch die Unterschriften unter die Konventionen geleistet. In Kraft traten die Konventionen nach Eingang der 30. bzw. 50. Ratifikationsurkunde.

Seither ist man unter den Vertragsstaaten in die mühevolle Phase der Konkretisierung der Konventionen durch Protokolle eingetreten. Am bekanntesten wurde das Kyotoer Protokoll vom Dezember 97 zur Begrenzung der Ausstöße von 6 Treibhausgasen einschließlich CO_2. Dieses hatte in Deutschland übrigens eine schlechte Presse, weil es angeblich ein Rückschritt oder zumindest kein Fortschritt sei. In Wirklichkeit hat das Protokoll die Erwartungen der Insider weit übertroffen. Ich komme unten darauf zurück.

Die *Nachhaltige Entwicklung* ist das wichtigste Schlagwort der Agenda 21, des »Aktionsprogrammes« der Konferenz von Rio (UN, 1992). Hierüber wurde während der zwei Konferenzwochen hart gerungen. In 40 Kapiteln unterschiedlicher Länge werden die Zielsetzungen, die Problembereiche und die Akteure angesprochen. Die Nachhaltige Entwicklung kann als das übergeordnete Prinzip des ökologischen Weltethos angesehen werden und verdient insofern eine etwas ausführlichere Erörterung. Die Nachhaltigkeits-Forderung kann auch als das übergeordnete Prinzip für die Konvention zum Schutz der biologischen Vielfalt und für die Klimarahmenkonvention gelten.

Weltweite Prominenz hat die nachhaltige Entwicklung durch den Brundtlandbericht (Hauff, 1987) erhalten. In diesem Bericht der von den Vereinten Nationen eingesetzten Weltkommission für Umwelt und Entwicklung ist die heute weltweit üblich gewordene Definition der Nachhaltigen Entwicklung (sustainable development) gegeben: eine Entwicklung, die den Bedürfnissen der heutigen Generationen entspricht, ohne die Möglichkeit künftiger Generationen zu gefährden, ihre eigenen Bedürfnisse zu befriedigen und ihren Lebensstil zu wählen.

Abgesehen von der gnadenlos anthropozentrischen Sprachform ist dies eine Definition, mit der man politisch durchaus etwas anfangen kann. Insbesondere als von den Vereinten Nationen sowohl in der Agenda 21 wie in der Rio-Deklaration (UN, 1992) akzeptierte Formel eignet sich die Nachhaltige Entwicklung als Grundaussage des Weltethos. Dies sehe ich insbesondere durch ihren Bezug zu den künftigen Generationen als gegeben an. Der ethische Bezug zu künftigen Generationen ist in alten, stabilen Kulturen – wie etwa der über 5000 Jahre praktisch unveränderten Navajokultur – etwas Selbstverständliches. Und es gibt wohl keine Religion, aus welcher sich die Nachhaltigkeits-Forderung nicht ziemlich unmittelbar ableiten ließe.

Ausgesprochen wird diese religiöse, zivilisatorische oder ethische Selbstverständlichkeit typischerweise erst, wenn sie massiv verletzt wird. So erging es uns etwa in Deutschland. Als der Raubbau an *Wäldern* verheerend zu sein begann, und es absehbar wurde, daß er sich nicht mehr lange würde fortsetzen lassen, gelang es Georg Wilhelm Hartig als damaligem Leiter der preußischen Forstverwaltung, das Prinzip der nachhaltigen Forstwirtschaft durchzusetzen. Dieses war eine historische Leistung. (Um der Wahrheit die Ehre zu geben, muß allerdings hinzugefügt werden, daß sich das forstliche Nachhaltigkeitsprinzip schwerlich hätte durchhalten lassen, wenn der wachsende Brennstoffbedarf nicht durch die Erschließung der »unterirdischen Wälder«, der Kohle, hätte befriedigt werden können (Sieferle, 1982). Und die Verbrennung nicht-nachwachsender fossiler Brennstoffe ist in unseren Tagen zum Symbol der nicht-nachhaltigen Wirtschaftsweise geworden.)

Gleichwohl darf sich die deutsche Forstwirtschaft rühmen, für die aktuelle Entwicklung des Nachhaltigkeits-Prinzips Pate gestanden zu haben. 1981 fand dieses Prinzip Eingang in die Welt-Naturschutzstrategie (IUCN u. a., 1981), allerdings zunächst als nachhaltige Ressourcennutzung. Der Begriff der nachhaltigen Entwicklung wurde später hieraus abgeleitet und gelangte in der oben zitierten Form als Zauberformel der Einigung zwischen dem Süden und dem Norden in die Brundtlandkommission; dem Norden lag hauptsächlich an der Umwelt, dem Süden an der Entwicklung. Die nachhaltige Entwicklung verband die beiden Forderungen, wenngleich in etwas schillernder Weise.

Sustainable development wird insbesondere von Vertretern der Entwicklungsländer gerne als *sustained* development, als fortgesetzte Entwicklung begriffen. Und das Ziel ist mindestens der Entwicklungsstand des Nordens. Der Norden bleibt aber nicht stehen, sondern entwickelt sich seinerseits weiter, auch in Hinsichten, die in diesem Umfang ganz gewiß nicht für sechs oder mehr Milliarden Menschen ausdehnbar sind, so etwa beim Luftverkehr, der Landschaftszersiedlung oder dem die Jahreszeiten ignorierenden Konsum von Lebensmitteln.

Die Nachhaltige Entwicklung ist demzufolge entgegen anderslautenden Proklamationen in weiter Ferne. Gleichzeitig verschärft sich die Lage der globalen Umwelt dramatisch. Bei der Artenvielfalt ist zu befürchten, daß wir jeden Tag größenordnungsmäßig 20 Tier- oder Pflanzenarten verlieren. Diese Zahl ist abgeleitet aus Abschätzungen über die Gesamtzahl der auf der Erde lebenden Tier- und Pflanzenarten, die man heute auf etwa 10 Millionen schätzt, sowie aus der Beobachtung der Zerstörung von Lebensräumen (Wilson, 1995). Die verheerenden Waldbrände in Südostasien im Jahre 1997 haben den Artenverlust mit einiger Sicherheit zeitweise noch einmal gewaltig ansteigen lassen. Ein Ende oder auch nur eine Verlangsamung des Prozesses ist noch nicht in Sicht. Die Konvention zum Schutz der biologischen Vielfalt kann weder das Vordringen der Siedlungen und Verkehrswege noch die Ausbreitung der nicht-nachhaltigen Landnutzung aufhalten. Die Wirtschaftsinteressen armer Landloser ebenso wie reicher Konzerne stehen im Konfliktfall praktisch immer oben an.

5. Klimaschutz: Inbegriff der
weltethischen Herausforderung

Auch beim Klimaschutz ist große Gefahr in Verzug. Die klimapolitischen Weichenstellungen von heute haben hauptsächlich einen Einfluß auf das Klima in 30-100 Jahren. Es ist also ziemlich sinnlos und unverantwortlich, mit Maßnahmen und Weichenstellungen zu warten, bis man die Effekte voll vor Augen hat. Und eine Stabilisierung der Treibhausgas*emissionen*, die auch nach dem bereits genannten Kyotoer Protokoll noch mindestens ein Vierteljahrhundert auf sich warten lassen wird, läßt die Treibhausgas*konzentrationen* noch reichlich hundert weitere Jahre anwachsen. Was man bräuchte, wollte man die Konzentrationen deutlich früher stabilisieren, wäre eine drastische Senkung der Emissionen, vielleicht auf die Hälfte des 1990 erreichten Niveaus.

Gewiß kann man darüber spekulieren, daß eine globale Erwärmung die heute unwirtlich kalten Gegenden insbesondere Sibiriens und Kanadas begünstigt sowie durch höhere Feuchtigkeitsgehalte möglicherweise die Wüsten an einigen Stellen zurückdrängt. Aber zugleich ist zu befürchten, daß die atmosphärischen Spannungen und mit ihnen die Windgeschwindigkeiten zunehmen und insgesamt deutlich mehr verheerende Extremwetterlagen auftreten. Am bedrohlichsten ist die Gefahr eines Meeresspiegelanstiegs. Ein Potential für einen ca. 60 m höheren Meeresspiegel ist noch in den vereisten Polkappen enthalten. Und die große Flut kann theoretisch plötzlich kommen, wie das vor etwa 7800 Jahren beim Abrutschen der Eismassen über Nordost-Kanada der Fall gewesen ist (Tooley, 1992), vielleicht die historische Ursache für die Erzählungen von der Sintflut oder dem Untergang von »Atlantis«.

Was wäre der Gehalt des Weltethos, wenn es das Bemühen um die Abwehr solcher Katastrophen nicht mitenthalten würde? Anders: ernstgenommener Klimaschutz kann geradezu als Inbegriff des Weltethos verstanden werden.

Immerhin gibt das Kyotoer Protokoll Anlaß zu gewissen Hoffnungen. Es gibt zum ersten Mal eine verbindliche Rechtsgrundlage für eine immerhin merkliche Verminderung der Treibhausgasemissionen in den nördlichen Industriestaaten. Daß man sich die CO_2-

Absorption durch Aufforstung auf die Emissionen anrechnen lassen kann, ist naturwissenschaftlich gesehen kein Einwand. Auch der beabsichtigte Handel mit Treibhausgasemissionen steht nicht etwa im Widerspruch zur ethischen Forderung des Klimaschutzes. Er versucht, den Klimaschutz mit ökonomisch optimaler Effizienz zu organisieren.

6. Der Kampf der »Wächter« gegen die »Händler«

Was ist zu tun? Wo kann das Weltethos ansetzen, wenn es den Gang der Zerstörung aufhalten will? Mit Recht setzt Küng auf der spirituellen Ebene an. Die Weltreligionen sind zuallererst aufgerufen, sich der globalen Dimension der heutigen Herausforderung anzunehmen. Hierzu müssen sie unter anderem die Aberwitzigkeit erkennen, die darin liegt, daß sie ihre althergebrachten territorialen Rivalitäten fortsetzen und sich gegenseitig durch Mission der unterschiedlichsten Art die »Seelen« abjagen.

Am aggressivsten ist in dieser Hinsicht heute der Islam mit der bis in unsere Tage fortgesetzten Rabulistik vom Heiligen Krieg. Hierfür wird er – mit einem Gutteil Berechtigung – insbesondere in den USA (z. B. Huntington, 1994) als Gegner des Anpackens gemeinsamer Menschheitsprobleme und insofern als Gegner eines Weltethos aufgefaßt.

Diese bequem-modische Islam-Bewertung stützt sich auf die Verurteilung der unerträglichen Mordserien in Algerien, des aggressiven Gehabes bestimmter arabischer Politiker und des skandalösen »Todesurteils« gegen Salman Rushdie. Sie wird aber der Konfliktlage nicht gerecht. Und sie kann zum Hinderungsgrund für ein praktiziertes Weltethos werden. Denn schließlich ist der Islam heute vielleicht die einzige politisch gewichtige Macht, die der totalitär gewordenen Ökonomie die Stirn bietet. Sieht man im Sinne des Weltethos die Überwucherung aller spirituellen, ethischen, demokratischen, ökologischen Wünsche und Notwendigkeiten durch den *Gott der Ökonomie* als die wichtigste zivilisatorische Gefahr an, dann wäre der Islam auch wieder der einzige politisch wirkungsvolle Anwalt des Weltethos.

Gewiß hat die Ökonomie eine starke Basis und eine hohe Berechtigung. Wenn Firmen und Nationen miteinander Handel treiben, schaffen sie im Durchschnitt Wohlstand und haben eine sehr geringe Neigung, all dies durch Kriege, Sabotage, Dilettantismus und ideologische Vorurteile wieder zu gefährden. Die Durchsetzung des marktwirtschaftlichen Prinzips durfte mit Recht erst einmal heftig begrüßt und gefeiert werden.

Das angelsächsische Denken hat literarisch eine einprägsame Karikatur durch Jane Jacobs (1992) gefunden. In amüsanter, in Wirklichkeit aber polemischer Überzeichnung läßt sie ihre ausgedachten Gesprächspartner den ewigen Streit zwischen den »Händlern« und den »Wächtern« ausfechten. Die Wächter, das sind religiöse Propheten, Staatsvertreter, Sozialisten und Umweltschützer, die alle mit jeweils mehr oder minder guten Motiven Unheil anrichten. Die Händler dagegen erscheinen als die unprätentiösen, wahren Helden, die nichts anderes tun als friedfertig ihre Waren anzubieten.

Trotz der lachhaften Verklärung der Marktwirtschaft ist das Buch für deutsche Leser wichtig. Es ist die Antithese zur Kapitalismuskritik eines Werner Sombart, welcher ja mit seiner von politisch naivem Edelmut triefenden Kritik an den Händlern (und den Juden) als einer der Wegbereiter des Nationalsozialismus wirkte.

Es ist nach den Erfahrungen mit Hitler, aber auch mit Stalin oder Khomeini absolut verständlich, daß die Verteidigung der Händler bei Jacobs und anderen teilweise ideologische Züge angenommen hat. Dies war insbesondere im angelsächsischen Kulturraum der Fall. Und da dieser zugleich die internationalen Organisationen dominiert, insbesondere die Weltbank und den Internationalen Währungsfonds, die Welthandelsorganisation WTO und die OECD, herrscht auch hier Siegesstimmung. Für die angelsächsische Kultur besteht das Weltethos zu großen Teilen ganz einfach in der Durchsetzung der uneingeschränkten Entfaltung der Marktkräfte. Denn diese Marktkräfte lösen nach der Theorie die vorhandenen Probleme durch fortgesetztes optimiertes Wohlstandswachstum.

7. Globalisierung: Der Sieg der Starken über die Schwachen

Als Jane Jacobs ihr Buch schrieb, war noch nicht so sichtbar, wie sich nach dem Zusammenbruch des Sozialismus die Marktwirtschaft mit Macht über die ganze Erde ausbreiten würde und was für Folgen der weltweite Sieg der Händler haben würde.

Besoffen von ihrem Sieg begannen die Advokaten der Marktwirtschaft nun auf einmal, nahezu alle ethischen, politischen, religiösen, ökologischen Normen als »Verzerrungen«, »Hemmnisse« oder »Ineffizienzen« zu denunzieren. Und die »Wächter« wurden abwechselnd als anmaßende Räuber oder naive »Gutmenschen« denunziert. Die »Hemmnisse« purzelten alsbald, und mit ihnen die Hemmungen der Starken, sich gegen die Schwachen vollständig durchzusetzen und die Ausbeutung der Natur bis zur Neige zu vollstrecken.

Zunächst beobachten wir, daß der materielle Wohlstand immer weniger fair verteilt wird. Die Spreizung zwischen arm und reich wird immer krasser, in allen Ländern. Zwar gibt es Länder, in denen seit einigen Jahren rasches Wachstum herrscht und der Reichtum zunimmt. Aber selbst dort nimmt die subjektive Armut zu, die sich nach dem Abstand zum Durchschnitt bemißt.

Die Spreizung hat *ursächlich* mit dem Sieg der Marktwirtschaft zu tun. Der freie Markt ist nämlich so gemeint, daß sich die Starken, die Effizienten, gegen die Schwächeren durchsetzen. Und je mehr die Starken Steuern zahlen müssen, um den Fußkranken und Schwachen zu helfen, desto schlechter für ihre Wettbewerbsfähigkeit. Und mit diesem »Argument« setzen sie eine immer weitere Spreizung durch. Die »Wächter«, die sich hiergegen aufzulehnen versuchen, haben allerorten das Nachsehen.

Bis 1990 war die Welt noch durch den Wettbewerb der Ideologien gekennzeichnet. Dieser hatte wenigstens den Vorteil, daß sich der Markt um seiner eigenen Glaubwürdigkeit willen selbst zügeln mußte. Die demokratischen Mehrheiten der Schwächeren mußten umworben und eingebunden werden. Die außerordentliche Attraktivität des westlichen Modells lag in Wirklichkeit in der *Kombination* der Marktwirtschaft mit der Demokratie. Der Markt schaffte Effizienz und Gesamtwohlstand, und die Demokratie verhinderte eine zu ungleiche Verteilung. Es herrschte eine vernünftige Machtbalance und eine erzwungene Kooperation zwischen den Händlern und den Wächtern.

Die nach dem Zerfall des bürokratischen Sozialismus rapide einsetzende Globalisierung des Wirtschaftsgeschehens beendet diesen Zustand der Ausgewogenheit. Das Kapital ist auf den sozialen Konsens im nationalen Rahmen nicht mehr wirklich angewiesen. Der scharfe globale Wettbewerb um optimale Kapitalrenditen zwingt die Kapitaleigner und -verwalter geradezu, die Durchsetzung der Kostensenkung wichtiger zu finden als die Pflege des Konsenses. Wer da noch für die Rechte der Fußkranken oder die ökologischen Rechte zukünftiger Generationen eintritt, wird gnadenlos der Lächerlichkeit der »Gutmenschen« preisgegeben.

Der Durchmarsch der Starken ist nun allerdings alles andere als eine geeignete Basis für ein Weltethos. Eine Selbststabilisierung des marktwirtschaftlichen Systems ist zumindest aus ökologischer Sicht nicht zu erwarten. Ganz im Gegenteil. Der beschleunigte Raubbau ist eine Folge der Globalisierung. Und ob eine soziale Selbststabilisierung erreicht wird, darf füglich bezweifelt werden. Die Diskussion um das Weltethos darf sich der hier grob skizzierten Kalamität des Händler-Durchmarsches nicht entziehen. Denn ein Wesenszug dieser Kalamität ist ihre globale Ausdehnung. Erst der *globale* Wettbewerb der »Standorte« hat die Balance zwischen Starken und Schwachen gekippt. (Der Begriff »Standort Deutschland« hat sich signifikanterweise erst nach 1990 durchgesetzt).

In dieser Weltlage ist auch das Weltethos in Gefahr, von der global denkenden und zugleich übermütig gewordenen ökonomischen Doktrin vereinnahmt zu werden. *Für die Schwachen dieser Erde ist alles, was nach Globalität riecht, über Nacht zutiefst suspekt geworden.*

8. Weltethos unter erschwerten Bedingungen

Besonders überzeugend artikulieren die indigenen Völker ihre Sorge vor der Globalität der Starken. In einer »Erdcharta« (Earth

Charter), die dem Gedanken des Weltethos alle Ehre machen kann, wird insbesondere der Respekt vor dem Leben, der Vielfalt, der Nutzung der Erde durch die lokale Bevölkerung (also auch die Nichtverfügbarkeit von bestimmten ökologischen und kulturellen Werten für den Marktmechanismus) betont (Earth Council, 1997).

Der von Maurice Strong, dem Generalsekretär des Erdgipfels, geleitete »Earth Council« hatte fünf Jahre nach Rio die Vertreter indigener Völker sowie von Kirchen, Parlamenten, Wirtschaftsverbänden und Umweltorganisationen erneut nach Rio de Janeiro eigeladen, wo in einem allerdings etwas desorganisierten Prozeß die Erdcharta angenommen wurde. Dieser Vorgang wurde natürlich von der Weltöffentlichkeit weitgehend ignoriert. Im Rampenlicht standen stattdessen die globalen Wirtschaftsnachrichten, von dem asiatischen Wirtschaftseinbruch über die Euro-Diskussion bis zu den alltäglich gewordenen Nachrichten über Firmenfusionen und Rationalisierungswellen in der Wirtschaft.

Die Globalisierung ist indessen nicht rückgängig zu machen, und sie enthält selbstverständlich große Chancen der Wohlstandsvermehrung und der ökonomisch motivierten Friedenssicherung. Es kann also nicht darum gehen, die Globalisierung zu leugnen oder zu bekämpfen. Vielmehr geht es darum, eine neue Balance zwischen »Händlern« und »Wächtern« zu etablieren. Hierfür bieten sich im Grundsatz zwei Handlungsweisen an (vgl. SPD 1997):
– Die Aufrichtung und Sicherung einer Moral und eines im wesentlichen verbindlichen Normengefüges, welche möglichst weltweit auch die Schwachen und die Umwelt schützen.
– Die Sicherung von weitgehend weltmarktunabhängigen Lebensbereichen (um die Erpreßbarkeit der Menschen zu vermindern).

Die Internationalisierung des Sozial- und Umweltrechts ist ein außerordentlich dornenreiches Geschäft. Die erste Ministerkonferenz der Welthandelsorganisation WTO im Dezember 1996 kann eigentlich in dieser Hinsicht nur als ein reines Fiasko bezeichnet werden. Die Sozialfrage wurde an die völlig einflußlose UNCTAD überwiesen, und zur Umwelt wurde im wesentlichen festgestellt, daß man sich auf keinerlei Standards werde einigen können, weil immer irgendein Land solche Standards als unzumutbar für sich selbst und als Handelshemmnis bei den Konkurrenten ansehen würde.

Fast noch aussichtsreicher ist, wie in dem genannten SPD-Papier ausgeführt, die Aktivierung der internationalen Nichtregierungsorganisationen (NGOs), die teilweise Muskeln entwickelt haben, die den Staaten im Zuge der Globalisierung verloren gegangen sind. Insbesondere Greenpeace hat es geschafft, internationale Konzerne das Fürchten zu lehren. Auch die Kirchen können hier eine sehr bedeutende Rolle spielen. Im Rahmen des Weltethos-Gedankens ist die systematische Mobilisierung solcher Kräfte wichtiger als der Appell an die vermeintlich mächtigen Staatslenker.

Auch der Weg über die NGOs ist im Zeitalter der globalisierten Wirtschaft langwierig. Die Umwelt kann nicht so lange warten. In dieser Situation muß sich die Abwehr der eingangs genannten Gefahren auch noch auf andere Kräfte stützen.

9. »Faktor Vier«

Realpolitisch die bedeutendste Hoffnung dürfte gegenwärtig darin liegen, daß die namenlose Verschwendung, die den heutigen Naturverbrauchsraten zugrundeliegt, technologisch und zivilisatorisch überwunden werden kann. Der technische Fortschritt hat sich ja in den vergangenen 200 Jahren konsequent in Richtung verstärkter Ausbeutung der Natur entwickelt. Hauptziel war die Schaffung von materiellem Wohlstand, und dieses wurde vornehmlich durch die Steigerung der Arbeitsproduktivität erreicht. Heute ist die Arbeitsproduktivität gut und gerne 20mal so hoch wie zu Beginn der Industrialisierung. Entsprechend konnten die aus Arbeit erzielten Einkommen wachsen.

Technisch gesehen ist diese Entwicklung nicht unbedingt zwingend. Neben der Arbeitsproduktivität kann theoretisch auch die Ressourcenproduktivität ins Visier genommen werden. Es ist technisch zweifellos möglich, aus einer Einheit natürlicher Ressourcen wie Erz, Öl oder Boden viermal soviel Wohlstand herauszuholen. Das würde es erlauben, gleichzeitig den Wohlstand zu verdoppeln und den Naturverbrauch zu halbieren (Weizsäcker, Lovins, Lovins,

1997). Grob gesagt ließe sich damit der Wohlstand der Entwicklungsländer vervierfachen und ihr Naturverbrauch stabilisieren, während in den Industrieländern der Wohlstand auf hohem Niveau stabilisiert werden könnte und ihr direkter und indirekter Naturverbrauch um 75 % abnehmen konnte. Die Wirklichkeit wird von diesem Idealbild abweichen.

Dieses »Faktor Vier«-Programm, wenn es sich denn durchsetzen läßt, mag 30 oder 40 Jahre in Anspruch nehmen, aber so viel Zeit wird man sich auch nehmen können. Es ist hier nicht der Ort, um im Detail über die politische Frage zu sprechen, was getan werden muß, um die steile Erhöhung der Ressourcenproduktivität in Gang zu setzen. Jedenfalls ist es nicht eine Frage von tausenden von Effizienzstandards, die dann in über hundert Ländern je einzeln auf dem Gesetz- und Verordnungswege oder durch die Normungsinstitute durchzusetzen wären. Vielmehr geht es darum, die Landschaft, in der sich der Firmenwettbewerb abspielt, so zu verändern, daß die Effizienz im Durchschnitt gewinnt und die Ressourcenvergeudung bestraft wird. Vieles kann durch das Konsumentenbewußtsein erreicht werden. Aber auch der umweltbewußteste Konsument wird nicht bereit sein, für seine Überzeugungen konsequent wesentlich höhere Preise zu bezahlen.

10. Die Preise sollen die ökologische Wahrheit sagen

So wird die zweite Aufgabe hauptsächlich darin bestehen, die Preise die ökologische Wahrheit sagen zu lassen. Was knapp und wertvoll ist, darf nicht billig sein. Subventionen zur Verbilligung von Energie, Wasser oder Transporten sind besonders unsinnig und gehören abgeschafft. Umgekehrt: was reichlich da ist und nach Nutzung schreit – die menschliche Arbeit –, darf nicht so teuer sein, daß es aus betrieblichen Gründen immer weitergehend wegrationalisiert wird. Das ist die doppelte Grundüberlegung, die zur Ökologischen Steuerreform führt: die schrittweise Verschiebung der fiskalischen Last vom Faktor Arbeit zum Ressourcenverbrauch. Zur Vermeidung von außenwirtschaftlichen Verwerfungen kann eine

die Industrie schonende Sonderregelung wie in Dänemark oder
den Niederlanden eingeräumt werden.

Es gibt noch andere Mechanismen, um den Preisen wenigstens
ein Stück weit die ökologische Wahrheit aufzuprägen, insbesondere
die Einführung von handelbaren Nutzungsrechten an der Natur.
Man kann einen Höchstverbrauch von Gesamtemissionen oder
von einem Gesamtressourcenverbrauch festlegen und die Anteile
aus dieser Höchstmenge können als handelbare Nutzungsrechte
auf den Markt gebracht werden. Ihr Preis bestimmt sich anschließend durch Angebot und Nachfrage. Die USA haben mit
diesem System eine bemerkenswerte Erfahrung gemacht. Man hat
den Besitz von SO_2-Emissionslizenzen zur Voraussetzung von SO_2-
Emissionen gemacht. Anfangs wurde berechnet, daß die Kosten für
die Vermeidung von einer Tonne SO_2 über 1000 $ liegen würden.
Im Laufe weniger Jahre sank der Preis aber auf unter 100 $, nach-
dem der Kostendruck die Emittenden erfinderisch gemacht hatte.
Gegeben die enormen Effizienzpotentiale, die in »Faktor Vier«
beschrieben sind, ist ein ähnlich dramatisches Abrutschen der Preise für CO_2- und andere hypothetische Naturverbrauchs-Lizenzen
zu erwarten.

Die technische und »neo-liberale« Antwort auf das Nachhaltig-
keits-Problem wird indessen nicht ausreichen, um es zu lösen.
Noch jeder Effizienzgewinn ist in der Vergangenheit durch zusätz-
lichen Verbrauch aufgezehrt worden. Neben die Effizienz, die einen Zeitaufschub gewährt, muß die *Suffizienz*, die Genügsamkeit
treten. Diese ist das Hauptthema der Arbeit über ein »Zukunftsfähiges Deutschland« (BUND / Misereor, 1996), in welcher das
Wuppertal Institut die Nachhaltigkeits-Frage auf Deutschland
angewandt hat. Während jedoch die Effizienzstrategie im wesentlichen in Einklang mit der vorherrschenden Ökonomie verfolgt
werden kann, prallt die Vorstellung von der Suffizienz frontal mit
einigen Grundgegebenheiten der ökonomiebeherrschten Welt zusammen.

11. Genügsamkeit, Neid und die globalisierte Ökonomie

Die heutige Ökonomie ist auf Wachstum ausgelegt. Wenn ein aus elementaren Bedürfnissen hervorgegangener Markt gesättigt ist, dann setzt in unserer Ökonomie das Handwerk der Marketingspezialisten ein. Ihre Aufgabe ist es, Bedürfnisse zu wecken, die vordem nicht existierten oder »schlummerten«. Genügsamkeit ist der Feind des Marketing.

Eine der wirksamsten Marketingstrategien ist die Weckung von Neidgefühlen. Haben Nachbarn eine Ware, und sei sie auch überflüssig wie ein Kropf, dann ist der Boden für die Kaufbereitschaft bereitet. Fast noch wirksamer als der Straßen-Nachbar in der Funktion als Konsumvorbild ist die Fernsehfamilie in der Serie. Der Lebensstil der Ölmillionäre von »Dallas«, wo jeder Halbwüchsige sein eigenes Auto hat, hat viel mehr Ausstrahlung gehabt als sämtliche Schurkenstreiche von JR zusammengenommen.

Was für den angestrebten Konsumstil des einzelnen gilt, ist auch im Verhältnis der Nationen zu beobachten. Der westliche Lebensstil, durchs Fernsehen in jede Stube getragen, ist das wirtschaftspolitische Ziel praktisch aller Entwicklungsländer. Hiergegen national oder international mit einer Ethik des Verzichts und der Genügsamkeit anzukämpfen, ist ein nahezu hoffnungsloses Unterfangen. Der Islam versucht es in gewissem Umfang, aber in denjenigen islamischen Ländern, die durch Öl oder Fleiß reich geworden sind, wird der westliche Reichtum derer, die ihn sich leisten können, fast noch dicker aufgetragen als im vielgeschmähten kapitalistischen Westen.

Besonders erschwert wird der Appell zur Genügsamkeit wiederum durch die Globalisierung. Der weltweite Wettbewerb um hohe Kapitalrenditen läßt es kaum zu, daß in irgendeinem Land eine Schrumpfung der Wirtschaft durch Suffizienz gepredigt oder durchgesetzt wird. Ferner wächst, wie oben ausgeführt, das Wohlstands- und Einkommensgefälle. In der Folge nimmt der Neid weiter zu. Die Konsumpioniere laufen immer weiter davon, setzen neue, exotische Standards, die über die Medien vermittelt den Neid und die Unzufriedenheit der weniger Glücklichen anstacheln.

So endet dieser Aufsatz mit der skeptischen Frage, ob schon irgendein Weg sichtbar ist, um gleichzeitig Wohlstand und ein hohes Maß an Verteilungsgerechtigkeit zu erzeugen. Die letztere ist doch wohl die wichtigste Voraussetzung zur Überwindung des allgegenwärtigen Neides und des aus ihm immer wieder neu geborenen Wachstums der Naturzerstörung.

Literatur

BUND und Misereor (Hrsg.). 1996. Zukunftsfähiges Deutschland. Basel: Birkhäuser.

Earth Council. 1997. The Earth Charter, Toronto.

V. Hauff (Hrsg.). 1987. Unsere gemeinsame Zukunft. Greven: Eggenkamp.

V. Hösle. 1997. Moral und Politik. München: C. H. Beck.

H. Hohmann. 1996. Umweltvölkerrecht als Rahmen für »ökologisches Weltehos«? in: Kessler (Hrsg.), Ökologisches Weltethos im Dialog der Kulturen und Religionen. Wiss. Buchges. Darmstadt.

S. P. Huntington. 1996. Kampf der Kulturen. München: Europa Verlag.

IUCN, UNEP und WWF. 1981. Caring for the Earth. A Strategy for Sustainable Living. London: Earthscan.

J. Jacobs. 1992. Systems of Survival. A Dialogue on the Moral Foundations of Commerce and Politics. London: Hodder and Stoughton.

R. Jungk. 1977. Der Atom-Staat. München: Kindler.

H. Kessler. 1996. Problemaufriß: Das Natur- und Selbstverhältnis der Moderne und das Problem eines ökologischen Weltethos, in: Kessler (Hrsg.), Ökologisches Weltethos im Dialog der Kulturen und Religionen. Darmstadt: Wissenschaftliche Buchgesellschaft.

H. Küng. 1990. Projekt Weltethos. München/Zürich: Piper.

K.-M. Meyer-Abich. 1990. Aufstand für die Natur. München/Wien: Hanser.

R. P. Sieferle. 1982. Der unterirdische Wald. Energiekrise und industrielle Revolution. München: C. H. Beck.

SPD. 1997.Globalisierungsmemorandum der SPD-Grundwertekommission.

M. Tooley. 1989. Global Sea Levels: Floodwaters Mark Sudden Rise. Nature 342 (6245), S. 20-21.

UN (United Nations). 1992. Agenda 21. The United Nations Programme of Action from Rio; Rio Declaration; Statement of Forest Principles. New York: UN Publications No. 93.1.11.

E. U. v. Weizsäcker, A. Lovins und H. Lovins. 1997. Faktor Vier. Doppelter Wohlstand, halbierter Naturverbrauch. München: Droemer/Knaur.

E. O. Wilson. 1995. Der Wert der Vielfalt. Die Bedrohung des Artenreichtums und das Überleben des Menschen. München: Piper.

ETHIK

Interkulturelle Ethik
Auf der Suche nach einer ethischen Ökumene

Der Begriff »Weltethos«[1] wurde von Hans Küng für das Projekt einer interreligiösen Ökumene in der Ethik eingeführt und benutzt. Das Projekt »Weltethos«[2] will eine ethische Ökumene der Religionen. Die »Erklärung von Chicago«[3] (4.9.1993) ist im wesentlichen von Hans Küng getragen und weiterentwickelt worden. Es ging u.a. darum, aus der zweiten Tafel der den abrahamitischen Religionen wohlvertrauten Zehn Gebote des Alten Testamentes allgemeine Grundsätze zu formulieren, die interkulturell und interreligiös Geltung beanspruchen und deswegen von verschiedenen Religionen getragen und propagiert werden können.

1. Ethische Differenzen im Vergleich zur japanischen Kultur

Auf die Frage nach solchen Grundsätzen möchte ich noch zu sprechen kommen. Zunächst möchte ich mich damit beschäftigen, wo die Probleme für eine ethische Ökumene in unserer immer globaler und zugleich immer pluralistischer werdenden Welt liegen. Selbstverständlich bin ich nicht in jeder Hinsicht kompetent, diese Probleme zu skizzieren. Es handelt sich um Fallbeispiele, die man durch andere ersetzen, ergänzen und verändern könnte.[4] Das erste, japanische Beispiel ist im wesentlichen von einem Autor beeinflußt, der auch in der Studie von Marc Luyckx genannt wird. Dieser Autor ist Hayashi, der neben einigen anderen japanischen Autoren in unserem ersten Symposion über »Ethische und rechtliche

Fragen der Gentechnologie und der Reproduktionsmedizin«[5] einen
Einblick in die japanische Auffassung von Natur und Technologie
zu geben versucht hatte. Er verweist auf die unterschiedlichen Vorstellungen in der Anthropologie: die durch die Aufklärung mitbe-
dingte Vorstellung, daß der Mensch sich in seinem Gehirn konzen-
triere, diese neurologische Physiologie in ihrer anthropologischen
Bedeutung wird vom japanischen Menschenbild her nicht geteilt.
Vielmehr gilt, wie es in der vorneuzeitlichen Anthropologie der
Bibel, aber auch des Mittelalters der Fall war, das Herz als Zentrum
des Menschen. Während die Diskussion über die Organtransplan-
tation bei uns im wesentlichen eine Hirntoddiskussion ist, ist diese
in Japan massiv diskutiert worden als eine Frage nach dem Herzen
als Lebenszentrum des Menschen. Hayashi verweist sogar auf Vorstellungen der Herz-Jesu-Verehrung, in der sich noch die alte Tradition der Konzentration des Menschen in der Leiblichkeit des
Herzens nachweisen läßt.

Ein anderer augenfälliger Unterschied bezieht sich auf die Individualität des Menschen. Ich bin in Kyoto bei einem Symposion
über »Religion und Ethik«[6] der Frage begegnet, »Wie können wir
den Personbegriff des Menschen neu verstehen, wenn uns die
Klonierung des Menschen gelingt?« Unsere westliche Einstellung
ist spontan umgekehrt: da wir eine Personvorstellung haben, die
den Menschen als individuelle Substanz (Boethius: »persona est
incommutabilis individua substantia«) begreift, deswegen verbieten
wir die Klonierung.[7] Es ist wichtig, solche spontanen Einstellungen
weltweit ins Auge zu fassen. Auf der Tafel (S. 33 bei Luyckx) finden
wir die unterschiedlichen Reaktionen in unterschiedlichen Kulturen auf bestimmte Themen, wie sie heute als ethische Probleme gestellt werden.

Die erste Frage nach der Distanz zur Macht (»power distance«)
wird sehr unterschiedlich betrachtet: sie existiert verstärkt in
Lateinamerika und in anderen lateinischen Nationen, in Japan und
in China. Besonders groß ist die Distanz zur Macht in Indien, aus
religiösen Gründen, die sich vertiefen ließen. Der zweite Gesichtspunkt der Prüfung der Reaktionsweisen unterschiedlicher Kulturen
ist die Vermeidung von Ungewißheit und Unsicherheit. Insbesondere in der westlichen Gesellschaft gibt der Fortschritt der Technik

	Latein	Angel-sächsisch	Japan	China, Taiwan, Thailand, etc	Indien
Distanz zur Macht	+	-	+	+	+++
Vermeidung von Ungewißheit	+	-	+++	-	-
Individualismus	+	+	-	-	-
Männliche Dominanz	+(++)	+	++++	+	+++

(Die Übersetzung der Schemata ist notgedrungen etwas frei, der Verfasser)

einen Zugewinn von Sicherheit im menschlichen Leben, vor allem medizinische Sicherheit, z. B. in der Lebensverlängerung. Darauf gibt es unterschiedliche Reaktionen. Zum Beispiel ist dieses technologische »Naturell« eher in Japan als in anderen Kulturen oder Weltgegenden zu beobachten. Außerdem läßt sich sehen, daß in der romanischen und in der angelsächsischen Welt der Individualismus viel stärker als in anderen Weltbereichen entwickelt ist. Das nächste Schaubild (bei Luyckx S. 177) bietet ein Beispiel dafür, wie sich europäische und japanische Kultur im Hinblick auf ganz verschiedene Fragen unterscheiden.

Europa	Japan
RELIGION: Monotheismus oder Atheismus	„LEBENSSTIL", Götterexistenz?
Priorität für **PRIVATHEIT**: Bsp.: Hochzeitsreise allein auf einer Insel	Priorität für die **GRUPPENZUGE-HÖRIGKEIT**: Bsp.: gemeinsame Hochzeitsreisen
Liebe zum **NÄCHSTEN/Mitmenschen**	Liebe zu den **MITGESCHÖPFEN**
Individual-**ETHIK**: Gebote für einzelne plus Ethik der allgemeinen Güter	**ETHIK** nur für die Gruppe/Vor-schriften
Prinzipienorientierte **ETHIK**: rigide Prinzipien, aber Sinn für diskursive Ermittlung; Gegensätze: das Gute – das Böse + Schuld, Sünde	Kontextuelle **ETHIK**: rigide Codes, z. B. der Ehre („Bushido"); Gegensätze: schön – häßlich, rein – unrein

BIOETHIK: „Konfliktuelle" Debatte über Lebensbeginn und Embryonenexperimente (Unantastbarkeit des menschlichen Lebens)	**BIOETHIK:** „Konsens" Debatte über das Lebensende u. Organtransplantation (Ahnenkult)
MACHT: Klassengegensätze – Staatsautoritäten	Klanzugehörigkeit, Rache, Mafia **MULTIPOLARITÄT:** die Regierung ist nur einer der Machtpole
Europäische Marktpriorität: so viel verkaufen wie möglich	**Japanisches Marketing:** den Kunden zufriedenzustellen
Priorität für Einsicht und Rationalität	Vorrang für Gefühle, Emotionen
ARBEIT steht unter dem Sündenfluch. Sie ist als Strafe zu ertragen und deshalb so knapp wie möglich zu halten sowie mit Lohn zu kompensieren	**ARBEIT** ist eine Art Nahrung, die Menschen zur besten Form der Selbstwerdung befähigt (Buddhismus). Arbeit kommt von den Vorfahren (Shintoismus)
GESCHICHTE = Eroberung, Kreuzzug, Mission Messianismen (für Freiheit usw.)	**GESCHICHTE** = gemeinsames Überleben auf einer Insel; eine Geschichte endlosen Wandels, um zu bleiben
PHILOSOPHIE: – nur eine Wahrheit, die, wenn nötig, mit Gewalt gelehrt werden muß – INTOLERANZ ist oft unbewußt – LOGIK ist begrenzt auf Ja und Nein	**PHILOSOPHIE:** – es gibt mehrere Wege, die Wahrheit zu finden – es gibt verschiedene Götter und verschiedene Religionen; TOLERANZ – **LOGIK** kennt 4 Möglichkeiten: Ja, Nein, Ja und Nein; weder Ja noch Nein
FREIER MARKT: ja, aber mit Respekt für die implizierten Regeln, die Wirtschaft anderer Länder nicht zu zerstören, Einschränkung von Auswüchsen	**FREIER MARKT:** Wir wollen diese Ideologie, die uns aufgezwungen wurde, bis zum Ende ausschöpfen, aber sie deckt sich niemals mit unserer Kultur; kein Schuldgefühl deswegen

In der dritten Zeile ist zu sehen, daß die europäische Vorstellung von Nächstenliebe den Menschen umschließt, während sie in Japan auch die benachbarte Kreatur umfaßt. Die individuelle Ethik (in der nächsten Zeile) genießt einen europäischen Vorrang und wird erst dann durch die Ethik des Gemeinwohls und der Solidarität ergänzt, während dieser Dualismus zwischen Individual- und Sozialethik in Japan gar nicht existiert, da Ethik von vornherein als Ethik einer nationalen Gruppe verstanden wird. Hayashi weist darauf hin, daß, wenn es um die Fragen der Ökologie geht, Japaner von vornherein vor dem Problem stehen, daß sie unseren Dualismus Mensch/Umwelt nicht nachvollziehen können. Der Begriff (engl.) »nature« oder »Natur« spielt für uns im Zusammenhang mit dem Umweltbegriff eine große Rolle, wobei wir unter »Natur« zunächst einmal spontan das von Menschen Unberührte verstehen. Wir wissen freilich, daß wir heute nur noch eine »zweite« Natur, also eine vom Menschen gestaltete Natur, um uns haben. Dieses Wort »Natur« ist im Japanischen *vor* dem Einfluß der westlichen Zivilisationen auf Japan nicht existent gewesen. Es gibt zwar das Wort »shi-sen« dafür. Das Wort »shi-sen« ist als Übersetzungswort gebraucht worden, aber es hat ursprünglich eine andere Bedeutung: es bedeutet vor allem: »von selbst«, »aus eigenem Antrieb«, »selbstverständlich«, »spontan«. Damit versuchte man die dem Menschen gegenüber stehende und von ihm unabhängige Selbstbewegung zum Ausdruck zu bringen. Im Laufe der Zeit hat dann das Wort »Natur« oder englisch »nature« immer mehr dieses japanische Wort in seiner Bedeutung beeinflußt. Aber es bleibt dabei, daß das japanische Bewußtsein Menschen und Umwelt zunächst einmal nicht auseinander hält, sondern den Menschen als einen Teil der Umwelt betrachtet und daher einerseits sehr viel spontaner auf die Schädigungen an Menschen reagiert, aber auch auf der anderen Seite sehr viel spontaner die Umwelt manipuliert. Gerade das Fehlen eines europäischen Dualismus kann in zweierlei Hinsicht gedeutet werden: einerseits als Förderung spontaner Reaktion auf Schäden beim Menschen, beispielsweise durch Fischvergiftungen, wie sie immer wieder in Japan vorgekommen sind. Auf der anderen Seite steht ein solches Vertrautsein mit der Welt, in der man lebt, daß man in diese Welt, in der man lebt, auch ohne weiteres eingreift. Das ist ein Zustand, den man mir auch öfter von Afrika geschildert hat: zunächst scheint der technische Eingriff in die Natur, die zur Verfügung steht, um das Leben des Menschen als Überleben mitzubewirken, eine Selbstverständlichkeit zu sein. Die Zweideutigkeit dieses Eingriffes setzt unsere dualistische Sicht von Mensch und Umwelt zunächst einmal voraus. Was bei uns eine Chance darstellt, um das Umweltverhalten ethisch besser zu begründen, nämlich eine ganzheitliche Sicht, aber auf der Basis unserer dualistischen Vorurteile und im Gegenzug dazu, das kann unter Umständen, bei ganzheitlichen Voraussetzungen, zunächst einmal problematisch sein, ohne den Durchgang durch unsere dualistische Sicht, um überhaupt dieses »Umweltproblem« als solches zu begreifen.

Ich möchte noch ein Beispiel nennen, an dem der Unterschied deutlich wird; das Beispiel beruht auch auf einer persönlichen Erfahrung. Als ich an dem erwähnten Symposion in Kyoto über »Religion und Ethik« teilnahm, am buddhistischen Institut, galt dort als das zentrale Wort, das auch von dem dort anwesenden buddhistischen Abt Hirata, den Marc Luyckx zitiert, gerne gebraucht wird, »sufficiency«, also die »Selbstgenügsamkeit« des Menschen. Einige Referate behandelten die Frage, inwieweit die Religion in der Lage ist, das Bewußtsein des Menschen von Selbstgenügsamkeit, Selbstbegrenzung, wir würden traditionell in den Kardinaltugenden vom »Maß« sprechen, wieder herzustellen. Es ging also um eine Tugend, durch welche der Mensch, eingebettet in seine eigene Lebenswelt, die Selbstbegrenzung als Dienst an seiner eigenen Leiblichkeit erfährt. Es gibt ja diese Querverbindung oder Brücke zwischen Mensch und Umwelt in der eigenen Leiblichkeit des Menschen. Angesichts der Umweltprobleme fragt der Mensch danach, was denn die eigentliche Grundhaltung sein kann, die ihn durchdringen muß, damit er seine Zukunft bestehen kann? Wir pflegen ja in der Fastenzeit auch von Konsumverzicht und dergleichen zu sprechen, also von »sufficiency«. Es ist klar, daß unser Konsumverhalten heute mit der Ozonschicht oder mit der Klimafrage etwas zu tun hat. Das Anraten von bestimmten Tugenden für die Zukunft, für die Verantwortung der Welt von morgen, ist sicher wichtig, aber wo bleibt dabei die Veränderung der institutionellen Realitäten? Können wir mit der Haltung der »sufficiency«, der Selbstgenügsamkeit, tatsächlich dafür sorgen, daß sich unsere technischen Institutionen, die unter anderem die Umweltbelastung mit hervorrufen, auch insofern wir uns ihrer individuell bedienen, richtig gesteuert werden?

Ich will das Problem an einem Beispiel, an einer erfundenen Geschichte, verdeutlichen; das Zenbuddhistische Institut in Kyoto zählt auch den berühmten Dogen, einen der Begründer des Zenbuddhismus, zu seinen Vätern (15. Jahrhundert). Mit der folgenden Geschichte habe ich versucht, den Japanern das, was ich meine, zu verdeutlichen: Man erzählt von der Wiederauferstehung dieses Weisen, und eine Abordnung wird zu ihm geschickt, um ihn zu veranlassen, angesichts der Umweltzerstörung, die man in Japan mit Händen greifen und mit Augen sehen kann, entsprechende ermunternde Reden an das Volk zu halten, damit eine Verhaltensveränderung eintritt. Menschen strömen zu Hunderttausenden, ja zu Millionen zu diesem Weisen, der bereit ist, aus der Kontemplation in die Praxis zurückzukehren, und sie hören seine Reden über »sufficiency«, über Selbstgenügsamkeit. Die Menschen sind von seinen Ansichten auch sehr begeistert, und immer wieder bilden sich Gruppen, die diese Selbstgenügsamkeit zu leben versuchen. Aber das alles ändert nichts an der meßbaren Umweltbelastung in Japan und um Japan herum. Dann fragt sich Dogen, wie es denn möglich sei, daß seine Predigt so wenig Wirkung erzeugt, und einige seiner weisen Berater aus dem Institut für Religion in Kyoto sagen ihm: Das liegt daran, daß sich die Institutionen erst verändern, wenn man andere Gesetze macht. Welche Gesetze man machen muß, das muß man sich vorher in verantwortlicher Abwägung der Alternativen überlegen. Man muß es durch Güterabwägung beurteilen, man muß sehen, welches Gesetz wichtiger und richtiger ist als ein anderes Gesetz, und im Dschungel der Gesetze muß man bestimmten Gesetzen die Priorität geben. »Wo lerne ich das?« fragte Dogen. Die Berater haben nicht gezögert, ihm zu sagen »Du mußt zum Kennedy-Institut für Ethik in Washington gehen, dort wirst du dergleichen erfahren.« Das Kennedy-Institut ist bekanntlich eines der berühmtesten Ethikinstitute, in den 60iger Jahren entstanden. Dogen entschließt sich also, nach Washington zu fahren. Auf der Schwelle des Ethikzentrums in Washington begegnet er dem Professor Warren Reich, einem Ethiker, der das bekannte »Lexikon für Bioethik« (Encyclopedia of Bioethics) gerade neu herausgegeben hat. Sie erkennen sich nach den Fotos als bekannte Gelehrte, fallen sich um den Hals; Dogen nennt sein Anliegen, und Reich ist ein wenig enttäuscht. Er sagt zu Dogen: »Aber ich war doch gerade im Aufbruch nach Kyoto, um dich zu besuchen und um endlich zu lernen, wie man die Leute dazu motiviert, das, was wir als richtig erkannt haben, auch tatsächlich durchzuführen«.

Diese Geschichte ist als ein sogenanntes »Koan«, d. h. als eine Geschichte, in der es keine Lösung gibt, zu denken. Die Problematik ist jedoch klar: Wir brauchen einen interkulturellen, interreligiösen und interethischen Dialog, und wir wissen nicht genau, wie er ausgehen wird. Dieser Dialog bezieht sich nicht allein auf Unterschiede in Normierungen, wie wir sie noch betrachten werden, sondern auch beispielsweise auf die unterschiedliche Relevanz von Tugendethik und Normenethik und auf die unterschiedliche Bedeutung von Individualethik im Vergleich zur Institutionen- bzw. Sozialethik. Hier ist wiederum zu sagen: Dort, wo diese Unterschiede geläufig sind, dort ist es leichter, unter Berücksichtigung der Dualität von Individualethik und Sozialethik eine Sozialethik zu betreiben, die nicht allein schon vornherein in der Tugend der Solidarität aufgeht. Japaner (in unserem Beispiel) sind solidarisch, aber nicht im Sinne einer Institutionenethik sozialethisch reflektiert. Die Universalisierung des institutionsethischen Gesichtspunktes geht in den »Tugenden« unter, sie geht einem primär solidarischen Bewußtsein zunächst einmal ab. Das sind Strukturzüge, die sich selbstverständlich nicht nur in Japan zeigen lassen. Ich habe schon darauf hingewiesen, daß etwa in Afrika das Ethos der Solidarität auch sehr stark verankert ist, unter ganz anderen geschichtlichen Bedingungen. Und schließlich ist das »Weltethos« von Hans Küng ganz auf handelnde Personen bezogen; es läßt die institutionellen, strukturellen Bedingungen unseres Handelns noch weitgehend außer Betracht.

2. Ethische Probleme im Vergleich zur islamischen Kultur

Damit möchte ich zweitens zum Islam übergehen. Meine Begegnung mit dem Islam beruht auf einer Tagung in Tunis, die sich mit einer kritischen Rezeption und Reflexion der Bioethik in Amerika und Europa beschäftigte. Sie fand an der Islamischen Theologischen Fakultät der Universität Kairouan statt, an der ich die Möglichkeit hatte, als erster Ungläubiger seit der Gründung im 8. Jahrhundert sprechen zu dürfen. Diese Erfahrung beruht sehr stark auf der Kenntnis dessen, was man auch »Islamisierung« der Kultur nennt, vielleicht wird dies in dem folgenden Schaubild (bei Luyckx S. 134) deutlich.

Islamische Wissenschaft / Kultur	Westliche Wissenschaft / Kultur
Holistisch; synthetisch	**Analytisch**
Mit dem Verständnis von Wissenschaft als Kulturphänomen	Wissenschaft als universal und objektiv, kulturunabhängig
Wertgesättigt, nicht von Ethik getrennt	Wertfrei, objektiv und unabhängig von Ethik und Politik
Einheit	Dualität
Heiliges und Profanes kombinierend	Säkularisiert: Heiliges und Profanes voneinander getrennt
Wissenschaft muß der Menschheit dienen	Wissenschaft ist nur auf Resultate aus
Erkenntnis ist Verantwortung für Wissenschaftler	Der Wissenschaftler ist für Folgen seiner Forschung nicht verantwortlich

Es ist ein Versuch, den Unterschied zwischen heutigem islamisiertem Wissenschaftsverständnis und westlichem Verständnis des Fortschrittes aufzuzeigen. Man muß dabei gegenüber fragwürdigen Vorurteilen immer wieder auf folgendes aufmerksam machen: die wissenschaftliche Tradition des Abendlandes ist am Anfang durch die wissenschaftliche Tradition des Islam gesponsort worden. Ohne die Stärke des Islam zwischen dem 9. und 14. Jahrhundert in der Wissenschaft gäbe es keine abendländischen Universitäten. Das muß man sich immer wieder klar machen. Diese frühe islamische Wissenschaft beruhte auch auf der Einsicht, daß es eine gewisse Dualität zwischen der Autonomie der Wissenschaft und der Weisheit der Religion geben muß. Wir haben an den christlichen Universitäten Europas diese Einsicht übernommen. Diese erste »Islamisierung« stand an der Wiege der Modernität im Mittelalter.

Heute aber scheint mit der »Islamisierung« ein Rückfall der Muslime ins christliche Vormittelalter verbunden zu sein, und zwar in mancherlei Hinsicht, weil sich hier die synthetische antike Weltsicht und die analytische »moderne« Weltsicht gegenüberstehen. In der synthetischen Weltsicht des Islamisierungsprogramms wird die Wissenschaft eher als ein abhängiges Kulturphänomen gesehen. D. h.: das Thema »Wissenschaft und Gesellschaft« wird im »neuen« Islam sehr viel stärker pointiert. Wenn man hingegen dieses Thema bei uns stark macht, gilt man gleich als »links«. Der Humanitätsdienst der Wissenschaft einerseits, und die Unterwerfung der Wissenschaft allein unter die Gesetze des Fortschrittes, d. h. unter die Gesetze der Effizienz und der rationalen Redlichkeit, andererseits, bedeuten zunächst die Nichtverantwortlichkeit des Wissenschaftlers für die Folgen seiner Forschung in der westlichen Kultur.

Manche werden hier vielleicht einwenden: In Deutschland wird doch sehr viel geredet über die Verantwortlichkeit der Wissenschaftler und der Techniker für die Folgen ihres Handelns. Aber in einer Diskussion auf einer Tagung der Gesellschaft »Wissenschaft und Verantwortung« (1993) gab es Streit um die Frage, ob der Forscher für die Folgen seiner wissenschaftlichen Erkenntnis eine Verantwortung hätte. Dies wurde als Bestandteil des eigentlichen Wissenschaftsethos verneint, insbesondere von Hans Mohr, einem bekannten Biologen und einem der Direktoren der Akademie für Technikfolgenabschätzung in Stuttgart, und zwar deswegen, weil man Wissenschaft nicht betreiben könne, indem man sozusagen reflex vor Augen habe, was mit dieser Wissenschaft dann getan werden könnte. Selbstverständlich sind aber Wissenschaftler und Wissenschaftlerinnen auch Bürger und Bürgerinnen, die für die Folgen der Wissenschaft Verantwortung tragen. Sie tragen also zwei Seelen in ihrer Brust. Die Wissenschaftler tragen als Bürger die Verantwortung für das, wofür sie als Wissenschaftler in ihrer spezifischen Verantwortung (nach Hans Mohr) nicht zuständig sind. Diese Erwägungen machen deutlich, mit welch vertauschten Rollen man in der Geschichte zwischen Abendland und Islam antreten kann. Im 11. Jahrhundert hätten wir vielleicht eher auf der westlichen Seite die integralistische Sicht gefunden und auf der islamischen Seite die stärkere Unterscheidung, wenn nicht gar eine Trennung von Wissenschaft und Gesellschaft.

Die Fragen einer inhaltlichen, islamischen, ethischen Sicht sind vor allen Dingen verbunden mit dem Eingriff in menschliches

Leben. Die islamische Lehre geht davon aus, daß menschliches Leben erst 90 Tage nach der Befruchtung beginnt. Daraus ergeben sich selbstverständlich eine Reihe von Unterschieden, z.B. im Hinblick auf die Frage des Embryonenschutzes, die bei uns so stark diskutiert wird. Die islamische Sicht richtet sich zwar auch gegen die (späte) Abtreibung, aber sie richtet sich auch gegen die Geburtenregelung. Man wird sich vielleicht an das interessante Bündnis zwischen Vatikan und Islam bei der Weltbevölkerungskonferenz (1994) in Kairo erinnern. Auf der einen Seite ist im Bezug auf die neueren medizinisch-technischen Entwicklungen eher damit zu rechnen, daß es zu technischen Fortschritten kommt, die dem Islam leichter fallen. Auf der anderen Seite ist der Islam konservativ, was beispielsweise die Beibehaltung familiärer Werte und selbstverständlich auch, was in diesem Zusammenhang die Positionen der Geschlechter anbetrifft.

3. Ein Blick auf das Judentum

Wenn wir drittens einen Blick auf eine weitere abrahamitische Religion, auf das Judentum werfen, können wir Gemeinsamkeiten im ökologischen Welt-Verständnis herausarbeiten. Die entsprechenden biblischen, aus der jüdischen Geschichte und ihren Textkommentaren hervorgehenden Zitate sind ebenfalls für den Islam und für das Christentum gültig. Bei Rabbi Guggenheim heißt es z.B.: »Also gehört die Natur nicht wirklich uns, sie ist etwas, was uns anvertraut ist, sie kann deswegen nicht allein eine Ressource für Profit und Vergnügen sein, sondern sie ist auch eine Quelle von Verpflichtungen«: Natur ist eine unserer Verpflichtungen gegenüber Gott.« (zit. bei Luyckx S. 143) Gott ist sozusagen der Treuhänder, der Sachverwalter für alles, was vormenschliches Leben ist. Der rein natürliche Zustand des physischen Vergnügens muß deswegen durchdrungen und teleologisch auf das eigentliche Ziel in Gott ausgerichtet werden; das Natürliche muß »auf das Niveau des Heiligen emporgehoben werden«. Dies sind Voraussetzungen für ein ökologisches Bündnis zwischen den abrahamitischen Religionen. Dennoch wird das im Einzelfall keineswegs bedeuten, daß identische Normen gesetzt werden; gerade auf dem Gebiet der Bioethik werden wir dies noch zu zeigen versuchen.

4. Zum afrikanischen Umgang mit der Natur

Ein viertes Beispiel soll ein Blick auf den afrikanischen Umgang mit der Natur darstellen. In Afrika gilt ebenso, wie wir es für andere Kulturen schon aufgezeigt haben, daß von der Tradition her kein Mensch-Natur-Dualismus besteht und daß angesichts der Ahnenkontinuität, also des besonderen Generationenvertrages, den es in afrikanischen Religionen gegeben hat, auch nicht dazu kommt, die Natur im Gegenüber zum Menschen zu divinisieren. Die afrikanische Kultur ist also dadurch bedingt, daß sie auf der einen Seite keinen primären Manipulationsverdacht hat, wenn der Mensch sich an der Umwelt technisch betätigt, während sie aber auf der anderen Seite die Natur im Menschen so mit verleiblicht sieht, daß sie besonders reagieren kann, wenn der Mensch mit der Natur zerstört zu werden droht. Das hängt mit der Einheit des Lebens, die holistisch begriffen wird, zusammen, und gerade im politischen Verständnis des Lebens und in der Kontinuität mit den Ahnen liegt indirekt eine Quelle eines möglichen geschärften ökologischen Bewußtseins. Diese Einsichten beruhen auf zwei (ungedruckten) Tübinger Dissertationen: die eine von Onema über die »Theologie des Lebens« und die andere von Lothena Kilombo über die »Theologie der Solidarität« (beide Autoren aus Zaïre).

5. Zum Problem des »konziliaren Prozesses« im Christentum

Werfen wir fünftens einen Blick auf die Schwierigkeiten des »konziliaren Prozesses« im Christentum: Frieden, Gerechtigkeit und Bewahrung der Schöpfung. Wir stoßen innerhalb des Christentums immer wieder auf Unterschiede, die auch von Marc Luyckx herausgearbeitet worden sind, z. B. zwischen den Protestanten und den Katholiken, auf Unterschiede, die einem eher optimistischen oder

eher pessimistischen Welt- und Menschenbild entsprechen, insofern der Mensch (protestantisch) stärker unter der Sünde oder (ka-
tholisch) in seiner Gottebenbildlichkeit gesehen wird. Das sind
Unterschiede des Zugangs, die heute in ihrer theologischen Differenz nicht mehr konfessionstragend sind, das muß man immer
wieder hervorheben, die aber sozusagen kulturell weiterbestehen.
Liberaler Personalismus, verbunden auf der anderen Seite mit einem stärkeren Sündenbewußtsein, hat sich jedenfalls in der wissenschaftlichen angelsächsischen Welt stärker ausgewirkt. Auch besteht ein Unterschied, ob man, ethisch gesehen, eher zum
Dezisionismus oder zum Rationalismus neigt. Für die Katholiken
gilt eher das letztere. Es gibt protestantische Ethiken, in denen die
Gebetstiefe Aufschluß geben soll über die richtige Entscheidung:
z.B. die »Anrufung Gottes als Grundethos christlichen Handelns«[8].

Wir wollen aber auf solche Unterschiede hier nicht weiter eingehen, sondern die Frage stellen, warum es dem konziliaren Prozeß
nicht gelungen ist seit den Texten von Basel und Seoul, alle Unterschiede zu überwinden, die beispielsweise in der Katholischen Kirche noch durch »Humanae vitae« (1968) oder durch die jüngste
Enzyklika »Evangelium vitae« (1995) verdeutlicht werden können.
Warum konzentriert sich z.B. die Katholische Kirche so stark auf
den Lebensbegriff im Rahmen von Geburt und Tod und so wenig
auf den Lebensbegriff im Zusammenhang mit der Ökologie?

Gerade die Vorbereitung der »Gemeinsamen Erklärung« der
Deutschen Bischofskonferenz und der Evangelischen Kirche in
Deutschland (1997) zeigte deutlich ein ökologisches Unterbesetzt-
sein der sozialen Frage in den Kirchen. Manche behaupten zwar,
daß in der katholischen Soziallehre doch Texte über die Ökologie
stehen. Es sind jedoch sehr wenige, und sie sind sehr allgemein.
Selbst in der in dieser Hinsicht vielleicht ertragreichsten Enzyklika
»Centesimus Annus (1991)«, findet sich die Ökologie eher im Sinne des französischen Milieubegriffs, also Umwelt als soziales Umfeld. Während manche bereits nach der ökologischen Marktwirtschaft streben, haben wir noch nicht einmal die ökologische
Sozialethik entwickelt, vielleicht mit Ausnahme der amerikanischen Prozeßtheologie (John Cobb). Anfänge einer solchen ökologischen Sozialethik finden sich auch unter dem Stichwort »Nach-

haltigkeit« in der bereits genannten »Gemeinsamen Erklärung« von Bischofskonferenz und EKD.

Wenn wir nach einer ethischen Ökumene angesichts von Armut, Krieg und Umweltzerstörung suchen, können wir uns die politische Haltung des Westens nicht gestatten. Zu fragen ist ferner: Warum gibt es keine Verbindung zwischen »Chicago 1993«, also der Erklärung der Weltreligionen zum »Weltethos«, und dem konziliaren Prozeß? Es wäre doch sinnvoll, diese beiden Bewegungen zusammenzuführen.

6. Differenzen in den »westlichen« Ethiken

Den ersten Teil will ich sechstens mit einem Blick auf ideologische Differenzen in den »westlichen« Ethiken abschließen. Wir müssen ja davon ausgehen, daß unsere Welt durchaus auch mit Menschen zu rechnen hat, die theoretisch oder praktisch ohne Gottesglauben und ohne Kirchen auskommen. Marc Luyckx hat diese »Profession« als eigene kulturelle Identität in seine Untersuchung aufgenommen (vgl. Luyckx S. 149ff). Als gemeinsamen Träger der Ethik kann man die Philosophie betrachten, wenn man sie zudem als rationalen Querschnitt aller Argumentationen, auch in den Religionen, ansieht. Wenn Religionen argumentieren, müssen sie philosophisch argumentieren. Sie können gar nicht anders argumentieren, denn sie können die Worte ihrer Urtexte, ob es das Alte Testament, das Neue Testament oder der Koran ist, für die heutige Zeit nur ethisch übersetzen, wenn sie dazu eine philosophische Begründung liefern. Alles andere wäre reine Deklamation, bei der erst einmal zu entscheiden wäre, ob sie für damals oder für heute gilt. Das philosophische Querschnittsthema ist immer mit der Frage nach einer *ethischen Ökumene* verbunden. Gerade auf diesem Gebiet zeigen sich jedoch Unterschiede des Denkens, die vom Unterschied der Denkkultur bis zum konfessionellen Unterschied der Bedeutung des Denkens in der praktischen Lebensform reichen.

Ich will wenigstens eine Thematik aufgreifen, in welcher das deutlich wird: die Debatte um die Spaltung zwischen menschlichem Lebewesen und Person (Personizismus) und dem Vorwurf der Bevorzugung einer Gattung von Lebewesen, wenn das menschliche Lebewesen allein aufgrund seiner Gattungszugehörigkeit als Würdeträger erscheint (Speziesismus).[9] Einige Philosophen gehen davon aus, daß das Leben gattungsübergreifend betrachtet werden muß. Deshalb muß die Geistigkeit dieses Lebens ebenfalls gattungsübergreifend betrachtet werden. Die Erfindung der Gentechnik hat deutlich gemacht, daß der Stoff, aus dem das Leben ist, gattungsübergreifend existiert. Die menschlichen Gene sind nur zu geringem Teil spezifisch menschliche Gene, alle anderen teilen wir mit dem gesamten Leben. Das ist ja auch eine Entdeckung, die die Erfahrung unserer Zugehörigkeit zum Leben und der Zugehörigkeit der »Natur« zu uns verstärkt. Aber auf der anderen Seite werden die in der Biologie bisher selbstverständlich geltenden Gattungen und die in der sozialen Verantwortung als selbstverständlich betrachteten Grenzen der Gattung »Mensch« auf diese Weise in Frage gestellt. Die Frage lautet, ob nicht der intelligente Schimpanse mehr Person ist als Frühformen oder defekte Formen der menschlichen Gattung, die über weniger Selbstbewußtheit verfügen, und ob einige genetische Informationen, welche die Zugehörigkeit zum menschlichen Geschlecht als Gattung bestätigen, schon genügen, um zu sagen, daß solche menschlichen Gattungswesen auch schon Personen sind. Dieser Position erscheint es als eine Diskriminierung eines u. U. höheren Bewußtseins, wenn man sagt, daß z.B. ein früher Embryo auf Grund der Zugehörigkeit zur menschlichen Gattung *mehr* ist als ein entwickelter Schimpanse. Solche Überlegungen ziehen sich quer durch verschiedene philosophische Theorien hindurch. Meistens werden sie mit dem Namen Peter Singer verbunden, aber er ist nicht der einzige Vertreter.[10]

Die »speziesistische« Einstellung betrachtet hingegen die Gattungsgrenze. Jede Grenzlinie, die *innerhalb* der menschlichen Gattung verläuft, entspricht ähnlichen Grenzlinien, wie wir sie schon kennen, z.B. der Zugehörigkeit zu einem Geschlecht oder zu einer Rasse. Wenn jedoch Rassismus und Sexismus falsch sind, dann ist ein »Personizismus«, der Menschen nach Formen des Bewußtseins und der Selbstbestimmung unterscheidet, eine Diskriminierung. »Personizismus«, ausgehend von der Selbstbewußtseinstheorie eines

John Locke, oder »Speziesismus« wie er in einer klassischen philosophischen Tradition vorausgesetzt wird, das ist eine Alternative
von ganz entscheidender Bedeutung, nicht nur in der Bioethik,
sondern auch in der Art und Weise, wie man die ökologische Ethik
oder auch die Tierethik betrachtet.

Eine andere Frage, die die philosophische Ökumene beschäftigt,
lautet: soll Ethik eher »konservativ« oder eher »offensiv« sein?[11]
»Konservativ« sein heißt, die Sensibilität für die Zweideutigkeit der
Folgen unseres Fortschrittes zu betonen. Das würde z. B. bedeuten,
in der Umweltdebatte die Prävention in den Vordergrund zu stellen, so daß Schadstoffe gar nicht entstehen. »Offensiv« heißt, zunächst einmal den Fortschritt der Technik, der Wissenschaft und
auch der Wirtschaft als gegeben anzunehmen und dann begleitend
mitzuhelfen, die Probleme, die dabei entstehen, wenigstens teilweise zu entsorgen. Dann wäre die Ethik im wesentlichen »konsekutiv«, sie würde notgedrungen immer hinter den Problemen herlau-
fen, die neu entstehen, und sie würde versuchen, diese Probleme
aufgrund der menschlichen Verantwortung für die Folgen zu vermindern.

Wir können diese Unterschiede bei umweltrelevanten Debatten
in der Biotechnik deutlich sehen, wenn wir z. B. an die Freiset-
zungsfrage bei gentechnisch veränderten Organismen und Mikroorganismen denken. Die konservative Haltung meint: dies ist ein
Handeln auf Ungewißheit hin, daher ist es zumindest vorerst zu
unterlassen. Die offensiven Ethiker hingegen sagen: wir müssen dafür sorgen, daß möglichst viel Sicherheit entsteht, indem wir entsprechende Sicherheitsvorkehrungen treffen. Wer z.B. in der Ent-
sorgungsdebatte »offensiv« und »konsekutiv« denkt, plant,
Schadstoffe wie Dioxin so zu entsorgen, wie unter Umständen einmal das ausgelaufene Öl von Tankern durch genetisch veränderte
Mikroorganismen, die schon patentiert sind, entsorgt werden soll.
Entsorgung vollzieht sich also auf dem Rücken des offensiven Fortschrittes der Biotechnik. Bisher ist diese Entsorgungstechnik nur
euphorische Musik. In der mehr konservativen Sicht geht man hingegen davon aus, daß die Schadstoffe erst gar nicht entstehen dürfen. Deshalb sollen Tanker mindestens doppelwandig und mit ge-
trennten Schotts gebaut werden. Diese verschiedenen Sehweisen

stehen sich oft wie Konfessionen gegenüber und beschimpfen einander gegenseitig als »irrational«.

7. Ethische Ökumene

Wir sind damit schon zum zweiten Teil, zur Frage nach der ethischen Ökumene übergegangen. Ich will auf das Bild der Unterschiede im Hinblick auf konkrete Verhaltensweisen zurückgreifen. (vgl. Luyckx, Seite 167). Wir beginnen wieder mit Japan als Vorbild, Japan als Gegenbild. Z.B.: bei der Frage nach den Tierexperimenten antworten die Japaner mit »nein«, wobei die Entschiedenheit sich in Grenzen hält, d.h. ein »Nein« bedeutet nicht, daß nichts dergleichen gemacht wird. Dieses Nein zu Tierversuchen ist ein kulturelles »Nein«. Je nachdem, wie stark sich die Wissenschaft zivilisatorisch unabhängig von der Kultur behaupten kann, gibt es eine extensive Debatte über die Geltung und Reichweite dieses »Nein«. In der »Christenheit« geht diese Debatte über die Frage von Speziesismus (Gattungsvorrang) und Personizismus (Bewußtseinsvorrang).

Beim Islam ist das »Nein« zu Experimenten mit frühem menschlichen Leben schwächer, weil die ersten 90 Tage ja nicht als die Zugehörigkeit zum beseelten menschlichen Leben gelten. Das hängt mit der sog. Beseelungstheorie oder dem sog. Kreationismus zusammen, die auch einmal Thomas von Aquin vertreten hat. »Nein« gilt in Japan, »Ja« im Christentum, wenn es darum geht, lebende Organe unter der Voraussetzung des Hirntodes zu entnehmen. Die aktive Euthanasie wird von beiden abgelehnt. Hans Küng hat inzwischen eine Debatte darüber begonnen, in der noch einmal die Frage nach der ethischen Richtigkeit der aktiven Euthanasie gestellt wird. Die Abtreibungsdiskussion wäre hier ebenfalls einzubeziehen. Es wird deutlich, daß es hier Herausforderungen gibt, die man im Dialog mit anderen Religionen noch stärker erweitern könnte.

Wie kommen wir über diese Schwierigkeiten hinaus, gibt es so etwas wie integrierende Grundnormen? Das hängt davon ab, welche Voraussetzungen man philosophisch und theologisch macht.

Früher, vor etwa zwanzig Jahren, hat man an dieser Stelle den Unterschied der philosophischen Begründung zwischen »Deontologie« und »Teleologie« diskutiert.[12] Diese Diskussion scheint mir überholt.[13] Denn es gibt keine Pflichtenlehre (Deontologie) ohne Folgenverantwortung und keine Folgenbewertung (Teleologie) ohne Bewertungsmaßstäbe, also Pflichten (bei Schüller ist der Bewertungsmaßstab die Liebe). Die Gegensätze werden heute an anderer Stelle ausgetragen: Jemand, der »universalistisch« denkt, also ein Gesetz nur dann akzeptiert, wenn es universal ist, betrachtet Grundnormen als für alle verbindlich. Jemand, der »kommunitaristisch« denkt, geht davon aus, daß es jeweils der Gemeinschaft bedarf, um überhaupt Einsicht in Normen gewinnen zu können. Normen müssen in einer Gemeinschaft noch vor aller Prüfung durch Rationalität eingeführt sein, ich sehe sie ein, bevor ich sie begründen kann. Und wenn ich etwas nicht einsehe, bevor ich es begründen kann, dann komme ich in meinem kulturellen Kontext nicht darauf, eine Begründung für etwas anderes zu suchen. In der Geschichte des Christentums werden bestimmte Werte sichtbar und selbstverständlich, und man sieht sie als Christ bereits ein, bevor man sie begründen kann; auch wenn man hinterher versucht, sie rational zu begründen, damit sie auch für andere einsichtig werden, so gibt es ohne den Entstehungszusammenhang der christlichen Sozialisation ebenso wenig eine Herausforderung zur Begründung wie ohne das Infragestellen dieses Traditionszusammenhanges.

Diese beiden unterschiedlichen Ausgangswege, Universalismus und Kommunitarismus, könnte man noch weiter differenzieren. Sie kommen, was die Methode der Einsicht in Grundnormen anbetrifft, zu ganz unterschiedlichen Ansichten. Die Kommunitaristen – oder in der Theologie die Communio-Theologen – werden vielleicht eher sagen: je globaler wir sind, um so regionaler werden wir sein. Dabei kann das Wort »regional« auch mit »postmodern« ersetzt werden. Je moderner und universaler wir werden, im Sinne der Aufklärung, um so postmoderner und partikularistischer (gleichzeitige Geltung verschiedener Gemeinschaftsnormen) werden wir sein. »Postmodern« ist eine Reaktion auf die Globalisierung, die u.a. durch den Kommunitarismus und durch das theologische Communiodenken zum Ausdruck gebracht wird. Es ist ja auch sehr viel leichter, sich unter Gleichgesinnten zu verständigen. Es ist erholsam, wenn Leute die gleichen Voraussetzungen teilen, die man selbst macht. Wenn man sozusagen »Vorurteile« austauschen kann, ohne sich ständig rechtfertigen zu müssen, wenn man in solidarischen Nestern wohnt.

Was machen wir angesichts dieser neuen und alten Konkurrenzen? Wir müssen versuchen, eine konvergierende Entsprechung zu finden, eine Art reflektiertes Gleichgewicht zwischen Universalismus und Kommunitarismus. Das Wort »reflektiertes Gleichgewicht« (»reflective equilibrium«) stammt von dem amerikanischen Philosophen John Rawls.[14] Wenn wir auch universale Normen haben, müssen wir immer damit rechnen, daß sie unter regionalen Voraussetzungen nicht verstanden werden. Ein Beispiel dafür sind die Menschenrechte. Wir haben sie als universale Normen anerkannt, sie sind von den verschiedensten Staaten unterschrieben worden, aber die Frage ihrer Gültigkeit wird unter der Hinzuziehung weltanschaulicher Fragestellungen verändert. Wenn man beispielsweise versucht, in der Kirche mit den Menschenrechten zu argumentieren, wird einem sofort vorgehalten, das sei doch keine theologische Argumentation, z. B. in der Frage der Gleichberechtigung von Frauen. Ich betrachte die Menschenrechte als eine sehr genaue theologische Argumentation, jedenfalls dann, wenn Jesus Christus *Mensch* geworden ist, und wenn man ernsthaft daran glaubt, daß damit das Menschliche zum Kriterium des Christlichen geworden ist. Aber ähnliche Probleme wie die Katholische Kirche haben auch chinesische Kommunisten oder, mutatis mutandis, islamische Integristen.

Worum es mir geht, ist die Anerkenntnis, daß wir beides zugleich denken müssen: das Partikulare und das Globale. Wir suchen damit eine Art »binären Code«, weil wir das Universale niemals verstehen, es sei denn in unserer eigenen geschichtlichen, traditionsorientierten und kulturellen Weise, ohne daß wir dabei freilich das Bedürfnis nach dem Universalen aufgeben. Wenn wir das Universale verstanden und anerkannt haben, können wir es in einem ganz bestimmten Kontext anwenden, und dieser Kontext ist oft relativ partikular. Man muß also beide Seiten zugleich festhal-

ten, und eine Art »partikularen, zugleich auch partikular-kritischen
Universalismus« – eine Balance und nicht ein Paradox ist hier gemeint – zustandebringen.[15] Wenn man das versucht, dann kann
man etwa in dem Sinne der Erklärung von Chicago (1993) die
Gebote der zweiten Tafel des Dekalogs als universale Normen
begreifen und sich trotzdem bewußt sein, daß es unterschiedliche
kulturelle Herausprägungen und Verwirklichungen gibt. Zum
Beispiel: das Tötungsverbot im Sinne des Mordverbotes, also der
sittenwidrigen Tötung, schließt Ausnahmen wie Notwehr nicht
aus. Das Verbot des sexuellen Mißbrauchs, der sexuellen Gewalt ist
eine wichtige Umformulierung des sechsten Beichtgebotes. Es ist
viel wichtiger, sexuellen Mißbrauch ins Auge zu fassen, als manches
andere, das in der jüngeren Tradition für schwere Verfehlungen
gehalten wurde. Das alte Verbot der Lüge müßte zudem heute als
ein Kommunikations- und Informationsgebot neu formuliert
werden.[16] Das Ausbeutungsverbot, das traditionell im Katechismus
unter dem Begriff »Diebstahl« vorkommt, muß heute ausgedehnt
werden auf die strukturelle Auspowerung des Armen. Wenn wir
diese vier Universalismen im Auge behalten, die in der Erklärung
von Chicago aufgeführt sind, in einem ähnlichen Sinne, wie ich es
angesprochen habe, wenn wir darüber hinaus bereit sind, nachzudenken, ob das vierte Gebot der Elternachtung im Sinne des Rech-
tes der zukünftigen Generationen und des Generationen-Vertrages
neu zu formulieren sei, könnte man sich über die ethische Ökumene neue Gedanken machen. Über die abrahamitischen Religionen, die ja hier ihre Gemeinsamkeit haben, kann man weiter in das
Religionsgespräch vorstoßen. Das Religionsgespräch kann freilich
nicht alles leisten. Die Hoffnung, daß die Religionsautorität das
leistet, was die Vernunft nicht leistet, teile ich nicht. Nur eine Religionsautorität, die vorher vernünftig gereinigt ist, kann mit Ver-
nunftautorität die entsprechenden Normen aufrecht erhalten oder
neu gestalten.

8. Drei Regeln

Diese Überlegungen kann man durch drei andere, mehr formale
Regeln noch weiter vertiefen, die mit ihnen in Übereinstimmung

gebracht werden können. Die eine Regel (auch im Sinne der Erklärung von Chicago) ist das Kriterium der Menschenwürde. In unserer gesamten abendländischen Tradition kulminiert die Ethik im Begriff der Menschenwürde oder im Begriff der Personenwürde, um es in der Sprache der katholischen Soziallehre zu sagen. Die katholische Soziallehre ist ja auf einen Nenner gebracht mit dem einzigen Satz, daß die Würde der Person vor den Strukturen gilt. Alle Institutionen sind für den Menschen da, und der Mensch ist nicht für die Institutionen da. Menschenwürde kann heute mit dem Imperativ zum Ausdruck gebracht werden: handle so, daß du dir selbst und allen anderen, die an dem Handlungszusammenhang beteiligt sind, grundsätzlich die gleichen Rechte und Pflichten zugestehst. Die Begründung dieser Norm ist nachzuvollziehen bei Klaus Steigleder: »Die Begründung moralischen Sollens«.[17]

Diese Verpflichtung auf Menschenwürde kann der Mensch nur zum Ausdruck bringen, gerade angesichts der Herausforderung der Umweltzerstörung, indem er sich selber in einer Würde sieht, die zugleich in seiner Leiblichkeit verankert ist.[18] Denn die Leiblichkeit, das erwähnten wir schon einige Male, stellt so etwas wie eine Umweltbrücke des Menschen dar. Leben gefährden, heißt eben auch Leben leiblich im Menschen gefährden. Wir können das an den globalen Umweltfolgen, z. B. in der Klimafrage, zeigen. Jeder Schadstoffausstoß wirkt sich auch an der menschlichen Leiblichkeit aus. Es gibt zugleich eine ästhetische Minderung des Menschen z. B. durch den Rückgang der Artenvielfalt. Die Versorgung mit Nahrungsmitteln ist ebenfalls signifikant, wenn beispielsweise die Nahrungsmittel des Menschen immer mehr auf einige wenige, dann genetisch manipulierbare, Grundarten, Mais, Korn, Kartoffeln und Hirse reduziert werden.

Eine dritte Regel dient zur Unterstützung der zweiten Tafel des Dekalogs. Ich nenne sie die »Problemlösungsregel«. Sie ist angesichts des selbsttätigen technischen Fortschrittes heute unbedingt notwendig. Sie ergreift aber auch philosophisch Partei für eine eher defensive, nicht für eine offensive Begleitethik. Sie plädiert für eine defensive Ethik der Rückholbarkeit, für eine Ethik der Prävention (im Vorhinein) und nicht für eine Ethik der Konsekution (Schadensbegrenzung im Nachhinein). Die Regel lautet: man soll Pro-

bleme nicht so lösen, daß die Probleme, die durch die Problemlösung entstehen, größer sind als die Probleme, die gelöst werden
müssen. Das ist eine ethische Regel, die analytisch evident ist, aber
mit der man Wissenschaft des bisherigen Typos nicht mehr betreiben kann, wie mir Fachwissenschaftler immer wieder versichern.
Die Frage ist, wie ein Folgenethos (eine Teleologie der Verantwortung) zum Wissenschaftsethos werden kann. Können wir im Labor
an all das denken, was da nachher sein wird? Dazu bedarf es ver-
mittelnder Institutionen. Die Problemlösungsregel gilt im ganzen
für die Scientific Community, nicht primär für das abhängige Individuum. Ich möchte nicht die einzelnen Assistenten, die am Rea-
genzglas sind, unmittelbar damit konfrontieren, freilich vermittelt
durch ihre Teilhabermöglichkeit, – ich habe ja im Zusammenhang
mit den Geboten der zweiten Tafel auch von Kommunikation und
Partizipationsgebot gesprochen. – Die wissenschaftliche Welt, die
Scientific Community, müßte sich entsprechend strukturell verändern, damit die Handhabung der Problemlösungsregel überhaupt
als solche möglich ist. Noch weitgreifender ist in diesem Zusammenhang die Frage zu stellen, wie die – an Verfassungen und Menschenrechten orientierte – Politik ihren normativen Primat gegenüber der Wirtschaft wiedergewinnen kann, ohne die Selbstregulierung zu zerstören.

Für die zugleich partikulare und partikular-kritische Universalität, von der ich gesprochen habe, für diese Versöhnung zwischen
Kommunitarismus und Universalismus, haben wir durchaus Ansatzpunkte, die auch weltweit diskutiert werden können. Damit
dies aber möglich ist, brauchen wir die Begründungsdialoge, die in
dem Wort »Diskurs« zusammengefügt sind. Gerade in den Schulen
von Karl-Otto Apel und Jürgen Habermas wird ja von einer »Diskursethik« gesprochen. Manche Theologen machen den Fehler, in
der Diskursethik Elemente des Kommunitarismus (»kommunikatives Handeln«) zu sehen, oder sie verfallen in den Fehler, diese
Diskursethik auf konkrete Probleme wie Gentherapie oder Schadstoffausstoß anzuwenden. Das kann man nicht; es geht nämlich in
der Diskursethik um etwas ganz anderes und um etwas viel Funda-
mentaleres, nicht um die Umsetzung des richtigen, d.h. des reinen,
des nicht durch Macht zerstörten Diskurses, sondern schlicht da-

rum, daß wir in der Tat heute ohne Diskurs nicht auskommen. Die Globalität, von der wir sehnsuchtsvoll reden und die wir mit der Regionalität und der Partikulität vermitteln wollen, gibt es nicht ohne Dialog und Diskurs. Deswegen kommen wir nicht umhin, Netzwerke zu entwickeln, in denen die ethische Ökumene sozusagen als eine rollende Reform der Diskurse anwesend ist, auch wenn sie sich nach Ausgangsmodellen – wie ich sie versucht habe, in Grundgeboten zu benennen – zu orientieren versucht.

Anmerkungen

1   Der Begriff findet sich zwar u. a. bei Alfons Auer für die Weltweisungen des Christentums, vgl. Autonome Moral und christlicher Glaube, Düsseldorf, [1]1971, [2]1984, aber er wird, wie G. Stanke in seiner Besprechung von A. Auer, Zur Theologie der Ethik, Fribourg-Freiburg 1995, zu Recht bemerkt, bei Auer dazu »verwendet ..., um die ethischen Weisungen, die sich auf die Gestaltung der Welt beziehen, von denen zu unterscheiden, die die Gottesverehrung betreffen«, während Hans Küng die »Notwendigkeit eines Ethos für die Gesamtmenschheit« (Projekt Weltethos, 14) konstatiert. Weltethos heißt bei ihm so viel wie »globales Ethos« (19), »verbindendes und verbindliches Ethos für die gesamte Menschheit« (57). Als Komplementärbegriff zu Weltethos fungiert bei Auer Heilsethos. Küng spricht vom Weltethos im Unterschied zu Räumen »unterschiedlicher, widersprüchlicher und gar sich bekämpfender Ethiken« (14), d. h. im Unterschied zu einem Regional- oder nur auf einen bestimmten Kulturkreis begrenzten Ethos (vgl. Theologische Revue 93 (1997) 356).
2   Zuerst München-Zürich 1990.
3   Vgl. *H. Küng / K.-J. Kuschel* (Hrsg.), Erklärung zum Weltethos. Die Deklaration des Parlamentes der Weltreligionen, München-Zürich 1993 und dazu zuletzt *H. Küng* (Hrsg.), Ja zum Weltethos. Perspektiven für die Suche nach Orientierung, München 1995.
4   Ich entnehme die Beispiele einer Schrift, die es auf Französisch und auf Englisch gibt. Sie stammt von dem Theologen Marc Luyckx und ist 1992 in Brüssel bei der Europäischen Gemeinschaft entstanden, wird auch von dieser vertrieben. Der Titel lautet auf Englisch »Religions confronted with science and technology. Churches and ethics after Prometheus«. Die Originalschrift ist französisch, es gibt keine deutsche Übersetzung.
5   Hrsg. von *V. Braun / D. Mieth / K. Steigleder*, München 1987, hier: 238-247.

6   Vgl. Religion and Ethics in the Contemporary World = Zen Buddhism Today. Annual Report of the Kyoto Zen Symposium No.8, October 1990.

7   Über unterschiedliche Einstellungen zu bioethischen Problemen (im Vergleich zu Europa) in Asien und im Pazifik informiert: *D. Macer*, Bioethics and Genetics in Asia and the Pacific: Is Universal Bioethics Possible? In: *G. K. Becker* (Hrsg.), Changing Nature's Course. The ethical Challenge of Biotechnology, Hongkong 1996, 171-184 (mit weiterer Literatur).

8   So der Titel eines Beitrags von *E. Jüngel* in: *H. Weber / D. Mieth* (Hrsg.), Anspruch der Wirklichkeit und christlicher Glaube, Düsseldorf 1980, 208-224.

9   Vgl. Deutsches Institut für Fernstudien, Technik verstehen, einschätzen, bewerten, hrsg. v. *Ch. Hubig / G. Ropohl*, Studienbrief 3: »Technik an den Grenzen des Lebens«, mein Beitrag über »Geburt und Tod« (1994). Vgl. auch meinen Sendetext »Geburt und Tod« in: *Ch. Hubig / J. Albers* (Hrsg.) Technikbewertung, Sendetexte des Funkkollegs, Weinheim-Berlin 1995, 135-153.

10 Ein deontologischer Vertreter des Personizismus ist z.B. Tristram Engelhardt, The Foundation of Bioethics, New York-Oxford 1987. Zur Kritik vgl. *K. Steigleder* (Anm. 13), 11-114.

11 Vgl. *H. M. Sass*, Methoden ethischer Güterabwägungen der Biotechnologie (siehe Anm. 5), 89-110.

12 Vgl. z.B. *B. Schüller*, Die Begründung sittlicher Urteile, Düsseldorf, ³1987.

13 Vgl. dazu *K. Steigleder*, Die Begründung moralischen Sollens, Tübingen 1992, 301-319. Eine kurze Zusammenfassung der deontologischen Begründung nach *A. Gewirth*, Reason and Morality, Chicago 1978, die Steigleder in seiner Abhandlung vorlegt, bietet er jüngst in: Zeitschrift für Philosophische Forschung 51 (1997) 251-267.

14 Vgl. Eine Theorie der Gerechtigkeit, Frankfurt a. M., 1975.

15 Vgl. dazu *C. Christians / M. Traber* (Hrsg.), Communication Ethics and Universal Values. Thousand Oaks, London, New Delhi 1997; meinen Beitrag: The Basic Norm of Truthfulness: Its Ethical Justification and Universality, 87-105. Das Buch bietet einen guten Überblick über Interkulturelle Kommunikationsethik.

16 Vgl. a.a. O. (Anm. 15.).

17 Vgl. Anm. 13.

18 Vgl. *J.-P. Wils*, »Person und Subjektivität« und »Anthropologie«, in: Ders. / D. Mieth (Hrsg.), Grundbegriffe der christlichen Ethik, Paderborn 1992, 110-119; 162-182.

Die Notwendigkeit des Projekts Weltethos – aber ohne »theonome Begründung«

Beiträge einer Philosophie kommunikativer Vernunft – atheistisch, sozialistisch und diskursethisch akzentuiert

1. Die Notwendigkeit des Projekts Weltethos und die Problematik seiner Zuordnung zur »Postmoderne«

(1) Der folgende Beitrag ist durch die Überzeugung motiviert, daß die geistig-kulturelle und politisch-ökonomische Weltlage unserer Zeit in der Tat ein »Projekt Weltethos« erfordert, wie es von Hans Küng (1990) entworfen und inzwischen (1997) auf die politischen und wirtschaftlichen Probleme der Weltgesellschaft hin konkretisiert worden ist. Diese prinzipielle Zustimmung bleibt auch dort bestehen, wo an einigen Zügen des Projekts, seiner Ausführung und Begründung Kritik geübt wird; denn diese Kritik erfolgt in einer für die Sache (hoffentlich) produktiven Absicht.

Sinn und Notwendigkeit des Projekts ergeben sich aus der für die heutige Weltlage charakteristischen Spannung zwischen (technisch-ökonomischen) Globalisierungsprozessen und (politisch-kulturellen) Fragmentierungstendenzen, in der die Suche nach gemeinsamen normativen Orientierungen ein wesentlicher Schritt auf dem Wege zu der notwendigen Verständigung und zum Ausgleich konfligierender Einstellungen, Abhängigkeitsverhältnisse und Interessen ist. Angesichts der spannungsreichen Problemlage in einer pluralistischen Weltgesellschaft ist es völlig korrekt, ja

unumgänglich, die Frage nach normativ Gemeinsamem und
ethisch Verbindendem in die offene Form eines »Projekts« zu fassen. Denn es ist ja keineswegs schon ausgemacht, ob und wie der
notwendigen Problemstellung entsprochen werden kann, ja wie sie
selbst als solche zu entwerfen ist. (Darum ist R. Spaemanns Polemik gegen das »Projekt« Weltethos, die sich im Grunde gar nicht
auf den Problementwurf einläßt, in methodischer und sachlicher
Hinsicht so abwegig, objektiv verzerrend und subjekiv verzerrt.)

(2) Es ist auch legitim und sachlich sinnvoll, wenn Küng (zumal als
ökumenischer Theologe) den thematischen Ansatz der Fragestellung zunächst vor allem im religiösen bzw. interreligiösen Bezugsfeld zu gewinnen und zu entwickeln sucht. Denn angesichts der
faktischen kulturell-gesellschaftlichen und zumindest indirekten
politischen Bedeutung und Wirkung der Religionen und ihrer
Institutionen wäre es zweifellos ein wichtiger Schritt in Richtung
»Weltethos«, wenn im interreligiösen Bereich, über die religiös-
dogmatischen Differenzen hinweg, Gemeinsamkeiten in ethischen
(bzw. religiös-ethischen) Grundüberzeugungen aufgewiesen werden könnten, und eine Verständigung darüber öffentlich zum Ausdruck gebracht würde – wie sie dann (1993), nicht zuletzt durch
die Initiative Hans Küngs, in einer »Deklaration des Parlaments
der Weltreligionen« zum Weltethos erfolgt ist.
    Nun ist allerdings auch klar, daß eine Übereinstimmung
zwischen den heute lebendigen Weltreligionen über grundlegende
ethische Normen und Grundhaltungen zwar ein wichtiges Seg-
ment und einen notwendigen Schritt für das Projekt eines Weltethos darstellt, aber dessen Aufbau nicht umfassen und tragen
kann. Denn die Religionen und die religiöse Welt- und Lebensauf-
fassung sind in der säkularen Moderne aus ihrem grundlegend-
umfassenden Deutungsanspruch heraus- und zu einer spezifischen
Kultur-, Weltanschauungs-, und Wertsphäre mit partikularer
Wahrheits- und Wertgeltung herabgesetzt worden. Ein Weltethos
müßte aber, wenn es möglich sein soll, prinzipiell alle Menschen,
unabhängig von ihrer religiösen oder irreligiösen Einstellung, erreichen und den mit ihm notwendig verbundenen universalen und
allgemeinverbindlichen Geltungsanspruch nicht nur gegenüber

»Anders-Gläubigen«, sondern auch gegenüber »Ungläubigen« und Atheisten bewähren können. Dafür aber muß es nach Geltungsbereich und Geltungsgrundlagen als von der religiösen Dimension und der Differenz religiösen oder nichtreligiösen menschlichen Welt- und Selbstverständnisses prinzipiell unabhängig und diesen vorausliegend oder zumindest sie überschreitend gedacht werden.

Küng faßt den allgemein-menschlichen Geltungsanspruch der Grundforderungen eines möglichen Weltethos denn auch so, daß er nicht nur durch die interreligiösen Differenzen hindurchgreift, sondern das moralische Bewußtsein auch der Nicht-Gläubigen (Agnostiker und Atheisten) betreffen und darin Anerkennung finden soll (vgl. PW 75; WWW 132; Ch 649; EG 635). Und selbstverständlich weiß er auch um die weltanschauliche Segmentierung und Relativierung der religiösen Dimension in der säkularen Moderne und innerhalb pluralistischer Gesellschaften (s. bes. DCh V, 742 ff u.a.). Jedoch ergibt sich für Küng – im Zuge der »Krise« oder gar des »Endes« der Moderne, ihres »vernunft- und fortschrittsorientierten Paradigmas« und ihrer in manchem zwar berechtigten, aber im ganzen destruktiven Religionskritik – eine Restitution der Religionen und des religiösen bzw. theonomen Denkens, die sich auch auf die Begründungsfragen des Weltethos auswirkt (ein für das Projekt selbst problematischer Zusammenhang, der später zu erörtern ist).

(3) Die zeitdiagnostische und kritische Reflexion der Moderne führt Küng allerdings dazu, das Projekt Weltethos selbst auf die Krise der Moderne zu beziehen und im Übergangsfeld zu einer Nach- oder »Postmoderne« zu situieren. Zwar äußert er manche Vorbehalte gegenüber dem (vorläufigen) Epochen-Begriff der »Postmoderne« und vor allem gegenüber bestimmten Auslegungen und Erscheinungsformen des »Postmodernismus«, in denen »Beliebigkeit« und »radikaler Pluralismus und Relativismus« das verbindende und regulierende Potential des Universalen gerade im Ethischen gänzlich außer Kraft zu setzen drohen (vgl. PW 40ff, 93ff; DC 869ff, bes. 875ff). Aber auch wenn Küng keine (irrationalistische) »Gegen-Moderne« anstrebt, sondern eine (Hegelsche) »Aufhebung« der (rationalistischen) Moderne, meint er doch, von ei-

nem seit 1914/18 sichtbar und verstärkt wirksam gewordenen radikalen »Epochenbruch« mit der Moderne und ihrem rationalistisch-reduktionistischen Wissens- und Weltbeherrschungs-Paradigma (unter den Leitwerten Vernunft, Fortschritt, Nationalismus und weitgehender Verdrängung der religiösen Dimension) sprechen zu müssen.

Nun kann und muß hier nicht die labyrinthische Diskussion um Moderne und Postmoderne aufgenommen und weitergeführt werden. Ich könnte das auch nur auf eine kritische Weise tun, denn ich teile die Auffassung vom »Ende« der Moderne, dem »Epochenbruch« und der epochalen Bedeutung der – wie auch immer gedeuteten – »Postmoderne« und ihres »Paradigmenwechsels« nicht. Vor allem aber scheint mir die mit der ganzen Diskussion (und auch bei Küng) verbundene, ja in ihr dominante »Vernunft«-Kritik deplaziert und irrig zu sein. Denn sie betrifft eigentlich (und zumeist zu Recht) die in Wissenschaft, Technik und Ökonomie der Moderne dominant gewordene instrumentelle »Vernunft«, die aber in Wahrheit die zur Vorherrschaft gebrachte Verstandes-Rationalität eines Herrschaftswissens darstellt, deren usurpierter Vernunftanspruch von kritischen Vernunft-Denkern der Moderne (wie Kant, auch Hegel u. a. bis hin zu Jaspers und Habermas) kritisiert worden ist. Die mangelnde kritische Differenzierung zwischen Verstandesrationalität und einem ebenso umfassenden wie differenzierten Vernunft-Denken innerhalb der Moderne beeinträchtigt und relativiert schon die »Vernunft«-Kritik der »Dialektik der Aufklärung« von Horkheimer und Adorno, und auch die von Küng, von den eigentlichen »Postmodernisten« gar nicht zu reden. Angesichts dieser verqueren Diskussion kann ich nicht wie Küng (ThA 25) bedauern, sondern nur zustimmen, wenn Jürgen Habermas in seiner Meta-Kritik der Postmoderne und auch der Dialektik der Aufklärung (wie Jaspers) an einem universalen, aber strukturell differenzierten und kommunikativ transformierten Vernunftbegriff der Moderne festhält.

Ich erwähne diese Differenz, ohne sie, wie gesagt, weiter diskutieren zu können und zu müssen, weil mir die historische und zeitdiagnostische Situierung des Projekts Weltethos im Rahmen der »Postmoderne« unplausibel und problematisch zu sein scheint.

Denn wie immer man Status und Bedeutung der »Postmoderne«, gar als neues »Zeitalter«, auffassen und beurteilen mag, das Projekt Weltethos ist weit eher vom Vernunftpotential der Moderne als von dessen postmoderner Kritik getragen. Das zeigt sich vor allem an dem mit dem Projekt eines globalen Ethos notwendig verbundenen Universalismus hinsichtlich des (inter- und transkulturell) allgemeinverbindlichen Geltungsanspruchs der elementaren ethischen Werte und Normen, eine Universalität, die postmodernes Denken gerade zu destruieren sucht. Indem Küng seinerseits die »postmodernistische« Auflösung universeller Strukturen und Möglichkeiten des Denkens und Handelns in (totalisierten) Partikularismus, Relativismus und Beliebigkeit kritisiert und zurückweist, steht er an diesem zentralen Differenzpunkt der Sache nach jedenfalls eher auf Seiten der Moderne. Darum schiene es mir weitaus angemessener, das Projekt Weltethos der freilich nicht rationalistisch reduzierten, sondern (selbstkritisch) »reflektierten« oder »zweiten Moderne« (U. Beck) zuzuordnen – als einer wie auch immer distanziert und spezifisch bestimmten Postmoderne. Durch diese Zuordnung würde auch der dem Projekt Weltethos wesentlich zugehörige Begriff der (praktischen) Vernunft in seiner gegen die Reduktions- und Usurpationsformen moderner Verstandesrationalität kritisch gewendeten, strukturell differenzierten und zur kommunikativen Vernunft (Jaspers, Habermas) gewandelten Form angemessen in den Blick rücken.

Bevor diese Hinweise (in 3.) etwas weiter verfolgt werden können, bedarf es zunächst der Kennzeichnung und Erörterung einiger Grundbestimmungen des Projekts Weltethos.

2. Grundbestimmungen des Konzepts »Weltethos«

(1) Der Begriff »Weltethos« enthält mehrere Bedeutungsaspekte. Zum einen bezeichnet er das reale, praktische Bezugsfeld des in Frage stehenden Ethos als die Welt, d. h. das Ganze der menschlichen Lebenswelt und geschichtlichen Wirklichkeit in ihren Grundverhältnissen, einschließlich der Natur – etwa gegenüber einem primär jenseitsbezogenen »Heilsethos«. Zum zweiten wird mit dem

Begriff »Weltethos« die Bedeutung bzw. Relevanzbeziehung dieses
Ethos umrissen, nämlich als normativ-praktisch notwendig für die
globalen Probleme der gegenwärtigen Welt in Welt-Gesellschaft,
Welt-Politik und Welt-Wirtschaft (WWW, 1997). Und schließlich
kennzeichnet der Begriff neben dem Geltungsbereich vor allem
den Geltungsmodus der einem möglichen Weltethos zugehörigen
normativen Prinzipien und Gehalte als – dem Geltungsanspruch
nach – über alle weltanschaulichen, kulturellen, nationalen und
sonstigen (ethnischen) Differenzen hinweg – universal und unbedingt gültig und verbindlich.

Nun umfasst der Ausdruck »Ethos« – noch dazu in seiner Verallgemeinerung zum »Welt«-Ethos – einen weiten Bedeutungs-
raum, der nicht nur ethische bzw. moralische Prinzipien, Normen
und Forderungen des Urteilens, Verhaltens und Handelns betrifft,
sondern sich auch auf ein (individuell und gesellschaftlich) jeweils
konkret bestimmtes Ganzes kulturell geprägter »sittlicher« Lebensformen, Grundhaltungen und weltanschaulicher Grundeinstellun-
gen bezieht bzw. beziehen läßt (s. WWW 133). In diesem zugleich
umfassenden und konkreten Sinn kann der Begriff »Welt-Ethos«
aber nicht gemeint sein, denn solche je nur konkret und different
bestimmt wirklichen und möglichen Lebensformen können gerade
nicht als global einheitlich gegeben bzw. möglich oder als universal
gültig angenommen und allgemeinverbindlich eingefordert werden. Einen solchen universalistischen Einheits-Anspruch weist
Küng denn auch ausdrücklich zurück, indem er zunächst negativ
sagt: »ein globales Ethos ist nicht eine neue Ideologie oder Super-
struktur; es will das spezifische Ethos der verschiedenen Religionen
und Philosophien nicht überflüssig machen … Das eine Weltethos
meint keine einzige Weltkultur, erst recht nicht eine einzige Welt-
religion« (WWW 132), und der in ihm angestrebte Konsens kann
und muß »kein ethischer Totalkonsens« sein (WWW 133).

(2) Es bedarf also einer differentiellen Bestimmung dessen, was
und aus welchen Gründen strukturell, geltungstheoretisch und
inhaltlich als Weltethos zu verstehen und zu seinen normativen
»Grundelementen« mit allgemeinem Geltungsanspruch zu zählen
ist. Dieser notwendigen Differenzierung sucht Küng nicht (wie

etwa Habermas) durch eine geltungstheoretische Abhebung der Ebene allgemeingültiger Moral von der Dimension divergenter ethisch-existentieller Lebensformen gerecht zu werden, sondern durch eine Unterscheidung innerhalb des Ethischen (bzw. Moralischen) zwischen einem »elementaren« und einem (kulturell) »differenzierten« Ethos. Dabei wird nur mit den für ein Weltethos konstitutiven elementaren ethischen Werten, Maßstäben und Weisungen ein universaler Geltungs- und Konsensanspruch verbunden, nicht aber mit den verschieden geprägten Formen des differenzierten Ethos. »Bezüglich der elementaren (»dünnen«, M. Walzer) Moral, die sich auf einige grundlegende Forderungen beschränkt, ist ein globaler Konsens möglich. Bezüglich der kulturell differenzierten (»dichten«) Moral, die notwendig zahlreiche spezifische kulturelle Elemente enthält (bestimmte Formen der Demokratie oder der Pädagogik), ist ein Konsens nicht nötig. In umstrittenen konkreten Fragen wie Abtreibung oder Sterbehilfe sollten keine gleichmachenden Forderungen an andere Nationen, Kulturen und Religionen erhoben werden« (WWW 137). »Ethischer Konsens meint die für die heutige plurale Gesellschaft notwendige Übereinstimmung in fundamentalen ethischen Standards, die trotz aller Unterschiede der politischen, sozialen oder religiösen Richtung als *kleinstmögliche Grundlage für menschliches Zusammenleben und gemeinsames Handeln* dienen kann« (WWW 138).

Die zunächst formalen, d. h. strukturellen und geltungstheoretischen Kennzeichnungen des (elementaren) Weltethos werden dann näher qualifiziert durch die Angabe als allgemeinverbindlich geltender Grundwerte wie: Wahrheit / Wahrhaftigkeit, Gerechtigkeit, (s. WWW 134f., 139) und die Auszeichnung von Grundprinzipien und Maßstäben: 1. »Menschlichkeit« als die auf die Anerkennung und Wahrung der »Menschenwürde« verpflichtete Behandlung eines jeden, und 2. die »Goldene Regel« als Maßstab der wechselseitig gleichmäßigen Entsprechung von Erwartung und Handlung bzw. moralischen Rechten und Pflichten der Menschen gegeneinander (s. WWW 156, 154f.; PW 81ff). Eine weitere inhaltliche Konkretisierung erfahren die Grundelemente des Weltethos schließlich durch die Formulierung der »vier unverrückbaren Weisungen«, die auf eine »Kultur« a) der »Gewaltlosigkeit und Ehr-

furcht vor dem Leben«, b) der »Solidarität und eine gerechte
Wirtschaftsordnung«, c) der »Toleranz und ein Leben in Wahrhaf-
tigkeit« und d) der »Gleichberechtigung und der Partnerschaft von
Mann und Frau« verpflichten sollen (WWW 155f.; vgl. E 26-40;
PW 81ff., 118ff.).

Dies sind die normativen »Grundelemente« eines auf »Leben,
Integrität, Freiheit und Solidarität« aller Menschen ausgerichteten
Menschheitsethos (PW 81), die als Leitwerte und Maßstäbe für die
heute unabweisbare »planetarische Verantwortung der Weltgesellschaft für ihre eigene Zukunft« in »Mitwelt, Umwelt und Nach-
welt« fungieren sollen, ja müssen (PW 52ff.). Das dergestalt in seinen elementaren Bestimmungen umrissene globale Ethos soll,
wenn nicht *die*, so doch *eine* wesentliche, ja entscheidende »Grundlage der Weltgesellschaft« (WWW 130ff.) sein, auf der die Ungleichheiten, Spannungen und Konflikte, die der von den Macht-
zentren gesteuerten Globalisierung innewohnen, im Sinne einer
ethisch fundierten und verantwortbaren »Weltordnung« reguliert
werden könnten.

(3) Eine notwendige, wenngleich nicht hinreichende Bedingung
für eine solche weltpolitische Relevanz des Weltethos wäre zunächst, daß es in seinen normativen Grundbestimmungen und
deren allgemeinem Geltungs- und Verpflichtungsanspruch auch
möglichst allgemein einsichtig und überzeugend ist bzw. gemacht
wird. Und dies wiederum hängt zu einem guten Teil davon ab, wie
die Prinzipien, Wertmaßstäbe und Weisungen in ihrem universalen
und unbedingten Geltungssinn aufgewiesen und begründet werden
können. Da Küng mit Recht davon ausgeht, daß sie nicht einfach
zu erfinden oder zu konstruieren sind, sondern als in gewisser
Weise schon gegeben gefunden und aufgezeigt werden müssen, legt
sich methodisch ein Verfahren der Aufweisung nahe, das sich am
ehesten als historisch-phänomenologisch kennzeichnen läßt. Dementsprechend sucht Küng die Grundbestimmungen des Weltethos
und ihren allgemeinen Geltungsanspruch über den historisch-phänomenologischen Nachweis ihres weltweiten (allgemeinen) Vor-
kommens und Geltens in den verschiedenen geschichtlich-kultu-
rellen und ethischen Traditionen, zumal der Weltreligionen, zu ge-

winnen und als allgemeingültige und konsensfähige Normen auch eines heute möglichen und notwendigen globalen Ethos zu erweisen. So beziehen sich die vier »unverrückbaren Weisungen« auf Gebote des Dekalogs und korrespondierende Traditionen. Ähnliches gilt für die Grundwerte Wahrheit / Wahrhaftigkeit, Gerechtigkeit sowie für das Prinzip der Menschlichkeit und Menschenwürde. Und insbesondere die »Goldene Regel« als normativer Maßstab eines Ethos der wechselseitigen Achtung der Bedürfnisse, Interessen und Erwartungen eines jeden und der gleichwertigen Rechte (Ansprüche) und Pflichten gegeneinander hat vielfältige und doch konvergierende Traditionen hinter sich. (Dazu s. u.; und zu den historisch-phänomenologischen Bezügen vgl. PW 81ff; E 29ff; WWW 139f, 154ff).

Diese wenigen Umrißlinien mögen genügen, um kenntlich werden zu lassen, daß Hans Küng das »Projekt Weltethos« nicht nur hinsichtlich seines Sinnes und seiner Notwendigkeit für die gegenwärtige Welt einsichtig gemacht und konkretisiert, sondern auch wesentliche normative Grundbestimmungen eines (möglichen) globalen Ethos in ihrem allgemeinen Geltungsanspruch historisch-phänomenologisch vergegenwärtigt hat.

Nun ist Küng selbst nicht der Auffassung, die von ihm entworfene und in den Grundzügen entwickelte Problemstellung bereits im Ganzen durchschritten und umfassend oder gar abschließend erörtert zu haben. Es stehen vielmehr noch manche theoretischen und praktischen Fragen offen, die der weiteren Erörterung bedürfen. Dafür ist es auch nötig, den von Küng vorgelegten Problementwurf und seine Lösungsansätze auf mögliche immanente Probleme, Desiderate und ihre Reichweite hin kritisch zu reflektieren, d. h. im Interesse des Projekts zu prüfen. Eine solche Reflexion, die auch zur Weiterführung nötig ist, soll im folgenden von einigen philosophischen, also eher auf grundsätzliche Fragen gerichteten Gesichtspunkten aus versucht werden. Wie eingangs schon betont, erfolgt sie in einer, im Sinne des Projekts Weltethos, produktiv-kritischen Absicht – trotz der gegenüber Küngs Denken divergierenden Ausgangspunkte von einer anthropologisch-immanenten bzw. *atheistischen*, stärker vom »Weg der Mitte« abweichenden *sozialistischen* und methodisch – *diskursethischen* Position.

3. Philosophisch-kritische Beiträge
zum Projekt Weltethos

Ich gliedere die kritischen Anmerkungen nach folgenden Gesichtspunkten:
(1) Die Bestimmung der Gehalte und Prinzipien des Weltethos
in materialer, methodischer und geltungstheoretischer Hinsicht;
(2) die Begründungsprobleme insbesondere im Konflikt zwischen
religiös-»theonomer« und anthropologisch-ethisch immanenter
Begründung der Allgemeingültigkeit und Unbedingtheit eines globalen Ethos; und (3) die Bedeutung einer anthropologisch anset-
zenden Diskurs-Ethik kommunikativer Vernunft für die weitere
Diskussion und mögliche Konsensbildung, zumal in den heute
nötigen interkulturellen Diskursen.

(1) a. Auf der *materialen Ebene* muß man den von Küng (vor allem
aus den Weltreligionen) erhobenen normativen Grundelementen
eines Weltethos, auch hinsichtlich des allgemeinen Geltungsanspruchs, gewiß eine historisch-phänomenologische Evidenz zuerkennen. Das gilt insbesondere auch für die Konkretisierung der
Grundwerte und Prinzipien in den vier Weisungen.
    Mit der Heraushebung von Freiheit, Gleichheit/Gerechtigkeit
und Solidarität als Grundwerte und auf die Würde des Menschen
gegründeter und gerichteter allgemein menschlicher Rechte und
Pflichten steht Küngs Projekt (und die »Erklärung«) in mindestens
so großer, ja m.E. größerer Nähe zu Idealen der Aufklärung, der
französischen Revolution, Kants und insbesondere des Sozialismus
– als zur Herkunft aus religiösen Traditionen, die zu diesen Werten
und Idealen innerweltlich und politisch-gesellschaftlich doch zumeist nur ein gebrochenes Verhältnis aufgebracht haben. Ich hebe
aus diesem problem- und wirkungsgeschichtlichen Kontext nur
einige Bezüge zu *Kant* (s.u. b.) und zu einem freiheitlichen *Sozialismus* heraus, zumal Küng die letztere Beziehung auf seinem »Weg
der Mitte« zwischen Kapitalismus/Neoliberalismus und (zusam-
mengebrochenem) Kommunismus/Staatssozialismus nicht recht in
den Blick bekommt und doch eher, wenn auch nicht gänzlich, der
falschen These vom Ende »des« Sozialismus nach 1989/90 zuneigt

(vgl. PW 25, 34; zur Diskussion dieser falschen These siehe Fahrenbach, 1993).

Parallelen und Bezüge des Projekts Weltethos (und seiner Konkretisierung für Weltwirtschaft und Weltpolitik) ergeben sich vor allem mit einem »ethischen« bzw. ethisch reflektierten Sozialismus, ehemals neukantianischer, aber auch Blochscher Provenienz. *Bloch* hat ja – als einer der wenigen unter den marxistischen Philosophen, neben A. Heller, aber auch H. Marcuse – die normativen (naturrechtlichen und ethischen) Postulate und Leitideen auch des marxistischen Sozialismus nicht verdrängt, sondern herausgestellt. Und er hat die damit verbundenen wirkungsgeschichtlichen Bezüge zu den bürgerlichen Revolutions- und Emanzipationsidealen Freiheit, Gleichheit, Solidarität nicht als »bürgerliche Ideologie« abgetan oder in einer »Dialektik der Aufklärung« aufgelöst, sondern sie als »sozialistisches Erbe« in Anspruch genommen, das freilich nicht nur die idealen Forderungen (noch dazu in einer liberalistischen Formalisierung und Engführung) wiederholt, sondern – im Sinne sozialistischer Theorie und Praxis – auf die realen gesellschaftlich-ökonomischen Voraussetzungen ihrer konkreten Ermöglichung und Realisierung dringt (vgl. Bloch, 1961; Fahrenbach, 1994).

Dort wo Küng selbst (wie besonders in WWW) mit Bezug auf Weltpolitik und Weltwirtschaft die Forderungen und Konsequenzen der Leitwerte eines humanen Weltethos thematisiert, bewegt er sich mit seiner ethischen Regulierung der politischen Ökonomie – »jenseits von Kommunismus (Sozialismus) und Kapitalismus (Liberalismus)« (PW 34) – gleichwohl (nach meinen Begriffen) auf der Linie der Prinzipien eines freiheitlichen ethischen Sozialismus, der freilich vom untergegangenen marxistisch-leninistisch totalitären Staats-»Sozialismus« nicht weniger negiert wurde als vom Kapitalismus und Neo-Liberalismus. Wenn man in der heutigen Weltlage, die durch die von den kapitalistischen Metropolen dominierte und gesteuerte Globalisierung und eine zunehmende Ungleichheit, Ungerechtigkeit und Entsolidarisierung (national und international) geprägt ist, den gegenläufigen Grundwerten des Weltethos (Freiheit, Gleichheit, Gerechtigkeit, Solidarität) verstärkt zur Geltung und Wirksamkeit verhelfen will, dann führt der mittlere Weg zur »sozialen Marktwirtschaft« m. E. nicht weit genug. Es bedarf in Konsequenz des von Küng vertretenen Primats des (Welt-) Ethos gegenüber Politik und Ökonomie (WWW 285ff., 278ff. u.ö.) vielmehr einer stärkeren demokratisch-sozialistischen Linksabweichung und einer nicht nur ethischen, sondern auch strukturellen Kritik des globalen Kapitalismus. (s. dazu Literatur II. 5.)

b. Die Grundelemente des Weltethos (insbesondere die Grundwerte und Prinzipien) werden auch *methodisch* zunächst sehr allgemein gefaßt (»Programmworte« WWW 148), zumal sie so am ehesten eine erste allgemeine Zustimmung finden können. Das bedeutet jedoch, daß ihre weitere anthropologisch-ethische und praxisbezogene Erörterung notwendig Konkretisierungen verlangt. Die vier »Weisungen« gehen zwar ein Stück weit in diese Richtung. Aber die für die Konkretisierung erforderlichen Interpretationen – etwa dessen, was »Menschlichkeit« und »Achtung der Menschenwürde« an Implikationen, Voraussetzungen und Konsequenzen enthalten – können neue Problemsituationen heraufführen, in denen die allgemeine Geltung, Konsensfähigkeit und Anerkennung der konkretisierten Bestimmungen problematisch wird, und weitere methodische und normative Reflexionen erforderlich werden.

Als allgemeiner Leitfaden und Maßstab für die Konkretisierungs- und Orientierungserfordernisse in (je bestimmten) ethischen Urteils- und Handlungssituationen fungiert in Küngs Konzeption eines globalen Ethos vor allem die – historisch vielfach bezeugte – »Goldene Regel«: »Was Du nicht willst, das man Dir tu', das füg' auch keinem anderen zu«. Diese Regel formuliert ein Kriterium für das ethisch geforderte Verhalten der Menschen unter- und gegeneinander, nach dem die als berechtigt angesehenen eigenen Erwartungen und Ansprüche an das Verhalten der anderen auch als Maßstab und Grund der eigenen Verpflichtungen ihnen gegenüber gelten sollen.

Nun wird man dieser Regel eine anthropologisch-ethische Evidenz und eine orientierende Bedeutung für ein ethisch-kommunikativ verantwortbares Handeln gewiß nicht absprechen können. Ihr eignet durchaus eine für gerechte und solidarische Verhältnisse und Verhaltensweisen sensibilisierende und – wenn als Maxime angeeignet – auch motivierende Kraft: auch wenn sie – wie Kant monierte – keine »Pflichten gegen sich selbst« zu kennen scheint, und das ethische Selbstverhältnis nur oder primär als empirisch über die Selbsterfahrung der eigenen Bedürfnisse, Interessen und Verhaltenserwartungen vermittelt auftritt und so nicht angemessen erfaßt wird. Aber sie weist noch weitere und gravierendere Grenzen auf, vor allem in Hinblick auf die intersubjektiv entscheidende Frage nach ihrer Tauglichkeit als konkret-allgemeiner Maßstab zur Findung und Festlegung allgemeingültiger ethischer Verpflichtungen zwischenmenschlichen Verhaltens. Sofern die Goldene Regel und ihr anthropologisch-normatives Prinzip der Reziprozität bzw. gleichrangigen Umkehrbarkeit von »Subjekt und Objekt« des Handelns aber materialiter und methodisch auf eine empirisch-anthropologische Basis gegründet oder zumindest wesentlich bezogen ist, könnte sie nur dann Allgemeingültigkeit erreichen, wenn und soweit von anthropologisch allgemeinen Gegebenheiten bzw. Bestimmungen und Möglichkeiten an Grundbedürfnissen, Interessen, Wünschen, Sehnsüchten, Lebenseinstellungen und entsprechenden Verhaltenserwartungen auszugehen wäre, die als grundlegende Bezugsbasis für die Reziprozität von (normativen) Verhaltens-Erwartungen und Verpflichtungen gelten könnten.

c. Die bei der »Goldenen Regel« unterstellten allgemeinen empirisch-anthropologischen Bestimmungen bleiben aber – trotz mancher Gemeinsamkeiten und Konvergenzen an Bedürfnissen, Interessen und Strebungen – letztlich kulturell, gesellschaftlich und individuell different und entsprechend relativ und variabel. Daher können sie *geltungstheoretisch* keine kohärente und tragfähige Bezugsbasis und Grundlage für wechselseitig gleichmäßige ethische Beurteilungen und Verpflichtungen abgeben. So wird man jemanden, um nur ein Beispiel zu nennen, der das Leben aus dem Machtwillen und als Kampf um Macht versteht, schwerlich über die »Goldene Regel« vom Gebot der Gewaltlosigkeit überzeugen und vom »Recht des Stärkeren« abbringen können, denn er akzeptiert ja seinerseits die Gewalttätigkeit der Anderen.
Aufgrund dieser divergenten empirischen Abhängigkeiten kann die »Goldene Regel« geltungslogisch auch prinzipiell nicht mit

dem »kategorischen Imperativ« Kants gleichgestellt bzw. dieser
(lediglich) als »Modernisierung, Rationalisierung und Säkularisierung« der Goldenen Regel verstanden werden (PW 84). Denn trotz
einiger Parallelen ist die prinzipielle Anlage und Fassung beider als
moralischer Beurteilungs- und Verpflichtungsregeln von Handlungen bzw. Handlungsmaximen formal und qualitativ wesentlich verschieden. Das läßt sich vielleicht am deutlichsten an der anthropologisch-ethisch substantiellsten Formel des kategorischen Imperativs vom Selbstzweck- und nie nur Mittelcharakter des Menschen
(als Person) ersehen. Küng nimmt diese Formel zurecht als norma-
tiv-anthropologischen Kern des Weltethos in Anspruch, aber man
kann sie nicht als konstitutiv für die Goldene Regel ansehen (m. E.
nicht einmal als Implikation). Darum ist Kant nicht so sehr mit
seiner etwas kurz angebundenen inhaltlichen Kritik der Goldenen
Regel (»Grundlegung...« BA 69, Anm.), wohl aber mit der prinzipiellen Absetzung des kategorischen Imperativs von ihr im Recht.
Denn erst der kategorische Imperativ kann – im Zuge seiner die
empirischen Motive und Zwecke überschreitenden Formbestim-
mung der zu einem allgemeinen (moralischen) Gesetz tauglichen
Maximen des Handelns – die Form und den (in der »Autonomie«
des Menschen gelegenen) Grund allgemeingültiger moralischer
Verpflichtungen gegen sich selbst und andere angeben – während
die Goldene Regel (nach Kant) nicht zuletzt den »Grund« der Verpflichtung schuldig bleibt.

(2) Daß Küng die geltungstheoretische Differenz zwischen Golde-
ner Regel und kategorischem Imperativ nicht reflektiert, sondern
im Zuge einer an sich legitimen Suche nach Konvergenzen eher
verdeckt, hängt wohl auch damit zusammen, daß sich *Begründungsfragen* gegenüber dem zunächst vorrangigen Aufweis der
Grundelemente eines (möglichen) globalen Ethos erst in zweiter
Linie stellen. Denn das, worauf sich reflexive Begründungsfragen
richten können, muß erst einmal aufgewiesen sein. Andererseits
kommt natürlich das Projekt Weltethos, in dem es um Aufweis
und Feststellung allgemeingültiger und konsensfähiger Normen
eines globalen Ethos geht, um die Diskussion der Berechtigung des
implizierten bzw. erhobenen Allgemeinheits- und Unbedingtheits-

anspruchs und seine konsensuelle Einlösung und damit um die
Erörterung von Begründungsfragen nicht herum. Und so treten sie
denn auch implizit oder explizit auf verschiedenen Ebenen auf, die
jedoch m.e. einerseits unzureichend und andererseits abwegig sind,
nämlich (eher implizit) auf der historisch-empirischen Ebene und
explizit auf der einer »theonomen Begründung«.

a. Auf der historisch-phänomenologischen Ebene verfährt Küng de
facto weitgehend so, daß er den *Aufweis von Übereinstimmungen*
über ethische Grundnormen nicht nur als Signum ihrer historisch
allgemeineren Geltung, sondern auch als impliziten und zumindest
vorläufigen »Beweis« ihrer Allgemeingültigkeit nimmt. Das mag
für die durchaus wichtige und notwendige Erschließung der –
interreligiös und interkulturell – gemeinsamen Elemente eines
Weltehos zunächst hinreichend sein, es enthält oder ersetzt aber
natürlich keine geltungstheoretisch zureichende Prüfung oder Begründung der angenommenen und angesonnenen Allgemeingültigkeit.

Rechfertigungs- und Begründungsfragen werden aber spätestens
dann unumgänglich, wenn im Zuge der notwendigen Konkretisierung der elementar-allgemeinen Grundwerte und normativen
Prinzipien und der dafür nötigen Interpretationen ihrer Voraussetzungen und Konsequenzen der anfängliche Konsens über die
Grundnormen (wieder) problematisch wird. Der dabei mögliche,
ja zu erwartende Dissens über akzeptable konkret-allgemeine Interpretationen betrifft aber nicht etwa schon »Anwendungspro-
bleme«, sondern immer noch das Verständnis der Prinzipien und
damit genuine Grundlagenfragen – etwa hinsichtlich der konstitutiven Bedingungen der »Würde« des Menschen in Anerkennung
seiner »Autonomie« (auch gegenüber vermeintlicher »theonomer«
Abhängigkeit) oder des prinzipiellen Anspruchscharakters der
»Gleichberechtigung«, sowie der sozialen Gerechtigkeit und
Gleichheit. Dissens oder auch nur (doch oft folgenreiche) Differenzen in der differenzierteren Auffassung der Prinzipien und
Grundwerte eines Weltethos, die zumeist mit geschichtlich-kul-
turell unterschiedlichen Auffassungsweisen und Wertungen zusammenhängen, erfordern unumgänglich (inter- und transkulturelle)

Verständigungs- und Begründungsdiskurse, um einen möglichen Konsens über den Geltungs- und Verbindlichkeitsmodus der konkret-allgemeinen Leitbegriffe eines Weltethos zu erreichen. (Näheres s.u . (3).)

b. Dem Desiderat einer solchen internen Diskussion von Begründungsfragen im Projekt Weltethos korrespondiert nun die – höchst problematische – These, daß es für die (notwendige) Universalität und Unbedingtheit der normativen Prinzipien und Grundforderungen des Weltethos ohnehin keine interne bzw. immanente, sondern nur eine transzendente *»theonome« Begründung* geben könne. Diese These soll zwar die moralische »Autonomie« des Menschen nicht aufheben, dergemäß er – unabhängig von einer religiösen oder irreligiösen, also auch atheistischen Einstellung – sich ethisch verstehen und moralisch handeln kann. Eine solche »innerweltliche« Autonomie wird dem Menschen sogar ausdrücklich zugesprochen (vgl. Ch. 646f, EG 521ff, 635f; PW 74), aber der (religiös) Ungläubige soll gleichwohl nicht in der Lage sein, die Universalität und Unbedingtheit ethischer Forderungen und Verpflichtungen begründen zu können. Denn nur aus dem Unbedingten selbst und einer transzendenten Autorität (Gottes) sollen sich unbedingte Ansprüche und Verpflichtungen begründen lassen, aber nicht aus den Bedingtheiten des Menschlichen, einschließlich der Vernunft. Und so muß denn der ethisch, aber irreligiös oder gar explizit atheistisch, sich Verstehende hinsichtlich der Universalität und Unbedingtheit der ethischen Forderungen im Grund- und Bodenlosen schweben und kann der (skeptischen) Frage, warum er denn den moralischen Verpflichtungen unbedingt folgen solle, und dem drohenden Nihilismus nicht entgehen.

»Wir halten daran fest: Auch der Mensch ohne Religion kann ein echt menschliches, also humanes und in diesem Sinn moralisches Leben führen; eben dies ist der Ausdruck der innerweltlichen Autonomie des Menschen. Doch eines kann der Mensch ohne Religion nicht, selbst wenn er faktisch für sich unbedingte sittliche Normen annehmen sollte: die *Unbedingtheit* und *Universalität* ethischer Verpflichtung *begründen*« (PW 75) »Nein, das Kategorische des ethischen Anspruchs, die Unbedingtheit des Sollens läßt sich nicht vom Menschen, vom vielfach bedingten Menschen her, sondern nur von einem Unbedingten her begründen; von einem Absoluten her, das einen übergreifenden Sinn zu vermitteln vermag und das den einzelnen Menschen, auch die Menschennatur, ja die gesamte menschliche Gemeinschaft umfaßt und durchdringt. Das kann nur die letzte, höchste Wirklichkeit selbst sein, die zwar nicht rational bewiesen, aber in einem vernünftigen Vertrauen angenommen werden kann ...« (PW 77; vgl. 64ff, 116; Ch 649ff, 652ff; EG 635-640).

Hier zeigt sich, daß der für Küng vorrangige Bezug auf die (inter-) religiöse bzw. religiös-ethische Tradition wohl doch nicht nur ein historisch und zeitdiagnostisch wichtiger Ansatz ist, sondern auch systematisch wesentliche Züge und Voraussetzungen für ein – letztlich religiös zu verstehendes – Weltethos enthält und vermitteln soll. Während der erste zeitdiagnostisch motivierte Bezug, wie eingangs schon gesagt, durchaus legitim ist, muß die systematische These einer nur theonom begründeten bzw. begründbaren »Autonomie«, Universalität und Unbedingtheit des moralischen Sollens aus moral-philosophischen, anthropologisch-humanistischen und auch aus Gründen der Allgemeingültigkeit des Weltethos selbst zurückgewiesen werden. Die Zurückweisung ist jedenfalls notwendig, wenn die theonome Begründung nicht nur auf eine spezifisch religiös-ethisch sich verstehende Existenz und eine entsprechende »religiös fundierte« Ethik bezogen und begrenzt bleibt (wie in: E 68), sondern der Anspruch einer notwendig theonomen Begründung moralischer Autonomie, Universalität und Unbedingtheit generell und systematisch erhoben wird.

c. Die *kritische Diskussion* über diesen Begründungsanspruch kann und muß hier nicht extensiv geführt werden. Ich weise nur auf ein paar *Problempunkte* hin, um dann die Konsequenzen eines solchen Anspruchs für die nur unabhängig von religiöser oder irreligiöser Einstellung mögliche Allgemeinverbindlichkeit eines Weltethos kenntlich zu machen.

Zunächst scheint mir klar, daß Universalität und Unbedingtheit als normative Geltungscharaktere ethischer oder moralischer Prinzipien, Normen, Werte an diesen selbst müssen aufgewiesen und

einsichtig gemacht werden können, wenn von ihnen sinnvoll und
legitim die Rede sein soll, noch ehe die Frage nach einer weiteren
oder letzten Begründung überhaupt einsetzen kann. Das heißt,
diese Geltungsqualitäten können als solche gar nicht durch eine
»transzendente Begründung« konstituiert oder gar ins moralische
Bewußtsein eingeführt werden. So ist das »Argument«, Unbeding-
tes könne nicht aus den Bedingtheiten des Menschlichen begründet (oder erklärt) werden, äußerlich und leer. Denn es gibt entweder das Universale und Unbedingte – zwar nicht aus, aber inmitten
der menschlichen Bedingtheiten und ihnen gegenüber, nämlich als
(moralische) Autonomie, d. h. als allgemeingültige Selbstgesetz-
gebung der Freiheit aus praktischer Vernunft (Kant) – oder es gibt
sie nicht; dann wäre sie aber auch durch keine »transzendente
Autorität« oder theonome Begründung herbeizuschaffen.

Nun scheint Küng auch nicht eigentlich eine theonome Begründung im Sinne der Konstitution der fraglichen universalen
und unbedingten Geltungsmodi moralischer Normen für nötig
(und möglich) zu halten, als vielmehr eine »transzendente Autorität« als Grund dafür, den allgemeingültigen und unbedingten ethischen Verpflichtungen unbedingt zu folgen und diese nicht egoi-
stisch-skeptisch auszuhöhlen. Aber wen kann und soll dieses (eher
psychologische) Argument eines dafür vorausgesetzten bzw. nötigen Gottesglaubens überzeugen und verbinden? Doch höchstens
die, die schon an Gott glauben und / oder die einer letzten Motivation und Sicherung oder Stabilisierung ihrer schwankenden Moralität durch eine transzendente Instanz und Autorität bedürfen.

Für ein irreligiöses bzw. atheistisches und *anthropologisch-
ethisch-autonomes Selbstverständnis* muß eine solche transzendente,
theonome Sanktionierung moralisch dubios, geltungstheoretisch
unnötig und unmöglich erscheinen. Überdies sind ihre metaphysi-
schen Voraussetzungen und Annahmen weit problematischer als
das, was durch sie begründet werden soll. Außerdem ist, trotz
Küngs gegenteiliger Behauptung, »Heteronomie« hier unvermeidlich, zumal Gott bzw. der Gottesglaube, wenn nicht als konstituti-
ver, so doch zumindest als motivational ausschlaggebender letzter
Grund der unbedingten moralischen Verbindlichkeit auftritt und
nicht, wie dem entgegen bei Kant, als deren postulative Folge im

Hinblick auf die Realisationsbedingungen des höchsten Gutes in der Welt – was schon problematisch genug ist.

Die von Küng für nötig gehaltene theonome »Begründung« der Universalität und Unbedingtheit moralischer Normen und Verpflichtungen hat neben der Unklarheit über Art und Reichweite ihres (geltungskonstitutiven oder verpflichtungsmotivationalen) Anspruchs, ihrer Spannung gegenüber der zugestandenen Autonomie und der grundsätzlichen Problematik ihrer Konzeption und Durchführbarkeit aber auch problematische Konsequenzen für das Projekt Weltethos selbst. Denn die dafür konstitutiv notwendige Allgemeingültigkeit, die Küng selbst ja auch herausstellt, kann nur diesseits oder jenseits der Differenzen religiöser oder irreligiöser Annahmen und Einstellungen erreicht, gewahrt und gesichert werden. Das aber heißt, daß der universale, d. h. Gottgläubige, Agnostiker und Atheisten gleichermaßen betreffende, Geltungs- und Verbindlichkeitsanspruch der normativen Grundelemente eines Weltethos von der generellen Forderung einer theonomen (wie auch einer atheistischen) Begründung unbedingt freigehalten werden muß. Eine solche Forderung könnte also nur intern religiös bzw. inter-religiös, aber gerade nicht generell für ein globales (!) Ethos erhoben werden. Und selbst die »schwache« Form, nach der das immanent unbedingte Moralverständnis bodenlos, ungewiß und unsicher sein soll, weil es ihm an einem transzendenten Halt mangelt, ist ethisch-existenziell und moralphilosophisch inakzeptabel (s.o.) und für die Konstitution und Diskussion eines Weltethos untauglich und hinderlich.

Darum sollte ein genereller Anspruch auf letzte theonome Begründung des Weltethos gar nicht erst erhoben bzw. fallengelassen werden. Denn mit seiner vielfachen Problematik bedeutet er nicht nur eine Belastung des Projekts, sondern aufgrund seiner fragwürdigen Voraussetzungen auch eine Behinderung der wahren moralinternen Begründungsfragen hinsichtlich des universalen und unbedingten Geltungs- und Anerkennungsmodus der für ein mögliches globales Ethos konstitutiven Prinzipien und Grundwerte.

(3) a. Zu den wirklichen, internen Begründungsfragen könnten und müßten *philosophische Ethik und Anthropologie* allerdings etwas

mehr beitragen als Hans Küng ihr zuzutrauen scheint. Küngs
Skepsis hinsichtlich hilfreicher Beiträge der Philosophie zum Projekt Weltethos ist zwar einerseits verständlich, wenn man etwa an
R. Spaemanns »Beitrag« denkt oder an die generellen Universalis-
muskritiker postmoderner, kontextualistischer, hermeneutischer
und anderer Provenienz (s. PW 65f.; WWW 132). Darüberhinaus
aber meint Küng, daß die Philosophie aufgrund ihrer zumeist abstrakt allgemein bleibenden Denkungsart sich überhaupt schwer
tut »… mit der Begründung einer für größere Bevölkerungsschich-
ten *praktikablen* und vor allem einer *unbedingt* und *allgemein* verbindlichen Ethik« (PW 64f).

Was die »Praktikabilität« angeht, so kann sie zwar kaum am Anfang philosophisch-ethisch grundsätzlicher Erörterungen stehen,
sie sollte aber in der Tat im Sinne möglichst konkreter Erhellung
und Orientierung ethischer Existenz in der heutigen Welt angezielt
werden. (Leider bleibt auch dieser Beitrag eher in grundsätzlichen
Erörterungen hängen.) Daß Küng aber meint, die (zeitgenössische)
Philosophie tue sich vor allem mit der Begründung einer unbedingt und allgemein verbindlichen Ethik schwer, – zumal wenn sie
sich theonomer Begründung verweigert – ist nun doch etwas überraschend. Denn die philosophische Ethik ist insbesondere seit den
70er Jahren im Zuge der Auseinandersetzung mit der Kantischen
Moralphilosophie (auch in der analytischen Philosophie) voll von
aufeinander bezogenen und produktiven Diskussionen gerade jener
entscheidenden moralinternen Begründungsfragen, die zumeist am
Leitfaden der Erörterung des Prinzips der (notwendigen) Universa-
lisierbarkeit moralischer Normen und Maximen geführt wurden
und werden. (s. Literatur II. 2. und 6.) Daß diese Diskussionen
nicht zu einer allgemein anerkannten oder gar einhellig vertretenen
Problemlösung geführt haben, ist nicht verwunderlich und u.a.
auch in den Schwierigkeiten der Sache selbst begründet. Gleichwohl lassen sich aus der zeitgenössischen Ethik-Diskussion durchaus produktive Gesichtspunkte und Beiträge für Grundfragen und
Weiterführung des Projekts Weltethos gewinnen.

b. Unter den gegenwärtigen Positionen philosophischer Ethik ist
eine anthropologisch ansetzende »*Diskurs-Ethik*« und das mit ihr

verbundene Konzept »kommunikativer Vernunft« für die Weiterführung des Projekts von besonderer Bedeutung. Küng selbst betont zwar auch »die Bedeutung des rationalen Diskurses und Konsenses« (PW 65), aber die »konstruktivistische Diskursethik« (WWW 136) scheint ihm doch zu formal und rational-abstrakt zu bleiben, um wirklich hilfreich sein zu können, – im Unterschied zur »Konkretheit« von M. Walzer, den u. a. die weltweite Zustimmung zu den Protestbewegungen von 1989 auf die Spur eines »minimalen Universalen« in der Moral inmitten des pluralistischen ethischen Feldes gebracht hat (vgl. WWW 134ff.).

Küngs Distanz gegenüber der Diskursethik (von Habermas und Apel) beruht allerdings z. T. auf Mißverständnissen, z. B. wenn er sie als den »fragwürdigen« Versuch charakterisiert, »... mit Hilfe eines abstrakten rationalen Diskurses ein wirklich bindendes und verpflichtendes Ethos global (sozusagen bis ins letzte indische oder afrikanische Dorf) durchzusetzen« (WWW 136). In dieser (schiefen) Charakteristik wird u. a. verkannt, daß die Diskursethik in ihrer Grundlagenthematik keine Prozedur zur Erfindung oder Konstruktion und schon gar nicht zur »Durchsetzung« moralischer Normen darstellt. Vielmehr geht es darum, das, zumal in Dissenssituationen (ethisch-kommunikativ) notwendige Verfahren eines verständigungs- und konsensorientierten praktischen Diskurses zur Prüfung moralischer Geltungsansprüche zu reflektieren und zu strukturieren. In die moralisch-praktischen Diskurse sollen die Bedürfnisse, Interessen, Ansprüche, Verhaltenserwartungen und auch ethische Grundüberzeugungen aller Betroffenen eingehen und gleichberechtigt zur Sprache kommen, um über die Prüfung, Kritik oder Rechtfertigung normativer Geltungsansprüche zur einvernehmlichen Findung moralischer, d. h. verallgemeinerungsfähiger Handlungsmaximen zu kommen, die als im gleichmäßigen Interesse aller faktisch oder virtuell Betroffenen liegend die Zustimmung eines jeden finden oder finden können. An diesen Kern der Diskursethik schließen sich dann im Sinne konkreterer Orientierung moralischen Urteilens, Verhaltens und Handelns Anwendungs- und Motivationsfragen auch mit Bezug auf die jeweiligen situativen Kontextbedingungen an.

Die Bedeutung der Diskursethik und der ihr innewohnenden

Konzeption kommunikativer Vernunft für das Projekt Weltethos besteht vor allem darin, daß sie mit ihrem diskursiven Begründungsmodell ein offenes kommunikatives Prüfungs- und Einlösungsverfahren für normative Geltungsansprüche und zur Findung allgemeingültiger und konsensfähiger moralischer Normen vorzeichnet, ohne auf ein schlechterdings nicht verallgemeinerungsfähiges »transzendentes Prinzip« oder einen »quasi eingeborenen ›kategorischen Imperativ‹« (PW 77) zu rekurrieren. Der dadurch vorgezeichnete – von Hans Küng aber eher mit Skepsis betrachtete – »weite Weg horizontaler Kommunikation« (PW 65) ist m. E. auch der notwendige weitere Weg für das Projekt Weltethos, um in einer zugleich globalisierten wie pluralistischen und fragmentierten Welt den zur humanen Konfliktlösung notwendigen »ethischen Basiskonsens« zu finden (WWW 130).

Dieser Weg ist um so unausweichlicher, je mehr die Weiterführung des Projekts Weltethos schon auf der Ebene der Prinzipien konkretisierende Interpretationen der normativen Grundelemente – etwa des Kerngehalts von Menschenwürde, Menschenrechten, Gleichberechtigung sowie ihrer realen Bedingungen und Konsequenzen – nötig macht. Die in differenten kulturellen Horizonten sich bewegenden konkretisierenden Interpretationen können aber, wie schon angedeutet, die auf der programmatischen Ebene zunächst gegebenen und erklärten Gemeinsamkeiten wieder problematisch werden lassen und in neue Dissenssituationen führen. So wird z. B. die in der abendländischen Moderne ausgebildete Auffassung, daß die Menschenwürde und ihre Anerkennung wesentlich auf das Personsein bzw. die Autonomie des Menschen gegründet und gerichtet sei, aus der auch prinzipielle Religionsfreiheit, Gleichberechtigung u. a. folgen, wohl kaum so ohne weiteres eine inter- oder transkulturelle Zustimmung finden, wohl auch nicht von denen, die sich allgemein für die Achtung der Menschenwürde ausgesprochen haben. Dieser mögliche, ja wahrscheinliche und auch schon faktische Dissens beträfe ein normatives Prinzip des elementaren Weltethos und nicht einfach eine der möglichen Verschiedenheiten des kulturell »differenzierten« Ethos.

In einer solchen Problemlage und einem möglichen Dissens über prinzipienrelevante Interpretationsfragen, in der abstraktallgemeine Übereinstimmungen nicht mehr ausreichen und kon-kret-allgemeine erst zu gewinnen wären, gibt es nur den Weg des verständigungsorientierten Diskurses kommunikativ-praktischer Vernunft. Daran erweist sich die methodisch und sachlich wesent-liche, ja notwendige Beziehung des Projekts Weltethos zur Diskurs-ethik (bzw. ›kommunikativen Ethik‹, wie sie Apel auch nennt) und zu einer damit grundlegend und umfassend verbundenen Konzep-tion und Philosophie kommunikativer Vernunft.

c. *Kommunikative Vernunft* ist die der selbstkritisch reflektierten Moderne zugehörige Vernunftform, die den Geltungsmodus und Wahrheitserweis von Erkenntnis- und Gewißheitsansprüchen kognitiv-theoretischer und normativ-praktischer (und anderer) Art weder subjektiven Evidenzen oder apriorischen Gewißheiten noch einer positivistisch oder instrumentell reduzierten Verstandes-Rationalität überantwortet, sondern – zumal in Dissenslagen – der kommunikativ-diskursiven Klärung, Prüfung und möglichen Veri-fikation im Sinne intersubjektiv allgemeiner Anerkennung bzw. Anerkennungsfähigkeit. Diese Form eines zugleich differenzieren-den und verbindenden Vernunftdenkens ist geradezu überlebens-notwendig, angesichts der ebenso unauflöslichen wie konflikt-reichen Verflechtungen und Abhängigkeiten in einer »Weltgesell-schaft« und der in ihr elementar notwendigen inter- und transkul-turellen Verständigungsprozesse und -diskurse über die globalen Probleme und die strukturellen, normativen und empirischen Vor-aussetzungen ihrer Lösung.

Eine praktische Philosophie, die (im Sinne des Kantischen »Weltbegriffs« der Philosophie) auf die gegenwärtige Weltlage be-zogen ist und ihren Spannungen und Erfordernissen soll gerecht werden können, wird sich als Philosophie kommunikativer Ver-nunft in weltbürgerlicher Absicht und, wie ich meine, in sozia-listischer Perspektive vollziehen müssen. Dafür muß – trotz des Gestrudels postmoderner »Vernunft«kritik – keineswegs im Leeren begonnen werden, vielmehr ist an wichtige Positionen der Philo-sophie dieses Jahrhunderts anzuschließen, in denen die metho-dischen und systematischen Grundlagen und Perspektiven einer (neuen) Philosophie der (kommunikativen) Vernunft entwickelt und auf die Probleme der gegenwärtigen Welt bezogen worden sind. Ich verweise hier nur kurz und selektiv auf die m. E. dafür besonders aufschlußreichen Positionen von Georg Picht, Karl Jaspers, Jürgen Habermas und Jean-Paul Sartre, – wohl wissend, daß in einem weiteren Sinn noch manch anderer Name zu nennen wäre.

Georg *Picht* faßt einen nicht mehr metaphysisch zeitenthobenen, sondern zeitlich-geschichtlich situierten und praxisbezogenen Vernunftbegriff, der – gegenüber »bloßer (instrumenteller) Rationalität« – durch Reflexion der Voraussetzungen, Ziele und Konsequenzen der zu übernehmenden Verantwortung das für die Zukunft der Menschheit notwendige »vernünftige Handeln« ermöglichen soll. (Dies alles lange vor H. Jonas und weit weniger metaphysikbeladen, vgl. Picht 1969, 1980/81; dazu R. Neumann, 1994) Karl *Jaspers* versteht Vernunft und Philosophie der Vernunft als die Denkungsart, die durch »transzendentale Erhellungen« der Seins- und Bewußtseinsweisen, sowie der Gewißheits- und Wahrheitsarten ein konsensfähiges strukturelles »philosophisches Grundwissen« zu gewinnen sucht, in dessen Horizonten und Formen die gemeinsamen (allgemeingültigen bzw. allgemeinverbindlichen) und die differenten Wahrheits-, Wert- und Sinngehalte kommunikativ gefunden, vergewissert und kritisch aufeinander bezogen werden sollen. Dabei werden die kulturell oder individuell-existentiell differenten Eigenheiten, ohne Hegemonieansprüche, für ihre formal gesicherte Gleichberechtigung, wechselseitige Toleranz und mögliche kommunikative Bereicherung in einer pluralistischen Weltgesellschaft freigegeben (vgl. Jaspers 1947, 1947, 1958; dazu Fahrenbach 1986, 1989, 1991). Jürgen *Habermas* sucht die im sprachlichen Handeln der kommunikativen Alltagspraxis verankerte kommunikative Vernunft (Rationalität) durchsichtig zu machen, indem er – gegen einen instrumentell bzw. szientistisch reduzierten Rationalitätsbegriff – die Vernunftarten im Hinblick auf die »universalpragmatischen« und geltungslogischen Bedingungen einer diskursiv-kommunikativen Verständigung über theoretische, moralisch-praktische und ethisch-existentielle wie auch ethisch-politische Fragen differentiell rekonstruiert und das Zusammenspiel der Diskurse auch für die demokratischen Verständigungsprozesse über das Allgemeinverbindliche und das different zu Belassende bis hin zur weltpolitischen Ebene als notwendig herausstellt (vgl. Habermas 1980, 1984, 1991, 1992; Fahrenbach 1991). Für eine direkter auf die marxistisch-sozialistische Theorie bezogene Vernunftkonzeption wäre insbesondere auf Jean-Paul *Sartres* Konzept einer »dialektischen Vernunft« zu verweisen. Sartre versteht die dialektische Vernunft als »Logik« und spezifische »Intelligibilität« der geschichtlichen Praxis und eines von seinen historisch-strukturellen anthropologischen Grundlagen her verstandenen »Historischen Materialismus«, und er verbindet den »universalen Humanismus« als Sinntendenz und Wahrheit der menschlichen Geschichte mit der sozialistischen Perspektive.

Natürlich gibt es auch bestimmte Differenzen zwischen den genannten Positionen. Aber die Ergänzungen und Konvergenzen im Vernunftbegriff sind so stark, daß ihre Integration in eine differenzierte Philosophie kommunikativer Vernunft in weltbürgerlicher Absicht und sozialistischer Perspektive nicht nur möglich, sondern notwendig ist. Zu den Aufgaben und Möglichkeiten einer solchen Philosophie der Vernunft und ihrer Bedeutung für das Projekt Weltethos gebe ich zum Abschluß oder besser: zum Ausblick noch einige programmatische Hinweise.

Mit der »weltbürgerlichen« Hinsicht wird ein der Vernunft (gegenüber dem spezifizierten Verstandesdenken) ohnehin eigener »universalistischer« Blickpunkt mit Bezug auf die gegenwärtige Welt-Gesellschaft und die Menschheit eingenommen, der nationale und sozio-kulturelle Besonderheiten übergreift, ohne sie als solche und für bestimmte Lebensverhältnisse abzuwerten oder gar zu negieren. Das Verhältnis der Menschen als Weltbürger zueinander ist de facto, aufgrund der differenten sozio-kulturellen Prägungen und der ungleichen Macht- und Abhängigkeitsverhältnisse, ein Wechselverhältnis zwischen Menschen als jeweils Anderen, Fremden, »mehr oder weniger« Ungleichen – und im verbindenden Rahmen des Allgemein-Menschlichen doch auch Gleichen, also ein Verhältnis zu anderen ihresgleichen. Diesem Verhältnis kann im Sinne humaner (kommunikativer) Vernunft nur entsprochen werden, wenn es unter dem normativ allgemeinen Gesichtspunkt der wechselseitigen Anerkennung und Achtung der Gleichberechtigung aller Menschen und Völker gesehen, und für die einander widerstreitenden Differenzen (in Weltansichten, Lebensweisen, Wertmaßstäben, Interessen, Machtpotentialen) ein anerkennungsfähiger Rahmen wechselseitiger Toleranz gesucht wird.

In dieser »idealen« weltbürgerlichen Hinsicht kommunikativer Vernunft, die aber im Grunde die realen Bedingungen gewaltfreier humaner Beziehungen zwischen Menschen und Völkern in einer sozio-kulturell pluralen und politisch konfliktreichen Weltgesellschaft betrifft, müssen die systematischen Aufgaben und Möglichkeiten einer Philosophie kommunikativer Vernunft bestimmt werden.

Die *Philosophie kommunikativer Vernunft* kann natürlich nicht von (eurozentrisch oder sonstwie fundamentalistisch) als universell gültig dekretierten materialen Vernunftwahrheiten ausgehen. Sie muß vielmehr, zumal im Hinblick auf die interkulturellen Divergenzen in diesem Feld, zuerst und vor allem die strukturell-hermeneutischen Voraussetzungen und Horizonte klären, innerhalb deren eine kommunikative Verständigung bzw. ein argumentativer Diskurs über die jeweiligen materialen (kognitiven, normativen und existentiellen) Probleme möglich wird und methodisch möglichst durchsichtig vollzogen werden kann. Dazu bedarf es zunächst einer epistemischen und geltungstheoretischen Klärung und Differenzierung von unterschiedlichen Weisen des »Fürwahrhaltens« (Kant: Meinen, Wissen, Glauben) und der entsprechenden Wahrheitsformen und Gewißheitsarten (Kant, Jaspers, z. T. Habermas und Untersuchungen zur »epistemischen Logik«; s. Fahrenbach, 1998). Die spezifische kommunikations- und diskurstheoretische Analyse hat dann die Mitteilungs-, Kommunikations- und Diskursformen differentiell zu rekonstruieren und die diskurstheoretischen Grundlagen für die Prüfung und Einlösung der jeweils erhobenen (und u. U. strittigen) Geltungsansprüche (kognitiver, normativer, kultureller, existentieller Art) nach den jeweils spezifischen Geltungsmodi zu klären.

Ein methodisches Bewußtsein der unterschiedlichen Geltungs-, Kommunikations- und Diskursmodalitäten ist gewiß eine wesentliche Bedingung für die Klarheit gerade von interkulturellen Verständigungsprozessen und Auseinandersetzungen über die thema-

tischen und strittigen inhaltlichen Fragen, ohne daß dadurch aber
über diese selbst und ihre Beantwortung schon materiale Vorent-
scheidungen getroffen würden bzw. werden sollten. Auch wenn die
angedeuteten hermeneutischen und geltungstheoretischen Vor-
klärungen und Voraussetzungen, zumal in interkultureller Hinsicht, ihrerseits einer kommunikativ-diskursiven Klärung, Prüfung
und Bestätigung bedürfen, wie das Jaspers für das »philosophische
Grundwissen« auch betont, kann man für solche reflexiven Diskurse und die in ihnen erörterten strukturell-formalen und metho-
dischen Unterscheidungen doch erwarten, daß sie prinzipiell konsensfähig sind. Dies ist eine wesentliche Differenz gegenüber dem
Bereich der materialen Fragen, deren Klärung zwar kommunika-
tions- und diskursabhängig ist, für die aber nicht im ganzen Konsensfähigkeit erwartet werden kann und muß und so z. B. auch
kein »ethischer Totalkonsens«.

Nun ist klar, daß die entscheidenden Fragen für die interkulturellen und weltpolitischen Auseinandersetzungen und Verständi-
gungen auf der materialen Ebene liegen, auf die sich demgemäß
auch eine Philosophie kommunikativer Vernunft in weltbürgerlicher Absicht einzustellen hat. Der Komplex der philosophisch an-
zugehenden materialen Fragen und Verständigungsprobleme läßt
sich (vereinfacht) nach den theoretischen und praktischen Aspekten kommunikativer Vernunft differenzieren und zusammenfassen.

Die theoretischen philosophischen Probleme sind zum Teil eng
mit den angedeuteten epistemischen Klärungsfragen verknüpft.
Ein besonders wichtiger Effekt der kritischen Funktion der er-
kenntnis- und geltungstheoretischen Differenzierungen ist, daß
mit ihnen gegen fundamentalistische und ideologische Versuche
angegangen werden kann, kulturellen Differenzen eine universale
Geltung zuzusprechen und sie in einem politisch-kulturellen
Hegemoniekampf gegeneinander einzusetzen. So erweist sich der
legitime und notwendige strukturell-formale Universalismus kommunikativer Vernunft, innerhalb dessen das spezifische Eigenrecht
des Besonderen, Differenten und Individuellen als solches anerkannt und gesichert, aber auch begrenzt wird, als das eigentliche
theoretisch-praktische Gegengewicht sowohl zu dem die differen-
tielle Weltgesellschaft durch totalitäre Ansprüche bedrohenden

Fundamentalismus als auch zu dem durch Auflösung des Allgemein-Verbindenden ihre Zersplitterung betreibenden Postmodernismus, Kontextualismus und Kulturrelativismus.

Natürlich erfordert die theoretische Klärung der globalen Problemfelder auch entsprechende materiale empirische Analysen, die angesichts der die heutige Welt durchziehenden sozio-ökonomischen und politischen Disparitäten und Konfliktlagen nicht anders als (immanent) kritisch sein können, zumal dann, wenn die Diskrepanzen zwischen normativen Proklamationen einerseits und der Realität andererseits nicht verschleiert, sondern herausgestellt werden. Für beide Aspekte – die sozio-ökonomische Analyse und die normativ-kritischen Gesichtspunkte – lassen sich aus dem offenen und differentiellen Bereich sozialistischer und marxistischer Theorie auch weiterhin methodisch und sachlich aufschlußreiche Erkenntnisse gewinnen. Denn für die kritische Analyse des über den Weltmarkt globalisierten Kapitalismus ist eine entsprechend transformierte marxistisch-sozialistische Kapitalismustheorie und -kritik ebenso unverzichtbar, wie die sozialistische Perspektive für die normativ-utopischen Richtpunkte der Kritik und der Realisationsbedingungen einer möglichst gerechten, gleichen, freien und solidarischen Welt-Gesellschaft regulativ maßgebend bleibt (s. Literatur: II.4.).

Gegenüber der epistemisch-kritischen Funktion des theoretischen Gebrauchs der kommunikativen Vernunft für die Klärung und Ermöglichung der notwendigen interkulturellen Verständigungsprozesse, kommt ihrem praktischen Gebrauch eine direktere normativ-konstruktive Bedeutung für die Verständigung und Auseinandersetzung über die normativen (grundrechtlichen, moralischen, ethisch-politischen) Grundlagen und Zielorientierungen der Weltgesellschaft und Weltpolitik in Richtung auf einen weltbürgerlich-solidarischen Zustand der Menschheit zu (s. Küng WWW).

Auf dieser normativ-praktischen Ebene nehmen die Menschenrechte als »Weltbürgerrechte« (einschließlich der politischen und sozialen Grundrechte) aufgrund ihres moralischen Kerns (im Begriff der »Menschenwürde«) und ihrer rechtlich-politischen Relevanz und Auswirkung gewiß eine Schlüsselstellung für einen normativ verbindenden Konsens in der Weltgesellschaft ein. Dies umsomehr, als dieser Konsens in Form der Anerkennung der Menschenrechte bereits seit langem (1948, dann 1966) eine kodifizierte Basis in den Menschenrechtserklärungen der UNO hat, so umstritten ihre konkretisierende Auslegung, ihre (natur- bzw. vernunftrechtliche) Begründung und vor allem ihre praktisch-politische Achtung und Durchsetzung bis heute auch ist. Die Möglichkeit des Konsenses über menschenrechtliche Grundnormen ist gerade dadurch gegeben, daß deren Universalität über den Anspruch auf die Bedingungen eines menschenwürdigen und selbstbestimmten Lebens auch die Sicherung des individuell und kulturell Differenten einbegreift, freilich unter der normativen Bedingung, daß die gleichen Rechte der jeweils anderen ebenso gewahrt werden (s. Literatur: II.5.).

So bedeutsam die Basis- und Rahmenfunktion der Menschenrechte für eine interkulturelle Anerkennung notwendiger normativer Prinzipien für die Weltgesellschaft und für eine mögliche Weltgemeinschaft auch ist, es bedarf doch weiterer und konkretisierender Verständigung über gemeinsame Grund- und Wertorientierungen ethisch-politischen und kommunikativen, d. h. solidarischen Handelns. Das ist zunächst möglich und nötig auf dem Wege der Konkretisierung der Menschenrechte über die politischen und sozialen Grundrechte und ihre ethisch-politischen Postulate der Beseitigung von Elend, Unterdrückung und Ausbeutung und der politisch-gesellschaftlichen Ermöglichung eines menschenwürdigen Lebens in möglichster Gleichheit und Solidarität. Um dies aber als motivierende Verpflichtung auf der Ebene der Weltgesellschaft und Weltpolitik zu erfassen und zu seiner Verwirklichung anzugehen, muß man darüberhinaus aber in der Tat ein »Projekt Weltethos« in den Blick fassen und eine interkulturelle Verständigung über gemeinsame und d. h. zustimmungsfähige ethische Grundsätze, Maßstäbe, Pflichten und Haltungen suchen.

Hans Küng gebührt das Verdienst, diese Aufgabe prinzipiell formuliert, sie auf der Ebene der ökumenischen Diskussion zwischen den Weltreligionen zu ersten praktischen Ergebnissen gebracht und das Projekt Weltethos auch auf die weltpolitischen und weltwirtschaftlichen Probleme der Weltgesellschaft hin konkretisiert zu haben. Sich mit der so gestellten und entwickelten Aufgabe im Interesse des Projekts und seiner Weiterführung auseinanderzusetzen, ist eine Forderung an jede (praktische) Philosophie, die sich den Problemen der gegenwärtigen Welt nicht entziehen, sondern zu ihrer Klärung und Lösung beitragen und Kants Zielbegriff einer »Philosophie in weltbürgerlicher Bedeutung« heute gerecht werden will.

Literatur

I.   *H. Küng*: Christ sein, 1974, 1976ff (bes. 645ff); zit.: Ch
     – Existiert Gott, 1978, 1981ff (bes. 515ff, 635ff); zit.: EG
     – Theologie im Aufbruch, 1987 (bes. 16ff, 240ff, 216ff, 288ff); zit.: ThA
     – Projekt Weltethos, 1990; zit.: PW
     – und K.-J. Kuschel (Hrsg.), Erklärung zum Weltethos, 1993; zit.: E
     – und K.-J. Kuschel (Hrsg.), Weltfrieden durch Religionsfrieden, 1993;
     – Das Judentum, 1991 (bes. 537ff., 590ff., 735ff); zit,: DJ
     – Das Christentum, 1994 (C.V., bes. 8., 9.); zit.: DCh
     – Weltethos für Weltpolitik und Weltwirtschaft, 1997; zit.: WWW
     H. Schmidt (Hrsg.): Allgemeine Erklärung der Menschenpflichten, 1998

II.1. *H. Küng* (Hrsg.): Ja zum Weltethos, 1995
     J. Rehm (Hrsg.): Verantwortlich leben in der Weltgemeinschaft, 1994
     Stiftung Entwicklung und Frieden (Hrsg.): Nachbarn in einer Welt. Der Bericht der Kommission für Weltordnungspolitik, Bonn, 1995
     W. Lütterfelds – Th. Mohrs (Hrsg.): Eine Welt – Eine Moral?, Darmstadt, 1997 (darin bes. die Beiträge v. K. O. Apel und N. Rümelin)
     R. Spaemann: Weltethos als »Projekt«, in: Merkur, Nr. 570/71

  2.   *K.-O. Apel*: Das Problem einer universalistischen Makroethik der Mitverantwortung, in: Dtsche Zs. f. Philos., 41, 1993
     – Diskurs und Verantwortung, 1988
     – Anderssein, ein Menschenrecht? Über die Vereinbarkeit universaler Normen mit kultureller und ethnischer Vielfalt, in: H. Hofmann (Hrsg.), 1995, S. 5
     – Ethnoethik und universalistische Makroethik: Gegensatz oder Komplementarität, in: W. Lütterfelds – Th. Mohrs (Hrsg.): s.o.
     J. Habermas: Moralbewußtsein und kommunikatives Handeln, 1983 (bes.3)
     – Der philosophische Diskurs der Moderne, 1986 (bes. XI)

- Die Moderne – ein unvollendetes Projekt, 1990
- Erläuterungen zur Diskursethik, 1991 (bes. 6.)
- Die Einbeziehung des Anderen, 1996, darin: Eine genealogische Betrachtung zum kognitiven Gehalt der Moral (bes. S.50ff)

3. *K. Jaspers*: Von der Wahrheit, 1947
   - Vom Ursprung und Ziel der Geschichte, 1949
   - Die Atombombe und die Zukunft des Menschen. Politisches Bewußtsein in unserer Zeit, 1958
   - Der philosophische Glaube angesichts der Offenbarung, 1962 (III. Teil: Grundwissen)
   G. Picht: Wahrheit, Vernunft, Verantwortung, 1969
   - Hier und Jetzt. Philosophieren nach Auschwitz und Hiroshima. 2 Bde, 1980/81
   J. P. Sartre: Kritik der dialektischen Vernunft, (dtsch) 1967
   - Marxismus und Existentialismus, (dtsch) 1964

4. *E. Bloch*: Naturrecht und menschliche Würde, 1961 (bes. Kap. 19- 22)
   H. Holzhey (Hrsg.): Ethischer Sozialismus, 1994
   A. Gorz: Und jetzt wohin?, 1991
   J. Hirsch: Kapitalismus ohne Alternative?, 1990
   F. Deppe: Fin de siècle, 1997

5. *W. Kerber* (Hrsg.): Menschenrechte und kulturelle Identität, 1991
   H. Reimann (Hrsg.): Transkulturelle Kommunikation und Weltgesellschaft, 1992
   R. A. Mall: Philosophie im Vergleich der Kulturen, 1995 (bes. Teil II)
   H. Hofmann – *D. Kramer* (Hrsg.): Anderssein, ein Menschenrecht. Über die Vereinbarkeit universaler Normen mit kultureller und ethnischer Vielfalt, 1995
   J. Schwartländer – *H. Bielefeldt*: Christen und Muslime vor der Herausforderung der Menschenrechte, 1992
   O. Höffe: Vernunft und Recht, 1996

6. *H. Jonas*: Das Prinzip Verantwortung, 1979
   R. Wimmer: Universalisierung in der Ethik, 1980
   D. Henrich: Ethik zum nuklearen Frieden, 1990
   V. Hösle: Praktische Philosophie in der modernen Welt, 1992
   - Moral und Politik, 1997
   E. Tugendhat: Vorlesungen über Ethik, 1993
   Ch. Schilling: Moralische Autonomie. Anthropologische und diskurstheoretische Grundstrukturen, 1996 (Diss. Tübingen, 1994)
   M. Walzer: Lokale Kritik – globale Standards, dtsch 1996

7. *E. Richter*: Der Zerfall der Welteinheit. Vernunft und Globalisierung in der Moderne, 1992

   R. Hesse: Die Einheit der Vernunft als Lebensbedingung der pluralistischen Welt, 1994

   R. Brunner: Die Fragmentierung der Vernunft. Rationalitätskritik im 20. Jahrhundert, 1994 (Diss. Tübingen, 1992)

   R. Neumann: Natur, Geschichte und Verantwortung im »nachmetaphysischen« Vernunftdenken von Georg Picht, 1994 (Diss. Tübingen, 1992)

   W. Welsch: Vernunft. Die zeitgenössische Vernunftkritik und das Konzept der transversalen Vernunft, 1995 (ohne Picht und Jaspers!)

   H.-K. Keul: Kritik der emanzipatorischen Vernunft. Zum Aufklärungsbegriff der Kritischen Theorie, 1997 (Diss. Tübingen, 1996)

   E. Altvater – B. Mahnkopf: Grenzen der Globalisierung, 1996

   U. Beck: Was ist Globalisierung?, 1997

III. *H. Fahrenbach*: einige ergänzende Arbeiten:
   – Das »philosophische Grundwissen« kommunikativer Vernunft, in: J. Hersch: Karl Jaspers. Philosoph, Arzt, politischer Denker, 1986
   – Zeitanalyse, Politik und Philosophie der Vernunft im Werk von K. Jaspers, in: D. Harth (Hrsg.): K. Jaspers. Denken zwischen Wissenschaft, Politik und Philosophie, 1989
   – Kommunikative Vernunft – ein zentraler Bezugspunkt zwischen K. Jaspers und J. Habermas, in: K. Salumun (Hrsg.): K. Jaspers. Zur Aktualität seines Denkens, 1991
   – Philosophie, Marxismus und sozialistische Theorie – nach dem Zusammenbruch des totalitären Staats-»Sozialismus«/Kommunismus, in: R. Brunner – F. J. Deiters (Hrsg.): Das Politische der Philosophie, 1993
   – Blochs Philosophie des Sozialismus – im Zwielicht der heutigen Lage sozialistischer Theorie, in: Jahrbuch der Ernst-Bloch-Gesellschaft, 1992/93, 1994
   – »Philosophie in weltbürgerlicher Bedeutung«. Kants höchste Sinnbestimmung der Philosophie nach ihrem »Weltbegriff«, in: H. Bielefeldt u.a (Hrsg.): Würde und Recht des Menschen, 1992
   – Philosophie kommunikativer Vernunft – in weltbürgerlicher Absicht und sozialistischer Perspektive, in: H. Eidam – W. Schmied-Kowarzik (Hrsg.): Kritische Philosophie gesellschaftlicher Praxis, 1995
   – Meinen, Wissen, Glauben. Über die Notwendigkeit der Kantischen Differenzierung von »Weisen des Fürwahrhaltens«..., in: M. Stamm (Hrsg.): Philosophie in synthetischer Absicht, 1998.

Viele religiöse Wahrheiten und ein Weltethos?
Zur begrifflichen Struktur eines Konfliktes und seiner Auflösung

Zu den Problemen moderner Gesellschaften gehört intern und extern ein struktureller Konflikt. Nämlich der Konflikt zwischen einem Pluralismus weltanschaulicher Überzeugungen und ihren jeweils exklusiven universellen Geltungs- und Wahrheitsansprüchen. Zum einen ist das moderne Selbstverständnis von dem Bewußtsein geprägt, daß Weltanschauungen symmetrisch gleichwertig sind. Personen erheben also zu Recht für ihre vielfältigen und unterschiedlichen Überzeugungen unbedingte Wahrheits- und Geltungsansprüche. Und so etwas wie eine neutrale Richterinstanz, die über Recht und Unrecht dieser Ansprüche urteilen könnte, gibt es nicht. Zum anderen gehört zum gegenwärtigen Selbstverständnis das Bewußtsein, daß die weltanschauliche Überzeugung für die einzelne Person deshalb einen unbedingt verpflichtenden Charakter hat, weil sie von universeller Geltung ist und objektive Wahrheit beanspruchen kann. Alternativen Überzeugungen in Sachen Religion und Wirklichkeitsdeutung ist deshalb – asymmetrisch – ein gleichwertiger Anspruch auf Geltung und Wahrheit abzusprechen, falls sie im Konflikt mit der eigenen Überzeugung stehen. Denn in Sachen Weltanschauung und Religion kann es nicht viele sich gegenseitig ausschließende Wahrheiten geben. Und in gewisser Weise gilt dies auch für andere Sinn-Instanzen – wie Recht, Moral und Ordnungsmuster der sozialen Tradition.

Natürlich hängt dieser strukturelle Konflikt von einer Reihe von Voraussetzungen ab. Vor allem davon, ob und in welchem Ausmaß den weltanschaulichen Überzeugungen universelle Geltung und objektive Wahrheit beigelegt wird. Restringiert man derartige

Überzeugungen von vorneherein auf die private Sphäre des persönlichen Glaubens, stellt sich dieser Konflikt nicht ein – freilich dafür
die Frage, ob dann nicht der Begriff von Weltanschauung und religiöser Wirklichkeitsdeutung verfehlt wird. Derartige Phänomene
scheinen begrifflich mit objektiven Wahrheits- und universellen
Geltungsansprüchen verknüpft zu sein. Und sie lassen sich nicht
im Sinne existenzieller Lebensvollzüge privatisieren und jeglichen
wahrheits- und geltungsfähigen Behauptungscharakters entkleiden.

1. Logische Wurzeln des Weltanschauungs-Skeptizismus

Übliche Strategien, mit diesem strukturellen Konflikt fertig zu
werden, sind fundamentalistischer und relativistischer Art. Beide
Strategien sind jedoch unakzeptabel. Denn entweder wird darin
jede Form von Toleranz und Anerkennung in Sachen fremder
Weltanschauung und Religion negiert. Letzteren kann dann bestenfalls ein unverschuldeter subjektiver Irrtum attestiert werden.
Oder es stellt sich die Konsequenz der relativistischen Beliebigkeit
von Überzeugungen ein. Denn deren Begründung und Rechtfertigung scheint – wenn überhaupt – dann nur noch pragmatisch im
Rückgang auf die Kontingenzen des eigenen und kollektiven
Lebens möglich zu sein. Hängt es jedoch von den Zufällen des Lebens ab, welche Wirklichkeitsdeutung eine sinnstiftende Funktion
für das eigene Leben hat, also nicht von objektiven Wahrheitsge-
halten, dann ist Toleranz und Anerkennung fremder Überzeugungen eine pragmatische Angelegenheit und unproblematisch. Denn
Überzeugungen stehen gar nicht untereinander im Wahrheits- und
Geltungskonflikt.

Diese Alternative fundamentalistischer oder relativistischer
Konfliktlösung scheint unhintergehbar zu sein. Und zwar deshalb,
weil man offensichtlich nur die Wahl hat, die Geltungs- und Wahrheitsansprüche der gegensätzlichen Überzeugungen aufgrund der
eigenen internen Kriterien zu überprüfen – ein offensichtlich
zirkuläres, selbstimmunisierendes Vorgehen. Oder aber man loka-
lisiert seine eigenen Überzeugungen symmetrisch in einen Raum
konkurrierender Wirklichkeitsdeutungen. Darin gibt es aber keine

neutrale Entscheidungsinstanz über deren Geltungs- und Wahrheitsansprüche. Eine dritte Beurteilungsweise des Konfliktes scheint nicht zu existieren – oder eben nur im Rückgang auf einen »Gottes-Gesichtspunkt«. Aber wenn es wie im Falle der Weltreligionen dafür viele unterschiedliche Kandidaten gibt, personaltheistische und »gottlose«?

Dieser strukturelle Konflikt ist umso unerträglicher, je mehr er internalisiert wird und das eigene weltanschauliche Bewußtsein prägt, je weniger er also einfach extern auf verschiedene soziale Überzeugungsgruppen verteilt werden kann. Denn dann ist das eigene weltanschauliche Selbstverständnis durch eine konfliktäre Struktur geprägt. Zum einen liegt im Wissen um den universellen Geltungs- und Wahrheitsanspruch der eigenen Überzeugung deren Sinnfunktion und orientierende Kraft für das eigene Leben. Aber zum anderen ist dieses Wissen zugleich mit dem Bewußtsein verknüpft, daß andere Menschen völlig andere weltanschauliche Überzeugungen als letzte Orientierungen wählen, und zwar ohne daß eine Möglichkeit besteht, zwischen diesen konkurrierenden Weltbildern und Überzeugungssystemen »objektiv«, »neutral«, »gerecht« oder wie auch immer, auf jeden Fall aber überpositional zu entscheiden. Denn alle Objektivität und Wahrheit ist immer eine solche des subjektiven, und sei es kollektiven Glaubens und Fürwahrhaltens. Das eigene Selbstverständnis muß dann jedoch die Unbedingtheit seiner lebensorientierenden Überzeugungen mit deren Wahrheits- und Geltungsrelativität verknüpfen – falls es überhaupt fähig und willens ist, den »Standpunkt anderer« als symmetrisch gleichwertig mit dem eigenen zu akzeptieren. Verlieren aber Überzeugungen, deren Unbedingtheit mit ihrer Relativität konkurriert, nicht ihre orientierende Funktion?

Es ist vielleicht auch die Angst vor dieser katastrophalen Konsequenz, die der Verweigerung einer Internalisierung des Konfliktes in das eigene Selbstverständnis zugrundeliegt. Verweigert wird eine solche Internalisierung dann, wenn man auch gegenüber der eigenen weltanschaulichen Überzeugung jenen Außengesichtspunkt nicht einnimmt, der gegenüber fremden Wirklichkeitsdeutungen vorherrscht. Dann braucht man nämlich diesen gegenüber keinerlei symmetrische Gleichwertigkeit in ihren Wahrheits- und

Geltungsansprüchen einzuräumen; mit der Konsequenz, daß man
(beileibe nicht hilflos, weil bestärkt durch die einzigartige eigene
Überzeugungsunbedingtheit) im Konflikt hängen bleibt und dessen Lösung auch nur über die Austragung dieses Konfliktes suchen
kann.

Der moderne Skeptizismus in Sachen Weltanschauung und
Religion hat dann auch eine logische oder begriffliche Wurzel. Er
läßt sich also nicht nur dadurch erklären, daß man auf den geistigen Hochmut des modernen, aufgeklärten Menschen verweist, auf
eine Verkümmerung des religiösen Gefühls, auf eine weitgehende
Verbreitung nihilistischer Metaphysik, auf eine Verabsolutierung
der autonomen individuellen Vernunft, auf den Traditionsverlust
religiöser Kultur und erst recht auf den hedonistischen Materialismus der modernen Konsumgesellschaft, die den Sinn menschlichen Lebens mit einem möglichst hohen Lebensstandard identifiziert. Moderner Skeptizismus in Sachen Weltanschauung und
Religion scheint dann zumindest auch in der widersprüchlichen
Struktur religiöser und nichtreligiöser Wirklichkeitsdeutungen selber zu wurzeln, genauerhin in ihrem unauflösbaren Konflikt der
universalen Geltungs- und Wahrheitsansprüche.

Und dieser Überzeugungs-Skeptizismus wird seine faszinierende
Anziehungskraft so lange nicht verlieren, wie keine begrifflichen
und praktischen Modelle zur Verfügung stehen, um den strukturellen Konflikt zwischen exklusivem Universalismus und symmetri-
schem Pluralismus zu entschärfen. Nicht zuletzt scheint dieser
Konflikt heutzutage mehr denn je auch das Verhältnis der Gesellschaften und ihrer gegensätzlichen Kulturen untereinander zu
bestimmen. Und die unvermeidliche Konsequenz eines »clash of
civilizations« ist die Kernthese des kulturellen Skeptizismus. Darin
konfligieren Lebensformen, in denen eine pluralistische weltanschauliche Koexistenz vorherrscht, mit jenen gesellschaftlichen
Kulturen, die sich religiös-exklusiv verstehen.

2. Das Versagen traditioneller und moderner Lösungsstrategien

Traditionelle Strategien in Philosophie und Theologie, diese Konfliktsituation aufzulösen, bestimmen zwar schon lange die Diskussion. Aber es wird immer wieder deutlich, daß diese Strategien nicht nur das skizzierte Dilemma nicht aufheben können, sondern es im Gegenteil noch verschärfen. Und was noch verhängnisvoller zu sein scheint: Diese kontraproduktiven Strategien der Konfliktlösung bestimmen den größten Teil aller menschlichen Praxis, mit diesem Konflikt umzugehen. Einige Bemerkungen zur begrifflichen Struktur dieser Strategien sollen dies belegen.

a. Radikale Exklusivität oder harmlose Relativität?

Radikaler Exklusivismus und Strategien der Verharmlosung sind extreme Varianten der Konfliktlösung (Küng 1990, 104 ff). Wenn es Tatsachen gibt, die weltanschauliche Überzeugungen wahr machen, dann kann von widersprüchlichen Überzeugungen nur eine wahr sein. Dieser asymmetrische Wahrheitsrealismus liegt der »Festungsstrategie« des Exklusivismus zugrunde. Sie ist dadurch gekennzeichnet, daß sie nur den eigenen Überzeugungen in Sachen Religion und Weltanschauung einen berechtigten absoluten Wahrheits- und universellen Geltungsanspruch beilegt, alle anderen jedoch radikal abwertet. Es fällt schwer, Feststellungen wie die, das Christentum sei »die endgültige Religion für alle«, nicht im Sinne des Exklusivismus zu verstehen; vor allem auch dann, wenn es konkurrierende Wahrheitsansprüche sind, die das Verhältnis der Religionen untereinander bestimmen und die nur um den Preis einer »Relativierung des eigenen Anspruchs« nicht angenommen werden können, so daß »Dialoge universalistischer Religionen miteinander … immer – ein Element des Streites« enthalten (Spaemann 1996, 896 f, 898). Und selbst wenn der »Missionsauftrag, alle Menschen zu Jüngern Christi zu machen«, geschichtlich wohl kaum realisierbar ist, so scheint er doch nur in einem exklusiven Selbstverständnis des Christentums sinnvoll zu sein, das eben »am Ende« nicht

»völlig scheitern wird« (ebd.). Ein derartiger exklusiver Anspruch
ist offenbar nicht nur zu keiner Form von interner Überzeugungs-
Toleranz gegenüber Andersdenkenden fähig, sondern muß auch
die Fähigkeit zur Selbstkritik von vornehrein einschränken.

Zwar ist ein Anhänger dieser Strategie nicht notwendig unfähig,
sich in den »Standpunkt anderer« und ihrer Überzeugungen zu
versetzen. Aber einen symmetrisch gleichen Wert kann er diesen
aufgrund seines Wahrheitsmonismus nicht zusprechen. Der Blick
eines »objektiven Selbst« (Nagel) aus der Außenperspektive auf
seine eigenen Überzeugungen ist für diese Strategie folgenlos – die
eigene Überzeugung wird durch diesen Blick nicht in die Vielfalt
der Wirklichkeitsdeutungen symmetrisch eingebettet und ihnen
damit vergleichbar gemacht, sondern allen anderen weltanschaulichen Überzeugungen gerade radikal entgegengesetzt. Darüber
hinaus ist diese Strategie durch ein missionarisches Bewußtsein
geprägt, das symmetrische Geltungsansprüche anderer Überzeugungen als nicht nur objektiven, sondern auch subjektiven Irrtum
abqualifizieren muß.

Innerhalb eines Pluralismus konfligierender Wahrheits- und
Geltungsansprüche von Überzeugungen führt dies natürlich zu
einer Radikalisierung des Konfliktes, falls jede dieser Überzeugungen sich exklusiv interpretiert. Denn für das jeweils eigene Selbstverständnis tun die Anderen dies – asymmetrisch – natürlich völlig
zu Unrecht. Wenn überhaupt, dann kann es eine Konfliktlösung
nur durch machtstrategische Dominanzen der Belehrung und Bekehrung geben.

Zu dieser Konsequenz scheint die entgegengesetzte Strategie der
Konfliktlösung auf den ersten Blick nicht zu nötigen, nämlich die
sog. »Verharmlosungsstrategie«. Sie stellt das Wahrheitsfundament
des Exklusivismus in Frage. Denn sie macht (subjektivistisch) geltend, daß es jene Tatsachen, die weltanschauliche Überzeugungen
wahr machen, gar nicht gibt – oder ihrerseits nur in Form von
Überzeugungsinhalten. Deswegen geht eine solche Strategie davon
aus, daß alle weltanschaulichen Überzeugungen jeweils ihre eigentümliche Wahrheit haben, so daß man in Sachen Wirklichkeitsdeutung von einem Wahrheits- und Geltungspluralismus sprechen
kann. Ohne Überlegenheitsansprüche gegenüber anderen zu er-

heben, ist für den einzelnen Menschen seine Überzeugung jeweils »die beste«, wobei sie »relativ und auf andere bezogen ist« (Grabner-Haider 1993, 334).

Begriffliche und praktische Relativismustendenzen sind dann allerdings unvermeidlich. Die Radikalität der Wahrheits- und Geltungsansprüche erfährt notwendig eine gegenseitige Einschränkung. Freilich, sind Überzeugungen in ihren universellen Ansprüchen symmetrisch gleich, dann erzeugen sie untereinander auch keine Konflikte bzw. letztere beruhen auf einem prinzipiell behebbaren Mißverständnis. Und Toleranz gegenüber dem Andersdenkenden wird zu einer unproblematischen Selbstverständlichkeit. Denn dessen Überzeugungen stellen die eigenen ja nicht in Frage, so daß diese durch fremde Wirklichkeitsdeutungen erst recht nicht bedroht werden. Eine Art wechselseitiger Anerkennung der unterschiedlichsten weltanschaulichen Überzeugungen ist quasi von vorneherein garantiert.

Allerdings hängt an dieser Strategie auch ein weiterer Negativ-Katalog von Defizienzen. Wenn die eigene Wirklichkeitsdeutung in ihren Geltungs- und Wahrheitsansprüchen keinerlei Priorität gegenüber der fremden hat, welche unbedingt orientierende Kraft für das eigene Leben besitzt sie dann? Ist sie insofern nicht ein beliebiges Orientierungssystem unter anderen? Ferner, welche Vorrangkriterien nötigen zu ihrer Wahl und zur Verwerfung der fremden? Warum sollte man dann nicht fremde Überzeugungssysteme ebenso unproblematisch wie synkretistisch übernehmen und mit der eigenen vermischen können? Zur Rechtfertigung der eigenen Wirklichkeitsdeutung stehen darüber hinaus letztlich nur noch pragmatische Gründe zur Verfügung, wie etwa die Kontingenzen der eigenen kulturellen Erziehung, die sozial vorgegebenen Lebensformen samt Überzeugungssystemen, in die man hineingewachsen ist, eine gewisse Weltanschauungsökonomie auf dem Markt der Wirklichkeitsdeutungen oder auch das zumeist unhintergehbare Eingebundensein in den herrschenden Zeitgeist einer Epoche.

Zu Recht wird diese Strategie der Konfliktlösung deshalb als Verharmlosung religiöser und weltanschaulicher Überzeugungen beschrieben. Denn derartige Überzeugungen sind ebenso mit einem realistischen Wahrheitsfundament wie mit universellen Geltungs- und Wahrheitsansprüchen verknüpft, die sich nicht harmonisch oder nur selbstwidersprüchlich (wie bei allen relativistischen Positionen) in einen Weltanschauungspluralismus einfügen lassen. Verharmlost wird darin vor allem auch die Frage, ob es nicht zum Sinn von Wirklichkeitsdeutungen wie der Religionen gehört, von »Gott«, »dem Absoluten«, »der Transzendenz«, dem »letzten Wirklichkeitsgrund« nur in einem unbedingt monistischen Sinne sprechen zu können. Nicht zuletzt ist diese Strategie der Konfliktlösung überflüssig; denn ein relativistischer Pluralismus von Wirklichkeitsdeutungen generiert keine Konflikte von universellen Geltungs- und Wahrheitsansprüchen. Und zudem ist sie kontraproduktiv, weil diese Strategie der Konfliktlösung selber in Streit steht – in Konflikt mit nichtrelativistischen Strategien. Aber dafür stellt das Konzept des relativen Pluralismus der Weltdeutungen keine Lösungsoption dar.

b. Überzeugungs-Pluralismus?

Beliebt und verbreitet ist in diesem Zusammenhang die Überzeugung, man könne in Sachen Weltanschauung und Religion von einem Pluralismus der »Perspektiven« und »Aspekten« der Welterklärung sprechen (Ritschl 1984, 55 ff), in denen sich die vielfältigen religiösen und sinngebenden Überzeugungen in unterschiedlicher Weise auf ein- und denselben »absoluten Seinsgrund« beziehen. Doch auch dieses Modell, das an Stelle der Wahrheit die »Metapher vom *Weg*« setzt (Ritschl, Ustorf 1994, 40), ist begrifflich durch eine eigentümliche Aporie gekennzeichnet. Denn entweder gibt es auch einen perspektivenfreien Zugang zu dem gemeinsamen Wirklichkeitsgrund. Andernfalls wäre ja die Rede von dem »Einen und Selben«, auf das sich alle weltanschaulichen Perspektiven und Aspekte beziehen, nicht sinnvoll. Aber dann hebt sich das Perspektivenmodell in einem entscheidenden Punkt selber auf. Denn dann gibt es auch einen perspektivenfreien Zugang zum gemeinsamen »Absoluten«. Und auch nur unter dessen Voraussetzung wissen wir um die Perspektivität unserer Welterklärungen und deren Unterschiede voneinander. Oder umgekehrt, tritt auch dasjenige, »wovon« die Vielfalt religiöser Überzeugungen jeweils Perspektiven und Aspekte sind, nur innerhalb einer jeweiligen Perspektive auf, dann gibt es nicht nur keinen übergreifenden Begriff des »Einen« (»Gottes«). Vielmehr ist dieser Begriff auch selber pluralistisch-gegensätzlich. Der Geltungs- und Wahrheitskonflikt wird deshalb innerhalb des Perspektivenmodells entweder verschärft. Oder er ist im »Kern« der vielfältigen Überzeugungen von Anfang an gegenstandslos. Doch es ist ja gerade auch dieser »Kern« zwischen den Weltreligionen höchst strittig. Die gemeinsame Referenz aller Religionen scheint dann bestenfalls jene regulative Idee eines letzten Urgrundes aller Wirklichkeit zu sein, die inhaltlich und begrifflich leer ist und die sich durch die gegensätzlichsten Beschreibungen inhaltlich bestimmen läßt.

Wenn »Gott« im Perspektivenmodell kulturübergreifend und religionstranszendent »ein- und derselbe« ist, und wenn die verschiedenen Religionen vielfältige Perspektiven und Aspekte dieses »einen und selben Gottes« darstellen, dann kann in der Tat keine Religion Überlegenheits-, Monopol- und Absolutheitsansprüche gegenüber anderen geltend machen. Darin scheint das Faszinierende dieses Modells zu liegen, zumal dann auch religiöse Toleranz und Anerkennung sich schwerlich nicht einstellen können. Denn beide lassen sich scheinbar widerspruchsfrei mit dem Insistieren auf der eigenen religiösen und weltanschaulichen Identität (im Unterschied zur fremden) verknüpfen. Für jeden Menschen ist dann in der Tat seine eigene weltanschauliche Überzeugung jeweils »die beste.«

Dieses Modell bricht jedoch spätestens dann in sich zusammen, wenn die religions- und kulturübergreifende Identität des »einen Transzendenten« in den unterschiedlichsten Aspekten und Perspektiven der Religionen voneinander abweicht und gegensätzlich, ja kontradiktorisch beschrieben wird, ohne daß es die Alternative einer perspektiven-transzendenten Beschreibung der »einen absoluten Instanz« gäbe. Soll man also die Identitätsunterstellung des »einen Absoluten« in den vielen Religionen aufgeben – mit der Konsequenz, in einen religiösen Pluralismus zu geraten, der nicht einmal mehr über die minimale inhaltliche Gemeinsamkeit eines »Absoluten« verfügt, sondern lediglich über eine leere gemeinsame

Referenz, mit all den daraus resultierenden Konfliktfolgen? Oder
gilt es, an einer Vielfalt der Religion festzuhalten, ohne daß jedoch
die Möglichkeit besteht, sie anders als synkretistisch zu beschreiben
– etwa im Sinne Wittgensteinscher »Familienähnlichkeit« der Religionen, so daß es zwar nichts durchgehend Gemeinsames, wohl
aber überlappende, verbindende Elemente zwischen den Religionen gibt? Aber dies wäre nicht verträglich damit, daß eine religiöse
Überzeugung auch essentielle Aussagen über das »Transzendente«
macht. Denn derartige Aussagen legen den Begriff des »Transzendenten« für alle Religions-Familien fest. Das Modell der Perspektiven der Religionen scheint in der Tat die größte Verharmlosungs-
Versuchung des modernen pluralistischen religiösen Selbstverständnisses zu sein.

Unverträglich mit dem Perspektivenmodell des religiösen Pluralismus sind selbst vorsichtige und zurückhaltende Thesen, wie etwa
solche der »eschatologischen Verifikation« (Dalferth 1981, 703ff;
1992, 45ff; Pannenberg 1986, 280ff). Ihr zufolge gehört zu einem
bestimmten religiösen Selbstverständnis, wie dem christlichen, die
Überzeugung, daß sich am Ende der Zeiten durch Gott bewahrhei-
ten wird, welche der religiösen Überzeugungen wahr ist und welche nicht. Denn ob es so etwas wie ein »Jüngstes Gericht« gibt und
erst recht die Existenz eines richtenden Gottes, steht ja selber in
Frage. Kann es dann so etwas wie christliche Überzeugungs-Tole-
ranz z. B. jener weltanschaulichen Auffassung gegenüber geben, die
diese »eschatologische Verifikation« ablehnt? Bestenfalls scheint es
innerhalb der christlichen Perspektive im Rahmen des religiösen
Pluralismus so etwas wie eine »Hoffnung« auf die Berechtigung ihrer religiösen Geltungsansprüche und deren Verifikation am Ende
der Zeiten geben zu können – eine Hoffnung, zu deren Begriff es
freilich auch gehört, daß sie radikal enttäuscht werden kann. Das
Perspektivenmodell mit der symmetrischen Gleichwertigkeit der
Religionen im Rahmen eines Pluralismus von Weltanschauungen
entwertet dann mit seiner möglicherweise völlig unberechtigten
Postulierung zukünftigen Heilsgeschehens den christlichen Glauben zu einer lediglich subjektiven Überzeugung, deren objektiver
Realitätsgehalt zumindest fraglich, wenn nicht gar vollkommen
offen ist – bis hin zum Preis der möglichen Selbstaufgabe. Doch

selbst die radikalste Gottesferne und Verlassenheit von Gott impliziert im christlichen Selbstverständnis dessen nicht hypothetische Existenz, Gegenwart und Zukunft.

c. Eigenzentrische Anerkennung der anderen?

Eine weitere Strategie der Konfliktlösung, nämlich die der Universalisierung der eigenen religiösen Überzeugung unter gleichzeitiger Integration der fremden in das eigene Deutungsmodell der Welterklärung, ist offensichtlich die raffinierteste. Sie beläßt den vielfältigen anderen Weltanschauungen durchaus so etwas wie einen symmetrischen Eigenwert, versteht sich also nicht ausschließend (exklusiv) als einzigen Heilsweg des Menschen. Gleichwohl braucht sie nicht auf den monistischen Vorrang und die unbedingte Geltung der eigenen Überzeugung verzichten. Denn alle anderen Wirklichkeitsdeutungen werden in das eigene Selbstverständnis im Sinne einer Hierarchie von partiell wahren Deutungsmustern integriert. »Die in der Kirche gelehrte und von ihr wie unvollkommen und bruchstückhaft auch immer gelebte Wahrheit will die Wahrheit anderer Weltreligionen nicht ersetzen, sondern zur Höhe ihrer eigenen Möglichkeiten und zu der in ihnen selbst angelegten Fülle befreien«. Und es ist die »Kirche Jesu Christi«, die »ihr universales Ethos ... stellvertretend für Alle zu leben« vermag (Schockenhoff 1995, 244).

Alle Strategien einer Theologie der »anonymen Christen«, ja erst recht eines »atheistischen Glaubens an Gott«, bedienen sich dieses begrifflichen Modells, indem sie die christliche Überzeugung als »Tiefenstruktur« des menschlichen Bewußtseins und seiner Sinnentwürfe unterstellen. Christliche Heilsgeschichte und die »sittliche [ ] Wahrheit des Evangeliums« haben in diesem Modell die Funktion einer »inklusive[n] Stellvertretung« (ebd.) und verwirklichen sich nach diesem Modell in jeder kulturellen Verehrung des Absoluten, in jeder gelebten echten Moral und in jeder sozial gerechten Lebensform. Christliche Religion und christliche Ethik ist universale Religion und globale Ethik. Alle nichtchristlichen Überzeugungen sind implizite christliche Überzeugungen.

Auf den ersten Blick besticht dieses Konfliktlösungsmodell

dadurch, daß es ebenso eine gewisse Symmetrie der vielfältigen religiösen Überzeugungen zuläßt, wie den Skeptizismus weltanschaulicher Beliebigkeit abwehren kann und zudem an einem überkulturellen, gemeinsamen wahren Transzendenz-Kern weltanschaulicher Überzeugungen festzuhalten erlaubt. Doch ist natürlich auch nicht zu übersehen, daß dieses Modell die Struktur einer eigenzentrischen Universalisierung aufweist. Denn es ist die eigene christliche Überzeugung vom Heil aller Menschen in einem »Reich Gottes«, die dem Pluralismus religiöser Weltdeutungen zugrunde gelegt wird, ohne daß diesem jegliche Heilsfunktion bestritten würde. Anerkennung anderer Welterklärungen läßt sich deshalb mit moderater Belehrung und Mission verbinden. Zwar ist in diesem Modell ein Muslim, Buddhist oder auch Atheist ein anonymer Christ – aber nicht auch umgekehrt ein Christ oder Buddhist ein »anonymer Muslim« oder ein Christ »ein anonymer Atheist«, jedenfalls nicht im gleichen Sinne. Daraus geht die prinzipielle Asymmetrie dieses Modells zugunsten der eigenen christlichen Überzeugung hervor. Dabei kann der Anspruch der anderen in ihren Weltanschauungen nach dem Muster »subjektiv im Recht, objektiv im Unrecht« eigenzentrisch in eine Selbstbestätigung umgemünzt werden und der Dialog bleibt immer ein Monolog. Fremde, entgegengesetzte religiöse Wirklichkeitsinterpretationen als subjektiv und kulturell heilsnotwendige Vorformen des wahren christlichen Selbstverständnisses zu interpretieren – dies löst den strukturellen Konflikt demnach auch nur für die eigene christliche Überzeugung, verschärft ihn jedoch unter dem externen Gesichtspunkt der gleichberechtigten, symmetrischen Ansprüche anderer Wirklichkeitsdeutungen.

d. Offener ökumenischer Diskurs?

Besteht keine Übereinkunft in substantiellen Fragen und Überzeugungen etwa der Religion, so doch darüber, daß Konflikte in diesen Fragen vernünftigerweise in einem Diskursverfahren seitens aller Betroffenen zu regeln sind – in der Absicht, einen Konsens herbeizuführen, und sei es darüber, worin man sich uneinig ist.

Das Diskursverfahren – kann es in Sachen konfliktärer religiöser und weltanschaulicher Überzeugungen Konflikte lösen?

Interreligiöse Dialoge implizieren immer Streit, wenn ihre gegensätzlichen Überzeugungen universelle Geltungs- und Wahrheitsansprüche erheben, die miteinander nicht verträglich sind. Dies muß jedoch nicht von vornherein besagen, daß sich die strittigen Punkte nicht im Verfahren eines argumentativen Diskurses beheben ließen. Und es wäre das Ideal eines Konsenses, das diesen Diskurs reguliert.

Doch wie aus der kritischen Analyse diskursiver Verfahren und ihrer Praxis bekannt ist, enthalten diese Verfahren eine Reihe kaum behebbarer Mängel: So wird immer wieder moniert, daß die erforderlichen Rahmenbedingungen eines derartigen Diskurses nicht oder nur im unzureichendem Ausmaße herstellbar sind: Wie ist es möglich, jenen Beurteilungsstandpunkt einzunehmen, von dem aus die Interessen aller zu berücksichtigenden Überzeugungen angemessen beurteilt werden? Welches Ausmaß sachlicher Kompetenz ist übereinstimmend vorzugeben, das für das Diskursverfahren und dessen Ziel eines Konsenses unentbehrlich ist? Wie lassen sich jene Randbedingungen des Diskurses eliminieren, die nicht ausschließlich vernünftigen argumentativen Charakter haben, sondern pragmatischer Natur sind, Machtverhältnisse widerspiegeln oder verdecktes strategisches Verhalten darstellen? Ist nicht zuletzt ein jeweils faktisch erreichter Konsens im Diskursverfahren keineswegs auch schon das hinreichende Kriterium für eine sachliche Angemessenheit; zumal jeder Konsens aufgrund der Notwendigkeit, ihn festzustellen, wieder unter die Dominanzansprüche der betroffenen Parteien zu geraten droht?

Weit schwerwiegender für den interreligiösen Dialog sind aber nicht diese formalen Mängel des Diskursverfahrens, sondern seine strukturelle Aporie: Denn entweder ergibt jeder interreligiöse Dialog lediglich dasjenige an übereinstimmenden Einsichten, was von vornherein nicht im Streit stand. Dann ist ein solches Diskursverfahren überflüssig. Oder der interreligiöse Konsens betrifft erst erarbeitete gemeinsame Überzeugungen, die bisher noch nicht vorlagen. Doch um sie zu erreichen, müssen die konfliktären Positionen zentrale Momente ihrer Überzeugung aufgeben. Es sind aber gera-

de diese zentralen Überzeugungsmomente, die infolge ihrer iden-
titätsstiftenden Funktion für das Selbstverständnis massiv in Streit
stehen. Dann ist aber der harte Kern von religiösen Überzeugungen nicht diskurs- und nicht dialogfähig, so daß es bezüglich seiner
auch keinen Konsens, sondern immer nur einen – bestenfalls kon-
sensuellen – Dissens geben kann. Kann etwa ein christliches Selbstverständnis die Existenz des personalen Gottes als ein im Diskursverfahren korrigierbares Glaubensmoment auffassen oder auch die
Überzeugung vom heilsgeschichtlichen Handeln Gottes in der
Person Jesu Christi?

Bisweilen wird – als Voraussetzung des Diskursverfahrens – eine
Konvergenztheorie der religiösen Wahrheit vertreten; derart, daß
alle religiösen Überzeugungen bereits über die substantiellen Momente der religiösen Wahrheit verfügen, sie jedoch vorläufig nur
perspektiven- und aspekthaft entfalten und erst in Form eines
heilsgeschichtlichen Prozesses als Ganzes konvergierend erreichen.
Doch dann ist der interreligiöse Dialog bestenfalls ein Feststel-
lungsverfahren dieses a priori vorliegenden gemeinsamen religiösen
Selbstverständnisses, seiner Perspektivenvielfalt und seiner Konver-
genz-Tendenz. Konflikte werden darin von vorneherein minimiert,
brauchen also auch nicht gelöst zu werden. Umgekehrt, gilt es im
interreligiösen Dialog im Ausgang von strittigen Überzeugungen
jene Wahrheit erst zu ermitteln, worin alle Religionen konvergieren, dann bleibt der Konvergenzpunkt selber offen, zumal er auch
nur immanent, d. h. von der jeweils eigenen religiösen Position
aus, formuliert werden kann. Will man dies wiederum vermeiden,
so scheint nur so etwas wie eine synkretistische religiöse »Einheit in
der Vielfalt« möglich zu sein. Sofern jedoch ein solcher Synkretismus mit seiner »universalen Religion« aus nach wie vor radikal
strittigen Überzeugungen besteht, stellt er wiederum nur jenes Problem dar, für dessen Lösung der interreligiöse Konvergenz-Diskurs
unternommen wurde.

Gewiß, bezüglich all jener Faktoren, die nicht unmittelbar mit
dem Kern religiöser Überzeugungen verknüpft sind, läßt sich Kon-
vergenz möglicherweise ohne Probleme und Schwierigkeiten dis-
kursiv erzielen; nämlich bezüglich jener Überzeugungselemente,
die mit historischen Bedingungen, kontingenten kulturellen For-

men des Lebens, spezieller philosophischer Begrifflichkeit oder auch sozialen Hintergrundstrukturen verknüpft sind. Bezüglich derartiger Sachverhalte wäre ja der angestrebte religiöse Dialog konsensfähig. Ist jedoch der Kern der religiösen Überzeugungen konfliktär, dann scheint der interreligiöse Dialog in der Aporie stecken zu bleiben, entweder einen inhaltsarmen Kompromiß-Konsens zu erreichen, worin die entscheidenden strittigen Überzeugungspunkte gerade ausgeklammert werden; oder aber sich lediglich auf jenes Gemeinsame in den Religionen verständigen zu können, das sowieso bisher nicht in Streit stand. Der interreligiöse Dialog ist deswegen entweder überflüssig oder konsensuell unergiebig.

Diese Aporie ist natürlich unerträglich. Denn sie läßt sich nicht mit der Überzeugung verknüpfen, daß es ein und dasselbe transzendente Absolute, ein und derselbe Gott, ein und derselbe Grund aller Wirklichkeit, ein und dieselbe letzte Sinninstanz des menschlichen Lebens ist, die den Inhalt der unterschiedlichsten religiösen Überzeugungen ausmacht, des Christentums ebenso wie des Islams, des Judentums wie des Buddhismus, des Hinduismus wie des Konfuzianismus. Dann scheint jedoch ein interreligiös identischer Konvergenz-Begriff des Transzendenten eine dialektische Struktur aufweisen zu müssen. Soll das Transzendente nicht lediglich eine Art regulative Idee sein, die sich inhaltlich in der interreligiösen Auseinandersetzung, in Dialog und Diskurs allererst konkretisiert und herausbildet, so daß alle bisherigen Transzendenzverständnisse, auch die der christlichen Offenbarung, vorläufig sind, dann muß der Begriff des Transzendenten dieses (mit Hegel) als sich negativ auf sich beziehende oder sich von sich unterscheidende Instanz denken, die nur in dieser Widersprüchlichkeit ihre Identität hat. Ist es diese Dialektik der Transzendenz, deren Bewußtsein zunehmend die Struktur des interreligiösen Dialoges in Gegenwart und Zukunft bestimmen wird?

e. Perspektiven-Dualismus als Konfliktlösung?

Eine gängige Strategie, widersprüchliche Geltungs- und Wahrheitsansprüche von Überzeugungen zu entschärfen, hat deshalb der Dialektiker Hegel immer wieder kritisieren müssen. Nämlich die Einführung von verschiedenen »Hinsichten« oder Beurteilungsperspektiven; im hier diskutierten Falle: der Innenperspektive der jeweiligen Religion und der religionswissenschaftlichen Außenperspektive. Könnte es nicht auf diese Weise gelingen, aus der wissenschaftlichen Außenperspektive heraus allen Religionen eine gewisse Heilsfunktion einzuräumen und ihren Erfahrungen des Absoluten eine gewiße Wahrheit beizulegen, und gleichzeitg für ihre Innenperspektive darauf zu bestehen, daß es darin nur eine wahre Religion gibt, nämlich die jeweils eigene?

Natürlich ist diese Trennung der Beurteilungsperspektive für jede theoretische, erst recht religionswissenschaftliche Untersuchung unentbehrlich. Der Dualismus von Innen- und Außenperspektive ist darüber hinaus im praktischen und politischen Umgang der Menschen unterschiedlicher religiöser Bekenntnisse unverzichtbar. Und es ist vor allem der rechtliche Rahmen des Zusammenlebens, der jenes soziale Gemeinsame darstellt, das einen Pluralismus von religiösen Überzeugungen gesellschaftlich und kulturell ermöglicht.

Doch damit ist die Konfliktproblematik nur scheinbar aus der Welt geschafft, wenn nicht gar auch auf die Rechtsverhältnisse verschoben. Denn während eine Person aus der Innenperspektive ihre religiöse Überzeugung für die einzig wahre hält, beurteilt dieselbe Person ihre Überzeugung in der Außenperspektive so, daß sie in einen vergleichenden, relativierenden Pluralismus von Wahrheiten eingebettet ist. In beiden Perspektiven handelt es sich jedoch um dieselbe Überzeugung: Der interreligiöse Konflikt tritt intrareligiös im eigenen Selbstverständnis der Person auf. Folglich ist darin eine der beiden Beurteilungsperspektiven notwendig abzuwerten. Eine komplementäre und konvergierende Synthese beider Beurteilungsperspektiven ist begrifflich nicht möglich. Ist es vielleicht in den westlichen Gesellschaften mehr denn je die Außenperspektive, deren Beurteilungsweise vorrangigen Wert für eine Person hat? Die

scheinbar neutrale Instanz wissenschaftlicher Vernunft in der objektivierenden Außenperspektive enthüllt sich dann als überlegen
gegenüber der Innenperspektive der religiösen Überzeugung. Wie
auch immer, man ist in diesem Modell als gläubiger Christ z. B. zu
der paradoxen Feststellung genötigt, daß die Bezeichnung »Sohn
Gottes« aufgrund religionswissenschaftlicher Untersuchungen in
manchen Religionen bezeugt ist, daß aber natürlich nur Jesus von
Nazareth der »wirkliche« Sohn Gottes ist; oder daß es entsprechende Auferstehungsberichte in manchen Religionen gibt, daß
jedoch die Auferstehung des Jesus von Nazareth demgegenüber
nicht nur eine Sonderstellung einnimmt, sondern die einzig »wahre« Auferstehung in der Heilsgeschichte ist. Durch diese Priorität
der internen Perspektive der eigenen religiösen Überzeugung gegenüber allen externen religionswissenschaftlichen Beurteilungsweisen wird jedoch die Symmetrie des Dualismus von Innen- und
Außenperspektive aufgehoben, und damit auch deren konfliktlösende Funktion. Umgekehrt, hält man an der Gleichwertigkeit
beider Perspektiven fest, muß man das Postulat der Widerspruchsfreiheit religiöser Überzeugungen aufgeben.

3. Weltethos – eine Möglichkeitsbedingung der Konfliktlösung?

Keine dieser Strategien ist offenbar in der Lage, den Konflikt der
konkurrierenden universellen Geltungs- und Wahrheitsansprüche
unserer Wirklichkeitsdeutungen aufzulösen. Die Hilflosigkeit, angemessen mit diesem Konflikt umzugehen, zeigt sich deutlich
nicht zuletzt darin, daß alle Strategien nach wie vor nebeneinander
und in Mischformen praktiziert werden, obwohl sie sich gegenseitig ausschließen und jeweils unzureichend sind. Exklusivismus
steht neben Inklusivismus, symmetrische Gleichwertigkeit der
Überzeugungen gegen eschatologische Verifikation einer einzigen,
konvergenzorientierter neutraler Diskurs gegen die Einzigartigkeit
religiöser Überzeugungen in der Innenperspektive.

Wenn auch keine der diskutierten Strategien der Konfliktlösung
akzeptabel ist, so enthalten (und radikalisieren) sie jedoch jeweils

alle ein unverzichtbares Moment des religiösen und weltanschaulichen Selbstverständnisses. Man kann sich nicht relativistisch zu
einer von vielen einander ausschließenden Wahrheiten, sondern
nur zu der einen Wahrheit bekennen. Deshalb sind andere Überzeugungen insofern auch (inklusivistisch) »nur mit *Vorbehalt*« wahr
(Küng 1990, 129), als sie der eigenen nicht widersprechen. Wenn
ferner Jesus für den Christen »normativ und definitiv« der Christus
ist (ebd. 132), dann kann diese Überzeugung nicht derart in einen
Dialog mit den Weltreligionen eintreten, daß sie hinsichtlich der
Person Jesu Christi transformierbar wäre und der interreligiöse
Dialog demnach ein offenes Resultat haben könnte. Umgekehrt,
man kann seine eigene Weltanschauung nicht exklusiv interpretieren, ohne dies mit einem symmetrischen Pluralismus gleichwertiger Überzeugungen zu verbinden. Denn es gibt keine – oder eben
viele – »objektive« Wahrheitsinstanzen. Dann ist aber der Dialog
der konkurrierenden Überzeugungen unvermeidlich und mit ihm
ist der Wille zum Konsens und zur »*Synthese*« (ebd. 126) erforderlich, obwohl beide notwendig in der Dialektik des »*Dissens[es]*«
hängen bleiben (ebd. 135). Die in all dem zum Ausdruck kommende Konfliktsituation der Lösungsstrategien spiegelt nur die zu
lösende Problematik wider. Der Konflikt scheint demnach unhintergehbar.

Umso dringender stellt sich die Frage, ob es nicht ein nicht-
triviales Gemeinsames gibt, das alle religiösen und nichtreligiösen
Überzeugungen trotz ihrer Geltungs- und Wahrheitskonflikte verbindet und das als solches zumindest eine Möglichkeitsbedingung
einer Konfliktlösung wäre, auch wenn deren wirkliche Konturen
mehr als vage sind. Ein solches Gemeinsames stünde jedenfalls
nicht in Streit. Es könnte Überzeugungs-Konflikte zwar nicht auf-
lösen und gegenstandslos machen, aber doch gewisse Rahmenbedingungen zur Verfügung stellen, ohne die nicht einmal die
Möglichkeit einer Konfliktlösung bestünde.

Man kann (mit Küng) das Weltethos als eine Möglichkeitsbedingung der Lösung von Weltanschauungskonflikten auffassen –
und nur unter diesem Aspekt wird es im folgenden diskutiert, weshalb seine Bedeutung für die anderen Kontexte der Wirtschaft und
Ökologie, der politischen Kultur und globalen Gerechtigkeit nicht

zur Sprache kommen. In der Tat, die Unterscheidung von Gut und
Böse, das moralische Wertsystem selber, moralische Prinzipien wie
die Goldene Regel, das Verbot zu töten und zu lügen oder auch die
Verpflichtung zur Gerechtigkeit, all dies ist nicht nur in der bunten
Fülle philosophischer Ethiken eine konstante und universelle
Größe, vielmehr gehört es auch zum Selbstverständnis aller Weltreligionen. Es ist ein globales moralisches Faktum im Bewußtsein
der Menschen aller Kulturen. Ein derartiges Weltethos hat für die
empirischen Kulturwissenschaften den Rang einer anthropologischen Konstante und gilt als kulturübergreifende, historisch und
gesellschaftlich invariante Größe, die »zum Wesen des Menschen«
gerechnet werden muß (Rippe 1993); und zwar unabhängig davon,
wie man dies begründet, etwa metaphysisch, aus reiner autonomer
Vernunft, religiös oder auch soziobiologisch.

Dieses interkulturelle und interreligiöse Faktum der Moral ist
dann natürlich keine eurozentrische Erfindung von Philosophen,
also erst recht kein instrumentelles Projekt, und wegen seines universellen Charakters kann es auch nicht die konkrete und lokale
Alltagsmoral samt ihrer motivierenden Kraft ersetzen, weshalb es
keine Art von Minimalmoral darstellt – bei all dem handelt es sich
zumindest um Mißverständnisse. Auch hat dieses kulturübergreifende moralische Paradigma religiöse Konflikte in der bisherigen
Geschichte der Menschheit gerade nicht verhindert, sondern im
Namen derselben moralischen Tugenden häufig noch verschärft.
Damit es als Weltethos die Funktion der Möglichkeitsbedingung
einer Konfliktlösung erhalten kann, muß es offenbar in bestimmter
Weise qualifiziert werden. Nicht zuletzt wäre es ein moralischer
Fehlschluß und eine Reduzierung der Religion auf einen moralischen Vernunftglauben, wenn man dem interkulturellen Weltethos und seiner praktischen Realisierung die Funktion beilegte,
über Recht und Unrecht von Wahrheits- und Geltungsansprüchen
der Weltanschauungen und Religionen zu entscheiden. Die Wahrheit der Weltdeutung ist keine Funktion der Moral.

Aber diese Wahrheit gibt es immer nur in einer bestimmten individuellen und kulturellen Praxis des religiösen Für-wahr-Haltens
– und diese Praxis ist es, die nicht nur soziale Spannungen produziert und bisher häufig zu verheerenden Konflikten geführt hat,

sondern die natürlich auch als soziales Verhalten moralischen Kriterien unterliegt. Die Praxis des religiösen Für-wahr-Haltens ist insofern durchaus eine Funktion der Moral, und der religiöse Glaubensinhalt kann sie nicht von der Moral dispensieren, was in der Geschichte der Überzeugungskonflikte häufig genug der Fall war.

Es ist nun Küngs These, daß das globale Bewußtsein eines Weltethos, d. h. gemeinsamer moralischer Standards die Praxis der Weltanschauungen und ihrer Konflikte anders als bisher und neu orientieren könnte. Natürlich gibt es eine Reihe pragmatischer Formen der Konfliktlösung, so vor allem die durch moderne Grund- und Menschrechte ermöglichte Koexistenz, die an die Stelle früherer einseitiger Abhängigkeitsverhältnisse in sozialen Machthierarchien getreten ist. Doch Weltanschauungen können sich untereinander mit derartigen externen Konfliktlösungen durch rechtliche Rahmen und soziale Ordnungsstrukturen nicht begnügen. Denn nach ihren eigenen Selbstverständnissen unterliegt die Praxis des Miteinander-Umgehens auch und vor allem moralischen Standards, die das interne moralische Bewußtsein betreffen.

Kann aber das globale Bewußtsein eines Weltethos den Rang einer Möglichkeitsbedingung beanspruchen – einer Möglichkeitsbedingung für eine auch moralisch qualifizierte Lösung des Konfliktes der Weltdeutungen? Es ist eine Grundeinsicht der Idealisten, so vor allem Hegels, daß das wechselseitige Bewußtsein eines gemeinsamen Potentials einen Konflikt derart entschärfen kann, daß es ihn in eine gegenseitige Anerkennung überführt (Lütterfelds 1996). Dies geschieht durch eine Reihe von gedanklichen Schritten im eigenen Selbstverständnis: So tritt man zunächst aus der eigenen Binnenperspektive heraus und nimmt einen externen Standpunkt ein, und zwar nicht nur den anderen, sondern auch seinen eigenen Überzeugungen gegenüber. Auf diesem externen Standpunkt gerät jenes Gemeinsame moralischer Standards in den Blick, das im Bewußtsein eines Weltethos vorliegt. Verfügt man aber über ein derartiges Bewußtsein gemeinsamer moralischer Standards, dann bezieht man sich im moralischen Selbstverständnis des anderen gerade auch auf sich selbst. Man findet sich darin selber wieder (Küng, Kuschel 1993, 119 f), so daß die Gemeinsamkeit mit dem anderen zum eigenen Selbstverständnis gehört.

Eigenes und fremdes moralisches Bewußtsein gehen ineinander über, und es entsteht das Wissen um ein moralisches »Wir«.

Ein derartiges Bewußtsein eines Weltethos ermöglicht es nun, alle aus der Andersheit des anderen resultierenden Konflikte in gewisser Weise zu entschärfen. Dies gilt auch für den praktischen Konflikt der gegensätzlichen Beurteilungen der Weltdeutungen. Denn für die daraus resultierenden Versuche der gegenseitigen Überredung und Überzeugung, Belehrung und Bekehrung, Unterwerfung, Ausgrenzung und Vereinnahmung erhält das Weltethos-Bewußtsein die Funktion eines konfliktübergreifenden und konfliktreduzierenden Momentes. Bezieht man sich nämlich im moralischen Selbstverständnis des anderen immer auch auf ein gemeinsames Ethos, dann ist der andere niemals nur ein instrumentalisierbares, benützbares Gegenüber, sondern er hat den gleichen Status eines autonomen moralischen Subjekts wie man selber. Es verbietet sich dann, ihn in einer Art und Weise zu behandeln, die diesen Status in Frage stellt. Positiv: Man muß zumindest unterstellen dürfen, daß der andere der eigenen Behandlungsweise ihm gegenüber zustimmt. Derartige Forderungen nach einer symmetrischen Akzeptanz resultieren aus dem Wissen daraus, über ein gemeinsames moralisches Selbstverständnis zu verfügen, und aus der darin implizierten symmetrischen Würde des anderen. Dies nötigt schließlich dazu, den Fremden und anderen so zu behandeln, daß er samt seinen weltanschaulichen Überzeugungen nie nur Mittel für die eigene Selbstbestätigung ist (etwa in Form der Inklusivität und erst recht der Exklusivität), sondern immer auch als »Zweck an sich selbst« (Kant) anerkannt wird.

Natürlich werden die inhaltlich-sachlichen Konflikte der gegenseitigen Geltungs- und Wahrheitsansprüche von Überzeugungen durch ein derartiges Weltethos-Bewußtsein nicht aufgelöst. Wahrheits- und Geltungsfragen sind keine Angelegenheit der Moral. Aber ohne die Bedingung eines derartigen Bewußtseins wäre eine moralisch qualifizierte Konfliktreduzierung auch nicht möglich, selbst wenn zu ihrer Verwirklichung nicht nur zusätzliche optimale Rahmenbedingungen, sondern vor allem auch viel guter Wille und selbstkritische Einsicht erforderlich sind. Dies impliziert deshalb keinen Verzicht auf gegenseitige Auseinandersetzung, kritische

Beurteilung und wechselseitiges Geltendmachen der eigenen Wahrheitsansprüche. Aber für die Struktur der sozialen Praxis, in der dieser Konflikt ausgetragen wird, fordert das Weltethos-Bewußtsein eine gegenseitige Verhaltensweise, die symmetrisch für einen selbst und für den anderen akzeptabel ist. Alles gegenseitige Beurteilen und Überreden, Überzeugen und Belehren, Bekehren und Unterwerfen, Ausgrenzen und Vereinnahmen setzt die vorgängige – oder zumindest unterstellbare – autonome Zustimmung des anderen voraus. Andernfalls ist ein solches Verhalten moralisch nicht akzeptabel. Ist es die Gemeinsamkeit des moralischen Bewußtseins, die auf diese Weise den Konflikt der Überzeugungen praktisch entschärfen kann, dann gilt es in der Tat, dem Bewußtsein des gemeinsamen Ethos globale Geltung zu verschaffen (Küng, Kuschel 1993, 17 f, 25, 41 f), und zwar unter Respektierung der ihm eigenen Norm der symmetrischen Akzeptanz.

Dadurch erhält freilich die eigene Weltdeutung den Charakter eines kontingenten Unbedingten, das symmetrisch in einen Pluralismus der Weltbilder und religiösen Lebensformen eingebettet ist. Darin steht die eigene, unbedingte Überzeugung so da »wie unser Leben« (Wittgenstein). Denn über dieses Leben haben wir so wenig entscheiden können, wie wir hinreichende Gründe dafür angeben können, warum es gerade diese und keine andere Religion und Kultur ist, in die wir hineingeboren und hineinerzogen wurden und warum wir deshalb eine bestimmte Weltdeutung im Unterschied zu anderen unser eigen nennen.

Literatur

Dalferth, I. U. (1981), Religiöse Rede von Gott, München.

Dalferth, I. U. (1992), Gott, Tübingen.

Grabner-Haider, A. (1993), Kritische Religionsphilosophie, Graz u. a.

Küng, H. (1990), Projekt Weltethos, München.

Küng, H., Kuschel, K.-J., Hrsg. (1993), Erklärung zum Weltethos, München-Zürich.

Küng, H. (1997), Weltethos für Weltpolitik und Weltwirtschaft, München – Zürich.

Lütterfelds, W. (1996), Die idealistische Anerkennung des Fremden – eine Praxis der Konfliktlösung?, hrsg. von R. Burger, H.-D. Klein, W. H.

Schrader, in: Gesellschaft, Staat, Nation, Wien, S. 91-110.

Pannenberg, W. (1986), Die Wahrheit Gottes in der Bibel und im christlichen Dogma, in: Oelmüller, W., Hrsg., Kolloquium Religion und Philosophie, Bd. 2, Wahrheitsansprüche der Religionen heute, Paderborn, S. 280 ff.

Rippe, K. (1993), Ethischer Relativismus, Paderborn u. a.

Ritschl, D. (1984), Zur Logik der Theologie, München.

Ritschl, D., Ustorf, W. (1994), Ökumenische Theologie-Missionswissenschaft, Stuttgart, u. a.

Schockenhoff, E. (1995), Brauchen wir ein neues Weltethos? in: Theologie und Philosophie 70. Jg., S. 224-244.

Spaemann, R. (1996), Weltethos als »Projekt«, in: Merkur 50. Jg., S. 893-904.

Zeitgeschichte und Weltethos
Ein Beitrag zur Methodologie der Zeitgeschichtsforschung

»Ich bin der Meinung, daß die Existenz der kleinen Nationen hauptsächlich von moralischen Faktoren abhängig ist. Wenn wir nicht das Axiom in der Welt anerkannt bekommen, daß auch die kleinen Nationen das Recht, ihr eigenes Leben zu führen, haben und daß dies auch zum Vorteil der grossen Völker und der Menschheit ist, hilft uns letzten Endes nichts.«

*Juho Kusti Paasikivi (finnischer Staatspräsident
von 1946 bis 1956) an den Außenminister
Väinö Tanner am 5.8.1939*

1. Information zwischen Erklärung und Verwirrung

Einer der Faktoren, der zur rasch fortschreitenden Globalisierung beigetragen hat, ist die schnelle Informationsvermittlung. Man lebt in Bezug zu den großen ökonomischen und politischen Ereignissen seiner Gegenwart. Zu den Vorteilen der »Informationsgesellschaft« gehört, daß man für den Briefwechsel zwischen Indien und Europa nicht mehr Monate oder Wochen braucht, sondern per elektronischer Post seine Gesprächspartner sofort erreichen kann. Die ökonomischen Ereignisse, wie vor kurzem die Schwankungen in der Börse von Hongkong, haben sofortige Auswirkungen auf das Leben der Amerikaner durch Folgeerscheinungen in der Wall Street. Auch die Information über globale Katastrophen und internationale politische Vereinbarungen erreicht uns leicht. Wir begreifen, daß etwas Wichtiges geschehen ist. Nach der ersten Welle der

Information beginnt aber der Interpretationsprozeß, der die zuerst als eindeutig erscheinenden Fakten unterschiedlich bewertet und eine Urteilsbildung erheblich erschwert.

Dies hängt damit zusammen, daß wir Schwierigkeiten haben bei der Selektion von Fakten aus dem Überfluß der Informationen, die wie eine Sintflut über uns strömen. Welche sind die Rettungsboote, die uns auf diesem Fluß segeln helfen? Welche sind die Maßstäbe, nach welchen wir die Fakten wählen? Erwarten wir, daß aus der Häufung der minutiösen Einzelheiten das richtige Bild sich von selbst gestaltet?

Als eine resignative Abwehrreaktion könnte man die Haltung bezeichnen, überhaupt nicht mehr ein Gesamtbild zu erstreben. Der niederländische Historiker F. R. Ankersmit behauptet: »We care less than ever about past that does not have its resonances in our mind and heart.«[1] Nach ihm ist als Ergebnis des subjektiven Selektionsvorgangs (auch im Rahmen der wissenschaftlichen Korrektheit) eine gewisse Einseitigkeit in der Interpretation der Vergangenheit zu bemerken, eine »Privatization of the past«. Es besteht aber die Gefahr, daß durch die Privatisierung der Vergangenheit das Verständnis der kollektiv-verpflichtenden Aufgaben der Kulturtradition verloren geht. Wir sind nur dafür bereit, uns zu engagieren, wofür wir uns auf ein persönliches Werterlebnis orientierte Beziehung haben. Es könnte letzten Endes so sein, daß wir uns um nur solche Ereignisse und Probleme kümmern, die unsere Existenz, unsere Menschenrechte oder ökonomischen Interessen bedrohen oder fördern. Diese Interpretationsschwierigkeiten, die uns als Zeitgenossen betreffen, wiederholen sich auch bei den Zeitgeschichtlern in einer subtilen Form.

In diesem Artikel werden wir deswegen *erstens* fragen, in welchen Zusammenhängen und nach welchen Prozessen wir ethische Entscheidungen treffen, die eine Einwirkung auf unsere Geschichtsinterpretation haben. *Zweitens* fragen wir, wie unsere Zeitgeschichtsforschung zur Entstehung einer globalen Verantwortlichkeit beitragen kann.

2. Hermeneutik als ethische Frage

Im Rahmen der Diskussion über den aktuellen Historismus-Begriff hat man nach der Rolle der ethischen Entscheidungen bei der Wahl des hermeneutischen Modells gefragt. E. B. Betti hat betont, daß man bei der Suche nach dem »günstigsten Standort« für die Textinterpretation eine »geistige Aufgeschlossenheit«, eine gewisse Freiheit, die dem Charakter nach ethisch ist, braucht.

Gunter Scholtz beschreibt Bettis Position näher: »Es handelt sich dabei um eine sowohl ethisch wie auch theoretisch besinnliche Haltung, die man negativ als Uneigennützigkeit und demütige Selbstentäußerung kennzeichnen kann, wie sie in einer ehrlichen und entschlossenen Überwindung der eigenen Vorurteile und etwaiger dem unvoreingenommenen Verstehen hinderlichen Haltung zu sehen ist; in positiver Hinsicht läßt sie sich charakterisieren als Weite des Blicks und Fülle des Gesichtskreises: eine Fähigkeit, die im Hinblick auf den auszulegenden Gegenstand eine kongeniale und sich ihm eng verwandt fühlende Einstellung schafft.« [2]

Traditionell hat man Imaginationen, Gefühle, ethische Haltung und Vorverständnisse von dem Forschungsvorgang prinzipiell und methodisch zu trennen versucht. Man hat lange an die theoretische Möglichkeit einer Wertneutralität und eines »objektiven« Handelns geglaubt.[3] Die ethische Dimension ist erst zum Tragen gekommen, als man über die Ehrlichkeit / Unehrlichkeit des Forschungsvorgangs und damit verbundene Einzelheiten gesprochen hat. Daß Ethik ein Inbegriff des wissenschaftlichen Denkens sein könnte, haben nur die großen Gestalten der Wissenschaft (Curie, Einstein, Heisenberg) reflektiert. So klingt die Formulierung der »ethischen Interpretationsmaxime« der Hermeneutik von E. D. Hirsch für viele überraschend.

In Anlehnung an Kants Kategorischen Imperativ und die Goldene Regel der Religionen stellt er das Ideal der Textinterpretation in Form des ethischen Ideals vor. Man soll Texte und Aussagen so behandeln, wie man die eigene Rede behandelt zu sehen wünscht.[4] Hier verbindet sich die Methodologie der Geisteswissenschaften direkt mit dem Weltethos, wie es z. B. in der Chicagoer Erklärung (1993) als globale Ethik dargestellt wird. Hier wurde die Goldene

Regel als zentrale kulturübergreifende Maxime für das Zusammenleben der Religionen und Kulturen vorgeschlagen.[5]

Obwohl die ethische Perspektive im allgemeinen fremd für die
Wissenschaften unseres Jahrhunderts gewesen ist, fehlt dieser Ausgangspunkt in der viel älteren antiken Tradition der Geisteswissenschaften nicht. In der Wissenschaftsthematik, wie sie durch die
Schule Platons vermittelt wurde, stellt sich die Physik als Philosophie der Natur, die Ethik als Philosophie des Menschen und seines
Verhaltens und die Logik als Philosophie des Denkens dar.[6] Nachdem die Geisteswissenschaften aber durch die Sozial- oder Gesell-
schaftswissenschaften in der positivistischen und marxistischen
Tradition vielfach ersetzt wurden, läßt sich nun fragen, wie weit
dieses ethische Erbe im Namen der Wissenschaftlichkeit verdrängt
wurde.[7] Kritisch müßte man sogar fragen, ob es überhaupt möglich
ist, ohne ethische Einstellung Werte, Wertsysteme und Wertentscheidungen im Verlauf der Geschichte zu identifizieren und entdecken? Leiden wir nicht an einer Art »Farbenblindheit«, wenn wir
ohne eine bewußte, nach universalen Werten und Weltethos orientierte ethische Einstellung die Vergangenheit zu interpretieren versuchen?

Besonders wichtig ist die ethische Aufnahmefähigkeit in der Begegnung mit fremden Kulturen, die andere Wertsysteme repräsentieren. Es läßt sich fragen, welche Rolle das Weltethos – als auf den
interreligiösen gemeinsamen Werten basierende Grundeinstellung
– in der Wissenschaftsethik und Forschung der multikulturellen
Probleme spielen könnte. Eine Antwort gibt Gunter Scholtz, wenn
er »mit guten Gründen« behauptet, »daß ein Wissen und Verstehen
einer Fülle divergenter Wertsysteme sich erst auf der Grundlage eines Ethos ergibt, die Bereitschaft, solche der eigenen Orientierung
fremden Wertsysteme überhaupt zu kennen und anzuerkennen.«[8]
Hier plädiert Scholtz für ein Ethos, in den Wissenschaften nicht
nur wegen der ethischen Sauberkeit, sondern auch wegen des epistemologischen Interesses vielseitig die erforschten Phänomene zu
verstehen.

Einer besonderen Bearbeitung bedürfen die interkulturellen
Phänomene. Ohne Ethos / Weltethos ist dies nicht zu erledigen. So
kommt Scholtz zu dem Ergebnis, daß nur am Leitfaden jener

ethisch eingestellten und methodologisch akzentuierten Hermeneutik die Pluralität der Kulturen zu erkennen ist. Nur durch sie
gewinnt man »den Einblick in die Divergenzen der Geschichte«.[9]

Nun fragt man, wie die epistemologischen und hermeneutisch-
ethischen Forschungsinteressen miteinander in Einklang gebracht
werden können. Wo sind die methodischen Fragen, in denen die
ethischen Probleme konkret zu finden sind?

3. Die Wahl einer historischen Analogie als ethische Entscheidung

»Metaphor is the foundation of historical writing«, beschreibt u. a.
Ankersmit einen wichtigen Zug der Methodologie der Geschichts-
wissenschaft.[10] Es geht um die Reduzierung des Unbekannten mit
Hilfe des schon Bekannten. Dies geschieht in Gebrauchnahme der
Ereignisse, Begriffe und Vorstellungen, die uns schon bekannt geworden sind. Historische Darstellung ist demnach wesentlich ein
metaphorischer Prozeß. Allerdings gibt Ankersmit dem Metapher-
Begriff eine breite Bedeutung. Wir müssen hier den Unterschied
zwischen Metapher und Analogie festhalten. Die Ähnlichkeit zwischen dem Unbekannten und dem Bekannten liegt näher zu uns in
der Analogie (Gott ist die Liebe). In der Metapher wird die Ähnlichkeit nur durch eine dritte Eigenschaft oder Phänomen (Gott ist
mein Felsen), hier als die »Härte« oder »Festigkeit«, verstanden.
Die religiösen Symbole sind wieder Elemente der Metapher.

Auf der Ebene der historischen Analogien bekommt man den
Eindruck, daß man, wenn nicht genau von denselben Realitäten,
doch über nahverwandte Phänomene spricht. Die Analogien lassen
den Eindruck entstehen, daß man die Sache schon kennt, obwohl
die verglichenen Phänomene zu sehr unterschiedlichen Sachzusam-
menhängen gehören. Hier ist die Stelle, an der der Historiker
ethisch prüfen muß, ob er die fehlenden Sachkenntnisse seiner Zu-
hörer für seine eigenen Interpretationszwecke ausnutzen will. Darf
er die eigentlich nicht zusammengehörenden Phänomene mit – für
den Laien undurchsichtigen – Analogien verknüpfen? Ethisch entscheidend ist dabei aber der Wertaustausch, in dem die an das be-

kannte Phänomen gebundenen Werte auf das unbekannte Phänomen projiziert werden.

Will ein Politiker z. B. seinem Parteifreund in einem heiklen Prozeß helfen, so baut er eine Analogie zwischen seinem Freund und z. B. dem an der Jahrhundertwende unschuldig zu Gefängnis verurteilten französischen Hauptmann Dreyfus. Dieser war bekanntlich ein Jude und mußte unter judenfeindlichen Vorurteilen leiden: der Parteifreund nicht. Aber durch diese Analogie – ob zutreffend oder nicht – konnte man für Sympathie mit dem Freund werben. Wenige haben so viel Kenntnis von der Geschichte, daß sie die unzutreffenden Einzelheiten in der Dreyfus-Affäre gewußt hätten.

Hier würden einige sagen, daß in diesem Falle die Kenntnisse eines Historikers hätten genügen können, um die Unsachlichkeit der Analogie entlarven zu können. Im Prinzip ja, aber nehmen wir an, daß der Historiker der gleichen Meinung über die Unschuldigkeit des Parteifreundes ist. Er hat wenigstens zwei Möglichkeiten. Entweder kann er sagen, daß die Analogie zwar nicht gültig ist, aber die Unschuld des Freundes besteht, oder er kann die Analogie mit mehr Einzelheiten noch »verdeutlichen«. Er kann seine Sachkenntnisse dafür einsetzen, daß die Analogie besser rezipierbar wird und der gewünschten Zielsetzung dient.[11] Das heißt: Die historischen Kenntnisse helfen letzten Endes in der ethischen Entscheidung wenig, da die Überlegenheit in der Beherrschung der Fakten viele andere Versuchungen, sie als Verschleierungseffekte zu mißbrauchen, mit sich bringt[12]. Eben wegen des höheren Informationsstandes ist der Historiker ethisch dafür verantwortlich, welche Analogien er sachlich korrekt und moralisch berechtigt heißt.

Nehmen wir ein Beispiel aus dem sog. *Historikerstreit* in den 80er Jahren. Es ging um die Berechtigung einer Analogie und das damit verbundene Verständnis der Geschichte von Shoah / Holocaust.[13] Im Brennpunkt stand nicht weniger als die Frage nach der Singularität der Shoah in der Weltgeschichte. Diejenigen, die bezweifelten, versuchten durch die Neuinterpretation die Geschichte des Dritten Reiches zu »normalisieren« und damit der Legendenbildung ein Ende zu setzen. Es war vor allem Ernst Nolte, der die Analogie zwischen Shoah und Archipel Gulag der Stalinzeit gebrauchte.[14] Habermas wies auf die ethische Entscheidung hin, die diese Analogie implizierte.[15] War es ethisch richtig, die Singularität der Shoah mit dieser Analogie bestreiten zu wollen? Wie weit diente diese Analogie der sachgemäßen Historiographie, wie weit richtete sie den Blickpunkt auf die trotz allem unwesentlichen (zahlenmäßigen) Züge der beiden Ungeheuerlichkeiten? Es gibt natürlich bei vielen historischen Ereignissen gemeinsame Züge, die sogar gegenseitige Verbindungen haben, die aber nicht sachgemäß verglichen werden können.

Besonders nach dem Rückgang des historischen Wissens ist es leichter geworden, auch sehr unterschiedliche Ereignisse mit Analogien aneinanderzubinden. Man spricht heute sogar von einer »Sucht, alles mit allem zu vergleichen.« Dies bedeutet die Relativierung der einmaligen historischen Ereignisse und damit auch die Vernebelung des Raumes der Werte und der mit ihnen verbundenen ethischen Entscheidungen. Im Gegensatz zum Analogiegebrauch von Ernst Nolte sieht F. R. Ankersmit in der Shoah eine Einmaligkeit, die sich nicht mit anderen Ungeheuerlichkeiten vergleichen läßt. »Is there an already known reality to which we can reduce or in terms of which we can clarify the Holocaust? Is there an already well-known and well-established pattern of human behavior from which we can derive the Holocaust? Obviously not.«[16] Die Shoah bildet einen »leeren Raum« (Tel olam), der nicht mit Analogien zu beschreiben ist.

Wenn aber Analogien zum Vergleich nicht taugen, wie ist es mit Metaphern und Symbolen? Waren die religiösen Metaphern in der Beschreibung der Entwicklung im Dritten Reich eben aus dieser Hilflosigkeit entstanden, mit historiographischen Mitteln (Analogien) die Shoah und die damit verbundenen Ereignisse zu beschreiben? Man denke an Buchtitel wie »Der große Abfall«, »Glaubenskrise im Dritten Reich«[17] Entstehen diese Metaphern aus Unfähigkeit, mit den konkreten Analogien die Dinge zu beschreiben? Oder werden sie als eine Art Euphemismen, die die peinliche Wirklichkeit mit ihren Einzelheiten verschleiern, benutzt? Vielleicht ist beides hier im Spiel.

Wir müssen nun fragen, wo die Grenzen der legitimen Analogien zu finden sind. Wie weit ist es angebracht wegen des Infor-

mieren-Wollens Einzelheiten über die Grausamkeiten zu beschreiben? Wo beginnt die leere Stelle, »Tel olam«, an der nur das
Schweigen und Hinhören gerechtes Verständnis vermitteln können? Es ist auch eine ethische Entscheidung, wie lange man glaubt,
mit Analogien die Vergangenheit bewältigen zu können und wo
der Bereich der echten großen Symbole von Abfall, Reue und
Ergebung beginnt. Denn nimmt man die größten Metaphern zu
früh in den Mund, ohne konkret das zu bekennen, was bekennbar
ist, verschleiert man die tatsächlichen Ereignisse und die Vielfalt
der schuldhaften Einzelheiten. Denken wir an die Judenfrage in
den 30er und 40er Jahren, in der die Kirchen »am meisten schuld-
haft geworden« sind (K. Scholder).[18] Es dauerte sehr lange, bis man
von den oberflächlichen, moralischen Urteilen zu konkreten
Schulderklärungen gekommen war. Man denke an den Weg der
Vertiefung des Verständnisses in den Synodalbeschlüssen der Evangelischen Kirche von der Berlin-Weißensee-Synode 1950 bis zur
Rheinischen Synode 1980.[19]

In der Suche nach dem richtigen Platz der Analogien und Metaphern verwirklicht sich die ethische Verantwortung des Historikers. In der Interpretation der Texte und Ereignisse wandert der
Historiker durch große Galerien mit tausenden Bildern. Er hält an
vor einigen Gemälden, die ihm etwas versprechen und mit seinen
eigenen Erfahrungen direkt oder indirekt konvergieren. Wie dies
geschieht, hängt von der Fähigkeit der Bilder ab, Imaginationen
beim Zuschauer zu erwecken. Um möglichst viele Bilder in ihrem
Wertgehalt zu verstehen und ein Gesamtbild von der Galerie zu gewinnen, braucht der Historiker imaginative Fähigkeiten. Ohne sie
kann der Historiker die implizierten Werte nicht entdecken. Dies
hängt damit zusammen, daß die Werte eher Produkte der Imagination als der Vernunft sind. »Our values are ultimately products of
imagination rather than reason.«[20] In der Analogiebildung präsentiert der Historiker indirekt seine imaginative Kapazität und seinen
Werteraum.

Die breite Wertebasis und die Fähigkeit zum imaginativen Denken garantieren aber nicht allein die Sachgemäßheit und Gerechtigkeit der Analogiebildung und historischen Analyse. Die Verdrängung und Selektion der bewußt gewordenen Werte ist nämlich

von der umgebenden Gesellschaft und historischen Situation be-
einflußt. Wir müssen deswegen nach der Gesamteinstellung des
Historikers zu seinem Forschungsobjekt fragen. Aus welchen Vor-
kenntnissen und eigenen Erfahrungen beginnt er seine Analyse?
Wie frei ist er, zwischen den imaginativ begriffenen ethischen
Alternativen zu wählen und sie darzustellen?

4. Die ethische Freiheit des Historikers

Jeder Historiker und besonders Politiker, der sich mit der Interpretation der Zeitgeschichte befaßt, bringt Bilder, Vorstellungen und
Interpretationsschemata aus der persönlichen Lebensgeschichte
mit. Sie werden als Werkzeuge in der Bildung der Analogien und
Metaphern benutzt. Zu den wichtigen Bildkategorien gehören diejenigen, die an schuldhafte Erinnerungen anknüpfen. Es gab eine
Zeit im Nachkriegseuropa, als einige Wörter so schuldhafte und
abscheuliche Bilder hervorriefen, daß man sie lieber mit anderen
Wörtern ersetzen wollte. Denken wir z. B. an folgende Wörter:
»Menschenbehandlung«, »beseitigen«, »Lager« oder »Dusche«.
»Wörter und Sätze können ebensowohl Gärten wie Kerker sein, in
die wir, redend, uns selbst einsperren, und die Bestimmung, Sprache sei allein die Gabe des Menschen oder eine menschliche Gabe,
bietet keine Sicherheit«, schreiben die Autoren des »Wörterbuch(s)
des Unmenschen«.[21] In der Tat rufen bestimmte Wörter Bilder und
Assoziationen hervor, die mit positiven, neutralen oder negativen
Wertinhalten geladen sind. Sie können Assoziationsketten und
Imaginationsreihen bilden, die gewisse »Kerker« oder »Gärten«
formen.

Nun fragt man sich, ob es gelingt, durch Metonymien, d. h.
durch Änderung des Wortgebrauchs, die Bilder und die mit ihnen
verbundene Aktualisierung der Werte zu vermeiden? Befreit sich
der Historiker durch Verdrängung bestimmter Bilder und Wert-
assoziationen von der inneren Gebundenheit an sie? Ist es vielleicht
so, daß diese ungeklärten, nicht verarbeiteten Bilder viele »Überholreaktionen« verursachen, so wie man im Straßenverkehr große
Umwege machen muß, wenn man bestimmte bekannte Straßen

nicht benutzen kann? Diese Sperren des Historikers können aus den Wertentscheidungen des Alltagslebens entstehen, die er als Zeitgenosse gemacht hat oder durch seine als Fachmann unternommenen (ungerechten/einseitigen) Interpretationen, die wie ein Netz bestimmte Gebiete der Vergangenheit aussperren und eine nicht betretbare Zone der schon fixierten Geschichte bilden. Denken wir an die sich daraus ergebenden Folgen.

Es könnte sein, daß jemand eine Epoche eines totalitären, mit Terror beherrschten Staatssystems miterlebt hätte. Er selbst aber hätte – ohne das System an sich zu schätzen – die negativen Seiten nicht direkt erfahren. Er könnte dann sagen: »Die Hitlerzeit/Stalinzeit war nicht so schlecht. Wir hatten damals Brot.« Wegen des Mangels an sozialer Wahrnehmungsfähigkeit und der egozentrischen Orientierung wußten sie wenig von den Greueltaten. In diesem Fall helfen die eigenen Erfahrungen nicht, die Zeitgeschichte zu verstehen, sie können sogar die großen Bedeutungszusammenhänge verschleiern. Das gerechte Beurteilen steht und fällt mit der Fähigkeit, die Werte und Wertentscheidungen im historischen Prozess beschreiben zu können. Falls man sich keine Gedanken über die ethischen Probleme der Zeit gemacht hat und sozusagen unberührt durch seine eigene Zeit gelaufen ist, haben eigene Erfahrungen und Bilder keine hermeneutische Funktion.

Denken wir an einen zweiten Fall, in dem man sich – sagen wir während der zwölf Jahre des Nationalsozialismus – seiner eigenen Verflechtungen in die schuldgeladenen Ereignisse des Alltags bewußt geworden ist, aber die Schuldgefühle mit Verdrängung beantwortet hat. Man kann sagen: »Wir haben nur unsere Pflicht getan und wußten auch kaum, worum es ging.« Aus einem solchen apologetischen Blickwinkel ist eine ausgewogene Interpretation, sei es eines Zeitgenossen oder eines Historikers, nicht zu erwarten. Die schuldhaften Bilder und Imaginationen müssen mit Überholbewegungen beiseite gelassen werden oder sie müssen verdrängt werden und können nicht als Material für die historische Interpretation, als Analogien oder Metaphern benutzt werden.

Nun muß man fragen, wie man fähig wird, diese Bilder, Imaginationen innovativ, ungebunden und gerecht zu benutzen? Wo ist der Schlüssel zu ihrer hermeneutischen Funktion? Es ist ein weiter

Weg von der Verdrängung und Verneinung der Verantwortung an eigener Geschichte, vielleicht so weit wie der Weg von der »Vaterlosen Gesellschaft« (A. Mitscherlich) zu einer gemeinsamen Gesellschaft der Väter und Söhne. Wie würde denn die dritte Möglichkeit, mit seiner eigenen Vergangenheit umzugehen, aus dem Blickwinkel der historischen Interpretation aussehen?

Sie beginnt mit der Bereitschaft, die *Botschaft der schulderweckenden Imaginationen* zu empfangen. Es geht um das Sich-Einlassen in die Landschaft der Wertentscheidungen, in der jeder Blick eine Wegscheide der Wertalternativen aufdeckt. Wer würde solche Verarbeitung seiner eigenen Vergangenheit als Zeitzeuge oder Zeitgeschichtler, ohne seine Schwäche zu begreifen, verwirklichen? Gewiß keiner, der sehen kann. Ein Bekenntnis seiner eigenen Schwächen an sich führt aber nicht zur gerechten Interpretation. Die Rede über seine Schwäche und Kraftlosigkeit gegenüber den politischen Mächten kann leicht als Ausrede, als Entschuldigung verstanden werden.

Es gibt unterschiedliche Wege zur Reue, aber alle setzen moralische Kraft voraus, so daß man die Imaginationen, die aus der Vergangenheit kommen, und die Zukunftsvisionen zu bearbeiten vermag. Die Religionen der Welt zeigen viele Wege, auf denen man in verschiedenen Kulturen seine Vergangenheit verarbeiten kann. In diesem dritten Fall, in dem der Historiker und Zeitgenosse bereit zur Verarbeitung seiner schuldhaften Bindungen ist, befreit er sich vom Druck der Bilder der Vergangenheit. Die Freiheit, die Zeitgeschichte ungebunden und wertbewußt zu interpretieren, hängt von diesem Prozeß und von Reue ab. Als Beispiel nehme ich die historische Entwicklung in der Interpretation der Shoah / Holocaust in der Evangelischen Kirche in Deutschland.

Obwohl weder die Barmer Theologische Erklärung von 1934 noch das Stuttgarter Schuldbekenntnis von 1945 die Juden beim Namen genannt hatten, waren sie doch der Ausgangspunkt, nach dem Krieg, über die moralische Verantwortung der Kirchen für die Shoah nachzudenken. Eberhard Bethge hat mit Hilfe der deutschen protestantischen Synodalbeschlüsse *vier Phasen* in der kirchengeschichtlichen Interpretation der Shoah beschrieben und differenziert. Charakteristisch für die *erste Phase*, die sich von der Zeit nach der Kapitulation bis zur Synode der EKD in Berlin Weißensee 1950 erstreckte, war die moralisch motivierte Verurteilung der Shoah. Den Ansatzpunkt für diese Bewußtseinsänderung bildete die Stuttgarter Schulderklärung. Die bekannten Komparative der Erklärung lauten: »daß wir nicht mutiger bekannt, nicht treuer gebetet, nicht fröhlicher geglaubt und nicht brennender geliebt haben«.[22] Bemerkenswert war auch, daß die Unterzeichner, darunter Martin Niemöller und Gustav Heinemann, mehr oder weniger unter dem Naziregime gelitten hatten. In damaliger Perspektive waren dies echte und mutige Worte. Später aber, als die grausame Wirklichkeit über die Judenverfolgungen ans Licht gekommen war, sah man, daß es zu wenig war. Bethge kritisiert an der Erklärung, daß damit »jeder, jederzeit und überall bekennen« kann.[23] Wichtig war, womit man seine Schuld verband. Hier wurden »Sünden der Schwäche« beklagt, meint Bethge, »ohne das Spezifikum der Versündigung an den Juden«.[24]

Historisch gesehen gab es einige Gründe für diese Einstellung. Es fehlte bei der Bekennenden Kirche das Bewußtsein, in der Judenfrage mehr als eine Randfrage zu sehen.[25] Auch hatten der Weltkirchenrat und die Alliierten schon bei der Entstehung der Stuttgarter Schulderklärung gewisse kirchenpolitische und politische Zielsetzungen, die eine noch tiefgreifendere Schulderklärung verhinderten. Die die politischen Befugnisse repräsentierenden amerikanischen Protestanten hielten die Kirchen für die wichtigsten Organisationen, auf denen man ein antikommunistisches, demokratisches Nachkriegsdeutschland aufbauen konnte. Alle Maßnahmen, die die moralische Wegweiserrolle der Kirchen hätten beeinträchtigen können, empfand man als Friedensstörung.[26]

Charakteristisch für die *zweite Phase* von Weißensee bis zum Berliner Kirchentag 1961 war der Zuwachs an Information über die Shoah. Das Thema der EKD-Synode in Berlin-Weißensee 1950 hieß »Was kann die Kirche für den Frieden tun«. Es war also nicht ursprünglich beabsichtigt, daß die ev. Kirche sich zur Judenfrage äußern sollte. Die Schuld an den Juden schien aber den Teilnehmern so eng zu den Fragen des Friedens zu gehören, daß man eine Stellungnahme dazu vorbereitete. Von der geänderten Bewußtseinslage zeugt die Äußerung Joachim Beckmanns in der Einleitung des Kirchlichen Jahrbuchs (1950), in dem er meint, daß diese »mindestens schon seit 1945 seitens der ev. Kirche Deutschlands hätte ausgesprochen werden müssen.«[27] Eine kirchengeschichtliche Aufarbeitung des Themas ließ aber noch auf sich warten. Es war anscheinend der emotionale Widerstand der Wissenschaftler, die Bilder der Shoah zur Bearbeitung zu übernehmen. Dies wurde umso schwieriger, als es keine gemeinsame Schulderklärung der Kirchen gab.

Bezeichnend für die *dritte Phase*, vom Berliner Kirchentag (1961) bis zur Synode in Bad Neuenahr 1980, waren die ersten ernsthaften Schritte, das Verhältnis zwischen Judentum und Christentum neu zu definieren. Dadurch wuchs auch ein neues Verständnis des modernen Judentums. In der *vierten Phase*, die von der Synode in Bad Neuenahr ausging, versuchte man theologische Konsequenzen aus der Geschichte der Judenverfolgungen zu ziehen. Man war auch bereit, die Schuldperspektive zu konkretisieren. Es wurde kein allgemeines Schuld- oder Sündenbekenntnis abgegeben, sondern eine eindeutige, verantwortungsbewußte Interpretation der schuldhaften Vergangenheit vorgenommen: »Wir bekennen betroffen die Mitverantwortung und Schuld der Christenheit in Deutschland am Holocaust«, hieß es im Text.[28] Aus diesem Bekenntnis wuchs ein neues Verständnis der Gegenwart und eine Aufgabenstellung für die historische und theologische Arbeit. Dies bedeutete eine radikale, konfessorische Fragestellung, die alle theologische Arbeit der Gegenwart als »Theologie nach Auschwitz« verstehen wollte.[29]

Wir können diese Entwicklung der Nachkriegstheologie und Geschichtsinterpretation als ein Beispiel für die *Einwirkung des inneren ethischen Reifeprozesses* verstehen. Wir sehen auch, wie das Bekennen der eigenen Schuldhaftigkeit die Gegenwart und ihre Aufgaben in neuem Licht erscheinen läßt. Sie sind einerseits Forschungsaufgaben, andererseits Aufgaben für Reflexion und Wertbestimmung. Aus diesem Prozeß entsteht nicht weniger als eine Herausforderung, die bisherige Theologiegeschichte aus diesem Schuldbekenntnis heraus zu überprüfen. Wo diese Art Reue auftaucht, sieht man die Aufgaben radikal neu an.

Die vier beschriebenen historischen Phasen lassen sich wie folgt kurz definieren: moralische Empörung (nach dem Krieg), Intensivierung der Information (seit Berlin-Weißensee), Dialogversuche (nach dem Berliner Kirchentag) und konfessorische Phase, die das eigene Weltbild und die Neubesinnung auf Verantwortung (nach Bad Neuenahr) erheblich beeinflußte.

Was könnte dies in bezug auf die *globalen Herausforderungen* unserer Zeit bedeuten? Einerseits ist es möglich, daß die Entdeckung der ethischen Alternativen hinter den ökonomischen und politischen Entscheidungen unser Weltverständnis maßgeblich bestimmen wird. Die Geschichte der ethischen Entscheidungen und Wertbestimmungen bildet also eine aussagekräftige Vergangenheit, die in der Forschung nicht vernachlässigt werden darf. Das Bewußtwerden der ethischen Ideale verbindet die Zeitgenossen zu einer dichteren Verantwortungsgemeinschaft, in der man sich verantwortlich nicht nur für die konkreten Missetaten, sondern darüber hinaus für die gemeinsamen Werte des ethischen Systems, der Theologie oder Ideologie versteht. So kann keiner eigentlich sagen, daß »er es nicht wußte«, weil er schon mitten in demselben Ethos lebte. Jeder wußte, wenn nicht alles, genügend – auch im Ausland. In diesem Fall ist Shoah und Auschwitz gemeint, es könnte aber auch ein anderer Ortsname sein, der zu einem Symbol der Ungeheuerlichkeit geworden ist: Bosnien.

Zuletzt ein Beispiel dafür, wie ein persönliches Schuldbekenntnis in säkularen Zusammenhängen zu einer Neuinterpretation der politischen Wirklichkeit in der Zeitgeschichte beitragen kann. Ich denke hier an den *Kniefall des Bundeskanzlers Willy Brandt* vor dem Denkmal des Warschauer Ghettos 1970. Daß man so weit gekommen war, hing nicht wenig von der Zusammenarbeit zwischen Brandt und dem Bundespräsidenten Gustav Heinemann ab, der im Geiste des Stuttgarter Schuldbekenntnisses eine Politik der Versöhnung betrieben hatte. Als konkrete Erfolge konnten sie die Ostverträge unterzeichnen. Wir könnten auch weiter fragen, welche Konsequenzen für die Weltgemeinschaft und Interpretation der gegenwärtigen Lage ein Schuldbekenntnis der Wissenschaft, Technik und Industrie haben könnte, das vom gemeinsamen Weltethos ausgehen würde.

Zusammenfassend läßt sich bemerken, daß die Zeitgeschichtsforschung vielfach das tradierbare Bild unserer Gegenwart schafft. Dies geschieht durch das Aufheben und Zurücktretenlassen gewisser Fakten. In dieser Selektion der »wichtigen« und der »weniger wichtigen« Phänomene und Ereignisse treffen wir auf zwei Schwierigkeiten: den Überfluß der Information, der erstens die großen Hauptlinien vernebeln kann, und zweitens die Schwierigkeiten, die es in der Entstehung der Wertmaßstäbe gibt, die für die Selektion der Fakten notwendig sind. Der Ruf nach mehr Information, als Grundlage der Verantwortung in globaler Perspektive, ist deswegen nur teilweise berechtigt, nämlich dann, wenn er mit einer entschiedenen Besinnung auf die globalen Werte der Kulturen und Religionen verbunden ist.

Bevor man zu der Selektion der Fakten nach den gewählten Wertmaßstäben gekommen ist, muß man seine Methode und sein hermeneutisches Modell wählen. Auch dazu gehört ein Stück ethischer Verantwortung, die sich u. a. in der Wahl der gebrauchten Analogien und Metaphern konkretisiert. In der Analogiebildung präsentiert der Historiker indirekt seine imaginative Kapazität und seinen Werteraum.

Wie sehr der Historiker ethische Maßstäbe in der Geschichtsschreibung auszunutzen vermag, hängt u. a. davon ab, wie frei er von geistigen Bindungen, wie Schuldgefühlen, ist. Da der Zeithistoriker auch durch eigene Erfahrungen vielfach am Zeitgeschehen beteiligt ist, können mentale Abhängigkeiten vielerlei »Überholreaktionen« verursachen, die die Behandlung des Themas verdrehen. So gehört zu den methodologischen Voraussetzungen des Zeithistorikers das Vermögen, seine eigenen ethischen Werte und damit verbundenen Entscheidungen bewußtzumachen. Dadurch werden der Zeitgeschichtsforschung Voraussetzungen geschaffen, ein vielseitiges und gerechtes Gesamtbild von der Gegenwart zu skizzieren, das zu gerechten politischen Entscheidungen führen vermag, die auch die Rechte der Kleinen und Schwachen der Weltgeschichte berücksichtigen können. Die Wichtigkeit einer ethischen Weltordnung betonend, sagte der frühere finnische Staatspräsident J. K. Paasikivi kurz vor dem Winterkrieg (1939-1940), daß die »Existenz der kleinen Nationen hauptsächlich von moralischen Faktoren abhängig ist«. Es ist eine Aufgabe der Zeitgeschichtsforschung, dieses Abhängigkeitsverhältnis zwischen einem Weltethos und der globalen Verantwortung in den konkreten politischen Entscheidungen klarzulegen zu versuchen.

Anmerkungen

1　*F. R. Ankersmit*, Remembering the Holocaust. Mourning and Melancholia. Paper presented at Symposium: History and memory. Department of History and Political History of University of Turku Finnland 9.-11.10.1997, S. 3.

2　*E. Betti*, Die Hermeneutik als allgemeine Methodik der Geisteswissenschaften. Tübingen 1962, 53. Zitiert nach *G. Scholtz*, Zum Historismusstreit in der Hermeneutik. In: Historismus am Ende des 20. Jahrhunderts. Gunter Scholtz (Hrsg.) Berlin 1997, S. 209.

3　Siehe *G. G. Iggers*, The Role of Professional Historical Scholarship in the Creation of Distortion of Memory. Paper presented at Symposium: History and Memory 1997, S. 2, 4, 26.

4　*G. Scholtz* 1997, S. 211.

5　*H. Küng – K.- J. Kuschel* (Hrsg.) Die Deklaration des Parlamentes der Weltreligionen. München 1993, 27-28.

6　*J. Ritter*, Ethik. Historisches Wörterbuch der Philosophie 2, 1972, 760.

7　*J. Ritter* (Hrsg.) 1972, S. 809.

8　*G. Scholtz* 1997, S. 213.

9　*G. Scholtz* 1997, S. 214.

10　*F. R. Ankersmit* 1997, S. 2. – *H. White*,The historical imagination in nineteenth-century Europe. Baltimore 1973, S. 41. »Nietzsche does represent a return to the Romantic conception of the historical process in as much as he attempted to assimilate historical thought to a notion of art that takes the metaphorical mode as its paradigmatic figurative strategy. Nietzsche spoke consciously metahistorical in its theory and ›superhistorical‹ in its aim.«

11　»In diesem Sinne ist der Historiker eine ethische Autorität. Dies setzt nach White voraus, daß man wenigstens zwei verschiedene Beschreibungen von ein und derselben Ereigniskette haben kann und daß diese verschiedene Auffassungen erwecken können, was für eine Beschreibung die beste sei.« *P. Kemp*, Det Oersättliga. En Teknologietik. Stockholm 1991, S. 79.

12　»...(T)he best grounds for choosing one perspective on history rather than another are ultimately aesthetic or moral rather then epistemological.« *H. White* 1973, S. XII.

13　*E. R. Piper* (Hrsg.) »Historikerstreit«. Die Dokumentation der Kontroverse um die Einzigartigkeit der nationalsozialistischen Judenvernichtung, München 1988.

Der Spiegel 46,1986, S. 17-30.

J. Habermas, Eine Art Schadensabwicklung. Die apologetischen Tendenzen in der deutschen Zeitgeschichtsschreibung. In: »Historiker-Debatte«. Dokumentation, Darstellung und Kritik, Köln 1987, S. 44. – *R. E. Heinonen*, Vom Zeitgeschehen zur Zeitgeschichte. Ansätze zur Methodologie der Zeitgeschichte. In: Kirkko ja politiikka. Festschrift für Eino Murtorinne. Jyväskylä 1990, S. 215 u. S. 219-221.

16 *F. R. Ankersmit* 1997, S. 2.

17 *W. Künneth*, Der große Abfall. Hamburg 1947. – H. Buchheim, Glaubenskrise im Dritten Reich. Drei Kapitel NS- Religionspolitik, Stuttgart 1953.

18 *K. Scholder* in einem deutschen TV- Interview 1978.

19 Siehe *E. Bethge*, Schoah (Holocaust) und Protestantismus. In: J.-Chr. Kaiser – M. Greschat (Hrsg.) Der Holocaust und die Protestanten. Analysen einer Verstrickung. Frankfurt 1988, S. 1-37.

20 *N. L. Tierney*, Imagination and ethical Ideals. Prospects for a Unified Philosophical and Psychological Understanding. New York 1994, S. 134.

21 *D. Sternberger – G. Storz – W. E. Süskind*, Aus dem Wörterbuch des Unmenschen. Hamburg 1968, S. 7.

22 *K. Kupisch* (Hrsg.) Quellen zur Geschichte des deutschen Protestantismus 1871-1945. Göttingen 1965, S. 309 – E. Bethge 1988, S. 17-19.

23 *E. Bethge* 1988, S. 17.

24 Ebd.

25 *E. Bethge* 1988, S. 18.

26 *R. E. Heinonen*, Zur Theologie nach Auschwitz. Die Schoah als Herausforderung für die protestantischen Kirchen. Ein Beitrag zur Theologiegeschichte. Kirchliche Zeitgeschichte (KZG) 1 (1990) S. 32.

27 *J. Beckmann* (Hrsg.) Kirchliches Jahrbuch 1945- 1947, Gütersloh 1950.

28 Zitiert nach der Einleitung des Herausgebers zur Synode der Evangelischen Kirche im Rheinland. Synodalbeschlüsse »Zur Erneuerung des Verhältnisses der Christen und Juden« vom 11.1.1980, in: R. Rendtorff et al. (Hrsg.) Die Kirchen und das Judentum 1988, S. 548.

29 *E. Bethge* 1988, S. 33-35. »Daß aus der vermeintlichen ›Judenfrage‹ der Väter schon lange die Christenfrage geworden war und ist...« *E. Bethge* 1988, S. 35 – *R. E. Heinonen* 1990, S. 33.

Weltethos und die Erfahrungen der Dichter
Thomas Manns Suche nach einem »Grundgesetz des Menschenanstandes«

1. Die Notwendigkeit eines Weltethos

Daß angesichts der Weltprobleme ein Weltethos dringend nötig sei, ist – trotz Kritik im Einzelnen – vielfach auf Konsens gestoßen. Begreiflich, denn die Transformation der Weltgesellschaft auf der Schwelle zum 21. Jahrhundert, durch computergesteuerte und satellitengestützte Telekommunikationssysteme rasant beschleunigt, ist so tiefgreifend wie die der industriellen Revolution des 19. Jahrhunderts. Die allenthalben diagnostizierte *Globalisierung* hat dabei ein Doppelgesicht: sie birgt Chancen für die Weltwirtschaft, das Weltfinanzsystem, die Weltkapitalmärkte, und gleichzeitig akkumulieren sich ungelöste Probleme in globalem Maßstab: Überbevölkerung, Ressourcenverbrauch, Weltwanderungs-Bewegungen, Weltarbeitslosigkeit, Weltklima, Weltkriminalität (Korruption, Drogenhandel). Globales Denken also ist gefordert: sowohl auf der Ebene der Wirtschaft, der Finanzen, der Technologie und der Ökologie als auch im Blick auf die unerledigte Agenda von Problemen der Weltinnenpolitik. Die gegenwärtige Weltordnung ist dadurch nicht stabiler geworden. Im Gegenteil.

Gerade im Raum der *Weltreligionen* läßt sich diese Instabilität registrieren, ist doch in vielen Religionen ein Anwachsen extremistischen Fanatismus', ja terroristischer Gewalt zu beobachten. Das hat nicht notwendigerweise immanent religiöse Gründe. Religion, vor allem in fundamentalistischem Gewand, ist oft nur symbolischer Ausdruck von politischen und sozialen Verwerfungen.

Religiöser Fanatismus ist oft genug der Transmissionsriemen, um Probleme einer Gesellschaft ins Bewußtsein der Öffentlichkeit zu bringen.[1] Ein Unruhe- und Destabilisierungsfaktor aber sind solche religiöse Gruppen vor allem im Raum prophetischer Religionen (Judentum, Christentum und Islam). Und wohin solche Gruppen bestimmte Länder treiben, ist nicht prognostizierbar. Wer wollte heute vorhersagen, wie die Türkei oder das Algerien des Jahres 2020 aussehen?

Doch zugleich kommen aus dem Raum der Weltreligionen und der globalen Politik Gegen-Initiativen, und zahlreiche solcher Bemühungen wären hier zu nennen.[2] Ich erinnere nur an zwei: an die am 4. September 1993 auf dem *Parlament der Weltreligionen* in Chicago von rund 300 Repräsentanten aller Religionen verabschiedete »Erklärung zum Weltethos«, in der es unter anderem programmatisch heißt:

> »Wir sind überzeugt von der fundamentalen Einheit der menschlichen Familie auf unserem Planeten Erde. Wir rufen deshalb die allgemeine Menschenrechtserklärung der Vereinten Nationen von 1948 in Erinnerung. Was sie auf der Ebene des *Rechts* feierlich proklamierte, das wollen wir hier vom *Ethos* her bestätigen und vertiefen. (...) Mit Weltethos meinen wir keine neue Weltideologie, auch keine einheitliche Weltreligion jenseits aller bestehenden Religionen, erst recht nicht die Herrschaft einer Religion über alle anderen. Mit Weltethos meinen wir einen Grundkonsens bezüglich bestehender verbindender Werte, unverrückbarer Maßstäbe und persönlicher Grundhaltungen. Ohne einen Grundkonsens im Ethos droht jeder Gemeinschaft früher oder später das Chaos oder eine Diktatur, und einzelne Menschen werden verzweifeln.«[3]

Ich erinnere an die »Allgemeine Erklärung der Menschenpflichten«, welche der *InterAction Council*, ein Zusammenschluß ehemaliger Staatsoberhäupter und Regierungschefs, im September 1997 der internationalen Öffentlichkeit vorgeschlagen hat. In diesem, ebenfalls vom Tübinger Theologen Hans Küng entworfenen und von Politikern wie Helmut Schmidt, Malcom Fraser und Kiichi Miyazawa (den früheren Regierungschefs von Deutschland, Australien und Japan) in die Öffentlichkeit gebrachten Text heißt es:

»Globalisierung der Weltwirtschaft wird von globalen Problemen begleitet, und globale Probleme erfordern globale Lösungen
auf der Basis von Ideen, Werten und Normen, die von allen Kulturen und Gesellschaften respektiert werden. Anerkennung gleicher und unveräußerlicher Rechte aller Menschen erfordert eine
Basis von Freiheit, Gerechtigkeit und Frieden; dies aber erfordert
ebenso, daß Rechten und Pflichten die gleiche Bedeutung gegeben wird, um eine ethische Basis zu errichten, damit alle Männer
und Frauen friedlich zusammenleben und ihre Potentiale zur Erfüllung bringen können. Eine bessere soziale Ordnung im nationalen und internationalen Rahmen kann nicht durch Gesetze,
Vorschriften und Konventionen allein erreicht werden, sondern
braucht ein Weltethos. Menschliches Streben nach Fortschritt
kann nur verwirklicht werden durch gemeinsame Werte und
Standards, die von allen Menschen und Institutionen jederzeit
angewandt werden.«[4]

2. Wie kann sich ein Ethos durchsetzen?

Ein Weltethos begründen und verbreiten freilich ist das eine, ohnehin schon schwierig genug. Nicht minder schwierig zu beantworten ist die sich sofort anschließende Frage, ob sich ein solches
Ethos in der Praxis überhaupt durchsetzen kann. Forderungen sind
das eine; »die Verhältnisse« (B. Brecht), besser: die Menschen, sind
das andere. Viele auch Gutmeinende fragen deshalb: Wie sollen
Menschen überzeugt werden, sich auf ein solches Ethos überhaupt
einzulassen, zumal wenn sie – soziokulturell bedingt – widersprüchlichen Wertesystemen angehören? Solche Rückfragen machen bewußt: Die Suche nach einem gemeinsamen Ethos setzt
zugleich Reflexionen nach dem Bild vom Menschen frei. Sind
Menschen überhaupt moralfähig? Was ist in ihnen, das sie ein positives Ethos verweigern oder verwirklichen läßt? Und schließlich:
Unter welchen geschichtlichen Bedingungen sind Menschen verschiedener Kulturen und Religionen bereit, sich sogar das Gemeinsame eines Menschheitsethos bewußt zu machen? Es bedürfte ja
keiner Weltethos-Proklamationen, wenn die Geschichte der Religionen und Kulturen nicht immer auch eine Geschichte der
Schändung und Verhöhnung des Ethos wäre. Diesen Fragen im

Spiegel eines großen Künstlers nachzugehen, ist Anliegen des folgenden Essays.

Skeptische Rückfragen nach der prinzipiellen Durchsetzbarkeit eines Ethos kommen nicht von ungefähr. Sie sind genährt von den Erfahrungen gerade unseres 20. Jahrhunderts. Zwei völkermordende Weltkriege, der stalinistische Archipel Gulag und der nationalsozialistische Holocaust haben den Glauben an eine Aufklärbarkeit und Erziehbarkeit des Menschen radikal gebrochen. Gerade für Christen bleibt insbesondere die Shoa eine traumatische Wunde: alle christlich-humanistische Kulturarbeit über zwei Jahrtausende hat Auschwitz nicht verhindert. Mit den Worten des britischen Literaturwissenschaftlers jüdischer Provenienz *George Steiner:*

> »Meine ganze Arbeit dreht sich um die vordringliche Frage: verflechten sich die Wurzeln des Unmenschlichen mit denen der Hochzivilisation? Auschwitz kam nicht aus dem Dschungel, nicht aus der Steppe. Die Barbarei überfiel den modernen Menschen im Zentrum der Kultur, der Künste, der universellen Bildung und des naturwissenschaftlichen Wunders. Nur wenige Kilometer entfernt von einigen der schönsten Museen, Bibliotheken, Konzertsälen verpestete Dachau die Luft. Männer, die bei Tag folterten, Kinder erhängten, lasen abends Rilke, hörten Schubert. Das ist ein ontologisches Rätsel, das Mysterium des zivilisierten ennui oder des Bösen, und es stellt für mich die Zukunft des Menschen überhaupt in Frage. Wenn die humanistischen Wissenschaften nichts zur Humanisierung beitragen, wenn derselbe Mensch Bach spielen und das Wilnaer Ghetto in Brand stecken kann, wo bleibt da die Zivilisation?«[5]

Solche Fragen sind genährt von dem schockierenden Verdacht, die Shoa sei – entgegen den Behauptungen vieler – keine Entgleisung der Zivilisation gewesen, sondern deren Folge, und deshalb sei die Hoffnung des Menschen auf den Menschen prinzipiell zu überprüfen. Mehr noch: dieses Ereignis läßt stellvertretend für andere (Bosnien, Ruanda) bewußt werden, wie *dünn* offensichtlich die *Patina der Zivilisation* ist und wie wirkungslos die überlieferten Moralvorstellungen sind in Situationen äußerster Rechtlosigkeit und politischer Desorientierung. Die Grunderfahrung dieses Jahrhunderts ist somit die *Erfahrung eines Zivilisationsbruchs*, der die Sensibleren unter den Zeitgenossen von der Illusion befreit, Ethos gehöre zum gesicherten Bestandteil bürgerlicher Kultur. In Wirklichkeit ist Ethos offensichtlich eine schmale zivilisatorische Eisschicht über einem abgründigen Potential von Inhumanität, das offensichtlich im Menschen immer wieder »aufweckbar« ist.

Es ist gerade die *Literatur*, die dieses Problem des Menschen thematisiert hat. Ja, wenn es einen Beitrag der großen Dichtung für den Dialog der Kulturen und Religionen gibt, dann ist es die Frage nach dem Menschen: die Ausleuchtung der conditio humana in all ihrem Glanz und all ihrem Elend. Deshalb ist der Dialogpartner Literatur für eine Weltethos-Strategie unverzichtbar, die Menschen in ihrem Verhalten verstehen und *verändern* will. Anthropologische Reflexion bedarf der poetischen Imagination.[6] Denn es sind die Schriftsteller, die immer wieder vor Augen führen, wozu Menschen fähig sind – im Guten wie im Bösen. Die Poetik des Humanum in der Literatur des 20. Jahrhunderts ist eine *Poetik der Konflikte*, der Gebrochenheit, des Selbstzweifels, der Untergangsängste, der bohrenden Sinnsuche. Wenn Menschen in der Literatur des 20. Jahrhunderts beschrieben werden (von James Joyce und Franz Kafka bis Albert Camus und Gabriel García Márquez), dann als Menschen in ihrer Abgründigkeit und Ungesichertheit. Die Literatur zeigt – im Kontrast zu einer bourgeoisen Erlebniskultur und einer risikolosen Versicherungsmentalität – den *Menschen als das riskante Wesen*, nicht erklärbar, sich selbst und anderen ein bleibendes Rätsel, oft ein Ungeheuer. Latente oder offene Beunruhigungen sind der Stoff der Literatur, Unterströmungen der Angst, Zerbrechlichkeiten menschlicher Projekte und Geschichtsentwürfe, Weltbedrohungen, bei denen sich die Genesis in Apokalypsen verwandeln kann. Rätsel Mensch …

Gerade in den Texten eines der größten Schriftsteller dieses Jahrhunderts, *Thomas Mann*, hat dieses Rätsel eine Ausdrucksgestalt gefunden, die der zivilisatorischen Desillusionierung adäquat ist. Wir können hier nicht den ganzen Weg dieses Autors nachzeichnen. Stellvertretend sei die Menschenerfahrung Thomas Manns mit einigen Sätzen umschrieben, die einer 1938 in 15 Städten der USA gehaltenen programmatischen Rede »Vom zukünf-

tigen Sieg der Demokratie« entstammen. Den Welttriumph des
Faschismus, d. h. für Thomas Mann der »Pöbelherrschaft«, vor
Augen, kann er sich zu diesem Skeptizismus hinreißen lassen:

> »Die Würde des Menschen ... Wird uns nicht etwas bange und
> lächerlich zumute bei diesem Wort? Schmeckt es nicht nach
> matt und dumpfig gewordenem Optimismus, nach einer Fest-
> rhetorik, die mit der bittern, derben Alltagswahrheit über den
> Menschen schlecht übereinstimmt? – Wir kennen sie, diese
> Wahrheit. Wir sind mit der Natur des Menschen, oder besser ge-
> sagt: der Menschen so ziemlich vertraut und weit entfernt, uns
> Illusionen über sie zu machen. Sie ist befestigt in dem Sakral-
> wort ›Das Trachten des Menschenherzens ist böse von Jugend
> auf‹. Sie ist mit philosophischem Zynismus ausgesprochen in
> dem Wort Friedrichs II. von der ›verfluchten Rasse‹ – ›de cette
> race maudite‹. Mein Gott, die Menschen ... Ihre Ungerechtig-
> keit, Bosheit, Grausamkeit, ihre durchschnittliche Dummheit
> und Blindheit sind hinlänglich erwiesen, ihr Egoismus ist kraß,
> ihre Verlogenheit, Feigheit, Unsozialität bilden unsere tägliche
> Erfahrung; ein eiserner Druck disziplinären Zwangs ist nötig, sie
> nur leidlich in Zucht und Ordnung zu halten. Wer wüßte die-
> sem vertrackten Geschlecht nicht alle Laster nachzusagen, wer
> dächte nicht öfters völlig hoffnungslos über seine Zukunft und
> verstände es nicht, daß die Engel im Himmel vom Tage der Er-
> schaffung an die Nase rümpften über den unbegreiflichen
> Anteil, den Gott der Herr an diesem fragwürdigen Geschöpfe
> nimmt?«[7]

3. Vom Propaganda-Unternehmen
zur »Mose-Phantasie«

Diese Sätze führen uns mitten hinein in das Werk und damit zur
Frage, was die Kunst in Gestalt der großen Literatur zum Diskurs
über Weltethos beizutragen hat. Ich meine damit mehr als die Tatsache, daß sich Thomas Mann als Weltbürger (wie viele große
Künstler dieses Jahrhunderts) für die Forderung eines die Nationen
und Kulturen übergreifenden humanen Ethos politisch engagiert
hat. In ungezählten Essays und Vorträgen insbesondere nach 1933
hat Thomas Mann solche Stellungnahmen abgegeben und sich im-

mer wieder ausgesprochen für eine »Grundformel der Humanität und Gesittung«, die, unbeschadet aller kulturellen und politischen Verschiedenheiten der Völker, »alle gleichmäßig« binde und allem, was Menschenantlitz trage, »ein Mindestmaß von Rechtssicherheit, Glücksmöglichkeit, Anerkennung der Würde und Unverletzlichkeit des Individuums« gewährleiste.[8] Aber dies sind politische Stellungnahmen des Literaten als *Bürger*, und als solche gehören sie zweifellos ins Gesamtbild der Persönlichkeit. Worauf es mir aber ankommt, ist die Brechung des Themas Ethos im Kunstwerk, das anderen Gesetzmäßigkeiten zu gehorchen hat. Und hier liegt der genuine Beitrag des Literaten *als Künstler* im Spannungsfeld von Ästhetik und Ethik. Kein Text ist dafür geeigneter als die Mose-Novelle »Das Gesetz«.

Über den *Prozeß der Entstehung dieser Erzählung* sind wir durch Selbstdeutungen Thomas Manns bestens unterrichtet: durch Tagebuchaufzeichnungen, Briefe sowie den autobiographischen Bericht »Die Entstehung des Doktor Faustus« (1949). Dabei ist für unsere Fragestellung von Bedeutung, daß im Prozeß der Planung und Ausarbeitung der Autor selber zu einem *Formwechsel* sich gezwungen sah. Denn ursprünglich sollte er sich lediglich für einen Propaganda-Film engagieren. Im Jahre 1942 nämlich – Thomas Mann hält sich längst im kalifornischen Exil, Pacific Palisades, auf – war ein aus Österreich stammender literarischer Agent namens Armin L. Robinson an zehn damals bekannte Autoren herangetreten mit der Bitte um einen Text über die 10 Gebote und ihre Schändung durch den Hitler-Faschismus; er wollte daraus einen Film machen. Am 21. Juli 1942 hatte Thomas Mann denn auch in sein Tagebuch eingetragen: »Plan des 10 Gebote-Propaganda-Films (Robinson)«.[9]

Doch obwohl er, als Nobelpreisträger der Paradeautor Robinsons, mehrfach auch persönlich an Gesprächen mit der Firma Metro Goldwyn Mayer unterstützend teilnahm, zerschlug sich das Projekt. Robinson aber konnte seine Autoren wenigstens dazu überreden, ihren Text für eine Buchausgabe zur Verfügung zu stellen, wobei das Pauschalhonorar von 1000 Dollar zusätzlich motivierend gewesen sein dürfte.[10] Thomas Mann sollte jetzt eine »kurze essayistische Einleitung«[11] beisteuern, bemerkte aber bei näheren Studien zum Komplex Moses und Zehn Gebote offensichtlich, daß er sich einer eigenen, seiner eigenen Formensprache würde bedienen müssen. Diese Verschiebung von der funktionalen Propaganda- und Werbe-Prosa zum autonomen Kunstwerk signalisiert bereits die Zwiespältigkeit des ganzen Unternehmens, die wir herausarbeiten und für den heutigen Diskurs über die Durchsetzung eines Weltethos fruchtbar machen wollen: das Zugleich von artistischer Freiheit und moralischem Bekenntnis.

Hinzu kam, daß Thomas Mann ein biblisches Thema in dieser Zeit nicht unlieb gewesen war. Voraus gingen ja 16 Jahre intensivster Beschäftigung mit dem biblischen Joseph-Stoff, und dieser gewaltige vierbändige Joseph-Roman war gerade in diesen Tagen, genau am 4. Januar 1943, abgeschlossen worden. 14 Tage später, am 18. Januar 1943, macht Thomas Mann sich daran, seinen »Moses« zu schreiben, und die Eintragungen ins Tagebuch lassen präsize nachvollziehen, welche *Vor- und Parallelstudien* er während der Ausarbeitung betreibt.[12] Er liest Elias Auerbachs »Wüste und gelobtes Land«, eine »Geschichte Israels von den Anfängen bis zum Tode Salomos«, erschienen in Berlin 1932. Er vertieft sich in Sigmund Freuds noch in dessen Todesjahr 1939 erschienene letzte Schrift »Der Mann Moses und die monotheistische Religion«. Und – angeregt von Freud – in Goethes bibelkritischen Essay »Israel in der Wüste«, Teil der »Noten und Abhandlungen zum besseren Verständnis des West-östlichen Divans«. Er studiert Alfred Jeremias' »Das Alte Testament im Lichte des alten Orients« (die dritte Auflage von 1916). Er läßt sich von Gestalt und Werk Michelangelos inspirieren, und später wird er einräumen, daß er »wahrscheinlich« auch »unter dem unbewußten Einfluß von Heine's Mose-Bild« gestanden habe.[13] Die Arbeit ging zügig voran, wie der Autor sich erinnert:

> »In nicht ganz zwei Monaten, einer für meine Arbeitszeit kurzen Frist, schrieb ich, fast ohne Verbesserungen, die Geschichte nieder, der, zum Unterschied von der quasi-szientifischen Umständlichkeit des ›Joseph‹, ein Frisch-darauf-los-Tempo angeboren war. Während der Arbeit, oder schon vorher, hatte ich ihr den Titel ›Das Gesetz‹ gegeben, womit nicht sowohl der Dekalog, als das Sittengesetz überhaupt, die menschliche Zivilisation selbst bezeichnet sein sollte.«[14]

4. Die Entstehung der Sittlichkeit aus der Sinnlichkeit

Goethe – Heine – Freud sowie kritische alttestamentliche Studien: Diese Kronzeugen dokumentieren, daß hier kein naiver Erzähler am Werk ist, der die biblische Geschichte schlicht nacherzählen will. Im Gegenteil: die Bibel ist ihm nicht göttliche Offenbarung, sondern Material für eine eigene Konzeption. Welche? Bei Heine etwa dürfte Thomas Mann dem Gedanken von Mose als künstlerischem Formgeber des Volkes begegnet sein. In dessen autobiographischem Rechenschaftsbericht »Geständnisse« (1854) jedenfalls ist nachzulesen:

> »Ich hatte Moses früher nicht sonderlich geliebt, wahrscheinlich weil der hellenistische Geist in mir vorwaltend war, und ich dem Gesetzgeber der Juden seinen Haß gegen alle Bildlichkeit, gegen die Plastik, nicht verzeihte. Ich sah nicht, daß Moses, trotz seiner Befeindung der Kunst, dennoch selber ein großer Künstler war und den wahren Künstlergeist besaß. Nur war dieser Künstlergeist bei ihm, wie bei seinen ägyptischen Landsleuten, nur auf das Kolossale und Unverwüstliche gerichtet. Aber nicht wie die Ägypter formierte er seine Kunstwerke aus Backsteinen und Granit, sondern er baute Menschenpyramiden, er meißelte Menschen-Obelisken, er nahm einen armen Hirtenstamm und schuf daraus ein Volk, das ebenfalls den Jahrhunderten trotzen sollte, ein großes, ewiges, heiliges Volk, ein Volk Gottes, das allen anderen Völkern als Muster, ja der ganzen Menschheit als Prototyp dienen sollte: er schuf Israel!«[15]

Moses als Künstler, der ein Volk wie eine Plastik ganz neu formt und bildet: davon handelt nun auch Thomas Manns Erzählung. Schon die ersten Sätze verraten beinahe alles:

> »Seine Geburt war unordentlich, darum liebte er leidenschaftlich Ordnung, das Unverbrüchliche, Gebot und Verbot.
>
> Er tötete früh im Auflodern, darum wußte er besser als jeder Unerfahrene, daß Töten zwar köstlich, aber getötet zu haben höchst gräßlich ist, und daß du nicht töten sollst.
>
> Er war sinnenheiß, darum verlangte es ihn nach dem Geistigen, Reinen und Heiligen, dem Unsichtbaren, denn dieses schien ihm geistig, heilig und rein.«[16]

Fürwahr ein merkwürdiger Auftakt für die Beschäftigung mit einem biblischen Text. Unordentlichkeit und *darum* Ordnungsliebe? Tötungslust und *darum* Tötungstabu? Sinnlichkeit und *darum* Sehnsucht nach dem Geistigen, Reinen und Heiligen? Nichts davon findet sich im biblischen Text. Warum ist es hier anders? Weil von vornherein das Grundthema der ganzen Erzählung anklingen soll: Wie gelangt ein von Sinnlichkeit und Leidenschaft bestimmter Mensch zur Formung seines Lebens, zur Bändigung seiner selbst und zur Verantwortung für die Gemeinschaft? Ein Urthema Thomas Manns, von dem der Schüler Nietzsches und Schopenhauers im Zeichen von Ästhetizismus und Nihilismus ein Künstler-Leben lang umgetrieben wurde: das Verhältnis von artistischem Spiel und bürgerlicher Verantwortung; von erotisch-ästhetischer Sinnenlust und humaner Sittlichkeit; von künstlerischer Ungebundenheit und ethischer Verantwortung. Die Mose-Novelle ist somit eine neue Exploration in diesem schwierigen Gelände von Ethik und Ästhetik. Es geht darum zu klären: Wie kommt ein Mensch dazu, trotz aller Zerrissenheiten und Leidenschaften, trotz aller Irrationalitäten und Verkehrtheiten sich zum Sittlichen durchzuringen und diese Moralität dann auch für die Gemeinschaft seines Volkes durchzusetzen?[17]

So ist es kein Zufall, daß der Thomas Mannsche Moses auch im weiteren Verlauf der Erzählung Züge eines Sinnenmenschen trägt, dessen Sinnlichkeit der Urgrund seiner Sittlichkeit ist. Ja, wie sehr Thomas Mann gerade an dieser *Sinnlichkeit* interessiert ist, zeigt das Vergnügen, mit dem er etwa eine Randüberlieferung der biblischen Geschichte aufgreift und ausschmückt: das Konkubinat des Mose mit einer schwarzen Sklavin, wie es nicht aus dem Buche Exodus, wohl aber durch eine Notiz im Buche Numeri nahegelegt ist. Denn nach Numeri 12,1 hatte Mose neben seiner Frau Zippora auch eine »kuschitische Frau«, wohl eine dunkelhäutige Äthiopierin. Thomas Mann macht aus ihr mit dem größten Vergnügen eine »Bettgenossin«, eine »Mohrin«, an deren »Bergesbrüsten, rollendem Augenweiß, Wulstlippen« sich Mose »um seiner Entspannung willen« ergötzt habe. Von ihr habe er trotz des Protestes seiner Familie und des Skandals in der Umgebung zunächst »nicht lassen« können.[18] Kein Wunder, daß Thomas Mann in späteren Äußerun-

gen seine »Sinai-Phantasie« eine »realistisch-groteske Geschichte«
nennt, die ihn selber »sehr amüsiert« habe.[19]

Der Ton dieser Äußerung ist auch der Ton der ganzen Erzählung. Denn mit offensichtlichem Amüsement hat Thomas Mann
hier seinem Künstler-Kollegen aus uralter Zeit über die Schulter
geblickt. Genauer: Er hat vom Gipfel der Jahrtausende herab beobachtet, was in dem uralten Gelände »Sinai« wohl vor sich gegangen
sein muß und wie es der Kollege von damals fertigbrachte, sein
großes Kunst-Werk zu vollenden: ein sittlich geläutertes und moralisch gebändigtes Volk namens Israel. Mit Kennerblick weiß der
Künstler von heute einzuschätzen, daß diese Arbeit schwer gewesen
sein dürfte, so schwer wie die Arbeit des Bildhauers Michelangelo
an seiner Mose-Statue oder die eigene Arbeit an der Erziehung des
deutschen Volkes im Zeitalter der Verblendung. Nicht genug kann
denn auch in der Erzählung betont werden, daß dieses Volk ja ein
»Pöbelvolk« gewesen sei, ungeschlacht, eine »Wandermasse«, unge-
ordnet, ein »Gehudel«, ohne jede Richtung. Schon Mose habe eine
»gewaltige, lange, in Zorn und Geduld zu bewältigende Arbeit« investieren müssen, um »aus den ungebärdigen Horden nicht nur ein
Volk zu bilden wie andere mehr, dem das Gewöhnliche gemütlich
war, sondern ein außergewöhnliches und abgesondertes, eine reine
Gestalt, aufgerichtet dem Unsichtbaren und ihm geheiligt«.[20]

Dieser künstlerische Arbeitsprozeß – vergleichbar eben einer Art
von »michelangeleskem Skulpturwerk an einem Rohmaterial von
Volkskörper«[21] – wird denn auch in den 20 Kapiteln der Mose-
Erzählung ausführlich geschildert. Will sagen: Eigentliches Thema
dieser Erzählung ist die uralte Frage nach dem Kräfteverhältnis von
Geist und Willen im Menschen, ja die Veranschaulichung des Problems, zu welchen Bedingungen die Idee des Guten gegen die
sündhafte Willensnatur durchsetzbar ist. Und dies alles mit kal-
kulierten aktuellen Bezügen: Im widerspenstigen Volk der Juden
soll das nicht weniger widerspenstige Volk der Deutschen gespie-
gelt werden; in Mose, dem Künstler, Thomas Mann, der Künstler,
der seinerseits vergeblich das »Rohmaterial« des deutschen »Volks-
körpers« zu formen versuchte.

Das *Menschenbild* dieser Erzählung enthält dadurch etwas
Pessimistisches, Skeptisches. Denn Phase für Phase zeigt Thomas

Mann am geschichtlichen Gleichnisfall Israels, wie sehr das Sittliche und Geistige von Anfang an des Drucks bedarf, um sich gegen die Widerstände des Geistlosen und Triebhaften zu behaupten. Gerade den »Fall Israel« macht Thomas Mann zum Modellfall seiner von Schopenhauer beeinflußten skeptischen Anthropologie dieser Zeit – und zwar in dreierlei Hinsicht. *Zum einen* zeigt er – den Realismus des biblischen Buches Exodus noch verschärfend – die *schwierigen Entstehungsbedingungen* der Moralität, all das menschlich Abgründige und zutiefst Widersprüchliche. Selbst im Tagebuch hatte er sich einen den biblischen Berichten immanenten Widerspruch notiert, der ihn offensichtlich selber staunen machte:

> »Notizen, Exzerpte, Überlegungen zum ›Gesetz‹. Es ist im Grunde ein schlimmer Fall. Du sollst nicht töten, du sollst nicht begehren … Und schicken sich nach der Eroberung von Kadesch zu der von Kanaan an.«[22]

Derselbe Realismus dann auch im Text der Erzählung, hervorgehoben durch die einzige, überraschende Leseradresse des Erzählers:

> »Meine Freunde! Beim Auszuge aus Ägypten ist sowohl getötet wie auch gestohlen worden. Nach Mose's festem Willen sollte es jedoch das letzte Mal gewesen sein. Wie soll sich der Mensch auch der Unreinheit entwinden, ohne ihr ein letztes Opfer zu bringen, sich einmal noch gründlich dabei zu verunreinigen?«[23]

Der »Fall Israel« zeigt aber auch *zum zweiten,* wie sehr das Ethische kontrafaktischen Charakter hat nach der Devise: »der Klotz ist nicht auf des Meisters Seite, sondern gegen ihn.«. Nichts ist gewissermaßen »natürlich« vorgegeben; fast alles muß errungen, erstritten, ja erzwungen werden. Von der »Unnatur« der Weisungen des Mose an sein Volk ist denn auch ständig die Rede; vom »allerunnatürlichsten« der vielen Gebote und Verbote; von der »Bestürzung« des Volkes über die Anweisungen und davon, daß es eine »große Einschränkung« bedeute, »mit Jahwe im Bunde zu sein«. Plastischer kann man kaum das Freudsche Theorem von der Kulturbildung aufgrund von *Triebverzicht* und Affektkontrolle literarisch umsetzen.

Da aber Verzicht und Einschränkungen *zum dritten* selten freiwillig erfolgen, bedarf es des ständigen, zum Teil *massiven Drucks*. Thomas Mann scheut sich nicht (zumal er sich auch hier in der Nachfolge Goethes wußte[24]), die biblische Josua-Gestalt, die im Buche Exodus rein externe militärische Dienstfunktion hat (Ex 17,8-13), zum Anführer auch einer internen Terror- und Polizeitruppe zu machen, zur zwiespältigen Inkarnation eines »Würgeengels«, mit dem man zur Durchsetzung der Gebote drohen oder jedes Murren gegen den großen Künstler-Führer unterdrücken kann. Und obwohl der Text auch Passagen eines sich selbst vervollkommnenden Humanitätsideals kennt,[25] ist doch auffällig, wie sehr der Aspekt des Autoritären, ja Gewaltsamen in der Erziehungsarbeit betont ist. Hier schreibt in Sachen Ethos kein schwärmerischer Idealist, sondern ein – angesichts der triumphierenden Pöbelherrschaft – noch düsterer gewordener Realist, der narrativ den Gedanken durchspielt, ob – wenn das Gute, Geistige und Sittliche nicht scheitern soll – nicht auch das Mittel der Macht und der Gewalt zugunsten der Sittlichkeit eingesetzt werden müsse. Der dänische Literaturwissenschaftler Börge Kristiansen hat gerade darauf im Kontext der Schopenhauerisch bestimmten Anthropologie Thomas Manns besonders hingewiesen: »Die Entmachtung des Geistes durch die sündhafte Natur, das ist auch an dieser Stelle der Erzählung der eigentliche Sinn des Mose-Joshua-Bündnisses, legitimiert im Namen des Guten Macht und Gewalt als notwendige Mittel zu dessen Realisierung.«[26] Am Ende seines »Mose« setzt sich denn auch das Sittliche nur unter Mobilisierung der allerhöchsten Autorität durch, der Autorität Gottes …

Doch bevor wir auf diesen Aspekt eingehen, gilt es eine *erste grundsätzliche Folgerung* für die Problematik des Ethos zu ziehen. Folgt man einem Künstler wie Thomas Mann, so setzt die Entstehung der Sittlichkeit die Erfahrung der Ambivalenz des Sinnlichen voraus; das Streben nach Ordnung die Auseinandersetzung mit der Unordnung; die Sehnsucht nach dem Verbindlichen den Kampf mit dem Chaos. Das Reine und Heilige im Menschen liegt offenbar stets im Kampf mit geistfremder Triebhaftigkeit und blinder Lebensgier, ohne ihnen deshalb zu erliegen. Aber das Geistige und Sittliche ist nicht das Natürliche und ein für allemal Gesicherte;

ihnen droht vielmehr stets eine Entmachtung durch die sündhafte Willensnatur des Menschen. Sinnlichkeit und Sittlichkeit bleiben dialektisch ineinander verschränkt, aber so, daß das Sittliche sich letztlich durchsetzen kann: »Er war sinnenheiß, *darum* verlangte es ihn nach dem Geistigen, Reinen und Heiligen ...« Und genau dies ist es, was niemand besser als ein Künstler zeigen kann: Menschen, schwankend zwischen Trieb und Geist, zwischen blindem Willen zum Leben und ethischer Selbstzucht müssen das Sittliche immer wieder behaupten gegen das Amoralische, das Zügellose und Chaotische. Es braucht »Erziehung des Menschengeschlechts« (G.E. Lessing). Thomas Manns Erzählung »Das Gesetz« steht denn auch in der Tradition der großen Erziehungs-Texte in der deutschen Literatur und ist somit durchaus auch eine »Hommage an Lessing«.[27]

5. Die Funktionalisierung Gottes für das Sittliche

Die Ironie des Autors ist insbesondere dort unüberhörbar, wo der Erzähler mit dem »Göttlichen« umgeht, d.h. wo ein modernes, kritisches Bewußtsein auf einen autoritativen Text der Vor-Moderne trifft. Jede biblische Theozentrik wird dabei von der Anthropozentrik her ironisch aufgebrochen. Zwar hält sich Thomas Mann im wesentlichen an den biblisch vorgegebenen Grundduktus der narrativen Dramaturgie: Schauplatz Ägypten-Auszug – Konflikte auf dem Wüstenzug – Lager auf dem Sinai (Thomas Mann entscheidet sich für die Oase Kadesch) – Erlassung der Gebote am Gottesberg. Aber als moderner Erzähler bricht er die biblischen Texte an drei entscheidenden Punkten:

(1) *Mose* ist von vornherein Subjekt seines Gottesglaubens; dieser ist nicht Ergebnis von Offenbarung, sondern von »Überlegungen«. Mose »findet« vor allem, daß ein unsichtbarer Gott an Heiligkeit einem sichtbaren überlegen sei, und er unternimmt nun alles, um seinem Volk die »Implikationen der Unsichtbarkeit, also Geistigkeit, Reinheit und Heiligkeit« beizubringen, wohl wissend, daß er beim Volk von vornherein auf Widerstand stoßen wird. Umkehr

der biblischen Perspektive findet statt: nicht Gott wählt sich ein reines, heiliges und abgesondertes Volk, sondern der Mensch Mose. Gottesglaube ist Bewußtseinsarbeit! Recht und Ethos sind Teil einer Strategie des großen Einzelnen gegenüber einer »heillosen Masse«. Alles Theologische ist ins Psychische, alles Göttlich-Wunderbare ins Psychologisch-Interessante verschoben.[28]

(2) Die *Wunderberichte* des Buches Exodus (vor allem die »zehn Plagen« Ägyptens, Kapitel 7-12) können deshalb als »viel Gerede« ironisch abgetan werden. Sie entbehrten zwar »nicht jedes Hintergrunds«, trügen aber doch stark den »Charakter der Ausschmükkung«. Ja, für die zehnte »Plage«, die Tötung der ägyptischen Erstgeburt, wird (wiederum in der Nachfolge Goethes) die zynische Erklärung geboten, sie sei die bewußte Mordaktion der Kampftruppe unter Joshua gewesen. Dieser habe nicht länger mehr auf die Genehmigung zum Exodus warten, sondern terroristisch Fakten schaffen wollen. Der theologisch so aufgeladene Topos »Exodus« wird dadurch auf eine rein politisch motivierte »Austreibung« entmythologisiert, habe doch die Tötung der Erstgeburt einen »plötzlichen Umsturz der Rechts- und Anspruchsverhältnisse« in Ägypten mit sich gebracht. Die Ägypter mußten daher jedes Interesse daran haben, die Mose-Leute endlich loszuwerden; es konnte ihnen gar nicht schnell genug gehen...

(3) Insbesondere der Prozeß der *Durchsetzung der Gottesgebote* ist eine ironische Verfremdung der biblischen Theozentrik. Von einem »der Herr sprach zu Mose« kann nirgendwo mehr die Rede sein. Die Erlassung des »Gottesgesetzes« ist vielmehr Ergebnis einer politischen Strategie von Mose selber. Zunächst alleiniger Richter in allen Streit- und Rechtsfragen an Jahwes Statt, ist er wegen Arbeitsüberlastung gezwungen, Laienrichter einzusetzen, nur um mit umso größerer Energie dem Volk noch mehr Gebote einzuschärfen: Reinheitsgebote, Speisevorschriften, Sexualtabus, und alles dies mit der Berufung auf Gott und unter Androhung von Sanktionen durch die Kampftruppe des jungen Joshua, Jahwes und Moses' »Würgeengel«.

Aber Mose muß erleben, daß das Volk bei aller äußeren Zustimmung nicht daran denkt, sich an all die Vorschriften auch zu halten, zumal er selber sich einige Freiheiten gestattet. Was bleibt ihm als »geplagtem Mann« anderes übrig, als dem »Pöbelvolk« Gottes Strafe selber anzudrohen: »Ihr werdet sehen, der Herr wird einmal plötzlich über euch kommen und euch vertilgen.«[29] Dabei kommt ihm entgegen, daß der Gottesberg »Sinai« ein Vulkanberg ist. Und den plötzlichen Ausbruch dieses Vulkans nutzt denn auch Thomas Manns Moses geschickt, um das Volk durch Einschüchterung endgültig auf Gottes Gebote zu verpflichten. Dessen Rückfall (das Freiwerden der niedrigsten Triebschichten bei Abwesenheit der Autorität) zeigt, wie vergeblich Mose bisher gearbeitet hat. Schon nach dem Urtext (Ex 32, 1-6) gibt sich das Volk bekanntlich besonderer triebhafter Ausschweifungen rund um das »Goldene Kalb« hin, als Mose 40 Tage und Nächte auf dem »Sinai« verbringt und die Gebote in Empfang nimmt. Ein zweiter Anlauf ist nötig, aber selbst die Anfertigung des zweiten Exemplars der Tafeln wird vom Erzähler noch einmal ironisch verfremdet, indem aus der Not eine Tugend gemacht wird. Und so zeigt Thomas Mann noch einmal den großen Gesetzgeber als kunstfertigen Handwerker, der (wie weiland Michelangelo) an seinen Tafeln meißelt und schrubbt. Zu seinem »Gott« sagt dieser Moses:

> »»Laß mich nun die Tafeln erneuern, daß ich den Menschen dein Kurzgefaßtes herniederbringe. Am Ende war es ganz gut, daß ich die ersten im Zorn zerschmetterte. Es waren ohnedies ein paar ungeratene Lettern darin. Ich will dir nur gestehen, daß ich unterderhand daran dachte, als ich sie zerscheiterte.‹
> Und wieder saß er, von Joshua heimlich getränkt und geatzt, und metzte und meißelte, schrubbte und glättete, – saß und schrieb, mit dem Handrücken manchmal die Stirn wischend, griffelnd und spachtelnd die Schrift in die Tafeln, – die wurden besser sogar als das erste Mal.«[30]

6. Das Ethische im Zwiespalt von Ironie und Pathos

Hält man sich all diese ironischen Gebrochenheiten vor Augen, wird begreiflich, warum viele Leser den Eindruck gewannen, die

Darstellung der Mose-Gestalt und die Durchsetzung des Sittlichen sei Thomas Mann im Vergleich zur biblischen und jüdischen Tradition allzu scherzhaft und unernst geraten. Ja, jüdische Leser (darunter der später bekannte deutsch-jüdische Jerusalemer Theologe Shalom Ben Chorin) beklagten schon früh gegenüber dem Autor, daß dessen Darstellung des Moses »völlig unwürdig« sei.[31] Andere wollten in dieser Geschichte sogar einen »Haßausbruch gegen das Judentum«[32] erkannt haben. In Stellungnahmen muß Thomas Mann deshalb seinen Text wie kaum einen anderen verteidigen. Und es ist bezeichnend, daß er immer wieder das *Zugleich* von Ironie und Pathos beschwört, das viele Leser offensichtlich nur als Widerspruch begreifen konnten. Zwei Schlüsselzitate aus Thomas-Mann-Briefen stehen für viele:

»Heute Vormittag habe ich sie (die Moses-Geschichte) auf der 93. Manuskript-Seite abgeschlossen. Sie ist sehr schnell geschrieben – für meine Verhältnisse – es war mehr eine Unterhaltung, wie ich sie mir nach dem Abschluß von etwas Größerem zu gönnen pflege. Ich erinnere mich, wie ich nach ›Buddenbrooks‹ den ›Weg zum Friedhof‹ schrieb. Nach dem ›Zauberberg‹ war es ›Unordnung‹, nach ›Lotte in Weimar‹ entstanden zur Erholung die ›Vertauschten Köpfe‹. So ein Spaß ist dies auch, aber doch ein recht ernster. Denn es handelt sich natürlich um die menschliche Gesittung, und das Ganze endet nach vielen ironischen Scherzen mit einem richtigen Fluch auf den, der die Menschenkinder beredet, sie abzuschütteln.«[33]

»Nicht leugnen will ich, daß in die Geschichte ein Voltaire'sches Element eingedrungen ist, das den Joseph-Erzählungen wohl noch fremd war. Das hat mehr mit dem Erleichterungsgefühl und Übermut nach Vollendung des Mammut-Werkes zu tun, als mit Schadloshaltung nach einem allzu langen Dienst am Judentum. Es hat außerdem zu tun mit der tiefen Überzeugung, daß man das Legendäre und Mythische ehrerbietig-scherzhaft behandeln darf.

Um was es mir ging in der Novelle, war die *menschliche Gesittung*, als deren Grundgesetz ich die ›10 Worte‹ vom Sinai hinstelle. Der Fluch am Ende gegen ihre frechen Verneiner und Zerstörer sollte Beweis genug sein, daß es mir *ernst* damit war, trotz aller vorangegangenen Späße.«[34]

Und noch in seinem autobiographischen Roman eines Romans
»Die Entstehung des Doktor Faustus«, sechs Jahre nach dem Abschluß der Mose-Novelle veröffentlicht, legt Thomas Mann größten Wert darauf, daß ihm bei aller Scherzhaftigkeit und aller Spottlust doch der »Fluch« am Ende seiner Erzählung »vom Herzen«
gekommen sei:

> »Es war mir Ernst mit dem Gegenstande, so scherzhaft das Le-
> gendäre behandelt und soviel voltairisierender Spott, wiederum
> im Gegensatz zu den Joseph-Erzählungen, die Darstellung färbt.
> Wahrscheinlich unter dem unbewußten Einfluß von Heines
> Mose-Bild gab ich meinem Helden die Züge – nicht etwa von
> Michelangelos' Moses, sondern von Michelangelo selbst, um ihn
> als mühevollen, im widerspenstigen menschlichen Rohstoff
> schwer und unter entmutigenden Niederlagen arbeitenden
> Künstler zu kennzeichnen. Der Fluch am Ende gegen die Elen-
> den, denen in unseren Tagen Macht gegeben war, sein Werk, die
> Tafeln der Gesittung, zu schänden, kam mir vom Herzen und
> läßt wenigstens zum Schluß keinen Zweifel an dem kämpferi-
> schen Sinn der übrigens leichtwiegenden Improvisation.«[35]

Wenigstens zum Schluß: man spürt die Defensive, in die der Verfasser geraten war. Man spürt, daß er sich schwertat, das paradoxe
Zugleich von Ernst und Jux, Fluch und Spaß, Ehrerbietung und
Scherzhaftigkeit, Kampf und Improvisation plausibel zu machen.
Deshalb die eigentümliche Wort-Neuschöpfung: »ehrerbietig-
scherzhaft«. Und doch ist unübersehbar: Wenn auch die Entste-
hungsbedingungen des Sittengesetzes ironisiert werden, an der
Notwendigkeit von sittlichen Grundgeboten wird auch in der Er-
zählung kein Zweifel gelassen. Dies bestätigen die eigentümlichen
Wortkombinationen, die der Autor als Synonyme für die Zehn Ge-
bote verwendet: vom »Ewig-Kurzgefaßten«[36] ist die Rede, von
»Quintessenz des Menschenanstandes«[37], von »Grundweisung und
Fels des Menschenanstandes«[38], von »Fels des Anstandes«[39], von
»Bündig-Bindendem«[40], vom »A und O des Menschenbeneh-
mens«[41]... Damit war es dem Autor offensichtlich ernst, wie ernst,
zeigt ein Blick in den zeitgenössischen Kontext der Entstehung der
Novelle.

7. Die Herausforderung durch ein Menschheitsverbrechen

Seit der Veröffentlichung der Tagebücher wissen wir, in welchen globalen Krisen- und Katastrophenkontext hinein die Ausarbeitung dieses Textes gehört. Für die Interpretation seiner »moralisch-polemischen Idee«[42] dürfte dies von grundlegender Bedeutung sein. Man muß nur die Tagebuch-Aufzeichnungen von Januar bis März 1943 über die militärische Auseinandersetzung mit dem Weltverbrechen des Faschismus hinter diese Geschichte halten, und man wird begreifen, daß diese Erzählung mehr sein sollte als artistische Spielerei. Novelle und Tagebuch bilden dabei ein intertextuelles Gewebe, aus dem sich Deutungen und Gegendeutungen ergeben. Die Registrierung des Kriegsverlaufs und die Ausarbeitung des Textes bilden ein differenziertes Sinnganzes.

Noch ist die Kriegslage völlig offen. Einerseits registriert der Tagebuch-Schreiber mit einer Mischung aus Betroffenheit und Zukunftshoffnung die »deutsche Katastrophe bei Stalingrad« (16. Januar 1943: »Das ist der Ausgang, die Schuld trägt Hitler allein.«), dann die andauernden Bombardements Berlins, die Befreiung Leningrads, den Durchbruch russischer Truppen durch die »deutschen Verteidigungslinien«. Genau beobachtet wird ebenfalls, was sich in Afrika in der Auseinandersetzung zwischen den Alliierten und Rommel abspielt. Aber zugleich wird mit Beklemmung konstatiert, daß es auch immer wieder Erfolge der Nazi-Truppen gibt, so daß die Niederlage der faschistischen Verbrecher wieder in weite Ferne zu rücken scheint. 22. Februar 1943:

> »Vormittags die Arbeit am Moses wieder aufgenommen ... und die Anfänge des Moses zum Abschreiben. Hörten Swing und den Präsidenten (Washington-Tag) im Radio. Die Lage in Afrika sehr beunruhigend. Engländer sowohl wie Amerikaner zurück-geworfen; große amerikanische Material- u. Menschenverluste. Siegesgeschrei in Deutschland. Torpedierung amerik. Schiffe mit vielen hunderten von Menschenverlusten. Clipper in Lissabon verunglückt. Ziemlich grimmige Proklamation Stalins zum Fest-tag der Roten Armee. Unaufhörliche deutsche Truppen-Trans-porte nach Frankreich an die spanische Grenze. Wenn Rommel

weiter Erfolg hat, wird Hitler versuchen, aus Gibraltar ein zweites Singapore zu machen.«[43]

Ja, als vom Schluß des »Moses« am 12. März 1943 im Tagebuch berichtet wird, heißt es in derselben Eintragung:

> »Die Lage bei Kharkow sehr prekär. Befehle Hitlers an seine südöstlichen Trabanten, den totalen Krieg ausgiebig zu unterstützen. Nachrichten, daß Deutschland fieberhaft zu einer neuen Sommer-Offensive mit Millionenheeren sich vorbereitet. In Frankreich Guerilla-Attentat auf einen deutschen Militär-Zug mit Hunderten von Toten. Entsprechende Repressalien scheinen nicht mehr durchführbar. – Müde von gestern, schrieb ich angestrengt am Schluß des Moses.«[44]

Deutlich wird: Die Arbeit am »Moses« und die »deutsche Katastrophe bei Stalingrad«; die Erzählung über einen der großen Gesetzgeber der Menschheit und die genaue Beobachtung, wie die Truppen eines größenwahnsinnigen Menschheitsverbrechers Tag für Tag, Woche für Woche zurückgedrängt werden: beide Vorgänge weisen eine tiefe innere Verbindung miteinander auf. Wann, wenn nicht in diesem menschheitsgeschichtlichen Kampf gegen das Weltverbrechen Faschismus sollte die Genealogie der Moral in einer historischen Parabel neu imaginiert werden? Wann, wenn nicht angesichts der täglichen Schändung des Ethos in einem globalen Krieg? Wann, wenn nicht jetzt sollte es zur Rückbesinnung auf eine »Quintessenz des Menschenanstandes« kommen? Wenige Wochen nach Abschluß der Novelle heißt es denn auch in einem Brief Thomas Manns: »Ihr durchgehender Gegenstand sind die zehn Gebote – und ihre tägliche Schändung durch die Nazis«.[45]

Dabei war schon Robinson, der literarische Agent und Promotor des gesamten Projektes, von einer bestimmten *Faschismusdeutung* ausgegangen: Die Hitler-Bewegung ist, geistig-moralisch betrachtet, im Grunde die Aufkündigung des jüdisch-christlichen Sittengesetzes. Thomas Mann teilte diese Deutung und war darin durch ein Buch bestärkt worden, das 1939 erschienen und sofort in aller Antifaschisten Munde war: Hermann Rauschnings »Gespräche mit Hitler«. Rauschning war in Danzig zunächst Nazi-

Sympathisant gewesen und hatte nach den Wahlen 1933 sogar Präsident des dortigen Senates werden können. Schon bald aber war er in einen Konflikt mit dem damaligen NS-Gauleiter geraten, hatte im November 1934 sein Amt niedergelegt und war seit 1936 auf der Flucht. In der Schweiz hatte er zwei große Anklagewerke gegen das NS-Regime veröffentlicht, die weltweites Aufsehen erregten, weil sie die ersten aus den Reihen ehemaliger Hitler-Anhänger waren: »Die Revolution des Nihilismus« (1938) und eben die genannten »Gespräche mit Hitler«, die 1940 in Zürich erschienen waren. Thomas Mann kannte Rauschning persönlich, auch dessen Hitler-Buch.[46]

Zu dem von Robinson initiierten Sammelband über die Zehn Gebote hatte Rauschning ein Vorwort geschrieben, das die Negativ-Folie für die einzelnen Beiträge abgeben sollte. Mit neuem, das Buch ergänzendem Erinnerungsmaterial wird Hitler von Rauschning stärker denn je als derjenige geschildert, der explizit die »Befreiung von Fluch des Berge Sinai« habe verwirklichen wollen. Der englische Text mit den entscheidenden Hitler-Sätzen, den Thomas Mann vor Augen hatte, lautet:

> »I am the Lord thy God! Who? That Asiatic tyrant? No! The day will come when I shall hold up against these commandments the tables of a new law. And history will recognize our movements as the great battle for humanity's liberation, a liberation from the curse of Mount Sinai, from the dark stammerings of nomads who could not trust their own sound instincts, who could understand the divine only in the form of a tyrant who orders one to do the very things one doesn't like. This is what we are fighting against: the masochistic spirit of self-torment, the curse of so-called morals, idolized to protect the weak from the strong in the face of the immortal law of battle, the great law of divine nature. Against the so-called ten commandments, against them we are fighting.«[47]

Gewiß: An der von Rauschning überlieferten Wörtlichkeit vieler dieser Hitler-Zitate hat die kritische Forschung später begründete Zweifel angemeldet und vieles für schlicht erfunden erkannt. Doch abgesehen davon, daß Thomas Mann Rauschnings Faschismus-

Deutung teilte (und das ist hier für uns entscheidend), war der Sinn nationalsozialistischer Ideologie zumindest mit diesen Hitler-Aussagen durchaus getroffen: Der Faschismus verstand sich in der Tat als das neue Gesetz der Herrenrasse, und dieses lehnte das im Dekalog aufgestellte Sittengesetz nicht zuletzt deshalb ab, weil es jüdischen Ursprungs war. Jedenfalls war auch Thomas Mann davon überzeugt, daß der Faschismus in letzter Konsequenz die *Aufkündigung des »moral code« der Menschheit* wollte und betrieb. Und angesichts des faschistischen Weltverbrechens trat auch er ein für die unbedingte Verbindlichkeit eines universalen Sittengesetzes. Die Sache der »Zehn Gebote« – sie war zwar in der Sprache Israels gesprochen und doch auch »in allen Sprachen der Völker« aussagbar, eine »Rede für alle«.

Deshalb verwundert es nicht, daß Thomas Mann sich dann doch für eine ethisch motivierte »Propagandaaktion« zur Verfügung stellt und sich dabei auch nicht scheut, seinen neuen Text zum Einsatz zu bringen – freilich nicht zufällig allein den Schluß. Wir erinnern uns: In Sachen »Mose« war es vom Propaganda- und Werbezweck im Verlauf des Arbeitsprozesses zu einem hochdifferenzierten Kunstwerk gekommen. Aus diesem Kunstwerk aber springt derselbe Autor wieder zurück in die Propaganda. Seit 1940 nämlich hatte er sich von Amerika aus in antifaschistischer Öffentlichkeitsarbeit engagiert; Vorträge an seine »Deutschen Hörer« werden über den britischen Rundfunk ausgestrahlt. So auch am 6. Mai 1943[48], wenige Wochen nach Abschluß der Erzählung. An diesem Tag teilt Thomas Mann seinen Hörern mit, daß bald ein Buch herauskommen werde, in dem zehn Autoren, darunter Sigrid Undset, Jules Romains und Franz Werfel, nur einen einzigen Gegenstand behandelt hätten: die Zehn Gebote als das »in Urzeiten der Menschheit« gegebene »sittliche Grundgesetz«. Punkt für Punkt sei es den Schriftstellern darum gegangen, die »blasphemische Schändung« aufzuzeigen, die diesem »Grundgesetz des Menschenanstandes« heute von den Mächten zugefügt worden sei. Und dann liest Thomas Mann seinen Hörern den Schluß seiner Mose-Novelle vor: den Fluch auf diejenigen, welche das göttlich verbürgte Sittengesetz zu verletzen wagen:

»In den Stein des Berges metzte ich das ABC des Menschen-
benehmens, aber auch in dein Fleisch und Blut soll es gemetzt
sein, Israel, so daß jeder, der ein Wort bricht von den zehn Geboten, heimlich erschrecken soll vor sich selbst und vor Gott,
und soll ihm kalt werden ums Herz, weil er aus Gottes Schranken trat. Ich weiß wohl, und Gott weiß es im voraus, daß seine
Gebote nicht werden gehalten werden; und wird verstoßen werden gegen die Worte immer und überall. Doch eiskalt ums Herz
soll es wenigstens jedem werden, der eines bricht, weil sie doch
auch in sein Fleisch und Blut geschrieben sind und er wohl
weiß, die Worte gelten.

   Aber Fluch dem Menschen, der da aufsteht und spricht: ›Sie
gelten nicht mehr.‹ Fluch ihm, der euch lehrt: ›Auf, und seid
ihrer ledig! Lügt, mordet und raubt, hurt, schändet und liefert
Vater und Mutter ans Messer. … Blut wird in Strömen fließen
um seiner schwarzen Dummheit willen, Blut, daß die Röte
weicht aus den Wangen der Menschheit, aber sie kann nicht anders, gefällt muß der Schurke sein. Und will meinen Fuß aufheben, spricht der Herr, und ihn in den Kot treten – in den Erden-
grund will Ich den Lästerer treten, hundertundzwölf Klafter tief,
und Mensch und Tier sollen einen Bogen machen um die Stätte,
wo Ich ihn hintrat, und die Vögel des Himmels hoch im Fluge
ausweichen, daß sie nicht darüber fliegen. Und wer seinen
Namen nennt, der soll nach allen vier Gegenden speien und sich
den Mund wischen und sprechen: ›Behüte!‹. Daß die Erde wieder die Erde sei, ein Tal der Notdurft, aber doch keine Luder-
wiese. Sagt alle Amen dazu.‹ Und alles Volk sagte Amen.« [49]

Eine *zweite Folgerung für die Problematik des Ethos* ist von daher zu
ziehen: Es braucht offensichtlich den Leidensdruck einer geschichtlichen Erfahrung, die Trauerarbeit über den Verrat an Humanität und das Entsetzen über nicht mehr für möglich gehaltene
Grausamkeiten und Brutalitäten, damit sich der Wille zum Ethischen Bahn bricht. Es bedarf der Erfahrung äußerster Bedrohung,
damit eine Entschiedenheit für das Ethische überhaupt zustande-
kommt – individuell wie kollektiv. Es bedarf offensichtlich der
Erfahrung eines Zivilisationsbruchs, damit Menschen bereit sind,
ohne intellektuelle Überkomplexität oder lähmenden Zynismus
sich für ein gemeinsames Ethos zu engagieren. Es bedarf offensichtlich der Perversion des Guten, damit Kategorien wie »gut«

und »böse« neue Plausibilität erhalten. So wie Israel in Ägypten nicht von sich aus, sondern nur durch die Erfahrung stärkster Unterdrückung »für den Ruf des Retter-Gottes und den Gedanken des Auszugs ins Freie«[50] empfänglich wurde, so gilt dies auch für das deutsche Volk im Dunkel des Faschismus. Und nach Thomas Manns Überzeugung gilt dies generell. Wie hatte er doch in seiner Rede über den »zukünftigen Sieg der Demokratie« 1938 ausgerufen: »Mein Gott, die Menschen … Ein eiserner Druck disziplinären Zwangs ist nötig, sie nur leidlich in Zucht und Ordnung zu halten«. Die Erzählung »Das Gesetz« ist die poetische Einlösung dieser düsteren Menschenerfahrung …

8. Die bleibende Gebrochenheit des modernen Bewußtseins

Das alles dürfte genügend belegen, daß man der Erzählung nur gerecht wird, wenn man das paradoxe Zugleich dieses Textes gelten läßt, aber sieht, daß er nicht beim artistischen Spiel verbleibt, sondern in letzter Konsequenz zugunsten des Ethos geschrieben ist. Gewiß: Thomas Mann wollte seinem Auftrag gerecht werden und ein moralisches Plädoyer wider das Weltverbrechen »abliefern«. Aber zugleich konnte er dies nur in aller artistischen Raffinesse, Gebrochenheit und Komplexität, wie es der Bewußtseinslage eines Autors der Moderne entsprach. An den Auftraggeber Robinson schrieb er denn auch Ende März: »Sie hat den Schluß bekommen, den Sie wünschten und von mir forderten. Wenn auch gleich die Erzählung selbst einen humoristischen Ton hat und mit einer Art von ironischem Realismus vorgetragen ist, steht am Schluß ein sehr ernster (Fluch) auf denjenigen, der das Menschenvolk beredet, sich der Gesittung zu entschlagen.«[51]

Jede Analyse der Erzählung »Das Gesetz« greift deshalb zu kurz, wenn sie nur die Zwiespältigkeit von Ethik und Ästhetik herausarbeitet, ohne zu sehen, daß dies zugunsten des Ethos geschieht.[52] Aber auch solche Kritik wird dem Text nicht gerecht, die mit leicht vorwürfigem Bedauern den Abstand zwischen Literatur und Bibel zur Kenntnis nimmt, um dann die literarische Bedeutung des

Textes herunterzuspielen.[53] Eine solche Kritik ignoriert sowohl dessen ästhetische Komplexität wie auch die religiöse Krise der Moderne, der auch die biblischen Texte nicht unverändert entkommen können. Die Diskrepanz zur biblischen Vorlage ist somit nicht ein konzeptionelles Versagen des Schriftstellers, sondern *Ausdruck einer Krise des modernen Bewußtseins,* die der Autor literarisch imaginiert.

Damit kann eine *dritte Grundeinsicht* formuliert werden. Thomas Manns Novelle spiegelt den bleibenden Grundzwiespalt der Moderne im Blick auf Begründung und Durchsetzung des Sittlichen wider:

(1) Einerseits ist nach der Aufklärung, insbesondere nach der Religionskritik von Feuerbach, Nietzsche und Freud, der Gottesglaube als Illusion entlarvt. Für die Durchsetzung des Sittlichen aber bedarf er offensichtlich der Wiederbelebung. Paradoxer könnte der Grundzwiespalt nicht sein: Ein Gott, der zur Funktion des Menschen wurde, hört auf, Gott zu sein. Dieser Gott aber wird zur Letztmotivation und -begründung des Sittlichen noch einmal gebraucht, ohne die der Mensch offensichtlich nicht Mensch sein kann. Dieser Zwiespalt ist unaufgebbar; er gehört zur bleibenden Signatur der Moderne.

(2) Der über das Sittliche Reflektierende findet sich vor im Zwiespalt von Ironie und Pathos. Einerseits weiß der Aufgeklärte um die unaufhebbare menschliche Triebstruktur und die fragwürdige Genealogie der Moral. Zugleich aber erkennt er die geschichtliche Notwendigkeit eines verbindenden und verbindlichen Ethos – gerade in Zeiten der Katastrophen, der kollektiven Verblendung und der Schändung des Sittlichen. Auch dieser Zwiespalt ist unauflösbar; auch er gehört zur geistigen Physiognomie der Moderne. Der Mainzer Literaturwissenschaftler Hermann Kurzke hat ihn im Fall von Thomas Mann treffend so umschrieben: »Der Idealismus ist und bleibt passé. Deshalb kommt es nur zu einem Kompromiß: die Ideen sollen verbindlich bleiben, *obgleich* ihre sinnlich-materielle Wurzel gezeigt wurde. In diesem Postulat kommt das Republikanische, das neue ethisch-voluntaristische Aufklärertum Thomas

Manns zum Ausdruck. Er setzt nicht die philosophischen Grundlagen außer Kraft, sondern ändert nur ihre Bewertung. Der Glaube ans Unendliche ist und bleibt ironisch zerstört, aber Mann trauert um seine ehemalige Orientierungskraft und beschließt deshalb, die Schemata, die der Glaube anbot, weiter zu zelebrieren, nun aber ihnen nicht mehr blind unterworfen, sondern wissend in Spuren gehend. Der bei aller Desillusionierung der Götterwelt nicht höhnische, sondern liebevolle Ton ist Ausdruck nicht des Glaubens an die Götter, sondern des Wissens um die lebensstabilisierende Nützlichkeit solchen Glaubens.«[54]

(3) Die Ironie entspringt nicht bloßer Spottlust, sondern ist Ausdruck eines Zusammenpralls zweier Bewußtseinsstufen: der Vormoderne und der Moderne. Da aber der vormoderne Text mit exklusivem Wahrheitsanspruch »aufgeladen ist«, entsteht durch die kritische Behandlung eine ironische Brechung. Diese aber löscht den Text nicht aus, sondern läßt ihn als Möglichkeit gelten. Die ironische Verfremdung des Autoritativen ist ein Mittel seiner Humanisierung. Die »heiligen« Texte verlieren die Aura des Unbefragten, ewig Gültigen, Unterwerfung Fordernden und werden zum Modell, zur möglichen Wirklichkeit. Modelldenken aber ist prinzipiell offen für Veränderung.

So dürfte Thomas Manns Erzählung »Das Gesetz« als Ausdruck einer *bleibenden Gebrochenheit des modernen Bewußtseins* zu lesen sein. Das Sittliche wird letztlich affirmiert, aber nur um den Preis seiner ironischen Verfremdung, da man dessen zwiespältige Entstehungsbedingungen kennt. Zugleich ist die Affirmation eines universal verbindlichen Ethos um so nötiger, je mehr man um dessen bleibende Gefährdung und mögliche Illusionshaftigkeit weiß. Das alles aber ist kein Alibi für moralischen Relativismus. Die Analyse der Entstehungsbedingungen soll nicht denen in die Hände spielen, welche die menschliche Gesittung überhaupt »abzuschütteln« oder »abzuwerfen« trachten. Wer im Geiste Voltaires die Vorgeschichte des Sittengesetzes miterzählt, gehört nicht zu dessen Verneinern. Der geht als kritischer Moralist einen dritten Weg zwischen unkritischem Moralismus und zynischem Nihilismus.

Das ironisch präsentierte Wissen um die Genealogie der Moral
also ist kein Grund, den Zerstörern und Schändern des Sittlichen
nicht den Kampf anzusagen. Sündenbewußtsein ist nicht bloß re-
pressive Ideologie, für die man man etwa den Monotheismus pauschal verantwortlich machen dürfte. Thomas Mann zeigt im Gegenteil wie sehr der Monotheismus eine Kraft zur Durchsetzung
des Sittlichen wider die gewissenlosen Verneiner und Schänder des
Ethos sein kann.[55] Wie hatte er doch in seiner programmatischen
Rede von 1938 formuliert, sogar das christliche Dogma von der
»Erbsünde« konstruktiv aufnehmend:

> »Sagte ich zuviel, wenn ich den Menschen ein großes Geheimnis
> nannte? Woher stammt er? Aus der Natur, der tierischen, und
> danach benimmt er sich unverkennbar. Aber in ihm kommt die
> Natur zu Bewußtsein, sie scheint ihn hervorgebracht zu haben
> … Zum Bewußtsein kommen, heißt: ein Gewissen bekommen,
> heißt wissen, was gut und böse ist – die untermenschliche Natur
> weiß es nicht. Sie ist *unschuldig*, im Menschen wird sie *schuldig*.
> Der Mensch ist der Sündenfall der Natur, aber das ist kein Fall,
> sondern so gewiß eine Erhebung, wie das Gewissen höher ist als
> die Unschuld. Was das Christentum die ›Erbsünde‹ nennt, ist
> mehr als ein Priestertrick, um die Menschen niederzuhalten und
> zu beherrschen – es ist das tiefe Gefühl des Menschen als eines
> geistigen Wesens von seiner natürlichen Brest- und Fehlhaftig-
> keit, über die er sich im Geiste erhebt. Ist das Untreue gegen die
> Natur? Durchaus nicht. Es ist nach ihrem tiefsten Willen. Denn
> zu ihrer Vergeistigung hat sie den Menschen hervorgebracht.«[56]

Überblickt man Thomas Manns Werkgeschichte, so kann kein
Zweifel daran sein, daß er selber in Sachen Ethos einen ähnlichen
Prozeß durchgemacht hatte wie sein »Künstler« Moses. Denn alt
geworden und vielerfahren scheut der Autor auch vor einem klaren
öffentlichen Bekenntnis nicht mehr zurück. Er gibt zu: Erst der
Kampf gegen den »Feind der Menschheit« habe ihn dazu gezwungen, aller künstlerischen Ironie und allen ästhetischen Spiels zum
Trotz, Stellung zu nehmen zum Problem von Gut und Böse. In einer Rede von 1939 zum »Problem der Freiheit« berichtet er denn
auch freimütig über die Wandlung, der er sich unterworfen habe:

»Ich habe Ihnen von Wahrheit, Recht, christlicher Gesittung, Demokratie gesprochen – meine rein ästhetisch gerichtete Jugend hätte sich solcher Worte geschämt, sie als abgeschmackt und geistig undistinguiert empfunden. Heute spreche ich sie mit ungeahnter Freudigkeit. Denn die Situation des Geistes hat eigentümlich gewechselt auf Erden. Eine Epoche zivilisatorischen Rückschlages, der Gesetzlosigkeit und Anarchie ist offenbar angebrochen im äußeren Völkerleben; aber eben damit, so paradox es klingt, ist der *Geist* in ein *moralisches* Zeitalter getreten, will sagen: in ein Zeitalter der Vereinfachung und der hochmutlosen Unterscheidung von Gut und Böse. Ja, wir wissen wieder, was gut und böse ist. Das Böse hat sich uns in einer Kraßheit und Gemeinheit offenbart, daß uns die Augen aufgegangen sind für die Würde und schlichte Schönheit des Guten, – daß wir uns ein Herz dazu gefaßt haben und daß wir es für keinen Raub an unserer Finesse erachten, es zu bekennen.«[57]

Seltsam ironisch gebrochen klingt dabei das Wort »Vereinfachung«. Viel zu komplex war dieser Autor, um nicht die Komplexitätsreduktion zu durchschauen, die eine Entscheidung zwischen »Gut« und »Böse« nun einmal verlangt. Deshalb konnte Thomas Mann die Verhältnisse ironisch umkehren. Die Zeit des Faschismus war für ihn im Grunde eine moralisch gute Zeit, weil die unzweideutige Perversion von Humanität einem von Haus aus skrupulösen Künstler die sittliche Entscheidung gewissermaßen aufgedrängte. So hat Börge Kristiansen recht mit seiner grundsätzlichen Bewertung der Thomas Mannschen Anthropologie, wenn auch er (das von uns eingangs zitierte) Thomas-Mann-Wort vom bösen »Trachten des Menschenherzens« aufnimmt und auf der Basis einer gründlichen Analyse der Mose-Novelle zur Schlußfolgerung kommt: »Thomas Mann predigt, wie unter anderem der ›Fluch‹ auf Hitler zeigt, keineswegs einen totalen nihilistischen A-Moralismus. Die Idee des Guten bleibt auch im letzten Abschnitt als eine Leitvorstellung erhalten, aber nunmehr lediglich als eine das Böse begleitende Stimme.«[58] Und wir werden hinzufügen müssen: als eine das Böse *bekämpfende* Stimme, die umso widerständiger sein muß, je dreister das Böse sich behauptet.

9. Keine Weltzivilisation ohne ein Weltethos

Analogien sind unschwer erkennbar zwischen unserer geschichtlichen Situation und der Thomas Manns. Wir leben nicht weniger als die Generation dieses Schriftstellers in einer innerlich bedrohten Welt, geprägt durch zutiefst ambivalente Faktoren wie Welttechnologie, Weltwirtschaft und Weltfinanzen. Das Orientierungsvakuum ist angesichts der nachkommunistischen Tristesse in Rußland, der nachimperialen Dämmerung in Japan, der nachtotalitären Zuckungen in China sowie der nachchristlichen Situation in Nord- und Westeuropa eher noch gestiegen. Die Brüchigkeit der Weltordnung verifiziert sich täglich aufs Neue, von Telekommunikationssystemen mit ihren Datenautobahnen, dem world-wide-web, in Sekunden um die Welt transportiert. Regionale Konflikte haben schneller denn je globale Auswirkungen. Es gibt keine Zone auf dieser Erde mehr, in der Konflikte unbemerkt blieben; alle sind voneinander abhängig; das Schicksal der einen bestimmt das Schicksal aller. Das gilt für die Nationen ebenso wie für die Religionen, von denen ein Potential von Fanatismus, Völkerhaß und blutiger Gewalt nach wie vor ausgeht. Auch im 3. Jahrtausend braucht die Menschheit vermutlich wie zu Thomas Manns Zeiten solche Erfahrungen der Verhöhnung des Ethos, damit sie sich auf die großen Ideale immer wieder neu besinnt: Menschenwürde, Menschenrechte und Menschenpflichten für alle, welcher Nation, Religion oder Kultur auch immer.

Die Religionen behalten in unserer Weltstunde eine unverzichtbare Funktion, wenn sie Menschen für den Frieden und die Verständigung unter den Völkern motivieren und nicht Fanatismus und Ausgrenzung schüren. Religionen sind oft, zu oft, mißbraucht worden oder haben Unmenschlichkeit praktiziert und gerechtfertigt. Aber sie haben – trotz allem – nach wie vor spirituelle und moralische Ressourcen, um Potentaten und Ungeistern der Zeit zu widerstehen. Religionen können trotz allem Menschen motivieren, ihren Gesellschaften den Spiegel vorzuhalten und auf eine Änderung der Herzen und Gewissen zu drängen. Ja, Religionen sind fähig, der Aufklärbarkeit und Erziehbarkeit des Menschen zu trauen – auch dann, wenn die Erfahrungen negativ und die Projekte gescheitert sind. Ein durch richtig verstandene Religion inspiriertes Ethos ist gerade nicht der fromme Firnis über einer Gesellschaft, die ansonsten fortfahren kann, moralvergessen ihren Geschäften und Amüsements nachzugehen. Ein in Religion verankertes Ethos erlaubt vielmehr ein Freiwerden zur Verantwortung für die Mitmenschen, zur Selbstbindung an Ideale und zur Opferbereitschaft zum Wohle des Ganzen. Die Forderung nach einem Menschen verschiedener Kulturen und Religionen verbindenden Ethos ist also zugleich die Forderung nach einer Zynismusprophylaxe. Es gilt, Vertrauen auf den Menschen zu setzen, trotz allen Scheiterns und trotz aller Negativität.

Bei aller Ungewißheit über die zukünftige Entwicklung dürfte eines sicher sein: Wie es keinen Welteinheitsstaat geben wird, so auch keine Welteinheitsreligion und ebenso wenig eine Welteinheitsmoral. Alle Überlegungen in diese Richtung sind nicht nur unrealistisch, sondern nicht einmal wünschenswert. Ebenso wenig wird es in Zukunft eine konfliktfreie Ethik geben; Spannungen zwischen unterschiedlichen Ethiken werden auch in Zukunft die Menschheit bestimmen. Darin drückt sich nicht zuletzt die Achtung vor der kulturellen Pluralität und der religiösen Vielfalt in der Geschichte der Menschheit aus.

Anders gesagt: Die Suche nach einer neuen Weltordnung auf der Basis eines Weltethos bedeutet nicht den Rückfall in überholte hegemoniale Weltordnungskonzepte, die Gleichschaltung von Wirtschafts- und Politikmodellen.[59] Vielmehr geht es um die universale Durchsetzung einer *globalen Verantwortungsethik*, die das Völkerrecht stark macht und internationaler Solidarität Priorität vor nationalen Egoismen gibt. Eine Weltregierung ist weder realistisch noch erstrebenswert; wünschenswert dagegen ist eine internationale Zivilgesellschaft, eine *Weltbürger-Gesellschaft* mit einem Minimum an Zentralstaatlichkeit. Sie aber wird es nur geben auf der Basis von Prinzipien globaler Rechtsstaatlichkeit. Den Repräsentanten der großen religiösen Traditionen der Menschheit wächst dabei eine entscheidende Rolle zu. Da es keinen Weltfrieden an den Religionen vorbei geben wird, erwächst umgekehrt gerade den Religionsrepräsentanten die Verantwortung, mehr zur Integration als zur Spaltung der Menschheit beizutragen.

Diese Überlegungen führen Gedanken fort, wie sie schon der altgewordene Thomas Mann in zahlreichen öffentlichen Vorträgen ausgesprochen hat. So zum Beispiel in seinem autobiographisch gefärbten Vortrag »Meine Zeit« aus dem Jahre 1950. Angesichts des ihn sehr beunruhigenden Ost-West-Konfliktes hatte sich Thomas Mann hier nicht nur grundsätzlich für eine »neue Verbindung« der Grundwerte von Freiheit und Gerechtigkeit als »Angelegenheit des Weltgewissens« ausgesprochen. Er hatte konkret eine »universelle Friedenskonferenz« vor Augen, auf der nicht nur »dem verderblichen Wettrüsten« ein Ende gemacht, sondern auch der Plan »zu einer *umfassenden Finanzierung des Friedens*« entworfen werden sollte, »zu einer Konsolidierung aller öffentlichen Kräfte der Völker im Dienst gemeinsamer Verwaltung der Erde und einer Verteilung der Güter, welche schmähliche Armut und Hungersnot von ihrem Angesicht tilgte und unnotwendiges, von Gott nicht gewolltes, sondern nur von Menschen verschuldetes Leiden aus der Welt schaffte«.[60]

Dabei wollte Thomas Mann den »großen Propheten dieser Zeit« nicht spielen, wie er in einem Brief vom 7. April 1943, keine drei Wochen nach Abschluß der Mose-Novelle, selbstironisch schrieb. Das hieße wohl »die Backen zu voll nehmen«, obwohl er die Funktion der »Prophetie« für die Literatur durchaus bejahte, und zwar als »Empfindlichkeit, Vorgefühl, *Grauen*«.[61] Ja, im selben Brief ist auch nachzulesen, was für Thomas Mann die geistig-sittliche Grundlage einer künftigen lebenswerten Weltgesellschaft bildet. Was heute mit dem Wort »Weltethos« bezeichnet werden kann, hieß bei ihm »ein alle bindendes Grundgesetz des Menschenrechts und Menschenanstandes«:

> »Die Tendenz zu irgendeiner Art von Welt-Organisation ist unverkennbar vorhanden, und nichts dergleichen ist möglich ohne eine bestimmende Dosis säkularisierten Christentums, ohne eine neue Bill of Rights, ein alle bindendes Grundgesetz des Menschenrechts und Menschenanstandes, das, unabhängig von Unterschieden der Staats- und Regierungsformen, ein Minimum von Respekt vor dem Homo Dei allgemein garantiert. Das wäre viel; es ist beinahe alles, was ich zu wünschen, zu hoffen mich erkühne. Diese Erde ist ein Tal der Notdurft; eine Luder-

wiese muß sie nicht sein. Ich verlange nicht mehr, als daß sich
darin leben läßt.«[62]

I. Literatur zu Thomas Manns »Das Gesetz«

1. Werk- und Forschungsgeschichtliche Überblicke

H. Kurzke, Thomas Mann. Epoche–Werk–Wirkung, München 1985, 2.
Auflage 1991.
H. Koopmann (Hrsg.), Thomas-Mann-Handbuch, Stuttgart 1990, 2. Auflage
1995.

2. Selbstdeutungen des Autors

Thomas Mann, Tagebücher 1940-1943, hrsg. v. P. de Mendelssohn, Frank-
furt/M. 1982.
ders., Die Entstehung des Doktor Faustus. Roman eines Romans (1949), in:
Doktor Faustus/Die Entstehung des Doktor Faustus, Frankfurt/M.
1981, S. 687-691.
H. Wysling – M. Fischer (Hrsg.), Dichter über ihre Dichtungen: Thomas
Mann (Teil II: 1918-1943), Frankfurt/M. 1979, S. 634-659.

3. Literaturwissenschaftliche Deutungen

H. Lehnert, Thomas Manns Erzählung »Das Gesetz« und andere erzähleri-
sche Nachspiele im Rahmen des Gesamtwerks, in: Deutsche Vierteljahr-
schrift 43 (1969), S. 515-543.
M. Eifler, Thomas Mann. Das Groteske in den Parodien »Joseph und seine
Brüder«, »Das Gesetz«, »Der Erwählte«, Bonn 1970.
V. Hansen, Thomas Manns Erzählung »Das Gesetz« und Heines Moses-Bild,
in: Heine-Jahrbuch 13 (1974), S. 132-149.
B. Neuland, »Das Gesetz«. Zu Thomas Manns poetischer Fassung der Mose-
Mythen, in: Werk und Wirkung Thomas Manns in unserer Epoche,
hrsg. v. H. Brandt u. H. Kaufmann, Berlin – Weimar 1978, S. 249-272.
K. Hamburger, Thomas Manns biblisches Werk, München 1981, S. 187-
270.
B. Kristiansen, Freiheit und Macht. Totalitäre Strukturen im Werk Thomas
Manns. Überlegungen zum »Gesetz« im Umkreis der politischen Schrif-
ten, in: Internationales Thomas-Mann-Kolloquium 1986 in Lübeck,
Bern 1987, S. 53-72 (Thomas-Mann-Studien VII);
ders., Schopenhauersche Weltsicht und totalitäre Humanität im Werke Thomas Manns, in: Schopenhauer Jahrbuch 71 (1990), S. 97-123.
S. Strohm, Selbstreflexion der Kunst. Thomas Manns Novelle »Das Gesetz«,

in: Jahrbuch der Deutschen Schillergesellschaft 31 (1987), S. 321-353.

H. R. Vaget, »Das Gesetz«, in: Thomas-Mann-Handbuch, hrsg. v. H. Koopmann, Stuttgart 2. Aufl. 1995, S. 605-610.

T. J. Reed, Von den drei Vereinfachungen. Ethische Ansätze beim Nietzschianer Thomas Mann, in: Wagner – Nietzsche – Thomas Mann. FS E. Heftrich, hrsg. v. H. Gockel u. a., Frankfurt/M. 1993, S. 169-183.

H. Kiesel – J. P. Grevel, Die modernen Gewaltregime und die Literatur, in: H. Maier (Hrsg.), »Totalitarismus« und »Politische Religionen«. Konzepte des Diktaturvergleichs, Paderborn 1996, S. 211-232, bes. S. 223f.

R. Smend, Thomas Mann »Das Gesetz«, in: Querlektüren. Weltliteratur zwischen den Disziplinen, hrsg. v. W. Barner, Göttingen 1997, S. 232-246.

W.-D. Hartwich, Die Sendung Moses. Von der Aufklärung bis Thomas Mann. Mit einer Einleitung von J. Assmann, München 1997, S. 215-226.

K. Makoschey, Quellenkritische Untersuchungen zum Spätwerk Thomas Manns. »Joseph, der Ernährer«, »Das Gesetz«, »Der Erwählte«, Frankfurt/M. 1998 (Thomas-Mann-Studien XVII).

II. Anmerkungen

1   Vgl. dazu die in diesem Band vorgelegten glänzenden Analysen von *V. Rittberger – A. Hasenclever.*

2   Einzelheiten dazu bei *H. Küng,* Weltethos für Weltpolitik und Weltwirtschaft, München – Zürich 1997.

3   *H. Küng – K.-J. Kuschel (Hrsg.),* Erklärung zum Weltethos. Die Deklaration des Parlamentes der Weltreligionen, München 1993, S. 23.

4   *H. Schmidt (Hrsg.),* Allgemeine Erklärung der Menschenpflichten. Ein Vorschlag, München 1998, S. 21.

5   *G. Steiner,* Sprache und Schweigen. Essays über Sprache, Literatur und das Unmenschliche, Frankfurt/M. 1969, S. 8f.

6   Ich habe dies in umfassender Weise dargestellt in: *K.-J. Kuschel,* Im Spiegel der Dichter. Mensch, Gott und Jesus in der Literatur des 20. Jahrhunderts, Düsseldorf 1997.

7   *Th. Mann,* Vom zukünftigen Sieg der Demokratie (1938), in: Essays Bd. IV, hrsg. v. H. Kurzke – S. Stachorski, Frankfurt/M. 1995, S. 214-244, Zitat S. 220.

8   So z. B. in: Kindness (1943), in: *Thomas Mann,* An die gesittete Welt. Politische Schriften und Reden im Exil, Frankfurt/M. 1986, S. 640f.

9   *Th. Mann,* Tagebücher 1940-1943, hrsg. v. P. de Mendelssohn, Frankfurt/M. 1982, S. 454.

10 Im Tagebuch ist unter dem 24.11.1942 eingetragen: »Zum Thee Robinson: Besprechung des Zehn Gebote-Buches; Zusage eines Beitrags für 1000 Dollars« (S. 501). Das Buch erschien dann unter dem Titel: The Ten Commandments. Ten Short Novels of Hitler's War Against the Mo-

ral Code, ed. by. A. L. Robinson with a preface by H. Rauschning, New York 1943; britische Ausgabe London 1945. Eine deutsche Neuausgabe erschien 1988 im Fischer-Verlag, Frankfurt a.M.: Die zehn Gebote. Zehn Erzählungen über Hitlers Krieg gegen die Moral. Aus dem Englischen und Französischen v. U. Walberer (Fischer TB 5186). Beteiligt sind in der Reihenfolge der Zehn Gebote: Thomas Mann, Rebecca West, Franz Werfel, John Erskine, Bruno Frank, Jules Romains, André Maurois, Sigrid Unset, Henrik Willem van Loon und Louis Bromfield. Begeistert war Thomas Mann vom Ergebnis nicht. Selbstbewußt hält er seinen Beitrag noch »mit Abstand« für den »besten«, anderes für »geradezu lächerlich und kompromittierend, z. B. eine Beschreibung der Rebekka West von Kopenhagen, so ignorant, daß man sich in Europa den Bauch halten wird. Sehr zu bedauern.« (in: Dichter über ihre Dichtungen: Thomas Mann, Teil II: 1918-1943, hrsg. v. H. Wysling – M. Fischer, Frankfurt/M. 1979, S. 643. Künftig abgekürzt mit D II + Seite).

11 *Th. Mann,* Die Entstehung des Doktor Faustus, S. 687.

12 Eine ausführliche Dokumentation und Analyse der Quellen bietet neuerdings: *K. Makoschey* (1998). Zu E. Auerbach S. 52-57; zu S. Freud S. 89-98; zu Michelangelo S. 99-114. Hilfreich ist vor allem, daß hier erstmals die 17 Seiten mit Notizen und Exzerpten Thomas Manns aus seinen Studien zur Moses-Novelle gedruckt vorliegen (S. 60-81). Über den Arbeitsprozeß kann man sich auf diese Weise informieren, ohne ins Thomas-Mann-Archiv nach Zürich wandern zu müssen. Die Moses-Problematik – in Auseinandersetzung gerade auch mit Freud – ist neuerdings aufgegriffen von: *J. Assmann,* Moses der Ägypter. Entzifferung einer Gedächtnisspur, München 1998.

13 *Th. Mann,* Die Entstehung des Doktor Faustus, S. 690. Zum *Einfluß Heines* auf Thomas Mann vgl. *V. Hansen* (1974).

14 *Th. Mann,* Die Entstehung des Doktor Faustus, S. 690.

15 *H. Heine,* Geständnisse, in: Sämtliche Schriften in 12 Bänden, hrsg. v. K. Briegleb, Band XI, München – Wien 1976, S. 480f.

16 *Th. Mann,* Das Gesetz (1943), in: ders., Späte Erzählungen, Frankfurt/M. 1981, S. 337-406, Zitat S. 337. Aus dieser »Frankfurter Ausgabe« wird im folgenden zitiert.

17 Dies wird überzeugend herausgearbeitet in den Beiträgen von *B. Kristiansen* (1987 u. 1990) sowie von *T. J. Reed* (1993).

18 *Th. Mann,* Das Gesetz, S. 385.

19 *Th. Mann,* Brief an K. Mann vom 9.3.1943, in: Briefe, hrsg. v. E. Mann, Bd. II (1937-1947), Frankfurt/M. 1979, S. 303. Vgl. auch S. 311: Brief an B. Walter vom 6. Mai 1943: »Danach habe ich noch eine längere Moses-Novelle, Sinai-Phantasie, geschrieben, für eine interessante Anthologie ... deren einzelne Erzählungen alle die Zehn Gebote und ihre Mißhandlung durch Hitler behandeln. Das Buch erweckt im Voraus großes Interesse und wird englisch (in New York und London), deutsch und schwedisch (in Stockholm), französisch (in Canada) und spanisch (in Süd-Amerika) erscheinen. Meine Moses-Geschichte bildet die Einlei-

tung. Werfel nannte sie recht hübsch ein ›Vorspiel auf der Orgel‹«.

20 *Th. Mann,* Das Gesetz, S. 376.

21 *Th. Mann,* Brief an A. E. Meyer vom 17. 2. 1943, in: Briefe, hrsg. v. E. Mann, Bd. II (1937-1947), Frankfurt/M. 1979, S. 298.

22 *Th. Mann,* Tagebücher 1940-1943, S. 522.

23 *Th. Mann,* Das Gesetz, S. 359.

24 *J. W. Goethe,* West-östlicher Divan, Bd. I, hrsg. v. H. Birus, Frankfurt/ M. 1994, S. 229-248, bes. S. 237f.

25 *Th. Mann,* Das Gesetz, S. 383: Als Zielperspektive wird an dieser Stelle angegeben: »bis ihm leidlich, oder auch nur scheinbar, in Fleisch und Blut übergegangen war, was er sie lehrte und ihnen auferlegte«. Angedeutet ist damit, daß sich der Lehrer in letzter Konsequenz überflüssig machen soll. Moralität hätte sich auf diese Weise »in Fleisch und Blut« eingeprägt.

26 Den Macht-Aspekt im Kontext einer Schopenhauerisch bestimmten Anthropologie bei Thomas Mann hat gut herausgearbeitet: *B. Kristiansen* (1987), Zitat S. 62. Es ist hier nicht der Ort, sich mit Kristiansens Wertung ausführlich auseinanderzusetzen. Die überzeugenden Analysen werden für mich nur dadurch getrübt, daß Kristiansen für Thomas Mann das äußerst mißverständliche Wort »totalitäre Strukturen« (1987) oder noch schlimmer »totalitäre Humanität« (1990) benutzt. Der Totalitarismus-Begriff aber wird bei ihm in keiner Weise definiert und suggeriert ungewollt eine haltlose Parallelisierung Thomas Mann'schen Denkens mit totalitären Ideologien wie Faschismus oder Bolschewismus. Dabei ist Kristiansen in seiner Analyse selber zweideutig. So heißt es im Aufsatz von 1990: »Die Etablierung einer humanen Kultur- und Gesellschaftsordnung setzt zu den Bedingungen der Schopenhauerschen Weltsicht Thomas Manns mit anderen Worten eine autoritäre oder – die Grenzen sind hier fließend – totalitäre Staatsform voraus.« (S. 107). Zwischen Autoritarismus (bei Thomas Mann angedeutet) und Totalitarismus (bei Thomas Mann nicht zu erkennen) aber besteht ein wesentlicher Unterschied!

27 Die Analogien zu Lessingschem Denken (vor allem zur Schrift »Erziehung des Menschengeschlechtes«) hat gut herausgearbeitet: *S. Strohm* (1987), Zitat S. 331. Zu Lessings Religionstheologie vgl. neuerdings: *K.-J. Kuschel,* Vom Streit zum Wettstreit der Religionen. Lessing und die Herausforderung des Islam, Düsseldorf 1998.

28 Die Tagebücher zeigen, daß Thomas Mann sich im Kontext der Beschäftigung mit Moses auch in *E. Renans Buch über Paulus* (französisches Original 1869; deutsch: Berlin 1936) vertieft hat. So heißt es am 23.1. 1943: »In Renans Paulus. Die religiöse Wut der Juden und die römische Obrigkeit.« (S. 527). Renans Paulus-Deutung beruht auf der Reduktion alles Theologischen auf das Psychologische und der Projektion des Psychischen ins Metaphysische.

29 *Th. Mann,* Das Gesetz, S. 384.

30 *Th. Mann,* Das Gesetz, S. 404.

31 D II, 650.

32 D II, 651. Auf die *jüdische Kritik* antwortet Thomas Mann mit solchen
    Gegenargumenten: »Auch ist es im ganzen unrichtig, meine alt-testa-
    mentarischen Bilder unter dem spezifisch jüdischen Gesichtspunkt zu
    sehen. Es handelt sich dabei immer um allgemein Menschliches, für das
    das Jüdische nur repräsentativ ist, und wie man in den Josephs-Ge-
    schichten ein humoristisch verschämtes Menschheitslied sehen muß, so
    ist ›Das Gesetz‹ ein Gedicht auf die menschliche Gesittung selbst, und
    der Fluch am Schluß der Erzählung richtet sich gegen die verbrecheri-
    schen Verneiner dieser Gesittung und ihrer auf dem Sinai gegebenen
    Gesetze in unserer Zeit« (D II, 650). Dem Jerusalemer jüdischen Theo-
    logen *Shalom Ben-Chorin* antwortet Thomas Mann: »Das spezifisch Jü-
    dische stand gar nicht im Vordergrund meines Bewußtseins, wie ja auch
    ›Mose‹ von ganz unjüdischer Physiognomie ist und vielmehr aussieht
    wie Michelangelo« (D II, 651). Wichtig auch diese *selbstkritische Reakti-
    on*: »Was ich vor allem zugebe, ist die Tatsache, daß in die Geschichte,
    wohl aus Übermut nach der Vollendung des Joseph-Werkes, ein voltairi-
    sches Element eingedrungen ist, das leicht als Ehrfurchtlosigkeit aufge-
    faßt werden kann und von jüdischer Seite leider wiederholt so aufgefaßt
    worden ist. Ich brauche wohl nicht zu versichern, daß dies eine Mißdeu-
    tung der Scherzhaftigkeit ist, mit der eine ehrwürdigste Legende hier
    behandelt wird« (D II, 653f.).

33 D II, 636f. In anderen Briefen fallen ähnliche Formulierungen, die um
    der Wichtigkeit der Sache willen hier dokumentiert werden sollen: »Na-
    türlich handelt es sich um die menschliche Gesittung, und so scherzhaft
    der Ton des Ganzen ist, endet es doch mit einem emphatischen Fluch
    auf den, der das Menschenvolk beredet, sie abzuwerfen« (D II, 637).
    Ebenfalls: »Natürlich handelt es sich bei dieser Geschichte – ›Das Gesetz‹
    heißt sie – um nichts anderes als die menschliche Gesittung, und sie en-
    det nach vielen Scherzen mit einem sehr ernsthaften Fluch auf den, der
    die Leute beredet, sich ihrer zu entschlagen« (D II, 637f.). *Ferner an ei-
    nen Rezensenten aus der Schweiz*: »Die Besprechung ist sehr schön, beson-
    ders weil sie den Ernst im Jux bemerkt und zu verstehen gibt, daß das
    Ganze doch eigentlich ein hohes Lied auf die Gesittung ist. Der Fluch
    auf Hitler am Schluß scheint von der Schweizer Presse garnicht verstan-
    den worden zu sein. Und doch strebt alles darauf zu« (D II, 649).

34 D II, 652.

35 *Th. Mann*, Die Entstehung des Doktor Faustus, S. 690f.

36 *Th. Mann*, Das Gesetz, S. 390 u.ö.

37′ *Th. Mann*, Das Gesetz, S. 393.

38 *Th. Mann*, Das Gesetz, S. 395.

39 *Th. Mann*, Das Gesetz, S. 401.

40 *Th. Mann*, Das Gesetz, S. 404.

41 *Th. Mann*, Das Gesetz, S. 404.

42 *Th. Mann*, Die Entstehung des Doktor Faustus, S. 687.

43 *Th. Mann*, Tagebücher 1940-1943, S. 540f.

44 *Th. Mann,* Tagebücher 1940-1943, S. 548.

45 D II, 641. Ähnlich an einer anderen Stelle: »Seitdem habe ich eine kür-
    zere Erzählung improvisiert, eine Moses-Novelle, die als Einleitungs-
    Stück zu einer recht merkwürdigen Anthologie dienen soll. Es ist eine
    Novellen-Sammlung namhafter internationaler Autoren, die alle die
    Zehn Gebote, oder eines von ihnen, und die Verbrechen des Nazismus
    gegen diese Grundsatzungen der Gesittung zum Gegenstand haben«
    (D II, 641f.).

46 Vgl. *Th. Mann,* Tagebücher 1940-1943, S. 17; 39 u. 41.

47 *H. Rauschning,* Preface. A Conversation with Hitler, in: The Ten Com-
    mandments. Ten Short Novels of Hitler's War Against the Moral Code,
    London 1945, S. IXf. Dieser Aussage Rauschnings aus dem Jahr 1943
    entspricht am ehesten in seinem Hitler-Buch aus dem Jahr 1940 folgen-
    de Stelle: »Unsere Revolution ist nicht bloß eine politische und soziale,
    wir stehen vor einer ungeheuren Umwälzung der Moralbegriffe und der
    geistigen Orientierung des Menschen. – Mit unserer Bewegung ist erst
    das mittlere Zeitalter, das Mittelalter abgeschlossen. – Wir beenden ei-
    nen Irrweg der Menschheit. – Die Tafeln vom Berge Sinai haben ihre
    Gültigkeit verloren. – Das Gewissen ist eine jüdische Erfindung. Es ist
    wie die Beschneidung, eine Verstümmelung des menschlichen Wesens. –
    Eine neue Zeit der magischen Weltdeutung kommt herauf, der Deutung
    aus dem Willen und nicht aus dem Wissen. – Es gibt keine Wahrheit,
    weder im moralischen noch im wissenschaftlichen Sinne.« (H. Rausch-
    ning, Gespräche mit Hitler, Zürich – Wien – New York 1940, S. 210).
    Kritisch hat Rauschning untersucht: *Th. Schieder,* Hermann Rausch-
    nings »Gespräche mit Hitler« als Geschichtsquelle, Opladen 1972.

48 Dem Tagebuch zufolge ist der Text am 25. April 1943 entstanden. Am
    6. Mai 1943 wurde er ausgestrahlt. Heute ist er greifbar in: *Th. Mann,*
    Deutsche Hörer, in: An die gesittete Welt. Politische Schriften und
    Reden im Exil, Frankfurt/M. 1986, S. 561-563; auch in: Essays Bd. V,
    hrsg. v. H. Kurzke – St. Stachorski, Frankfurt/M. 1996, S. 211-213.
    Textidentisch mit: Das Gesetz, S. 405f.

49 Vgl. auch *Th. Mann,* Das Gesetz, S. 405f.

50 *Th. Mann,* Das Gesetz, S. 354.

51 D II, 638. Durch die Veränderung der Form seines Beitrags (von der es-
    sayistischen Einleitung zur Kurzgeschichte) stimmt nun auch in der
    Struktur des Bandes nicht mehr alles. Denn Thomas Manns Beitrag ist
    unter dem ersten Gebot abgedruckt (»Thou Shalt Have No Other Gods
    Befor Me«). In Wirklichkeit hatte er ja gerade über die Entstehung und
    Durchsetzung *aller* Gebote gehandelt. Insofern bildet Thomas Manns
    Beitrag in der Tat mehr ein »Vorspiel auf der Orgel« (F. Werfel: s. Anm.
    19).

52 So lese ich den in seiner Grundthese infolge von überkomplexer Argu-
    mentation eher verwirrenden als klärenden Beitrag von *W.-D. Hartwig*
    (1997). Als »humoristische Moralpredigt« (S. 226) jedenfalls ist Thomas
    Manns Text völlig verharmlost.

53 So der neueste Beitrag eines Alttestamentlers: *R. Smend* (1997), der von Anfang bis Ende die Verständnislosigkeit des Biblikers gegenüber der ästhetischen Problematik erkennen läßt.

54 *H. Kurzke*, Thomas Mann. Epoche – Werk – Wirkung, München ²1991, S. 258.

55 Es ist hier nicht der Ort, sich mit J. Assmanns neuestem Buch »Mose der Ägypter« (1998) ausführlich auseinanderzusetzen. Soviel aber sei an dieser Stelle gesagt: Assmanns Interesse an Moses ist ein anderes als das von Thomas Mann, der bei Assmann denn auch nur gelegentlich erwähnt wird. Während Thomas Mann an der Erhellung des Ursprungs und der Durchsetzungsbedingungen eines verbindenden und verbindlichen Ethos interessiert ist, versucht Assmann, den Ursprung des Monotheismus und dessen zwiespältige bewußtseinsgeschichtliche Folgen zu rekonstruieren. Konträrer könnten beide Ansätze nicht sein: Während Thomas Mann die Durchsetzung des Monotheismus im Interesse eines verbindlichen universalen Sittengesetzes beschreibt (gegen die Verhöhner und Schänder des Ethos), geht es Assmann um eine Infragestellung, ja letztlich Auflösung des Monotheismus, dessen angeblich negative Folgen (Intoleranz, Ausgrenzungsdenken, Exklusivismus, Schuldbewußtsein) im Kontext einer heutigen multikulturellen Gesellschaft vehement beklagt werden. Ägyptischen Polytheismus (»Kosmotheismus«) und jüdischen Monotheismus gegeneinander ausspielend, schließt Assmann sein Buch mit den politisch kurzschlüssigen Sätzen: »Dieser moralische Optimismus, der ›sein Brot mit Freuden ißt‹ im Bewußtsein, daß ›Gott längst sein Tun gesegnet hat‹ – einer der ägyptischen Verse in der Bibel –, ist vermutlich ebenso das Kennzeichen des Kosmotheismus wie das umgekehrte Leiden an der Sünde den biblischen Monotheismus kennzeichnet. Von Ägypten aus betrachtet, sieht es so aus, als sei mit der Mosaischen Unterscheidung die Sünde in die Welt gekommen. Vielleicht liegt darin das wichtigste Motiv, die Mosaische Unterscheidung in Frage zu stellen. Unsere Untersuchung hat versucht, den Charakter dieser Sünde aufzudecken. Ihre Namen sind Ägypten, Idolatrie, Kosmotheismus. Wer Gott in Ägypten entdeckt, hebt diese Unterscheidung auf.« (S. 282)

56 *Th. Mann*, Vom zukünftigen Sieg der Demokratie. S. 221f. (s. Anm. 7).

57 *Th. Mann*, Das Problem der Freiheit (1939), in: Essays Bd. V (Deutschland und die Deutschen 1938-1945), hrsg. v. H. Kurzke u. S. Stachorski, Frankfurt/M. 1996, S. 54-74, Zitat S. 73f.

58 *B. Kristiansen* (1987), S. 65.

59 Für Einzelheiten sei nochmals auf das materialreiche Buch von *H. Küng* verwiesen: Weltethos für Weltpolitik und Weltwirtschaft, München – Zürich 1997.

60 *Th. Mann*, Meine Zeit (1950), in: Über mich selbst. Autobiographische Schriften, Frankfurt/M. 1983, S. 5-27, S. 26f.

61 *Th. Mann,* Brief an R. S. Hartmann vom 7. 4. 1943, in: Briefe, hrsg. v. E. Mann, Bd. II (1937-1947), Frankfurt/M. 1979, S. 305.

62 Ebd.

Bibliographie zur Weltethos-Debatte

Zusammengestellt von Michel Hofmann

I. Grundlagenliteratur

1) *Küng, Hans,* **Projekt Weltethos,** München 1990; Taschenbuchausgabe: Serie Piper 1659, München 1992;
norweg.: Etikk for verdens fremtid, Oslo 1991;
amerik.: Global Responsibility. In Search of a New World Ethic, New York 1991;
engl.: Global Responsibility. In Search of a New World Ethic, London 1991;
span.: Proyecto de una ética mundial, Madrid 1991; Barcelona, Mexico City, Buenos Aires 1994;
franz.: Projet d'éthique planétaire. La paix mondiale par la paix entre les religions, Paris 1991;
ital.: Progetto per un'etica mondiale. Una morale ecumenica per la sopravvivenza umana, Milano 1991;
holländ.: Mondiale verantwoordelijkheid. Aanzetten voor verbindende ethiek, Kampen 1992; Averbode 1992;
korean.: Projekt Weltethos (korean.), Waegwan 1992;
tschech.: Světový étos projekt, Zlín 1992;
brasil.: Projeto de Ética Mundial. Uma moral Ecumênica em vista da sobrevivência humana, São Paulo 1992;
ungar.: Világvallások etikája, Budapest 1994;
portu.: Projecto para Uma Ètica Mundial, Lisabon 1996;
arab.: Masru ahlaqi alami: daur ad-diyanat fi's-salam al-alami, Beirut 1998;
georg.: Maop'lio zneoba, Tiflis 1998;
russ.: in Vorbereitung;
bulga.: in Vorbereitung.

2) *Küng, Hans,* **Das Judentum. Die religiöse Situation der Zeit,** München 1991; Taschenbuchausgabe: Serie Piper 2827, München 1999;
engl.: Judaism. The Religious Situation of Our Time, London 1992;
amerik.: Judaism. Between Yesterday and Tomorrow, New York 1992;
ital.: Ebraismo. Passato presente futuro, Milano 1993;
span.: El judaísmo, Madrid 1993; Barcelona 1994;
franz.: Judaïsme, Paris 1993.

3) *Küng, Hans; Kuschel, Karl-Josef* (Hrsg.), **Weltfrieden durch Religionsfrieden. Antworten aus den Weltreligionen,** München 1993.
In diesem Band folgende Beiträge:
Küng, Hans, Kein Weltfriede ohne Religionsfriede. Ein ökumenischer Weg zwischen Wahrheitsfanatismus und Wahrheitsvergessenheit, aaO, S. 21-49.
Arkoun, Mohammed, Der Ursprung der Menschenrechte aus der Sicht des Islam, aaO, S. 53-66.
Borowitz, Eugene B., Zur Problematik des interreligiösen Dialogs aus der Sicht des Judentums, aaO, 67-91.

Shu-Hsien Liu, Das Humanum als entscheidendes Kriterium aus der Sicht des Konfuzianismus, aaO, S. 92-108.

Masao Abe, Menschenrechte und religiöse Freiheit aus der Sicht des Buddhismus, aaO, S. 109-140.

Bithika Mukerji, Der Weltfrieden und die Einheit der Religionen aus der Sicht des Hinduismus, aaO, S. 141-154.

Partsch, Karl Josef, Der Schutz religiöser Werte durch Menschenrechtsinstrumente, aaO, S. 155-168.

Kuschel, Karl-Josef, Wie Menschenrechte, Weltreligionen und Weltfrieden zusammenhängen, aaO, S. 171-216; leicht verändert in: M. Geistlinger (Hrsg.), Dissonanzen in Europa. Der neue Nationalismus und seine Folgen, Wien 1994, S. 51-70.

4) *Küng, Hans,* **Das Christentum. Wesen und Geschichte**, München 1994; Taschenbuchausgabe: Serie Piper 2940, München 1999;
engl.: Christianity. Its Essence and History, London 1995;
amerik.: Christianity. Essence, History, and Future, New York 1995;
span.: El cristianismo. Esencia e historia, Madrid 1997; Barcelona 1997;
ital.: Cristianesimo. Essenza e storia, Milano 1997;
franz.: Le Christianisme. Ce qu'il est et ce qu'il est devenu dans l'histoire, Paris 1999.

5) *Kuschel, Karl-Josef,* **Streit um Abraham. Was Juden, Christen und Muslime trennt – und was sie eint**, München 1994;
engl.: Abraham. A Symbol of Hope for Jews, Christians and Muslims, London 1995;
ital.: La controversia su Abramo. Ciò che divide – e ciò che unisce ebrei, cristiani e musulmani, Brescia 1996;
span.: Discordia en la casa de Abrahán. Lo que separa y lo que une a judíos, cristianos y musulmanes, Estella 1996;
tschech.: Spor o Abrahama. Co zidy, krest'any a muslimy rozdeluje a co je spojuje, Prag 1997;
kroat.: Spor oko Abrahama. Sto Zidove, krs'cane i muslimane dijeli – a sto ih ujedinjuje, Sarajewo 2000;
franz.: in Vorbereitung;
holländ.: in Vorbereitung;
schwed.: in Vorbereitung.

6) *Küng, Hans* (Hrsg.), **Ja zum Weltethos. Perspektiven für die Suche nach Orientierung**, München 1995;
amerik.: Yes to a Global Ethic, New York 1996;
engl.: Yes to a Global Ethic, London 1996;
finn.: Vastuun aika. Puheenvuoroja eettisestä maailmanjärjestyksestä, Jyväskylä 1997;
japan.: Ja zum Weltethos. Perspektiven für die Suche nach Orientierung (japanisch), Tokio 1999.
In diesem Band folgende Beiträge:
Küng, Hans, Wird sich ein Weltethos durchsetzen?, aaO, S. 13-18.
Weizsäcker, Richard von, Auf dem Weg zu einem gemeinsamen Weltethos, aaO, S. 47-52.
Kopelew, Lew, Es geht um das Schicksal der Menschheit, aaO, S. 53-62.

Robinson, Mary, Kein menschlicher Fortschritt ohne ein Weltethos, aaO, S. 63-67.

Schmidt, Helmut, Kernsätze für ein menschliches Zusammenleben, aaO, S. 68-72.

Ahtisaari, Martti, Gemeinsame internationale Verantwortung, aaO, S. 73-76.

Sommaruga, Cornelio, Zum Überleben unabdingbar, aaO, S. 77-79.

Somavia, Juan, Eine Leitinspiration für jeden von uns, aaO, S. 80-83.

Menchu, Rigoberta, Mein unwiderrufliches Credo, aaO, S. 84-88.

Weizsäcker, Carl Friedrich von, Zum Appell für ein Weltethos, aaO, S. 89-101.

Menuhin, Yehudi, Mein Gebet, aaO, S. 102-105.

Kollek, Teddy, Eine Antwort aus Jerusalem zum Projekt eines Weltethos, aaO, S. 109-119.

Magonet, Jonathan, Judentum und Weltethos, aaO, S. 120-130.

Chouraqui, André, Grundlagen für ein Weltethos gemäß Bibel, Evangelien und Koran, aaO, S. 131-139.

Sternberg, Sigmund, Die Welt sucht nach moralischer und spiritueller Führung, aaO, S. 140-143.

Wiesel, Elie, Für eine Ethik zur Ehre der Menschheit und des Schöpfers, aaO, S. 144-145.

Sirat, René-Samuel, Zeichen der Hoffnung, aaO, S. 146-148.

König, Franz, Das Menschengeschlecht als Schicksalsgemeinschaft, aaO, S. 151-156.

Raiser, Konrad, Weltordnung und Weltethos, aaO, S. 157-165.

Bartholomäus I., Ökumenischer Patriarch, Über die Versöhnung der Nationen und den Frieden der Welt, aaO, S. 166-175.

Carey, George, Toleranz und Integrität des eigenen Glaubens schließen sich nicht aus, aaO, S. 176-185.

Bernadin, Joseph, Im Einklang mit dem Christentum, aaO, S. 186-203.

Arns, Paulo Evaristo, Das Ethos des Friedens, aaO, S. 204-217.

Tutu, Desmond, Religion und Menschenrechte, aaO, S. 218-232.

Hassan von Jordanien, Der Weg in ein neues Denken, aaO, S. 235-239.

El-Ghazali, Muhammad, Streben nach einem höheren Ethos, aaO, S. 240-247.

Hanafi, Hassan, Die Religionen müssen zusammenarbeiten, aaO, S. 248-254.

Zakzouk, Mahmoud, Über Einheit und Gleichheit der Menschen, aaO, S. 255-257.

Talbi, Muhammad, Eine Charta der Pflichten und Aufgaben aller Menschen, aaO, S. 258-266.

Hajime Nakamura, Gedanken zum Parlament der Weltreligionen, aaO, S. 269-275.

Sulak Sivaraksa, Als Buddhist unterstütze ich ..., aaO, S. 276.

L. M. Singhvi, Die Charta einer globalen Ordnung, aaO, S. 277-279.

Dileep Padgaonkar, Toleranz neu definieren, aaO, S. 280-284.

Shu-Hsien Liu, Weltethos – Eine konfuzianische Antwort, aaO, S. 285-292.

Aung San Suu Kyi, Für eine Kultur von Frieden und Entwicklung, aaO, S. 293-311.

7) *Küng, Hans*, **Weltethos für Weltpolitik und Weltwirtschaft**, München 1997; Lizenzausgabe: Wissenschaftliche Buchgesellschaft, Darmstadt 1997; *engl.*: A Global Ethic for Global Politics and Economics, London 1997; *amerik.*: A Global Ethic for Global Politics and Economics, New York 1998; *span.*: Una ética mundial para la economía y la política, Madrid 1999; *brasil.*: Uma ética global para a política e a economia mundiais, Petrópolis 1999;

tschech.: Svetovy étos pro politiku a hospodárství, Prag 2000.

8) *Kuschel, Karl-Josef,* **Vom Streit zum Wettstreit der Religionen. Lessing und die Herausforderung des Islam,** Düsseldorf 1998.

9) *Küng, Hans; Kuschel, Karl-Josef* (Hrsg.), **Wissenschaft und Weltethos,** München 1998; Taschenbuchausgabe: Serie Piper 3247, München 2001.
In diesem Band folgende Beiträge:
Küng, Hans, Der globale Markt erfordert ein globales Ethos, aaO, S. 19-39.
Ulrich, Peter, Weltethos und Weltwirtschaft – eine wirtschaftsethische Perspektive, aaO, S. 40-60.
Enderle, Georges, Welches Ethos für öffentliche Güter in der Weltwirtschaft?, aaO, S. 61-83.
Assmann, Heinz-Dieter, Weltethos und die rechtliche Ordnung der Weltwirtschaft, aaO, S. 84-125.
Riklin, Alois, Politische Ethik. Ein Grundriß aus der Sicht der westlichen Zivilisation, aaO, S.129-140.
Senghaas, Dieter, Politische Rahmenbedingungen für Weltethos, aaO, S. 141-160.
Rittberger, Volker – Hasenclever, Andreas, Religionen in Konflikten, aaO, S. 161-200.
Friedli, Richard, Human und humanitär – Weltethos interkulturell, aaO, S. 201-214.
Lähnemann, Johannes, Weltethos und Erziehungspraxis: 10 Thesen, aaO, S. 217-238.
Nipkow, Karl Ernst, Weltethos und Erziehungswissenschaften, aaO, S. 239-261.
Hentig, Hartmut von, Polis und Kosmopolis. »Weltethos« aus der Sicht eines Pädagogen, aaO, S. 262-294.
Gierer, Alfred, Forderungen globaler Ethik und die Natur des Menschen, aaO, S. 297-307.
Mack, Günter, Die Suche nach einem zukunftsfähigen Wissenschafts-Paradigma. Die Rolle der Wissenschaft bei der Entwicklung eines Weltethos, aaO, S. 308-336.
Weizsäcker, Ernst Ulrich von, Ökologisches Weltethos, aaO, S. 337-355.
Mieth, Dieter, Interkulturelle Ethik. Auf der Suche nach einer ethischen Ökumene, aaO, S. 359-382.
Fahrenbach, Helmut, Die Notwendigkeit des Projekts Weltethos – aber ohne »theonome Begründung«. Beiträge einer Philosophie kommunikativer Vernunft – atheistisch, sozialistisch und diskursethisch akzentuiert, aaO, S. 383-414.
Lütterfelds, Wilhelm, Viele religiöse Wahrheiten und ein Weltethos? Zur begrifflichen Struktur eines Konfliktes und seiner Auflösung, aaO, S. 415-437.
Heinonen, Reijo E., Zeitgeschichte und Weltethos. Ein Beitrag zur Methodologie der Zeitgeschichtsforschung, aaO, S. 438-454.
Kuschel, Karl-Josef, Weltethos und die Erfahrungen der Dichter. Thomas Manns Suche nach einem »Grundgesetz des Menschenanstandes«, aaO, 455-492.

10) *Küng, Hans,* **Spurensuche. Die Weltreligionen auf dem Weg,** München 1999.

11) *Kuschel, Karl-Josef – Pinzani, Alessandro – Zillinger, Martin* (Hrsg.), **Ein Ethos für die Eine Welt. Globalisierung als ethische Herausforderung,** Frankfurt, 1999.

In diesem Band folgende Beiträge:

Dalai Lama, Die Menschen und die Menschenrechte, aaO, S. 18-26.

Küng, Hans, Menschenverantwortung für die Menschenrechte. Eine Herausforderung für die Vereinten Nationen, aaO, S. 27-37; *ital.*: Dovere umano per i diritti umani: la sfida, in: Rinascita della Scuola, Jg. 24, Nr. 2 (2000), S. 83-90.

Walzer, Michael, Zur Erfahrung von Universalität, aaO, S. 38-47.

Apel, Karl-Otto, Globalisierung und das Problem der Begründung einer universalen Ethik, aaO, S. 48-75.

Maranhão, Tullio, Reine Ethik und universelle Praktiken, aaO, S. 76-93.

Hauschild, Thomas, Neue Weltordnung, globale Zivilgesellschaft und die ewige Wiederkehr der rituellen Vernunft, aaO, S. 94-117.

Kuschel, Karl-Josef, Weltreligionen und Weltethos im Zeitalter der Globalisierung, aaO, S. 118-140.

Wiesner, Hillary, Zehn Probleme einer universalen Ethik, aaO, S. 141-158.

Höffe, Otfried, Eine föderale Weltrepublik als Antwort auf die Globalisierung, aaO, S. 159-176.

Delmas-Marty, Mireille, Die Globalisierung des Rechts – Chancen und Gefahren, aaO, S. 177-199.

Zanetti, Véronique, Die Verrechtlichung der humanitären Intervention. Eine Chance oder eine Bedrohung, aaO, S. 200-223.

Beck, Ulrich, Weltbürger aller Länder vereinigt euch! – Thesen für ein kosmopolitisches Manifest, aaO, S. 224-231.

Messner, Dirk, Nicht-Regierungsorganisationen in der (Welt-)Politik. Versuch einer realistischen Standortbeschreibung, aaO, S. 232-262.

Zadek, Simon, Zivilgesellschaft und multinationale Konzerne, aaO, S. 263-276.

Dettmar, Erika, Religiöse Grundlagen moderner Wirtschaftskulturen, aaO, S. 277-293.

Köhler, Horst – Raiser, Martin, Ethik und Globalisierung. Individuelle Verantwortung und wirtschaftspolitische Herausforderungen, aaO, S. 294-316.

Leisinger, Klaus M., Globale Verantwortung und modernes Management, aaO, S. 317-343.

Gentz, Manfred, Ethische Verpflichtungen für globale Unternehmen, aaO, S. 433-355.

Krenzler, Horst Günter, Globalisierung und multilaterale Regeln. Die Sicht der EG, aaO, S. 356-373.

Ojo, Ade T., Entwicklungsländer angesichts Globalisierung und Regionalisierung. Ökonomische Chancen und Herausforderungen, aaO, S. 374-402.

12) *Lähnemann, Johannes – Haußmann, Werner* (Hrsg.), **Unterrichtsprojekte Weltethos I. Grundschule – Hauptschule – Sekundarstufe I**, Hamburg 2000.

In diesem Band folgende Beiträge:

Küng, Hans, Vorwort, aaO, S. 6-8.

Lähnemann, Johannes, Das Projekt Weltethos in der Vielfalt konkreten Unterrichts – Eine Einführung, aaO, S. 9-10.

Minder, Lucy, Entdecken – Staunen – Handeln. Weltethos und ökologische Verantwortung. Eine Unterrichtsreihe für ein 2. Schuljahr, aaO, S. 11-126.

Gedig, Udo J., Gerufen-Werden und Rufen. Fächerübergreifendes Projekt »Christen und Muslime« zur »Erklärung zum Weltethos« in einem 3. Schuljahr, aaO, S. 127-150.

Lähnemann, Johannes – Haußmann, Werner, »Unsere Geschichte von allen Farben«

– »Wir sind Kinder einer Welt« und weitere Grundschulideen, aaO. S. 151-158.

Cordes-Schmid, Elisabeth, Das Projekt Weltethos – Die 4 Weisungen. Unterrichtssequenz mit Projektphasen in einer 6. Klasse, aaO, S. 159-184.

Lambrecht, Joachim, Muslimische Ethikschüler/innen erstellen Unterrichtsmaterialien zum Islam. Kooperation Ethikunterricht – Religionsunterricht in einer 8. Hauptschulklasse, aaO, S. 185-224.

Reusch-Frey, Thomas, »Erklärung zum Weltethos« – ihre Aktualität für gegenwärtige Weltprobleme. Unterrichtssequenz für Klasse 9 im Fach Evangelische Religionslehre, aaO, S. 225-244.

Nipkow, Karl Ernst, Nachwort, aaO, S. 245-251.

13) *Lähnemann, Johannes – Haußmann, Werner* (Hrsg.), **Unterrichtsprojekte Weltethos II. Oberstufe – Realschule – Gymnasium**, Hamburg 2000.
In diesem Band folgende Beiträge:

Küng, Hans, Vorwort, aaO, S. 6-8.

Lähnemann, Johannes, Das Projekt Weltethos in der Vielfalt konkreten Unterrichts – Eine Einführung, aaO, S. 9-11.

Schnebel, Stephanie, Das Projekt Weltethos in inhaltlicher und pädagogischer Perspektive. Einführende Reflexionen, aaO, S. 13-32.

Dies., Lern-Projekt Weltethos in Abschlußklassen der Realschule, aaO, S. 33-60.

Göb, Gertrud, Hinführung zum Projekt Weltethos – eine Unterrichtseinheit im Gymnasium (ab Jahrgangsstufe 10), aaO, S. 61-96.

Bederna, Katrin, Das Projekt Weltethos in den Weltreligionen. Eine handlungsorientierte Unterrichtsreihe, aaO, S. 97-132.

Samuel, Rainer – Heuschmid, Hanspeter, Weltethos-Projektwoche in beruflichen Schulen. Ein klassenübergreifendes Jahrgangsvorhaben, aaO, S. 133-172.

Hausmann, Trude – Nicolai, Matthias, Weltethos – Ein Grundkursprojekt für die gymnasiale Oberstufe, aaO, S. 173-194.

Gansczyk, Klaudius, Weltethos im Philosophieunterricht, aaO, S. 195-246.

Nipkow, Karl Ernst, Nachwort, aaO, S. 247-253.

II. Dokumente

1) *Küng, Hans; Kuschel, Karl-Josef* (Hrsg.), **Erklärung zum Weltethos. Die Deklaration des Parlaments der Weltreligionen**, München 1993, S. 13-45;

engl.: A Global Ethic. The Declaration of the Parliament of World's Religions, London 1993;

amerik.: A Global Ethic. The Declaration of the Parliament of the World's Religions, New York 1993;

finn.: Elämää säilyttävät arvot. Maailman uskontojen parlamentin julistus ja sen tausta, Helsinki 1994;

span.: Hacia una ética mundial. Declaración del Parlamento de las Religiones del Mundo, Madrid 1994;

franz.: Manifeste pour une éthique planétaire. La déclaration du Parlement des religions du monde, Paris 1995;

türk.: Evrensel bir ahlâka dogru, Ankara 1995;

japan.: Erklärung zum Weltethos. Die Deklaration des Parlamentes der Weltreligionen (japan.), Tokio 1995;

chines.: A Global Ethic. The Declaration of the Parliament of World's Religions

(chines.), Sichuan 1997;
tschech.: Prohlásení ke svetovému étosu. Deklarace Parlamentu svetovych nábo-
zenství, Brno 1997;
ungar.: Világetosz. A Világvallások Parlamentjének nyilatkozata, Budapest
1997.

Erhältlich bei: Stiftung Weltethos, Waldhäuser Straße 23, D-72076 Tübingen
(http://www.weltethos.org) in folgenden Sprachen: Chinesisch, Deutsch,
Englisch, Finnisch, Französisch, Holländisch, Italienisch, Japanisch, Kroa-
tisch, Spanisch, Tschechisch, Türkisch, Ungarisch.

Publiziert in: National Catholic Reporter vom 24. 9. 1993, S. 11-14; in: Studies
in Interreligious Dialogue, Vol. 3, Nr. 2 (1993), S. 101-113; in: Segno, 20.
Jg., Nr. 152 (Palermo 1994), S. 64-75; in: Kultura, (Belgrad 1994), S. 15-31;
in: J. Beversluis (Hrsg.), A Source Book for Earth's Community of Religions,
New York 1993, 2. erweiterte Auflage 1995, S. 131-137; in: H. Küng – K.-J.
Kuschel (Hrsg.), Ja zum Weltethos. Perspektiven für die Suche nach Orientierung, München 1995, S. 20-44; in: Religione & Scuola, 24. Jg., Nr. 3 (Brescia 1996), S. 5-14; in: Blätter um die Freudenberger Begegnung, hrsg. von
G. Stahl, Bd. 5 (1996), S. 249-258; in: O. R. Yoshida (Hrsg.), Global Ethic
for Future of Humanity (jap.), Tokio 1996, S. 2-19; in: Just. International
Movement For A Just World, Nr. 4-11 (Selangor/Malaysia 1997/98); in: H.
Schmidt (Hrsg.), Allgemeine Erklärung der Menschenpflichten. Ein Vorschlag, München 1998, S. 131-153; (serbo-kroatisch) in: Religija i drzavot-
vornost. Deklaracija za svjetsku etiku, hrsg. von Akademija nauka i umjetno-
sti Bosne i Hercegovine, Sarajevo 1996, S. 61-75; »De verklaring van een
wereldwijd ethos«, in: Allerwegen, 30. Jg., Nr. 35 (1999), S. 3-13; in: Tatsuro
Kunugi – M. Schweitz (Hrsg.), Codes of Conduct for Partnership in Governance. Texts and Commentaries, Tokio 1999, S. 293-299.

2) *Schmidt, Helmut* (Hrsg.), **Allgemeine Erklärung der Menschenpflichten. Ein
Vorschlag**, München 1998, S. 19-35;
engl.: *Küng, Hans; Schmidt, Helmut* (Hrsg.), A Global Ethic and Global
Responsibilities. Two Declarations, London 1998;
amerik.: *Küng, Hans; Schmidt, Helmut* (Hrsg.), A Global Ethic and Global Res-
ponsibilities. Two Declarations, New York 1999;
litau.: *Küng, Hans; Schmidt, Helmut* (Hrsg.), Pasauline etika ir pasauline atsako-
mybe. Dvi deklaracijos, Vilnius 1999.
In diesem Band folgende Beiträge:
Schmidt, Helmut, Zum Geleit, aaO, S. 7-17.
Frühbauer, Johannes, Von der Erklärung der Religionen zur Erklärung der Staats-
männer, aaO, S. 49-72.
Küng, Hans, Keine Angst vor dem Ethos! Warum man neben Rechten auch von
Pflichten reden muß, aaO, S. 73-95.
Annan, Kofi, Antwortschreiben des UN-Generalsekretärs Kofi Annan, aaO, S. 99f.
Küng, Hans, Ein Vergleich beider Dokumente, aaO, S. 124-129.
Dönhoff, Marion Gräfin, Es muß Maßstäbe geben, aaO, S. 155-159.

A Universal Declaration of Human Responsibilities. Proposed by the InterAction
Council. Erhältlich bei: InterAction Council, Tokyo Secretariat, 3-16-13-706,
Roppongi, Minato-ku, Tokyo 106, Japan (http://www.asiawide.or.jp/iac) in

folgenden Sprachen: Arabisch, Chinesisch, Deutsch, Englisch, Finnisch, Französisch, Griechisch, Hindi, Indonesisch, Italienisch, Japanisch, Koreanisch, Malaysisch, Polnisch, Portugiesisch, Russisch, Spanisch, Thai, Türkisch, Kambodschanisch. Publiziert in: Japan Times vom 1. 9. 1997; in: Die Zeit vom 3. 10. 1997; in: Publik-Forum, Nr. 23 (1997), S. 22f; als Beilage in: Wort auf dem Weg, Nr. 255 (1998); in: Ethics and International Affairs, Vol. 12, Nr. 1 (1998), S. 195-200; in: Das Projekt Weltethos in der Schule. Einführung und Arbeitshilfen, hrsg. vom Landesinstitut für Erziehung und Unterricht Stuttgart, Stuttgart 1999; in: H. Schmidt, Auf der Suche nach einer öffentlichen Moral. Deutschland vor dem neuen Jahrhundert, Stuttgart 1998, S. 259-268; in: Journal for the Study of Christian Culture (chines.), Nr. 4 (1999), S. 380-386; in: Tatsuro Kunugi – M. Schweitz (Hrsg.), Codes of Conduct for Partnership in Governance. Texts and Commentaries, Tokio 1999, S. 293-299.

3) *Erste Konferenz über Weltethos und traditionelle chinesische Ethik. Erklärung*, in: H. Schmidt (Hrsg.), Allgemeine Erklärung der Menschenpflichten. Ein Vorschlag, München 1998, S. 101-106. Vgl.: The Conference on Traditional Chinese Ethics and a Global Ethic (chines.), in: Journal for the Study of Christian Culture, Nr. 4 (1999), S. 359-388; und die Beiträge: Special Report on The Conference on Traditional Chinese Ethics and a Global Ethics (chines.), in: Journal for the Study of Christian Culture, Nr. 4 (1999), S. 391-429.

4) *Erste Konferenz über Weltethos und traditionelle indische Ethik. Erklärung*, in: H. Schmidt (Hrsg.), Allgemeine Erklärung der Menschenpflichten. Ein Vorschlag, München 1998, S. 107-111.

5) *Ein Aufruf an unsere führenden Institutionen*. Der Rat für das Parlament der Weltreligionen, vorgelegt anlässlich des Parlaments der Weltreligionen 1999 in Kapstadt, Südafrika, im Internet über: www.weltethos. org;
amerik.: A Call to our Guiding Institutions. Council for the Parliament of the World's Religions. Presented on the Occasion of the 1999 Parliament of the World's Religions in Cape Town, South Africa, im Internet abrufbar unter: www.cpwr.org; auch in: G. O. Barney, Threshold 2000. Critical Issues and Spiritual Values for a Global Age, Arlington (VA), 1999, S. 113-149.

III. Allgemeine Literatur

Apel, Karl-Otto, Globalización y necesidad de una ética universal. El problema a la luz de una conception pragmáticao-transcendental y procedimental de la ética discursiva, in: Debats, Nr. 66 (1999), S. 48-67.

Barloewen, Constantin von, Weltzivilisation und Weltethos. Auf der Suche nach einer interkulturellen Identität, in: ders., Szenen einer Weltzivilisation. Kultur – Technologie – Literatur, o.O. 1994, S. 204-220.

Bauschke, Martin, Spirituelle Vernetzung. Das interreligiöse Projekt Weltethos, in: MUT. Forum für Kultur, Politik und Geschichte, Nr. 388 (1999), S. 18-29.

Bexell, Göran, Universalism och partikularism i etiken. Nytt svar till Arne Rasmusson, in: Svensk Teologisk Kvartalskrift, Jg. 74, Nr. 2 (1998), S. 71-80.

Bondolfi, Alberto, Weltethos – Luxus oder Zwang? Unsere Verantwortung gegenüber den künftigen Generationen, Romero-Haus-Protokolle 54, Luzern

1993.

Boswijk, Herman, »Het wereldwijd ethos op Nederlands niveau«, in: Allerwegen, 30. Jg., Nr. 35 (1999), S. 40-51.

Braybrooke, Marcus (Hrsg.), Stepping Stones to a Global Ethic, London 1992.

Bretzke, James T., Cultural Particularity and the Globalisation of Ethics in the Light of Inculturation, in: Pacifica, Vol. 9, (February 1996), S. 69-86.

Bühl, Walter L., Weltordnung und Weltethik, in: ders., Verantwortung für Soziale Systeme. Grundzüge einer globalen Gesellschaftsethik, Stuttgart 1998, S. 319-433.

Bujo, Bénézet, Welches Weltethos begründet die Menschenrechte? in: Jahrbuch für christliche Sozialwissenschaften, 39. Bd. (1998), S. 36-53.

Cobb, John B., Interreligiöser Dialog, Weltethos und die Problematik des Humanum, in: H. Häring – K.-J. Kuschel (Hrsg.), Hans Küng. Neue Horizonte des Glaubens und Denkens. Ein Arbeitsbuch, München 1993, S. 589-606; *engl.:* Inter-religious Dialogue, World Ethics and the Problem of the *Humanum,* in: H. Häring – K.-J. Kuschel (Hrsg.), Hans Küng. New Horizons for Faith and Thought, London 1993; New York 1993, S. 283-293.

Friedli, Richard, Projekt Weltethos. Der garstige Graben zwischen Vision und Praxis, in: W. R. Vogt (Hrsg.), Friedenskultur statt Kulturkampf. Strategien kultureller Zivilisierung und nachhaltiger Friedensstiftung, Baden-Baden 1999.

Fuchs, Josef, Weltethos oder säkularer Humanismus?, in: Stimmen der Zeit, Heft 1 (1993), S. 147-154; auch in: ders., Für eine menschliche Moral, Bd. IV, Freiburg 1996, S. 44f.

Gabriel, Ingeborg, Der Beitrag der Religionen zu einem Weltethos, in: A. T. Khoury – G. Vanoni (Hrsg.), »Geglaubt habe ich, deshalb habe ich geredet«. Festschrift für Andreas Bsteh zum 65. Geburtstag, Würzburg 1998, S. 107-124.

Gerle, Elisabeth, In Search of a Global Ethic. Theological, Political, and Feminist Perspectives Based on a Critical Analysis of »Justice, Peace, and Integrity of Creation« (JPIC) and »World Order Models Project« (WOMP), Lund 1995.

Hartmann, Walter, Paul Schwarzenaus Kritik an Hans Küngs »Projekt Weltethos«, in: H. Grewel – R. Kirste (Hrsg.), »Alle Wasser fliessen ins Meer …«. Die grenzüberschreitende Kraft der Religionen. Festschrift für Paul Schwarzenau zum 75. Beburtstag, Köln 1998, S. 120-126.

Hausmanninger, Thomas, Diskurs »Weltethos«. Programmatische Notizen zur Diskussion um ein globales Rahmenethos, in: Catholica, 48. Jg., Nr. 1 (1994), S. 303-314.

Häring, Hermann, Weltethos und Verantwortung für die Menschheit, in: ders., Hans Küng. Grenzen durchbrechen, Mainz 1998, S. 316-348.

Ders., Project wereldwijd ethos. Achtergronden en bedoeling, in: Allerwegen, 30. Jg., Nr. 35 (1999), S. 14-26.

Hassan, Riffat, Trialogue among the Abrahamic Faiths, in: Global Dialogue (Nicosia), Vol. 2, Nr. 1 (2000), S. 43-52.

Hilpert, Konrad, Weltweites Ethos und die Partikularität kulturell-religiöser Ethik-Ressourcen, in: K. Hilpert – J. Werbick (Hrsg.), Mit den Anderen leben. Wege zur Toleranz, Düsseldorf 1995, S. 215-245.

Hoppe, Thomas, Menschenrechte als Basis eines Weltethos?, in: M. Heimbach-Steins, A. Lienkamp, J. Wiemeyer (Hrsg.), Brennpunkt Sozialethik. Theorien, Aufgaben, Methoden. Für Franz Furger, Freiburg 1995, S. 319-333.

Jaspert, Bernd (Hrsg.), Hans Küngs »Projekt Weltethos«. Beiträge aus Philosophie und Theologie (Hofgeismarer Protokolle 299), Hofgeismar 1993.

Ders., Christlicher Glaube im pluralistischen Zeitalter, in: U. Baumann – B. Jaspert (Hrsg.), Glaubenswelten. Zugänge zu einem Christentum in multireligiöser Gesellschaft, Frankfurt 1998.

Kallscheuer, Otto, Grenzenlos global. Hans Küngs Weg vom Theologen zum Prediger des »Weltethos«, in: Neue Rundschau, 109. Jg., Heft 3 (1998), S. 57-68.

Klima, Viktor, Weltethos und Weltfriede, in: J. Röser (Hrsg.), Mehr Himmel wagen. Spurensuche in Gesellschaft, Kultur, Kirche, Freiburg 1999, S. 177-179.

Küng, Hans, Ethik ohne Religion?, in: Deutsches Allgemeines Sonntagsblatt vom 16. 3. 1990.

Ders., Auf der Suche nach einem universalen Grundethos der Weltreligionen, in: Concilium, 26. Jg., Heft 2 (1990), S. 154-164;

   engl.: Towards a World Ethic of World Religions, in: Concilium, 26, Heft 2 (1990), S. 102-119;

   holländ.: Op zoek naar een universeel basisethos van de wereldgodsdiensten, in: Concilium, 26, Heft 2 (1990), S. 89-102;

   franz.: Vers une éthique universelle des religions du monde, in: Concilium, Heft 228 (1990), S. 121-139;

   ital.: Verso un'etica delle religioni universali, in: Concilium, 26, Heft 2 (1990), S. 126-144;

   span.: A la búsqueda de un »ethos« básico universal de las grandes religiones, in: Concilium, Heft 228 (1990), S. 289-309;

   portugies.: Em busca de un »ethos« mundial das religiões universais. Questões fundantes da hodierna éthica num horizonte global, in: Concilium, Heft 228 (1990), S. 113-134.

Ders., Zwischen Willkür und Rigorismus, in: Publik-Forum vom 24. 8. 1990.

Ders., Der Mensch muß menschlicher werden, in: Welt am Sonntag vom 26. 8. 1990.

Ders., Redefining Our Fundamental Values, in: World Link, Heft 11/12 (Lausanne 1990), S. 76-77.

Ders., Kein Friede unter den Völkern ohne Frieden zwischen den Religionen. Warum das Gespräch zwischen Christentum und Islam heute so dringend notwendig ist, in: Die Rheinpfalz vom 24. 12. 1990.

Ders., Auf dem Weg zu einem Weltethos der Weltreligionen, in: B. Engholm – W. Röhrich (Hrsg.), Ethik und Politik heute. Karl-Otto Apel, Hans Jonas, Hans Küng im Gespräch, Opladen 1990, S. 57-71.

Ders., Auf dem Weg zu einem Weltethos der Weltreligionen. Grundlagen heutiger Ethik als Herausforderung für Europa, in: Evangelische Akademie Loccum (Hrsg.), Kulturelle Identität und transkulturelle Ethik. Internationale Tagung, Loccum 26.-29. 10. 1990, Loccum 1990.

Ders., Zum interreligiösen und ökumenischen Dialog, in: R. Italiaander (Hrsg.), Bewußtseins-Notstand. Thesen von 60 Zeitzeugen. Ein optimistisches Lesebuch, Düsseldorf 1990, S. 298.

Ders., No Peace in the World Without Peace Among Religions. An Ecumenical Way Between Fanatism and Forgetfulness of Truth, in: Proceedings. 27th International Association for Religious Freedom World Congress, Europe 1990, Frankfurt 1991, S. 71-83.

Ders., Kein Weltfrieden ohne Religionsfrieden! Die Verantwortung von Juden, Christen und Muslimen, in: Süddeutsche Zeitung vom 9./10. 2. 1991.

Ders., Ohne Religionsfriede kein Ausweg. Verantwortung von Muslims, Christen und Juden für einen Frieden im Nahen Osten, in: St. Galler Tagblatt vom 8. 2. 1991.

Ders., Abrahams Ökumene, in: Der Überblick, 27, Heft 1 (1991), S. 32-33;

holländ.: De theologische visie op Golf en Midden-Osten, in: De Krant op Zondag (Amsterdam) vom 10. 2. 1991;

kroat.: Zajeniytvo po Abrahamu (Gemeinschaft nach Abraham), in: Nedjeljini Vjesnik (Zagreb) vom 17. 2. 1991;

engl.: All Children of Abraham, in: The Church Times (London) vom 22. 2. 1991; ebenfalls in: The Tablet, 235 (1991) S. 260-264, 294-295;

ital.: Ecumene abramitica, in: Il Regno vom 15. 1. 1995, S. 45-54.

Ders., From Three Faiths, One Reconciliation, in: Los Angeles Times vom 31. 3. 1991; ebenfalls in: Star (Kansas City/Miss.) vom 1. 4. 1991;

span.: Paz y reconciliación, in: El País vom 20. 4. 1991.

Ders., Etica mundial, responsabilidad global, in: Conscientia Planetaria 1, Heft 1 (Madrid 1991), S. 68-73.

Ders., In Search of a New World Ethic, in: The World, 5, Heft 3 (1991), S. 14-16.

Ders., Weltreligionen und Weltethos, in: Universitas, 46, Heft 7 (1991), S. 633-638;

engl.: World Religions and World Ethos, in: Universitas, 34, Heft 2 (1992), S. 79-85.

Ders., Christen und der Staat Israel, in: Semit-Times, 3, Heft 4 (1991), S. 91-93.

Ders., Juden und Moslems sind Erzrivalen, aber keine Erzfeinde, in: Welt am Sonntag vom 6. 10. 1991.

Ders., Als Katholiken die Moslems in Spanien schlugen, litten vor allem die Juden, in: Welt am Sonntag vom 13. 10. 1991.

Ders., Woraus Juden und Moslems ihren Besitzanspruch auf Palästina ableiten, in: Welt am Sonntag vom 20. 10. 1991.

Ders., Warum sollten nicht zwei Flaggen über Jerusalem wehen können, in: Welt am Sonntag vom 27. 10. 1991;

engl.: Two Flags Over Jerusalem? There Can Be No Peace Among the Nations Without Peace Among the Religions, in: European Affairs, 5, Heft 2 (1991), S. 6-11.

Ders., Abraham – der Stammvater dreier Weltreligionen, in: Academia, 103, Heft 4 (1991), S. 23-26;

ungar.: Óbrahám – három világvallás ösatyja, in: Érted vagyok, 3, Heft 3 (Budapest 1992), S. 13-16.

Ders., Religion im Epochenumbruch. Dreizehn Thesen (russ.), in: Inostrannaja Literatura, Heft 11 (Moskau 1990), S. 223-229; auch in: Ethik und Unterricht, 3, Heft 3 (1992), S. 6-12; in: Solidarität. Zeitschrift für gewerkschaftliche Jugendarbeit, 43, Heft 8/9 (1993), S. 32-39.

Ders., Kein Weltfriede ohne Religionsfriede! Eine Vision für den Nahen Osten – die Verantwortung von Juden, Christen und Muslimen, in: B. Kuckertz (Hrsg.), Das grüne Schwert. Weltmacht Islam – Bedrohung oder Erlösung?, München 1992, S. 296-304.

Ders., Religion im Epochenumbruch. Dreizehn Thesen, in: G. Fürst – T. Aitmatov (Hrsg.), Wechselbekenntnisse. Auf dem Weg zur Normalität. Aus einer Ost-West-Begegnung in turbulenter Zeit (Hohenheimer Protokolle, Bd. 39), Stuttgart 1992, S. 63-90.

Ders., Abraham – der Stammvater dreier Weltreligionen. Zur Notwendigkeit des Trialogs zwischen Juden, Christen und Muslimen, in: P. Neuner – H. Wagner (Hrsg.), In Verantwortung für den Glauben. Beiträge zur Fundamentaltheologie und Ökumenik, Freiburg 1992, S. 329-343.

Ders., Eine Koalition der Glaubenden und Nichtglaubenden, in: H. Bohnet-von der Thüsen (Hrsg.), Denkanstöße '93, München 1992, S. 147-151;

engl.: A Coalition of Believers and Non-Believers, in: La tolérance aujourd'hui. Analyses philosophiques. Document de travail pour le XIXe Congrès mondial de philosophie (Moscou, 22-28 août 1993), hrsg. von UNESCO, Paris 1993, S. 83-98.

Ders., Weltfrieden durch Religionsfrieden, in: Bonner Theologische Gespräche 1989-1992, hrsg. vom Evangelischen Arbeitskreis der CDU/CSU, Bonn 1993, S. 90-108; auch in: B. Jaspert (Hrsg.), Hans Küngs »Projekt Weltethos«. Beiträge aus Philosophie und Theologie (Hofgeismarer Protokolle 299), Hofgeismar 1993, S. 7-33; in: J. Rehm (Hrsg.), Verantwortlich leben in der Weltgemeinschaft. Zur Auseinandersetzung um das »Projekt Weltethos«, Gütersloh 1994, S. 15-29.

Ders., Le Christ, la Lumière, et les autres lumières. De la problématique des religions mondiales et de l'éthos mondial, in: Lumière & Vie, Heft 222 (1995), S. 33-43;
engl.: Christ, our light, and world religions, in: Theology Digest, Vol. 42, Nr. 3 (1995), S. 215-219.

Ders., De bindende kracht van een wereldethos, in: Christen Democratische Verkenningen, Nr. 7/8 (1995), S. 306-315.

Ders., Wird sich ein Weltethos durchsetzen?, in: Kirche Intern, Jg. 10, Nr. 2 (1996), S. 34-35.

Ders., Ecumene abrahámica entre judíos, cristianos y muslumanes. Fundamentación teológica y consecuencias prácticas, in: J.-J. Tamayo (Hrsg.), Cristianismo y liberación. Homenaje a Casiano Floristán, Madrid 1996, S. 43-57.

Ders., Das eine Ethos in der einen Welt – Ethische Begründung einer nachhaltigen Entwicklung, in: H. G. Kastenholz, K.-H. Erdmann, M. Wolff (Hrsg.), Nachhaltige Entwicklung. Zukunftschancen für Mensch und Umwelt, Berlin 1996, S. 235-253.

Ders., Pour une planète incertaine, un ethos planétaire, in: Incertaine Planète. Textes des conférences et des entretiens organisés par les trente-cinquièmes. Rencontres Internationales de Genève 1995, Boudry-Neuchâtel 1996, S. 315-339.

Ders., Towards a planetary code of ethics: ethical foundations of a culture of peace, in: From a Culture of Violence to a Culture of Peace, hrsg. von UNESCO/United Nations Educational, Paris 1996, S. 129-143.

Ders., Europa braucht einen Konsens der Gesellschaft, in: Focus, Nr. 27 (1997), S. 218;
engl.: Why Europe needs to look to Blair, in: Financial Times vom 22. Juni 1997;
ital.: Per un'Europa dal volto umano, in: La Repubblica vom 22. Juni 1997.

Ders., A New Global Ethics, in: The Power of Culture. Conference Report, hrsg. von Netherlands Development Assistance, Ministry of Foreign Affairs, The Hague, 1997, S. 55-63; ebd: Report of the discussion on A New Global Ethics, S. 64-67.

Ders., Weltordnung braucht Weltethos – Interkultureller Dialog als Schlüssel zu friedlicher Koexistenz, in: WCRP Informationen (Weltkonferenz der Religionen für den Frieden/BRD), Nr. 46 (1997), S. 4-12.

Ders., Paz Mundial – Religiones del Mundo - Etica Mundial, in: Utopía y Praxis Latinoamericana. Revista Internacional de Filosofía Iberoamericana y Teoría Social, 2. Jg., Nr. 2 (1997), S. 69-81.

Ders., Religionsfrieden (Ökumene), in: K. Dedecius (Hrsg.), Wörterbuch des Friedens. Ein Brevier, Mannheim 1993, S. 131-134.

Ders., Wird sich ein Weltethos durchsetzten?, in: H. Bohnet von der Thüsen (Hrsg.), Denkanstöße '98. Ein Lesebuch aus Philosophie, Natur- und Humanwissenschaften, München 1998, S. 159-161.

Ders., Weltethos. Eine kleine Einführung, in: Glauben leben. Zeitschrift für Frauen in der Kirche und Orden, Heft 12 (1998), S. 342-345; auch in: Evangelisches Missionswerk in Deutschland (Hrsg.), Jahrbuch Mission 1999, Bd. 51: Glaube und Globalität, Hamburg 1999, S. 125-131.

Ders., Auf der Suche nach einem neuen Ethos – weltweit und zuhaus, in: Theodor-Heuss-Stiftung (Hrsg.), 34. Theodor-Heuss-Preis 1998, Stuttgart 1998, S. 34-39; auch in: WCRP Informationen (Weltkonferenz der Religionen für den Frieden/BRD), Nr. 50 (1998), S. 23-26; auch in: Schweizer Personalvorsorge, Jg. 13, Nr. 1 (2000), S. 39f.;

franz.: A la recherche d'une nouvelle conscience éthique, in: Schweizer Personalvorsorge, Jg. 13, Nr. 1 (2000), S. 40.

Ders., World Peace – World Religions – World Ethic, in: E. Agius – L. Chircop (Hrsg.), Caring for Future Generations. Jewish, Christian and Islamic Perspectives, Twickenham 1998, S. 69-81.

Ders., Abrahamische Ökumene zwischen Juden, Christen und Muslimen, in: Iranzamin, 11. Jg., Ausgabe 2/3 (1998), S. 29-46.

Ders., Die Weltethik aller Religionen, in: Was steht uns bevor? Mutmaßungen über das 21. Jahrhundert. Aus Anlaß des 80. Geburtstages von Helmut Schmidt, hrsg. von M. Gräfin Dönhoff – T. Sommer, Berlin 1999, S. 265-272.

Ders., Weltreligionen und Weltethos. Gemeinsamkeiten als Grundlage globalen Friedens?, in: Neue Zürcher Zeitung vom 11. 8. 1999.

Ders., Ética mundial y educación, in: A. Agís Villaverde (Hrsg.), Conferencias do Foro Universitario, Santiago de Compostela 1999, S. 119-138.

Ders., »Spurensuche. Die Weltreligionen auf dem Weg«, in: Pfarrblatt (katholische Dekanate Leimental und Birseck), 28. Jg., Nr. 39/40 (1999), S. 3.

Ders., Religions du monde, paix et éthique universelles, in: J. Doré (Hrsg.), Christianisme, judïsme et islam. Fidélité et ouverture, Paris 1999, S. 243-259.

Ders., Eine Vision für den Weltfrieden – Lässt sich die Menschheit auf ein gemeinsames Weltethos verpflichten?, in: Vision 2000. Einhundert persönliche Zukunftsentwürfe, hrsg. von der Brockhaus-Redaktion, Mannheim 1999, S. 348-351; auch als: »Eine Vision für Weltfrieden, Weltreligionen und Weltethos«, in: Visionen 2000. 100 Persönlichkeiten aus Politik, Wissenschaft, Kultur & Medien blicken in die Zukunft, hrsg. von der Landeszentrale für politische Bildung Baden-Württemberg, Stuttgart 1999, S. 90-93.

Ders., Economy and Problems of Globalisation, in: Forum 2000. Conference Report 1998, hrsg. von der Forum 2000 Foundation, Prag 1999, S. 152-155.

Ders., Weltethos – Was braucht die Menschheit, um zu überleben?, in: U. Hahn (Hrsg.), Zeitzeichen 2000. Herausforderung für Religion und Gesellschaft, Gütersloh 1999.

Ders., Ein Weltethos für die neue Weltepoche, in: A. Weil (Hrsg.), Brücken bauen ins nächste Jahrtausend. Buddhistisch-christlicher Dialog für eine lebenswerte Zukunft, Berlin 1999, S. 33-51; auch in: Lotusblätter. Zeitschrift für Buddhismus, Nr. 4 (1999), S. 17-21.

Ders., Das Weltethos. Hinführung – Begründung – Konkretisierung, in: H. Reinalter (Hrsg.), Perspektiven der Ethik, Innsbruck 1999, S. 361-379.

Ders., El requerido paradigma de la trasmodernidad, in: Debats, Nr. 66 (1999), S.29-37.

Ders., Ein Weltethos für die neue Weltepoche, in: Al-Fadschr. Zeitschrift für Muslime und interkulturelle Kommunikation, Jg. 16, Nr.96 (1999), S. 38-40.

Ders., Kein Weltfriede ohne Religionsfriede, in: Sifat. Zeitschrift für universalen Sufismus, Jg. 28, Heft 1 (2000), S. 39-43.

Ders., Plädoyer für ein globales Verantwortungsethos, in: F. Nuscheler (Hrsg.), Entwicklung und Frieden im 21. Jahrhundert. Zur Wirkungsgeschichte des Brandt-Berichts, Bonn 2000, S. 329-347.

Kuschel, Karl-Josef, Weltreligionen und Menschenrechte. Bericht über ein Symposion in Paris, in: Evangelische Kommentare, 22 (1989), S. 17-19; auch als: Weltreligionen, Menschenrechte und das Humanum, in: Concilium, 26. Jg., Heft 2 (1990), S. 149-153.

Ders., Eins in Abraham? Zur theologischen Grundlegung einer Friedenskultur zwischen Judentum, Christentum und Islam, in: Zeitschrift für Kulturaustausch, 43. Jg., Heft 1 (1993), S. 85-97; auch als: Eins im Zeichen Abrahams? Zur Ökumene zwischen Juden, Christen und Muslimen, in: B. Jaspert (Hrsg.), Hans Küngs »Projekt Weltethos«. Beiträge aus Philosophie und Theologie (Hofgeismarer Protokolle 299), Hofgeismar 1993, S. 91-117.

Ders., Christologie – unfähig zum interreligiösen Dialog? Zum Problem der Einzigartigkeit Christi im Gespräch mit den Weltreligionen, in: ders. (Hrsg.), Christentum und nichtchristliche Religionen. Theologische Modelle im 20. Jahrhundert, Darmstadt 1994, S. 135-154.

Ders., Thomas Mann und die Forderung nach einem »Weltethos«. Zur Bedeutung der Mose-Erzählung »Das Gesetz« für einen Dialog der Kulturen und Religionen, in: Trigon 5. Kunst, Wissenschaft und Glaube im Dialog, hrsg. von der Guardini-Stiftung (Berlin), Berlin 1996, S. 190-204.

Ders., Kein Weltfriede ohne Religionsfriede. Zum Hintergrund und zur Programmatik der »Stiftung Weltethos«, in: Fremde Nachbarn – Religionen in der Stadt, Hamburg 1997, S. 101-116.

Ders., Global Ethic and Poetic Experience. Variations on Ethics and Aesthetics as Illustrated by Thomas Mann, in: Svensk Teologisk Kvartalskrift, 73. Jg., Nr. 4 (1997), S. 145-154.

Ders., Weltethos. Grundlage einer Theologie des Friedens, in: E. Möde, F. Unger, K. M. Woschitz (Hrsg.), An-Denken. Festgabe für E. Biser, Graz 1998, S. 331-341.

Ders., Religionsdialog – die Alternative zum »Kampf der Kulturen«, in: Iranzamin, 11. Jg., Ausgabe 2/3 (1998), S. 24-28; auch als: Wider die eifernden Pfaffen. Religionsdialog – die Alternative zum »Kampf der Kulturen«, in: Evangelische Kommentare, Nr. 12 (1998), S. 704-706.

Ders., Abrahamische Ökumene. Zur weltpolitischen Notwendigkeit eines Miteinander von Christen, Juden und Muslimen, in: T. Faulhaber – B. Stillfried (Hrsg.), Wenn Gott verloren geht. Die Zukunft des Glaubens in der säkularisierten Gesellschaft, Freiburg 1998, S. 177-195.

Ders., World Peace through World Religions, in: I am you. Is there a Clash Of Cultures? The Future of Multi-Cultural Societies, hrsg. vom Goethe-Institut Karachi, Karachi 1998, S. 38-50.

Ders., Gemeinsam die Götzen entzaubern. Juden, Christen und Muslime auf dem Weg zur dreifachen Ökumene, in: Musica Sacra International. Die Religionen – Die Musik – Die Ensembles, hrsg. von der Bayerischen Musikakademie (Marktoberndorf 1994), S. 23-33;
engl.: Heathen gods and false idols. Working together to remove their spell. Jews, Christians and Moslems on the way to a threefold understanding, in:

Musica Sacra International. Die Religionen – Die Musik – Die Ensembles, hrsg. von der Bayerischen Musikakademie (Marktoberndorf 1994), S. 35-45.

Ders., Auf dem Weg zu einer abrahamischen Ökumene von Juden, Christen und Muslimen. Dankrede aus Anlaß der Verleihung des Medienpreises des Zentral-Instituts Islam-Archiv Deutschland, in: Moslemische Revue, Jg. 20, Heft 1 (1999), S. 19-33; auch in: Ausblicke. Dokumentationsschrift des Seniorenstudiums der Ludwig-Maximilians-Universität München, Heft 7 (1999/2000), S. 45-52.

Ders., Ekumenik i Abrahams anda. Kontakten mellan judar, kristna och muslimer är teologist legitim och politiskt nödvändig, in: Svensk Teologisk Kvartalskrift, Jg. 75 (1999), S. 2-15.

Ders., Children of Abraham. On the Necessity of an Abrahamic Ecumene between Jews, Christians, and Muslims, in: Convergence. Biannual Publication of the International Catholic Movement for Intellectual and Cultural Affairs, Nr. 10 (1999), S. 34-40; auch in: The Newman. The Journal of the Newman Association, Nr. 46 (1999), S. 2-11.

Ders., Weltethos und Weltreligionen im Zeitalter der Globalisierung, in: Kunst und Kirche, Heft 3 (1999), S. 157-159.

Ders., Na putu ka Abrahamskoj ekumeni jevreja, krs'cana i muslimana, in: Dijalog. Casopis za filozofska i drustvena pitanja (Sarajewo), Nr. 3/4 (1999), S. 207-219.

Ders., Abraham. Vater des Glaubens für Juden, Christen und Muslime. Zur Notwendigkeit einer abrahamischen Ökumene heute, in: Annals of the European Academy of Sciences and Arts, Vol. 24, Nr. 10 (2000), S. 53-75.

Ders., Weltethos – zur Grundlegung einer Kultur des Friedens unter den Religionen und Zivilisationen, in: D. Kröger (Hrsg.), Religionsfriede als Voraussetzung für den Weltfrieden, Osnabrück 2000, S. 65-80.

Lefringhausen, Klaus, Weltpolitische Wende. Hans Küngs Dritter Weg zwischen Ideal und Realität, in: Evangelische Kommentare, 30. Jg. Nr. 6 (1997), S 368.

Lesher, William E., The Challenge of Global Ethics: Learning and Organizing, in: Zygon, Vol. 34, Nr. 2 (1999), S. 255-263.

Loye, David, Can Science Help Construct a New Global Ethic? The Development and Implications of Moral Transformation Theory, in: Zygon, Vol. 34, Nr. 2 (1999), S. 221-235.

Mall, Ram A., Philosophische Reflexionen zum »Projekt Weltethos«, in: B. Jaspert (Hrsg.), Hans Küngs »Projekt Weltethos«. Beiträge aus Philosophie und Theologie (Hofgeismarer Protokolle 299), Hofgeismar 1993, S. 34-68.

Ders., Interkulturalität und Interreligiosität, in: J. Rehm (Hrsg.), Verantwortlich leben in der Weltgemeinschaft. Zur Auseinandersetzung um das »Projekt Weltethos«, Gütersloh 1994, S. 61-67.

Mertens, Herman-Emiel, Küng's Plea for a Global Ethic, in: Louvin Studies, Nr. 23 (1998), S. 274-279.

Mohr, Hubert, Hans Küng: Projekt Weltethos, in: Deutsche Literaturzeitung, Bd. 113, Heft 5/6 (1992), Sp. 404-408.

Müller, Klaus, Die noachidische Tora. Ringen um ein Weltethos, in: Freiburger Rundbrief, 3. Jg., Nr. 4 (1996), S. 250-262.

Neuhaus, Gerd, Kein Weltfrieden ohne christlichen Absolutheitsanspruch. Eine religionstheologische Auseinandersetzung mit Hans Küngs »Projekt Weltethos«, Freiburg 1999.

Noichl, Franz, Das »Projekt Weltethos« aus moraltheologischer Sicht, in: Jahrbuch für Religionswissenschaft und Theologie der Religionen, Vol. 2, Freiburg

1994, S. 7-43.

Pfürtner, Stephan H., Menschheitsethos und Menschenrechte. Der katholische Beitrag zwischen Konsens und Konflikt, in: Zeitschrift für Kulturaustausch, 43. Jg., Heft 1 (1993), S. 27-35.

Pöhlmann, Horst-Georg, Gibt es ein gemeinsames Ethos der Weltreligionen, in: D. Kröger (Hrsg.), Religionsfriede als Voraussetzung für den Weltfrieden, Osnabrück 2000, S. 81-86.

Pohl, Karl-Heinz, Einheit von Himmel und Mensch. Ein traditioneller und aktueller Gedanke der chinesischen Geistesgeschichte, in: Zeitschrift für Kulturaustausch, 43. Jg., Heft 1 (1993), S. 98-106.

Probst, Hermann, Zusammenfassung der Diskussion und Ausblick, in: J. Rehm (Hrsg.), Verantwortlich leben in der Weltgemeinschaft. Zur Auseinandersetzung um das »Projekt Weltethos«, Gütersloh 1994, S. 76-93.

Rehm, Johannes (Hrsg.), Verantwortlich leben in der Weltgemeinschaft. Zur Auseinandersetzung um das »Projekt Weltethos«, Gütersloh 1994.

Ruh, Hans, Probleme mit dem Weltethos aus evangelischer Sicht, in: Zeitschrift für Kulturaustausch, 43. Jg., Heft 1 (1993), S. 23-26.

Schaefer, Udo, Die mystische Einheit der Religionen. Zum interreligiösen Dialog über ein Weltethos, Hofheim 1997.

Ders., Baha'u'llah's Unity Paradigm. A Contribution to Interfaith Dialogue on Global Ethic, in: Dialogue and Universalism, Vol. 6, Nr. 11/12 (1996).

Schmidt, Helmut, The Abrahamic Faiths and Religious Toleration, in: Global Dialogue (Nicosia), Vol. 2, Nr. 1 (2000), S. 21-24.

Schmidt, Ulf, Weltethos und afrikanische Realitäten – ein Widerspruch? in: Zeitschrift für Kulturaustausch, 43. Jg., Heft 1 (1993), S. 71-73.

Schockenhoff, Eberhard, Brauchen wir ein neues Weltethos? Universale Ethik in einer geschichtlichen Welt, in: Theologie und Philosophie, 70. Jg., Nr. 2 (1995), S. 224-244.

Ders., Ein neues Weltethos? Universale Ethik in einer geschichtlichen Welt, in: Börsenblatt 20 vom 8. 3. 1996, S. 80.

Schwarzenau, Paul, Nicht nur ein Weltethos. Fragen an Hans Küng, in: R. Kirste, P. Schwarzenau, U. Tworuschka (Hrsg.), Wertewandel und religiöse Umbrüche, Balve 1996, S. 16-40; auch in: ders., Ein Gott in allem. Aufsätze zum Gottesbild der Religionen, Köln 1999, S. 99-122.

Siddiqi, Muzammil H., Global Ethics and Dialogue Among World Religions. An Islamic Viewpoint, in: J. Renzo (Hrsg.), Ethics, Religion, and the Good Society. New Directions in a Pluralistic World, Louisville, 1992, S. 178-183.

Steinen, Ulrich von den, Fluchtpunkt der Friedensethik? Hans Küngs »Weltethos«, in: Die Zeichen der Zeit. Lutherische Monatshefte, 1. Jg., Nr. 9 (1998), S. 12-15.

Stietencron, Heinrich von, Der Beitrag der indischen Religionen zu einem Weltethos, in: Zeitschrift für Kulturaustausch, 43. Jg., Heft 1 (1993), S. 107-115.

Stolz, Fritz, Bausteine für eine globale Zivilreligion, in: Zeitschrift für Kultur, Politik, Kirche. Reformatio, 40. Jg., Heft 1 (1991), S. 316-320.

Talbi, Mohamed, Religionsfreiheit, Weltethik und Pluralismus im Zeitalter der Globalisierung, in: Gewissen und Freiheit, 27. Jg., Nr. 53 (1999), S. 35-56.

Traer, Robert, Support for a Global Ethic, in: ders., Quest for Truth. Critical Reflections on Interfaith Cooperation, Aurora (CO), 1999, S. 131-143.

Valkenberg, Pim, Ontvangst en verdere verspreiding. Van de verklaring van een wereldwijd ethos, in: Allerwegen, 30. Jg., Nr. 35 (1999), S. 27-39.

Ders., Religie als bijdrage aan het poldermodel. Een wereldethos als heilsmodel voor religieuze veelkleurigheid?, in: Tijdschrift voor Theologie, Nr. 39 (1999), S. 3-13.

Vogel, Hans-Jochen, Statement zur Eröffnung der Podiumsdiskussion, in: J. Rehm (Hrsg.), Verantwortlich leben in der Weltgemeinschaft. Zur Auseinandersetzung um das »Projekt Weltethos«, Gütersloh 1994, S. 72-75.

Weizsäcker, Carl Friedrich von, Erkennen und Handeln – Physik und Ethik. Eine grundsätzliche Zustimmung zum »Projekt Weltethos«, in: J. Rehm (Hrsg.), Verantwortlich leben in der Weltgemeinschaft. Zur Auseinandersetzung um das »Projekt Weltethos«, Gütersloh 1994, S. 47-60.

Ders., Für ein Weltethos. Meine Meinung dazu, in: Evangelische Kommentare, Nr. 5 (1995), S. 290-293.

Wirz, Hans, Weltethos und Grundwerte. Auf dem Weg zu einer ethischen Grundordnung, in: Schweizer Personalvorsorge, Jg. 13, Nr. 1 (2000), S. 31-33; *franz.*: Morale planétaire et valeurs fondamentales, in: Schweizer Personalvorsorge, Jg. 13, Nr. 1 (2000), S. 35-37.

Wolfinger, Franz, Ein gemeinsames Weltethos? Überlegungen zu einem aktuellen Streit, in: T. Hausmanninger (Hrsg.), Christliche Sozialethik zwischen Moderne und Postmoderne, Paderborn 1993, 171-185.

IV. Das »Parlament der Weltreligionen« und seine »Erklärung zum Weltethos«

Chung Ok Lee, Unity Beyond Religious and Ethnic Conflict Based on a Universal Declaration of a Global Ethic. A Buddhist Perspective, in: Buddhist–Christian Studies, Vol. 15 (1995), S. 191-197.

Beversluis, Joel, The 1993 Parliament of the World's Religions. Executive Summary, in: ders. (Hrsg.), A Source Book for Earth's Community of Religions, New York 1993, 2., erweiterte Auflage 1995, S. 111-116.

Ders., A Parliament Retrospective, aaO, S. 119-123.

Bok, Sissela, Four Approaches to Common Values, in: dies., Common Values, Columbia (Miss.) 1995, S. 29-41.

Braybrooke, Marcus, A Pilgrimage of Hope, in: J. Beversluis (Hrsg.), A Source Book for Earth's Community of Religions, New York 1993, 2., erweiterte Auflage 1995, S. 107-110.

Chen Shaoming, A Discussion about »Global Ethics« (chines.), in: Journal for the Study of Christian Culture, Nr. 4 (1999), S. 424-426.

Deng Xiaomang, The Union of Chinese and Western Ethics (chines.), in: Journal for the Study of Christian Culture, Nr. 4 (1999), S. 421-423.

Elshahed, Elsayed, Erklärung zum Weltethos. Die Deklaration des Parlaments der Weltreligionen im islamischen Blickfeld, in: R. Kirste, P. Schwarzenau, U. Tworuschka (Hrsg.), Wertewandel und religiöse Umbrüche, Balve 1996, S. 338-349.

Foitzik, Alexander, Religionen: Auf der Suche nach einem Weltethos, in: Herder-Korrespondenz, 47. Jg., Nr. 10 (1993), S. 499-501.

Gardella, Peter, Two Parliaments, One Century, in: Cross Currents, Vol. 44, Nr. 1 (1994), S. 97-104.

George, William P., The Promise of a Global Ethic, in: The Christian Century, Vol. 111, Nr. 17 (1994), S. 530-534.

Ders., Looking for a Global Ethic? Try International Law, in: The Journal of Religion, Vol. 76 (1996), S. 359-382.

Gómez-Ibáñez, Daniel, Moving towards a Global Ethic, in: J. Beversluis (Hrsg.), A Source Book for Earth's Community of Religions, New York 1993, 2., erweiterte Auflage 1995, S. 124-130.

Gregorios, Paulos Mar, The Vision Beckons. From Parliament of Religions to Global Concourse of Religions, in: J. Beversluis (Hrsg.), A Source Book for Earth's Community of Religions, New York 1993, 2., erweiterte Auflage 1995, S. 104-106.

Griffiths, Paul J., Why we Need Interreligious Polemics, in: First Things, Nr. 44 (July 1994), S. 31-37.

Hassan, Riffat, A Muslim's Reflections on A New Global Ethics and Cultural Diversity, in: Netherlands Development Assistance. Ministry of Foreign Affairs (Hrsg.), The Power of Culture. Conference Report, The Hague, 1996, S. 36-54.

Hasselmann, Christel, Der Weg zur Weltethos-Erklärung des Parlamentes der Weltreligionen von 1993. Dissertation an der Universität Hannover 2000.

He Huaihong, »Zhong«, »Shu« and Global Ethics (chines.), in: Journal for the Study of Christian Culture, Nr. 4 (1999), S. 412-414.

Huang Kejian, What is the Traditional Chinese Ethic (chines.), in: Journal for the Study of Christian Culture, Nr. 4 (1999), S. 391-397.

Hummel, Reinhart, Hans Küngs Goldene Regel, in: Lutherische Monatshefte, 32. Jg., Nr. 12 (1993), S. 7.

Janowski, Hans, Neue Großwetterlage? Erste Schritte zu einem globalen Ethos, in: Evangelische Kommentare, 26. Jg., Heft 10 (1993), S. 571.

Jespers, Frans P. M., Reflections on the Declaration of a Global Ethic, in: Studies in Interreligious Dialogue, 8. Jg., Nr. 1 (1998), S. 60-73.

Jiang Qing, Critique of »Global Ethics« from the Confucian Perspective (chines.), in: Journal for the Study of Christian Culture, Nr. 4 (1999), S. 398-406.

Kenney, Jim, The 1999 Parliament of the World's Religions, in: Buddhist–Christian Studies, Vol. 19 (1999), S. 201-204.

King, Sallie B., A Buddhist Perspective on a Global Ethic and Human Rights, in: Journal of Dharma, Vol. 20, Nr. 2 (1995), S. 123-136.

Kirste, Reinhard, Vom »Weltparlament der Religionen« zur Stiftung »Weltethos«, in: M. Klöcker – U. Tworuschka (Hrsg.), Handbuch der Religionen. Religionen und Glaubensgemeinschaften in Deutschland, Abteilung II-4.2: Die »größte Ökumene«: Begegnung der Religionen, Landsberg am Lech 1997, S. 7.

Klostermaier, Klaus K., A Way for All the World? A Comparative Religion Approach to a Global Ethics, in: A. Sharma (Hrsg.), The Sum of Our Choices. Essays in Honour of Eric J. Sharpe, Atlanta 1996, S. 175-192.

Knitter, Paul, Stimme der Stummen. Vergötzter Pluralismus als Herrschaftsinstrument, in: Lutherische Monatshefte, 32. Jg., Nr. 12 (1993), S. 4-6.

Ders., Pitfalls and Promises for a Global Ethics, in: Buddhist–Christian Studies, 15 (1995), S. 221-229; auch in: Journal of Dharma, Vol. 19, Nr. 3. (1994), S. 248-259;

   deutsch: Fallgruben und Richtlinien auf dem Weg zu einem gemeinsamen Weltethos, in: R. Kirste, P. Schwarzenau, U. Tworuschka (Hrsg.), Interreligiöser Dialog zwischen Tradition und Moderne, Balve 1994, S. 150-160.

Küng, Hans, Für eine »Universale Weltethos-Erklärung« (mit L. Swidler), in: Süddeutsche Zeitung vom 16./17. 11. 1991; ebenfalls in: Moslemische Revue 68, Heft 1 (1992), S. 44-46;

   engl.: Toward a »Universal Declaration of Global Ethos«, in: Journal of Ecumenical Studies 28, Heft 1 (1991), S. 123-125.

Ders., Geschichte, Sinn und Methode der Erklärung zu einem Weltethos, in: H. Küng – K.-J. Kuschel (Hrsg.), Erklärung zum Weltethos. Die Deklaration des Parlamentes der Weltreligionen, München 1993, S. 49-87.

Ders., Auf dem Weg zu einem Weltethos – Probleme und Perspektiven, in: Zeitschrift für Kulturaustausch, 43. Jg., Heft 1 (1993), S. 11-20; ebenfalls in: Unesco heute, Vol. 40, Heft 2/3 (1993), S. 119-123;

ungar.: Egységes Világethosz Felé. Problémák és Perspektívák, in: Mérleg, Vol. 30, Heft 1 (Wien 1994), S. 43-61.

Ders., Gemeinsames Ethos der Weltreligionen, in: Luzerner Neueste Nachrichten vom 5. 10. 1993.

Ders., Überwindung der Weltunordnung, in: Winfo (Hauszeitschrift der Winthertur-Versicherungen), Heft 58/59 (Winthertur 1993), S. 28-29.

Ders., Weltfrieden – Weltreligionen – Weltethos, in: Conturen. Das Magazin zur Zeit, Heft 4 (Wien 1993), S. 5-19.

Ders., Eine Welt – eine Menschheit – ein Ethos: Zehn Thesen, in: Der Rotarier, 43, Heft 12 (1993), S. 24-27.

Ders., Egyek Istenben, Ábrahámban (Eins in Abraham?) (ungar.), in: hgv (Budapest) vom 5. 2. 1994, S. 60-63.

Ders., Weltfrieden – Weltreligionen – Weltethos, in: Concilium, 30. Jg., Heft 3 (1994), S. 282-289;

engl.: World Peace – World Religions – World Ethic, in: Concilium, 30, Heft 3 (1994), S. 127-139;

holländ.: Wereldvrede – wereldgodsdiensten – wereldethos, in: Concilium, 30, Heft 3 (1994), S. 135-147;

franz.: Paix universelle, religions universelles, éthique universelle, in: Concilium, Heft 253 (1994), S. 149-161;

ital.: Pace mondiale – religioni mondiali – etica mondiale, in: Concilium, 30, Heft 253 (1994), S. 183-198;

span.: La paz universal, las religiones universales, el ethos universal, in: Concilium, Heft 253 (1994), S. 561-576.

Ders., Weltfrieden – Weltreligionen – Weltethos, in: K.-J. Kuschel (Hrsg.), Christentum und Nichtchristliche Religionen. Theologische Modelle im 20. Jahrhundert, Darmstadt 1994, S. 155-171.

Ders., Commitment to a Culture of Nonviolence, in: World without Violence. Can Gandhi's Vision Become Reality?, hrsg. von Institute for Nonviolence, New Delhi 1994.

Ders., Historia, sentido y método de la Declaración en pro de una ética mundial, in: Isegoría. Revista de filosofía moral y política, Heft 10 (1994), S. 22-42.

Ders., A Global Ethic, in: M. Tobias, J. Morrison, B. Gray (Hrsg.), A Parliament of Souls. In Search of Global Spirituality. Interviews with 28 Spiritual Leaders from Around the World, San Francisco 1995, S. 124-129.

Ders., Le dialogue des croyants, in: Le Nouvel Observateur, Nr. 1833 (1999), S. 24.

Ders., Global ethic. Two Declarations, in: Tatsuro Kunugi – M. Schweitz (Hrsg.), Codes of Conduct for Partnership in Governance. Texts and Commentaries, Tokio 1999, S. 293-299.

Ders., Erklärung zum Weltethos. Kontrapunkt der Hoffnung, in: Aufbruch. Forum für eine offene Kirche, Jg. 13, Nr. 92 (2000), S. 15.

Kuschel, Karl-Josef, Das Parlament der Weltreligionen 1893/1993, in: H. Küng – K.-J. Kuschel (Hrsg.), Erklärung zum Weltethos. Die Deklaration des Parlamentes der Weltreligionen, München 1993, S. 89-123.

Lefebure, Leo D., Global Encounter, in: The Christian Century, Vol. 110, Nr. 26 (1993), S. 886-889.

Liang Zhiping, What Can Chinese Contribute to the World and Future (chines.), in: Journal for the Study of Christian Culture, Nr. 4 (1999), S. 427-429.

Masao Abe, A Report on the 1993 Parliament of World's Religions, in: The Eastern Buddhist, Vol. 26, Nr. 2 (1993), S. 73-75.

McCann, Dennis P., The World's Parliament of Religion, Then and Now. From Social Gospel to Multiculturalism, in: The Annual of the Society of Christian Ethics, Vol. 13 (1993), S. 291-296.

Morgan, Peggy – Braybrooke, Marcus (Hrsg.), Testing the Global Ethic. Voices from Religious Traditions on Moral Values, Oxford 1998.

Muck, Terry C., A Global Ethic Update, in: Buddhist–Christian Studies, Vol. 17 (1997), S. 215-217.

Neely, Alan, The Parliament of the World's Religions. 1893 and 1993, in: International Bulletin of Missionary Research, Vol. 18, Nr. 2 (1994), S. 60-64.

O'Connor, June, Does a Global Village Warrant a Global Ethic? An Analysis of A Global Ethic, the Declaration of the 1993 Parliament of the World's Religions, in: Religion, Vol. 24, Nr. 1 (1994), S. 155-164.

Richesin, Dale L., The World's Parliament of Religions, in: Ecumenical Trends, Vol. 22, Nr. 8 (1993), S. 127-132.

Rozett, Ellen, Weltethos für alle Religionen. Anmerkungen aus deutsch-kalifornisch-buddhistischer Sicht, in: R. Kirste, P. Schwarzenau, U. Tworuschka (Hrsg.), Wertewandel und religiöse Umbrüche, Balve 1996, S. 326-337.

Scarborough, Dorothea, »Einer globalen Ethik entgegen«. Anmerkungen zum »Parlament der Weltreligionen« in Kapstadt im Dezember 1999, in: Erneuerung und Abwehr, Jg. 35, Nr. 4 (2000), S. 15-18.

Schreiter, Robert J., Christian Identity and Interreligious Dialogue. The Parliament of the World's Religions at Chicago, 1993, in: Studies in Interreligious Dialogue, Vol. 4, Nr. 1 (1994), S. 62-75.

Straus, Virginia, Peace, Culture, and Education Activities. A Buddhist Response to the Global Ethic, in: Buddhist–Christian Studies, Vol. 15 (1995), S. 199-211.

Tworuschka, Udo, Von Chicago bis Chicago. Anfänge des Dialogs im Weltparlament der Religionen, in: M. Kwiran, P. Schreiner, H. Schulze (Hrsg.), Dialog der Religionen im Unterricht, Münster 1996, S. 24-39.

Vroom, Hendrik M., Chicago 1993. The Parliament of the World's Religions, in: Studies in Interreligious Dialogue, Vol. 3, Nr. 2 (1993), S. 114-120.

Waldau, Paul, Beyond Praise of »The Declaration of the Parliament of the World Religions«, in: Studies in Interreligious Dialogue, Vol. 5, Nr. 1 (1995), S. 76-88.

Wan Junren, Inside and Outside the Ethical Standard (chines.), in: Journal for the Study of Christian Culture, Nr. 4 (1999), S. 415-417.

You Xilin, Possibility of Global Ethics (chines.), in: Journal for the Study of Christian Culture, Nr. 4 (1999), S. 418-420.

Zhang Zhiyang, Critique of the »Golden Rule« (chines.), in: Journal for the Study of Christian Culture, Nr. 4 (1999), S. 407-411.

V. Zur »Allgemeinen Erklärung der Menschenpflichten« des InterAction Council

Schmidt, Helmut, Zeit, von den Pflichten zu sprechen!, in: Die Zeit vom 3. 10. 1997; auch als »Zum Geleit«, in: ders. (Hrsg.), Allgemeine Erklärung der Menschenpflichten. Ein Vorschlag, München 1997, S. 7-17.

Stelzenmüller, Constanze, Die gefährlichen achtzehn Gebote, in: Die Zeit vom 10. 10. 1997.

Kleine-Brockhoff, Thomas, Pflichten gibt es sowieso, in: Die Zeit vom 17. 10. 1997.

Gaschke, Susanne, Die Ego-Polizei, in: Die Zeit vom 24. 10. 1997.

Küng, Hans, Fürchtet euch nicht vor dem Ethos, in: Die Zeit vom 31. 10. 1997; auch als »Fürchtet euch nicht vor dem Ethos. Über eine ›Allgemeine Erklärung der Menschenpflichten‹«; auch in: Christ in der Gegenwart, Heft 46 (1997), S. 381-382; in: Publik-Forum, Nr. 23 (1997), S. 19-21; in: Wort auf dem Weg, Nr. 255 (1998), S. 10-14.

Greinacher, Norbert, Moral ist gut, Rechte sind besser, in: Die Zeit vom 7. 11. 1997.

Amery, Carl, Ptolemäer und Plattweltler, in: Die Zeit vom 14. 11. 1997.

Deile, Volkmar, Rechte bedingungslos verteidigen, in: Die Zeit vom 21. 11. 1997.

Akira Kawanami, Menschenrechte – Menschenpflichten. Ein Beitrag aus der Sicht des Shin-Buddhismus, in: Menschenrechte – Menschenpflichten. Der Beitrag von Buddhisten und Christen. Tagungsbericht, hrsg. vom Lassalle-Haus Bad Schönbrunn, Bad Schönbrunn 1999, S. 41-44.

Amnesty International, Muddying the waters. The Draft »Universal Declaration of Human Responsibilities«. No complement to human rights, in: AI Index: IOR 40/02/98; April 1998.

Annan, Kofi, Antwortschreiben des UN-Generalsekretärs Kofi Annan, in: H. Schmidt (Hrsg.), Allgemeine Erklärung der Menschenpflichten. Ein Vorschlag, München 1998, S. 99f.

Boven, Theo van, A Universal Declaration of Human Responsibilities?, in: B. van der Heijden – B. Tahzib-Lie (Hrsg.), Reflections on the Universal Declaration of Human Rights. A Fiftieth Anniversary Anthology, The Hague 1998, S. 73-79.

Brieskorn, Norbert, Menschenrechte aus rechtsphilosophischer Sicht, in: Menschenrechte – Menschenpflichten. Der Beitrag von Buddhisten und Christen. Tagungsbericht, hrsg. vom Lassalle-Haus Bad Schönbrunn, Bad Schönbrunn 1999, S. 21-31.

Chimelli, Rudolph, Menschenrechte, Menschenpflichten, in: Süddeutsche Zeitung vom 19./20. 6. 1999, S. III.

Cushrow Irani, Press Freedom Is a Universal Right, in: Everyone Has The Right. The Enduring Importance for a Free Press of Article 19, Universal Declaration of Human Rights, hrsg. vom World Press Freedom Committee, Reston (VA) 1998, S. 65-73.

Finckh, Ulrich, Nur Menschenrechte müssen garantiert werden, in: Epd-Entwicklungspolitik, Heft 12 (1998), S. 16f.

Fraser, Malcolm, The Responsible Course of Action. Rights and Responsibilities Must Match Up If the Human Race Is to Make Progress, in: Australian vom 12. September 1997.

Furgler, Kurt, Der Inter ActionCouncil oder die Forderung nach Menschenpflichten, in: Menschenrechte – Menschenpflichten. Der Beitrag von Buddhi-

sten und Christen. Tagungsbericht, hrsg. vom Lassalle-Haus Bad Schönbrunn, Bad Schönbrunn 1999, S. 32-36.

Güntner, Joachim, Dokument des guten Willens. »Menschenpflichten« gefordert,
in: Neue Zürcher Zeitung vom 2. 9. 1997.

Greffrath, Mathias, Limonadendünner Aufguss, in: Die Weltwoche vom 16. 10.
1997.

Grimm, Dieter, Grundrechte – Grundpflichten, in: M. Gräfin Dönhoff (Hrsg.),
Menschenrechte und Bürgersinn, Stuttgart 1999, S. 53-64; siehe auch:
Diskussion, aaO, S. 65-91.

Hashi Hisaki, Menschenrechte – Menschenpflichten. Bemerkungen zum interreli-
giösen Dialog, in: Menschenrechte – Menschenpflichten. Der Beitrag von
Buddhisten und Christen. Tagungsbericht, hrsg. vom Lassalle-Haus Bad
Schönbrunn, Bad Schönbrunn 1999, S. 45-47.

Herndl, Kurt, Menschenrechte – Menschenpflichten?, in: Wort auf dem Weg.
Zeitschrift zur biblischen Orientierung in Fragen der Zeit und der Lebensgestaltung in Gesellschaft und Kirche, Nr. 255 (1998), S. 6-9.

Hoppe, Thomas, Priorität der Menschenrechte. Zur Diskussion um eine »Allgemeine Erkärung der Menschenpflichten«, in: Herder-Korrespondenz, 52. Jg.,
Heft 6 (1998), S. 293-298.

International Council on Human Rights Policy (Hrsg.), Taking Duties Seriously. Individual Duties in International Human Rights Law, Versoix 1999.

Kennedy, Robert, Efforts for Human Rights out of an inter-spiritual source, in:
Menschenrechte – Menschenpflichten. Der Beitrag von Buddhisten und
Christen. Tagungsbericht, hrsg. vom Lassalle-Haus Bad Schönbrunn, Bad
Schönbrunn 1999, S. 75-84.

Köhler, Volkmar, Menschenpflichten?, in: Epd-Entwicklungspolitik, Heft 23/24
(1997), S. 17.

Koh, Tommy, But Consider Human Responsibilities, Too, in: International Herald
Tribune vom 10. 12. 1998.

Koven, Ronald, Diluting a Declaration of Universal Rights, in: International Herald Tribune vom 28. 1. 1998.

Küng, Hans, Human Responsibilities Reinforce Human Rights: The Global Ethic
Project, in: B. van der Heijden – B. Tahzib-Lie (Hrsg.), Reflections on the
Universal Declaration of Human Rights. A Fiftieth Anniversary Anthology,
The Hague 1998, S. 165-168.

Ders., »Keine neue Weltordnung ohne ein Weltethos«, in: Kölner Stadt-Anzeiger
vom 5./6. 12. 1998.

Ders., Responsibilities and Rights. The Quest for a Global Ethic, in: Global Dialogue (Nicosia), Vol. 2, Nr. 1 (2000), S. 120-125.

Kuschel, Karl-Josef, Weltethos und Menschenpflichten, in: : WCRP Informationen
(Weltkonferenz der Religionen für den Frieden/BRD), Nr. 53 (1999), S. 4-
12.

Ders., A global ethic and human duties. Global civilisation at the end of the twen-
tieth century. A universal ethic and human duties, or relative values across
world cultures?, in: European Judaism. A Journal for the New Europe, Vol.
32, Nr. 2 (1999), S. 122-130.

Leicht, Robert, Menschenrechte und Menschenpflichten, in: Was steht uns bevor?
Mutmaßungen über das 21. Jahrhundert. Aus Anlaß des 80. Geburtstages von
Helmut Schmidt, hrsg. von M. Gräfin Dönhoff – T. Sommer, Berlin 1999,
S. 255-264.

Lewis, Flora, Human Responsibilities Along With the Rights, in: International

Herald Tribune vom 8. 8. 1997.

Lohmann, Georg, Warum keine Deklaration von Menschenpflichten? Zur Kritik am InterAction Council, in: Widerspruch. Beiträge zur sozialistischen Politik, 18, Heft 35 (1998), S. 12-24.

Luchterhandt, Otto, Die »Allgemeine Erklärung der Menschenpflichten« des InterAction Council und Art. 29 AEMR, in: J. Isensee, W. Rees, W. Rüfner (Hrsg.), Dem Staate, was des Staates – der Kirche, was der Kirche ist. Festschrift für Joseph Listl zum 70. Geburtstag, Berlin 1999, S. 967-1002.

Maxwell, Mary, Toward a Moral System for World Society. A Reflection on Human Responsibilities, in: Ethics and International Affairs, Vol. 12, Nr. 1 (1998), S. 179-193.

McCarthy, Tom, The Universal Declaration of Human Rights. Moral and ethical dimensions and the question of responsibilities, in: Menschenrechte – Menschenpflichten. Der Beitrag von Buddhisten und Christen. Tagungsbericht, hrsg. vom Lassalle-Haus Bad Schönbrunn, Bad Schönbrunn 1999, S. 48-55.

Ngawang C. Drakmargyapon, Current Human Rights situation in Tibet, in: Menschenrechte – Menschenpflichten. Der Beitrag von Buddhisten und Christen. Tagungsbericht, hrsg. vom Lassalle-Haus Bad Schönbrunn, Bad Schönbrunn 1999, S. 66-74.

Paech, Norman, Das Erbe 1795. Zur Diskussion um die Menschenpflichten, in: Epd-Entwicklungspolitik, Heft 1 (1998), S. 34-37.

Pfaff, William, People Have Rights, but They Also Have Responsibilities, in: International Herald Tribune vom 9. 1. 1998.

Ders., Everyone has a Responsibility, in: B. van der Heijden – B. Tahzib-Lie (Hrsg.), Reflections on the Universal Declaration of Human Rights. A Fiftieth Anniversary Anthology, The Hague 1998, S. 237f.

Rüssmann, Ursula, Zu viele Rechte, Zu wenige Pflichten? Die UNO soll Menschenpflichten-Erklärung verabschieden, fordert ein Kreis früherer Staatsmänner – und erregt damit Widerspruch, in: Publik-Forum, Nr. 20 (1997), S. 17-19.

Schmid, Alex P., Human obligations – The forgotten source of rights' fulfilment, in: P. Morales (Hrsg.), Towards Global Human Rights, Tilburg 1996, S. 31-35.

Schmidt, Helmut, Religionen und Kulturen müssen sich gegenseitig respektieren, in: ders., Auf der Suche nach einer öffentlichen Moral. Deutschland vor dem neuen Jahrhundert, Stuttgart 1998, S. 242-255.

Ders., The Interdependence of Freedom and Responsibility, in: B. van der Heijden – B. Tahzib-Lie (Hrsg.), Reflections on the Universal Declaration of Human Rights. A Fiftieth Anniversary Anthology, The Hague 1998, S. 288-290.

Shigeo Shimada, Time to Balance Human Rights with Responsibilities, in: Japan Times vom 1. 9. 1997.

Sulak Sivaraksa, Buddhism and human Rights, in: Menschenrechte – Menschenpflichten. Der Beitrag von Buddhisten und Christen. Tagungsbericht, hrsg. vom Lassalle-Haus Bad Schönbrunn, Bad Schönbrunn 1999, S. 56-65.

Wuermling, H.-B., Terror des Guten. »Menschenpflichten« sollen die Allgemeine Erklärung der Menschenrechte ergänzen, in: Rheinischer Merkur Nr. 44/ 1997.

Zbären-Lüthi, Susanne, Menschenrechte – Menschenpflichten. Der Beitrag von Christen, in: Menschenrechte – Menschenpflichten. Der Beitrag von Buddhisten und Christen. Tagungsbericht, hrsg. vom Lassalle-Haus Bad Schönbrunn, Bad Schönbrunn 1999, S. 37-40.

VI. Kontroversen

Amaladoss, Michael, Ein Weltethos für den Weltfrieden? Einige Überlegungen aus indischer Sicht, in: Evangelisches Missionswerk in Deutschland (Hrsg.), Jahrbuch Mission 1999, Bd. 51: Glaube und Globalität, S. 132-128.

Frühbauer, Johannes, Kompaß für die Zukunft. Zur Diskussion über das Projekt Weltethos, in: Herder-Korrespondenz, 51. Jg., Heft 11 (1997), S. 587-590.

Gebhardt, Günther, Unterschiede respektieren – Gemeinsamkeiten betonen. Warum ein Weltethos den Frieden fördern kann. Eine Antwort auf Michael Amaladoss, in: Evangelisches Missionswerk in Deutschland (Hrsg.), Jahrbuch Mission 1999, Bd. 51: Glaube und Globalität, Hamburg 1999, S. 149-162.

Hoppe, Thomas, Weltinnenpolitik durch Weltethos? Rückfragen an das Projekt von Hans Küng, in: Herder-Korrespondenz, 51. Jg., Heft 8 (1997), S. 410-414.

Huber, Wolfgang, Die Zukunft gewinnen. Wir brauchen ein planetarisches Ethos, in: Universitas, 48. Jg., Heft 6 (1993), S, 563-574.

  engl.: Winning the Future. We Need a Planetary Ethos, in: Universitas, Vol. 35, Nr. 3 (1993), S. 157-166.

Ders., Menschenrechte und planetarisches Ethos, in: B. Jaspert (Hrsg.), Hans Küngs »Projekt Weltethos«. Beiträge aus Philosophie und Theologie (Hofgeismarer Protokolle 299), Hofgeismar 1993, S. 69-90.

Ders., Gewalt gegen Mensch und Natur – die Notwendigkeit eines planetarischen Ethos, in: ders., Die tägliche Gewalt. Gegen den Ausverkauf der Menschenwürde, Freiburg 1993, S. 150-184; auch in: J. Rehm (Hrsg.), Verantwortlich leben in der Weltgemeinschaft. Zur Auseinandersetzung um das »Projekt Weltethos«, Gütersloh 1994, S. 30-46.

Ders., Ohne Konflikt kein Heil. Der ethische Konsens muß in der Vielfalt religiöser Überzeugungen verankert sein – nicht in einer Einheitsmoral. Kritik an Hans Küngs »Projekt Weltethos«, in: Publik Forum, 22. Jg., Nr. 5 (1993), S. 18-20.

Ders., Keine »Fronten«, sondern kritischer Dialog. Zu Karl-Josef Kuschels Replik, in: Publik-Forum, 22. Jg., Nr. 8 (1993), S. 20.

King, Sallie B., It's a Long Way to a Global Ethic. A Response to Leonard Swidler, in: Buddhist–Christian Studies, Vol. 15 (1995), S. 215-219.

Küng, Hans, Nicht gutgemeint – deshalb ein Fehlschlag. Zu Michael Welkers Reaktion auf »Projekt Weltethos, in: Evangelische Kommentare, 26. Jg., Heft 8 (1993), S. 486-489.

Ders., Verpflichtung auf eine Kultur der Gleichberechtigung und die Partnerschaft von Mann und Frau – ein kurze Antwort auf Ina Praetorius, in: Neue Wege. Beiträge zu Christentum und Sozialismus, 88. Jg., Nr. 2 (1994), S. 66-67.

Ders., Der rigorose Moralismus, in: ders., Weltethos für Weltpolitik und Weltwirtschaft, München 1997, S. 185-187; dort die Replik auf R. Spaemann S. 380f.

Kuschel, Karl-Josef, Die große Chance der Religionen. Niemand will eine »Einheitsmoral«, auch Hans Küng nicht. Eine Erwiderung auf Wolfgang Hubers Kritik an »Projekt Weltethos«, in: Publik-Forum, Nr. 8 (1993), S. 20-22.

Ders., Keine falschen Fronten bilden. Eine Erwiderung auf Wolfgang Huber, in: Publik Forum, Nr. 10 (1993), S. 19f.

Praetorius, Ina, »Der Mensch« als Maß? Eine Auseinandersetzung mit Hans Küngs »Projekt Weltethos«, in: Neue Wege. Beiträge zu Christentum und Sozialismus, 87. Jg., Nr. 12 (1993), S. 344-353.

Schmidt, Helmut; Fraser, Malcolm; Kiichi Miyazawa, Antwort des InterAction Council an den UN-Generalsekretär Kofi Annan, in: H. Schmidt (Hrsg.),

Allgemeine Erklärung der Menschenpflichten. Ein Vorschlag, München 1998, S. 115-119.

Spaemann, Robert, Weltethos als »Projekt«, in: Merkur, 50. Jg., Heft 9/10 (1996), S. 891-904.

Welker, Michael, Gutgemeint – aber ein Fehlschlag. Hans Küngs »Projekt Weltethos«, in: Evangelische Kommentare, 26. Jg., Heft 6 (1993), S. 354-356.

Ders., Autoritäre Religion. Replik auf Hans Küng, in: Evangelische Kommentare, 26. Jg., Heft 9 (1993), S. 528-529.

Ders., Auf der theologischen Suche nach einem »Weltethos« in einer Zeit kurzlebiger moralischer Märkte. Küng, Tracy und die Bedeutung der neuen biblischen Theologie, in: Evangelische Theologie, 55. Jg., Heft Nr. 5 (1995), S. 438-456.

World Press Freedom Committee, Brief an den UN-Generalsekretär Kofi Annan, in: H. Schmidt (Hrsg.), Allgemeine Erklärung der Menschenpflichten. Ein Vorschlag, München 1998, S. 112-114.

VII. Weltethos und Erziehung

Aldebert, Heiner, Das »Projekt Ethos« in der Erziehung, in: Die Christenlehre, 48. Jg., Heft 1 (1995), S. 22-26.

Baumann, Urs – Jaspert, Bernd (Hrsg.), Glaubenswelten. Zugänge zu einem Christentum in multireligiöser Gesellschaft, Frankfurt 1998.

Chichova, Marina, The Perspectives of Religious Education in Russian Schools and the Ideas of »Global Ethos«, in: J. Lähnemann (Hrsg.), Interreligiöse Erziehung 2000 – Die Zukunft der Religions- und Kulturbegegnung. Referate und Ergebnisse des Nürnberger Forums 1997, Hamburg 1998, S. 306-315.

Francesconi, G., Indicazioni e percorsi per un uso »didattico« del documento »Dichiarazione per un'Etica Mondiale«, in: Religione & Scuola, 24. Jg., Nr. 3 (1996), S. 14-18.

Heisig, Tobias – Schumacher, Eva-Maria – Schumacher, Stefan, Kontrastive Religionskunde. Jüdische, christliche und muslimische Jugendliche im Dialog, in: U. Baumann – B. Jaspert (Hrsg.), Glaubenswelten. Zugänge zu einem Christentum in multireligiöser Gesellschaft, Frankfurt 1998.

Heinonen, Reijo E., Imagination, Symbol und Lehre in der Entwicklung des Weltethos, in: U. Becker – C. T. Scheilke (Hrsg.), Aneignung und Vermittlung. Beiträge zu Theorie und Praxis einer religionspädagogischen Hermeneutik. Für Klaus Goßmann zum 65. Geburtstag, Gütersloh 1995, S. 201-212.

Heinrichs, Gesa, Küngs Projekt Weltethos. Über die Schwierigkeit, ein heikles Konzept auf die Religionspädagogik zu übertragen, in: Feuervogel, Nr. 2 (1998), S. 26-28.

Kall, Alfred – Küsters, Matthias (Hrsg.), Unterrichtsmaterialien zu Weltethos, in: Religion betrifft uns, Heft: Begegnung der Weltreligionen. Um Gottes Willen, Nr. 4 (1997), S. 27f.

Küng, Hans, Weltethos und Erziehung, in: C. Krieg, T. Kucharz, M. Volf (Hrsg.), Die Theologie auf dem Weg in das dritte Jahrtausend. Festschrift für Jürgen Moltmann zum 70. Geburtstag, Gütersloh 1996, S. 253-270;
amerik.: Global Ethics and Education, in: C. Krieg, T. Kucharz, M. Volf (Hrsg.), The Future of Theology. Essays in Honor of Jürgen Moltmann, Grand Rapids 1996, S. 267-283.

Ders., Éthique planétaire et èducation pour la tolérance, in: Diogène, Nr. 176

(1996), S. 120-139;

engl.: Global Ethic and Education in Tolerance, in: Diogenes, Vol. 44, Nr. 4 (1996), S. 137-155.

Ders., Weltethos und Erziehung, Band XVIII der Vortragsreihe »panta rhei« der Hans Erni-Stiftung, Luzern 1996.

Ders., Auf der Suche nach einem neuen Ethos – weltweit und zuhaus, in: Lehren und Lernen. Zeitschrift des Landesinstituts für Erziehung und Unterricht Stuttgart, 24. Jg., Nr. 6 (1998), S. 36-38.

Ders.: Ethos ist kein Religionsersatz, in: Die Brücke. Zeitschrift für Schule und Religionsunterricht im Land Bremen, Nr. 1 (1999), S. 37.

Kuschel, Karl-Josef, Projekt Weltethos in der Bewährung. Aufgaben und Praxisfelder, in: J. Lähnemann (Hrsg.), Interreligiöse Erziehung 2000 – Die Zukunft der Religions- und Kulturbegegnung. Referate und Ergebnisse des Nürnberger Forums 1997, Hamburg 1998, S. 294-305.

Ders., Juden, Christen und Muslime. Die abrahamische Ökumene und das Problem eines gemeinsamen Ethos, in: Informationen für Religionslehrerinnen und Religionslehrer Bistum Limburg, Nr. 4 (1998), S. 4-13.

Kwiran, Manfred, »Das Projekt Weltethos« in der Erziehung, in: R. Kirste, P. Schwarzenau, U. Tworuschka (Hrsg.), Wertewandel und religiöse Umbrüche, Balve 1996, S. 513-517.

Lähnemann, Johannes, Das »Projekt Weltethos« und die Aufgabe der Erziehung, in: J. Rehm (Hrsg.), Verantwortlich leben in der Weltgemeinschaft. Zur Auseinandersetzung um das »Projekt Weltethos«, Gütersloh 1994, S. 68-71.

Lähnemann, Johannes (Hrsg.), »Das Projekt Weltethos« in der Erziehung. Referate und Ergebnisse des Nürnberger Forums 1994, Hamburg 1995.

In diesem Band folgende Beiträge:

Ders., Ethische Erziehung im Schnittpunkt globaler Notwendigkeiten – Grundeinsichten des V. Nürnberger Forums, aaO, S. 4-18.

Küng, Hans, Weltethos und Erziehung, aaO, S. 19-34;

engl.: A Global Ethic and Education, in: British Journal of Religious Education, Vol. 18, Nr. 1 (1995), S. 6-21.

Weil, Alfred, Das Ethos des Buddhismus als Leitfaden für gegenwärtige Weltkrisen?, aaO, S. 36-43.

Magonet, Jonathan, Der Dekalog jüdische Grundlagen des Ethos der monotheistischen Religionen, aaO, S. 44-50.

Wengst, Klaus, Die Bergpredigt Jesu als Ruf nach Gerechtigkeit, aaO, S. 51-58.

Tripathi, Chandrabhal, Das Ethos der Bhagavadgita – konfliktfördernd oder konfliktlösend?, aaO, S. 59-67.

Razvi, Mehdi, Islam – Die quranische Botschaft in ihrer Bedeutung für gegenwärtige Unterrichtsstrukturen, aaO, S. 68-72.

Schaefer, Udo, Bahā'u'llāhs Einheitsparadigma – Grundlage eines Ethos ohne falsche Vereinnahmung?, aaO, S. 73-94.

Müller-Fahrenholz, Geiko, Die Bedeutung der »Naturreligionen« für ein postmodernes Weltethos, aaO, S. 95-105.

Ariarajah, Wesley S., The World Council of Churches and the Religions – Cooperation in the Field of Justice, Peace, and Integrity of Creation, aaO, S. 106-116.

Kuschel, Karl-Josef, Bibel und interreligiöser Dialog. Perspektiven einer Genesis-Theologie der Religionen, aaO, S. 120-129.

Friedli, Richard, Afrika zwischen Tradition und Moderne. Beitrag der Bantu-Umweltethik Rwandas zur interreligiösen Verständigung, aaO, S. 130-137.

Krieger, David J., Ideen zu einer interreligiösen Umweltethik, aaO, S. 138-144.

Aram, Muthukumaraswamy, The Principles of Mahatma Gandhi. A Global Inspiration and Challange to Solve Inter-religious Conflicts, aaO, S. 145-153.

Shepherd, John J., Soziale Gerechtigkeit, humanistische Grundmoral und die Suche nach einem Welethos, aaO, S. 154-169.

Yoshiaki Isiaka, Interreligiöser Dialog und Kooperation als Erziehungsprozeß – Erfahrungen aus einem asiatischen Versuch, aaO, S. 170-174.

Khoury, Adel Theodor, Das Ethos der Religionen und die Minderheiten, aaO, S. 191.

Balic, Smail, Was lernen wir aus den Konflikten im ehemaligen Jugoslawien für das Ethos der Religionen?, aaO, S. 192-197.

Beckmann, Hans-Karl, Die Bedeutung religiöser Werte in der Erziehung zu Konflikt- und Friedensfähigkeit – Möglichkeiten und Grenzen, aaO, S. 202-212.

Hoenen, Raimund, Religion und Ethik in den ostdeutschen Schulen. Probleme und Chancen eines Neuanfangs, aaO, S. 213-221.

Lähnemann, Johannes, Evangelische Erziehung vor globalen Herausforderungen, aaO, S. 221-229;

engl.: Protestant Education and Global Challenges, in: British Journal of Religious Education, Vol. 18, Nr. 1 (1995), S. 22-30.

Mitchell, Gordon, Grundsätze für den Neuaufbau religiös-ethischer Erziehung in den Schulen Südafrikas, aaO, S. 230-235.

Supapidhayakul Sripen, Psychological and Pedagogical Structures of Education for Tolerance and Nonviolence, aaO, S. 236-244.

Heinonen, Reijo E., Imagination und Weltverantwortung. Aus der Perspektive der Lehrerbildung, aaO, S. 245-252;

engl.: Imagination and Global Responsibility from a Teacher Training Viewpoint, in: British Journal of Religious Education, Vol. 18, Nr. 1 (1995), S. 31-38.

Scheilke, Christoph T., Das Ethos einer multikulturellen Schule, aaO, S. 256-269.

Schreiner, Manfred, Unterrichtsmodelle gegen Rassismus/Ausländerfeindlichkeit, aaO, S. 270-279.

Bilgin, Beyza, Religiöse Erzählungen als Grundlage für Bildung ethischer Werte in der Schule, aaO, S. 280-285.

Albano-Müller, Saraswati, Begegnung mit dem Hinduismus in Deutschland – praktische Demonstration einer »fernen« Religion im Unterricht, aaO, S. 286-290.

Kiper, Hanna, Zur Entwicklung eines transkulturellen Curriculums für die Grundschule, aaO, S. 291-300.

Hull, John M., How Can We Make Children Sensitive to the Values of Other Religions Through Religious Education?, aaO, S. 301-314.

Raheb, Mitri, Konzept einer pädagogischen Zusammenarbeit zwischen ChristInnen, MuslimInnen und JüdInnen im Nahen Osten, aaO, S. 315-320.

Hock, Klaus, Schulbuchprojekte in interreligiöser und internationaler Zusammenarbeit, aaO, S. 321-330.

Ariyaratne, A. T., Die Sarvodaya-Bewegung – Umgang mit Gandhi's Prinzipien am Beispiel der ländlichen Entwicklung und interreligiösen Begegnung in Sri Lanka, aaO, S. 334-342.

Veit, Marie, Der Konziliare Prozeß in Schule und Gemeinde, aaO, S. 343-346.

Kürzdörfer, Klaus, Das Projekt Arche in Kiel, aaO, S. 347-350.

Aram, Vinu, Youth Projects in Inter-religious Cooperation, aaO, S. 355-361.

Goßmann, Elsbe, Fragen einer ethisch-religiösen Erziehung in Familie und Gemeinde, aaO, S. 362-371.

Zubke, Friedhelm, Prinzip Ethik als tragende Kategorie von Elternschaft, aaO, S. 372-380.

Zepter, Maria, Wertekonflikte in islamisch-christlichen Ehen und Familien. Ihre psychologische und religiöse Bearbeitung, aaO, S. 382-389.

Gansczyk, Klaudius, Sinnstiftung in der Schule – Schülerbeiträge zum »Projekt Weltethos«, aaO, S. 392f.

Lähnemann, Johannes, Weltethos und Erziehung. Perspektiven des V. Nürnberger Forums zur Religions- und Kulturbegegnung, in: R. Kirste, P. Schwarzenau, U. Tworuschka (Hrsg.), Wertewandel und religiöse Umbrüche, Balve 1996, S. 508-513.

Ders., Erziehung zum Weltethos. Projekte interreligiösen Lernens in multikulturellen Kontexten, Gütersloh 1998.

Landesinstitut für Erziehung und Unterricht Stuttgart (Hrsg.), Das Projekt Weltethos in der Schule. Einführung und Arbeitshilfen, Stuttgart 1999.
In diesem Band folgende Beiträge:

Schavan, Annette, »Das Projekt Weltethos in der Schule«. Grußwort, aaO.

Geschwentner-Blachnik, Ingrid, Das Projekt Weltethos – Einführung, aaO, S. 1.1-15

Neundorfer, Eva, Ein Unterrichtsentwurf: Für die Grundschule, aaO, S. 2.1-11.

Lambrecht, Joachim, Ein Unterrichtsentwurf: Für die Hauptschule, aaO, S. 3.1-9.

Schnebel, Stefanie, Ein Unterrichtsentwurf: Für die Realschule, aaO, S. 4.1-12.

Geschwentner-Blachnik, Ingrid, Ein Unterrichtsentwurf: Für das Gymnasium, aaO, S. 5.1-14.

Dies., Ein kulturübergreifender ethischer Grundkonsens. Der Verlauf eines Schuljahres an einem baden-württembergischen Gymnasium, aaO, S. 6.1-17.

Kaesler-Goretzki, Ingrid, Ein interreligiöser Gottesdienst, aaO, S. 8.1-5.

Lange, Walter, Bericht über das Seminar »Erklärung zum Weltethos« mit Schülerinnen und Schülern der Oberstufe – in Harderhausen vom 7.-9. Mai 1997, in: VRG-Rundbrief, Nr. 1 (1998), S. 13-17.

Nipkow, Karl Ernst, Weltethos – eine universalistische Herausforderung im theoretisch-diskursiven und unterrichtspraktischen Test, in: ders., Bildung in einer Pluralen Welt, Bd. II: Religionspädagogik im Pluralismus, Gütersloh 1998, S. 522-534;

Ders., Universale Ethik. Denkanstöße zu einem interdisziplinären Gespräch, in: Total global. Weltbürgerliche Erziehung als Überforderung der Ethik?, edition ethik kontrovers, Nr. 8 (2000), S. 37-52.

Ders., Weltethos und Nächstenliebe. Universalistische ethische Ansprüche auf dem evolutionstheoretischen, philosophischen und sozialpsychologisch-pädagogischen Prüfstand, in: S. Görgens, A. Scheunpflug, K. Stojanov (Hrsg.), Universalistische Moral und weltbürgerliche Erziehung. Die Herausforderung der Globalisierung im Horizont der modernen Evolutionsforschung, Frankfurt 2000.

Rehm, Johannes, Das Weltethosprogramm als Projekt interreligiösen Lernens – 10 Thesen, in: H.-C. Goßmann – A. Ritter (Hrsg.), Interreligiöse Begegnungen. Ein Lernbuch für Schule und Gemeinde, Hamburg 2000, S. 62-67.

Schnebel, Stefanie, Werte-Erziehung konkret. Ein Unterrichtsprojekt zum Thema »Leben in der Einen Welt mit einem Weltethos«, in: Lehren und Lernen, 4 (1997), S. 32-39.

Wrogemann, Henning, Interkulturelle Ethik am Beispiel »Projekt Weltethos« und »Menschenrechte«, in: U. Gerber u.a. (Hrsg.), Auf andere achten. Ethik 9/10.

Lehrerhandbuch, Frankfurt 1998, S. 33-46.

Weltethos-Jugendcamp »Find Your World«, in: Publik-Forum-Jugendmagazin Provo, Nr. 3 (1997), S. 4-17.

VIII. Weltethos, Politik und Wirtschaft

Brown, Chris, Global Ethics and the »Clash of Civilisations«. Cosmopolitanism, Communitarianism and International Multiculturalism, in: U. Bartosch – J. Wagner (Hrsg.), »Weltinnenpolitik«. Internationale Tagung anläßlich des 85. Geburtstages von Carl-Friedrich von Weizsäcker in der Evangelischen Akademie Tutzing, Münster 1998, S. 9-19.

Büscher, Martin, Weltwirtschaft und Weltethos. Gründe gegen die Liberalisierung und für die Regionalisierung einer lebensdienlichen Weltwirtschaft, in: T. Maak – Y. Lunau (Hrsg.), Weltwirtschaftsethik. Globalisierung auf dem Prüfstand der Lebensdienlichkeit, Bern 1998, S. 293-314.

Casanova, José, The Sacralization of the Humanum. A Theology for a Global Age, in: International Journal of Politics, Culture and Society, Vol 13, Nr. 1 (1999), S. 21-40.

Falk, Richard, Hans Küng's Crusade. Framing a Global Ethic, in: International Journal of Politics, Culture and Society, Vol 13, Nr. 1 (1999), S. 63-81.

Fenn, Richard K., Toward a Global Ethic. A Response to Hans Küng, in: International Journal of Politics, Culture and Society, Vol 13, Nr. 1 (1999), S. 41-61.

Friedli, Richard, Frieden durch Weltkultur? Welt im Umbruch und Ethos für die Welt, in: G. Mader – W. R. Vogt (Hrsg.), Frieden durch Zivilisierung? Probleme – Ansätze – Perspektiven, Münster 1996, S. 408-419.

Ders., Religion und Frieden. »Sanfte Religion« und »Weltethos«. Auswege zum Frieden?, in: W. R. Vogt – E. Jung (Hrsg.), Kultur des Friedens. Wege zu einer Welt ohne Krieg, Darmstadt 1997, S. 68-76.

Hohmann, Harald, Umweltvölkerrecht als Rahmen für »ökologisches Weltethos«? Das Umweltvölkerrecht und der interkulturelle Konsens zum Schutz der Umwelt, in: H. Kessler (Hrsg.), Ökologisches Weltethos im Dialog der Kulturen und Religionen, Darmstad 1996, S. 226-245.

Irrgang, Bernhard, Ein Ethos ökologisch orientierter Humanität als Weltethos, in: H. Kessler (Hrsg.), Ökologisches Weltethos im Dialog der Kulturen und Religionen, Darmstadt 1996, S. 216-232.

Kessler, Hans (Hrsg.), Ökologisches Weltethos im Dialog der Kulturen und Religionen, Darmstadt 1996.

Ders., Problemaufriß: Das Natur- und Selbstverhältnis der Moderne und das Problem eines ökologischen Weltethos, in: ders. (Hrsg.), Ökologisches Weltethos im Dialog der Kulturen und Religionen, Darmstadt 1996, S. 1-32.

Ders., Auf der Suche nach einem planetarischen Öko-Ethos. Lernertrag eines interkulturellen Dialogs, in: ders. (Hrsg.), Ökologisches Weltethos im Dialog der Kulturen und Religionen, Darmstad 1996, S. 246-277.

Klein Goldewijk, Berma; De Gaay Fortman, Bas, Globalisation and Civilisational Change, in: Studies in Interreligious Dialogue, 8. Jg., Nr. 1 (1998), S. 35-59.

Küng, Hans, Weltpolitik und Weltethos, in: Evangelische Akademie Bad Boll: Aktuelle Gespräche, Jg. 43, Nr. 4 (Dezember 1995), S. 30-35.

Ders., Clash of Civilizations or World Peace through Religious Peace, in: P. Ulrich – C. Sarasin (Hrsg.), Facing Public Interest. The Ethical Challenge to Business Policy and Corporate Communications, Dordrecht 1995, S. 11-27.

Ders., Política mundial y Etica mundial, in: Ecologia Y Christianismo. XV Congreso De Teologia. 6-10 Septiembre 1995 Madrid, hrsg. vom Centro Evangelio y Liberación, Madrid 1995, S. 95-106.

Ders., Dovere di una cultura della solidarietà e di un ordine economico giusto, in: I. Rizzi (Hrsg.), L'etica nella società del denaro, Mailand 1995, S. 103-106.

Ders., ¿Guerra de civilizaciones?, in: M. Dueñas (Hrsg.), Xoc de civilitzacions. A l'entorn de S. P. Huntington i el debat sobre el xoc de civilitzacions, Barcelona 1997, S. 314-324.

Ders., Keine bessere Weltordnung ohne Weltethos, in: Betonwerk + Fertigteil-Technik (1997), Jg. 63, Nr. 5, S. 40-47;
engl.: Without a World Ethos there can be no Better World Order, aaO, S. 40-47.

Ders., Weltethos: Können sich Politiker Moral leisten?, in: Kirche Intern, Jg. 11, Nr. 5 (1997), S. 50-51.

Ders., Religioni mondiale, pace mondiale, etica mondiale, in: M. Ventura (Hrsg.), L'etica dei giorni feriti. Dell'inquieto interrogarsi di credenti e non credenti, Assisi 1997, S. 224-244.

Ders., Globale Marktwirtschaft erfordert globales Ethos, in: F. Brendle – K. Lefringhausen (Hrsg.), Ökonomie und Spiritualität. Verantwortliches Wirtschaften im Spiegel der Religionen, Hamburg 1997, S. 20-28.

Ders., Autonome Politik? Zur Weltpolitik und Weltethos, in: T. van den Hoogen, H. Küng, J.-P. Wils (Hrsg.) Die widerspenstige Religion. Orientierung für eine Kultur der Autonomie? Festschrift zum sechzigsten Geburtstag von Hermann Häring, Kampen 1997, S. 22-41.

Ders., Globalisierung: Wege zum ethischen Grundkonsens, in: Absatzwirtschaft. Zeitschrift für Marketing, Jg. 40, Heft 9 (1997), S. 56-61.

Ders., Towards a Universal Civilization, in: Development and Cooperation, 5 (Berlin 1997), S. 17-19.

Ders., Globale Marktwirtschaft erfordert globales Ethos, in: Neue Luzerner Zeitung vom 13. März 1997.

Ders., Die Globalisierung im Zwielicht. Risiken und Chancen eines epochalen Umbruchs, in: Publik-Forum Dossier vom 28. 6. 1997, S. 2-4.

Ders., A Global Ethics in an Age of Globalization, in: Business Ethics Quarterly, Vol. 7, Nr. 3 (1997), S. 17-31; auch in: G. Enderle (Hrsg.), International Business Ethics. Challenges and Approaches, Notre Dame 1998.

Ders., Jenseits von Planwirtschaft und ungezügeltem Kapitalismus, in: Handelsblatt vom 11. 8. 1997.

Ders., Der globale Markt erfordert ein globales Ethos, in: Reutlinger Reden XI. Vortragsreihe der IHK Reutlingen, hrsg. von der Industrie- und Handelskammer Reutlingen, Reutlingen 1998.

Ders., Der globale Markt erfordert ein globales Ethos, in: Süddeutsche Zeitung vom 2. 2. 1998.

Ders., Between profits and morals, in: Brilliant. The magazine for our customers (Eckert Group), Nr. 1 (1998), S. 8-9.

Ders., Keine Weltinnenpolitik ohne einen neuen Gesellschaftskonsens, in: U. Bartosch – J. Wagner (Hrsg.), »Weltinnenpolitik«. Internationale Tagung anläßlich des 85. Geburtstages von Carl-Friedrich von Weizsäcker in der Evangelischen Akademie Tutzing, Münster 1998, S. 5-8.

Ders., Globalisierung erfordert ein globales Ethos. in: Sparkasse. Zeitschrift des Deutschen Sparkassen- und Giroverbandes, Nr. 1 (1998), S. 5-11.

Ders., Hat das Ethos in der Wirtschaft eine Chance?, in: M. Pieth – P. Eigen (Hrsg.), Korruption im internationalen Geschäftsverkehr. Bestandsaufnahme, Bekämpfung, Prävention, Neuwied 1999, S. 120-124.

Ders., A Global Ethic in World Politics: The Middle Way Between »Real Politics« and »Ideal Politics«, in: International Journal of Politics, Culture and Society, Vol. 13, Nr. 1 (1999), S. 5-19.

Ders., Global Politics and a Global Ethic. A Challenge for the New Century, in: Finnish Academy of Science and Letters. Year Book 1999, S. 59-61.

Ders., Die ethische Dimension der Globalisierung, in: K. Mangold, Dienstleistungen im Zeitalter globaler Märkte. Strategien für eine vernetzte Welt, Frankfurt 2000, S. 51-65.

Ders., Statt Konfrontation Dialog der Kulturen, in: T. Sommer (Hrsg.), Roman Herzog. Wider den Kampf der Kulturen. Eine Friedensstrategie für das 21. Jahrhundert, Frankfurt 2000, S. 127-137;

amerik.: Inter–Cultural Dialogue versus Confrontation, in: R. Herzog, Preventing the Clash of Civilizations. A Peace Strategy for the Twenty-First Century, New York 1999, S. 97-105.

Ders., Die Globalisierung erfordert ein globales Ethos, in: Conturen. Zur Zeit für Wirtschaft, Gesellschaft und Kultur, Nr. 1 (2000), S. 24-37.

Ders., Politik aus Verantwortung. Plädoyer für eine ethisch fundierte Außenpolitik, in: Internationale Politik, Nr 2 (2000), S. 1-10;

russ.: Politik aus Verantwortung. Plädoyer für eine ethisch fundierte Außenpolitik (russ.), in: Internationale Politik, Nr 2 (2000), S. 3-16.

Krysmanski, Hans-Jürgen, Elite Ethics. Hans Küng's Normative Globalism in a Changing World, in: International Journal of Politics, Culture and Society, Vol 13, Nr. 1 (1999), S. 83-106.

Leuenberger, Theodor, Weltethos und Weltwirtschaft, in: Zeitschrift für Kulturaustausch, 43. Jg., Heft 1 (1993), S. 67-70.

Pieper, Annemarie, Vom Sinn eines Weltethos im Zeitalter der Globalisierung, in: T. Maak – Y. Lunau (Hrsg.), Weltwirtschaftsethik. Globalisierung auf dem Prüfstand der Lebensdienlichkeit, Bern 1998, S. 61-75.

Strüning, Horst-Dieter, Zur »konkreten Vision einer neuen Weltordnung«. Eine kritische Würdigung von Hans Küngs Werk: Weltethos für Weltpolitik und Weltwirtschaft, in: V. Bialas, H.-J. Häßler, E. Woit (Hrsg.), Die Kultur des Friedens. Weltordnungsstrukturen und Friedensgestaltung, Würzburg 1999, S. 169-179.

IX. Kommissionsberichte, Dossiers, Materialien

A New Global Ethics, in: Our Creative Diversity. Report of the World Commission on Culture and Development, hrsg. von UNESCO, Paris 1995, S. 34-51.

Ein globales Bürgerethos, in: Stiftung Entwicklung und Frieden (Hrsg.), Nachbarn in Einer Welt. Der Bericht der Kommission für Weltordnungspolitik, Bonn 1995;

engl.: Our Global Neighbourhood. The Commission on Global Governance, Oxford 1995.

Arbeitsmaterialien zum Projekt Weltethos, hrsg. von der Stiftung Weltethos, Tübingen 1997.

Behr, Benita von – Zillinger, Martin (Hrsg.), Global Ethic. A Guideline for Economy and Politics. International Conference for Students. Documentation,

Tübingen 1997.

Weltethos-Jugendcamp »Find Your World«, in: Publik-Forum-Jugendmagazin Provo, Nr. 3 (1997), S. 4-17.

Globalisierung braucht ein globales Ethos. Publik-Forum-Dossier, in: Publik-Forum vom 28. 6. 1997.

Morgan, Peggy; Braybrooke, Marcus (Hrsg.), Testing the Global Ethic. Voices from Religious Traditions on Moral Values, Oxford 1998.

Das Projekt Weltethos in der Schule. Einführung und Arbeitshilfen, hrsg. vom Landesinstitut für Erziehung und Unterricht Stuttgart, Stuttgart 1999.

Küng, Hans, CD-Rom: Spurensuche. Die Weltreligionen auf dem Weg, Lernverlag (Schroedel), Hannover 1999.

Küng, Hans, Video-Edition: Spurensuche. Die Weltreligionen auf dem Weg. Folge 1: Stammesreligionen; Folge 2: Hinduismus; Folge 3: Buddhismus; Folge 4: Chinesische Religionen; Folge 5: Judentum; Folge 6: Christentum; Folge 7: Islam, Komplett Media München.

Die Autoren dieses Buches

Heinz-Dieter Assmann, Professor für Bürgerliches Recht, Handelsrecht und Internationales Wirtschaftsrecht, Universität Tübingen.

Georges Enderle, Professor am College of Business Administration, University of Notre Dame, Indiana / USA.

Helmut Fahrenbach, Professor em. für Philosophie, Universität Tübingen.

Richard Friedli, Professor für Vergleichende Religionswissenschaft und Friedenspädagogik, Universität Fribourg/Schweiz.

Alfred Gierer, Professor em., Max-Planck-Institut für Entwicklungsbiologie Tübingen.

Andreas Hasenclever, M.A., Wissenschaftlicher Assistent am Institut für Politikwissenschaft, Universität Tübingen.

Reijo E. Heinonen, Professor für praktische Theologie und Religionspädagogik, Universität Joensuu/Finnland.

Hartmut von Hentig, Professor em. für Pädagogik, Universität Bielefeld.

Hans Küng, Professor em. für ökumenische Theologie, Universität Tübingen; Präsident der Stiftung Weltethos.

Karl-Josef Kuschel, Professor für Theologie der Kultur und des interreligiösen Dialogs, Universität Tübingen; Vizepräsident der Stiftung Weltethos.

Johannes Lähnemann, Professor für Evangelische Religionspädagogik, Universität Erlangen-Nürnberg.

Wilhelm Lütterfelds, Professor für Philosophie, Universität Passau.

Günther Mack, Professor em. für Experimentalphysik, Universität Tübingen.

Dietmar Mieth, Professor für Theologische Ethik, Universität Tübingen.

Karl Ernst Nipkow, Professor em. für Evangelische Religionspädagogik, Universität Tübingen.

Alois Riklin, Professor für Politikwissenschaft, Universität St. Gallen.

Volker Rittberger, Professor für Politikwissenschaft, Universität Tübingen.

Dieter Senghaas, Professor für Friedens-, Konflikt- und Entwicklungsforschung, Institut für Interkulturelle und Internationale Studien der Universität Bremen.

Peter Ulrich, Professor für Wirtschaftsethik, Universität St. Gallen.

Ernst Ulrich von Weizsäcker, Professor für Interdisziplinäre Biologie. Präsident des Wuppertaler-Instituts für Klima, Umwelt, Energie GmbH im Wissenschaftszentrum Nordrhein-Westfalen.

Hans Küng

CREDO
*Das Apostolische Glaubens-
bekenntnis – Zeitgenossen erklärt.*
256 Seiten. SP 2024

Christ sein
676 Seiten. SP 1736

Denkwege
*Ein Lesebuch. Herausgegeben
von Karl J. Kuschel. 313 Seiten.
SP 1670*

Ewiges Leben?
327 Seiten. SP 364

»Küng stellt dar, wie auch ein
›Kind unserer Zeit‹ sich durchaus vernünftig für den Glauben an das ewige Leben entscheiden kann: er führt zur
Einsicht, daß es dabei um
etwas geht, was einen, hat man
erst die Schalen seiner Vorurteile durchbrochen, in jedem
Fall nicht mehr gleichgültig
läßt.«
Frankfurter Allgemeine Zeitung

Existiert Gott?
*Antwort auf die Gottesfrage der
Neuzeit. 878 Seiten. SP 2144*

Freud und die Zukunft
der Religion
160 Seiten. SP 709

Große christliche Denker
287 Seiten. SP 2283

In diesem Buch verbinden sich
Zeitgeschichte, Biographie,
Werkgeschichte, Darstellung
der Theologie und ihre Kritik
auf eine Weise, wie das nur
Hans Küng vermag. Die
Brennpunkte von 1900 Jahren
Theologiegeschichte machen
deutlich, worum es den Menschen bei der Rede von Gott
gegangen ist – und auch, worum es heute geht.

Die Kirche
605 Seiten. SP 161

Menschwerdung Gottes
*Eine Einführung in Hegels
theologisches Denken als
Prolegomena zu einer künftigen
Christologie. Mit einem Vorwort
zur Taschenbuchausgabe.
704 Seiten. SP 1049*

Rechtfertigung
*Die Lehre Karl Barths und eine
katholische Besinnung. Geleitbrief
von Karl Barth. 393 Seiten. SP 674*

Strukturen der Kirche
*Mit einem Vorwort zur
Taschenbuchausgabe und einem
Epilog. 369 Seiten. SP 762*

Theologie im Aufbruch
*Eine ökumenische Grundlegung.
320 Seiten. SP 1312*

SERIE
PIPER

Hans Küng

Projekt Weltethos
192 Seiten. SP 1659

Kein Überleben ohne Weltethos. Kein Weltfriede ohne Religionsfriede. Kein Religionsfriede ohne Religionsdialog. Diese drei Sätze kennzeichnen den programmatischen Ansatz des Tübinger Theologen, der mit dem »Projekt Weltethos« das globale Gespräch über den Grundkonsens der Werte, Haltungen und Maßstäbe anregte.

24 Thesen zur Gottesfrage
134 Seiten. SP 171

20 Thesen zum Christsein
75 Seiten. SP 100

Hans Küng/Heinz Bechert
Christentum und Weltreligionen – Buddhismus
Hinführung zum Dialog mit Islam, Hinduismus und Buddhismus. 234 Seiten. SP 2130

Hans Küng/Josef van Ess
Christentum und Weltreligionen – Islam
204 Seiten. SP 1908

Hans Küng/Heinrich von Stietencron
Christentum und Weltreligionen – Hinduismus
234 Seiten. SP 2055

Walter Jens/Hans Küng
Dichtung und Religion
Pascal, Gryphius, Lessing, Hölderlin, Novalis, Kierkegaard, Dostojewski, Kafka. 338 Seiten. SP 901

Walter Jens/Hans Küng
Menschenwürdig sterben
Ein Plädoyer für Selbstverantwortung. Mit Beiträgen von Dietrich Niethammer und Albin Eser. 220 Seiten. SP 2329

Der Mensch ist das einzige Lebewesen, das sich bewußt ist, daß es sterben muß. Doch die meisten Menschen verdrängen dieses Wissen, jedenfalls die meiste Zeit ihres Lebens. Dem setzt Hans Küng seine These entgegen: das Sterben und der Tod gehören zum Leben, sind seine letzte Phase. Zu einem menschenwürdigen Leben gehört auch ein menschenwürdiger Tod. Gerade für einen Theologen stellt sich hier aber die Frage nach dem »eigenen Tod«: Darf der Mensch bestimmen, wie und wann er stirbt?